전면개정판

일반인들이 알아야 할 생활법률 가이드북

한국인의
법과 생활

 법무부  한국법교육센터
Korea Law-Related Education Center

전면개정판을 발간하며

법은 사회 속의 공기와도 같아서 다양한 사람들이 살아가는 공동체 내에서 질서와 안정을 유지하는 데 필수적입니다. 개별 시민이 자신의 권리를 행사하는 과정에서 발생할 수 있는 갈등과 분쟁이 법을 통해서 최종적으로 해결되기 때문입니다. 특히 최근에 화제가 되었던 비트코인과 같은 가상화폐에 어떠한 법과 제도를 적용할 것인지 혹은 코로나 19 확산 예방을 위하여 관련 법령을 어떻게 정비해야 하는지 등을 둘러싼 사회적 논쟁을 살펴보면 법이 얼마나 사회에서 중요한 역할을 수행하는지 알 수 있습니다.

특히, 현대사회는 복잡해지고 다변화되었을 뿐 아니라 그 변화의 속도도 매우 빠릅니다. 이에 따라 우리 주변에서는 다양한 법적 다툼이 끊이지 않고 발생하고 있으며, 명칭도 생소한 법들이 우리의 일상생활 속에 깊숙이 들어와 개인의 삶에 커다란 영향을 끼치곤 합니다.

그러나 아직도 법률은 자신과 무관한 것이고 법률문제는 오직 전문적인 교육을 받은 전문가만이 다루는 것이라고 생각하는 사람들이 많이 있습니다.

법무부는 이러한 오해를 풀고, 법을 잘 몰랐던 일반 사람들도 법에 쉽게 다가갈 수 있도록 다양한 노력을 해오고 있습니다. 우선, 법무부는 국내 유일의 체험형 법교육 테마파크인 '솔로몬 로파크'와 온라인 법교육 포털인 '법사랑 사이버랜드'를 운영하여 법교육의 저변을 확대해 오고 있습니다.

또한 '학생자치법교육', '꿈꾸는 디케 프로젝트', '법교육 출장강연', '시민생활법률강연' 등 개별 시민의 생애주기별 특성에 맞춘 법교육 프로그램을 제공하여 시민과 함께하는 법문화를 형성하였습니다.

마지막으로 우리나라의 법에 대한 접근성이 낮은 여러 계층을 대상으로 '아이가 행복해지는 법', '우리 법 바로 알기', '이민자 생활법률특강' 등을 제공하여 법교육의 사각지대를 없애고자 노력하였습니다.

〈한국인의 법과 생활〉시리즈는 이러한 다양한 프로그램에 더하여 모든 시민들이 쉽고 재미있게 법을 익히는 데 도움을 주는 법교육 교재입니다. 이 책은 현재 법무부가 운영 중인 일부 프로그램에서도 활용되고 있습니다.

지금까지 대다수의 법률서적은 법률의 규정이나 판례를 일방적으로 나열하여 단순히 법적인 지식을 전달하는 데만 치우쳐 있었습니다. 그러나 〈한국인의 법과 생활〉은 개개인이 일상생활에서 만날 수 있는 법률문제들을 이해하기 쉽게 풀이한 교재입니다.

특히 매 주제마다 현실에서 발생가능한 사례와 기본적인 해결책을 함께 제시함으로써 법을 모르는 사람도 손쉽게 법률문제에 대처할 수 있도록 내용을 구성하였습니다. 이 책은 각 상황에 맞는 법적지식을 제공하여 누구에게나 실용적인 지침서가 될 것을 확신합니다.

법은 마냥 어렵다거나 현실 생활과 따로 동떨어진 것이 아니고 우리와 함께 살아 숨 쉬는 친근한 존재입니다. 〈한국인의 법과 생활〉을 통해서 여러분들이 법을 더 쉽고 친밀하게 느끼고, 살아가면서 만나는 여러 가지 법률문제를 해결하는 데 도움을 받길 기대합니다.

2021. 8.
법무부 범죄예방정책국 보호정책과

머리말

　일반국민들의 생활법률 안내서인 〈한국인의 법과 생활〉을 발간한 지 15년이 훌쩍 지났습니다. 발간 후 많은 호평을 받아 전국 90여개 대학에서 생활법 교재로 사용되고, 자격증을 취득하기 위한 필독서로 자리매김하는 등 과분한 사랑을 받아 왔습니다.

　그동안 매년 또는 격년으로 10여 차례의 개정과 한차례의 전면개정을 통해 법과 제도의 변화 등을 꾸준히 반영하여 왔습니다. 그리고 2015년 전면개정 후 급격한 사회변화 속에서 법과 제도 및 판례에 커다란 변화가 있었고, 국민의 법의식 향상에 따른 교육현장에서의 수요를 반영할 필요가 있었으며, 한편으로는 일반인들이 활용하기에 더 쉽고 편리하도록 내용 및 구성, 편집 등의 대폭 수정이 불가피하게 되었습니다.

　이에 2020년 초, 이화여대 법학연구소와 2021년 1월 말까지 전면개정판의 발간을 목표로 작업에 착수하였으나, 집필과정에서 검경수사권 조정, 임대차 3법의 개정 등 법과 제도의 급격한 변화가 연이어 이루어졌고, 책의 내용이 법률규정, 대법원 판례와 헌법재판소 결정례 및 실무 등에 어긋나지 않는지, 나아가 일반인이 읽기에 너무 어려운 점은 없는지 꼼꼼히 살펴 교정을 거듭하다 보니 예상보다 많은 시간이 소요되어 1년 6개월 만에 이 책이 빛을 보게 되었습니다.

　이 책은 법학지식의 나열에 그치지 않고 법을 관통하는 기본원칙, 법의 기본구조, 국민의 기본적인 권리 의무에 대한 이해, 비판적 법적사고, 법적사안에 대한 의사소통 능력의 증진 및 문제해결을 위한 다양한 방법의 개발 및 활용에 초점을 두었습니다.

　아울러 일반인이 곁에 두고 필요할 때마다 펼쳐보면 법의 기본적인 원리와 실용적인 법지식을 익히게 되어 법적인 문제 발생 시 법률정보에 어떻게 접근해 나갈지 그리고 변호사를 만나 어떠한 쟁점으로 대화를 나눌지 알 수 있도록 하였습니다.

　이 책의 구성과 내용은 아래와 같습니다.

　제1부에서는 법의 기본원리와 이념, 기본구조에 대해 살펴본 후 자신이 관심있는 법적 문제와 관련된 법령 및 판례를 찾고 이해하는 방법과 법적 문제가 발생했을 때 알아야 하는 분쟁해결 방법, 재판절차, 도움을 받을 수 있는 기관에 대해 설명하였습니다.

제2부에서는 개인이 처할 수 있는 생활영역을 국민·공동체의 구성원·경제주체·소비자·근로자·가족구성원으로 구분하고, 각 영역에서 빈번하게 일어날 수 있는 문제를 '사례/본문/판례/사례의 해결/이것만은 꼭!/더 알아보기'의 순으로 이해하기 쉽게 설명하였습니다.

'사례'는 영역별로 적절한 사건을 스토리 형식으로 꾸며 흥미를 유발하고, '본문/판례/사례의 해결'에서는 생활영역에 따라 달라지는 법의 기본원리 및 구조를 이해하고, 사례의 해결을 위해 필수적으로 알아야 할 권리·의무, 법령·제도·절차 및 판례 등을 숙지하도록 하여 이를 분쟁의 예방 및 해결에 적용할 수 있도록 하였습니다.

'이것만은 꼭!'에서는 그 단원에서 핵심이 되는 내용을 정리하였고, '더 알아보기'에서는 실생활과 밀접하지만 하나의 단원으로 삼기에는 부족한 사항을 골라 정리하였습니다.

이 책의 마지막에서는 인공지능, 블록체인, 유전자 변형 및 편집 등 과학기술의 급격한 발전, 기후 위기와 환경변화, 글로벌화 과정에서 발생하는 다문화, 공정무역 등과 관련하여 법적으로 어떻게 대처해 나갈 것인지에 대해 생각해 보는 기회를 갖도록 하였습니다.

또한 가독성을 높이기 위해 디자인 및 편집을 강화하고, 풍부한 시각자료와 도표 등을 삽입하였으며, 본문의 날개에 법령·판례·서식이 수록된 QR 코드를 배치하였습니다.

이 책이 나오기까지 누구보다 수고가 많았던 이화여자대학교 법학연구소를 비롯한 집필진 여러분과, 감수를 위해 수고해주신 법무법인 대륙아주 공익위원회, 법리와 실무에 관해 조언해주신 법원·검찰에 재직 중인 분들, 조세 부분을 검토해주신 공인회계사님, 그리고 일반 독자의 입장에서 꼼꼼하게 교정봐주신 에듀웰 관계자 여러분께 감사드립니다.

모든 열정을 쏟아 세상에 나오게 된 이 책에 대해 독자 여러분의 사랑어린 질책과 제언을 기다리는 한편, 이 책으로 국민의 법률생활이 더욱 편해지고 법이 국민과 함께 숨 쉬는 데 보탬이 되기를 기대해봅니다.

자녀안심하고학교보내기운동 국민재단 이사장
변호사 이 충 호

CONTENTS

제1부 법이란 무엇인가

제1장 법, 어떻게 이해할까

제2장 법, 어떻게 찾고 읽을까

제3장 법, 어떻게 도움을 받을 수 있을까

제1장 국가와 국민

제2장 사회질서와 시민

제3장 경제생활과 소비자

제4장 직장생활과 근로자

제5장 가정생활과 가족

제6장 법의 열린 지평

제1부

법이란 무엇인가

법, 어떻게 이해할까

옛날 서양 사람들은 '법은 공기와 같다'고 생각했다. 눈에 보이지 않지만 살아가기 위해 반드시 필요한 공기처럼, 법도 삶을 영위하는 데 없어서는 안 되는 소중한 것이라고 생각한 것이다. 이와 같이 법은 사람들이 함께 모여 사는 사회에서 사람들의 행동을 규율하여 질서와 삶의 준칙을 형성해주는 중요한 요소라고 할 수 있다.

그렇다면 과연 법이란 무엇이고, 구체적으로 어떠한 기능을 하며, 어떠한 원리에 의해 이루어지는가? 법의 이념인 인권과 정의는 어떻게 구현되는가? 법은 어떻게 찾고 읽으며, 법적인 분쟁이 발생했을 때 어떻게 대처할 수 있을까? 이 장에서는 이에 대하여 알아볼 것이다.

제1절 | 법의 기초

1. 법의 의의

법과 관련하여 잘 알려진 격언 중의 하나는 '사회가 있는 곳에 법이 있다'는 말이다. 이는 사람이 모여 사는 곳이면 반드시 행동을 규율하는 규범이 필요하다는 뜻이다. 이 격언에서 사용되는 '법'은 현대 사회에서 국가 공권력에 의해 강제되는 좁은 의미의 법이나 법률을 뜻하는 것이 아니고, 넓은 의미에서 사회가 존재하면 늘 있는, 그리고 있어야 하는 '사회규범'을 뜻하는 말이다.

사회가 원활하게 기능하기 위해서는 사람과 사람 사이의 관계를 정립해줄 수 있는 원칙과 질서가 필요하다. 이러한 원칙과 질서가 바로 넓은 의미의 법이다. 따라서 법은 사람들이 함께 모여 사는 사회에서 사람들의 행동을 규율하여 안정된 생활을 가능하게 해주는 삶의 중요한 요소라고 할 수 있다.

법이 과연 필요한지 생각해보려면, 만약 법이 없다면 세상이 어떻게 될 것인지 상상해보는 것도 좋을 것이다. 사람들이 살아가기 위해서는 다른 사람들과 관계를 맺고 서로 교섭을 해야 한다. 그런 과정에서 사람들은 자신의 이익을 최대한 확보하려고 노력할 것이고, 그러다 보면 서로 간에 이해가 충돌하는 경우도 생길 것이다. 만약 법이 없다면 이러한 이해관계의 충돌을 평화적으로 해결할 수 없을 것이다.

또 만약 법이 없다면, 사람들이 다른 사람에게 피해를 주는 행위를 할 때 이를 제어할 수 없을 것이다. 법이 없으면 서양 근대 철학자 홉스가 주장했던 '만인의 만인에 대한 투쟁 상태'에 이를 수 있다. 공권력이 뒷받침된 법이 아니고서는 다른 사람에게 피해를 주는 반사회적인 행동들을 억제하기가 어려울 것이다.

물론 사람들은 다양한 관심과 욕구를 가지고 있고, 자신의 관심과 욕구를 실현하면서 살아간다. 그러나 그 관심과 욕구를 실현하는 방식이 타인의 관심과 욕구를 실현하지 못하게 피해를 주는 방식이라면, 그 행위를 규율하는 것은 당연할 것이다. 따라서 법이 규정하는 내용이 자신의 관심이나 욕망과 다를 수도 있겠지만, 이를 준수하는 것은 모든 사람의 관심과 욕망을 공평하게 실현하기 위한 최소한의 조건이 된다고 할 수 있을 것이다.

이런 의미에서 결국 사회는 '법의 지배(Rule of Law)' 위에서만 유지되고 존속될 수 있다. 법의 지배는 민주적인 과정에 따라 만들어진 법규범이 있고, 모든 구

> **법의 지배**
>
> 법의 지배의 원리는 어느 누구나 자의적인 권력이 아닌 법에 복종하여야 한다는 것을 의미한다. 국가 권력은 의회가 제정한 법률에 의하여 행사되어야 한다는 원칙은 17세기 영국에서 성립되었으며, 19세기 미국에서 체계화되어 사법권우위의 원리가 되었다.

성원들이 그 법규범을 존중하여 따를 때 이루어진다. 이러한 규범을 존중하고 따른다면 사회 구성원들은 서로의 이해관계를 조화롭게 조정하고 규율할 수 있을 것이다. 즉, 우리의 일상생활에서 법이 필요한 이유는 무엇보다도 이러한 이해의 충돌을 조화롭게 조정할 수 있는 수단을 가짐으로써, 다른 사람의 삶의 방식을 존중하면서 각자의 삶을 원하는 대로 살아갈 수 있는 자유를 얻기 위해서라고 할 수 있다.

2. 법의 기능

법은 일상생활에서 다양한 기능을 수행한다. 법의 기능은 대체로 다음 5가지 정도로 나누어 살펴볼 수 있다.

(1) 분쟁해결

첫 번째는 분쟁해결에 관한 것이다. 사회생활을 하는 한 분쟁은 피할 수 없다. 그리고 분쟁의 당사자들은 저마다 나름의 이유를 대면서 자신에게 유리한 방향으로 해결하고자 할 것이다. 따라서 분쟁을 해결하기 위해서는 분명하고 확인 가능한 판단 기준이 있어야 하며, 이 기준은 객관적이고 공정해야 한다.

물론 '도덕'이나 '관습'도 이러한 기준의 역할을 오랫동안 수행해 오기는 하였으나, '도덕'과 '관습'은 명확한 기준이 되기 어려울 뿐 아니라, 오늘날의 복잡·다양한 사회 현상들로부터 비롯되는 각종 형태의 분쟁들을 신속하고 정확하게 해결하기에는 미흡한 측면이 있다. 따라서 객관적인 분쟁 처리 기준으로서 법이 등장하게 되는 것이다.

(2) 이익조정

법이 분쟁해결을 한다는 것은 무조건 한쪽을 승자로 다른 한쪽을 패자로 만들고, 이를 강제력을 통해 강압하여 분쟁을 없앤다는 의미는 아니다. 사회생활은 넓게 보면 이익을 서로 나누고 거래하는 생활이다. 이 과정에서 충돌이 없을 수 없으며, 이를 위해서는 이익조정이 필요하다. 다만 이익조정이 분쟁해결과 다른 점은 분쟁해결이 분쟁의 발생을 전제로 하는 것인데 반해, 이익조정은 분쟁이 발생하기 전에 이미 법을 통해 기준을 만들어 놓음으로써 분쟁을 사전에 예방할 수 있다는 점에서 차이가 있다.

(3) 사회질서 유지

법의 분쟁해결 기능과 이익조정 기능은 사회질서를 유지하는 기능과 긴밀하게 연결된다. 구성원들 사이의 분쟁이 원만하게 해결되지 않고서는 그 사회의 평화와 질서가 유지되기를 기대할 수 없기 때문이다. 형법을 보면 이러한 질서유지의 기능을 잘 알 수 있다.

형법은 범죄로부터 시민의 생명과 재산을 보호함으로써 범죄행위로 인해 사회의 질서가 흔들리는 것을 막을 수 있다. 뿐만 아니라 형벌권을 국가가 독점함으로써, 범죄의 피해자가 사적으로 복수를 하면서 생길 수 있는 혼란과 무질서도 막는다. 물론 형법만이 질서유지 기능을 하는 것은 아니며, 민사법은 경제적 질서를 유지하고, 헌법은 헌정 질서를 유지하는 기능을 한다.

(4) 공익의 추구

법의 지배 내지 법치주의 원리는 법제도의 구축이 그 자체로 공익을 달성하기 위해 적합한 수단이라는 생각을 담고 있다. 법은 공동체 구성원의 합의에서 비롯된 것이기 때문에 공동체 전반의 이익을 추구해야 한다. 역사적으로 권력자가 힘을 남용해 사적 이익을 도모하거나 국가 정책을 공동체 구성원들의 뜻과 달리 설정해 큰 혼란을 불러일으킨 사례가 적지 않다. 법을 통해 공익을 추구하려는 발상은 이러한 문제점들을 극복하고자 했던 역사적 노력의 산물이라고 할 수 있다.

(5) 정의와 인권 수호

일찍이 근대 시민혁명을 통해 시민들이 정의와 인권을 법의 형식으로 획득하였던 데서도 볼 수 있듯이 법의 역사는 인권 보장의 역사이기도 했다. 특히 법이 정하고 있는 각종 재판제도와 청원제도 등은 정의와 인권의 수호를 위한 공식적인 절차라고 이해할 수 있다. 공권력에 의한 중대한 인권침해에서부터 일상적인 사적관계에서 발생할 수 있는 부당한 손해에 이르기까지, 시민들은 법에 정해진

절차에 따라 정의와 인권을 보장받을 수 있다. 이런 인권 보장이야말로 법의 가장 중요한 기능이라고 할 수 있다.

▲ 대법원 "자유, 평등, 정의"

3. 법의 기본원리

(1) 법 영역과 법의 기본원리

위에서 본 법의 기능을 수행하기 위해 법은 여러 기본원리를 설정하고 그 원리를 구체화하면서 우리의 일상생활을 규율한다. 이런 기본원리는 법 영역에 따라 조금씩 다르다. 법 영역은 역사적으로 국가와 국민 사이의 관계를 규율하는 공법 영역과 개인과 개인 사이의 관계를 규율하는 사법 영역으로 구분할 수 있는데, 현대에 와서는 사법과 공법의 중간 영역이라고 할 수 있는 사회법 영역이 새롭게 형성되었다. 공법 영역에서는 '국가를 어떻게 구성할 것인가?', '국가 공권력을 어떻게 제한할 것인가?', '사회질서는 어떻게 유지할 것인가?'라는 주제가 기본원리의 토대가 되고, 사법 영역에서는 '개인의 경제생활의 자유를 어떻게 실현할 것인가'라는 주제가 기본원리의 토대가 된다. 사회법 영역은 원래 사법 영역에 해당하지만 자본주의의 폐해를 방지하기 위해 국가가 개입하는 부분으로 노동, 사회보장, 경제 규제, 환경 등에 관한 주제를 다루는데, '사회적 약자를 어떻게 보호할 것인가'가 기본원리의 토대가 된다. 이하에서는 그중에서도 헌법, 민법, 형법의 기본원리에 대해 살펴보도록 한다.

(2) 헌법의 기본원리

헌법은 민주주의를 기반으로 국민주권 원리를 명문화하여 국민이 국가 의사의 최종적인 결정권을 가지며, 국민이 국가권력의 정당성의 원천임을 명시하고 있다. 또한 국민의 자유와 권리를 보호하기 위하여 입법권, 행정권, 사법권이 서로 견제와 균형을 이루는 권력분립의 원리를 채택하고 있으며, 국가권력은 부당하게 국민의 자유와 권리를 침해할 가능성이 있기 때문에, 국가권력의 행사는 반드시 법에 근거해야 한다는 법치주의 원리를 확립하였다.

헌법

또한 헌법은 시장경제 질서를 보호하면서도 사회경제적 불평등을 해소하고, 국민들이 인간다운 삶을 살 수 있도록 복지국가 원리를 채택하고 있다. 이를 위해 사회적 기본권을 보장하고, 국가가 시장의 지배와 경제력 집중을 방지하기 위한 규제와 조정 권한을 가질 수 있도록 허용한다. 나아가 문화국가 원리에 따라 국가는 민족문화와 전통문화를 육성하는 과제를 가지며, 모든 국민이 문화적 가치를 공유할 수 있도록 학문, 예술의 자유를 보호한다. 마지막으로, 헌법은 조화로운 국제관계를 위해 국제평화주의 원리에 따라 국제 평화 유지에 노력하고 침략전쟁을 부인하고 있다.

(3) 민법의 기본원리

근대 민법은 자유롭고 독립적인 개인을 기본으로 하여 사유재산권 존중의 원리, 사적 자치의 원리, 과실책임의 원리를 확립하였다. 이에 따르면, 각 개인은 국가의 간섭 없이 사유재산에 대한 절대적 지배권을 가지며, 자신의 자유로운 의사에 따라 법률관계를 형성할 수 있고, 타인에 대한 손해는 고의나 과실에 의한 경우에만 책임을 진다. 민법은 국가가 아닌 개인 간의 관계를 규율하기 때문에, 개인 간의 평등한 관계를 전제로 자유로운 의사에 따라 법률행위를 할 수 있도록 하였다.

민법

그러나 자본주의의 급속한 발전과 그에 따른 폐해로 개인 간의 관계는 불평등해졌고 사회경제적 약자가 늘어나기 시작하였다. 더 이상 개인 간의 법률관계는 평등하게 이루어지지 않았고, 자유로운 의사에 의한 거래는 오히려 불평등을 양산하기 시작하였다. 이러한 상황에서 근대 민법의 원리는 수정을 거듭할 수밖에 없었다. 결국 재산권의 사익성보다는 공익성을 강조하여 공공복리를 위해 소유권을 제한하고, 약자를 보호하기 위해 국가가 계약에 개입하기도 하며, 일정한 경우에 무과실책임을 인정하게 되었다.

(4) 형법의 기본원리

형법

형법은 범죄와 형벌을 규정하는 법으로서 강력한 국가권력의 행사를 전제로 한다. 근대 이전에는 국가권력이 자의적으로 형벌권을 행사하여 인권침해가 자행되었기 때문에, 근대 형법은 죄형법정주의, 적법 절차의 원리 등에 입각하여 인권을 보호할 수 있는 방안을 제도적으로 보장하고자 하였다. 이에 따라 인신 구속을 비롯한 형사처벌절차에서 국가권력의 남용을 방지하기 위한 여러 통제 장치를 마련하고 있다(예: 영장주의, 무죄추정의 원칙, 진술거부권, 변호인 조력권 등).

공권력의 부당한 형벌권 행사로부터 국민을 보호하기 위해 정립된 죄형법정주의에 의하면, 범죄와 형벌은 법률로 명확하게 규정하여야 하며, 법률에 규정되지 않은 범죄와 형벌은 인정되지 않는다. 또한 범죄를 저질렀다고 의심받는 사람이라 할지라도 수사 및 재판절차에서 정당하게 대우받아야 하며, 적법한 절차를 통해서만 증거를 수집할 수 있고 형벌을 부과할 수 있다. 또한 책임 원리에 따라 법률에 처벌 규정이 있더라도 행위자에게 책임능력이 없거나 책임을 물을 수 없는 경우에는 처벌할 수 없다. 다만 사회적 위험성을 가진 행위자에 대해서는 보충적으로 보안처분을 부과할 수 있으며, 부과요건 및 절차 역시 법률에 명확히 규정되어야 한다.

보안처분
제2부 제2장 제4절 형벌과 행정제재 중 형벌과 보안처분 참고(p205)

제2절 | 정의와 인권

1. 정의

정의는 법의 이념 중의 하나이다. 이념이란 현실에서 완전하게 실현될 수 없을 지라도 추구해 나아가야 할 가치와 규범을 말한다. 구체적 타당성, 합목적성, 법적 안정성도 법의 이념으로서 역할을 수행한다고 말할 수 있지만, 이러한 이념들을 아우르는 것이 정의이다.

정의는 역사적이고 정치적인 맥락 속에서 이해해야만 하는 개념이다. 그런 의미에서 정의의 뜻을 정확하게 포착하기란 쉽지 않다. 전통적으로 정의는 아리스토텔레스의 개념 규정에 따라 '각자에게 그의 몫을 주는 것'을 의미했다. 즉, 모든 사람은 자신이 마땅히 받아야 할 몫과 대우가 있으며, 그에 합당하게 몫을 나눠주거나 대우를 해주면 그것은 정의로운 것이 된다. 다만 무엇이 그의 몫이고, 그에 합당한 대우인지에 대해서는 쉽게 말할 수가 없다. 따라서 때로는 권력자가 임의로 정의를 좌우하기도 한다.

롤스(Rawls)로 대표되는 현대 정의론은 사회의 모든 가치(자유와 기회, 소득과 부, 인간의 존엄성 등)는 기본적으로 평등하게 배분되어야 하며(평등한 자유의 원칙), 가치의 불평등한 배분은 최소수혜자에게 유리한 경우에만 정의롭다고 한다(차등의 원칙). 롤스는 이러한 원칙에 따라 헌법이 제정되고 구체적인 법제도가 운영되어야 사회 정의가 실현된다고 주장하였다. 롤스의 정의론은 현실의 법세도에 많은 영향을 미쳤다. 대표적으로 차등의 원칙은 현대 복지제도의 이론적 근거가 되었고, 최근까지 사회경제적 약자를 위한 법의 정당화 원칙으로 작용하고 있다. 이처럼 정의론은 이론적 담론을 넘어 실천적 차원에서 현실의 법제도가 나아가야 할 방향을 제시하는 중요한 역할을 하고 있다.

한편, 정의는 이러한 이념임과 동시에 이념을 현실에서 구현하는 제도의 이름이기도 하다. 영어의 저스티스(Justice, justice)는 이념으로서의 정의를 뜻할 뿐만 아니라, 재판제도와 재판관을 뜻하기도 한다. 재판제도와 재판관은 정의를 실현하는 절차이자 주체이다. 현실에는 여러 가지 제약이 있어서 순수한 이념으로서의 정의를 모두 실현할 수는 없지만, 재판제도와 재판관은 정의를 최대한 실현하도록 기능하여야 한다.

2. 인권

(1) 인권의 개념과 내용

인권은 인간으로서 당연히 가져야 하는 권리를 말한다. 다시 말해서, 인간이 단지 인간이라는 이유만으로 누릴 수 있는 자연적이고 양도 불가능하며 신성불가침적인 권리이다. 이러한 인권 관념은 인간의 존엄을 토대로 하고 있다. 근대 초기에는 인권이 주로 국가의 불법적인 폭력으로부터 개인의 자유와 권리를 지키려는 목적으로 주장되었다. 당시에는 국가와 정부가 가장 막대한 힘을 가지고 있는 존재였기 때문이다. 그러나 현대 사회에서는 대기업이나 언론 등이 국가보다 더 큰 영향력을 개인에게 행사하기도 한다. 그런 의미에서 인권은 단순히 국가와 개인 간의 관계에서만 중요한 것이 아니라 개인과 개인 간의 관계에서도 중요하게 되었다. 기업에서 여성이 결혼하게 되면 퇴직을 강요하는 경우와 같이, 비록 국가가 아닌 개인들 사이의 일이라 하더라도 여성의 평등권을 침해하는 일이 생길 경우에는 인권 보장을 위해 법이 적극적으로 개입해야 한다.

(2) 인권의 보호와 증진을 위한 국가적 노력

헌법 제10조는 "국가는 개인이 가지는 인권을 확인하고 보장할 의무가 있다"라고 규정하고 있다. 이를 위해 국가는 국가인권정책기본계획을 수립하고 국가인권위원회, 법무부 인권국 등을 설치하여 인권침해를 예방하고 시정하고 있다.

• 국가인권정책기본계획

국가인권정책기본계획(National Human Rights Plans of Action)은 인권의 법적 보호 강화와 제도적 실천 증진을 목표로 하는 5개년 단위의 국가 계획이다. 우리나라는 2007년 제1차 계획을 시작으로 총 3차 계획을 수립하였다.
- 기본계획은 인권 존중, 평등과 차별 금지, 민주적 참여의 원칙을 기본 원칙으로 한다.
- 주요 과제는 모든 사람의 생명, 신체를 보호하는 사회, 모든 사람이 평등한 사회, 기본적 자유를 누리는 사회, 정의 실현에 참여하는 사회, 더 나은 미래를 추구하는 사회, 공정한 사회를 위한 정책 과제와 인권 의식을 높여 가는 사회, 인권 친화적 기업 활동을 위해 함께 노력하는 사회를 위한 정책 과제로 이루어진다.

- 기본계획은 주요 과제에 대한 국제적, 국내적 인권 기준을 검토하고, 국내 현황과 지난 기본계획의 이행 경과를 바탕으로 인권 개선을 위한 정책적 토대를 마련한다.

법무부의 인권국 운영

법무부 인권국은 인권을 전담하는 조직으로, 인권정책과, 인권구조과, 인권조사과, 여성아동 인권과로 구성되어 있다. 법무부 인권국의 출범 이후 국가인권정책기본계획이 수립되었고, 범죄피해자보호기금이 마련되었으며, 법무행정과 관련한 인권침해에 대해 자기통제 업무를 담당하는 인권침해신고센터가 만들어졌다.

- 인권정책과는 국가인권정책기본계획을 비롯한 인권옹호에 관한 종합 정책을 수립 · 시행하고, 국제인권규약에 따른 정부 보고서 및 답변서를 작성하는 등의 기능을 수행한다.
- 인권구조과는 범죄피해자 보호 · 지원 업무를 총괄하고, 법률구조 법인의 지도 · 감독을 포함한 법률구조 증진에 관한 사항 등을 총괄하고 있다.
- 인권조사과는 수사, 교정, 보호, 출입국관리 등 법무행정 분야의 인권침해 사건을 자체 조사 및 개선하고, 이를 예방하기 위한 업무를 담당하고 있다.
- 마지막으로 여성아동인권과는 여성과 아동 인권 관련 정책의 수립과 시행, 피해자 국선 변호사 운영 및 진술조력인 양성 등의 업무를 담당하고 있다.

- ## 국가인권위원회의 구성과 업무

국가권력으로부터 독립적 지위를 보장받은 국가인권위원회는 국민들의 인권 보호와 증진에 기여하고 있다. 국가인권위원회법은 "국가인권위원회를 설립하여 모든 개인이 가지는 불가침의 기본적 인권을 보호하고 그 수준을 향상시킴으로써 인간으로서의 존엄과 가치를 실현하고 민주적 기본 질서의 확립에 이비지함을 목적으로 한다"라고 규정하고 있다. 국가인권위원회는 국가권력의 지휘 감독에서 벗어나 인권 업무를 독립적으로 수행하는 기구이며, 인권 보호 향상에 관한 모든 사항을 다루는 종합적인 인권 전담 기구이다.

국가인권위원회법

▲ 국가인권위원회(https://www.humanrights.go.kr)

국가인권위원회는 위원장 1인과 상임위원 3인을 포함한 11인의 위원으로 구성되며, 구체적으로 담당하는 심의 · 의결 사항에 따라 상임위원회, 침해구제 제1위원회, 침해구제 제2위원회, 차별시정위원회, 장애인차별시정위원회가 있으며, 위원회 사무를 처리하기 위한 사무처가 있다.

- ## 국가인권위원회가 하는 일

국가인권위원회의 업무는 크게 정책, 조사 · 구제, 교육과 홍보 및 실태 조사, 국내외 교류 협력으로 나눌 수 있다.

첫째, 인권 관련 정책 개선 업무를 수행한다. 인권의 보호와 향상을 위해 필요하다고 인정하는 경우에 인권 관련 법령, 제도, 정책, 관행을 조사 · 연구하고, 이에 대한 개선을 권고하거나 의견을 표명한다. 국내 정책뿐 아니라 국제인권조약의 가입 및 조약의 이행에 관해서도 권고를 하거나 의견을 표명한다.

둘째, 인권침해와 차별 대우를 대상으로 조사 · 구제 업무를 수행한다. 조사 · 구제 업무는 국가기관, 지방자치단체 또는 구금 · 보호시설의 인권침해행위, 법인 · 단체 또는 사인에 의한 평등권 침해의 차별행위(장애인차별금지법의 장애인 차별과 고령자고용법의 연령 차별 포함), 성희롱 행위를 대상으로 한다. 인권침해행위나 차별행위가 있다고 믿을 만한 상당한 근거가 있고 그 내용이 중대하다고 인정될 때에는 피해자의 진정이 없어도 위원회가 직권으로 조사할 수 있다.

셋째, 인권 의식 향상을 위해 교육 · 홍보 관련 업무를 수행한다. 각 교육기관의 교육과정에 인권에 관한 내용이 포함되도록 노력하고, 공무원 채용시험 및 승진시험 등 우리 사회전반에 걸쳐 인권이 중요한 평가 기준이 되도록 활동을 한다. 또한 출판, 문화콘텐츠 개발 등의 다양한 방법을 통해 인권 의식 확산을 도모하고, 인권에 관한 정보제공을 위해 인권 전문 도서관인 인권 자료실을 운영한다.

마지막으로, 국내 인권 단체 및 개인과 협력하여 국내 인권 실태를 조사하고, 국제기구 및 외국 인권기구와 교류하고 협력한다. 국내 인권 단체들과 긴밀한 협력을 통해 구제가 필요한 인권 분야와 인권 협약의 이행 상황을 파악하고 자문을 받으며, UN 인권이사회와 각국에 설치된 인권기구와 협력하여 국제사회 인권 향상에 기여한다.

(3) 인권 수호를 위한 국제사회의 노력

인권을 보장하기 위한 노력은 국내적 차원과 국제적 차원에서 동시에 이루어

평등권 침해의 차별행위
합리적인 이유 없이 성별, 종교, 장애, 나이, 사회적 신분, 출신 지역, 출신 국가, 출신 민족, 용모 등 신체 조건, 혼인 여부, 임신 또는 출산, 가족형태 또는 가족 상황, 인종, 피부색, 사상 또는 정치적 의견, 형의 효력이 실효된 전과, 성적 지향, 학력, 병력 등을 이유로 고용, 교육 등에서 특정한 사람을 우대 · 배제 · 구별하거나 불리하게 대우하는 행위를 말한다.

지고 있다. 국제적 차원에서 인권은 각종 인권선언과 조약의 체결 및 이에 따라 설립된 국제기구 등에 의해 보장되고 있다.

유엔을 중심으로 한 국제사회는 세계인권선언을 법적 구속력이 있는 문서와 제도로 발전시키기 위해 끊임없이 노력해 왔으며 그 결과 현재 자유권, 사회권, 인종차별, 여성차별, 고문, 아동, 이주노동자, 장애인, 강제 실종 등 다양한 주제와 영역을 포괄하는 국제인권조약 체제를 갖추고 있다. 현재 우리나라는 7대 핵심 국제인권조약인 시민적, 정치적 권리규약과 경제적, 사회적, 문화적 권리규약, 인종차별철폐협약, 여성차별철폐협약, 고문방지협약, 아동권리협약, 장애인권리협약에 비준하고, 이에 가입하여 인권을 보장할 국제법적 의무를 이행해 나가고 있다.

세계인권선언

세계인권선언(Universal Declaration of Human Rights)은 모든 사람의 인권을 보호하기 위해 전 세계가 합의한 최초의 인권선언이다. 1948년 12월 10일 유엔 총회에서 채택되었다. 세계인권선언은 법적 구속력은 없지만, 선언에 명시된 인권 보호는 여러 국가의 헌법과 법률에 반영되었고, 국제인권기준의 기반이 되었다.

제2장 법, 어떻게 찾고 읽을까

우리가 일상생활에 밀접한 법을 활용하기 위해서는 자신과 관련된 법이 무엇인지 파악하고, 자신에게 필요한 법을 어떻게 찾을 수 있는지 알아야 한다. 법률 전문가에게 법률 상담을 받는 경우에 자신이 처한 상황을 법적으로 설명할 수 있고, 법률 전문가의 설명을 어느 정도 이해할 수 있다면 상담은 훨씬 효과적으로 진행될 것이다.

이 장에서는 법의 종류와 체계를 이해한 후에 효과적으로 법령을 찾고 읽는 방법을 알아보고자 한다. 나아가 판례를 찾고 읽는 방법을 살펴봄으로써 법원이 개별 사안에 대해 어떻게 법률을 적용하고 있는지를 이해할 수 있도록 한다.

제1절 | 법의 형식과 체계

법의 형식과 체계를 이해하는 과정은 행정구역상의 주소를 통해 목적지를 찾아가는 과정과 유사하다. 행정구역이 도-시-구(군) 순으로 구획되는 것처럼, 법도 상위법과 하위법이라는 위계를 가진다. 또한 동 단위로 갈수록 생활에 밀접한 행정 업무를 처리하듯이, 하위법으로 갈수록 우리의 일상생활과 밀접한 관련성을 지닌다. 행정구역상의 주소로 목적지를 찾아가는 것처럼 법의 형식과 체계를 이해하는 것은 자신이 필요로 하는 법령을 찾아가는 출발점이 될 수 있다.

1. 법의 형식

(1) 헌법

헌법은 국가의 기틀이 되는 통치 체제와 원리를 규정하고 국민의 기본권을 보장하는 국내 최고의 법규범이다. 헌법은 국가가 어떠한 통치 체제를 갖출 것인지 그리고 어떠한 가치와 원리를 추구하는지와 같은 근본적인 사항을 담고 있다. 동시에 국민이라면 당연히 보장받아야 할 기본적인 권리를 규정하고, 이를 보장하기 위한 제도적 방안을 마련하고 있다. 모든 법은 헌법이 추구하는 이념에 배치되거나 헌법의 내용에 반하여 제정될 수 없으며, 어떤 권력자나 통치기구도 헌법에 규정된 권한을 넘어 권력을 행사할 수 없다.

우리 헌법은 국민주권과 민주주의 원리를 바탕으로 국가의 조직 및 구성에 관한 기본적인 사항과 국민의 기본적인 권리와 의무를 명시하고 있다. "대한민국은 민주공화국이다"라는 헌법 제1조 제1항을 시작으로 자유권, 평등권, 사회권과 같은 기본권과 함께 국회, 정부, 법원, 헌법재판소의 구성과 권한 및 선거관리와 지방자치제도를 규정하고 있다. 특히 우리 헌법은 헌법 이념의 수호를 위해 헌법재판소를 독립적으로 설치하여 운영하고 있다.

우리나라 헌법
전문
제1장 총강
제2장 국민의 권리와 의무
제3장 국회
제4장 정부
제1절 대통령
제2절 행정부
제1관 국무총리와 국무위원
제2관 국무회의
제3관 행정각부
제4관 감사원
제5장 법원
제6장 헌법재판소
제7장 선거관리
제8장 지방자치
제9장 경제
제10장 헌법개정

무엇보다 최고 법규범으로서 헌법의 위상은 헌법개정에서 나타난다. 다른 법규범과 달리, 헌법은 국가의 통치 체제와 기본권에 관한 국민 전체의 뜻을 반영하기 때문에 국민투표를 거치지 않고 개정될 수 없다. 현행 헌법 전문은 헌법이 "국민투표에 의해 개정되었다"라고 서술하고 있으며, 자세한 헌법개정절차를 두고 있다. 헌법개정은 국회재적의원 과반수 또는 대통령의 발의로 제안될 수 있으며(헌법 제128조 제1항), 국회 재적의원 2/3 이상의 찬성을 얻어 국민투표에 회부되고(제130조 제1항), 국민투표에서 국회의원 선거권자 과반수의 투표와 투표자 과반수의 찬성을 얻어야 한다(제130조 제2항).

(2) 법률

법률은 국가권력의 행사나 국민의 권리 및 의무에 관한 사항을 구체적으로 규정한다. 법률은 헌법의 하위법으로서 헌법이 위임한 사항이나 헌법의 내용을 구체화할 필요가 있는 사항을 규율한다. 그러나 국가권력의 행사로 인해 국민의 권리가 제한될 수 있기 때문에 법률의 제정은 반드시 국민의 대표기관인 국회의 동의를 필요로 한다. 즉, 법률은 다른 법규범과 달리 반드시 '의회'에서 제정되어야하며, 국민의 자유, 재산, 생명 등은 오로지 법률에 의해서만 제한될 수 있고, 국가권력은 법률에서 정하지 않았거나 정한 권한의 범위를 넘어 함부로 행사할 수 없다.

이러한 법률의 특성은 근대 이후 서구 민주주의 사상이 성립되면서 강화되었다. 근대 이후 법의 제정은 왕이나 귀족의 독단적인 권한이 아니라 국민의 대표로 구성된 의회의 권한이 되었다. 국민들은 스스로 선출한 대표에게 법률제정권을 위임하고, 의회를 통해 국민의 권리와 의무를 규정하는 법률을 제정하였다. 오로지 의회에서 제정한 법률만이 효력을 가지며, 법률에 의해서만 국민의 자유와 재산 그리고 생명이라는 기본적 가치를 제한할 수 있게 되었다.

우리 헌법도 "입법권은 국회에 속한다"라고 규정하는 한편, "국회는 국민의 보통·평등·직접·비밀 선거에 의하여 선출된 국회의원으로 구성한다"라고 규정함으로써 국민의 대표로 구성된 국회가 입법 권한을 가지고 있다는 점을 명시하고 있다(「헌법」 제40조, 제41조 제1항). 법률안은 정부나 국회의원이 제출할 수 있지만(「헌법」 제52조) 반드시 국회 본회의에서 국회의원 재적의원 과반수의 출석과 출석의원 과반수의 동의를 받아야 한다. 구체적인 법률 제정 과정은 아래의 그림을 통해 살펴볼 수 있다.

국민투표

국민투표는 국민이 직접 투표에 참여하여 국가의 중대한 사항을 결정하는 직접민주제의 한 형태이다. 우리 헌법은 외교·국방·통일 기타 국가 안위에 관한 중요 정책에 대한 국민투표(헌법 제72조)와 헌법개정안에 대한 국민투표(헌법제130조)를 규정하고 있다. 중요 정책에 대한 국민투표는 대통령이 필요하다고 인정할 때에 실시할 수 있다.

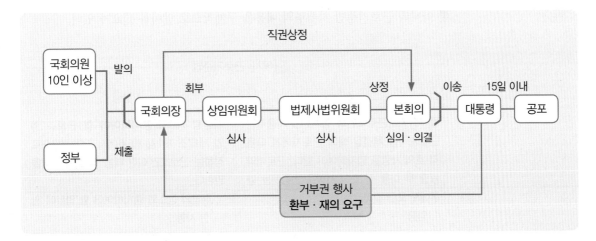

▲ 법률 제정 과정

(3) 명령

현대 사회에서는 법률 규정만으로 구체적인 국민의 권리와 의무의 내용을 모두 규정하는 것이 어려워졌다. 사회가 빠르게 변화하면서 신속한 대처가 필요하게 되었고, 분야별로 전문적이고 기술적인 입법 사항이 늘어났기 때문이다. 이로인해 법률은 국민의 권리·의무에 관한 기본 사항만을 정하고, 그에 대한 세부적인 내용은 법률의 하위법인 대통령령, 총리령, 부령의 형태로 위임하고 있다.

명령은 행정권에 의하여 제정되는 법규범으로서 법률에서 위임한 사항과 법률의 집행에 필요한 사항만을 규정한다. 법률과 달리 명령은 국민의 자유와 재산 그리고 생명이라는 기본적 가치를 직접 제한할 수 없다. 명령은 형식에 따라 시행령(대통령령) 및 시행규칙(총리령과 부령)으로 분류되며, 시행령이 시행규칙에 비해 상위 명령이다. 시행령은 법률에서 위임된 사항만을 다루는 반면, 시행규칙은 법률뿐만 아니라 대통령령에서 위임된 사항도 다룬다.

「근로기준법」 제17조는 사용자가 근로자와 근로계약을 체결할 때 반드시 명시해야 할 근로기준에 대하여 규정하고 있다. 그런데 사용자가 명시해야 할 근로조건의 모든 내용을 법에서 전부 규정하기 어렵고 사회 변화에 따라 근로조건이 추가될 수 있기 때문에, 임금, 근로시간, 휴일, 연차휴가 외의 사항을 시행령으로 정하도록 위임하였다. 근로조건의 구체적 내용은 사회 변화에 따라 고용노동부에서 다루어야 할 전문적이고 기술적인 사항이기 때문이다. 이에 따라 「근로기준법 시행령」 제8조는 취업 장소 및 업무, 취업규칙, 기숙사 규칙을 근로계약에서 명시해야 할 근로조건으로 규정하였다. 따라서 근로계약을 체결할 때에는 근로기준법

상임위원회

상임위원회는 국회 내에 전문 분야별로 운영하는 위원회를 말한다. 상임위원회는 소관에 속하는 법률안, 의안과 청원 등의 심사 등을 한다.

법제사법위원회

법제사법위원회는 국회 내 특별위원회로 법률안의 체계·자구 심사를 한다. 상임위원회에서 법률안의 심사와 의결을 마치면, 법제사법위원회는 법률의 위헌 여부, 다른 법률과의 충돌 여부 등의 체계 심사와 법률 용어의 적합성과 통일성 등을 정비하는 자구 심사를 한다.

뿐 아니라 근로기준법 시행령의 내용을 구체적으로 알아볼 필요가 있다.

[예시] 근로기준법

법률	시행령
법 제17조(근로조건의 명시) ① 사용자는 근로계약을 체결할 때에 근로자에게 다음 각 호의 사항을 명시하여야 한다. 근로계약 체결 후 다음 각 호의 사항을 변경하는 경우에도 또한 같다. 1. 임금 2. 소정근로시간 3. 제55조에 따른 휴일 4. 제60조에 따른 연차유급휴가 5. 그 밖에 대통령령으로 정하는 근로조건	시행령 제8조(명시하여야 할 근로조건) 법 제17조 제1항 제5호에서 "대통령령으로 정하는 근로조건"이란 다음 각 호의 사항을 말한다. 1. 취업의 장소와 종사하여야 할 업무에 관한 사항 2. 법 제93조 제1호부터 제12호까지의 규정에서 정한 사항 3. 사업장의 부속 기숙사에 근로자를 기숙하게 하는 경우에는 기숙사 규칙에서 정한 사항

(4) 조례와 규칙

조례와 규칙은 지방자치제도와 밀접한 관련이 있는 법규범이다. 지방자치제도는 지방자치단체를 구성하는 주민들이 지역의 일을 그들이 선출한 지방자치단체의 장과 지방의회를 통해 처리하는 제도를 말한다. 조례는 법령의 범위 안에서 주민들의 권리와 의무에 대하여 지방의회에서 정하는 법규범이며, 규칙은 지방자치단체의 장이 정하는 법규범이다. 조례와 규칙은 상위 법규범인 헌법, 법률, 명령에 위반되지 않는 범위 내에서, 지방 사무에 해당하는 것에 대해서만 규정이 가능하다.

(출처: 서울특별시, 경기도 홈페이지)

이러한 조례와 규칙은 해당 지방자치단체에 한정하여 효력을 미치며, 해당 지역의 특성 및 사정에 따라 그 내용이 달라질 수 있다. 예를 들어, 서울특별시는 '서울특별시 청년 기본 조례'를 근거로 서울 거주 미취업 청년(만19~34세)을 대상으로 구직활동 및 생활 안정 지원을 위해 청년수당을 지급하지만, 경기도는 '경기도 청년 기본소득 지급 조례'를 근거로 청년(만19세 이상 만24세 이하)의 사회적 참여 촉진 및 사회적 기본권 보장을 위해 지역 화폐를 기본소득으로 제공한다. 이처럼 지방자치단체마다 조례와 규칙에서 정하는 보장 내용이 다를 수 있다.

2. 법의 체계

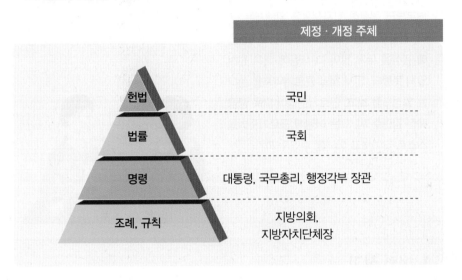

위의 그림과 같이, 법은 헌법, 법률, 명령, 조례, 규칙 등으로 구성되는 수직적 체계를 지니고 있다. 상위법은 하위법에 우선하며, 하위법의 내용은 상위법에 반할 수 없다. 그래서 법률은 헌법에 위반되어서는 안 되고, 명령은 헌법과 법률에 위반되어서는 안 된다. 법률의 위임이나 근거가 없는 내용은 명령이나 조례, 규칙으로 정할 수 없다. 무엇보다 헌법은 국내 최고의 법규범으로서 헌법에 반하는 내용을 담고 있는 법령은 제정될 수 없다.

동일한 법규범의 단계에서는 일반법보다 특별법, 구법보다 신법을 우선적으로 적용해야 한다. 특별법은 특정한 사람, 사물, 행위나 지역에 국한되어 적용되는 법으로 누구에게나 적용되는 일반법보다 항상 우선적으로 적용된다. 한편 구법과 신법이 충돌할 경우에는 보다 최근에 제정된 신법을 우선적으로 적용해야 한다. 다만 특별법은 일반법의 신법보다 우선적으로 적용된다.

제2절 | 법령 찾기와 읽기

앞서 살펴본 법령의 종류와 체계를 이해했다면, 이를 바탕으로 관심 있는 법령을 직접 찾아보고 읽어볼 수 있다. 아래의 사례를 통해 법령을 찾고 읽는 방법에 대하여 자세히 알아보자.

김민주 씨는 오랜 취업 준비 끝에 ABC 마케팅 회사로부터 최종 합격 통보를 받았다. 그토록 원하던 회사에 취업하게 된 김민주 씨는 가족과 친구들의 축하를 받으며 설레는 마음으로 입사 준비를 하고 있었다. 그런데 입사를 일주일 앞둔 어느 날, 친한 선배로부터 원활한 회사생활을 위해서는 근로기준법을 알아 두라는 조언을 듣게 되었다. 김민주 씨는 뉴스에서 간혹 근로기준법에 대해 들어본 적이 있었지만, 근로기준법에 관심을 두지 않아 그 내용에 대해 전혀 알지 못했다. 입사 첫날 근로계약서를 쓴다는 일정표를 보고, 근로기준법이 더욱 궁금해진 김민주 씨. 그는 어떻게 근로기준법을 스스로 찾아보고 이해할 수 있을까?

1. 법령 찾기

인터넷이 보급되기 전에는 사람들이 법전을 통해 법을 접했지만, 지금은 온라인에서 누구나 손쉽게 법령을 찾을 수 있다. 김민주 씨도 스마트폰을 열어 근로기준법 검색을 시도하였지만, 수많은 사이트가 나와 어느 사이트에서 정확한 정보를 찾을 수 있는지 판단하기 힘들었다. 그렇다면 그 많은 사이트 중에 우리나라의 법령 정보를 정확하게 얻을 수 있는 곳은 어디일까?

(1) 국가법령정보센터

우리나라의 공식적인 법령 정보는 법제처에서 운영하고 있는 '국가법령정보센터(http://www.law.go.kr)'에서 찾아볼 수 있다. 국가법령정보센터는 현행 법령에 대하여 가장 정확한 정보를 제시하는 사이트이다. 대한민국 법령과 조례 ·

규칙뿐만 아니라, 법원 판례, 헌법재판소결정례, 법령해석례, 행정심판례 등을 제공하고 있어 누구든지 일상생활에 필요한 법령 정보를 검색할 수 있다.

법령해석례

행정부가 제시하는 법령에 대한 공식적인 해석을 말하며, "정부 유권해석"이라고도 한다. 행정부는 법령의 구체적 적용을 위하여 법령에 대한 체계적 이해를 바탕으로 법령의 의미를 제정 목적에 따라 명확히 제시하는 법령해석례를 제공한다.

▲ 국가법령정보센터(http://www.law.go.kr)

국가법령정보 사이트에서 자신이 찾고자 하는 법령명이나, 알고자 하는 사항의 키워드를 입력하면 관련 법령을 찾을 수 있다. 김민주 씨는 근로기준법과 근로기준법 시행령을 찾아 원문을 검토해볼 수 있고, 입사 일정표에 나온 '근로계약'이라는 키워드를 검색하여 「근로기준법」 제60조를 찾아볼 수 있다.

또한 법령을 검색하면 법령의 제·개정 이유와 연혁, 법령체계도 등과 같은 법령 정보를 구체적으로 살펴볼 수 있다. 근로기준법이 언제 제정되었는지, 몇 번

행정심판례

행정심판은 행정청의 위법·부당한 처분 그 밖에 공권력의 행사·불행사 등으로 권리나 이익을 침해받은 국민이 행정기관에 제기하는 권리구제절차로 법원의 행정소송과 다르다. 행정심판례는 행정심판위원회의 결정례를 제공한다.

법령체계도

근로기준법

상하위법 | 신구법 | 판례 | 헌재결정례 | 법령해석례 | 행정심판례 | 의견제시사례 | 입법추진현황

본문 | 제정·개정문 | 연혁 | 3단비교 | 신구조문대비표

◈ 상하위법
　법률 근로기준법 [시행 2020. 5. 26.] [법률 제17326호, 2020. 5. 26., 타법개정] [본문] [3단비교] [판례등]
　　시행령 근로기준법 시행령 [시행 2020. 3. 3.] [대통령령 제30509호, 2020. 3. 3., 타법개정]
　　　시행규칙 근로기준법 시행규칙 [시행 2020. 1. 31.] [고용노동부령 제281호, 2020. 1. 31., 일부개정]
　　　　행정규칙
　　　행정규칙
　　시행령 근로감독관규정 [시행 2010. 10. 27.] [대통령령 제22465호, 2010. 10. 27., 전부개정]
　　　시행규칙 근로감독관증 규칙 [시행 2016. 6. 16.] [고용노동부령 제158호, 2016. 6. 16., 타법개정]
　　행정규칙

◈ 관계법령
　시행령 선원노동위원회규정 [시행 2013. 3. 23.] [법률 제24443호, 2013. 3. 23., 타법개정]

▲ 법령체계도(https://www.law.go.kr/lsStmdInfoP.do?lsiSeq=218277&ancYnChk=0)

의 개정을 거쳐 변화했는지를 알아볼 수 있다. 나아가 법령체계도를 통해 근로기준법과 관련된 시행령과 시행규칙뿐 아니라 관련 판례, 헌법재판소결정례 등도 체계적으로 찾아볼 수 있다.

국가법령정보의 콘텐츠

- 대한민국 현행 법령과 법령 연혁, 조약
- 중앙행정기관 및 헌법기관 등의 훈령 · 예규 · 고시
- 지방자치단체(시 · 도 및 시 · 도 교육청, 시 · 군 · 구) 조례 · 규칙
- 판례, 헌재결정례, 법령해석례, 행정심판례
- 법령 용어, 영문법령, 별표 · 서식

---

(2) 찾기 쉬운 생활법령정보

'찾기 쉬운 생활법령정보'(http://easylaw.go.kr)는 실생활에 필요한 법령을 쉽게 찾고 이해할 수 있도록 법령 간의 관계를 생활 중심으로 분류하고, 어려운 법령의 내용을 알기 쉽게 해설하여 제공한다. 즉, 실생활에서 발견되는 여러 법적 사례들을 주제별로 제시하고 문제를 해결할 수 있는 법적 방법을 소개하는 사이트이다. 국가법령정보센터와 달리, 이 사이트에서는 실제 법적 문제에 부딪혔을 때 어떠한 법령을 찾아야 하는지, 어느 기관의 도움을 받아야 하는지 등에 대한 정보를 주제별로 자세하게 제공받을 수 있다. 김민주 씨가 회사나 일상생활에서 법적 문제가 발생했다면, 이 사이트를 이용하여 법령 정보를 얻으면 된다.

무엇보다 '찾기 쉬운 생활법령정보'는 어렵고 복잡한 법적 문제를 문답 형태로 제시하고, 카드 뉴스나 웹툰, 동영상을 이용하여 법적 해결 방법을 쉽고 재미있게 설명하고 있다. 예를 들어, 근로/노동과 관련하여 유연근무제의 신청과 해제, 임금의 비상시 지급, 육아기 근로시간 단축 등과 같이 실생활과 밀접한 법적 문제를 질문과 답변 형태로 자세하게 다루고 있다. 또한 일상생활 속 법령 뉴스와 이슈를 제공하여 사회적으로 제기되는 최신의 법적 이슈를 파악할 수 있도록 한다.

▲ 찾기쉬운 생활법령정보(http://easylaw.go.kr)

2. 법령 읽기

국가법령정보센터 앱에서 근로기준법을 찾은 김민주 씨. 그런데 아무리 근로기준법을 읽어봐도 그 내용을 파악하기 어려웠다. 모바일로 쉽게 법을 찾을 수 있었지만, 찾은 법을 읽고 이해하는 것은 불가능한 것처럼 느껴졌다. 좌절에 빠진 김민주 씨에게 법의 내용을 체계적으로 이해할 수 있는 방법을 알려줄 수 있을까?

근로기준법

(1) 법률의 구성

숲을 알아야 나무가 보이듯이, 법률이 어떻게 구성되는지를 알면 그 내용을 이해하기 쉽다. 일반적으로 우리가 접하는 법률은 법률 전반에 공통적으로 적용되는 총칙 규정, 법률의 구체적인 내용을 규정하는 실체 및 벌칙 규정, 그리고 부칙 규정으로 구성된다.

근로기준법

[시행 2021. 1. 5.] [법률 제17862호, 2021. 1. 5., 일부개정]

법시행일   법형식/공포번호

고용노동부(임금근로시간과 - 근로시간, 연차휴가, 휴게, 휴일), 044-202-7972
고용노동부(근로기준정책과 - 임금), 044-202-7548
고용노동부(근로기준정책과 - 소년), 044-202-7535
고용노동부(여성고용정책과 - 여성), 044-202-7475
고용노동부(근로기준정책과 - 해고, 취업규칙, 기타), 044-202-7534

총칙

제1장 총칙
제1조(목적) 이 법은 헌법에 따라 근로조건의 기준을 정함으로써 근로자의 기본적 생활을 보장, 향상시키며 균형 있는 국민경제의 발전을 꾀하는 것을 목적으로 한다

제2조(정의) ① 이 법에서 사용하는 용어의 뜻은 다음과 같다. 〈개정 2018. 3. 20., 2019. 1. 15., 2020. 5. 26.〉

실체 규정

벌칙

제12장 벌칙
제107조(벌칙) 제7조, 제8조, 제9조, 제23조제2항 또는 제40조를 위반한 자는 5년 이하의 징역 또는 5천만원 이하의 벌금에 처한다. 〈개정 2017. 11. 28.〉

제108조(벌칙) 근로감독관이 이 법을 위반한 사실을 고의로 묵과하면 3년 이하의 징역 또는 5년 이하의 자격정지에 처한다.

부칙

부   칙 〈법률 제8372호, 2007. 4. 11.〉 [부칙(접기)]
제1조 (시행일) 이 법은 공포한 날부터 시행한다. 다만, 부칙 제16조제24항의 개정규정은 2007년 4월 12일부터 시행하고, 제12조, 제13조, 제17조, 제21조, 제23조제1항, 제24조제3항, 제25조제1항, 제27조부터 제33조까지, 제37조제1항, 제38조, 제43조, 제45조, 제64조제3항, 제77조, 제107조, 제110조제1호, 제111조, 제112조, 제114조, 제116조 및 부칙 제16조제9항의 개정규정은 2007년 7월 1일부터 시행하며, 부칙 제16조제21항의 개정규정은 2007년 7월 20일부터 시행한다.

다만, 민법, 형법, 민사소송법, 형사소송법 등과 같이 구성을 달리하는 법률도 있다.

근로기준법은 크게 총칙, 실체 규정 및 벌칙, 부칙 세 부분으로 이루어져 있다. 총칙은 법률에 공통적으로 적용되는 기본적이고 원칙적인 사항을 규정한다. 대개 법률의 목적이나 기본 이념, 용어의 정의, 법률의 적용 범위나 다른 법률과의 관계 등을 규정한다.

[총칙] __제1조 (목적)__ 이 법은 헌법에 따라 근로조건의 기준을 정함으로써 근로자의 기본적 생활을 보장, 향상시키며 균형 있는 국민경제의 발전을 꾀하는 것을 목적으로 한다.

[정의] 제2조 (정의) ① 이 법에서 사용하는 용어의 뜻은 다음과 같다. 〈개정 2018. 3. 20., 2019. 1. 15., 2020. 5. 26.〉
  1. "근로자"란 직업의 종류와 관계없이 임금을 목적으로 사업이나 사업장에 근로를 제공하는 사람을 말한다.
  2. "사용자"란 사업주 또는 사업 경영 담당자, 그 밖에 근로자에 관한 사항에 대하여 사업주를 위하여 행위하는 자를 말한다.
  3. "근로"란 정신노동과 육체노동을 말한다.
  4. "근로계약"이란 근로자가 사용자에게 근로를 제공하고 사용자는 이에 대하여 임금을 지급하는 것을 목적으로 체결된 계약을 말한다.
  5. "임금"이란 사용자가 근로의 대가로 근로자에게 임금, 봉급, 그 밖에 어떠한 명칭으로든지 지급하는 모든 금품을 말한다.
  6. "평균임금"이란 이를 산정하여야 할 사유가 발생한 날 이전 3개월 동안에 그 근로자에게 지급된 임금의 총액을 그 기간의 총일수로 나눈 금액을 말한다. 근로자가 취업한 후 3개월 미만인 경우도 이에 준한다.
  7. "1주"란 휴일을 포함한 7일을 말한다.
  8. "소정(所定)근로시간"이란 제50조, 제69조 본문 또는 「산업안전보건법」 제139조제1항에 따른 근로시간의 범위에서 근로자와 사용자 사이에 정한 근로시간을 말한다.
  9. "단시간근로자"란 1주 동안의 소정근로시간이 그 사업장에서 같은 종류의 업무에 종사하는 통상 근로자의 1주 동안의 소정근로시간에 비하여 짧은 근로자를 말한다.
  ② 제1항제6호에 따라 산출된 금액이 그 근로자의 통상임금보다 적으면 그 통상임금액을 평균임금으로 한다.

[적용 범위] 제11조 (적용 범위) ① ① 이 법은 상시 5명 이상의 근로자를 사용하는 모든 사업 또는 사업장에 적용한다. 다만, 동거하는 친족만을 사용하는 사업 또는 사업장과 가사(家事) 사용인에 대하여는 적용하지 아니한다.
  ② 상시 4명 이하의 근로자를 사용하는 사업 또는 사업장에 대하여는 대통령령으로 정하는 바에 따라 이 법의 일부 규정을 적용할 수 있다.
  ③ 이 법을 적용하는 경우에 상시 사용하는 근로자 수를 산정하는 방법은 대통령령으로 정한다. 〈신설 2008. 3. 21.〉

---

① 목적 규정은 해당 법률이 달성하려는 입법 목적을 제시하며, 개별 조문에 대한 해석 지침의 역할을 한다. 입법 목적은 해당 법이 지향하는 이념과 가치를 나타내며, 헌법에 근거하는 경우가 많다.

근로기준법은 「헌법」 제32조의 근로권을 보장하기 위해 제정되었으며, 근로자의 기본적 생활 향상과 국민경제의 발전을 목적으로 하고 있다.

② 정의 규정은 법령에 등장하는 용어가 개념상 중요하거나 일반적인 의미와 다르게 사용될 경우에 그 용어의 뜻을 명확하게 정하는 규정을 말한다. 용어의 뜻을 명확하게 알아야 규정의 의미를 정확하게 이해할 수 있기 때문에, 법률은 보통 총칙에서 용어에 대한 정의 규정을 두고 있다.

「근로기준법」 제2조는 근로자, 사용자, 근로 등의 용어를 정의하고 있다.

③ 적용 범위에 관한 규정은 해당 법령이 적용되는 대상이나 사항을 특정한다.

근로기준법은 원칙적으로 상시 5명 이상 근로자를 사용하는 사업(장)에 적용된다. 만일 상시 4명 이하의 근로자를 사용하거나, 5명을 사용하더라도 상시가 아니라면 근로기준법을 적용할 수 없다.

④ 다른 법률과의 관계에 관한 규정은 당해 법률에서 규율하려는 사항이 다른 법령에서 규율하고 있는 것과 중복되거나 상호 연관되어 있는 경우에 어느 법령이 먼저 적용되는지를 밝히기 위해 둔다.

총칙 다음에는 구체적인 법률의 내용을 규정하는 실체 규정과 벌칙 규정이 나온다. 실체 규정은 법률의 목적이나 이념을 실현하기 위해 구체적인 국민의 권리와 의무의 내용 및 집행 · 구제 절차 등을 규정한다.

근로기준법은 제2장부터 제11장까지 근로계약, 임금, 근로시간과 휴식, 여성과 소년, 안전과 보건, 기능 습득, 재해보상, 취업규칙, 기숙사, 근로감독관 등에 관한 사항을 자세히 규정하고 있다.

제2장 근로계약
제3장 임금
제4장 근로시간과 휴식
제5장 여성과 소년
...
제11장 근로감독관 등

벌칙규정은 특별한 사유가 없으면 법률의 마지막 장에 있다. 벌칙은 형벌규정, 양벌규정, 과태료규정의 순서로 규정되며, 법정형이 무거운 것부터 규정된다.

제12장 벌칙

제107조(벌칙) 제7조, 제8조, 제9조, 제23조제2항 또는 제40조를 위반한 자는 5년 이하의 징역 또는 5천만원 이하의 벌금에 처한다. 〈개정 2017. 11. 28.〉

제108조(벌칙) 근로감독관이 이 법을 위반한 사실을 고의로 묵과하면 3년 이하의 징역 또는 5년 이하의 자격정지에 처한다.

제109조(벌칙) ① 제36조, 제43조, 제44조, 제44조의2, 제46조, 제56조, 제65조, 제72조 또는 제76조의3제6항을 위반한 자는 3년 이하의 징역 또는 3천만원 이하의 벌금에 처한다. 〈개정 2007. 7. 27., 2017. 11. 28., 2019. 1. 15.〉
② 제36조, 제43조, 제44조, 제44조의2, 제46조 또는 제56조를 위반한 자에 대하여는 피해자의 명시적인 의사와 다르게 공소를 제기할 수 없다. 〈개정 2007. 7. 27.〉

제110조(벌칙) 다음 각 호의 어느 하나에 해당하는 자는 2년 이하의 징역 또는 2천만원 이하의 벌금에 처한다. 〈개정 2009. 5. 21., 2012. 2. 1., 2017. 11. 28., 2018. 3. 20.〉
1. 제10조, 제22조제1항, 제26조, 제50조, 제53조제1항 · 제2항 · 제3항 본문, 제54조, 제55조, 제59조제2항, 제60조제1항 · 제2항 · 제4항 및 제5항, 제64조제1항, 제69조, 제70조제1항 · 제2항, 제71조, 제74조제1항부터 제5항까지, 제75조, 제78조부터 제80조까지, 제82조, 제83조 및 제104조제2항을 위반한 자
2. 제53조제4항에 따른 명령을 위반한 자

마지막으로 부칙은 부수적으로 법령의 시행일 및 시행에 따르는 경과 조치, 법령의 시행에 따라 필요한 다른 법령의 개정 사항 등을 규정한다. 부칙은 구체적으로 법령이 적용되는 시점을 분명히 하고, 종전의 법률관계에서 새로운 법률관계로 전환되는 과정에서 필요한 잠정적인 조치나 경과적인 조치를 규정한다.

부   칙 〈법률 제8372호, 2007. 4. 11.〉

제1조 (시행일) 이 법은 공포한 날부터 시행한다. 다만, 부칙 제16조제24항의 개정규정은 2007년 4월 12일부터 시행하며, 제12조, 제13조, 제17조, 제21조, 제23조제1항, 제24조제3항, 제25조제1항, 제27조부터 제33조까지, 제37조제1항, 제38조, 제43조, 제45조, 제64조제3항, 제77조, 제107조, 제110조제1호, 제111조, 제112조, 제114조, 제116조 및 부칙 제16조제9항의 개정규정은 2007년 7월 1일부터 시행하며, 부칙 제16조제21항의 개정규정은 2007년 7월 20일부터 시행한다.

제2조 (시행일에 관한 경과조치) 부칙 제1조 단서에 따라 제12조, 제13조, 제17조, 제21조, 제23조제1항, 제24조제3항, 제25조제1항, 제28조, 제37조제1항, 제38조, 제43조, 제45조, 제77조, 제107조, 제110조제1호 및 제114조의 개정규정이 시행되기 전까지는 그에 해당하는 종전의 제11조, 제12조, 제24조, 제28조, 제30조제1항, 제31조제3항, 제31조의2제1항, 제33조, 제36조의2제1항, 제37조, 제42조, 제44조, 제77조, 제110조, 제113조제1호 및 제115조를 적용한다.

제3조 (유효기간) 제16조의 개정규정은 2007년 6월 30일까지 효력을 가진다.

제4조 (법률 제6974호 근로기준법중개정법률의 시행일) 법률 제6974호 근로기준법중개정법률의 시행일은 다음 각 호와 같다.
 1. 금융·보험업, 「정부투자기관 관리기본법」 제2조에 따른 정부투자기관, 「지방공기업법」 제49조 및 같은 법 제76조에 따른 지방공사 및 지방공단, 국가·지방자치단체 또는 정부투자기관이 자본금의 2분의 1 이상을 출자하거나 기본재산의 2분의 1 이상을 출연한 기관·단체와 그 기관·단체가 자본금의 2분의 1 이상을 출자하거나 기본재산의 2분의 1 이상을 출연한 기관·단체 및 상시 1,000명 이상의 근로자를 사용하는 사업 또는 사업장 : 2004년 7월 1일
 2. 상시 300명 이상 1,000명 미만의 근로자를 사용하는 사업 또는 사업장 : 2005년 7월 1일

(2) 법조문 읽기

법령은 대개 여러 조문으로 이루어진다. 각 조문은 조, 항, 호, 목의 순서로 구성되는데, 조(條)는 일반적으로 제0조라고 표기되며, 괄호 안에 제목을 기재한다. 조보다 하위에 있는 항(項)은 동그라미 안의 숫자로 표시하며, 조문의 구체적 내용을 나타낸다. 호(號)와 목(目)은 일정한 사항을 열거할 필요가 있을 때 사용되는데, 호는 아라비아 숫자로, 목은 가나다 순으로 표시한다.

근로기준법

조 조문제목 항

제17조(근로조건의 명시) ① 사용자는 근로계약을 체결할 때에 근로자에게 다음 각 호의   : 전문
사항을 명시하여야 한다. 근로계약 체결 후 다음 각 호의 사항을 변경하는 경우에도 또한   : 후문
같다.

호
 1. 임금
 2. 소정근로시간
 3. 제55조에 따른 휴일
 4. 제60조에 따른 연차 유급휴가
 5. 그 밖에 대통령령으로 정하는 근로조건

② 사용자는 제1항제1호와 관련한 임금의 구성항목·계산방법·지급방법 및 제2호부터 제4호까지의   : 원칙(본문)
사항이 명시된 서면을 근로자에게 교부하여야 한다. 다만, 본문에 따른 사항이 단체협약 또는 취업규   : 예외(단서)
칙의 변경 등 대통령령으로 정하는 사유로 인하여 변경되는 경우에는 근로자의 요구가 있으면 그 근
로자에게 교부하여야 한다.

「근로기준법」 제17조는 '근로조건의 명시'라는 제목 아래 제1항 및 제2항을 두고 있으며, 각 항은 한 문장 이상으로 구성된다. 제1항과 같이 대등한 내용의 두 문장인 경우 앞의 문장을 전단, 뒤의 문장을 후단이라고 한다. 제1항과 달리 제2항은 원칙과 예외를 규정하고 있는데, 원칙적인 부분을 본문, 예외적인 부분을 단서라고 한다. 단서 규정은 통상 '다만', '그러나'와 같은 표현을 사용하여 본문의 예외임을 나타낸다. 1-5호는 근로자에게 명시해야 할 근로조건을 열거한 것이다. 각 호의 사항은 모두 근로자에게 명시해야 하며, 일부만 명시할 수 없다.

제3절 | 판례 찾기와 읽기

최근 우리 사회에 수많은 법적 이슈와 그에 따른 재판이 이루어지면서, 판례에 대한 시민들의 관심도 늘어나고 있다. 김민주 씨도 법에 관심을 가지게 되면서 뉴스에서 접하는 법원의 판결을 직접 찾아보고 싶다는 생각을 하게 되었다. 늦은 저녁 모바일 뉴스로 대법원의 판결을 접한 김민주 씨. 그녀는 어떻게 해당 판결을 스스로 찾아보고 이해할 수 있을까?

(1) 판례 찾기

법령과 마찬가지로 판례도 손쉽게 인터넷을 통해 찾을 수 있다. 대표적인 판례 검색 사이트는 국가법령정보센터와 대법원 종합법률정보(https://glaw. scourt.go.kr), 헌법재판소 판례검색(http://search.ccourt.go.kr/ths/pr/ths_ pr0101_L1.do)이다. 판례는 관련되는 법 조항이나 자신이 찾고 싶은 판결의 키워드(예: 부당해고, 보증금 반환 등)를 검색하여 찾을 수 있으며, 찾고자 하는 판결의 사건 번호(2016두41071)를 알고 있다면 보다 정확한 검색 결과를 얻을 수 있다.

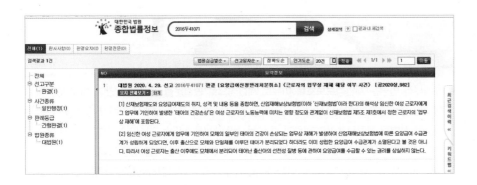

예시와 같이 판례는 ① 어느 법원에서 판결한 것인지, ② 판결 선고 날짜는 언제인지(년월일), ③ 사건 번호는 무엇인지를 밝힌다. 사건 번호는 각 법원에서 사건을 유형별로 분류하여 고유한 번호를 부여한 것이다. 예시 중 '2016두41071'의 경우, 2016은 사건이 접수된 연도이고, 두는 재판의 종류 및 심급을 말하고 41071은 사건의 유형별 접수 번호를 말한다.

따라서 사건 번호를 보면 재판의 종류를 알 수 있다. 예를 들어, '가합'은 민사 제1심 합의부 사건, '고합'은 형사 제1심 합의부 사건을 나타내며, 헌법재판소에서 '헌가'는 위헌법률심판, '헌나'는 탄핵심판, '헌다'는 정당해산심판, '헌라'는 권한쟁의심판, '헌마'는 권리구제형 헌법소원을 나타낸다.

대법원 대국민서비스(https://www.scourt.go.kr/portal/main.jsp)는 전국 법원의 주요 판결, 판례 속보, 언론보도 판결을 업데이트하여 제공하고 있다.

사건 번호로 보는 재판의 종류

사건별 사건부호는 민사재판 'ㅏ', 형사재판 'ㅗ', 가사재판 'ㅡ', 행정재판 'ㅜ' 등으로 표기한다(사건별 부호문자의 부여에 관한 예규). 1심 판결은 ㄱ, 2심 판결은 ㄴ, 대법원 판결은 ㄷ으로 표기한다. '가단'은 민사 1심 단독사건, '가합'은 민사 1심 합의사건, '나'는 민사 2심 사건, '다'는 민사 대법원 사건을 말한다. 형사사건은 '고단', '고합', '노', '도'로 표기한다.

🔍 검색을 통해 판례를 찾을 수 없을 때!

우리나라 법원은 개인정보보호를 이유로 제한적으로 판결문을 공개하고 있다. 이를테면 대법원은 종합법률정보(http://glaw.scourt.go.kr) 시스템을 통해 선례적 가치가 있는 중요 판결들을 선별해 사건관계인의 이름과 주소 등 개인정보를 지우는 비실명화 작업을 거쳐 판결문을 공개한다. 따라서 해당 사이트를 통해서 모든 판결문을 찾아볼 수는 없다.

다만 온라인 사이트에서 판례를 찾을 수 없다면, 대법원 대국민서비스의 판결문 인터넷 열람 및 사본제본 신청 제도를 이용하여 판례를 찾을 수 있다. 그러나 이 경우에도 확정된 사건의 판결문만 열람 및 사본제본 신청이 가능하며, 상소 등을 통해 재판이 진행 중인 경우에는 하급심 판결문을 확인할 수 없다.

---

(2) 판례의 구성

판례를 검색하면, 판례마다 맨 위에 선고법원, 선고일, 사건 번호, 사건명이 표시되고, 이어서 판시사항, 판결요지, 참조조문 및 참조판례, 전문이 나온다.

① 판시사항: 해당 판결의 주요 쟁점을 정리한 것이다. 사건의 법적 쟁점을 간략하게 정리하여 제시하는데, 이해의 편의를 위해 대개 2~3 항목으로 나눈다.

대법원
2016두41071 판결

	대한민국 법원 종합법률정보		
	대법원 2020. 4. 29. 2016두41071 판결		
	[요양급여신청반려처분취소]		
판시사항	판결요지	참조조문	판결전문

【판시사항】

[1] 임신한 여성 근로자에게 업무에 기인하여 발생한 '태아의 건강손상'이 산업재해보상보험법 제5조 제1호에서 정한 근로자의 '업무상 재해'에 포함되는지 여부(적극)

[2] 임신한 여성 근로자에게 업무에 기인하여 모체의 일부인 태아의 건강이 손상되는 업무상 재해가 발생하여 산업재해보상보험법에 따른 요양급여 수급관계가 성립한 후 출산으로 모체와 단일체를 이루던 태아가 분리된 경우, 이미 성립한 요양급여 수급관계가 소멸되는지 여부(소극)

위의 대법원 판결은 (1) 임신한 여성 근로자에게 발생한 '태아의 건강손상'이 산업재해보상보험법 제5조 제1호에서 정한 근로자의 '업무상재해'에 포함되는지 여부와, (2) 임신한 여성 근로자에게 태아의 건강이 손상되는 업무상재해가 발생하여 산업재해보상보험법에 따른 요양급여 수급관계가 성립한 후 출산으로 모체와 단일체를 이루던 태아가 분리된 경우, 이미 성립한 요양급여 수급관계가 소멸되는지 여부를 주요 쟁점으로 하고 있다.

② 판결요지: 해당 판결의 핵심 내용을 요약한 것이다. 판시사항에 대한 재판부의 입장을 요약하여 제시한다. 쟁점별로 판결의 결론을 요약한 것이므로 판시사항과 함께 읽으면 판결의 핵심 내용을 이해하는 데 도움이 된다.

	대한민국 법원 종합법률정보		
	대법원 2020. 4. 29. 2016두41071 판결		
	[요양급여신청반려처분취소]		
판시사항	판결요지	참조조문	판결전문

【판결요지】

[1] 산재보험제도와 요양급여제도의 취지, 성격 및 내용 등을 종합하면, 산업재해보상보험법(이하 '산재보험법'이라 한다)의 해석상 임신한 여성 근로자에게 그 업무에 기인하여 발생한 '태아의 건강손상'은 여성 근로자의 노동능력에 미치는 영향 정도와 관계없이 산재보험법 제5조 제1호에서 정한 근로자의 '업무상 재해'에 포함된다.

[2] 임신한 여성 근로자에게 업무에 기인하여 모체의 일부인 태아의 건강이 손상되는 업무상 재해가 발생하여 산업재해보상보험법에 따른 요양급여 수급관계가 성립하게 되었다면, 이후 출산으로 모체와 단일체를 이루던 태아가 분리되었다 하더라도 이미 성립한 요양급여 수급관계가 소멸된다고 볼 것은 아니다. 따라서 여성 근로자는 출산 이후에도 모체에서 분리되어 태어난 출산아의 선천성 질병 등에 관하여 요양급여를 수급할 수 있는 권리를 상실하지 않는다.

위의 판결도 두 가지 쟁점에 대한 재판부의 입장을 판결요지에서 제시하였는데, ⑴ 법의 해석상 임신한 여성 근로자에게 그 업무에 기인하여 발생한 '태아의 건강손상'은 여성 근로자의 노동 능력에 미치는 영향 정도와 관계없이 산재보험법 제5조 제1호에서 정한 근로자의 '업무상재해'에 포함되며, ⑵ 여성 근로자는 출산 이후에도 출산아의 선천성 질병 등에 관하여 요양급여를 수급할 수 있는 권리를 상실하지 않는다고 하였다.

다만 헌법재판소나 대법원 전원합의체 판결은 헌법재판관 또는 대법관들이 서로 의견을 달리하는 경우에 다수의견과 소수의견, 보충의견, 별개의견으로 표시하여 각 의견을 모두 제시한다.

💬 **재판부 전원합의체 판결**

대법원의 사건 중 부에서 의견이 일치되지 못한 경우, 명령·규칙이 헌법 또는 법률에 위반된다고 인정하는 경우, 종전에 대법원에서 판시한 헌법·법률·명령 또는 규칙의 해석 적용에 관한 의견을 변경할 필요가 있다고 인정되는 경우, 부에서 재판함이 적당하지 않다고 인정되는 경우에는 전원합의체에서 재판을 한다. 전원합의체는 대법원장이 재판장이 되고, 대법관 전원의 2/3 이상으로 구성되며, 서로 의견을 달리하는 경우에 다수의견과 소수의견, 보충의견, 별개의견으로 표시하여 각 의견을 판결문에 모두 제시한다.

· 다수의견: 재판부의 공식적인 입장이며 법정 의견이라고 한다.
· 소수의견: 재판부의 결정이나 그 이유에 관해서 견해를 달리하는 재판관이 표시하는
　　　　　　 의견을 말한다. 주로 판결 주문에 반대할 때 낸다.
· 보충의견: 다수의견 결론에는 동의하나 그 이유를 보충할 때 내는 의견이다.
· 별개의견: 다수의견 결론에는 동의하나 그 이유를 달리할 때 내는 의견이다.

---

③ **참조조문·참조판례**: 판결을 내리는 데 참조한 조문과 판례를 나타낸다. 참조조문은 해당 사건의 판결을 내리기 위해 참조한 법령명과 조문을 말하며, 참조판례는 해당 판례의 판시사항과 같은 쟁점을 다룬 판례를 나타낸다. 참조판례를 찾아보면 유사한 내용의 사건에 대한 대법원의 태도를 알 수 있다.

🦅 대한민국 법원
종합법률정보

대법원 2020. 4. 29. 2016두41071 판결
[요양급여신청반려처분취소]

판시사항	판결요지	참조조문	판결전문

【참조조문】
[1] 산업재해보상보험법 제5조 제1호 / [2] 산업재해보상보험법 제5조 제1호, 제40조, 제88조 제1항

【참조판례】
헌법재판소 2005. 11. 24. 선고 2004헌바97 전원재판부 결정
대법원 2017. 8. 29. 선고 2015두3867 판결
대법원 1994. 5. 24. 선고 93다38826 판결
대법원 2000. 3. 10. 선고 99두11646 판결
대법원 2009. 2. 12. 선고 2004두10289 판결
헌법재판소 1990. 4. 2. 선고 89헌가113 전원재판부 결정

사실 판결문은 일상어가 아닌 어려운 법률 용어로 이루어져 있고, 긴 문장으로 되어 있으며, 분량도 상당하여 일반인이 이해하기 어려운 측면이 많다. 그래서 법원은 판시사항과 판결요지를 제공하여 법조인이 아닌 일반인도 길고 복잡한 판결의 원문을 용이하게 파악할 수 있도록 한 것이다. 다만 판시사항, 판결요지, 참조조문 및 참조판례 등은 판례를 읽는 독자의 편의를 위하여 임의로 작성한 것으로서 판결 원문의 일부가 아니라는 점에 유의해야 한다.

④ 전문: 판결문의 원문으로 '원고와 피고', '원심판결', '주문'과 '이유'가 나온다. 먼저 원고와 피고는 재판의 당사자를 말한다. 민사소송은 원고와 피고, 소송대리인이 명시되며, 형사소송은 피고인과 검사, 피고인의 변호인이 명시된다. 항소심에서는 항소인, 피항소인, 상고심에서는 상고인, 피상고인으로 표시한다. 개인정보보호를 위해 당사자의 실명을 공개하지 않는 경우도 있다.

대한민국 법원 종합법률정보

대법원 2020. 4. 29. 2016두41071 판결
[요양급여신청반려처분취소]

판시사항	판결요지	참조조문	판결전문

【전 문】

【원고, 상고인】 원고 1 외 3인 (소송대리인 변호사 신영훈 외 1인)

【피고, 피상고인】 근로복지공단 (소송대리인 법무법인(유한) 태평양 담당변호사 장상균 외 1인)

【원심판결】 서울고법 2016. 5. 11. 선고 2015누31307 판결

【주 문】
원심판결을 파기하고, 사건을 서울고등법원에 환송한다.

【이 유】
상고이유를 판단한다.
1. 사건의 개요
원심판결 이유에 의하면, 다음과 같은 사정들을 알 수 있다.
가. 원고들은 모두 제주특별자치도 ○○병원인 '△△△△△'에서 근무하는 간호사인데, 공통적으로 2009년에 임신하여 2010년에 아이를 출산하였고, 그 아이들이 모두 선천성 심장질환을 갖고 있었다. 원고 3을 제외한 나머지 원고들은 임신 4주차에 유산증후를 겪었다.

위 판결을 차례대로 살펴보면, 위 사건은 대법원에서 2020.4.29. 선고한 사건이며, 2016년에 대법원에 접수된 41071번째 행정사건으로서 요양급여신청 반려처분에 대한 취소청구 사건이다. 원고는 1외 3인이며, 원심에서 패소하여 상고하였고, 피고는 근로복지공단이다. 원심판결은 서울고등법원이 2016.5.11. 선고한 판결이며, 대법원은 원심판결의 판단이 잘못되었다는 이유로 원심판결을 파기하고, 서울고등법원에서 다시 판결하도록 돌려보냈다는 것을 알 수 있다.

원심판결은 바로 직전 법원 판결을 의미한다. 우리나라는 삼심제를 채택하고 있기 때문에, 심급마다 관할하는 법원이 다르다. 만약 대법원 판결이면 원심판결은 2심 법원(고등법원이나 지방법원 합의부)의 판결이라고 할 수 있다.

각하 · 인용 · 기각

재판 결과는 각하, 인용, 기각으로 나뉘는데 만약 심판청구 자체가 적법하지 않다면 각하되고, 적법하다면 원고의 청구가 정당한지 심리하여 정당하면 인용, 정당하지 않으면 기각을 한다.

심판청구의 적법성

소송을 제기하는 경우에 심판청구가 적법해야, 즉, 소송요건을 갖추어야 본안 판단을 할 수 있다. 소송요건은 소를 제기하기 위해 당사자는 재판권, 당사자능력, 소를 제기한 법원의 관할권 등이 있어야 하며 중복소송 여부 등을 검토하여 판단된다. 소송요건에 흠결이 있으면 본안판단을 하지 않고 소는 각하된다.

주문은 사건에 대한 재판부의 최종적인 입장, 즉, 판결의 결론을 의미한다. 예를 들어, '원심판결을 파기하고, 사건을 서울고등법원에 환송한다', '원고는 피고에게 16,000,000원을 지급하라', '원고의 청구를 기각한다', '피고인을 징역 1년에 처한다'와 같이 제시된다. 주문은 집행의 기초가 될 뿐 아니라 판결의 효력이 미치는 객관적 범위를 정하는 기준이 된다. 따라서 판결의 주문은 간결하고 명확해야 하며, 주문 그 자체로 내용이 특정되어야 한다.

이유란 판결 주문에 이르게 된 근거를 말한다. 재판부는 반드시 이유를 제시해야 하는데, 이 경우 법적 근거뿐 아니라 사실적 근거도 포함된다(다만 형사소송에서 상소를 불허하는 결정이나 명령, 민사소송에서 지급명령, 소액사건의 판결 등은 예외적으로 이유를 제기하지 않아도 된다).

판결 이유에는 사건의 개요와 심판의 대상, 사건관계인들의 주장 및 이해관계인의 의견이 순서대로 제시된다. 해당 사건의 사실관계는 사건의 개요를 통해 알 수 있으며, 사건 당사자들이 재판부에 어떠한 주장을 했는지는 사건관계인들의 주장을 통해 알 수 있다.

판결문 말미에는 재판장이나 주심판사가 표시된다.

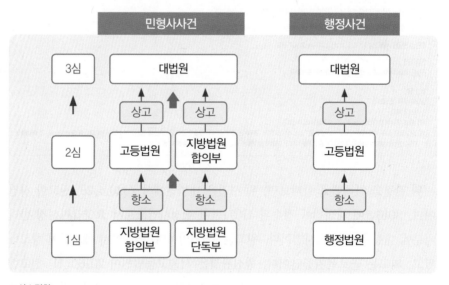

▲ 상소절차

법무부는 범죄예방정책국 홈페이지를 통해 법교육 놀이터인 법사랑 사이버랜드, 보호정책과 법교육 프로그램, 법교육 테마공원인 솔로몬로파크, 기타 법교육 관련 자료를 얻을 수 있는 법교육 전자도서관, 오픈 API를 기반으로 한 생활법률지식서비스 등의 온라인교육서비스를 제공하고 있다.

1. 법사랑 사이버랜드

법사랑 사이버랜드는 법을 쉽게 이해할 수 있는 영상, 카드 뉴스, 웹툰 등을 제공한다. 유아부터 성인을 대상으로 맞춤형 영상을 제공하며, 법의 의미와 역할, 생활법령에 관한 정보뿐 아니라 인권이나 민주시민 의식을 향상시킬 수 있는 온라인교육 콘텐츠를 제공한다. 특히 아동이나 청소년이 이용할 수 있는 온라인 퀴즈나 게임은 법의식을 향상하고 법 지식에 친숙해질 수 있는 계기를 마련하는데 큰 도움이 된다. 최근 유튜브 채널을 오픈하여 법교육 콘텐츠의 접근성을 강화하고 있다.

▲ 법사랑 사이버랜드(http://cyberland.lawnorder.go.kr)

2. 보호정책과 법교육 프로그램

보호정책과 홈페이지는 오프라인 법교육 프로그램에 대한 소개와 신청 방법을 제공한다. 오프라인 법교육에는 교사를 위한 직무연수 프로그램 및 유아와 청소년들이 참여할 수 있는 참여형 법교육 프로그램이 있다.

유아법교육은 인격형성기 아동(5~7세)이 법과 규칙에 대한 올바른 습관을 형성하도록 교육 인프라가 상대적으로 부족한 아동보육시설을 우선으로 하여 찾아가는 법교육 서비스이며, 학생자치법정은 초·중·고등학교 및 학급 단위의 자발적인 참여를 기반으로 하는 법교육 프로그램으로, 학생들이 스스로 규칙을 만들고 자치법정을 직접 운영하는 프로그램이다.

이 외에 법교육 전문강사가 학교, 사회교육기관, 청소년시설, 시민들을 직접 방문하여 실생활에 필요한 법률지식을 전달하는 법교육 출장강연이 있다.

▲ 법무부 보호정책과(https://www.lawnorder.go.kr/portal/cluser/intro/lecture_bbs/lifeCycle_intro.do)

3. 솔로몬로파크

솔로몬로파크는 법무부에서 운영하는 국내 최초의 법교육 테마공원으로 어린이, 청소년을 비롯한 모든 국민이 법을 쉽고 재미있게 배우고 체험할 수 있는 법과 정의의 배움터이다.

모의재판, 과학수사실, 모의국회, 법짱마을 등 신나는 법체험 프로그램과 어린이 법탐험 캠프, 교사직무연수 등 다양한 법연수 프로그램을 통해 민주시민의 자질과 소양을 자연스럽게 체득할 수 있다.

유아나 청소년뿐 아니라 성인도 주부로스쿨, 성인연수를 신청할 수 있다. 현재 대전솔로몬로파크와 부산솔로몬로파크가 운영 중이며, 광주솔로몬로파크가 건립 중에 있다.

▲ 솔로몬 로파크(https://www.lawnorder.go.kr/solomondj/index.do)

4. 법교육 전자도서관, 이로운도서관

법교육 전자도서관인 이로운도서관은 법교육 출간교재, 연재기사, 연구보고서, 멀티미디어 콘텐츠 등 법교육 관련 자료를 체계적으로 정리하여 이용자가 쉽고 재미있게 법질서 및 민주시민의식을 배울 수 있도록 개발된 온라인 법교육 포털사이트이다.

법관련 콘텐츠를 동영상, PDF전자책, 오디오카툰 등 다양한 형식으로 열람하여 학습할 수 있으며, 다양한 디바이스(모바일, PC, 테블릿 등)에서 언제 어디서든 편리하게 이용할 수 있다.

▲ 이로운도서관(https://www.lawnorder.go.kr/portal/cluser/contents/Library.do)

5. 생활법률지식 서비스 '버비'

생활법률지식서비스 '버비'는 국민들이 쉽고 편리하게 생활법률 지식을 접할 수 있도록 제작된 정보제공 시스템이다. 이 서비스는 법률 전문가가 제작한 문답지식을 이용하여 외부의 개발자나 사용자들이 다양하고 재미있는 서비스 및 애플리케이션을 개발할 수 있도록 무료로 공유하는 오픈 API 서비스를 기반으로 한다. 누구나 홈페이지 창과 카카오톡을 이용하여 법과 관련한 질문을 올리면 자동으로 답변이 생성되어 쉽게 이용할 수 있다. 다만 실제 상황에 따른 정확한 법률 상담이 아니므로 버비의 문답은 개인간의 분쟁 또는 법적 절차에 적용할 수 없다.

▲ 버비 생활법률지식 서비스
(https://talk.lawnorder.go.kr/web/index.do)

일상생활에서 분쟁이 발생하면 민사나 형사사건의 형식으로 다투게 될 때가 있다. 이 경우 법령이나 판례를 검색하는 것처럼 나와 관련된 사건의 정보를 인터넷에서도 쉽게 찾아볼 수 있다. 대표적인 사건검색 사이트로는 법무부 형사사법포털 (https://www.kics.go.kr), 대법원(https://www.scourt.go.kr) 사이트 등이 있다.

1. 법무부 형사사법포털

해당 사이트를 이용하려면 먼저 회원가입을 하여 로그인해야 한다(홈페이지 상단). 나의 사건을 검색하기 위해서는 '사건조회 안내' 페이지 하단에 있는 '검색할 수 있는 대상'을 통해 먼저 본인이 조회대상자인지 확인해야 한다(대상자가 아니면 확인 불가). 조회대상자에 해당하면 '서비스 바로가기'에서 경찰사건 · 검찰사건 · 법원사건 중 본인이 검색하고자 하는 사건을 선택하고 회원가입 시 등록한 공동인증서, 지문 등을 이용하여 추가 로그인을 해야 한다(인증서나 지문은 회원가입 시 사전등록을 해야 하고, 비회원 로그인의 경우에는 예약 후 방문발급서비스만 이용 가능). 경찰사건을 선택한 경우 지방청 · 경찰서 선택, 접수번호 및 피의자와의 관계 입력 후 검색을 선택하여 경찰단계에서의 사건 진행 및 처리 결과를 확인할 수 있다. 검찰사건을 선택한 경우 검찰청 선택, 사건번호, 사건과의 관계에 해당 정보를 입력한 후 검색을 누르고 검찰단계에서의 사건 진행 및 처리 결과를 확인할 수 있다. 접수번호나 사건번호를 모르는 경우

해당 화면에 있는 접수번호 또는 사건번호 찾기를 선택하여 지방청, 경찰서, 사건 접수년도, 피의자와의 관계(이상 접수번호), 검찰청, 사건 수리년도 및 사건구분, 사건과의 관계(이상 사건번호) 등 필수정보를 입력 · 검색하면 알 수 있다. 법원단계에서의 사건 진행 및 처리 결과를 알기 위해 '법원사건'을 선택하면 앞의 두 경우와 달리 대법원 '나의 사건검색'으로 연결되어 사건과 관련된 정보를 검색할 수 있도록 되어 있다.

▲ 법무부 형사사법포털(https://www.kics.go.kr)

2. 대법원

대법원 사이트에서는 제일 상단의 '대국민서비스'를 선택한 후 새 화면이 나타나면, 정보 〉 사건검색 〉 나의 사건검색 순으로 들어가서 사건번호를 입력하여 사건 진행 및 처리 결과를 알 수 있다. 사건번호를 모르는 경우 인증서 검색을 이용하여 주민등록번호 입력 후 인증서 확인절차를 거쳐 법원, 사건종류를 선택 · 검색하면 사건 진행 및 처리결과를 알 수 있다.

▲ 대법원(https://www.scourt.go.kr)

법, 어떻게 도움을 받을 수 있을까

법에 대해 많은 지식을 가지고 있는 사람도 막상 자신에게 법적 분쟁이 생기면 어디서부터 어떻게 시작해야 할지 난감해 하기 쉽다. 뿐만 아니라, 별다른 절차나 큰 비용 없이 누구나 이용할 수 있는 법률 상담 및 구제제도가 마련되어 있다는 사실을 모르는 경우도 많다.

이 장에서는 분쟁을 해결하는 다양한 방법을 알아보고, 법에 따른 분쟁해결 절차인 재판의 과정을 이해한 후에, 실질적으로 활용할 수 있는 법률 상담 및 구제제도 등에 대해 살펴보고자 한다.

제1절 │ 분쟁을 해결하는 다양한 방법

1. 분쟁을 해결하는 방법

법과 제도가 마련되지 않은 시절에는 사람들 사이에 분쟁이나 갈등이 생겼을 때 회피, 협상, 복수나 자력구제 등을 통해 문제를 해결했다. 그러나 법과 제도가 갖춰진 이후에는 법을 통해 분쟁을 해결하고 있다. 법을 통한 분쟁해결 방법에는 분쟁당사자들 사이에 중립적 제3자인 법원이 개입하여 해결하는 소송과, 소송의 단점을 극복하기 위해 고안된 대안적 분쟁해결 방식이 있다.

(1) 소송

소송은 재판절차를 모두 밟는 정식절차와 그렇지 않은 간이절차로 나뉜다. 간이절차는 간단하고 편의적인 재판절차로, 형사소송의 약식절차와 즉결심판절차, 민사소송의 소액사건심판절차와 독촉절차 등을 들 수 있다.

- 정식절차

민사소송의 정식재판절차를 살펴보면, 원고와 피고의 성명 및 소송의 목적과 근거 등이 기재된 소장이 법원에 제출됨으로써 재판이 개시되고, 공개 법정에서 양측 당사자가 출석한 가운데 변론절차를 거쳐 법원이 판결을 내림으로써 마무리 된다. 형사소송에서는 정식재판절차를 공판절차라고 부르는데, 이 경우에는 검 사가 피고인의 성명, 죄명, 범죄의 일시 · 장소 · 방법, 그에 적용할 법 조항 등을 기재한 공소장을 법원에 제출함으로써 재판이 시작되며, 형사소송법이 정한 절차 를 거쳐 판결이 선고되면 종결된다.

민사소송법

이러한 정식절차는 재판의 기본이 되는 방식이다. 정식절차에서는 재판 당사 자가 증거를 제시하고 자신의 의견을 주장할 수 있는 충분한 기회가 제공되기 때 문에 진실을 찾고 진정한 권리자를 가리는데 가장 좋은 형태이다. 그러나 복잡하 고 빠르게 변화하는 현대 사회에서는 정식절차가 당사자에게 오히려 불편하고 손 해가 될 수도 있다. 그래서 경미하거나 단순한 사건에서는 정식절차 대신 간이절 차가 마련되어 있다.

형사소송법

즉결심판법

- 약식절차와 즉결심판절차

약식절차는 경미한 형사사건의 경우에 피고인을 법원에 불러 심리하는 번거로운 절차를 생략하고, 검사가 제출한 서류만으로 판사가 벌금이나 과료 또는 몰수의 형을 내리는 절차이다. 약식절차에 따라 판사가 형을 선고하는 것을 약식명령이라고 하는데, 피고인은 이의가 있으면 정식재판을 청구할 수 있다.

즉결심판은 20만 원 이하의 벌금, 구류, 과료가 예상되는 경미한 범죄에 대하여 정식재판절차를 거치지 않고 판사가 그 자리에서 바로 형을 선고하는 절차이다. 즉결심판절차는 관할 경찰서장 또는 해양경찰서장의 청구에 의해 이루어진다. 이 경우에도 피고인이 즉결심판 결과에 이의가 있다면 7일 이내에 정식재판을 청구할 수 있다.

즉결심판의 대상 사건
① 행정법규 위반 사건
자동차 주 · 정차 금지 위반 등 경미한 도로교통법 위반 사건
② 경범죄처벌법 위반 사건
허위신고, 무임승차 등 50개 항목

- 소액사건심판절차

소액사건심판절차는 소송 목적물의 값이 3,000만 원 이하인 소액사건을 저렴한 비용으로 쉽고 빠르게 진행할 수 있도록 하는 절차이다. 소액사건심판에서는 변호사가 아니더라도 당사자와 관련된 사람이 법원의 허가 없이 소송대리인이 될 수 있고, 소장을 제출하지 않고 말로써 소송을 제기할 수도 있다. 그리고 빠른 진행을 위해 심리는 한 번만 하는 것을 원칙으로 한다.

- 독촉절차

민사분쟁에서 채권자에게 금전 기타의 대체물, 또는 유가증권의 일정 수량을 지급하라는 청구에 대해 변론이나 판결 없이 곧장 지급명령을 내리는 절차를 독촉절차라고 한다. 분쟁당사자를 소환하지 않고, 별다른 소명절차도 없어서 소송비용이 아주 저렴하다. 채권자는 이러한 독촉절차와 통상의 소송절차 중 어느 것이나 자유롭게 선택할 수 있는데, 지급명령을 받은 채무자가 이의를 제기하면 통상의 소송절차로 이어지게 된다.

(2) 대안적 분쟁해결 방식

일반적으로 소송은 절차가 복잡하고 비용이 많이 들며, 시일이 오래 걸리는 단점이 있다. 또한 소송은 국가기관의 일방적이고 강제적인 결정에 의해 분쟁을 해결한다는 점과 엄격한 법적용에 의해 당사자의 불만이 남아 있어 분쟁이 완전히 종식될 수 없다는 점이 문제로 지적되고 있다. 따라서 이러한 소송의 문제점을 극복하기 위하여 국제적으로 협상, 알선, 조정, 중재 등의 대안적 분쟁해결 방식(Alternative Dispute Resolution: ADR)이 제도화되고 있다.

① 협상(Negotiation)
협상이란 분쟁이 발생했을 때 제3자의 개입 없이 당사자끼리 합의에 의해 해결하는 것을 말한다.

② 알선(Conciliation)
알선은 제3자가 당사자들의 합의를 주선하여 분쟁을 해결하는 것을 말한다. 제3자가 해결안을 제시하지 않는다는 점에서 중재·조정과 구별된다.

③ 중재(Arbitration)
당사자끼리 분쟁이 해결되지 않을 때, 중립적인 제3자의 결정에 따르기로 당사자들이 합의하고 제3자가 중재안을 내놓는 것을 중재라고 한다.

중재는 사적으로도 행해지지만, 법원이 아닌 중재위원회 등 다른 공공기관에 의해 행해지는 경우도 많다. 공적 기관에 의한 중재의 예로는 국가 간의 분쟁에 대해 제3의 판단 기관이 나서는 국제법상의 중재, 상거래 분쟁에 대한 중재법상의 중재, 노사분규 등에 대한 노동법상의 중재 등이 있다.

④ 조정(Mediation)
조정이란 중립적인 제3자가 개입하여 양 당사자를 적극적으로 설득하고 양보하게 하는 방식으로 분쟁을 해결하는 것을 말한다. 조정은 중재와는 달리 제3자의 조정안을 당사자가 수용하지 않을 수도 있다. 대표적으로 민사조정제도, 가사조정제도가 있다.

이러한 대안적 분쟁해결 방식들은 정식소송절차와 비교하여 저렴한 비용으로 분쟁을 빠르게 해결하고, 당사자들의 타협과 양보에 기초하여 해결책을 마련할 수 있다는 등의 장점을 갖추고 있기 때문에 널리 활용하는 것이 바람직하다.

제2절 | 재판제도의 이해: 민사/형사/헌법

1. 민사재판

　　민사재판은 개인 간에 발생하는 문제를 해결하기 위한 재판을 말한다. 민사분쟁이 발생하면 이를 해결하기 위해 재판을 청구하는데, 민사재판의 목표는 누구에게 권리와 의무가 있는지를 판결로 확정하고, 그 결과 확정된 권리와 의무를 강제적으로 실현하도록 하는 것이다.

　　민사재판의 당사자는 원고와 피고이며, 일반적으로 변호사가 대리하여 재판을 진행한다. 민사소송은 원고가 피고를 상대로 제1심 관할법원에 소장을 제출함으로써 시작된다. 소장을 제출할 때에는 필수 사항을 기재하고, 소정의 인지를 부착하여야 한다. 필수적 기재 사항은 당사자인 원고와 피고, 소송대리인 또는 법정대리인, 청구취지, 청구원인인데, 가장 중요한 부분은 "청구취지"라고 할 수 있다. 청구취지는 원고가 피고에게 요구하는 결론을 적는 것인데, 원고가 주장한 권리 범위 내에서만 판결을 내리기 때문에 신중하게 작성해야 한다.

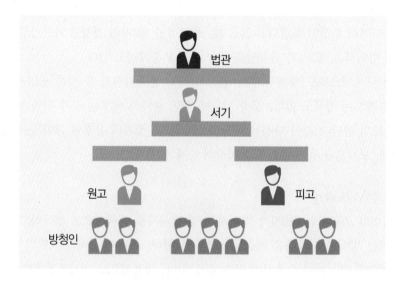

　　원고의 소장을 접수한 법원은 소장부본을 절차 안내서와 함께 피고에게 송달한다. 피고는 원고의 청구를 다투려고 할 때에는 송달받은 후 30일 이내에 답변서를 제출해야 한다. 피고의 답변서가 제출되면 변론기일을 지정하여 심리가 시작된다(필요하다면, 변론준비절차를 진행한다). 변론기일에 원고와 피고는 법률적 주장을 하고 사실관계를 입증할 책임을 지며, 입증을 위해 증거신청과 조사가 이루어진다.

　판결이 선고되면 법원사무관 등이 판결정본을 원고와 피고에게 송달한다. 이 때 송달받은 당사자가 2주 내에 상소를 제기하지 않으면 그 판결은 확정된다.

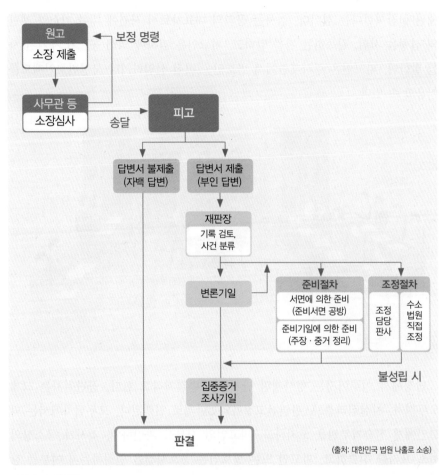

▲ 민사소송의 절차도

민사집행

민사판결은 집행력을 가진다. 집행력이란 판결주문에서 명한 이행 의무를 국가의 집행기관을 통하여 강제적으로 실현할 수 있는 효력을 말한다. 민사집행의 대표적인 예는 강제집행인데, 국가의 집행기관이 확정판결에 표시된 이행명령을 강제로 실현하는 것이다.

금전채권에 기초한 강제집행을 할 경우에 채무자의 재산을 쉽게 찾을 수 없다면 재산명시 절차를 거쳐 채무자의 재산을 압류하거나 현금화한 후에 이를 배당받는다. 부동산 강제집행의 경우에는 부동산 경매개시결정을 한 후에 입찰과 낙찰을 거쳐 배당받는다.

2. 형사재판

형사재판은 형사사건으로 기소된 피고인에 대하여 유·무죄의 여부를 가리고 유죄인 경우에 형벌을 부과하는 재판을 말한다. 민사재판과 가장 큰 차이는 형사재판의 당사자는 검사와 피고인이라는 점이며, 국민참여재판의 경우 배심원들이 재판에 참여한다는 점이다. 검사는 공익의 대표자로서 사건에 대한 기소와 재판의 집행을 지휘, 감독하는 자를 말하고, 피고인은 검사에 의해 공소가 제기된 자를 말한다. 피고인은 형사재판에서 변호인을 직접 선임하거나 국선변호인제도를 이용할 수 있다.

법정에서 이루어지는 형사재판 단계를 공판절차라고 한다. 공판절차는 크게 모두절차, 사실심리절차, 판결선고절차의 3단계로 진행된다. 모두절차에서는 피고인에게 진술거부권을 고지하고, 피고인의 신분을 확인하며, 검사가 공소장의 기소 요지를 진술하고, 피고인 또는 변호인은 공소사실을 인정하는지 여부를 진술한다. 사실심리절차에서는 증거조사를 하는데, 핵심적인 조사 중 하나가 증인신문이다. 증거조사가 종료된 후에는 피고인을 신문한다. 검사와 변호인이 순차로 피고인에게 직접 신문하며, 재판장 역시 필요한 경우에 신문할 수 있다. 이때 피고인은 진술거부권을 행사할 수 있다. 신문한 후에 검사의 구형이 이어지고, 피고인과 변호인이 최종 변론을 한다. 마지막으로, 법원이 판결을 선고하는데, 국민참여재판의 경우에는 배심원이 유·무죄에 관하여 평의하고, 전원의 의견이 일치하면 그에 따라 평결한다. 다만 재판부는 배심원의 평결과 의견에 구애받지 않고 판결할 수 있다.

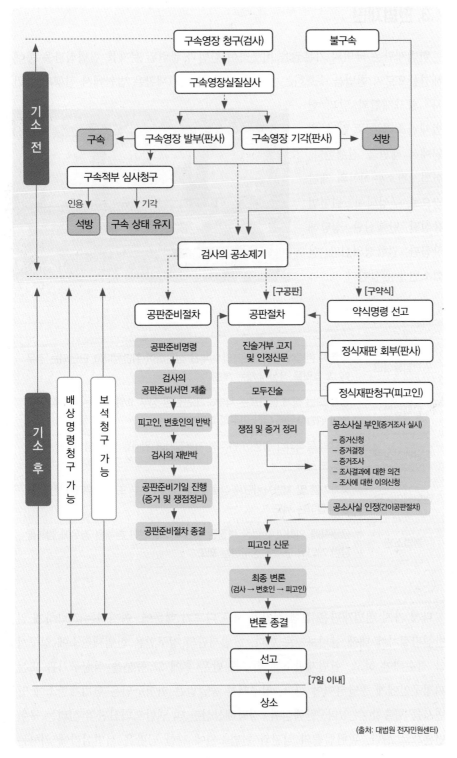

▲ 형사소송의 절차도

3. 헌법재판

헌법재판은 국민의 기본권을 비롯하여 헌법과 관련된 문제를 헌법심판을 통해 해결함으로써 헌법을 수호하는 재판을 말한다. 헌법재판은 법원에서 진행되는 민사·형사재판과 달리 헌법재판소라는 독립된 법원에서 재판을 진행한다. 헌법재판소는 9인의 재판관으로 구성되며, 위헌법률심판, 탄핵심판, 정당해산심판, 권한쟁의심판, 헌법소원을 관할한다.

종류	내용
위헌법률심판	법률이 헌법에 합치하는가의 여부를 심판하여 위반된다고 판단되는 경우에 그 효력을 상실케 하는 제도
탄핵심판	형벌 또는 징계 절차로는 처벌하기 곤란한 정부 고위직 또는 특수직 공무원의 위법행위에 대한 민주적 파면제도
정당해산심판	정당의 목적이나 활동이 민주적 기본질서에 위배될 때 정당의 해산을 결정하는 제도
권한쟁의심판	국가기관 및 지방자치단체 상호 간의 권한의 존부 또는 범위에 관한 다툼을 해결하는 제도
헌법소원	공권력에 의하여 헌법상 보장된 국민의 기본권이 침해된 경우에 침해를 당한 개인이 구제를 청구하는 제도

다섯 가지 헌법재판은 진행 절차가 서로 다르기 때문에, 여기서는 간략하게 일반심판절차에 대해 살펴보기로 한다. 헌법재판의 청구인은 헌법재판소에 청구서를 접수해야 하고, 헌법재판소는 접수를 받은 후에 그 등본을 피청구기관 또는 피청구인에게 송달하여야 한다. 청구서를 송달받은 피청구인은 헌법재판소에 답변서를 제출할 수 있다. 탄핵심판, 정당해산심판 및 권한쟁의심판의 심리는 구두변론으로 한다. 위헌법률의 심판과 헌법소원에 관한 심판은 서면심리에 의하는 것이 원칙이지만, 필요하면 예외적으로 변론을 열 수 있다.

서면심리와 평의는 공개하지 않지만, 변론과 결정의 선고는 공개한다. 재판부가 변론을 열 때에는 기일을 정하고 당사자와 관계인을 소환하여야 하며, 재판관 7인 이상의 출석으로 사건을 심리한다. 재판부는 사건의 심리를 위하여 필요하다고 인정하는 경우에는 당사자의 신청 또는 직권에 의하여 증인신문, 감정 등의 증거조사를 할 수 있다.

헌법재판소는 심판 사건을 접수한 날로부터 180일 이내에 종국결정의 선고를 하여야 하며, 종국결정은 원칙적으로 재판관의 과반수 찬성으로 결정하지만, 법률의 위헌결정, 탄핵의 결정, 정당해산의 결정, 헌법소원에 관한 인용 결정을 하는 경우, 종전에 헌법재판소가 판시한 헌법 또는 법률의 해석 적용에 관한 의견을 변경하는 경우에는 6인 이상의 찬성으로 결정해야 한다.

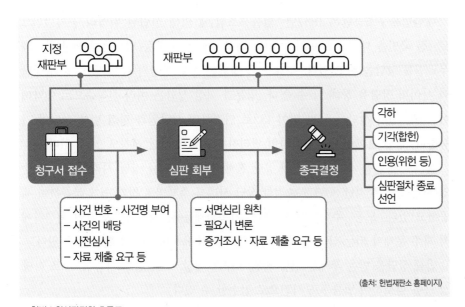

▲ 헌법소원심판절차 흐름도

헌법재판소법

💬 헌법재판의 변호인

헌법재판소법은 헌법소원심판에서 변호사 강제주의를 채택하여 변호사만 소송을 수행할 수 있으며, 변호사를 대리인으로 선임할 자력이 없는 사람을 위해 당사자의 신청에 따라 국고에서 그 보수를 지급하고 당사자에게 변호사를 선임해주는 국선대리인제도를 운영하고 있다. 국선대리인의 선임을 원하는 사람은 헌법소원심판청구 사유를 명시한 국선대리인 선임 신청서를 제출하여야 하며, 이때 변호사를 대리인으로서 선임할 자력이 없음을 소명하는 자료를 첨부하여야 한다.

1. 법률구조 및 상담기관

법률구조제도란 법을 몰라서 또는 법률서비스를 받는 데 드는 비용을 감당할 수가 없어서 법의 보호를 충분히 받지 못하는 이들에게 법률사무에 관한 각종 서비스를 지원하여 권리를 보장하고 국민의 기본적 인권을 옹호하는 제도를 말한다. 아래에서는 법률 상담이나 법률구조를 제공하는 기관을 소개한다.

(1) 대한법률구조공단

대한법률구조공단은 1987년 「법률구조법」에 의해 설립된 비영리 공익법인으로, 전 국민을 대상으로 민사 · 가사 · 형사 · 행정 사건 등 법률문제 전반에 대해 무료법률 상담을 하고 있다. 무료 법률 상담은 방문 상담과 화상 상담, 전화 상담과 사이버 상담을 통해 할 수 있다. 방문과 화상 상담은 미리 선착순으로 예약해야 하고, 전화 상담은 국번 없이 132로 연결하면 상담원과 직접 법률 상담이 가능하다. 공단 홈페이지에 접속하면 편리하게 사이버 상담 신청도 할 수 있다.

참고로 상담을 신청하기 전에 공단 홈페이지에서 법률 상담 사례를 찾아볼 수 있는데, 공단은 지난 30년간 축적한 상담 사례를 주제별로 찾기 쉽게 분류하여 제공하고 있다. 노동, 주택임대차, 계약, 가족관계등록, 개인회생과 같이 실생활에서 자주 문제가 되는 상담 사례를 제공하고 있어 유용한 정보로 활용할 수 있다.

법률 상담을 받은 후에는 상담 직원이 구조 대상 자격, 승소 가능성, 구조 타당성 등을 검토하여 법률구조 사건으로 접수할 수 있다.

▲ 대한법률구조공단(https://www.klac.or.kr)

① 법률구조 대상자

소송의 경우에는 대상 자격을 갖춘 경우에만 구조를 받을 수 있다.

- 최종 3개월 평균 임금 400만 원 미만(임금 등 체불 피해근로자)
- 국민기초생활보장수급자, 차상위계층
- 기준 중위 소득 125% 이하(국민 또는 국내 거주 외국인)
- 기준 중위 소득 150% 이하(농어업인)
- 연매출액 2억 원 이하(소상공인)
- 소득의 제한이 없는 경우
  – 아동 · 청소년 대상 성범죄피해자, 성폭력범죄피해자, 아동학대범죄피해아
    동, 불법사금융 피해자, 임금 등 체불 및 재해 보장 사고 관련 피해 선원

② 소송구조 결정 및 진행

소송을 진행하기로 구조 결정한 사건은 공단의 변호사가 소송을 수행하며, 재판에서 승소한 경우 강제집행절차까지 진행할 수 있다.

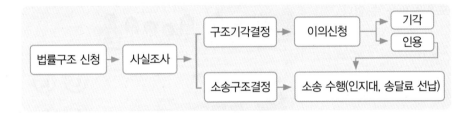

③ 소송비용

공단에 지급해야 하는 변호사비용은 대법원 규칙에서 정한 변호사비용의 30% 정도로 저렴한 금액이다. 반면, 임금 등 체불 피해근로자나 농 · 어민, 기초생활 수급자와 같은 무료 법률구조 대상자의 소송비용은 협약에 따라 출연기관에서 출연한 적립금에서 지급된다. 다만, 승소 금액이 3억 원을 초과하는 고액 사건은 무료 법률구조에서 제외되며, 소송에서 패소하는 경우 상대방의 변호사비용 등 소송비용을 부담할 수 있음을 주의해야 한다.

재판이 승소나 화해 등으로 종결되었을 경우 지출한 소송비용과 변호사 보수 등을 소송 상대방으로부터 상환받을 수 있다. 다만 유료 법률구조 대상자의 경우 예납된 소송비용을 제외한 나머지 소송비용과 변호사 보수 등은 의뢰자로부터 상환받게 된다.

(2) 대한변호사협회 법률구조재단

대한변호사협회는 변호사 사무실이나 각 지방변호사회의 무료 법률 상담실에서 일반인을 대상으로 법률 상담을 실시하고 있다. 법률구조를 희망하는 사람은 대한변협법률구조재단 또는 개인 변호사를 방문하여 상담을 받은 후에 관련 서류를 대한변협법률구조재단에 제출하면 신청이 가능하다.

대한변협법률구조재단은 심사를 하여 법률구조 대상자로 인정되면, 변호사를 선임하여 소송을 수행해준다. 이때, 법률구조사업회가 변호사 선임에 필요한 착수금과 기타 소송비용(인지대, 송달료, 검증비, 감정료 등)을 법률구조 수행변호사에게 대체 지급하게 된다. 대체 지급한 소송비용은 법률구조 신청자의 경제적 상황 등에 따라 상환 여부가 결정된다. 사회정의와 공서양속에 비추어 구조할 가치가 없다고 인정되는 사건, 다른 법률이나 제도에 의하여 법적 구조를 받을 수 있는 사건은 도움을 받을 수 없다.

▲ 대한변호사협회 법률구조재단(http://www.legalaid.or.kr)

① 법률구조 대상자

- 국민기초생활보장법이 정한 보호대상자
- 소송비용을 지출함으로써 생계가 곤란하게 될 자
- 다문화가정 및 이주외국인, 국제법상 난민
- 북한이탈주민
- 성폭력피해자, 한부모 가정
- 국가인권위원회가 특별히 구조를 필요로 한다고 인정한 자
- 대한변호사협회 인권위원회가 특별히 구조를 필요로 한다고 인정한 자
- 기타 재단이 구조가 필요하다고 인정한 자

② 법률구조 신청절차

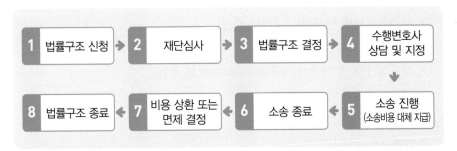

| 1 | 법률구조 신청 | → | 2 | 재단심사 | → | 3 | 법률구조 결정 | → | 4 | 수행변호사 상담 및 지정 |
| 8 | 법률구조 종료 | ← | 7 | 비용 상환 또는 면제 결정 | ← | 6 | 소송 종료 | ← | 5 | 소송 진행 (소송비용 대체 지급) |

▲ 법률구조 신청절차

③ 소송 진행 비용

신청인을 대신하여 법률구조사업회가 변호사 보수 등 소송비용을 대체 지급하는데 대체 지급한 소송비용은 사건 종료 후 상환한다. 단, 신청인의 경제적 상환 등에 따라 상환 여부가 결정되는데 승소가액이 500만 원 이하인 사건, 패소한 사건, 형사사건(합의된 사건은 제외), 비용의 상환 또는 회수가 부적당·불가능한 사건은 소송비용의 일부 또는 전부가 상환 면제될 수 있다.

(3) 한국가정법률상담소

한국가정법률상담소는 1956년에 창설된 우리나라 최초의 민간 법률구조 기관으로, 우리나라에 처음으로 법률 상담(면접 상담과 인터넷 상담)을 도입하였다.

억울한 일을 당하고도 경제적으로 어렵고 법을 잘 알지 못해 자기 권리를 제대로 찾지 못하는 사람들을 위해 무료로 가사, 민사, 형사, 파산 및 면책 사건 등 법률문제 전반에 대하여 상담을 실시하고 있다. 또한 화해·조정, 소송 서류 작성, 그리고 상담소 소속 변호사와 공익법무관, 자원봉사 변호사들로 구성된 변호사단을 통해 소송구조를 제공하고 있다. 상담소의 법률구조 사업은 서민들에게 턱없이 높기만 하던 법의 장벽을 제거하여 사회적 약자의 권익을 보호하는데 커다란 기여를 하고 있다.

▲ 한국가정법률상담소(www.lawhome.or.kr)

① 소송구조 대상

- 국민기초생활보장법이 정한 보호대상자 혹은 경제적으로 어려운 사람
- 가정폭력피해 여성(여성가족부 지원)
- 한부모가정(여성가족부 지원)
- 다문화가정 및 취약계층(공탁금관리위원회 지원)
- 북한이탈주민

② 법률구조 대상 사건

상담소의 법률구조는 상담소의 특성상 가사사건을 중심으로 실시하고 있으나, 필요에 따라 민사 및 형사사건도 취급하고 있다. 또한 개인 신용불량자들의 조속한 사회복귀를 위하여 개인회생, 파산 및 면책 등의 법적 절차를 무료로 지원하고 있다.

③ 법률구조 사업 처리절차

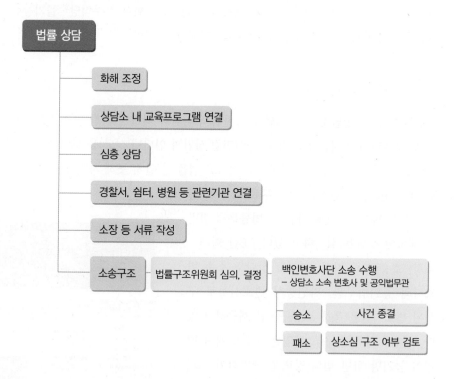

소송구조란 소송비용을 지출할 자금 능력이 부족한 사람에 대해 법원이 신청 또는 직권으로 재판에 필요한 일정한 비용의 납입을 유예 또는 면제시킴으로써 그 비용을 내지 않고 재판을 받을 수 있도록 하는 제도를 말한다. 법률구조는 대한법률구조공단과 같은 기관이 지원을 하는 것이고, 소송구조는 법원이 지원해주는 제도라는 점에서 차이가 있다.

법원에 소송구조를 신청하는 사람은 소송비용을 지출할 자금 능력이 없다는 점을 증명해야 하는데, 다음 중 어느 하나에 해당하는 사람은 자금 능력이 부족하다고 본다.

- 「국민기초생활 보장법」에 따른 수급자 및 차상위계층
- 「한부모가족지원법」에 따른 지원 대상자
- 「기초연금법」에 따른 기초연금 수급자
- 「장애인연금법」에 따른 수급자
- 「북한이탈주민의 보호 및 정착 지원에 관한 법률」에 따른 보호대상자

소송구조 신청은 서면으로 해야 하고, 신청서에는 신청인 및 그와 같이 사는 가족의 자금 능력을 적은 서면을 붙여야 한다.

소송구조의 범위는 재판비용의 납입유예, 변호사 및 집행관의 보수와 체당금의 지급유예, 소송비용의 담보 면제 등이다.

(4) 법률홈닥터

법률홈닥터는 법적 도움을 받기 어려운 취약계층을 대상으로 법률복지서비스를 제공하는 법무부 소속 변호사이다. 전국 65개 지역의 시청·구청·사회복지협의회에 배치되어 법률 상담, 법교육, 법률문서 작성, 복지 연계 등의 서비스를 제공하고 있다.

① 지원 대상자

기초생활수급자, 장애인, 독거노인, 결혼이주여성, 범죄피해자, 농어촌 주민, 저소득 주민 등 법률적인 도움이 필요하지만 도움을 받기 어려운 취약계층을 대상으로 한다.

② 도움을 받을 수 있는 분야

채권·채무, 임대차, 이혼·친권·양육권, 상속·유언, 손해배상, 근로관계·임금, 개인회생, 파산 등 생활법률 전반에 관한 법률서비스를 받을 수 있다.

법률문제 상담 및 법률문서 작성 도움을 넘어선 소송 수행 및 법률문서 직접

작성은 법률홈닥터의 업무 범위에서 제외되며, 법률구조공단으로 연계해준다.

③ 이용 방법

평일 9시부터 18시까지 가까운 기관 연락처로 전화하여 문의하면 되며, 예약 후 방문하면 된다. 간단한 법률문제는 전화를 통한 상담도 가능하다.

2. 법률 전문가의 도움을 받는 방법

소송을 통해 분쟁을 해결하려면 법률구조 기관이나 법률사무소에 찾아가 법률 전문가의 상담을 받아야 한다. 앞서 살펴본 법률구조제도의 이용도 상담을 받는 것이 필수적이다. 그런데 아무런 준비 없이 무작정 법률 전문가를 만나게 되면, 상담을 제대로 받지 못하거나 자신이 소송에서 원하는 바를 이루지 못할 수 있다. 이하에서는 법률 전문가와 상담을 효율적으로 하기 위해 미리 준비해 가야할 사항들에 대해서 살펴보려고 한다.

① 자신의 법률문제를 미리 파악한다

법률 전문가를 만나러 가기 전에 법률 정보 사이트에서 관련 사례를 찾아보거나, 법률구조를 제공하는 기관에서 무료로 예비 상담을 받는 방법이 있다. 이를 통해 자신의 법률문제가 어떠한 분야인지 미리 파악한다면, 이후 법률 상담을 효율적으로 할 수 있을 것이다. 자신의 법률문제가 민사문제인지, 형사문제인지 또는 어떠한 법령이나 판례와 관련이 있는지 알아보는 것이 특히 중요하다. 그래야 해당 분야의 전문 변호사를 찾아갈 수 있고, 상담을 정확하고 효율적으로 할 수 있다.

② 어디서 상담을 받을지 결정한다

먼저 법률구조 기관을 통해 상담을 받을지(법률구조제도 활용) 로펌이나 법률사무소에서 상담을 받을지 결정해야 한다. 법률구조제도를 이용하려면 앞서 설명한 법률구조 기관에 찾아가야 하며, 로펌이나 법률사무소는 전화나 인터넷을 통해 검색해볼 수 있다(대한변호사협회 홈페이지를 이용하여 등록된 변호사를 검색해볼 수 있다). 최근에는 자신의 사건을 전문으로 담당하는 변호사를 찾을 수 있는 앱이 개발되어 이를 이용하기도 한다. 로펌이나 법률사무소를 방문하기 전에는 상담료를 미리 알아 두는 것도 중요하다.

③ 사실관계와 증거를 미리 정리해본다

　법률문제가 발생한 경우에는 자신이 처한 문제의 사실관계를 정리해서 상담을 받는 것이 좋다. 사실관계를 정리할 때에는, 감정에 치우치는 태도를 지양해야 하며, 사건과 연관된 사람, 정확한 시간이나 장소의 명칭 등을 꼼꼼하게 메모해 두어야 한다. 미리 정리해 둔 메모를 가지고 상담을 받거나 법률구조 기관 또는 법률사무소에 방문하기 전에 메일을 보내거나 해당 내용을 업로드할 수 있다.

　또한 증거를 미리 수집해 가면 법률 전문가와 원활한 상담을 할 수 있다. 사진, 동영상, 녹음파일, 메시지 캡처 등의 확보된 증거 목록을 정리해서 상담에 임하거나 직접 증거물을 가지고 가도 된다. 자신이 확보한 증거들을 모두 가지고 가야 추가 자료, 승소 가능성 등에 대해 더욱 정확하게 상담을 할 수 있다.

▲ 변호사와 의뢰인 상담

제2부

일상생활 속의 법

제1장 국가와 국민

대한민국의 국민으로서 우리는 국가와의 관계에서 다양한 법적 문제들에 부딪히게 된다. 국민과 국가와의 관계를 다루는 법이 대한민국 헌법이다.

헌법은 국가의 정체성을 드러내는 기본원리와 이념을 바탕으로 국민의 기본권 보장과 국가의 통치 구조에 관한 내용을 규정하고 있다. 모든 국가기관의 권력은 국민의 주권에 의하여 정당성을 인정받는다는 것과, 국회, 대통령, 법원, 헌법재판소 등을 비롯한 모든 국가기관은 국민의 기본권을 보장할 의무를 부담한다는 것 모두 이에 해당한다.

국가와 국민의 관계 중 일상생활 속에서 나타나는 것으로 국민과 행정기관과의 관계도 있다. 행정의 기본원칙은 법치행정의 원칙으로, 행정기관이 국민의 자유와 권리, 혹은 의무를 제한하거나 형성하고자 한다면 법률에 근거를 두어야 하며, 행정권은 법률에 근거하여 행사되어야 한다는 원칙이다.

이 장에서는 기본권의 보장과 제한에 대해서 알아보고, 국민의 기본권 보장을 위해 통치권력은 어떻게 구성되고 행사되어야 하는지 살펴본 다음, 국민의 일상생활과 밀접한 행정구제, 조세, 복지제도 등에 대해 알아보도록 한다.

제1절 | 헌법에서 정하는 기본권

1. 기본권이란 무엇인가?

> **사 례**
>
> 나한국 씨는 평소에 인터넷 기사에 달린 댓글을 읽거나, 새로운 댓글을 다는 것으로 소소한 즐거움을 삼는다. 가끔씩 눈살이 찌푸려지는 과격한 댓글도 있지만, 익명으로 자유롭게 의견을 제시하고, 다른 사람들의 의견도 알 수 있어 인터넷 기사의 댓글 제도가 유용하다고 생각한다. 그러던 어느 날, 나한국 씨가 한 인터넷 기사에 댓글을 달려고 하자, '실명을 확인한 후에 게시할 수 있습니다'라는 안내창이 떴고, 실명인증을 하고 싶지 않았던 나한국 씨는 결국 그 인터넷 사이트에 댓글을 달지 않았다. 나한국 씨에게 인터넷게시판이나 댓글창에 익명으로 자유롭게 의견을 남길 수 있는 권리는 없는 것일까?

(1) 인권에서 기본권으로

인간이라면 자신의 생각이나 의견을 자유롭게 표현하고 싶어 한다. 사회에서 다른 사람과 의사소통을 하면서 살아가는 인간이기에 그러하다. 이러한 자유를 인정하지 않는다면 인간은 스스로의 존엄을 지키며 삶을 영위할 수 없을 것이다. 이렇게 인간으로서 마땅히 누려야 할 권리를 '인권'이라고 부른다. 생명권, 자유권, 재산권과 같은 기본적인 권리가 대표적인 예이다. 인간은 태어날 때부터 자연히 이러한 권리를 갖는다는 점에서 '자연권' 또는 '천부인권'이라고도 한다.

인권은 가지고 있다는 것만으로는 충분하지 않다. 인권을 누리기 위해서는 침해로부터 보호받을 수 있어야 한다. 근대 이후 인권이 중요시되면서 국가는 인권을 보장하는 역할을 부여받게 되었다. 국가는 인권을 보호하기 위하여 인권의 여러 목록을 법에 담기 시작하였다. 인간의 자연적 권리를 성문화하였다는 점에서 인권을 담은 법은 다른 법률보다 더 상위의 법으로 인식하게 되었다. 이것이 기본권을 규정한 대한민국 헌법이 우리나라 법체계에서 가장 최고법의 지위를 가지는 이유 중 하나이다.

자연적으로 누리는 인간의 권리가 국가의 법체계 안으로 들어올 때 이를 '기본권'이라 부른다. 대한민국 헌법은 제10조에서부터 제37조까지 국민의 자유와 권리를 정하고 있는데, 이들 자유와 권리가 '기본권'이며, 헌법상 권리로 보장된다.

헌법은 인간의 존엄과 가치, 행복추구권, 신체의 자유, 양심의 자유, 인간다운 생활을 할 권리, 교육받을 권리 등 다양한 기본권을 규정하고 있다.

헌법은 특히 국가에게 "개인이 가지는 불가침의 기본적 인권을 확인하고 이를 보장할 의무가 있다"(「헌법」 제10조 후문)라고 분명히 밝히고 있으며, "헌법에 열거되지 아니한 이유로 경시되지 아니한다"(「헌법」 제37조 제1항)라고 하여, 열거되지 않은 기본권도 보호의 대상이 되도록 하고 있다.

(2) 국가는 국민의 기본권을 보호해야 한다

나한국 씨의 자유는 기본권으로 헌법에 의하여 보호를 받는다. 헌법에는 국가가 국민의 기본권을 보장할 의무가 있다고 명시되어 있다. 그렇다면 국가가 국민의 기본권을 보장해야 한다는 것의 구체적 의미는 무엇인지 살펴보자.

• 국가는 국민의 기본권을 침해할 수 없다

헌법에서 정하는 국가의 역할은 국민의 기본권을 '지키는' 것이지, '침해하는' 것이 아니다. 기본권을 보호한다는 것은 침해할 수 없다는 의미이며, 기본권 침해는 헌법을 위반하는 것이다. 헌법을 위반하여 국가가 국민의 기본권을 침해하는 경우에 대해서는 다양하게 생각해볼 수 있다.

입법기관인 국회에서 국민의 기본권을 침해하는 법률을 제정한다면, 그러한 입법행위는 헌법을 위반하는 것이다. 만일 아무 이유 없이 길에서 사람을 체포하여 구속할 수 있다는 내용의 법률이 있다면, 이는 헌법에서 정한 '신체의 자유'(헌법 제12조)를 침해하는 위헌적인 법률이다.

행정기관에서 국민을 상대로 행정처분을 했는데, 그 처분으로 국민의 기본권이 부당하게 침해되었다면, 그 처분은 위헌적인 처분이다. 예를 들어, 국민의 개인정보를 행정기관에서 마음대로 외부 언론에 유출시키는 결정을 했다면, 그 처분은 국민의 '사생활의 비밀과 자유'를 규정한 헌법 제17조를 위반한 것이다.

사법부는 침해된 국민의 기본권을 구제하고 회복하는 판결을

▲국회

해야 한다. 위헌적인 법률을 근거로 판단을 하거나, 기본권을 침해한 행정처분의 효력을 유효로 판단하면 안 된다.

국가가 국민의 기본권을 보호해야 한다는 것은 이렇듯 입법부, 행정부, 사법부를 비롯한 모든 국가기관이 국민의 기본권을 침해할 수 없다는 것을 말한다.

• 국가는 국민의 기본권을 적극적으로 실현할 의무가 있다

헌법에서 보장하는 기본권이라 하더라도, 구체적으로 실현할 수 있는 절차나 방법이 없다면, 국민은 기본권 보호를 적절히 받을 수 없다. 국가는 국민이 기본권을 실현할 수 있도록 법령이나 제도를 마련해야 하는 것이다.

헌법 제26조는 모든 국민은 국가기관에 대하여 '법률이 정하는 바에 따라' 청원할 권리가 있다고 정한다. 모든 국민이 헌법에서 정한 청원권을 누리기 위해서는 적절한 법률이 마련되어야 하는 것이다. 이렇게 마련된 법률이 「청원법」이다. 이 법률은 청원의 대상, 방법 등을 정하여, 국민이 청원권을 구체적으로 행사할 수 있도록 한다.

국가가 국민의 기본권을 보호한다는 것은, 기본권을 최대한 보장할 수 있도록 필요한 법률이나 제도를 마련하는 것과 함께, 국가기관이 개별적인 상황에서 국민의 기본권을 최대한 보장할 수 있도록 법령을 적용하고 해석해야 한다는 것을 의미한다.

• 국가는 국가 이외의 타인으로부터도 국민의 기본권을 보호해야 한다

과거에는 국민의 기본권을 침해할 수 있는 힘을 가진 주체는 '국가'라고 보고, 국민의 기본권 보호를 국가기관과의 관계에서 주로 다루었다. 그러나 현대 사회로 넘어오면서 국가기관이 아니더라도 개인이나 집단이 국민의 기본권을 침해할 수 있는 힘을 가질 수 있다는 것을 알게 되었다. 학교나 직장과 같은 일상생활의 영역에서도 개인의 기본권을 보호해야 할 필요성을 느끼게 된 것이다. 국민 상호 간의 관계는 국가와 국민의 관계와는 다르다. 그러나 국가의 기본권 보호의무는 국가 이외의 타인으로부터 국민의 기본권이 침해되는 상황에도 적용된다. 국민의 기본권을 보호하기 위해서, 국가는 다른 개인과 집단으로부터 국민의 자유와 권리가 위법하게 침해받지 않도록 보호할 의무를 부담한다.

(3) 표현의 자유란?

나한국 씨의 경우에 문제되는 기본권은 '표현의 자유'이다. 대한민국 헌법 제21조에서 정하는 표현의 자유는 어떠한 기본권이며, 나한국 씨가 인터넷에 익명으로 댓글을 게시하는 것이 이에 해당하는지 알아보자.

• 헌법 제21조와 표현의 자유

국민이 자신의 생각과 의견을 자유롭게 표현할 수 있는 기본권을 '표현의 자유'라고 한다. 표현의 자유는 헌법에서 보장하는 기본권들 중에 정신적인 자유(종교의 자유, 양심의 자유, 학문과 예술의 자유 등)에 해당하는 기본권이다. 다른 사람에 대하여 '발표할 자유'도, 의사표현을 '전달할 자유'도 모두 표현의 자유에 해당한다. 자신의 의사를 자유롭게 표현할 수 없다면 인간으로서 존엄과 가치를 유

지하기 어려울 것이다. 나아가 공적인 문제에 대하여 국민들이 자유롭게 의견을 교환하고 토론할 수 없다면 민주주의가 성숙할 수 없을 것이다. 즉, 표현의 자유는 민주주의 사회를 살아가는 시민의 가장 기본적이면서도 매우 중요한 기본권이다. 헌법은 모든 국민은 '언론·출판의 자유'와 '집회·결사의 자유'를 가지며, 사전 허가나 검열은 금지된다고 하여(「헌법」 제21조), 표현의 자유를 기본권으로 보호하고 있다.

• 익명 표현의 자유

익명 또는 가명으로 생각이나 의견을 표현하는 자유도 표현의 자유에 포함될까? 글을 발표할 때 가명이나 필명을 사용하는 경우가 있다. 실명보다는 가명이 불필요한 오해를 불러일으키지 않고 글의 의도를 더 명확하게 전달시킬 수 있는 경우도 있고, 실명을 사용하면 자신에게 불이익이 생길지도 모르는 불안한 경우에 가명을 쓸 수도 있을 것이다. 만일 신원을 밝혀야만 말이나 글을 발표할 수 있다고 한다면 표현의 자유가 온전히 보장된다고 할 수 없을 것이다. 그러므로 표현의 자유는 자신의 신원을 누구에게도 밝히지 아니한 채 익명 또는 가명으로 자

신의 사상이나 견해를 표명하고 전파할 익명 표현의 자유도 포함하는 것으로 보아야 한다.

• 온라인과 익명 표현의 자유

온라인에서도 익명 표현의 자유가 인정되어야 할까? 외부의 압력을 받을 위험에 처하지 않고, 자유롭게 의견을 발표하고 전달할 수 있어야 한다는 점은 오프라인과 온라인이 다르지 않다. 온라인에서도 익명 표현의 자유는 오프라인의 경우와 동일한 근거에서 보호되어야 하며, 온라인에서 발생하는 익명 표현으로 인한 피해와 부작용은 표현의 자유 자체를 침해하지 않는 다른 방식을 통하여 보완되어야 할 것이다.

[헌재결정례] 인터넷게시판의 '본인확인제'와 표현의 자유

헌재 2012.8.23. 선고 2010헌마47

헌법재판소는 인터넷게시판을 설치·운영하는 정보통신서비스 제공자에게 본인확인조치 의무를 부과하여 게시판 이용자로 하여금 본인확인절차를 거쳐야만 게시판을 이용할 수 있도록 하는 본인확인제를 규정한 법률 규정이 인터넷게시판 이용자의 표현의 자유, 개인정보자기결정권 및 인터넷게시판을 운영하는 정보통신서비스 제공자의 언론의 자유를 침해하여 헌법에 위반한다고 결정하였다.

[헌재결정례] 선거기간 중 인터넷게시판의 실명확인

헌재 2015.7.30. 선고 2012헌마734 등

선거운동 기간 중 인터넷 언론사 게시판 등을 통해 흑색선전이나 허위사실이 유포될 경우 언론사의 공신력과 지명도에 기초하여 광범위하고 신속한 정보의 왜곡이 일어날 수 있다. 선거 기간 중 인터넷게시판의 실명확인 조항은 이러한 인터넷 언론사를 통한 정보의 특성과 우리나라 선거문화의 현실 등을 고려하여 입법된 것으로 선거의 공정성 확보를 위한 것이다. 이 조항은 실명확인이 필요한 기간을 '선거운동 기간 중'으로 한정하고, 그 대상을 '인터넷 언론사 홈페이지의 게시판·대화방' 등에 '정당·후보자에 대한 지지·반대의 정보'를 게시하는 것으로 제한하고 있는 점, 인터넷 이용자는 실명확인을 받고 정보를 게시할 것인지 여부를 선택할 수 있고 실명확인에 별다른 시간과 비용이 소요되는 것이 아닌 점, 실명확인 후에도 게시자의 개인정보가 노출되지 않고 다만 '실명인증' 표시만 나타나는 점 등을 고려하면, 이 법률 조항이 과잉금지 원칙에 위배되어 게시판 이용자의 정치적 익명 표현의 자유, 개인정보자기결정권 및 인터넷 언론사의 언론의 자유를 침해한다고 볼 수 없다.

'익명 표현의 자유'도 표현의 자유에 포함되며, 온라인 공간에서도 보장되어야 한다. 따라서 나한국 씨가 인터넷 기사에 익명으로 자유롭게 댓글을 게시하는 것은 헌법에서 보장하는 '표현의 자유'에 해당한다. 그러므로 나한국 씨는 인터넷 기사에 익명으로 댓글을 달 권리가 있다.

이것만은 꼭!

1. 대한민국 국민이라면 누구나 헌법에서 정하는 기본권을 누린다.

2. 헌법은 여러 기본권에 대하여 정하고 있으며, 헌법에 열거되지 않은 기본권도 보호를 받는다.

3. 국가는 국민의 기본권을 보호할 의무가 있으며, 기본권을 소극적으로 침해하지 않아야 할 뿐만 아니라, 적극적으로 실현할 수 있도록 하여야 한다.

4. 표현의 자유는 생각이나 의견을 자유롭게 발표하고 전달할 수 있는 헌법상 권리이며, 익명으로 표현할 자유도 이에 포함된다.

2. 기본권도 제한될 수 있나요?

사례

강모험 씨는 세계 곳곳을 여행하면서 자신의 여행 경험과 여행지의 역사·문화를 함께 소개하는 여행작가이다. 최근 페르시아 문명에 관심이 생긴 강모험 씨는 중동으로 여행 가는 계획을 세웠다. 지금까지의 여행 경험을 바탕으로 최대한 현지의 모습을 생생하게 담을 수 있도록 여행 일정을 정하던 중, 해당 지역으로의 여행을 외교부에서 금지하고 있다는 것을 알게 되었다. 강모험 씨는 외교부의 금지에도 불구하고 계획한 여행을 할 수 있을까?

(1) 기본권 보호에 한계가 있을까?

강모험 씨는 자신에게 여행의 자유가 있다고 생각하지만, 외교부가 중동지역으로 여행하는 것을 금지하고 있어 난감한 상황이다. 외교부의 금지로 기본권의 행사가 제한될 수 있을까, 아니면 기본권은 언제나 절대적으로 보호를 받는 권리일까? 기본권 행사가 제한될 수 있다면 어떠한 경우일까? 기본권의 제한에는 한계가 없을까? 기본권의 제한에 대하여 알아보자.

• 기본권 제한의 가능성

기본권은 헌법에서 보장하는, 매우 강하게 보호를 받는 권리이다. 국가를 포함한 어느 누구도 헌법에서 정하는 기본권을 침해할 수 없다. 그러나 한 개인의 기본권이 침해받지 않아야 한다는 것이 그 개인의 기본권이 항상 최대한으로 보호받아야 한다는 것을 의미하지는 않는다. 만일 한 사람의 기본권 행사로 인하여 다른 사람의 기본권이 침해되는 결과를 가져온다면 이것 역시 받아들이기 어렵기 때문이다. 따라서 모든 국민이 각자의 기본권을 적절하게 누리기 위해서는 기본권을 제한하는 것이 불가피하다.

물론 기본권의 성격상 제한될 수 없는 경우도 있다. 양심의 자유, 종교의 자유 등이다. 사람의 내심에 어떤 사상을 가지는지에 대하여 강제하거나 제한할 수 없기 때문이다. 그러나 이들 기본권도 개인의 내심의 영역을 벗어나 행동으로 나타나는 경우에는 제한이 가능한 경우도 있다. 양심에 따른 행동을 하는 것이 혹은 종교적 행사를 진행하는 것이 다른 사람의 기본권을 침해한다면, 제한이 정당화될 수 있기 때문이다.

기본권의 충돌

국가와 국민의 관계가 아니라, 국민 간의 관계에서 서로의 기본권이 부딪히는 경우를 기본권 충돌이라고 부른다. 이때 대립되는 기본권 중 더 우월한 기본권이 있다면 그 기본권을 보호하는 방법으로 문제를 해결한다. 그러나 우열을 가리기 힘든 경우에는 충돌하는 기본권을 조금씩 제한하는 등의 방법으로 조화롭게 충돌을 해결하기도 한다.

그러나 기본권의 제한이 필요한 경우라 하더라도, 국가는 매우 엄격한 요건을 갖춘 경우에만 정당하게 기본권을 제한하는 조치를 취할 수 있다. 이것은 기본권의 제한을 쉽게 할 수 없도록 함으로써 국민의 기본권을 최대한 보호하고자 하는 것이다. 그러면 어떠한 경우에, 어떠한 조건을 충족하면 정당한 제한으로서 인정받을 수 있을까? 헌법에서 인정하는 기본권 제한의 방식을 살펴보자.

• 기본권 제한의 방식 1: 헌법이 직접 제한하는 경우

첫 번째 기본권 제한의 방식은 헌법에서 직접 기본권 제한에 대하여 정하는 경우이다. 다음의 헌법 조문을 살펴보자.

> **제21조** ④ 언론·출판은 타인의 명예나 권리 또는 공중도덕이나 사회윤리를 침해하여서는 아니된다. 언론·출판이 타인의 명예나 권리를 침해한 때에는 피해자는 이에 대한 피해의 배상을 청구할 수 있다.

제21조는 언론·출판의 자유에 관한 규정이다. 모든 국민에게 언론·출판의 자유가 있으며(제1항), 이를 침해하는 허가·검열이 금지된다고 정한다(제2항). 그리고 제4항은 이 기본권이 제한되는 경우가 있음을 정한다. 타인의 명예나 권리를 침해한 경우에는 언론·출판의 자유로서 보호받을 수 없다는 것이다. 이는 타인의 명예와 권리도 헌법에 의하여 보호받아야 할 기본권이며, 한 개인의 기본권 행사가 다른 사람의 기본권을 침해할 수 없다는 원칙에 따른 것이다.

이와 같이 개별 기본권에 대하여 헌법이 직접 제한 사유를 정한 것은 기본권을 더 강력하게 보호하기 위해서이다. 헌법에서 직접 정한 요건에 해당하지 않는다면 국가기관의 입법 활동이나 행정작용 등을 통하여 언론·출판의 자유를 제한할 수 없다. 헌법에서 정한 제한 사유의 범위를 벗어나는 것은 기본권 제한을 남용하는 것으로서 정당화될 수 없다.

• 기본권 제한의 방식 2: 법률로 제한하는 경우

두 번째 제한의 방식은 법률로 기본권을 제한하는 경우이다. 다음의 헌법 조문을 보자.

제37조 ② 국민의 모든 자유와 권리는 국가안전보장·질서유지 또는 공공복리를 위하여 필요한 경우에 한하여 법률로써 제한할 수 있으며, 제한하는 경우에도 자유와 권리의 본질적인 내용을 침해할 수 없다.

• 기본권 제한의 요건

위의 헌법 규정은 국민의 기본권에 대한 제한이 정당화될 수 있는 요건을 나타내고 있다. 첫 번째로 기본권 제한의 목적이 국가안전보장, 질서유지, 공공복리에 해당하여야 한다. 이 요건의 취지는 '국민의 생명, 신체, 재산 등 기본권을 더 잘 보호하기 위하여'라는 목적이 인정되어야 한다는 것이다.

두 번째로 국민의 기본권을 제한하기 위해서는 '법률'에 근거를 두어야 한다. 국민의 대표로 구성된 국회에서 만들어진 법률에 기본권 제한과 관련된 내용이 담겨져 있어야 한다는 것이다.

세 번째로 기본권을 제한하는 경우에도 자유와 권리의 본질적인 내용을 침해하여서는 안 된다. 기본권을 제한해야 할 현실적인 필요성이 아무리 크다고 하더라도 결과적으로 기본권의 "본질적인 내용을 침해"하게 된다면, 그 제한이 정당화될 수 없다.

• 과잉금지의 원칙

이와 같은 기본권 제한의 요건과 관련하여 과잉금지의 원칙이 확립되었다. 이는 국민의 기본권을 제한하는 경우에 다음과 같은 원칙에 어긋나지 않아야 한다는 것이다. 즉, 기본권을 제한하는 입법의 목석은 헌법과 법률의 체계 내에서 정당하여야 하고(목적의 정당성), 수단이 입법 목적을 실현함에 있어 가장 적절하여야 하며(수단의 적합성), 보다 완화된 수단이나 방법이 없는지 모색함으로써 그 제한이 필요최소한의 것이 되게 하여야 하고(침해의 최소성), 규제함으로써 얻을 수 있는 공익이 규제로 인해 발생하는 사적 불이익보다 크거나 균형이 유지되어야 한다(법익의 균형성).

(2) 여행의 자유는 기본권이다

강모험 씨는 자신이 원하는 곳으로 자유롭게 여행을 하고 싶다. 이러한 '여행의 자유'는

우리 헌법에서 정한 기본권 중 '거주·이전의 자유'에 포함된다. 강모험 씨 사례에서 문제가 되는 '거주·이전의 자유'에 대해서 알아보자.

• 헌법 제14조와 거주·이전의 자유

국민이라면 누구나 자기가 살고 싶은 지역에서 살 수 있고, 원하면 이사할 수 있는 기본권이 있다. 자유롭게 거주지를 선택하고 옮길 수 있는 기본권을 '거주·이전의 자유'라고 부른다. 자신의 의지에 따라 이동할 수 있기 때문에, 국민은 자신의 현 거주지에 구애받지 않고 직장을 선택할 수 있으며, 다른 지역으로 여행을 할 수 있게 된다. 이러한 점에서 거주·이전의 자유는 다른 기본권을 더 잘 누리게 하는 기본권이라고 할 수 있다. 다시 말해서, 모든 국민은 거주·이전의 자유가 있으므로 국내의 모든 지역으로 이사를 갈 수 있고, 여행도 갈 수 있다.

• 해외여행의 자유

이 기본권을 행사할 수 있는 영역은 국내에 한정되지 않는다. 모든 국민은 거주·이전의 자유를 가지므로 해외로 이주하거나 해외여행을 자유롭게 할 수 있다. 그리고 해외에 머무르는 국민이 다시 대한민국으로 돌아오고자 원할 경우에 귀국할 자유 역시 거주·이전의 자유에 포함된다.

• 해외여행의 자유의 보호와 제한

거주·이전의 자유에 포함되는 해외여행의 자유도 국민의 기본권으로서, 국가에 의하여 강력하게 보호를 받는 권리에 해당한다. 하지만 개인 내면의 사상의 자유와 같이 절대적으로 제한이 불가능한 권리는 아니다. 기본권을 더 잘 보호하기 위한 예외적인 경우라면 제한이 가능한 권리이다. 물론 이를 위해서는 앞서본 엄격한 요건을 모두 충족해야 한다.

(3) 해외여행의 자유를 제한할 수 있을까?

강모험 씨는 외교부의 여행금지조치로 인해 자신의 해외여행의 자유를 마음껏 행사할 수 없다. 이 여행금지조치가 정당한 기본권 제한에 해당하는지 살펴보자.

먼저 해외여행의 자유를 제한하는 목적이 무엇인가 검토하여야 한다. 해외여행의 자유를 인정한 결과 오히려 국민의 생명과 신체가 위험해지고, 외교적 분쟁이 발생하거나 감염병이 확산되는 등의 위험이 상당히 높은 경우에는 국민을 보호하기 위하여 해외여행의 자유를 제한하는 것이 정당화될 수 있을 것이다. 그러나 그러한 위험이 없는 경우에도 해외여행을 폭넓게 제한한다면, 부당한 제한이라고 판단할 수 있다.

▲ 외교부 여행금지 안내

다음으로는 기본권 제한의 정도가 필요최소한의 제한에 그치는 것인지 검토해야 한다. 특히 형사처벌의 가능성이 있는 경우라면 더 면밀히 검토하여야 한다. 단순히 경고, 금지만 하여도 목적을 달성할 수 있다면, 그보다 강력한 제한조치는 최소한의 제한을 넘어서는 것으로서 정당화될 수 없기 때문이다. 형사처벌은 국민의 신체의 자유에 대한 상당한 제한이므로 이를 정당화하기 위해서는 그만큼의 필요성이 더 인정되어야 한다.

그리고 기본권 제한은 법률에 근거를 두어야 한다. 해외여행을 제한하는 사유, 방식 등에 관한 자세한 모든 내용이 법률에 포함되어야 한다는 것은 아니다. 구체적인 사유와 방식은 하위규범에 위임하더라도 어느 정도 그 내용이 예측할 수 있도록 법률에 근거 규정을 두어야 한다. 해외여행의 자유는 여권법에 의하여 제한된다(「여권법」 제2조).

[헌재결정례] 해외여행의 자유 제한가능성   헌재 2008.6.26. 선고 2007헌마1366

헌법재판소는 해외 테러 위험지역 여행을 금지한 외교통상부 고시가 거주·이전의 자유를 제한하기는 하지만, 국민의 생명, 신체, 재산을 보호하기 위한 것이고, 한국인에 대한 테러 가능성이 특히 높은 지역에 대해서만 금지하며, 장관의 허가를 받는 경우에는 방문이 가능하다는 점에서 거주·이전의 자유를 침해한 것이 아니라고 결정하였다.

[헌재결정례] 해외여행금지 위반시 형사처벌 가능성

헌재 2020.2.27. 선고 2016헌마945

헌법재판소는 여행금지국가를 방문한 사람에 대하여 형사처벌을 할 수 있도록 한 여권법 규정에 대하여, 국외 위난 상황으로부터 국민의 생명·신체나 재산을 보호하고 국가·사회에 미칠 수 있는 파급 효과를 사전에 예방하는 목적의 제한으로서, 무분별한 해외여행이 개인 및 국가·사회에 미친 영향을 고려해보면 소수의 일탈이나 다른 국민들의 모방을 방지할 수 있는 수준의 형사처벌이 가능하며, 외교부장관의 허가를 받으면 여행이 가능한 점 등을 고려하여 거주·이전의 자유를 침해한 것이 아니라고 결정하였다.

강모험 씨가 원하는 지역으로 외교부장관의 허가를 받지 않고 해외여행을 갈 수 없다면, 헌법에서 보호하는 '거주 · 이전의 자유' 중 여행의 자유가 제한되었다고 볼 수 있다. 만일 외교부의 여행금지조치가 테러 위협이 매우 높은 지역에 한하여, 법률에 근거를 두고, 최소한의 정도로 제한하는 것이라면 헌법에 의하여 정당화되는 기본권 제한이라고 할 수 있다.

이것만은 꼭!

1. 거주 · 이전의 자유는 거주지를 자유롭게 결정할 수 있는 기본권으로서, 국민이 자유롭게 경제활동, 문화생활을 할 수 있도록 도와주는 기본권이다.

2. 헌법상 기본권은 언제나 무제한으로 보호받는 권리가 아니라, 국민의 생명이나 신체, 재산 등을 더 잘 보호하기 위한 경우에는 예외적으로 제한될 수 있다.

3. 헌법에서 정하는 국민의 자유와 권리는, ① 국가안전보장 · 질서유지 또는 공공복리를 위하여 필요한 경우에 한하여, ② 법률에 근거를 두고, ③ 필요최소한으로, ④ 본질적인 내용이 침해되지 않는 선에서 제한될 수 있다.

4. 기본권은 헌법에 의하여 강하게 보호받는 권리로서, 성질상 기본권 제한이 가능한 경우라 하더라도, 제한의 요건을 충족하는지의 여부는 엄격히 판단하여야 한다.

3. 기본권이 침해되었을 때: 헌법소원

사 례

정양심 씨는 한 사람이 다른 사람의 생명을 빼앗는 것은 어떤 경우에도 옳지 않다고 생각해 왔다. 그리하여 2016.12.5.까지 입영하라는 통지를 받았으나 신념에 따라 입영을 하지 않아 병역법 위반죄로 기소되었다. 재판과정에서 정양심 씨는 대체복무제를 규정하지 않은 병역법 제5조 제1항은 위헌이라고 주장하여 위헌법률심판제청 신청을 하였으나 기각되었다. 이에 정양심 씨는 헌법재판소에 헌법소원심판을 청구하고자 한다. 정양심 씨는 어떻게 하여야 할까?

(1) 헌법소원심판이란?

정양심 씨는 자신의 기본권인 양심의 자유가 침해받은 것에 대한 구제 방법으로 헌법재판제도를 이용하기로 하였다. 국민이 자신의 기본권을 침해받았음을 이유로 헌법재판소에 소송을 제기하는 제도를 헌법소원심판제도라고 한다.

- 헌법소원심판제도

개인의 권리가 침해되는 등 분쟁이 발생하면, 법치국가에서는 법에 의하여 그 분쟁을 해결하게 되며, 주로 법원의 재판을 통하여 권리관계를 확인하여 구제를 받게 된다. 국민의 기본권이 침해되는 경우에도 이처럼 법적으로 다툴 수 있는 재판절차가 있다. 국민의 기본권을 보호하기 위하여 특별히 마련된 헌법재판제도가 헌법소원이다.

헌법소원은 헌법재판소에서 담당하는 헌법재판 중 하나로서, 국민의 침해된 기본권을 구제하는 절차이다. 국민은 공권력의 행사로 인하여 기본권이 침해된 경우 국가를 상대로 헌법재판소에 헌법소원심판을 청구할 수 있다. 국민이 직접 국가를 상대로 자신의 자유와 권리를 주장하여 기본권 침해를 시정하는 제도라는 점에서 핵심적인 기본권 보장제도이다. 다른 법적 구제절차를 통해서 기본권을 회복할 수 없는 경우에 이용하는 제도로서, 최종적인 기본권 보호절차라고도 할 수 있다. 헌법소원의 종류로는 권리구제형 헌법소원과 위헌법률심판형 헌법소원 두 가지가 있다.

• 권리구제형 헌법소원

권리구제형 헌법소원은 공권력의 행사 또는 불행사로 인하여 헌법상 보장된 기본권을 침해받은 사람이 헌법재판소에 소송을 제기하는 것이다(「헌법재판소법」 제68조 제1항).

국회의 입법작용은 공권력의 행사에 해당한다. 그러므로 국회에서 만든 법률 그 자체가 기본권을 침해하거나, 기본권의 행사를 위하여 마땅히 입법이 필요한 사안에 관하여 법률이 없는 경우에는 헌법소원을 제기할 수 있다. 행정기관의 행위도 헌법소원심판의 대상이 되는 공권력의 행사이다. 다만 행정소송의 대상이 되는 행정처분에 대하여는 원칙적으로 헌법소원심판을 청구할 수 없다.

• 위헌법률심판형 헌법소원

법원에서 재판이 진행되는 도중에, 그 재판에서 적용하고자 하는 법률 규정이 헌법에 위반되는지 여부가 재판의 전제가 된 경우에는, 그 재판부는 직권 또는 당사자의 신청에 의한 결정으로 해당 법률의 위헌 여부를 헌법재판소에 물을 수 있다(「헌법재판소법」 제41조). 다만 재판부는 당사자의 신청이 있더라도, 그 법률 규정이 헌법에 위반되지 않는다고 판단되면, 당사자의 신청을 기각하고 헌법재판소에 위헌제청을 하지 않을 수도 있다. 이 경우 법률의 위헌 여부에 대하여 여전히 헌법재판소의 판단을 받고 싶은 당사자는 헌법재판소에 헌법소원심판을 청구할 수 있는데, 이를 위헌법률심판형 헌법소원이라고 한다(「헌법재판소법」 제68조 제2항).

(2) 헌법소원심판을 청구하려면?

정양심 씨는 헌법소원을 청구하는 사람으로서 '청구인'이 된다. 정양심 씨는 대체복무 규정이 있어야 함에도 그러한 규정이 없기 때문에 자신의 양심의 자유가 침해된다고 생각하여 법률을 만들지 않은 것(입법부작위)에 대해서 헌법소원심판을 청구하고자 한다. 정양심 씨가 어떻게 해야 할지 청구절차를 알아보자.

• 헌법소원심판의 청구인 요건

자신의 기본권을 침해당한 사람이 헌법소원심판을 청구하여야 한다. 그러므로 다른 사람의 기본권 침해에 대하여 대신하여 청구인이 되어 헌법소원심판을 청구할 수 없다. 그리고 청구인은 자신의 기본권이 현재 그리고 직접적으로 침해받는 경우에만 헌법소원심판을 청구할 수 있다. 만일 기본권을 침해받았더라도 이미 시간이 지나 현재는 자유롭게 자신의 기본권을 행사할 수 있는 경우에는 청구할 수 없다. 다만 헌법재판소는 장래에 침해가 발생할 것이 확실히 예측되는 경우에는 국민의 기본권을 보호하기 위하여 청구를 받아들인다.

• 헌법소원심판의 청구 방법

국민이 헌법소원심판을 청구하려면 변호사를 대리인으로 선임하여야 한다. 만일 자신이 변호사라면, 다른 변호사를 대리인으로 선임하지 않아도 된다. 경제적 어려움 등으로 인하여 스스로 변호사를 선임할 수 없는 경우에는 헌법재판소에 국선대리인 선임을 신청할 수 있다(「헌법재판소법」 제70조). 이 경우에는 청구인이 변호사를 선임할 수 없는 사유를 소명하는 자료를 첨부하여 선임신청을 하여야 한다. 이 선임신청도 '청구기간' 내에 이루어져야 한다. 다만 헌법재판소는 공익상 필요하다면 직권으로 변호인을 선임할 수 있다.

전자헌법재판센터
전자제출안내

또한 헌법소원심판을 청구하려면, '청구기간' 내에 해당하는지 확인하여야 한다. 언제나 헌법소원심판을 청구할 수 있는 것이 아니다. 기본권이 침해된 것을 안 날부터 90일 이내, 그런 일이 있은 날부터 1년 이내에만 청구할 수 있다(「헌법재판소법」 제69조). 만일 다른 법률에 의한 구제절차를 거친 경우라면 그 최종 결정의 통지를 받은 날부터 30일 이내에 청구하여야 한다. 그리고 이들 기간 중 먼저 끝나는 기간을 기준으로 청구기간이 결정된다.

헌법소원심판청구서
(서식)

청구기간 내에 해당한다면, 청구인은 청구인, 침해된 권리, 침해의 원이이 되는 공권력의 행사 또는 불행사, 청구의 이유 등을 적은 청구서를 헌법재판소에 제출하면 된다(「헌법재판소법」 제71조). 만일 청구기간이 만료되는 날이 휴일이라면 휴일이 끝나는 다음 날 자정까지 제출할 수 있다. 직접 헌법재판소에 방문하여 제출할 수도 있지만, 우편접수나 전자접수도 가능하다.

(3) 헌법소원심판의 결과는 어떻게 결정되나요?

정양심 씨가 변호사를 선임하고, 청구기간 내에 청구서를 헌법재판소에 제출하였다면, 헌법재판소는 정양심 씨의 주장이 헌법에 따라 타당한지 판단을 하게 된다. 헌법재판소가 헌법소원심판의 결정을 어떻게 하는지 알아보자.

• 헌법소원심판의 절차

청구서를 받은 헌법재판소는 청구의 내용이 타당한지에 대한 재판을 바로 열지 않는다. 청구된 헌법소원심판이 청구기간 내에 제출된 것인지, 변호사 대리인이 선임되었는지 등과 같이 헌법소원심판청구가 법률에서 정하는 절차를 준수하였는지를 먼저 판단한다(「헌법재판소법」 제72조). 헌법재판관 3명으로 구성된 지정재판부에서 판단하며, 헌법소원심판을 청구한 날부터 30일 내에 결정하여야 한다. 지정재판부는 헌법소원심판의 청구가 법률에서 정한 절차를 준수하여 '적법하다'고 판단하면 청구의 내용을 판단하는 재판부에 회부한다. 그러나 '부적법하다'고 판단하면 '각하' 결정을 한다.

지정재판부가 '적법하다'고 판단하면, 헌법재판관 9명 전원을 구성원으로 하는 재판부에서 신청인의 어떤 기본권이 어떻게 침해되었는지 판단하고 위법한 기본권 침해인지 여부를 결정한다. 이때 재판부는 서면으로 심리하는 것이 원칙이지만, 필요한 경우에는 변론을 열어 직접 청구인의 주장을 들을 수 있다.

헌법재판소는 청구인의 기본권이 헌법을 위반하여 침해되었는지, 아니면 헌법에 따라 정당화될 수 있는 기본권의 제한에 해당하는지 판단하여야 한다. 이 경우 앞서 본 기본권 제한의 요건을 모두 충족하였는지가 그 판단 기준이 된다. 기본권의 제한이 법률에 근거가 있는지, 그리고 그 제한이 국가안전보장·질서유지 또는 공공복리라는 공익적 목적을 위한 제한인지(입법 목적의 정당성), 목적을 달성하기 위하여 선택한 수단이 적합한지(수단의 적합성), 제한받는 국민의 법익을 최소한으로 제한하는지(침해의 최소성), 그리고 달성하고자 하는 공익이 침해되는 사익보다 큰지(법익의 균형성)를 판단하게 된다.

• 헌법소원심판의 결정

재판부는 헌법소원심판청구에 대하여 3가지 결정을 할 수 있다. 헌법소원심판청구 자체가 '부적법하다'라고 판단한다면 '각하결정'을 한다. 이 경우에는 기본권 침해 여부 등 청구 내용에 대하여는 판단하지 않는다.

청구가 적법하다면, 청구 내용의 타당성을 검토하고, '인용' 또는 '기각'의 결정을 내린다. 청구인의 기본권이 침해되었다고 판단하면, 재판부는 청구가 '이유 있다'고 결정하여 '인용결정'을 한다. 반대로 기본권의 침해가 없다고 판단하면, '기각결정'을 한다. 재판관 9명은 각각 판단을 하며, 이들 중 6명 이상이 청구인의 주장을 받아들이는 결정을 내리면, 주문으로 '인용결정'을 한다. 재판관들의 결정과 그 이유는 헌재결정문에 모두 담기게 된다.

인용결정은 청구인의 기본권이 침해되었다는 것을 인정하는 결정이므로(「헌법재판소법」 제75조) 결정문에는 침해된 기본권, 침해의 원인이 되는 공권력의 행사(또는 불행사)가 무엇인지와 같은 내용이 포함된다. 그리고 공권력의 행사가 기본권을 침해하였다면 그 공권력의 행사를 취소하고, 불행사가 기본권을 침해한다고 판단하였다면 불행사가 위헌임을 확인한다.

• 양심의 자유와 제한 가능성

정양심 씨의 양심의 자유는 헌법에서 보호하는 기본권이다. 양심은 도덕적·윤리적 판단뿐만 아니라 신념, 사상, 신조도 포함한다. 양심의 자유는 그 내용에 따라 '양심형성의 자유'와 '양심을 지킬 자유'로 나눌 수 있다. 양심형성의 자유는 외부로부터 부당한 간섭을 받지 않고 개인이 자신의 양심을 형성하고 양심에 따르는 결정을 내릴 수 있는 기본권이다. 양심을 지킬 자유는 자신의 양심을 외부에 표현하는 것과, 양심에 반하는 행동을 강제받지 않는 것을 내용으로 한다.

양심을 형성하고 양심에 따른 결정을 하는 것은 개인의 내심에 속한 문제로 매우 강력하게 보호를 받는다. 그러나 양심을 외부에 표현하고 실현시킬 자유는 헌법에서 정한 요건을 충족하는 경우에 제한될 수 있다. 사례에서 병역종류를 정하면서 대체복무를 포함시키지 않은 것이 양심의 자유를 침해하는지 여부를 판단하려면, 입법 목적의 정당성, 수단의 적합성, 침해의 최소성, 법익의 균형성을 따져봐야 한다.

[헌재결정례] 양심적 병역거부와 대체복무제

2018.6.28. 선고, 2017헌바225 사건 등

병역종류 조항은, 병역 부담의 형평을 기하고 병역 자원을 효과적으로 확보하여 효율적으로 배분함으로써 국가안보를 실현하고자 하는 것이므로 정당한 입법 목적을 달성하기 위한 수단이다.

그런데, 병역종류 조항이 규정하고 있는 병역들은 모두 군사훈련을 받는 것을 전제하고 있어, 양심적 병역 거부자에게 그러한 병역을 부과할 경우 그들의 양심과 충돌을 일으키게 되므로, 이에 대한 대안으로 대체복무제가 논의되어 왔다. 따라서 대체복무제라는 대안이 있음에도 불구하고 군사훈련을 수반하는 병역만 규정한 병역종류 조항은 침해의 최소성 원칙에 어긋난다.

병역종류 조항이 추구하는 '국가안보' 및 '병역의무의 공평한 부담'이라는 공익은 대단히 중요하나, 병역종류 조항에 대체복무제를 도입한다고 하더라도 위와 같은 공익은 충분히 달성할 수 있다. 반면, 병역종류 조항이 대체복무제를 규정하지 아니함으로 인하여 양심적 병역 거부자는 최소 1년 6월 이상의 징역형과 그에 따른 막대한 유·무형의 불이익을 감수하여야 한다. 양심적 병역 거부자에게 공익 관련 업무에 종사하도록 한다면, 이들을 처벌하여 교도소에 수용하는 것보다는 넓은 의미의 안보와 공익 실현에 더 유익한 효과를 거둘 수 있을 것이므로 병역종류 조항은 법익의 균형성 요건을 충족하지 못하였다.

따라서 양심적 병역 거부자에 대한 대체복무제를 규정하지 아니한 병역종류 조항은 과잉금지 원칙에 위배하여 양심적 병역 거부자의 양심의 자유를 침해한다(이에 따라 2019.12.31. 대체역의 편입 및 복무 등에 관한 법률이 제정되어 2020.1.1.부터 시행되었다.)

사례의 해결

정양심 씨가 헌법소원심판을 청구하려면 변호사를 선임하고, 병역법에 대체복무 규정이 없어 자신의 양심의 자유가 침해되었다는 점을 적어 청구서를 제출하면 된다. 그리고 헌법재판소는 청구요건의 준수 여부를 판단한 후, 정양심 씨의 주장 내용이 타당한지 결정하게 된다.

이것만은 꼭!

1. 국민이라면 누구든지 국가에 의하여 자신의 기본권이 침해된 경우, 구제를 받기 위하여 헌법재판소에 헌법소원심판을 청구할 수 있다.

2. 헌법소원심판제도는 국민이 스스로 자신의 기본권을 적극적으로 주장하여 침해의 원인이 되는 공권력의 행사를 취소해주도록 청구하는 등 직접적으로 기본권의 침해를 구제한다는 점에서 헌법상 핵심적인 기본권 보장제도이다.

3. 양심의 자유는 외부의 부당한 간섭이나 강제를 받지 않고 개인의 사상, 신조를 형성하고, 실현할 수 있는 헌법상의 기본권이다.

▲ 헌법재판소

1. 헌법재판소의 구성

헌법에 관한 최종적 판단기관으로서 헌법재판소가 대한민국 역사에서 항상 있었던 것은 아니다. 위헌법률심판을 담당하는 곳은 헌법이 제정된 1948년부터 헌법의 개정 때마다 헌법위원회, 헌법재판소, 대법원 등으로 변경되었으며, 정치적 혼란으로 헌법재판이 적절하게 이루어지기 어려운 시기를 지나오기도 하였다. 우리 헌법은 1987년부터 독립된 기관으로 헌법재판소를 두어, 위헌법률심판, 탄핵심판, 정당해산심판, 권한쟁의심판, 헌법소원심판 등을 담당하도록 정하였다. 이에 따라 헌법재판소법이 1988년 제정되어 비로소 헌법재판이 헌법과 법률에 따라 시행될 수 있었으며, 무엇보다도 국민이 기본권 침해에 대하여 직접 구제를 청구할 수 있는 헌법소원심판이 대한민국 헌정 사상 처음으로 도입되었다.

헌법재판소는 9명의 헌법재판관으로 구성된다. 임기는 6년이며 연임도 가능하다. 9명은 모두 대통령이 임명하는데, 그중에서 3명은 국회에서 선출하고, 3명은 대법원장이 지명한다. 그리고 헌법재판소의 장은 국회의 동의를 얻어 대통령이 임명한다. 입법부, 행정부, 사법부 모두가 헌법재판관 선출에 참여하도록 한 것은 3권에 대하여 중립적인 국가기관으로서 역할을 할 수 있도록 한 것이다.

2. 헌법재판소의 권한

헌법에서 정한 헌법재판소의 권한은 ① 법원의 제청에 의한 법률의 위헌 여부 심판 ② 탄핵의 심판 ③ 정당의 해산 심판 ④ 국가기관 상호 간, 국가기관과 지방자치단체간 및 지방자치단체 상호 간의 권한쟁의에 관한 심판 ⑤ 법률이 정하는 헌법소원에 관한 심판이다. 이 중에서 본문에서 설명하지 않은 4가지의 권한에 대하여 살펴보자.

위헌법률심판은 법률이 헌법에 위반하는지 여부를 심판하는 절차이다(헌법 제111조 제1항 제1호, 「헌법재판소법」 제41조). 법률은 입법부인 국회에서 제정하거나 개정하지만 헌법을 위반할 수 없다. 헌법은 법률의 형식적 한계이면서 내용적 한계이기도 하기 때문이다. 헌법에서 정한 절차에 따라 법률이 제정되어야 그 법률이 유효하고 정당하다고 평가할 수 있으며, 헌법에서 정한 기본권을 침해하거나 헌법의 기본원리에 반하는 내용을 담은 법률은 위헌적인 법률에 해당하여 효력을 인정할 수 없다. 이처럼 입법부에 대한 견제기능과 헌법보장기능을 수행하는 것이 헌법재판이다. 법원은 재판의 전제가 되는 법률조항에 대하여 위헌 여부의 판단을 헌법재판소에 제청할 수 있다. 헌법재판소는 위헌법률심판의 결과, 재판관 9명 중 6명 이상이 헌법에 위반된다고 판단하면 '위헌'결정을, 반대로 헌법에 위반되지 않는다고 판단하면 '합헌'결정을 선고한다. 위헌결정이 난 경우 해당 법률 조항은 즉시 효력을 잃게 된다. 다만 즉각적인 무효화에 따르는 법의 공백과 사회적 혼란을 피하기 위해 법을 개정할 때까지 한시적으로 그 법을 존속시키는 '헌법불합치'의 결정을 내리기도 한다. 헌법재판소는 법률을 제정하거나 개정하는 권한이 없기 때문이다. 따라서 이러한 경우에는 입법부가 위헌적인 부분을 제거하여 새롭게 입법을 하여야 한다.

탄핵심판은 형벌이나 징계절차로는 처벌이 어려운 대통령 등 고위직 공무원에 대한 파면제도이다(헌법 제111조 제1항 제2호, 「헌법재판소법」제48조). 대통령, 국무총리, 국무위원, 행정각부의 장, 헌법재판소 재판관, 법관, 중앙선거관리위원회 위원, 감사원장과 같은 고위직 공무원이 대상에 속한다. 이들이 헌법이나 법률을 위반하여 직무를 수행하면, 국회는 탄핵의 소추를 의결할 수 있다. 탄핵심판은 변론을 열어 탄핵 당사자의 의견을 듣는 것이 원칙이다. 헌법재판소의 재판관 9명 중 6명 이상이 탄핵심판의 청구가 타당하다고 판단하면, 해당 공무원을 공직에서 파면하는 결정을 한다. 탄핵심판을 통하여 파면을 당하는 것은 형사처벌을 받는 것과는 다르다. 형사상 또는 민사상 책임이 있는 경우에는 탄핵심판의 결과와 상관없이, 형사재판 또는 민사재판을 통하여 공무원에게 책임을 지게 할 수 있다.

헌법재판소는 헌법의 기본질서를 파괴하는 위헌적인 정당을 해산시키는 결정을 할 권한도 가진다(헌법 제111조 제1항 제3호, 「헌법재판소법」 제55조). 민주주의 국가에서 정당제도는 주권자인 국민의 다양한 정치적 의견을 존중하기 위하여 중요하게 보호받는다. 정당해산심판제도는 헌법재판소의 해산결정이 아닌 방법으로는 정당을 강제로 해산시키지 않겠다는 강력한 정당보호제도인 것이다. 정당의 목적, 조직, 활동이 민주적이지 않은 경우에 정부는 정당해산심판을 청구할 수 있다. 헌법재판관 9명 중 6명 이상이 위헌적인 정당이라고 판단을 하면, 해산결정을 선고하며, 이때 해당 정당은 해산된다.

마지막으로 권한쟁의심판은 국가기관 상호 간에 그 권한과 의무의 내용에 대한 다툼을 해결하고자 하는 재판절차이다(헌법 제111조 제1항 제4호, 「헌법재판소법」 제61조). 국가권력 상호 간의 견제와 균형, 국민의 기본권 보호와 같은 헌법의 가치를 위하여 국가기관 간의 권한에 대하여 조정기능을 하는 제도인 것이다. 국가기관 외에 지방자치단체 상호 간의 권한 다툼도 권한쟁의심판을 통하여 해결할 수 있도록 하고 있다.

▲ 헌법재판소(https://www.ccourt.go.kr)

제2절 | 대한민국의 주권과 통치권력

1. 주권과 선거제도

사 례

대한민국 국민인 김정도 씨와 이나도 씨는 대학생 때 함께 국회의원 선거에 투표를 하게 된 것을 계기로 국내 정치 상황에 대하여 이야기를 나누게 되었고, 이나도 씨가 유학을 간 후에도 정치적인 문제에 관하여 많은 이야기를 나눌 수 있는 친구관계를 유지하고 있다. 그러던 중 대통령 선거가 다가왔는데, 김정도 씨는 한국에서 선거에 참여할 수 있지만 이나도 씨는 때맞춰 귀국이 어렵게 되었다. 이나도 씨는 대통령을 선출하기 위하여 투표를 할 수 있을까?

(1) 대한민국의 주권은 국민에게 있다

김정도 씨와 이나도 씨는 모두 대한민국 국민이다. 헌법은 국민이 주권자라고 말한다. 주권이란 무엇이며, 국민이 주권자라는 것은 무슨 의미일까?

• 국민주권의 원리

대한민국 헌법 제1조 제2항은 다음과 같다.

제1조 ② 대한민국의 주권은 국민에게 있고, 모든 권력은 국민으로부터 나온다.

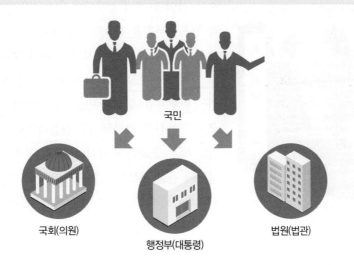

국민

국회(의원)

행정부(대통령)

법원(법관)

대한민국의 주권이 국민에게 있다는 헌법의 원리를 국민주권원리라고 부른다. 국민주권원리는 국가기관의 권력은 모두 국민으로부터 나오며, 국민이 최종적인 결정권을 가진다는 것을 말한다. 우리나라 법체계의 가장 근본이자 모든 공적 판단의 근거가 되는 헌법을 만들어 낼 수 있는 권력이 국민에게 있다는 것이다. 그리고 이 주권으로부터 입법권, 행정권, 사법권 등 모든 국가의 권력이 나온다.

국민은 국가의 최종적 의사결정을 내릴 수 있는 주권자이지만, 일반적으로 국가가 의사결정을 해야 하는 상황에서 모든 국민 개개인이 직접 그러한 결정을 할 수 있는 것은 아니다. 국민은 투표를 통하여 선출한 대표자에게 권력을 위임하고, 대표자의 결정은 이에 의하여 정당성을 인정받게 된다. 이렇게 투표를 통하여 국가기관의 권력 행사가 정당화되는 것을 민주적 정당화라고 한다.

헌법은 국민주권원리를 실현할 수 있도록 여러 제도를 마련하고 있다. 구체적으로 국회의원 및 대통령 선거제도, 의회제도, 정당제도, 직업공무원제도, 청원제도, 헌법재판소제도 등이 있다. 무엇보다도 국민이 주권자로서 국가기관의 구성원인 공무원을 선출하고, 국가의 중요한 의사결정과정에 투표로 참여할 수 있도록 하는 참정권은 주권자인 국민의 중요한 기본권이라고 할 수 있다.

• 참정권

주권자인 국민이 자유롭고 평등하게 국가의 의사 형성 과정에 참여하고, 국가기관의 구성원을 선출하고 구성원이 될 수 있는 권리를 참정권이라고 한다. 참정권은 국민주권의 상징적 권리로서 다른 기본권에 대하여 우월적 지위를 가진다.

참정권은 국민이 직접 자신이 국가기관의 구성원으로 선임될 권리(공무담임권), 국가기관을 구성하거나 공무원을 선출하기 위하여 투표할 권리(선거권), 국가의 중요 정책에 대하여 혹은 헌법개정 시에 국민으로서 의사를 표명할 수 있는 투표권(국민투표권)을 포함하는 기본권이다. 참정권은 국민이 자신의 의사를 직·간접적으로 표현할 수 있는 매우 중요한 권리이며, 이의 공정한 관리 및 정당에 관한 사무를 처리하기 위하여 헌법은 선거관리위원회제도를 두고 있다(헌법 제114조).

(2) 국민은 투표를 통해 주권을 행사한다

김정도 씨와 이나도 씨는 대한민국 국민으로서 선거에 참여하는 방식으로 참정권을 행사할 수 있다. 이들은 주권자로서 국회의원이나 대통령 등을 선출하는 투표를 하는 것 외에도 중요 정책이나 헌법개정 과정에서 국민투표를 할 수 있다.

• 국민의 선거권

공직선거법

선거권은 참정권 중에서도 가장 기본적이며 중요한 권리이다. 현재 국민이 선거를 통하여 선출할 수 있는 공무원은 대통령, 국회의원, 지방자치단체의 장, 지방자치의회의원, 교육감이다.

모든 국민은 선거권이 있지만, 모든 국민이 선거권을 행사할 수 있는 것은 아니다. 우리나라는 2019년 「공직선거법」을 개정하여 선거일 현재 18세 이상인 경우에 선거에 참여할 수 있도록 하였다. 국민으로서 중요한 결정을 내릴 수 있는 연령의 기준을 18세로 정한 것이다. 선거일 현재 18세 이상이라는 것은 선거일 24시에 18세가 되는 경우를 말한다.

• 헌법과 법률에서 정하는 선거권

헌법에서 직접 정한 선거권에는 국회의원과 대통령을 선출하는 선거권이 있다. 국민은 보통 · 평등 · 직접 · 비밀선거에 의하여 국회의원과 대통령을 선출한다. 국회의원은 각 선거구별 국회의원과 비례대표 국회의원 모두 4년마다 이루어지는 선거에 의하여 결정된다. 대통령을 선출하는 선거는 5년마다 이루어지며, 만일 대통령 후보자가 1인일 때에는 그 득표수가 선거권자 총수의 3분의 1 이상이 아니면 대통령으로 당선될 수 없다.

헌법은 지방자치단체의 구성 방법을 법률로 정하도록 하고 있고, 이에 따라 지방자치법은 선거를 통하여 지방자치단체의 장과 지방의회의원을 선출해야 한다고 규정한다. 주민은 자신이 속한 지방자치단체에서 중요한 행정과 입법을 담당하는 공무원을 직접 선출할 수 있는 것이다. 이 외에도 지방교육자치에 관한 법률에 의하여 교육감도 주민이 직접 선거를 통하여 뽑는다.

깨끗한 국민투표
당신의 투표가
대한민국을 만듭니다.

- 국민투표권

헌법은 국민이 직접 국가의사를 형성할 수 있는 방법으로 국민투표권을 정하고 있다. 그중 하나는 대통령이 필요하다고 인정하여 국민투표에 붙인 외교·국방·통일 기타 국가안위에 관한 중요 정책에 관한 국민투표권이고(헌법 제72조), 다른 하나는 헌법의 개정에 관한 국민투표권이다(헌법 제130조 제2항).

국민투표권은 국민이 국가의 특정 사안에 대해 직접 결정권을 행사하는 권리이며, 선거권과 함께 국민의 참정권에 포함되는 헌법상 기본권이다. 국민투표법에 의하면, 국민투표권을 행사하기 위해서는 선거권과는 달리 만 19세 이상이어야 한다.

(3) 외국에 거주하는 국민도 투표할 수 있다

이나도 씨와 같이 대한민국 국적을 갖지만 외국에 거주하는 국민도 국회의원 선거나 대통령 선거에 참여하여 투표권을 행사할 수 있는지에 대하여 알아보자.

- 국외부재자의 투표

중앙선거관리위원회
국외부재자신고

「공직선거법」상 선거에 참여할 수 있는 외국에 있는 국민은 재외선거인과 국외부재자가 있다.

국외부재자는 국내에 주민등록이 되어 있는 사람으로서 외국에서 투표를 하려는 국민을 말하며, 신고를 하여야 투표를 할 수 있다(「공직선거법」 제218조의4). 성명, 주민등록번호, 주소, 거소, 여권번호 등의 내용을 적은 신고서를 작성하여, 중앙선거관리위원회 인터넷 홈페이지(ova.nec.go.kr)를 통해 신고할 수도 있고, 재외공관에 직접 방문하거나 우편이나 이메일을 통하여 신고할 수도 있다.

국외부재자로서 신고를 하면, 대통령 선거와 국회의원 선거에 대하여 국내 투표일 이전, 정해진 재외투표 기간 동안 재외공관에서 마련한 투표소를 방문하여 직접 투표할 수 있다. 이렇게 투표한 용지는 선거일 오후 6시까지 국내의 관할 선거관리위원회에 도착하여 개표된다.

만일 국외부재자로 신고를 했지만 재외투표 기간 이전에 귀국하여 선거일 당일에 국내에서 투표를 하고자 하는 경우에는, 귀국한 사실을 증명할 수 있는 서류를 가지고 관할 선거관리위원회에 신고하면, 선거일에 해당 선거관리위원회가 지정하는 투표소에서 투표할 수 있다.

• 재외선거인의 투표

　국내에 주민등록이 없는 경우, 예를 들어, 외국에서 영주권을 취득하고 사는 사람의 경우에도 투표할 수 있는 경우가 있다. 재외선거제도에 따라 재외선거인으로 등록신청을 하면 대통령 선거 및 비례대표 국회의원 선거에 투표할 수 있다(「공직선거법」 제218조의5).

[헌재결정례]재외선거인의 국민투표권　　헌재 2016.6.1. 선고 2010헌마394

　지역구 국회의원은 국민의 대표임과 동시에 소속 지역구의 이해관계를 대변하는 역할을 하고 있다. 전국 단위로 선거를 실시하는 대통령 선거와 비례대표 국회의원 선거에 투표하기 위해서는 국민이라는 자격만으로 충분한데 반해, 특정한 지역구의 국회의원 선거에 투표하기 위해서는 '해당 지역과의 관련성'이 인정되어야 한다. 주민등록과 국내 거소 신고를 기준으로 지역구 국회의원 선거권을 인정하는 것은 해당 국민의 지역적 관련성을 확인하는 합리적인 방법이다. 따라서 선거권 조항과 재외선거인 등록신청 조항이 재외선거인의 지역구 국회의원 선거권을 인정하지 않은 것이 재외선거인의 선거권을 침해하거나 보통선거 원칙에 위배된다고 볼 수 없다.

　국민투표는 선거와 달리 국민이 직접 국가의 정치에 참여하는 절차이므로, 국민투표권은 대한민국 국민의 자격이 있는 사람에게 반드시 인정되어야 하는 권리이다. 이처럼 국민의 본질적 지위에서 도출되는 국민투표권을 추상적 위험 내지 선거 기술상의 사유로 배제하는 것은 헌법이 부여한 참정권을 사실상 박탈한 것과 다름없다. 따라서 재외선거인의 투표권을 제한한 국민투표법 조항은 재외선거인의 국민투표권을 침해한다.

사례의 해결

　김정도 씨와 이나도 씨는 대한민국의 국민으로서 대통령 선거일에 투표할 권리가 있다. 김정도 씨는 국내에서 대통령 선거 투표일에 정해진 투표소에서 투표할 수 있다. 이나도 씨는 외국에 거주 중인 국민으로서 국내에 주민등록이 있는 국외부재자이므로 국외부재자 신고를 하면 외국에 있더라도 대통령 선거에 투표할 수 있다.

이것만은 꼭!

1. 국민은 국가의 최종적 의사결정을 내릴 수 있는 주권자이다.

2. 주권자인 국민이 국가의사 형성과 국가기관 구성에 참여하는 참정권에는 선거권과 공무담임권, 국민투표권이 있다.

3. 18세 이상 국민이라면 보통 · 평등 · 직접 · 비밀 선거 원칙에 따라 누구나 1인 1표씩, 자유롭게 자신의 의사에 따라 선거권을 행사할 수 있다.

4. 재외국민이 국민으로서 법률이 정하는 바에 따라 선거권 및 국민투표권을 행사하는 것은 국민주권원리에 비추어 당연한 기본권 행사이다.

2. 행정 권력의 통제와 균형: 국정감사

사례

정시민 씨는 해마다 국정감사 기간이 되면, 국정감사 특별방송이나 뉴스를 챙겨본다. 행정각부가 소관사무를 적절하게 수행하였는지 각 상임위원회에서 장관에게 질의하고, 장관이 응답하는 것을 들으면서, 정책적 쟁점 등에 관해 친구들과 토론을 벌이기도 한다. 올해도 관련 방송을 보는데, 초등학생 조카가 "왜 국회의원들만 장관들에게 무섭게 질문을 하나요? 장관들은 국회의원들에게 질문을 할 수 없나요?"라고 물어왔다. 정시민 씨는 어떻게 답을 할 수 있을까?

(1) 통치기구의 조직과 권한

국회의원과 장관은 각각 대한민국의 통치기구 중 국회와 정부의 구성원이다. 대한민국의 통치기구는 이 외에도 사법기관인 법원과 헌법재판소가 있다. 먼저 대한민국 통치기구의 조직과 권한에 대해 살펴보자.

• 국회: 입법기관

국회는 법률을 제정하는 권력을 가지는 기관이다. 국회를 구성하는 국회의원이 국민에 의하여 직접 선출되기 때문에 국회에서 제정한 법률이 정당한 법률로 인정받을 수 있다. 국회의원은 국민이 직접 선출한 국민의 대표로서 특정 이익을 공유하는 단체나 특정 개인 등 다른 누구의 지시나 명령에 구속되지 않고, 독자적으로 국민 전체의 이익을 대표한다.

국회는 입법권만큼이나 중요한 권한인 재정에 관한 권한을 가진다. 국회는 예산의 심의·의결권, 결산심사권 등을 가지며 예산은 조세에 의하여 뒷받침된다. 국민의 재산과 권리에 영향을 미치는 조세는 법률이 없다면 부과·징수가 불가능하다. 법률에 의해서만 국민으로부터 세금을 징수할 수 있다는 원칙을 조세법률주의라고 한다. 납세의 기준과 절차는 모두 국회에서 만든 법률에 정하는 바에 따라야 한다.

> **정부**
> 넓은 의미의 정부는 한 나라의 입법, 행정, 사법을 포함하는 통치기구를 말하는 것이고, 좁은 의미의 정부는 입법부, 사법부와 구분하여 나라의 행정을 담당하는 국가기관(행정부)만을 의미하는 것이다.

▲ 국회상임위원회

▲ 정부 조직도

국회는 다른 권력기관에 대하여 견제하는 기능도 수행한다. 일반 사법절차나 징계절차에 의하여 처벌이 곤란한 고위공무원이나 법관 등 신분이 보장된 공무원이 헌법과 법률을 위반하는 경우에 탄핵의 대상으로 헌법재판소에 소추할 수 있다(탄핵소추권). 또한 국회는 매년 국정 전반에 걸쳐 정기적으로 감사하는 국정감사권, 특정한 사안에 대하여 시기에 구애받지 않고 조사할 수 있는 국정조사권도 가진다.

• 행정부: 집행기관

대한민국은 기본적으로 대통령제 국가이다. 대통령은 국가를 대표하기도 하지만, 행정부의 수반이기도 하다. 행정부는 대통령을 정점으로 하여 국무회의, 행정각부 등으로 구성되며, 대통령은 국무총리, 국무위원, 행정각부의 장을 임명하고, 국정 전반을 관장한다.

대통령은 주권자인 국민이 직접 선출한다. 헌법상 대통령은 행정에 있어서 최고 결정권을 가지고 있으며, 군을 통수하고, 공무원임명권을 가진다. 또한 입법작용과 관련하여 법률안 제출권과 법률안 거부권이 있으며, 법률의 위임을 받아 대통령령을 제정할 권한도 있다.

국무회의는 대통령, 국무총리, 국무위원으로 구성되고, 정부의 권한에 속하는 정책을 심의하는 기관이다. 행정각부는 정부의 구성단위로서 소관사무를 집행하는 중앙행정관청이다. 국무총리는 법률의 위임을 받아 총리령을 제정할 수 있고, 행정각부의 장도 소관사무에 관하여 법률의 위임을 받아 부령을 만들 수 있다.

• 법원과 헌법재판소: 사법기관

법원은 재판을 담당하는 국가기관이다. 국회나 정부에 비하여 정치적 중립성이 매우 중요한 헌법기관이며, 공정한 재판을 위하여 독립성 또한 중요한 기관이다. 재판을 통하여 권리와 의무관계를 확정하고, 국민의 기본권을 보장하는 기관이기도 하다. 법원은 대법원, 고등법원, 지방법원, 특허법원, 가정법원, 행정법원, 군사법원을 포함하며, 대법원이 최종적인 법 해석 권한을 가진다.

우리 헌법은 헌법재판소에서 헌법재판을 담당하도록 한다. 헌법재판소는 위헌적인 법률, 위헌적인 공권력 행사로부터 국민의 기본권을 보호하는 기본권 보장 기관이고, 헌법을 지키는 헌법 수호 기관이다. 헌법재판소도 원칙적으로 법원과 마찬가지로 독립성이 중요한 기관이다. 외부의 압력에 의하여 부당하게 영향을

대통령제와 의원내각제
대통령제는 입법부와 행정부가 독립적으로 구성되고 운영되는 정부형태이며, 미국의 제도가 대표적이다. 이와 달리 의원내각제는 입법부와 행정부가 상호의존적으로 구성되고 운영되는 정부형태로서 영국이 대표적인 의원내각제 국가이다.

받을 위험이 있기 때문이다. 또한 헌법이 모든 사법작용에 있어서 법률의 해석 및 적용 기준이 되어야 한다는 점은 법원과 헌법재판소에 동일하게 적용된다. 그러나 헌법과 관련된 사건을 다룬다는 면에서 일반 법원과 다르다. 헌법재판소의 결정은 일반 법원의 판결보다 더 정치적일 수 있다. 헌법은 대한민국의 근간이 되는 원리와 가치를 포함하고 있으며, 이러한 원리와 가치는 정치의 영역과 전혀 무관하다고 할 수 없기 때문이다.

(2) 권력은 분립되어야 한다: 견제와 균형의 원리

국정감사는 대표적인 입법부의 행정부에 대한 감시 및 견제 제도이다. 이러한 제도들이 헌법상 도입된 이유는 권력분립의 원리 때문이다. 권력분립의 원리에 대하여 알아보자.

권력분립의 원리는 대한민국 통치기구의 조직원리이며 운영원리이다. 권력은 집중되고 더 큰 권력으로 향해 가려는 속성이 있으며, 절대권력은 부패하고 남용되는 경향이 있다는 것은 역사적으로 경험한 바이다. 국가기관의 권력은 국민의 주권으로부터 파생되지만, 오히려 국민의 권리와 자유를 침해할 가능성이 높은 매우 강력한 힘이기도 하다. 따라서 헌법은 국민의 기본권을 보장하기 위하여 국가의 모든 권력을 한 기관에 부여하지 않고 통치기구들 간에 나누어 가지도록 하였다. 그리고 이들 각 기관이 서로의 권력 행사를 견제하고 감시할 수 있도록 제도를 마련하여 권력이 균형을 이룰 수 있도록 하였다.

> 제40조 입법권은 국회에 속한다.
> 제66조 ④ 행정권은 대통령을 수반으로 하는 정부에 속한다.
> 제101조 ① 사법권은 법관으로 구성된 법원에 속한다.
> 제117조 ① 지방자치단체는 주민의 복리에 관한 사무를 처리하고 재산을 관리하며, 법령의 범위 안에서 자치에 관한 규정을 제정할 수 있다.

권력분립은 입법권, 행정권, 사법권으로 나누는 삼권분립이 일반적인 모습이다. 대한민국 헌법도 기본적으로 국가의 통치권력을 3권으로 분리하여 국회, 행정부, 법원에 속하도록 하고 있다. 그러나 현대 사회의 복잡성, 다양성, 전문성이 강조되면서 입법과 행정의 영역이 점점 모호해지고 있다. 복잡·다기한 행정의 영역에서 변화하는 현실에 적절히 대응할 수 있도록 행정기관에게 전문성을 살려 법령을 만드는 것(행정입법)을 허용하여 국민의 권리와 자유를 더 적극적으로 보호할 수 있도록 하고 있다.

삼권분립 외에 권력의 집중을 방지하기 위한 제도가 있다. 대표적인 제도가 지방자치제도이다. 권력이 중앙정부에만 집중되지 않도록 지방자치단체에 분산하고자 한 것이다. 삼권분립을 수평적 권력분립, 중앙정부와 지방정부의 권력분립을 수직적 권력분립이라고 부르기도 한다.

(3) 국민이 국가의 운영을 감시한다

국정감사 장면을 보면서 정시민 씨의 조카는 국회의원과 장관의 관계에 대하여 질문을 한다. 입법부가 행정부를 견제하는 국정감사제도를 헌법과 법률에서 어떻게 정하고 있는지 살펴보면서 국정감사의 필요성과 기능을 이해해보자.

국감국조법

국회가 국정 현안에 대하여 정부의 법집행 실상을 확인할 수 있는 제도로는 국정감사제도와 국정조사제도가 있다. 헌법은 국정감사 및 조사에 대하여 다음과 같이 정한다.

> **제61조** ① 국회는 국정을 감사하거나 특정한 국정 사안에 대하여 조사할 수 있으며, 이에 필요한 서류의 제출 또는 증인의 출석과 증언이나 의견의 진술을 요구할 수 있다.
> ② 국정감사 및 조사에 관한 절차, 기타 필요한 사항은 법률로 정한다.

헌법은 국정감사와 조사에 관하여 절차 등 필요한 사항을 법률에서 정하도록 위임하는데, 이 위임에 의하여 만들어진 법률이 「국정감사 및 조사에 관한 법률」이다. 국정감사는 매년 이루어지며, 국정 전반에 관하여 광범위하게 질의·응답이 이루어진다. 이와 달리 국정조사는 특정한 사안이 발생했을 때 국회가 필요에 따라 조사를 행하는 것이다. 국회의원의 4분의 1 이상의 요구가 있을 때 할 수 있다. 해당 문제에 관한 상임위원회나 혹은 특별위원회에서 조사를 수행한다.

국정감사의 대상이 되는 기관은 국가기관이며, 지방자치단체도 국가의 사무를 위임받아 수행하거나 국가로부터 보조금 등 예산을 지원받는 사업에 관하여 감사를 받는다. 국정 전반에 관하여 감사를 진행할 수 있지만 개인의 사생활을 침해하거나 계속 중인 재판, 수사 중인 사건 등에 관여할 목적으로 감사를 진행할 수는 없다.

국정감사는 원칙적으로 공개되어야 하며, 완료되면 보고서를 작성하여 본회의에 보고한다. 감사의 과정 및 결과는 일반 시민들에게 공개한다. 시민들의 역할도 중요하다. 주권자인 국민들은 국정

▲ 국정감사

감사를 국회에만 맡겨놓지 않도록 해야 한다. 국민의 대표인 국회가 그들의 견제권한을 적절하게 행사하는지 확인해야 한다.

국정감사는 정부의 정책과 집행상황을 시민들에게 공개하고, 국민들의 세금으로 운영되는 국가재정의 투명성과 책임성을 높이는 기능을 한다.

국정감사정보 홈페이지
(보고서자료)

사례의 해결

정시민 씨는 조카에게 국정감사제도는 권력분립의 원리에 따라 국민의 대표기관인 국회가 정부의 권한 행사를 견제하는 제도라고 설명할 수 있다. 국회의원은 개인자격으로 정부인사에 대하여 질문을 하는 것이 아니라, 정부가 국민을 위하여 행정권한을 적절하게 행사하고 있는지에 대하여 국민의 대표로서 견제와 감시의 역할을 수행하는 것이며, 이에 따라 감사하는 입장에 있는 국회의원이 감사받는 입장에 있는 장관에게 질문하는 것이라고 답변해줄 수 있다.

⚖️ 이것만은 꼭!

1. 권력분립은 권력의 집중에 따른 부패와 남용을 방지함으로써, 국가권력이 주권자인 국민의 자유와 권리를 침해하지 못하도록 보장하고자 하는 헌법원리이다.
2. 대한민국의 통치기구에는 입법부인 국회, 집행 권한을 가진 행정부, 사법부인 법원과 헌법재판소가 있다.
3. 국정감사제도는 국회의 정부에 대한 견제 제도이다.

3. 지방자치단체와 주민자치

사 례

이주민 씨는 대한구의 주민으로, 2년 전 구청장 선거에서 지방행정 업무를 가장 잘 수행할 것으로 기대하고 허바람 씨에게 투표하였다. 당선된 허바람 씨는 처음에는 구의 발전을 위해 업무를 수행하는 것처럼 보였다. 그러나 허바람 씨가 개인의 이익을 위하여 대한구의 각종 이권 사업에 개입하였으며, 그로 인하여 수사를 받고 있다는 사실이 언론을 통해 보도되었다. 이주민 씨는 아직 임기가 남은 허바람 씨가 계속하여 대한구의 구청장으로서 업무를 수행하는 것은 부당하다고 생각한다. 이주민 씨는 어떠한 행동을 취할 수 있을까?

(1) 지방자치제도

이주민 씨는 대한구 주민으로서 대한구를 대표하는 대한구의회 의원과 대한구 구청장을 선출한다. 그리고 대한구의 다양한 문제들은 이렇게 선출된 의회의원들과 구청장에 의해서 처리된다. 이러한 제도를 지방자치제도라고 하며 우리 헌법에서 보장하고 있다.

지방자치란, 일정한 지역에 살고 있는 구성원들이 자신들의 문제를 자신들의 부담과 책임으로 처리하는 것을 말한다. 지방자치는 주민들이 스스로 지역의 특성에 맞게 자신의 지역 내의 문제들을 처리할 수 있다는 점뿐만 아니라, 강력한 중앙정부의 권력에 대한 견제의 역할도 할 수 있다는 점에서도 중요하다. 헌법은 지방자치를 다음과 같이 보장한다.

> **제117조** ① 지방자치단체는 주민의 복리에 관한 사무를 처리하고 재산을 관리하며, 법령의 범위 안에서 자치에 관한 규정을 제정할 수 있다.
> ② 지방자치단체의 종류는 법률로 정한다.
> **제118조** ① 지방자치단체에 의회를 둔다.
> ② 지방의회의 조직 · 권한 · 의원선거와 지방자치단체의 장의 선임 방법, 기타 지방자치단체의 조직과 운영에 관한 사항은 법률로 정한다.

헌법에서 지방자치단체와 지방의회에 관하여 필요한 사항을 법률에서 정하도록 위임하고 있는데, 이 위임에 근거하여 만들어진 법률이 「지방자치법」이다.

• 지방자치단체

현재 우리나라의 지방자치단체는 광역 지방자치단체와 기초 지방자치단체로 구분되며, 광역 지방자치단체에는 특별시, 광역시, 특별자치시, 도, 특별자치도가 포함되며, 기초 지방자치단체에는 시, 군, 구가 있다(「지방자치법」 제2조).

지방자치단체는 일정한 지역적 범위를 가진 지방정부라고 할 수 있다. 지방자치단체는 주민의 편의와 복리증진을 위하여 사무를 처리해야 하고, 재정을 관리하며, 합리적으로 조직을 운영하여야 한다. 지방자치단체를 통하여 주민들이 스스로 자신의 일을 책임지고 처리한다는 점을 강조하여 지방자치를 주민자치라고 부르기도 한다. 지역의 자치권 보장이라는 측면에서 주민자치는 중요하다.

지방자치단체의 자치권은 지방자치단체의 조직을 운영·관리하고, 행정사무를 처리하고, 재정을 운영하는 것과 자치 법령을 만드는 것을 포함한다. 지방자치단체는 이외에도 주민의 복지 증진에 관한 사무, 지역개발과 주민 생활환경 시설의 설치·관리에 관한 사무, 교육·체육·문화·예술의 진흥에 관한 사무, 지역민방위 및 지방소방에 관한 사무 등도 수행한다(「지방자치법」 제9조).

• 지방의회

지방자치단체에는 지방의회를 둘 수 있다(「지방자치법」 제30조). 지방의회는 주민들의 대의기관으로서, 주민들을 대표하여 지역의 조례를 제정할 권한을 가진다. 헌법과 법률을 위반하지 않는다면 지역의 사정에 맞게 주민들의 권리와 의무에 관한 내용들을 조례라는 형식으로 만들 수 있는 것이다. 또한 지방의회는 지방자치단체의 예산을 심의하고 결산을 승인하는 권한도 가지고 있으며, 지방자치단체의 사무에 대하여 감사 또는 조사를 실시할 권한도 가진다(「지방자치법」 제39조).

권력분립의 원리는 지방자치단체장과 지방의회 간에도 작용하는 원리이다. 지방의회가 지방자치단체의 사무에 대하여 매년 1회 감사할 권한이 있다는 것은 이 원리에 따른 것이라 할 수 있다. 지방자치단체장에게도 지방의회에 대한 견제 권한이 있다. 지방의회가 의결한 조례가 법령을 위반하거나 공익을 현저하게 해친다고 인정되면, 재의를 요구할 수 있다. 지방의회가 재의결을 하더라도 법령에 위반된다고 인정되면, 지방자치단체장은 대법원에 소송을 제기할 수도 있다(「지방자치법」 제107조).

▲ 서울특별시의회

(2) 주민의 권리

이주민 씨는 대한구의 주민으로서 어떠한 권리를 가지는지 살펴보자.

주민은 기본적으로 지방자치단체의 재산과 공공시설을 이용할 권리와 그 지방자치단체로부터 균등하게 행정의 혜택을 받을 권리를 갖는다(「지방자치법」 제13조 제1항). 그러나 이것만으로 충분하다고 할 수 있을까? 만일 지방자치단체가 주민들의 정치적 참여를 보장하지 않고, 실질적으로 주민들이 지방정부의 주권자 역할을 하지 못한다면, 지방자치단체가 있다는 것만으로 주민자치가 보장된다고 볼 수 없을 것이다. 우리나라는 법률로 다양한 주민의 권리를 인정한다.

• 지방의회의원과 지방자치단체장 선거에 참여할 권리 및 주민투표권

지방의회를 직접 구성하고, 지방자치단체의 대표자를 선출할 수 있는 선거권은 주민의 권리에서 가장 기본적인 권리이다(「지방자치법」 제13조 제2항).

지방자치법

지방자치단체를 대표하고 지방자치단체의 사무를 관리하고 집행하는 지방자치단체장은 특별시장, 광역시장, 특별자치시장, 도지사와 시장, 군수, 구청장이다. 주민은 보통, 평등, 직접, 비밀 선거에 의하여 4년마다 지방자치단체장을 선출한다. 지방자치단체장은 3기에 한하여 계속하여 재임할 수 있다.

▲ 지방선거

주민은 4년에 한 번 지방의회의원을 뽑는 선거에 참여하며, 지방의회의원은 재임할 수 있다. 지방의회의원도 지방자치단체장과 마찬가지로 보통, 평등, 직접, 비밀 선거로 주민들이 직접 선출한다.

지방자치단체의 중요한 결정 사항에 내하여 주민들의 의견을 직접 묻는 투표를 할 수 있는데, 이것을 주민투표라고 한다(「지방자치법」 제14조). 주민은 주민투표를 통하여 특정한 사항에 대해 찬성 또는 반대의 의사표시를 하거나, 두 가지 사항 중 하나를 선택하는 방식으로 의사를 표현할 수 있다.

주민투표의 실시를 청구할 수 있는 경우는 모두 세 가지이다. 지방자치단체장은 주민투표의 실시를 결정할 수 있으나, 이 경우 지방의회 재적의원 과반수의 출석과 출석의원 과반수의 동의를 얻어야 한다. 지방의회도 지방자치단체장에게 주민투표의 실시를 청구할 수 있는데, 재적의원 과반수의 출석과 출석의원 3분의 2 이상의 찬성이 필요하다. 또한 주민도 스스로 주민투표를 청구할 수 있다. 조례에서 정한 일정한 수 이상의 주민들의 서명을 받으면, 주민도 직접 지방자치단체장에게 주민투표의 실시를 청구할 수 있다.

• 조례개폐청구권과 주민감사청구권

주민은 지방의회가 제정한 조례에 대하여 개정이나 폐지를 지방자치단체장에게 요구할 수 있는 권리가 있는데, 이를 조례개폐청구권이라고 한다(「지방자치법」제15조). 조례는 헌법이나 법률을 위반하여 주민의 권리를 부당하게 제한하거나 의무를 부과하는 내용으로 제정될 수 없다. 지방자치단체장도 이를 위반하는 조례에 대하여 지방의회에 직접 재의결을 요구하거나 대법원에 소송을 제기할 수 있지만, 주민들도 직접 조례개폐를 청구할 권리를 가진다. 조례에서 정하는 일정한 수 이상의 주민들의 서명을 받아 청구하면, 지방자치단체장은 주민청구조례안을 지방의회에서 심사하도록 해야 한다.

주민은 지방자치단체의 행위에 대해서도 위법하거나 현저하게 공익을 해친다고 판단되면 조례에서 정한 일정한 수 이상의 주민의 서명을 받아 감사를 청구할 수 있다(「지방자치법」제16조). 다만, 수사나 재판에 관여하게 되는 사항, 개인의 사생활을 침해할 우려가 있는 사항 등은 감사청구 대상에서 제외된다. 광역 지방자치단체의 행위에 대하여 감사를 청구하고자 하는 주민은 주무부장관에게 감사청구를 할 수 있으며, 기초 지방자치단체의 행위에 대하여 감사를 청구하고자 하는 주민은 해당 지방자치단체가 속한 광역 지방자치단체장에게 감사를 청구할 수 있다.

(3) 주민소환제

이주민 씨는 구청장이 대한구를 대표하여 사무를 수행하는 것이 부적절하며, 그 직에서 물러나기를 바란다. 이렇게 임기가 만료되지 않은 지방자치단체장이나 지방의회의원에 대하여 주민들이 어떠한 권리를 행사할 수 있는지 살펴보자.

지방자치단체의 주인으로서 주민은 지방자치단체장과 지방의회의원을 선출할 권리만 가지는 것이 아니라 소환할 권리도 가진다(「지방자치법」제20조). 이와 같이 우리나라 법률에서 보장하는 주민소환권은 주민자치의 가장 적극적인 모습의 권리이며, 지방자치단체장과 지방의회의원에 대한 주민의 견제 및 감시 제도라고 할 수 있다.

법령에서 정한 수 이상의 주민들의 서명을 받고, 소환하는 이유를 분명하게 밝힌 서면을 관할 선거관리위원회에 제출하여 주민소환투표 실시를 청구할 수 있다. 다만 선출직 지방공직자의 임기가 시작한 날부터 아직 1년이 지나지 않았거나, 임기가 1년 미만으로 남았다면, 청구가 제한된다. 또한 주민소환투표의 대상이 되었다가 부결된 지방공직자의 경우에는 그 투표를 실시한지 1년이 지나야 다시 청구할 수 있다.

관할 선거관리위원회는 주민소환투표 대상이 되는 지방공직자에게 소명을 요청하고, 주민소환투표 대상자는 이에 응하여야 하며, 주민소환투표가 끝날 때까지 업무를 할 수 없다. 주민소환투표의 결과에 따라 해당 지방공직자는 업무정지에서 풀려나 지방자치 업무를 수행하거나, 즉시 그 직에서 물러나게 된다.

주민소환투표 청구

- 청구인 대표자 증명서 신청
- 서명 요청 활동
  - 시도지사: 투표권자 10% 이상
  - 시장·군수·구청장: 투표권자 15% 이상
  - 지방의원: 투표권자 20% 이상
- 청구인 명부 관할선거관리위원회 제출

주민소환투표 대상자 소명

주민소환투표 실시

- 투표권자 1/3이상 투표, 유효투표 과반수 찬성으로 확정

▲ 주민소환절차

사례의 해결

이주민 씨는 허바람 씨가 대한구 구청장으로서 직무를 계속 수행하면 안 된다고 생각하면 그 이유를 서면으로 작성하여, 주민소환투표청구권자 총수의 100분의 15 이상의 서명을 받아 대한구 관할 선거관리위원회에 주민소환투표 실시를 청구할 수 있다. 선거관리위원회에서 주민소환투표일을 공고하면, 그때부터 투표일 전일까지 주민소환투표 운동을 할 수 있으며, 허바람 씨는 투표 결과에 따라야 한다.

이것만은 꼭!

1. 지방자치제도는 지역의 민주주의를 발전시키고, 중앙의 집중된 권력에 대한 견제 역할을 하는 헌법상 제도이다.

2. 지방자치는 주민들이 지역의 사정에 맞게 지역 내의 문제를 자신들의 부담과 책임으로 처리하는 것이다.

3. 주민자치를 실현하기 위해 주민은 지방자치단체장 및 지방의회의원을 직접 선출할 수 있는 권리와 조례개폐청구, 감사청구, 주민소환 등의 권리를 갖는다.

4. 주민소환권은 가장 적극적으로 주민자치를 보장하는 주민의 권리이다.

헌법도 다른 모든 법률과 마찬가지로, 그 내용의 변경이 필요한 경우에 개정할 수 있다. 시대의 변화에 따라 헌법현실이 변하거나 지배적인 이념이나 사상이 변화한다면 국가의 가장 기본적인 가치와 원리를 담고 있는 헌법은 개정이 필요하게 될 것이다. 역사적으로 대한민국의 헌법은 1948년에 제정된 이래, 총 9차례의 개정을 거쳐 현재에 이르렀다.

마지막으로 개정된 것이 1987년인데 그 이후 국가와 국민의 관계 등 상황이 변화하면서 헌법의 개정에 관한 논의도 많이 등장하고 있다. 헌법은 헌법의 개정절차에 관하여 정하고 있다. 이를 일반 법률과 비교해보면, 헌법의 개정절차가 훨씬 엄격함을 알 수 있다. 헌법은 대한민국의 최고의 규범이고, 국가기관의 구성과 국민의 기본권 등 국가의 가장 기초적인 내용과 가치를 담은 법이기 때문에 쉽게 변경되지 않도록 한 것이다. 그렇다면 헌법에서 규정하는 헌법개정절차는 어떠한지 살펴보자.

헌법에서 정한 헌법개정절차는 발의, 공고, 국회 의결, 국민투표, 공포로 나누어진다. 헌법개정의 절차는 헌법개정안 발의에서 시작하지만, 그 개정안의 구체적 내용은 사회적 공론장에서 충분한 논의를 거쳐 국민들이 어느 정도 합의에 이르러야 한다. 어느 정도 국민적 합의가 이루어지면, 국회의원의 재적 과반수가 개정안을 발의하거나 또는 대통령이 국무회의 심의를 거쳐 개정안을 발의할 수 있다. 국민은 헌법개정안을 발의할 수 없다.

이렇게 발의된 헌법개정안에 대하여 대통령은 20일 이상의 기간 동안 공고해야 한다. 공고 기간은 국민의 알권리를 충족시키고, 헌법개정안에 대한 국민적 여론 및 합의를 구하는 기간이므로 생략할 수 없다. 국회는 공고된 날부터 60일 이내에 개정안에 대한 찬성 여부를 의결해야 한다. 국회 재적의원 3분의 2 이상의 찬성을 얻어야 헌법개정안은 국민투표에 회부된다. 이때 국회의원은 자신의 이름을 밝히고 투표하며(기명투표), 일반 법률안처럼 개정안의 내용 일부를 수정하여 의결할 수 없고 찬반에 대해서만 의결한다. 국회의 찬성 의결 후 30일 이내에 국민투표를 거치는데, 국회의원 선거권자의 과반수가 투표에 참여해야 하고, 이 중 과반수의 찬성을 얻어야 개정안은 확정된다. 확정된 헌법개정안은 대통령이 즉시 공포한다.

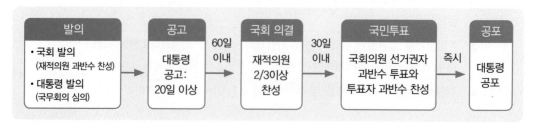

▲ 헌법개정절차

제3절 | 법치행정과 행정구제

1. 운전면허취소처분에 이의제기하기

사 례

김친분 씨는 택시 운전사로서, 무사고 15년 경력의 모범적인 운전자이다. 오랜만에 동창회에 가서 친구들과 저녁을 먹으며 술을 마셨다. 다음 날 아침, 평소와 다름없이 택시를 몰다가 음주단속에 걸렸다. 혈중알코올농도가 0.09%로 나와 운전면허취소처분을 받았다. 생계를 위하여 운전면허가 꼭 필요한 김친분 씨는 운전면허취소처분에 대하여 다투고 싶다.

(1) 법률에 근거한 행정

김친분 씨가 받은 운전면허취소처분은 행정기관의 행정행위에 해당한다. 운전면허취소처분과 같은 행정행위란 무엇이며, 행정기관이 행정행위를 함에 있어서 준수해야 하는 기본원리에는 무엇이 있는지 살펴보자.

• 행정과 헌법원리

공공의 안전과 질서유지 및 국민의 복리증진을 위하여 행하는 행정기관의 모든 활동을 행정이라고 한다. 그중에서도 국민의 권리와 의무에 직접적으로 영향을 미치는 행정행위는 법률에 근거가 있어야 한다. 조세부과처분, 과태료부과처분, 건축허가 등은 모두 이러한 행정행위(처분)에 해당한다.

국가기관의 권력은 모두 국민으로부터 나온다는 국민주권의 원리는 행정 영역에서도 중요하다. 국민의 이익과 의사가 존중되어야 하며, 행정에 대한 국민의 목소리가 실질적으로 반영될 수 있어야 한다. 의견의 다양성이 존중되고, 적절한 정보에 접근할 수 있어야 하며, 참여기회가 보장되어야 한다.

최소한의 정부를 요구하던 근대 사회에 비하여, 현대 사회에서는 사회경제적 약자에 대한 복지행정의 요청이 대폭 증가하고 있다. 행정부의 국민에 대한 역할이 커질수록 행정부는 더 크고 더 많은 권한을 행사하게 된다. 이때 행정권이 국민의 자유와 권리를 침해하지 않도록 하기 위해서는 헌법의 원리와 가치에 부합하게 행정권이 행사되도록 하여야 한다.

• 법치행정의 원리

헌법의 기본원리로서 법치주의는 행정의 영역에서 특히 중요하다. 국민들의 삶에 대하여 직접적인 규제를 하고 있는 영역이면서, 국민에게 실질적으로 이익 또는 불이익을 줄 수도 있는 영역이기 때문이다. 행정 영역에서의 법치주의원리를 법치행정의 원리라고 한다.

법치행정의 원리에 따라 행정기관의 허가처분, 취소처분, 부과처분 등의 행정행위는 법률에 근거가 있어야 한다. 법률에 근거가 있어야 한다는 것의 구체적 의미는 무엇일까? 먼저 국회가 제정한 '법률'로만 국민의 권리를 제한할 수 있

고, 의무를 부담하게 할 수 있다는 것을 의미한다. 만일 건축허가를 신청한 국민에 대하여 행정기관이 법률에서 정하지 않은 요건을 이유로 불허한다면 법치행정의 원리에 어긋나는 것이다. 법률은 그 내용도 헌법에 부합하여야 한다.

• 적법하고 유효한 행정행위

행정행위가 법률의 규정에 따라 이루어지면 적법하고 유효하다. 법률의 규정에 따른다는 것은 구체적으로 몇 가지 요건을 충족해야 한다는 것을 의미한다. 첫째, 권한 있는 행정기관이 그 권한의 범위 내에서 행정행위를 해야 한다. 예를 들어, 서울시의 공무원이 경기도의 건축물에 대한 건축허가를 취소하는 처분을 할 수 없다. 둘째, 행정행위의 내용이 적법하고 실현 가능하고 명확한 것이어야 한다. 재산세를 부과하면서 어느 재산인지 특정하지 않는다면 내용적으로 불가능한 행정행위를 한 것이다. 셋째, 행정행위를 할 때 법률에서 특정한 형식이나 절차를 요구할 경우에는 형식요건이나 절차요건도 갖추어야 한다. 예를 들어, 문서로 해야 하는 행정행위의 경우에는 구두로 할 수 없으며, 청문 등을 거쳐야 하는 경우 그 절차를 지키지 않은 행정행위는 적법하다고 할 수 없다.

(2) 도로교통법과 운전면허취소처분

김친분 씨가 다투고 싶은 행정행위는 운전면허취소처분이다. 운전면허취소처분의 근거가 되는 법률인 「도로교통법」의 내용을 검토하여, 운전면허취소처분의

성격과 음주운전 관련 행정처분의 내용과 절차를 확인해보자.

- **「도로교통법」과 운전면허취소처분의 성격**

「도로교통법」은 도로에서 일어나는 교통상의 모든 위험과 장해를 제거하여 안전하고 원활한 교통을 확보하기 위하여 만들어진 법률이다. 운전자와 보행자의 안전을 위해 필요한 규칙들을 정하고 있으며, 일반도로, 고속도로 등 도로 이용 시의 주의 사항에 대해서도 정하고 있다. 운전을 하기 위해 필요한 운전면허의 취득에 관한 사항과 정지 또는 취소에 관한 사항을 정하고 있기도 하다.

도로교통법

운전면허를 줄 수 있는 권한과 운전면허를 정지하거나 취소할 수 있는 권한은 모두 지방경찰청장에게 있으며(「도로교통법」 제85조 및 제93조), 운전면허의 정지와 취소에 관한 요건과 기준은 법령에서 자세히 정하고 있다. 다만 운전면허 정지 또는 취소 등 행정처분의 기준에 해당한다고 하여 즉시 면허가 정지되거나 취소되는 것은 아니다. 이러한 기준에 따라 권한 있는 행정기관이 처분을 하여야 정지 또는 취소의 효력이 발생한다.

- **운전면허취소처분의 내용과 절차**

김친분 씨는 음주운전으로 운전면허가 취소된 경우이다. 음주운전으로 인한 면허의 정지나 취소의 기준은 「도로교통법 시행규칙」에서 다음과 같이 정하고 있다(「도로교통법 시행규칙」 별표28 참조).

혈중알코올농도 수치 기준	
운전면허정지	혈중알코올농도 0.03% 이상 0.08% 미만의 상태에서 운전한 때
운전면허취소	혈중알코올농도 0.03% 이상의 상태에서 운전을 하다가 교통사고로 사람을 죽게 하거나 다치게 한 때
	혈중알코올농도 0.08% 이상의 상태에서 운전한 때
	음주운전 또는 음주측정에 불응한 전력이 있는 사람이 다시 혈중알코올농도 0.03% 이상의 상태에서 운전한 때
	경찰공무원의 음주측정 요구에 불응한 때

「도로교통법 시행규칙」은 위와 같은 기준에 의하여 음주운전으로 운전면허가 정지되거나 취소되는 경우라 하더라도, 처분을 감경할 수 있는 경우도 정하고 있다(「도로교통법 시행규칙」 별표28 제1호 바목). 운전이 가족의 생계를 유지할 중요한 수단이 되거나, 모범운전자로서 처분 당시 3년 이상 교통 봉사활동에 종사하고 있거나, 교통사고를 일으키고 도주한 운전자를 검거하여 경찰서장 이상의 표창을 받은 사람이라면 감경요건에 해당한다. 물론 이때에도 혈중알코올농도가 0.1% 이하이고, 인적피해 교통사고를 일으키지 않았고, 경찰관의 음주측정 요구에 불응하거나 도주하지 않았으며, 과거 5년 이내에 3회 이상의 인적피해 교통사고의 전력이 없고, 음주운전 전력이 없어야 한다는 요건을 갖추어야 한다.

운전면허취소처분을 하기 위해서는 위와 같은 내용적 요건을 갖추어야 할 뿐만 아니라, 법률에서 정하는 형식적 요건과 절차적 요건도 갖추어야 한다. 취소처분을 하기 전에 미리 '운전면허취소처분 사전통지'를 하여야 하며, 처분 내용과 의견 제출 기한 등을 함께 통지하여야 한다. 운전면허취소처분을 하는 경우에는 처분의 이유와 처분에 대하여 다툴 수 있는 방법 등이 기재된 운전면허취소처분 결정통지서를 발송하여야 한다.

운전면허 취소처분
사전통지서(서식)

운전면허 취소처분
결정통자서(서식)

운전면허취소 시 절차
1. 음주운전 적발
2. 3~4일 내 경찰서 출석 요구
3. 경찰서에서 심문조서 작성
4. 임시운전면허증(40일) 발급
5. 운전면허취소 사전통지서 송달
6. 운전면허취소 결정통지서 송달

(3) 이의제기와 소송가능성

김친분 씨의 혈중알코올농도는 법령상 운전면허취소 기준에 해당하지만, 혈중알코올농도가 0.1% 이하이고 모범운전자이며, 운전이 가족의 생계를 유지할 중요한 수단이라는 점에서 운전면허취소처분을 받기 전에 이를 참작해주도록 주장할 수 있었다. 운전면허취소처분의 감경 기준에 해당하기 때문이다. 그러나 만일 운전면허취소처분이 이루어졌다면 어떤 방법으로 다툴 수 있는지 확인해보자.

• 운전면허취소처분에 대한 이의제기 및 이의신청

운전면허취소처분이 결정되기 이전에, 사전통지서를 송달받은 경우에도 이의를 제기할 수 있지만, 취소처분이 결정된 이후에도 운전면허취소처분 통지서를 받은 날부터 60일 이내에 지방경찰청장에게 이의를 신청할 수 있다(「도로교통법」 제94조). 이의신청을 받은 지방경찰청장은 이의심의위원회에서 심의해야 한다. 원칙적으로 30일 이내에 심의 결과를 신청인에게 알려주어야 한다.

• 행정심판의 청구

운전면허취소처분에 대하여 다투고자 하는 사람은 이의신청과 상관없이 행정심판을 청구할 수도 있다. 행정심판이란 행정부 내부에서 행정행위에 대한 자율적인 통제를 하는 제도이다. 행정심판은 행정심판위원회에서 담당하며, 행정소송에 비하여 신속하고 적은 비용으로 분쟁을 해결할 수 있다는 장점이 있다. 행정심판은 행정행위가 있음을 안 날부터 90일 이내, 행정행위가 있는 날부터 180일 이내에 청구하여야 한다.

행정심판위원회의 판단을 재결이라고 한다. 위원회는 청구서를 받은 후 60일 이내에 재결을 하여야 한다(부득이한 사정이 있으면 30일 연장 가능). 행정심판위원회는 행정기관의 행정행위가 위법하거나 부당하다고 판단하면 해당 행정행위의 취소를 명할 수 있고, 이 경우 행정기관은 취소해야 한다.

온라인 행정심판

▲ 온라인행정심판(https://www.simpan.go.kr)

• 행정소송의 가능성

만일 행정심판에서 청구인의 주장을 받아들이지 않은 경우에는, 행정소송을 제기할 수 있다. 행정소송은 재결서의 정본을 송달받은 날로부터 90일, 재결이 있은 날로부터 1년 이내에 제기하여야 하며, 행정심판과 달리 법원에서 심리하여 판결하게 된다. 일반 재판절차와 동일하게 3심까지 있다. 행정소송은 원칙적으로 행정심판청구와 무관하게 제기할 수 있지만, 운전면허취소처분에 대한 취소소송을 법원에 제기하는 경우에는 행정심판을 꼭 거쳐야 한다.

법원은 취소소송에 대하여 해당 행정행위의 위법 여부를 판단하여 취소 여부를 결정하게 된다.

음주운전에 관한 행정처분과 형벌

도로교통법은 음주운전에 대하여 형벌 조항도 두고 있다. 운전면허의 정지나 취소처분과 관계없이 다음 기준에 따라 징역 또는 벌금형을 받을 수 있다.

1. 혈중알코올농도가 0.2% 이상인 사람은 2년 이상 5년 이하의 징역이나 1,000만 원 이상 2,000만 원 이하의 벌금
2. 혈중알코올농도가 0.08% 이상 0.2% 미만인 사람은 1년 이상 2년 이하의 징역이나 500만 원 이상 1,000만 원 이하의 벌금
3. 혈중알코올농도가 0.03% 이상 0.08% 미만인 사람은 1년 이하의 징역이나 500만 원 이하의 벌금
4. 음주운전 전력이 있는 사람은 2년 이상 5년 이하의 징역이나 1,000만 원 이상 2,000만 원 이하의 벌금
5. 음주측정을 거부한 사람은 1년 이상 5년 이하의 징역이나 500만 원 이상 2,000만 원 이하의 벌금

사례의 해결

김친분 씨는 운전면허취소처분에 대한 사전통지서를 받으면 이의를 제기할 수 있다. 그럼에도 불구하고 운전면허가 취소되면, 이의신청, 행정심판청구, 행정소송 등을 통하여 다툴 수 있다. 김친분 씨는 감경사유에 해당한다는 점을 주장하면서 이의신청을 할 수 있다. 또한 이의신청 여부와는 무관하게 행정심판을 청구하여 행정심판위원회의 재결을 구할 수도 있다. 행정심판 결과에 대하여 만족하지 않는다면, 마지막으로 행정소송으로 다투어볼 수도 있다.

이것만은 꼭!

1. 행정 영역에서 가장 기본적인 원리는 법치행정의 원리이다. 행정기관은 법률에서 정한 권한의 범위 내에서 정해진 절차에 따라 행정행위를 할 수 있으며, 이때 법률은 형식과 내용이 모두 헌법을 준수한 것이어야 한다.

2. 국민은 행정행위에 대하여 다툴 수 있으며, 법률에서 정한 요건을 갖추어 이의신청, 행정심판, 행정소송 등을 할 수 있다.

2. 행정정보를 공개하라

사 례

신정보 씨는 대한시의 시장이 다른 지방자치단체장에 비하여 지나치게 많은 출장을 다닌다는 기사를 읽었다. 최근 또다시 대한시장이 해외 휴양지로 출장을 다녀온 것을 알고, 과연 업무상 출장인지 궁금해졌다. 신정보 씨가 대한시장의 출장 기록을 확인하려면 어떤 절차를 통해야 할까? 대한시장에 대한 정보라면 어떤 정보든지 확인할 수 있을까?

(1) 행정정보의 이용과 알 권리

신정보 씨가 확인하고자 하는 대한시장의 출장 기록은 공공기관이 보유하고 있는 정보이다. 신정보 씨가 이러한 정보를 구할 수 있는 근거는 헌법에서 찾을 수 있다. 국민의 기본권으로 보장되는 알 권리의 내용을 살펴보자.

정보공개법

• 국민의 기본권, 알 권리

대한민국 헌법은 직접적으로 국민에게 정보의 공개를 청구할 수 있는 권리가 있다고 규정하고 있지는 않다. 그러나 헌법재판소는 정보공개청구권을 헌법의 기본권 조항으로부터 도출하고 있다. 언론출판의 자유를 규정하고 있는 헌법 제21조에서 '표현의 자유'가 도출되고, '표현의 자유'의 내용에 '알 권리'가 포함된다는 것이다. 자유롭게 자신의 의사를 표현하기 위해서는 관련된 정보에 자유롭게 접근할 수 있어야 하는데, 충분한 정보에 접근할 수 없다면 자신의 의사를 제대로 형성할 수 없기 때문이다. 따라서 정보에 접근하고, 수집하고, 처리할 수 있는 알 권리는 민주주의 국가에서 가장 중요한 표현의 자유의 기반이 된다는 점에서 매우 중요하다(헌법재판소 88헌마22 결정 참조).

• 정보공개청구와 공공데이터 활용

알 권리의 내용인 정보에 대한 접근권으로서 국민에게 정보공개청구권이 인정되는데, 정보공개청구권의 구체적인 내용과 청구절차 등은 「공공기관의 정보공개에 관한 법률(정보공개법)」에서 정한다. 정보공개법에 따르면 모든 국민은 공공기관에 대하여 정보를 청구할 수 있다. 정보를 청구할 수 있는 공공기관에는 국가기관(국회, 법원, 헌법재판소, 중앙선거관리위원회, 중앙행정기관 등), 지방자치단체, 공공기관, 학교 등이 포함된다. 또한 청구할 수 있는 정보는 공공기관이 직무상 작성하거나 취득하여 관리하고 있는 정보로서, 문서, 도면, 사진, 필름, 테이프 등 매체에 기록된 사항을 말한다. 정보공개청구권은 국민의 자유로운 의사 형성과 표현의 자유를 위해서 뿐만 아니라, 국가기관을 비롯한 공공기관의 투명성 제고를 위해서도 중요하다.

공공정보를 활용하는 목적과 방법은 다양할 수 있다. 국민은 공공기관의 운영에 관하여 정보를 청구할 수도 있지만, 정보를 활용하여 경제적 가치를 얻을 목적으로 정보에 접근할 수도 있다. 「공공데이터의 제공 및 이용 활성화에 관한 법률(공공데이터법)」은 국민이 공공데이터를 활용할 수 있도록 그 내용과 절차를 마련한 법률이다. 국가기관, 지방자치단체 등 공공기관에 대하여 국민이라면 누구나 법률에서 정하는 절차에 따라 원하는 정보를 제공받을 수 있다. 이때의 공공데이터는 행정정보 외에도 공공기관이 생성한 정보와 일정한 범위의 공공기록물을 포함한다. 공공데이터 제공을 위하여 행정안전부장관은 공공데이터포털을 구축하고 관리한다.

공공데이터포털

(2) 정보공개청구권과 공공정보의 공개

신정보 씨의 경우에는 공공데이터 활용을 위하여 정보제공을 요청하는 것이 아니라, 대한시를 상대로 대한시장의 업무에 관한 정보공개를 요청하는 것이다. 정보공개법에서 규정하는 청구절차와 방법을 확인해보자.

• 공공기관의 정보공개의무

공공기관이 보유하고 관리하는 정보는 국민의 알 권리를 보장하기 위하여 적극적으로 공개되어야 한다(「정보공개법」 제3조). 따라서 공공기관은 정보의 적절한 보존과 신속한 검색이 이루어지도록 정보관리체계를 정비하여야 하고, 일정한 범위의 정보에 대해서는 정기적으로 공개해야 한다. 국민생활에 매우 큰 영향을 미치는 정책에 관한 정보나, 국가의 대규모 예산이 투입되는 사업에 관한 정보 또는 예산집행의 내용과 사업 평가 결과 등 행정 감시를 위하여 필요한 정보가 그러한 경우에 해당한다(「정보공개법」 제7조).

정보공개청구를 받은 공공기관은 법률에서 정하는 비공개사유가 없다면 모두 공개해야 한다. 비공개사유 등으로 인하여 공개청구한 정보 일부에 대한 공개가 어려운 경우라면, 그러한 부분을 제외한 부분 정보를 공개하여야 한다.

- 정보공개절차

정보공개를 청구하는 사람은 원하는 정보를 보유하거나 관리하고 있는 공공기관에 대하여 청구인의 정보(성명, 주민등록번호, 주소 및 연락처)와 공개청구하는 정보의 내용 및 공개 방법을 적은 정보공개청구서를 제출하면 된다(「정보공개법」 제10조). 해당 공공기관에 직접 제출해도 되고, 우편이나 팩스로 보낼 수도 있다. 정보공개포털과 같은 온라인을 통해서도 정보공개를 청구할 수 있다.

정보공개청구서를 접수한 기관은 해당 정보를 보유하거나 관리하고 있는 담당 부서로 하여금, 10일 이내에 정보공개 여부를 결정하여 청구인에게 알리도록 하고 있다. 정보공개 여부를 심의하기 위하여 정보공개심의회의 심의를 거치는 경우도 있다(「정보공개법」 제11조).

정보공개 청구서(서식)

공공기관이 정보를 공개하기로 결정하면 공개 일시, 공개 장소 등을 청구인에게 통지한다. 그러나 공개하지 않기로 결정하면, 그 사유와 불복방법에 대한 내용을 포함하여 비공개결정 사실을 통지하여야 한다(「정보공개법」 제13조).

▲ 정보공개포털(https://www.open.go.kr)

(3) 정보공개의 한계와 불복

신정보 씨가 대한시장의 업무와 관련된 정보공개를 청구한다고 할 때, 공공기관은 법률에서 정하는 비공개 사유가 있다면 공개하지 않을 수도 있다. 만일 신정보 씨가 정보공개를 청구하였으나 비공개결정을 하였다면 이를 어떻게 다툴 수 있는지도 확인해보자.

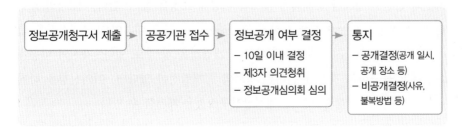

정보공개청구서 제출 → 공공기관 접수 → 정보공개 여부 결정
- 10일 이내 결정
- 제3자 의견청취
- 정보공개심의회 심의
→ 통지
- 공개결정(공개 일시, 공개 장소 등)
- 비공개결정(사유, 불복방법 등)

▲ 정보공개청구절차

• 비공개 사유

공공기관의 정보 중에는 비공개할 수 있는 정보가 있다(「정보공개법」 제9조). 법률에서 정하는 이러한 정보에 해당한다고 해서 언제나 비공개결정이 되는 것은 아니다. 비공개결정을 받아들일 수 없는 청구인은 여전히 다툴 수 있다.

비공개할 수 있는 정보

1. 다른 법률 또는 법률에서 위임한 명령(국회규칙 · 대법원규칙 · 헌법재판소규칙 · 중앙선거관리위원회규칙 · 대통령령 및 조례로 한정한다)에 따라 비밀이나 비공개 사항으로 규정된 정보
2. 국가안전보장 · 국방 · 통일 · 외교관계 등에 관한 사항으로서 공개될 경우 국가의 중대한 이익을 현저히 해칠 우려가 있다고 인정되는 정보
3. 공개될 경우 국민의 생명 · 신체 및 재산의 보호에 현저한 지장을 초래할 우려가 있다고 인정되는 정보
4. 진행 중인 재판에 관련된 정보와 범죄의 예방, 수사, 공소의 제기 및 유지, 형의 집행, 교정(矯正), 보안처분에 관한 사항으로서 공개될 경우 그 직무수행을 현저히 곤란하게 하거나 형사피고인의 공정한 재판을 받을 권리를 침해한다고 인정할 만한 상당한 이유가 있는 정보
5. 감사 · 감독 · 검사 · 시험 · 규제 · 입찰계약 · 기술개발 · 인사관리에 관한 사항이나 의사결정 과정 또는 내부검토 과정에 있는 사항 등으로서 공개될 경우 업무의 공정한 수행이나 연구 · 개발에 현저한 지장을 초래한다고 인정할 만한 상당한 이유가 있는 정보
6. 해당 정보에 포함되어 있는 성명 · 주민등록번호 등 개인에 관한 사항으로서 공개될 경우 사생활의 비밀 또는 자유를 침해할 우려가 있다고 인정되는 정보
7. 법인 · 단체 또는 개인(이하 "법인 등"이라 한다)의 경영상 · 영업상 비밀에 관한 사항으로서 공개될 경우 법인 등의 정당한 이익을 현저히 해칠 우려가 있다고 인정되는 정보
8. 공개될 경우 부동산 투기, 매점매석 등으로 특정인에게 이익 또는 불이익을 줄 우려가 있다고 인정되는 정보

만일 청구인이 공개청구한 정보가 제3자와 관련이 있는 경우에는 제3자에게 이러한 사실을 알려야 한다(「정보공개법」 제21조). 이러한 통지를 받은 제3자는 자신과 관련된 정보를 공개하지 않도록 비공개 요청을 할 수 있다. 제3자의 요청을 받은 공공기관은 이러한 사정을 고려하여 청구인에 대하여 비공개결정을 할 수도 있고, 이러한 사정에도 불구하고 공개결정을 할 수도 있다. 자신의 비공개 요청에도 불구하고 자신과 관련된 정보의 공개결정이 있다면, 이의신청을 하거나, 행정심판 또는 행정소송, 손해배상청구소송을 제기할 수 있다.

• 비공개결정에 대한 불복

비공개결정을 받은 청구인은 먼저 이의신청을 할 수 있다(「정보공개법」 제18조). 비공개결정이나 부분 공개결정 통지를 받고 30일 이내에 해당 공공기관에 이의를 신청할 수 있다. 공공기관은 이의신청에 대하여 받아들일지 여부를 7일 이내에 결정하여 이의신청인에게 통지하여야 한다. 비공개결정 외에도 부분 공개결정을 하거나, 정보공개청구에 대하여 20일이 지나도록 공개 여부에 대한 결정이 없는 경우에도 이의신청을 하여 다툴 수 있다(「정보공개법」 제19조).

이의신청 여부와 상관없이 청구인은 비공개결정에 대하여 행정심판을 청구할 수 있다. 비공개결정을 알게 된 날부터 90일 이내 또는 비공개결정을 받은 날부터 180일 이내에 제기하여야 한다. 행정심판위원회는 원칙적으로 심판청구서가 접수된 날부터 60일 이내에 재결을 해야 한다.

또한 행정소송을 통해 다툴 수도 있다. 정보공개청구에 대한 비공개결정은 거부처분이며, 거부처분에 대하여는 위법성을 법원에서 다툴 수 있다. 행정소송을 제기할 때에는 비공개결정을 알게 된 날부터 90일 이내 또는 비공개결정일부터 1년 이내에 제기하여야 한다(「정보공개법」 제20조).

사례의 해결

신정보 씨는 정보공개법에 따라 대한시를 상대로 정보공개청구권을 행사하여 대한시장의 출장에 관한 정보의 공개를 청구할 수 있다. 이에 대하여 대한시장이 비공개결정을 하거나, 부분 공개결정을 한다면, 신정보 씨는 이의신청, 행정심판청구, 행정소송 제기 등의 방법으로 다툴 수 있다.

이것만은 꼭!

1. 헌법상 알 권리의 내용으로 모든 국민은 정보공개청구권을 가지며, 정보공개법은 정보공개청구권을 보장하기 위하여 구체적 내용과 절차를 마련하고 있다.

2. 정보공개청구는 국정에 대한 국민의 참여와 국정운영의 투명성을 확보할 수 있도록 하는 중요한 민주주의 제도이다.

3. 국민은 공공기관 보유 정보를 활용하여 새로운 경제적 가치를 창출할 수 있으며, 공공데이터법이 정하는 절차에 따라 원하는 공공데이터의 제공을 청구할 수 있다.

4. 국민의 알 권리를 보장하기 위하여 공공기관은 적극적으로 정보를 공개하여야 하지만, 비공개 사유가 있는 경우에는 예외적으로 비공개결정을 할 수 있다. 이 경우 청구인은 이의신청, 행정심판, 행정소송 등의 방법으로 다툴 수 있다.

3. 국가배상과 손실보상

사 례

김억울 씨는 어린 시절인 1976년에 아버지가 간첩 혐의로 고문을 받고 유죄판결을 받았는데, 고문 후유증으로 돌아가신 것이 항상 마음에 짐처럼 남아 있었다. 그러다가 과거사 진상규명위원회의 활동으로 재심을 통하여 무죄판결을 받을 수 있었다. 억울하게 고문을 받고 유죄판결을 받아 옥살이를 한 것에 대하여 국가를 대상으로 손해배상도 청구하고자 했지만, 주위 사람들은 소멸시효기간이 지나서 손해배상을 받을 수 없을 것이라고 하였다. 김억울 씨는 과연 손해배상을 받을 수 없는 것일까?

(1) 손해배상과 손실보상

국가나 지방자치단체의 행정작용으로 인하여 국민의 권리나 이익이 침해된 경우 사후적으로 구제하는 제도가 있다. 그중 하나가 김억울 씨의 사례에서와 같은 국가배상제도이고, 또 다른 하나는 행정상 손실보상제도이다. 국가나 지방자치단체의 보상 및 배상 제도에 관하여 확인해보자.

• 적법한 행정작용에 의한 손실보상

적법한 행정작용으로 인하여 국민의 권리나 이익이 침해된 경우에 그 손실을 보전하는 제도를 행정상 손실보상이라고 한다. 모든 손실에 대하여 보상책임을 지는 것은 아니며, 헌법에서 보장하는 국민의 재산권이 특별하게 희생된 경우의 손실만 보상된다. 공동체 구성원들의 필요를 위해 재산권에 대하여 일반적으로 제한을 하는 경우에는 보상을 하지 않는다. 그러나 도로를 만들기 위하여 개인의 토지를 수용하는 경우와 같이 특정한 개인에게 특별한 희생이 있다고 인정되는 경우에는, 그 희생에 대하여 보상하는 것이 정당할 것이다. 이러한 정의와 형평 이념에 따라 국가가 손실을 보상하도록 한 제도가 행정상 손실보상이다.

> **제23조** ③ 공공필요에 의한 재산권의 수용·사용 또는 제한 및 그에 대한 보상은 법률로써 하되, 정당한 보상을 지급하여야 한다.

헌법은 공공필요에 의한 재산권의 수용, 사용, 제한에 대하여 정당한 보상을 해야 한다고 규정하고 있으며, 이러한 손실보상을 위하여 각 개별법을 두고 있는데, 대표적인 법률로는 「공익사업을 위한 토지 등의 취득 및 보상에 관한 법률」이 있다.

행정상 손실보상을 인정하기 위해서는 몇 가지 요건을 충족하여야 한다. 먼저 재산권에 대한 침해가 있어야 한다. 재산권의 수용은 재산을 박탈하는 것이고, 재산권의 사용은 개인의 재산을 국가 또는 지방자치단체가 일시적으로 사용하는 것이다. 재산권의 제한은 개인이 사용하거나 수익을 얻는 것에 대한 제한을 의미한다. 수용, 사용, 제한은 모두 재산권의 침해에 해당한다. 그리고 침해는 적법해야 하며, 공공필요를 위한 것이어야 한다. 공공필요는 공익을 위한 것이면 된다. 마지막으로 침해를 입은 사람에게 특별한 희생을 가한 것이어야 한다. 일반적인 제한에 대해서는 보상이 인정되지 않는다.

토지보상법

보상 대상 물건 조사	사업 지구에 편입되는 토지, 그 위에 있는 물건 등의 조사를 실시하여 보상 대상의 현황과 권리관계 파악
보상 계획 공고 및 개별 통지	소유자 등 이해관계인들에게 개별 통지하고 일간신문에 공고하는 등 14일 이상 열람을 거쳐 보상 대상 확정
감정평가 및 보상액 산정	감정평가업자 3인을 선정하여 손실보상액 산정을 위한 토지 등의 평가를 의뢰, 감정평가액의 평균으로 보상액 산정
보상협의 요청 및 보상협의	협의기간 · 장소, 보상의 시기 · 방법 · 절차 및 금액, 계약체결에 필요한 구비서류 등을 기재한 보상협의 요청서 통지 후 보상협의(협의가 성립되면 보상계약을 체결하고 대금을 지급하고 절차 종결)
보상협의 불성립 수용재결 신청	관할토지수용위원회에 수용재결 신청
재결금 지급 또는 공탁	재결에서 정한 수용개시일까지 재결 보상금을 지급하거나 공탁하고 토지 등의 소유권을 사업 시행자가 취득
이의재결	재결 결과에 불복하는 경우에는 소유자 등이 재결서 정본 송달일로부터 30일 이내에 중앙토지수용위원회에 이의신청을 하여 이의재결을 할 수 있으며, 또 이의재결 절차 없이 행정소송을 제기할 수 있음.
행정소송	이의재결 결과에 불복하는 경우에는 이의재결 정본 송달일로부터 30일 이내에 행정소송 제기 가능

▲ 행정상 손실보상의 절차(토지수용의 경우)

행정상 손실보상책임이 인정되는 경우, 현금보상이 원칙이다. 보상을 받는 방법에는 각 개별법에 따라 당사자 간의 협의를 거쳐서 보상을 받는 방법도 있고,

행정기관의 재결에 의하여 받는 방법도 있다. 재결에 의하여 보상을 받는 경우에는 보상에 불만이 있으면 이의신청이나 행정소송을 제기할 수 있다.

• 위법한 행정작용에 의한 손해배상

국가배상법

국가나 지방자치단체의 위법한 행정작용으로 인하여 국민에게 피해가 발생한 경우에 그 피해를 보전해주는 제도를 국가배상이라고 한다. 행정작용은 사람인 공무원이 하는 것이어서 위법한 행위에 대한 책임은 원칙적으로 공무원에게 있다. 그러나 공무원이 배상할 능력이 없어서 국민이 입은 피해를 정당하게 배상받지 못하는 경우가 없도록 하기 위해서, 그리고 공무원이 배상책임을 우려하여 소극적으로 행정행위를 하지 않도록 국가가 공무원의 사용자로서 국민에게 직접 배상책임을 지도록 한 것이다.

> 제29조 ① 공무원의 직무상 불법행위로 손해를 받은 국민은 법률이 정하는 바에 의하여 국가 또는 공공단체에 정당한 배상을 청구할 수 있다. 이 경우 공무원 자신의 책임은 면제되지 아니한다.

헌법은 국가배상에 관하여 법률에서 정하도록 하였다. 헌법에 근거하여 만들어진 「국가배상법」은 국가배상의 내용과 절차를 규정한다.

(2) 국가를 상대로 하는 손해배상청구

김억울 씨는 국가기관의 위법한 행위로 피해를 받아서 국가배상을 청구하고자 한다. 「국가배상법」에서 인정하는 국가배상의 내용과 요건에 대하여 확인해보자.

• 공무원의 위법한 행위에 의한 손해

「국가배상법」은 공무원의 위법한 행위에 의한 국가배상을 인정한다. 이 책임을 인정하려면 공무원의 직무상 행위가 위법해야 한다(「국가배상법」 제2조).

공무원은 국가나 지방자치단체의 사무를 수행하는 사람이다. 공무원의 직무상 행위는 직무 집행행위 자체만을 의미하는 것이 아니라, 출퇴근행위와 같이 외형적으로 직무와 관련된 행위를 모두 포함한다. 공무원의 행위가 위법해야 하는데, 이때의 위법성은 법령의 규정을 위반한 것에 한정되지 않는다. 인권 존중, 권력남용 금지, 신의성실의 원칙과 같은 행정법의 원리를 위반하는 경우도 해당한다. 공무원은 위법한 직무행위라고 인식하면서도 그 행위를 하거나(고의) 부주의하여 위법한 결과를 초래(과실)해야 한다. 위법한 공무원의 행위로 입은 국민의 손해는 재산적 손해와 정신적 손해를 모두 포함한다.

국가가 국민에게 손해를 배상하는 경우, 국민은 공무원에 대하여 전혀 책임을 물을 수 없는지 문제가 된다. 피해를 입은 국민은 국가와 공무원을 상대로 하여 손해배상을 청구할 수 있는데, 대법원은 공무원이 위법한 직무행위에 대하여 주의의무를 위반한 정도가 가벼운 경우에는 공무원 개인의 손해배상책임을 인정하지 않는다. 따라서 공무원이 고의 또는 중과실로 위법한 행위를 한 경우에, 손해를 입은 국민은 공무원을 상대로 민사상 손해배상청구를 할 수 있다.

만일 국가로부터 전액 배상을 받았다면 공무원에 대해서는 손해배상을 청구할 수 없으며, 대신 국가는 공무원에게 고의 또는 중대한 과실이 있는 경우 공무원을 상대로 구상권을 행사할 수 있다.

> ⚖ **[대법원판례] 국가배상과 공무원의 책임**   대법원 1996.2.15. 선고 95다38677
>
> 대법원은 공무원이 직무를 수행하면서 타인에게 손해를 입힌 경우, 공무원에게 고의나 중과실이 있는 경우에는 국가배상책임과는 별개로 공무원 개인의 손해배상책임이 인정된다고 하였다.

• 영조물의 설치·관리상의 하자로 인한 손해

영조물은 국가나 지방자치단체의 공공 목적에 사용되는 물건을 말한다. 공공의 목적에 사용되는 도로, 하수도, 자연제방, 하천, 자동차, 항공기 등과 같은 영조물을 설치하거나 관리함에 있어 하자가 있고, 이로 인하여 국민에게 손해가 발생한 경우에 국가는 손해배상책임이 있다(「국가배상법」 제5조).

그 물건이 통상 갖추어야 하는 안전성을 결여하는 것이 설치 또는 관리상의 하자이다. 예를 들어, 인공제방이 통상적으로 갖추어야 하는 안전성을 갖추지 못해 무너져 주택이 파손된 경우에 국가배상책임이 인정될 수 있다. 다만 불가항력은 제외된다. 인공제방이 통상적인 안전성을 갖추었지만, 천재지변으로 홍수가 발생하여 무너진 경우에는 배상책임이 인정되지 않을 수 있다.

(3) 국가배상청구절차와 소멸시효

김억울 씨의 아버지는 공무원의 위법한 행위에 의하여 손해를 입었다고 할 수 있다. 국가배상청구의 절차를 검토하고, 사례에서와 같이 수십 년이 흘러 일반적인 소멸시효기간이 지나버린 경우에 어떻게 할 수 있을지 살펴보자.

• 국가배상청구절차

국가배상을 받고자 하는 사람은 배상심의회에 배상 신청을 할 수 있다(「국가배상법」 제12조). 이 경우 피해자의 주소지나 소재지 혹은 피해가 발생한 지역의 관할 지구심의회에 배상신청을 하여야 하며, 심의회는 증거조사를 하고 심의를 거쳐 4주일 이내에 배상금 지급 여부에 대한 결정을 하여야 한다. 지급하기로 하면 지급결정, 지급하지 않기로 하면 기각결정을 한다. 기각결정에 대해서는 재심을 청구할 수 있다. 배상심의회의 재심결정에도 만족하지 못하면 법원에 소송을 제기하여 국가배상을 청구할 수 있다.

또는 국가의 위법한 행위로 손해를 입은 국민은 배상신청 여부와 상관없이 직접 법원에 국가배상청구소송을 제기할 수 있다(「국가배상법」 제9조).

• 국가배상소송과 소멸시효

국가배상법 제8조는 "국가나 지방자치단체의 손해배상책임에 관하여는 이 법에 규정된 사항 외에는 「민법」에 따른다. 다만, 「민법」 외의 법률에 다른 규정이 있을 때에는 그 규정에 따른다"라고 규정하고 있다. 따라서 손해배상청구권의 소멸시효에 관한 「민법」 제166조 제1항, 제766조 제2항 및 「국가재정법」 제96조 제2항이 적용되므로 국가배상청구권은 손해와 가해자를 안 날로부터 3년 이내, 불법행위를 한 날로부터 5년이 지나면 시효로 인하여 소멸함이 원칙이다.

그러나 개인 간의 불법행위에 관한 손해배상책임과 국가배상책임을 동일한 원리로 이해해야 하는가에 대해서는 문제를 제기할 수 있다. 특히 사례에서와 같이 국가의 불법행위가 있었음에도 오랜 기간 동안 실질적으로 손해배상을 청구하는 것이 현실적으로 불가능한 경우라면 더욱 그러하다. 헌법재판소는 국가의 조직적인 위법행위에 의하여 권리를 침해받은 경우에 국민의 기본권인 국가배상청구권을 보장하기 위해서는 소멸시효 규정을 적용해서는 안 된다고 하면서 「진실과 화해를 위한 과거사 정리법」 상의 '민간인 집단 희생사건', '중대한 인권침해사건 · 조작의혹사건'에 위 민법규정을 적용하는 것은 헌법에 위반되며, 위 사건들의 경우에는 소멸시효가 적용되지 않는다고 결정하였다(헌재 2018.8.30. 선고, 2014헌바 148 등 사건).

헌재 2014헌바148 등 사건

따라서 김억울 씨는 상속인으로서 소멸시효와 무관하게 국가배상을 청구할 수 있다.

사례의 해결

김억울 씨는 국가공무원의 위법행위로 손해를 입은 자의 상속인으로서 국가배상을 청구할 수 있다. 과거사 사건과 같이 진실이 밝혀지는 데 오랜 시간이 걸리고, 현실적으로 국가에 대하여 배상을 청구하기 어려운 사정이 있었다면, 민법상 소멸시효를 그대로 적용하여 국가 배상책임을 제한할 수 없다.

이것만은 꼭!

1. 위법한 행정작용으로 인한 손해배상을 청구하는 국가배상청구권과 적법한 행정작용이지만 특별한 희생이 있어 손실의 보상을 청구하는 행정상 손실보상청구권은 국민의 기본권이다.

2. 국가배상청구소송에 민법이 적용되지만, 과거사 사건과 같은 특별한 경우에는 민법상 소멸시효 등이 적용되지 않을 수 있다.

제4절 │ 법률 없으면 세금 없다

1. 세금의 의의와 종류

사 례

김양도 씨는 현재 거주 중인 아파트를 5억 원에 구입하여 10년간 실거주 보유하였는데, 곧 10억 원에 매도할 예정이며, 배우자 명의로 시가 2억 원의 여의도 오피스텔을 주거용으로 임대하여 월세를 받고 있다. 김양도 씨는 아파트를 양도할 경우 어떻게 하면 절세할 수 있을까? 그리고 예상 세액은?

(1) 세금의 의의

납세란 국가를 유지하기 위하여 필요한 경비를 조세로써 납부하는 것으로, 세금은 곧 국가 재원이 된다.

헌법 제38조는 "모든 국민은 법률이 정하는 바에 의하여 납세의 의무를 진다"라고 하여 납세의무를 국민의 의무 중 하나로 명시하고 있다. 또한 헌법 제59조는 "조세의 종목과 세율은 법률로 정한다"라고 규정하여 조세법률주의를 천명하고 있다.

납세자는 조세를 신고·납부할 의무와 기타 협력의무를 지고, 납세자가 특정 의무를 이행하지 않을 경우 가산세가 부과된다.

(2) 세금의 종류

세금은 분류 방식에 따라 그 종류를 나눠 살펴볼 수 있다. 먼저 부과 주체에 따라 국가에 과세권이 있는 국세(소득세, 법인세, 상속세, 증여세, 종합부동산세, 부가가치세, 개별소비세, 교통·에너지·환경세, 인지세, 증권거래세, 교육세, 농어촌특별세 등)와 지방자치단체에 과세권이 있는 지방세(주민세, 지방소득세, 재산세,취득세, 등록면허세, 레저세, 지방소비세, 자동차세 및 지역자원시설세, 지방교육세 등)로 나뉜다. 또 다른 분류로는 입법자가 법률상 납세자와 실제 조세를 부담하는 자가 동일할 것으로 예정하는 직접세(소득세, 법인세, 상속세 등)와 양자가 달라질 것으로 예정하는 간접세(부가가치세, 개별소비세 등)가 있다.

• 종합소득세

개인이 1년 동안의 경제활동으로 얻은 소득에 대하여 납부하는 세금으로 모든 과세대상 소득을 합산하여 계산하고, 다음 해 5월 1일부터 5월 31일까지 주소지 관할세무서에 신고 · 납부하여야 한다. 종합소득세 과세대상소득은 이자소득, 배당소득, 사업소득(부동산임대 포함), 근로소득, 연금소득, 기타소득이다.

매년 11월에 소득세 중간예납세액을 납부하여야 하고, 다음 해 5월 확정신고 시 기납부세액으로 공제한다. 연도 중 폐업하였거나 사업에서 손실이 발생하여 납부할 세액이 없는 경우에도 종합소득세를 신고하여야 한다.

• 법인세

개인사업자에게 부과되는 소득세와 같은 성질의 법인에 대한 세금으로서 1사업연도(1회계 기간) 동안 법인의 사업에서 생긴 소득을 기준으로 낸다. 내국법인은 국내외에서 발생하는 모든 소득에 대하여, 외국법인은 국내에서 발생하는 소득 중 법에서 정한 국내원천소득에 한하여, 비영리법인은 수익사업에 한하여 법인세 납세의무가 있다.

법인세에는 소득의 유형에 따라 각 사업년도 소득에 대한 법인세, 토지 등 양도소득에 대한 법인세, 청산소득에 대한 법인세가 있다.

• 부가가치세

상품(재화)을 판매하거나 서비스(용역)를 제공하는 과정에서 얻어지는 부가가치(이윤)에 대하여 거래단계별로 과세하는 세금으로, 우리나라는 현재 재화 및 용역의 공급가액에 10%의 부가가치세가 부과된다. 물건값에 부가가치세가 포함되므로 이 세금은 최종소비자가 부담하게 된다. 사업자가 납부하는 부가가치세는 매출세액에서 매입세액을 차감하여 계산한다.

일부 생활필수품을 판매하거나 의료 · 교육 관련 기술 용역을 제공하는 경우에는 부가가치세가 면제되며, 수출하는 재화, 국외에 제공하는 용역 등에 대해서는 그 공급가액에 영세율이 적용되어 납부할 부가가치세가 없고, 매입세액이 있다면 환급세액이 발생하여 돌려받게 된다.

면세와 영세율

	면세	영세율
VAT	면제	0%
신고	X	○
매입세액공제	X	○
경비처리	○	X

• 양도소득세

양도의 개념

부동산 등을 팔았을 때 발생하는 양도차익에 대하여 양도소득세 및 그의 10%에 상당하는 지방소득세를 신고 · 납부하여야 한다.

등기·등록에 관계없이 매매, 교환, 현물출자 등으로 자산의 소유권이 유상으로 사실상 이전되는 것을 말한다.
배우자 또는 직계존비속 간에 매매로 양도한 경우에는 증여한 것으로 추정되어 양도소득세가 아닌 증여세가 과세된다.
다만 부담부증여의 경우 수증자가 부동산에 설정된 채무상당액을 인수하는 것이므로 사실상 유상양도의 결과와 같으므로 양도에 해당한다.

과세대상	과세되는 자산의 범위	예정신고[1] · 납부 기한	확정신고 · 납부 기한
부동산	토지, 건물(무허가, 미등기 건물도 포함)	양도일이 속하는 달의 말일부터 2개월 (부담부증여시 증여일이 속하는 달의 말일부터 3개월)	양도일이 속하는 연도의 다음 연도 5.1~5.31.
부동산에 관한 권리	부동산을 취득할 수 있는 권리, 지상권, 전세권, 등기된 부동산 임차권		
기타 자산	사업용 고정자산과 함께 양도하는 영업권, 특정시설물이용권 · 회원권		
주식 등	대주주가 양도하는 상장법인 주식, 비상장 주식	양도일이 속하는 반기 말일부터 2개월	
파생상품	주가지수 관련 파생상품		

💬 1세대 1주택 양도소득세 비과세

1세대가 양도일 현재 국내에 1주택(양도 당시 실제 거래가액이 9억원 초과하는 고가주택은 그 초과분은 제외)을 보유하고 있는 경우로서 2년 이상 보유(조정대상지역 내에 있는 주택의 경우에는 보유기간 중 2년 이상 거주)한 경우에는 양도소득세가 과세되지 않는다. 취득 당시 조정대상지역에 있는 주택을 2017. 8. 3. 이후 취득한 경우 보유기간 중 2년 이상 거주하여야 비과세가 가능하다.

💬 양도소득세가 비과세되는 1세대 2주택의 경우

일시적 1세대 2주택(1주택을 보유하고 있는 1세대가 그 주택을 양도하기 전에 새로운 주택을 취득함으로써 일시적으로 2주택을 소유)의 경우, 종전 주택을 취득한 날로부터 1년 이상 지난 후(임대 주택 분양전환, 종전 주택 수용, 취학 등 부득이한 사유가 존재하는 경우에는 1년 미만도 가능) 신규 주택을 취득하고, 그 주택을 취득한 날부터 3년(조정대상지역 2년 또는 1년) 이내에 비과세요건을 충족한 종전 주택을 양도하면 양도소득세가 비과세된다.

1) 과세기간 후 신고기한 내에 신고 · 납부하는 것이 원칙이지만, 소득세법 및 부가가치세법은 과세기간 중간에 신고하도록 별도로 규정해 놓았는데 이것을 예정신고라 한다. 양도소득세는 그 양도일이 속하는 달의 말일부터 2개월 내에 예정신고 납부하여야 한다.

2019.12.17.이후 조정대상지역 내 종전 주택을 보유한 상태에서 조정대상지역 내 주택을 취득하는 경우에는 신규 주택 취득 후 1년 이내에 신규 주택에 전입하고, 1년 이내에 종전 주택을 양도하여야 비과세된다.

- [혼인] 각각 1주택을 소유한 사람끼리 결혼하거나, 또는 1주택을 소유한 직계존속(60세 이상)을 동거봉양하는 무주택자가 1주택을 보유한 자와 혼인함으로써 1세대 2주택이 된 경우, 결혼한 날로부터 5년 이내에 먼저 양도하는 주택이 비과세요건을 갖춘 경우 양도소득세가 과세되지 않는다.

- [노부모 동거봉양] 1주택을 소유한 1세대가 1주택을 소유한 60세 이상의 직계존속(배우자의 직계존속 포함)을 봉양하기 위하여 세대를 합침으로써 1세대 2주택이 된 경우, 그 합가한 날로부터 10년 이내에 양도하는 주택이 비과세요건을 갖춘 경우 양도소득세가 과세되지 않는다.

- [상속] 1주택을 소유한 1세대가 1주택을 상속받아 1세대 2주택이 된 경우, 2년 이상 보유한 일반주택을 양도할 때에만 양도소득세가 과세되지 않는다(상속받는 주택을 먼저 양도하면 과세).

- [농어촌주택] 농어촌주택과 일반주택을 각각 1채씩 소유한 1세대가 비과세요건을 갖춘 일반주택을 팔면 양도소득세가 과세되지 않는다.

• 종합부동산세

개인별로 매년 6월 1일(과세기준일) 현재 국내 소재한 재산세 과세대상인 주택 및 토지에 대하여 각각 그 공시가격의 합계액이 일정 금액(주택의 경우 공시가격 기준으로 6억원, 1세대 1주택자는 9억원)을 초과하는 경우에 그 초과분에 대하여 매년 12월에 부과되는 세금이다. 농어촌특별세(종합부동산세 납부할 세액의 20%)도 함께 납부하여야 한다.

• 증여세

타인(증여자)으로부터 재산을 증여받은 경우에 그 재산을 증여받은 자(수증자)가 부담하는 세금으로, 일반적으로 재산을 증여받은 날이 속하는 달의 말일부터 3월 이내에 증여세를 신고 · 납부하여야 한다.

• 상속세

피상속인의 사망으로 그 재산이 가족이나 친족 등 상속인에게 무상으로 이전

증여의 개념

그 행위 또는 거래의 명칭· 형식·목적 등과 관계없이 직접 또는 간접적인 방법으로 타인에게 무상으로 재산 또는 이익을 이전하거나 타인의 재산가치를 증가시키는 것을 말하며, 유증과 사인증여는 제외한다.

되는 경우에 당해 상속재산에 대하여 부과되는 세금으로, 상속세 납부의무가 있는 상속인 등은 상속개시일이 속하는 달의 말일부터 6개월 이내에 피상속인의 주소지 관할세무서에 상속세를 신고·납부하여야 한다.

💬 **신고하지 않는 경우의 불이익**

각종 세액공제 및 감면을 받지 못할 수 있다.
무거운 가산세를 추가 부담하게 된다.
- 신고불성실 가산세 = 산출세액 x 20% (부당·무신고시 40%, 60%)
- 납부불성실 가산세 = 미납부세액 x 0.025% x 경과일수

💬 **오피스텔과 세금**

구분	업무용 – 일반 임대사업자	주거용 – 주택 임대사업자
사업자등록 신청 기간	분양 계약 후 20일 이내 (관할세무서)	잔금 납부 후 60일 이내 (구청 주택과와 관할세무서)
임대의무 기간	없음	10년
취득시 부가가치세	부가세환급(건물분의 10%) ※ 환급 후 10년 이내 주거용(임대 포함)으로 전환시 잔존 기간에 해당하는 부가가치세 내야 함	부가세환급 없음
취득세	[공통] 분양가 4.6%(취득세 4%＋농어촌특별세 0.2%＋지방교육세 0.4%)	전용면적 60㎡ 이하 신규 분양* – 취득세액 200만 원 이하 면제 – 200만 원 초과 85% 감면
재산세	매년 6월 1일 건물은 시가표준액, 토지는 개별공시지가를 기준으로 계산하여 건물분 재산세는 7월에, 토지분 재산세는 9월에 고지된다.	
	건물분: 과표의 0.25% (단일세율) 과세표준 = 시가표준액 x 공정시장가액비율 (70%)	건물분: 과표의 0.1%～4% (누진세율) 과세표준 = 시가표준액 x 공정시장가액비율 (60%)
	[공통] 토지분: 과표의 0.2%～0.4%(누진) 과세표준 = 개별공시지가 x 공정시장가액비율 70%	
종합부동산세	비과세	종부세 과세(합산 배제 신청 시 면세)

종합소득세	월세(임대소득)	연 2,000만 원 이하 분리과세 선택 가능
임대료 부가가치세	월세 및 보증금에 대한 간주임대료의 10% (연 2회 신고)	비과세(주택임대사업은 면세, 매년 2월 면세 수입금액은 신고하여야)
양도소득세	보유기간별 기본세율(6~45%) 장기보유특별공제(6~30%)	1세대 1주택 비과세 가능 다른 주택 소유 시 다주택자 확인요
양도시 부가가치세	매수인에게 세금계산서 발행하고 부가가치세 내야 함	비과세

*예시) 전용면적 30㎡의 1억 3,800만 원(토지 5,000만 원, 건물 8,000만 원, 건물분부가가치세 800만 원) 오피스텔 매수 시

① 업무용인 경우: 취득세 598만 원, 부가가치세 800만 원 매입세액으로 공제 또는 환급

② 주거용으로 구입한 경우: 취득세 없음, 부가가치세 800만 원 환급 안 됨.

사례의 해결

김양도 씨는 아파트 양도일(잔금일) 2년 이전에 배우자 명의 오피스텔을 양도·증여하거나, 또는 업무용으로 임대 전환하여 양도일 현재 1세대 1주택 및 2년 보유에 해당하도록 한다 (1세대 1주택 비과세 판정 시 '주택'이란 공부상 용도에 관계없이 사실상 주거용으로 사용하는 건물을 말하며 오피스텔도 이 기준에 따라 판단함).

김양도 씨가 1세대 1주택자로서 해당 아파트를 양도하는 경우, 9억 원을 초과하는 부분에 대해서는 양도소득세를 부담하게 된다.

전체 양도차익 5억(10억-5억) 중 비과세 양도차익은 5억 x 9억/10억 = 4억 5,000만 원,

과세 양도차익은 5억 x 1억/10억 = 5,000만 원이 되고, 이 5,000만 원에서

장기보유특별공제 80% 적용하여 5,000만 원 x 80% = 4,000만 원을 제하면,

과세표준은 1,000만 원으로 이 구간 양도소득세 세율 6% 적용하면 예상세액 60만 원임

매도 시기에 따른 양도소득세 산정: 10억 원에 주택을 사서 10년간 보유·거주하다가 30억 원에 매도한 경우

구분	1세대 1주택 비과세 해당 시	1세대 2주택 해당 시	
		2021.5.31. 이전 양도	2021.6.1.이후 양도
양도차익	20 억	20 억	20 억
비과세 양도차익*	6 억	0	0
과세 양도차익	14 억	20 억	20 억
장기보유특별공제**	11.2 억	0	0

과세표준	2.8 억	20 억	20 억
세율***	38%	55%	65%
− 누진공제	− 1,940 만 원	− 5,040 만 원	− 5,040 만 원
산출세액	0.87 억	10.496 억	12.496 억
지방소득세	0.087 억	1.0496 억	1.2496 억
합계	0.957 억	11.5456억	13.7456 억

양도 당시 주택의 실제 거래가액이 9억 원을 초과하는 고가주택이므로,

* 1세대 1주택 비과세 9억 해당분의 양도차익: 20억 x (9억/30억) = 6억

** 장기보유특별공제: 과세 양도차익 x (8% x 거주 및 보유기간) = 14억 x 80% = 11.2억

(1세대 2주택 이상 보유자가 양도하는 조정대상지역 내 주택은 장특 배제됨)

(2021.1.1.이후 양도분부터는 장기보유공제율은 보유기간 연 4%+거주기간 연 4%)

*** 2021년 양도분부터 과세표준 10 억원 초과시 세율: (종전 42 →) 45%

2021.1.1.부터 6.1.이전까지 양도하는 경우에는 세율: (45+10) 55% 적용

2021.6.1.부터 조정지역 다주택자 중과세율 가산 〔2주택: 10 → 20%p〕: (45+20) 65%

이것만은 꼭!

1. 모든 국민은 헌법상 납세의무를 지는데, 납세란 국가를 유지하기 위하여 필요한 경비를 조세로 납부하는 것이다.

2. 세금에는 국가에 과세권이 있는 국세가 대표적인데 소득세, 법인세, 부가가치세, 양도소득세, 상속세, 증여세 등이 이에 속한다.

3. 세금을 신고 · 납부하지 않을 경우에는 각종 세액공제 및 감면을 받지 못할 수 있고, 신고불성실(무신고 · 과소신고)가산세 · 납부불성실가산세를 추가 부담하게 된다.

2. 세금을 잘못 신고납부하거나 기한을 놓친 경우

> **사례**
>
> 김종소 씨는 2016년 귀속 종합소득세를 2017. 5. 20. 신고하였는데, 그 후 이자소득과 배당소득 등의 신고를 누락한 것을 발견하여 수정신고를 하였다. 그런데 나중에 확인해보니 본래 신고·납부하여야 할 것보다 많이 신고·납부한 것으로 밝혀졌다. 김종소 씨는 과다 납부한 세금을 돌려받을 수 있을까?

(1) 적게 신고한 경우: 수정신고와 납부

당초 신고한 과세표준 및 세액을 세법에 의하여 신고하여야 할 것보다 적게 신고한 경우에는 「국세기본법」 제45조에 따라 관할세무서장의 경정통지 전으로서 국세부과 제척기간이 끝나기 전까지 수정신고하여 납부할 수 있다. 법정신고기한이 지난 후 2년 이내에 수정신고를 하는 경우 과소신고가산세가 아래와 같이 감면된다.

수정신고 시기	감면 비율	수정신고 시기	감면 비율
1개월 이내	90%	6개월 초과 1년 이내	30%
1개월 초과 3개월 이내	75%	1년 초과 1년 6개월 이내	20%
3개월 초과 6개월 이내	50%	1년 6개월 초과 2년 이내	10%

따라서 5개월 늦게 수정신고 하는 경우에는 신고불성실가산세 50% 감면되어 (산출세액 x 20%) x 50%에 해당하는 금액의 가산세를 부담하게 된다.

(2) 많이 신고한 경우: 경정청구와 환급

신고하여야 할 것보다 많이 신고한 경우에는 「국세기본법」 제45조의2 규정에 따라 법정신고기한 경과 후 5년 이내에 경정청구하여 많이 낸 세금을 돌려받을 수 있다.

(3) 법정신고기한 내 신고를 하지 아니한 경우: 기한 후 신고와 납부

법정신고기한까지 과세표준신고서를 제출하지 아니한 자는 「국세기본법」 제45조의3 규정에 따라 관할세무서장이 해당 국세의 과세표준과 세액을 결정하여 통지하기 전까지 기한후과세표준신고서를 제출할 수 있다. 기한 후 신고를 한 경우 무신고가산세를 감면할 수 있다.

기한 후 신고 시기	감면 비율
법정신고기한 지난 후 1개월 이내	50%
법정신고기한 1개월 초과 3개월 이내	30%
법정신고기한 3개월 초과 6개월 이내	20%

사례의 해결

2015년 귀속 종합소득세의 부과제척기간 종료일(2022. 5. 31.)까지 수정신고 할 수 있는데 이때 법정신고기한으로부터 2년 내인 2019. 5. 31.까지 수정신고를 한다면 과소신고가산세를 감면받을 수 있다. 그런데 수정신고를 한 경우에도 이를 많이 신고한 때에는 법정신고기한(2017. 5. 31.) 경과 후 5년 이내(2022. 5. 31.)라면 「국세기본법」 제45조의2에 따라 경정청구하여 많이 낸 세금을 돌려받을 수 있다.

이것만은 꼭!

1. 법정신고기한 내 신고를 하였으나 잘못 신고한 경우는 두 가지 경우로 나누어 생각할 수 있다. 먼저 적게 신고한 경우에는 관할세무서장의 경정통지 전으로서 국세부과 제척기간이 끝나기 전까지 '수정신고' 하여 납부할 수 있다.

2. 반면에 많이 신고한 경우에는 법정신고기한 경과 후 5년 이내에 '경정청구'를 하여 많이 낸 부분을 환급받을 수 있다.

3. 부당한 조세처분에 대한 구제

사 례

김양도 씨는 아파트를 양도하고 1세대 1주택에 해당하는 것으로 보아 양도소득세 과세표준 예정신고를 하였는데, 세무서는 1세대 1주택 비과세요건에 해당하지 아니한다고 보아 양도소득세 경정고지처분을 하였다. 이에 대하여 김양도 씨가 취할 수 있는 불복청구 절차는?

세금고지 등 세법에 따른 처분이 위법·부당하거나, 필요한 처분을 받지 못함으로 인하여 권리나 이익을 침해당했을 때에는 법에 의한 권리구제제도(과세전적부심사청구, 이의신청, 심사·심판청구, 감사원심사청구, 행정소송) 및 행정에 의한 권리구제제도(고충민원 신청)를 이용하여 구제받을 수 있다.

(1) 사전 권리구제: 과세전적부심사청구

세무서·지방국세청으로부터 세무조사 결과 통지 또는 과세 예고 통지를 받고 그 통지 내용에 이의가 있을 때에는 그 통지를 받은 날부터 30일 이내에 통지관서에 부당하다고 생각하는 내용과 입증 자료를 첨부하여 과세전적부심사를 청구할 수 있다. 청구서가 접수되면 접수일부터 30일 이내에 국세심사위원회의 심의를 거쳐 결정하고 그 결과를 통지한다. 청구가 인정되면 과세되지 아니하며, 인정되지 아니하면 납세고지서가 송달된다.

(2) 사후 권리구제: 이의신청 → 심사·심판청구 → 행정소송

• 이의신청

납세고지서를 받은 날 또는 세금 부과 사실을 안 날부터 90일 이내에 과세관청에 이의신청을 할 수 있다. 세무서에 과세전적부심사를 청구한 경우에는 소관 지방국세청에 이의신청을 하여야 한다. 이의신청에 대하여는 신청서 접수한 날부터 30일 이내에 결정한다. 다만 이의신청인이 당초 결정 기간(30일) 내에 항변서를 제출하는 경우에는 60일 이내에 결정하고 인용, 기각 또는 각하로 그 결과를 통지한다.

• 심사청구(국세청, 감사원) · 심판청구(조세심판원)

납세고지서를 받은 날 또는 세금 부과 사실을 안 날부터 90일 이내에 심사 또는 심판청구를 할 수 있다. 이의신청을 한 경우에는 이의신청의 결정통지를 받은 날로부터 90일 이내에 심사 또는 심판청구를 할 수 있다. 심사청구는 국세청이나 감사원에, 심판청구는 조세심판원에 청구서를 제출하면 되는데, 납세자 선택에 따라 이 중 한 곳만 거치면 된다. 심사 · 심판 청구에 대하여는 청구서를 접수한 날부터 90일 이내에 인용, 기각, 각하 결정을 하여 청구인에게 그 결과를 통지한다.

• 행정소송

심사청구, 심판청구 또는 감사원심사청구에 의해 권리구제를 받지 못한 경우에는 그 결과 통지를 받은 날부터 90일 이내에 납세고지한 세무서장을 상대로 해당 세무관서를 관할하는 행정법원에 행정소송을 제기할 수 있다. 심사청구 또는 심판청구의 절차를 거치지 아니하고는 제소할 수 없다(행정심판 전치주의).

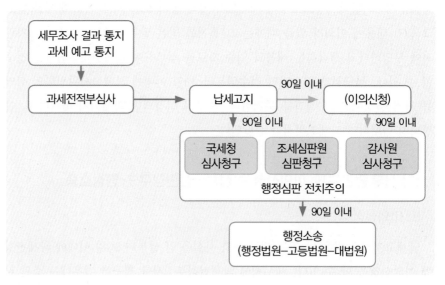

▲ 조세불복절차

(3) 사후 권리구제: 고충민원 신청

• 납세자보호위원회

국세행정 집행 과정에서 납세자 권익보호 사안을 보다 공정하고 투명하게 처리하기 위해 세무서, 지방국세청 및 국세청에 설치된 기구이다. 납세자보호담당관을 제외한 모든 위원을 조세·법률·회계 분야에 전문적인 학식과 경험이 풍부한 민간위원으로 구성하고 있으며, 소속 위원들은 심의과정에서 알게 된 민원인, 조사대상자 등에 대한 과세정보를 타인에게 제공할 수 없고, 위원회의 회의 내용은 공개되지 않는다.

납세자보호위원회 심의 대상

① 중소규모 및 대규모 납세자의 세무조사 기간 연장 및 범위 확대에 대한 이의제기
② 위법·부당한 세무조사 및 세무공무원의 위법·부당한 행위
③ 「국세기본법」 제81조의10 제4항 단서에 따른 장부 등의 일시 보관 기간 연장
④ 고충민원 등 납세자의 권리보호를 위하여 납세자보호담당관이 심의가 필요하다고 인정하는 안건

- 납세자보호담당관

세금의 부과·징수 그리고 조사 과정에서 불가피하게 일어날 수 있는 납세자의 억울함을 해결하고 불만을 해소하여 납세자의 권익을 보호하기 위한 국세전문 옴부즈맨 제도로서 전국 세무관서(국번없이 ☎126 → 3번)에 설치되어 있다.

사례의 해결

김양도 씨는 납세고지서를 받은 날부터 90일 이내에 세무서를 상대로 이의신청을 하거나, 또는 이의신청을 거치지 아니하고 국세청/감사원에 심사청구 또는 조세심판원에 심판청구를 할 수 있다. 심사·심판청구가 기각된 경우 그 결과 통지를 받은 날부터 90일 이내에 세무서장을 상대로 행정법원에 행정소송을 제기할 수 있다.

이것만은 꼭!

1. 세금과 관련하여 위법·부당한 조세처분을 받거나, 필요한 처분을 받지 못한 경우를 위하여 법 및 행정에 의한 권리구제제도를 각각 마련하고 있다.
2. 법에 의한 권리구제제도에는 과세전적부심사청구, 이의신청, 심사·심판청구, 행정소송이 있고, 각각 소정의 청구기한 내에 제기하여야 한다.
3. 행정에 의한 권리구제를 위해 각급 세무관서에 납세자보호담당관 및 납세자보호위원회가 설치되어 있다.

1. 종합부동산세란

종합부동산세는 매년 6월 1일(과세기준일) 현재 전국의 주택 또는 토지의 공시가격 합계액 중 아래 과세대상 유형별 공제액을 초과하는 금액에 대하여 국가가 그 소유자에게 부과하는 세금이다. 종합부동산세는 지방자치단체에서 부과한 재산세 자료를 기초로 하여 결정된다.

2. 종합부동산세 과세요건

(1) 납세의무자 (『종합부동산세법』 제7조)

매년 6월 1일(과세기준일) 현재 소유 주택과 토지를 기준으로 종합부동산세 과세대상 여부를 판정한다. 5월 31일 이전 부동산 양도자 및 6월 2일 이후 부동산 취득자는 과세대상이 아니다.

(2) 과세대상 및 공제금액

과세대상 부동산을 유형별로 구분하여 개인별로 전국 합산한 공시가격이 아래의 공제금액을 초과하는 경우에만 과세된다.

과세대상 유형	공제금액
주택(아파트, 단독·다가구·다세대주택, 주거용 오피스텔 등)	6억 원 (1세대 1주택자 9억 원)
종합합산토지(나대지, 잡종지 등)	5억 원
별도합산토지(상가·사무실의 부속토지 등)	80억 원

☞ 1차로 부동산 소재지 관할 시·군·구에서 과세 유형별로 구분하여 재산세(지방세)를 과세하고, 2차로 일정 공제금액 초과분에 대하여 주소지 관할세무서에서 종합부동산세(국세)를 과세한다.

※ 상속주택에 대한 취급: 상속을 통하여 공동소유한 주택으로서 지분율이 20% 이하이고, 지분상당 공시가격이 3억 원 이하인 주택에 대해서는 일반세율을 적용한다.
→ 지분율 20% 초과이거나 지분 상당 공시가격이 3억 원 초과인 경우에는 주택 수에 포함
조정대상지역 2주택 이상자와 비조정대상지역 3주택 이상자인 경우 중과세율을 적용하게 된다.

(3) 과세표준(「종합부동산세법」 제8조)

대상	내용	공제금액	공정시장가액 비율		
			'20	'21	'22
주택	주택 공시가격을 인별로 전국 합산한 금액	6억 원 (1세대 1주택자는 9억 원)	90%	95%	100%
종합합산토지	토지 공시가격을 인별로 전국 합산한 금액	5억 원			
별도합산토지	토지 공시가격을 인별로 전국 합산한 금액	80억 원			

- 과세표준 = (유형별 공시가격 합계액 − 공제금액) x 공정시장가액 비율

(4) 세율(「종합부동산세법」 제9조)

	주택분 종합부동산세						종합합산토지			별도합산토지		
	일반(2주택 이하)			3주택 등								
과세표준	개인		법인	개인		법인	과세표준	세율	누진공제	과세표준	세율	누진공제
	세율	누진공제		세율	누진공제							
3억 원 이하	0.6%		3%	1.2%		6%	15억 원 이하	1	–	200억 원 이하	0.5	–
6억 원 이하	0.8%	60만 원		1.6%	120만 원							
12억 원 이하	1.2%	300만 원		2.2%	480만 원		45억 원 이하	2	1,500만 원	400억 원 이하	0.6	2,000만 원
50억 원 이하	1.6%	780만 원		3.6%	2,160만 원							
94억 원 이하	2.2%	3,780만 원		5.0%	9,160만 원		45억 원 초과	3	6,000만 원	400억 원 초과	0.7	6,000만 원
94억 원 초과	3.0%	11,300만 원		6.0%	18,560만 원							

- 산출세액 = 과세표준 x 세율 − (기재산세, 1세대 1주택자 세액공제 및 세부담상한 초과액)
- 총 납부할 세액은 종합부동산세와 농어촌특별세(종합부동산세 납부할 세액의 20%)의 합계액이다.
- 주택 수 등에 따른 세부담상한 비율 차등적용(「종합부동산세법」 제10조)

구분	일반 1·2주택	조정대상지역 2주택	3주택 이상
세부담상한 비율	150%	300%	300%

과세대상 유형별로 해당 연도 총세액상당액(재산세액 상당액 + 종합부동산세액 상당액)이 전년도 총세액 상당액과 비교하여 일정 한도(150%~300%)를 초과하는 경우 그 초과하는 세액은 면제된다.

※ 법인 소유 주택분에 대해서는 세부담상한 폐지됨

- 1세대 1주택 고령자 · 장기보유자 세액공제(중복적용 가능)

고령자 세액공제 ('종부세법」 제9조 ⑥)			장기보유자 세액공제 ('종부세법」 제9조 ⑦)		공제 한도	
연령	공제율		보유기간	공제율	2020년	2021년~
	2020년	2021년~				
60세 이상	10%	20%	5년 이상	20%	70%	80%
65세 이상	20%	30%	10년 이상	40%		
70세 이상	30%	40%	15년 이상	50%		

☞ 납부세액 = 산출세액 x (100 − 공제율) ÷ 100

☞ 종합부동산세 계산 시 고령자 공제와 장기보유 공제를 받을 수 있는 1세대 1주택자란 세대원 중 1명만이 주택분 재산세 과세대상인 1주택만 소유한 경우로서 그 주택을 소유한 소득세법 제1조의2 제1항 제1호에 따른 거주자를 말한다. 다만 합산배제 신고한 임대주택 외의 1주택을 소유한 자는 과세기준일 현재 그 주택에 주민등록이 되어 있고 실제로 거주하고 있는 경우에 한하여 1세대 1주택자로 본다.

☞ 부부가 공동으로 1주택을 보유하는 경우 세대원 중 2명이 주택을 보유하는 것이 되어 1세대 1주택에 해당하지 않으므로 위 고령자, 장기보유자 세액공제는 적용되지 않았다(2020년 기준). 다만 고령의 부부가 공동명의로 1주택을 장기보유하는 경우 위 공제를 배제하면 세부담이 더 많게 되어 부부 공동명의를 기피하게 된다는 지적에 따라 2021년 종부세법 개정안에서는 부부 공동명의 1주택자에게도 위 세액공제를 적용하였다.

	공시가격	9억 원 미만	9억 원 ~ 12억 원 미만	12억 원 이상
1세대 1주택	단독명의	9억 원 공제 (종부세 없음)	9억 원 공제 + 세액공제	
	공동명의	각 6억 원 공제(종부세 없음)		각 6억 원 공제 혹은 9억원 공제 + 세액공제

3. 종합부동산세 납부

(1) 납부 기간 및 납부 방법

관할세무서장이 세액을 직접 결정 · 고지하며, 납세의무자는 납부 기간(매년 12월 1일부터 15일)에 직접 금융기관에 납부하거나 홈택스 또는 스마트폰(앱)을 이용하여 납부할 수 있다. 고지서에 표기된 가상계좌로 인터넷뱅킹, 텔레뱅킹(ARS), 은행 ATM을 이용하여 편리하게 납부할 수 있다.

(2) 분납 신청 가능

종합부동산세로 납부할 세액이 250만 원(농어촌특별세를 제외한 금액 기준)을 초과하는 경우 분납 신청이 가능하다. 분납 신청시 농어촌특별세도 같은 비율로 분납 신청된다. 분납 기간은 납부 기한으로부터 6개월인 익년 6월 15일 이내이며, 분납 기간 동안에는 이자상당액이 가산되지 않는다.

납부할 세액	분납 가능 금액
250만 원 초과 500만 원 이하	납부할 세액에서 250만 원 차감한 금액
500만 원 초과	납부할 세액의 100분의 50 이하 금액

〈예시(2021년 기준)〉

① 종합부동산세 400만 원이 고지된 경우(농특세는 80만 원)

→ 먼저 종부세 250만 원 및 농특세 50만 원을 납부하고, 나머지 150만 원(분납 신청 세액) 및 농특세 30만 원은 22. 6. 15.까지 납부하면 된다.

② 종합부동산세 600만 원이 고지된 경우(농특세는 120만 원)

→ 먼저 종부세 300만 원 및 농특세 60만 원을 납부하고, 나머지 금액(분납 신청 세액)은 22. 6. 15.까지 납부하면 된다.

(3) 신고 납부 선택 가능

납세자가 신고를 원할 경우에는 고지와 관계없이 납부 기간까지 신고 · 납부할 수 있으며, 이 경우 당초 결정은 없었던 것으로 본다.

1. 양도소득세 절세 팁

(1) 두 건 이상의 부동산을 양도하는 경우

1년 내 2주택을 양도하게 되면 이를 합산하여 신고·납부하여야 하므로 양도 시기를 조정하여 누진세율을 낮추고 기본공제를 두 번 적용받아 양도소득세를 절세할 수 있다.

예) 2021년 10월 A부동산(양도차익 6억 원)과 B부동산(양도차익 5억 원)을 양도하고자 하는 경우 양도일인 잔금지급일을 연도를 달리하여 계약하고, 잔금일에 대금을 청산하면 양도소득세를 절세할 수 있다.

구분	동일 연도에 양도하는 경우	2개 연도로 분산 양도하는 경우	
	2021. 10. 10.	2021. 10. 10.	2022. 1. 10
양도차익 기본공제	11억 (2,500,000)	6억 (2,500,000)	5억 (2,500,000)
과세표준	1,097,500,000	597,520,000	497,500,000
세율	45% (−) 5,040만	42% (−) 3,540만	40% (−) 2,540만
산출세액	443,475,000	215,550,000	173,600,000
			합계 389,150,000
차액			54,325,000

(2) 1세대 1주택으로서 거주 및 보유기간 2년을 채우지 못하고 매매계약을 체결한 경우

거주 및 보유기간은 해당 주택의 취득일부터 양도일까지로 계산하는데, 여기서 양도일은 양도 계약일이 아닌 잔금지급일자를 기준으로 한다. 따라서 잔금지급일을 취득일로부터 2년이 지난 후로 하고 등기 또한 2년이 지난 후에 하여 실질 거주 및 보유기간 2년을 충족하면 양도소득세를 비과세 받을 수 있다.

2. 홈택스로 신고하기

(1) 홈택스란?

인터넷으로 세금 신고·납부, 증명발급 등을 할 수 있는 국세 종합서비스로, 홈택스 홈페이지(www.hometax.go.kr) 혹은 세무서 방문을 통하여 회원 가입을 하면 이용 가능하다.

(2) 세금 신고 및 납부

* 인터넷으로 각종 세금(부가가치세, 법인세, 종합소득세, 원천세, 양도소득세, 증여세, 종합부동산세, 교육세, 개별소비세, 인지세, 주세, 증권거래세, 교통·에너지·환경세)에 대한 신고서를 작성하여 제출할 수 있다.
* 전자신고를 할 경우 부가가치세 1만 원, 종합소득세 2만 원, 법인세 2만 원이 납부세액에서 공제된다.
* 전자고지를 받거나 홈택스로 세금신고를 한 납세자는 자동으로 입력된 납부 관련 정보를 확인하고, 계좌이체, 신용카드, 간편결제 등 결제수단을 선택하여 간편하게 납부 가능하다.

(3) 통합조회 서비스(MyNTS)

공인인증서 로그인 후 각종 세무정보(세금 신고·납부, 우편발송된 고지서, 원천징수영수증 등)를 한 곳에서 통합 조회할 수 있다.

(4) 기타 모바일 민원 서비스

사업자등록증명 등 국세증명 15종 발급 신청, 사실증명(12유형) 발급 신청, 민원신청 결과 조회, 민원실 대기인원 조회, 사업자등록 신청·정정, 휴·폐업신고, 재개업신고 등이 가능하다.

3. 지방세 신고

2020.1. 1.부터 개인지방소득세는 지방자치단체의 장에게 별도로 신고하여야 한다. 홈택스로 소득세를 신고하면 홈택스(국세), 위택스(지방세) 실시간 연계시스템을 통하여 개인지방소득세까지 한번에 편리하게 신고 가능하다.

제5절 | 사회보장과 복지

1. 공공부조와 기초생활보장이란 무엇일까?

사 례

김재활 씨는 어린 시절부터 앓아온 심장질환으로 장시간 근무하는 것이 어려워 안정적인 직장을 구하지 못하였다. 아버지의 사업 실패로 집안 형편까지 기울면서 김재활 씨는 아르바이트를 하여 번 돈으로 치료비와 약값을 부담하였다. 그동안 모아둔 돈도 거의 바닥이 났고 한 달에 버는 돈도 100만 원이 채 되지 않는 상황이라 김재활 씨는 국가에서 생활비나 치료비 등을 지원하는 제도가 있는지 알아보고 싶다. 김재활 씨와 같이 어렵게 생활을 이어 가는 사람들을 위해 국가가 마련한 사회보장제도에는 어떠한 것들이 있을까?

(1) 사회보장을 위한 제도에는 무엇이 있을까?

김재활 씨뿐만 아니라 모든 국민은 인간다운 생활을 할 권리를 가진다. 그리고 국가는 사회보장·사회복지를 증진하기 위해 노력할 의무가 있다.

> 제34조 ① 모든 국민은 인간다운 생활을 할 권리를 가진다.
> ② 국가는 사회보장·사회복지의 증진에 노력할 의무를 진다.

복지국가 원리

헌법 제34조 외에, 인간의 존엄과 가치 및 행복추구권(제10조), 평등권(제11조), 교육을 받을 권리(제31조), 근로의 권리(제32조), 혼인과 가족생활·모성의 보호·보건권(제36조) 등 사회적 기본권에 기초하여 사회보장을 증진하기 위한 구체적인 법률들이 마련되어 있다. 이와 같은 사회적 기본권은 복지국가 원리의 구현과 밀접하게 연관되어 있다.

헌법은 시민에게 실질적 자유와 평등을 보장하고 인간다운 생활을 할 권리를 보장하기 위하여 국가가 적극적으로 나서도록 한다. 이를 복지국가 원리라고 한다. 국가가 모든 국민의 인간다운 생활을 보장하기 위해 마련한 사회보장제도에는 무엇이 있을까?

사회보장이란 "출산, 양육, 실업, 노령, 장애, 질병, 빈곤 및 사망 등의 사회적 위험으로부터 모든 국민을 보호하고 국민의 삶의 질을 향상시키는 데 필요한 소득·서비스를 보장하는 사회보험, 공공부조, 사회서비스"를 말한다(「사회보장기본법」 제3조 제1호). 사회보장제도는 크게 사회보험, 공공부조, 사회서비스(사회사업, 사회복지사업)로 나뉜다.

「사회보장기본법」 제9조에 따라 모든 국민은 사회보장에 관한 관계법령이 정하는 바에 의하여 사회보장의 급여를 받을 권리를 가진다. 즉, 사회보장급여는 개별 실정법을 통해 구현된다.

사회보장기본법

사회보장제도의 분류

구분	의의	종류
사회보험	국민에게 발생하는 질병, 부상, 노령, 장애, 사망, 업무상재해, 실업 등 사회적 위험을 보험의 방식으로 분산·대처하여 국민의 건강과 소득을 보장하는 제도	「국민건강보험법」, 「국민연금법」, 「산업재해보상보험법」, 「고용보험법」 등
공공부조	국가와 지방자치단체의 책임하에 생활 유지 능력이 없거나 생활이 어려운 국민의 최저생활을 보장하고 자립을 지원하는 제도	「국민기초생활보장법」, 「의료급여법」 등
사회 서비스	국가·지방자치단체 및 민간부문의 도움이 필요한 모든 국민에게 복지, 보건의료, 교육, 고용, 주거, 문화, 환경 등의 분야에서 인간다운 생활을 보장하고 상담, 재활, 돌봄, 정보의 제공, 관련 시설의 이용, 역량 개발, 사회참여 지원 등을 통하여 국민의 삶의 질이 향상되도록 지원하는 제도	「아동복지법」, 「노인복지법」, 「장애인복지법」 등

(2) 공공부조로서 기초생활보장제도는 무엇일까?

신체적·경제적 어려움 등으로 기본적인 생활조차 영위하기 어려운 김재활 씨와 같은 사람들을 위해 어떠한 사회보장제도가 마련되어 있는지 살펴보기로 한다. 그리고 김재활 씨가 구체적으로 어떠한 제도를 이용할 수 있는지 알아보자.

사회보장제도 가운데 공공부조는 모든 국민에게 인간다운 최저생활을 보장하기 위해 마련되었다. "공공부조"(公共扶助)란 국가와 지방자치단체의 책임하에 생활 유지 능력이 없거나 생활이 어려운 국민의 최저생활을 보장하고 자립을 지원하는 제도를 말한다. 공공부조를 규율하는 법에는 국민기초생활보장법(이하 "기초생활보장법"이라 한다)과 의료급여법 등이 있다.

기초생활보장법은 생활이 어려운 사람에게 최저생활을 보장하고 자활을 돕는 것을 목적으로 한다. 이에 따른 급여는 수급자의 연령, 가구 규모, 거주지역, 그 밖의 생활 여건 등을 고려하여 건강하고 문화적인 최저생활을 유지할 수 있도록 정한다.

구체적인 급여의 종류에는 생계급여, 주거급여, 의료급여, 교육급여, 해산급여

(解産給與), 장제급여(葬祭給與), 자활급여 등이 있다.

급여의 종류별 수급자 선정 기준 및 최저 보장 수준은 보건복지부장관 또는 소관 중앙행정기관의 장이 정한다.

공공부조 급여의 종류 및 내용

종류	내용
생계급여	의복, 음식물 및 연료비와 그 밖에 일상생활에 기본적으로 필요한 금품을 지급하여 그 생계를 유지하게 하도록 함
주거급여	주거 안정에 필요한 임차료, 수선유지비, 그 밖의 수급품을 지급함
의료급여	건강한 생활을 유지하는 데 필요한 각종 검사 및 치료비 등을 지급함 「의료급여법」에 의해 규율됨
교육급여	입학금, 수업료, 학용품비, 그 밖의 수급품을 지급함
해산급여 (解産給與)	생계급여, 주거급여, 의료급여 중 하나 이상의 급여를 받는 수급자에게 조산(助産), 분만 전과 분만 후에 필요한 조치와 보호를 실시함
장제급여 (葬祭給與)	생계급여, 주거급여, 의료급여 중 하나 이상의 급여를 받는 수급자가 사망한 경우 사체의 검안(檢案) · 운반 · 화장 또는 매장, 그 밖의 장제에 필요한 비용을 실제로 장제를 실시하는 사람에게 지급함
자활급여	수급자의 자활을 돕기 위하여 급여로서 자활에 필요한 금품의 지급 또는 대여, 자활에 필요한 근로능력의 향상 및 기능습득의 지원, 취업알선 등 정보의 제공 등을 실시함

최저생계비

국민이 건강하고 문화적인 생활을 유지하기 위하여 필요한 최소한의 비용으로서 기초생활보장법에 따라 보건복지부장관이 계측하는 금액을 말한다.

급여를 받을 수 있는 자격을 가진 수급권자가 되기 위해서는 우선 소득인정액이 최저생계비 이하여야 한다. 그리고 부양의무자가 없거나, 부양의무자가 있어도 부양능력이 없거나 부양을 받을 수 없어야 한다. 수급권자와 그 친족, 그 밖의 관계인은 관할 시장 · 군수 · 구청장에게 수급권자에 대한 급여를 신청할 수 있다. 사회복지전담공무원은 급여를 필요로 하는 사람이 누락되지 않도록 관할 지역에 거주하는 수급권자에 대한 급여를 직권으로 신청할 수 있다.

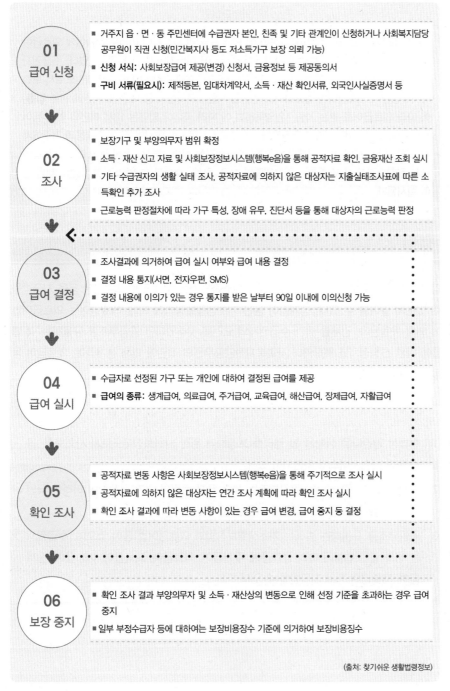

01 급여 신청
- 거주지 읍·면·동 주민센터에 수급권자 본인, 친족 및 기타 관계인이 신청하거나 사회복지담당 공무원이 직권 신청(민간복지사 등도 저소득가구 보장 의뢰 가능)
- **신청 서식**: 사회보장급여 제공(변경) 신청서, 금융정보 등 제공동의서
- **구비 서류(필요시)**: 제적등본, 임대차계약서, 소득·재산 확인서류, 외국인사실증명서 등

02 조사
- 보장기구 및 부양의무자 범위 확정
- 소득·재산 신고 자료 및 사회보장정보시스템(행복e음)을 통해 공적자료 확인, 금융재산 조회 실시
- 기타 수급권자의 생활 실태 조사, 공적자료에 의하지 않은 대상자는 지출실태조사표에 따른 소득확인 추가 조사
- 근로능력 판정절차에 따라 가구 특성, 장애 유무, 진단서 등을 통해 대상자의 근로능력 판정

03 급여 결정
- 조사결과에 의거하여 급여 실시 여부와 급여 내용 결정
- 결정 내용 통지(서면, 전자우편, SMS)
- 결정 내용에 이의가 있는 경우 통지를 받은 날부터 90일 이내에 이의신청 가능

04 급여 실시
- 수급자로 선정된 가구 또는 개인에 대하여 결정된 급여를 제공
- **급여의 종류**: 생계급여, 의료급여, 주거급여, 교육급여, 해산급여, 장제급여, 자활급여

05 확인 조사
- 공적자료 변동 사항은 사회보장정보시스템(행복e음)을 통해 주기적으로 조사 실시
- 공적자료에 의하지 않은 대상자는 연간 조사 계획에 따라 확인 조사 실시
- 확인 조사 결과에 따라 변동 사항이 있는 경우 급여 변경, 급여 중지 등 결정

06 보장 중지
- 확인 조사 결과 부양의무자 및 소득·재산상의 변동으로 인해 선정 기준을 초과하는 경우 급여 중지
- 일부 부정수급자 등에 대하여는 보장비용징수 기준에 의거하여 보장비용징수

(출처: 찾기쉬운 생활법령정보)

▲ 기초생활보장절차

💬 의료급여법

공공부조로서 의료급여는 「의료급여법」에 의해 규율된다. 생활이 어려운 사람에게 의료급여를 함으로써 국민보건의 향상과 사회복지의 증진에 이바지하기 위해 제정되었다. 수급권자에는 기초생활보장법에 따른 의료급여 수급자 외에 「재해구호법」에 따른 이재민으로서 보건복지부장관이 의료급여가 필요하다고 인정한 사람, 「의사상자 등 예우 및 지원에 관한 법률」에 따라 의료급여를 받는 사람, 「입양특례법」에 따라 국내에 입양된 18세 미만의 아동 등이 포함된다. 수급권자는 1종 수급권자와 2종 수급권자로 나누어지며, 급여의 내용과 기준에서 차이가 있다(「의료급여법 시행령」 제3조). 수급권자의 질병·부상·출산 등에 대한 의료급여로서 진찰·검사, 약제(藥劑)·치료재료의 지급, 처치·수술과 그 밖의 치료, 예방·재활 등이 실시된다.

사례의 해결

김재활 씨는 사회보장제도 가운데 공공부조에 해당하는 생계급여, 의료급여 등을 지급받을 수 있는지 알아볼 수 있다. 생계급여 등은 기초생활보장법에 의해, 의료급여는 의료급여법에 의해 규율된다. 김재활 씨가 수급권자의 요건을 갖추었다면 공공부조를 규율하는 각 법률에 따른 신청절차를 통하거나 사회복지전담공무원의 직권에 의해 생계급여, 의료급여 등을 지급받을 수 있다.

이것만은 꼭!

1. 헌법상 인간다운 생활을 할 권리를 보장하기 위한 사회보장제도로서 사회보험, 공공부조, 사회서비스가 마련되어 있다.

2. 사회보장제도 중 하나인 공공부조는 생활 유지 능력이 없거나 생활이 어려운 국민의 최저생활을 보장하고 자립을 지원한다.

3. 공공부조를 규율하는 법에는 기초생활보장법과 의료급여법 등이 있으며, 수급권자는 이와 같은 법률에 따라 생계급여, 주거급여, 의료급여, 교육급여, 해산급여, 장제급여, 자활급여 등을 지급받을 수 있다.

2. 아동·장애인·노인을 위한 사회보장제도에는 무엇이 있을까?

사 례

김재활 씨 옆집에는 초등학교 4학년인 최재기 군이 살고 있다. 김재활 씨가 최재기 군에게 몇 번이나 인사를 건넸는데 최재기 군은 매번 겁먹은 얼굴로 도망갔다. 알고 보니 어린 시절 아버지로부터 학대받은 경험이 있고 지금은 어머니와 둘이 살고 있다고 한다. 최재기 군의 어머니가 일을 마치고 늦게 돌아올 때까지 최재기 군이 집 앞 놀이터나 차도 옆에서 혼자 놀고 있는 모습을 보았는데 위험해 보였다. 김재활 씨는 최재기 군에게 조금이나마 도움이 될 수 있는 사회보장제도에 대해 알아보고자 한다. 최재기 군과 같이 학대 경험이 있는 아동의 복지를 위해 마련된 사회보장제도에는 무엇이 있을까?

(1) 사회복지서비스란 무엇일까?

앞서 살펴보았듯이 사회보장제도 중 하나로 사회복지서비스가 마련되어 있다. 아동복지를 위한 구체적인 제도를 알아보기에 앞서 김재활 씨는 사회복지서비스가 무엇인지 살펴볼 필요가 있다.

사회보장제도 중 하나인 사회복지서비스는 불우한 처지에 있거나 사회적으로 열세한 위치에 있는 사람들을 대상으로 전문적인 지식과 방법을 동원하여 그들의 어려운 상황을 해결해줌으로써 정상적인 사회인으로서 권리를 누리고 의무를 수행할 수 있도록 해주기 위한 공공기관이나 민간단체의 조직적 활동을 말한다. 즉, 자력으로는 인간다운 생활을 영위하기 어려운 아동, 장애인, 노인과 같은 집단에 대해 서비스를 지원하는 데에 사회복지서비스의 의의가 있다.

구체적으로 사회복지서비스란 "국가 · 지방자치단체 및 민간 부문의 도움이 필요한 모든 국민에게 복지, 보건의료, 교육, 고용, 주거, 문화, 환경 등의 분야에서 인간다운 생활을 보장하고 상담, 재활, 돌봄, 정보의 제공, 관련 시설의 이용, 역량 개발, 사회참여 지원 등을 통하여 국민의 삶의 질이 향상되도록 지원하는 제도"를 말한다(사회보장기본법 제3조 제4호). 사회복지서비스를 구현하는 법률로서 「아동복지법」, 「장애인복지법」, 「노인복지법」 등이 있다.

(2) 아동복지를 위한 사회복지서비스에는 무엇이 있을까?

그렇다면 아동의 복지를 위해 마련된 사회복지서비스에는 무엇이 있을까? 최

사회서비스
삶의 질 향상을 위해 사회적으로는 꼭 필요하지만 민간기업들이 저수익성 때문에 참여하지 않는 부가서비스를 말한다.

아동복지법 제2조(기본 이념) ① 아동은 자신 또는 부모의 성별, 연령, 종교, 사회적 신분, 재산, 장애 유무, 출생 지역, 인종 등에 따른 어떠한 종류의 차별도 받지 아니하고 자라나야 한다.
② 아동은 완전하고 조화로운 인격 발달을 위하여 안정된 가정환경에서 행복하게 자라나야 한다.
③ 아동에 관한 모든 활동에 있어서 아동의 이익이 최우선적으로 고려되어야 한다.
④ 아동은 아동의 권리보장과 복지 증진을 위하여 이 법에 따른 보호와 지원을 받을 권리를 가진다.

아동복지법

아동학대처벌법

재기 군과 같이 학대 경험이 있는 아동을 위한 사회복지서비스가 있는지도 함께 살펴보기로 한다.

최근 몇 년간 아동을 사망에까지 이르게 한 아동학대사건들이 알려지면서 사회적으로 아동의 건강과 복지, 안전을 강화하여 보장해야 한다는 목소리가 높아지고 있다. 아동복지를 위해 마련된 법률로는 「아동복지법」, 「아동학대범죄의 처벌 등에 관한 특례법」 등이 있다. 아동복지법은 아동이 건강하게 출생하여 행복하고 안전하게 자랄 수 있도록 아동의 복지를 보장하기 위해 제정되었다. 아동복지법상 아동은 18세 미만인 사람을 말한다. 아동복지법에 따라 국가와 지방자치단체는 아동이 행복한 삶을 누릴 수 있는 기본적인 여건을 조성하고 조화롭게 성장·발달할 수 있도록 하기 위한 경제적·사회적·정서적 지원을 제공하여야 한다. 구체적으로 아동복지법은 아동에 대한 보호서비스, 아동학대의 예방 및 방지, 아동에 대한 지원서비스(아동 안전 및 건강 지원, 취약계층 아동 통합서비스, 방과 후 돌봄서비스), 아동복지시설 등에 관해 규정한다.

• 아동보호서비스

아동복지법에 따라 보호자가 없거나 보호자로부터 이탈된 아동 또는 보호자가 아동을 학대하는 경우 등과 같이 보호자가 아동을 양육하기에 적당하지 아니하거나 양육할 능력이 없는 경우에 아동(보호대상 아동)을 보호하기 위해 실시된다. 구체적으로는 상담·지도의 제공, 가정위탁, 아동복지시설에의 입소 등 보호조치가 실시된다. 또한 아동의 친권자가 친권을 남용하거나 현저한 비행 또는 아동학대, 그 밖에 친권을 행사할 수 없는 중대한 사유가 있는 경우에 시·도지사, 시장·군수·구청장 또는 검사는 법원에 친권자의 친권행사를 제한하거나 친권상실의 선고를 해주도록 청구할 수 있다.

• 아동학대의 예방 및 방지

아동학대란 보호자를 포함한 성인이 아동의 건강 또는 복지를 해치거나 정상적 발달을 저해할 수 있는 신체적·정신적·성적 폭력이나 가혹행위를 하는 것과 아동의 보호자가 아동을 유기하거나 방임하는 것을 말한다. 아동학대의 유형에는 신체적 학대, 정신적 학대, 성적 학대, 유기 및 방임 등이 있다. 아동학대범죄를 알게 된 경우나 그 의심이 있는 경우에는 누구든지 신고할 수 있으며, 아동권리보장원 및 가정위탁지원센터의 장과 종사자, 아동복지시설의 장과 그 종사자, 아동복지전담공무원 등과 같은 신고 의무자는 반드시 신고하여야 한다(「아동학대범죄의 처벌 등에 관한 특례법」 제10조 제1항 및 제2항).

아동권리보장원의 설립
아동정책에 대한 종합적인 수행과 아동복지 관련 사업의 효과적인 추진을 위하여 필요한 정책의 수립을 지원하고 사업 평가 등의 업무를 수행할 수 있도록 아동복지법에 따라 아동권리보장원이 설립되었다(아동복지법 제10조의2 제1항).

> **아동복지법 제17조(금지행위)** 누구든지 다음 각 호의 어느 하나에 해당하는 행위를 하여서는 아니 된다.
>
> 1. 아동을 매매하는 행위
> 2. 아동에게 음란한 행위를 시키거나 이를 매개하는 행위 또는 아동에게 성적 수치심을 주는 성희롱 등의 성적 학대행위
> 3. 아동의 신체에 손상을 주거나 신체의 건강 및 발달을 해치는 신체적 학대행위
> 4. 삭제
> 5. 아동의 정신건강 및 발달에 해를 끼치는 정서적 학대행위
> 6. 자신의 보호 · 감독을 받는 아동을 유기하거나 의식주를 포함한 기본적 보호 · 양육 · 치료 및 교육을 소홀히 하는 방임행위
> 7. 장애를 가진 아동을 공중에 관람시키는 행위
> 8. 아동에게 구걸을 시키거나 아동을 이용하여 구걸하는 행위
> 9. 공중의 오락 또는 흥행을 목적으로 아동의 건강 또는 안전에 유해한 곡예를 시키는 행위 또는 이를 위하여 아동을 제3자에게 인도하는 행위
> 10. 정당한 권한을 가진 알선 기관 외의 자가 아동의 양육을 알선하고 금품을 취득하거나 금품을 요구 또는 약속하는 행위
> 11. 아동을 위하여 증여 또는 급여된 금품을 그 목적 외의 용도로 사용하는 행위

국가와 지방자치단체는 아동학대의 예방과 방지를 위한 정책을 수립 · 시행하고, 실태조사, 신고 체제의 구축 · 운영, 피해아동의 보호와 치료 및 피해아동의 가정에 대한 지원 등의 조치를 취하여야 한다. 아동권리보장원의 장 또는 아동보호전문기관의 장은 아동학대가 종료된 이후에도 가정방문, 전화상담 등을 통하여 아동학대의 재발 여부를 확인하고, 아동의 안전 확보와 재학대 방지, 건전한 가정 기능의 유지 등을 위하여 피해아동 및 보호자를 포함한 피해아동의 가족에게 상담, 교육 및 의료적 · 심리적 치료 등의 필요한 지원을 제공한다.

한편, 법원은 아동학대 관련범죄로 형 또는 치료감호를 선고하는 경우에 선고받은 자가 일정 기간 동안 아동관련기관을 운영하거나 아동관련기관에 취업 또는 사실상 노무를 제공할 수 없도록 하는 취업제한명령을 함께 선고하여야 한다.

• 아동에 대한 지원서비스

아동복지법에 따라 국가는 아동복지시설과 아동용품에 대한 안전기준의 설정, 아동의 신체적·정신적 건강의 증진, 결식 예방 및 영양 개선, 체력 및 여가 증진 등 아동의 안전 및 건강을 위한 지원서비스를 제공할 의무가 있다. 또한 아동의 건강한 성장과 발달을 도모하기 위하여 취약계층 아동에 대한 보건, 복지, 보호, 교육, 치료 등을 종합적으로 지원하는 통합서비스가 실시되고 있다(드림스타트). 이와 더불어 아동복지법에 따라 초등학교의 정규교육 이외의 시간 동안 방과 후 돌봄서비스를 제공하기 위한 다함께돌봄센터가 설치·운영되고 있다.

◀ 드림스타트
(https://www.dreamstart.go.kr)

• 아동복지시설

지방자치단체는 학대받은 아동의 치료, 아동학대의 재발 방지 등 사례관리 및 아동학대예방을 담당하는 아동보호전문기관을 시·도 및 시·군·구에 1개소 이상 두어야 한다. 그리고 「아동복지법」은 아동복지시설로서 아동양육시설, 아동일시보호시설, 아동보호치료시설, 공동생활가정 등의 설치 및 종사자에 대한 교육·훈련, 시설의 개선·폐쇄 등 운영·관리에 관한 사항에 대해 규정하고 있다.

(3) 장애인복지를 위한 사회복지서비스에는 무엇이 있을까?

자력으로 인간다운 생활을 누리기 어려운 장애인에 대해서도 사회복지서비스가 마련되어 있다. 장애인복지를 위한 사회복지서비스에는 무엇이 있는지, 그리고 이와 같은 제도들은 어떠한 목적을 위해 마련되었는지 살펴보자.

신체적·정신적 장애로 오랫동안 일상생활이나 사회생활에서 상당한 제약을 받는 장애인은 인간으로서 존엄과 가치를 존중받지 못하고 부당한 차별 대우를 받거나 국가·사회의 구성원으로서 정치·경제·사회·문화, 그 밖의 모든 분야의 활동에 참여하는 것이 어려울 수 있다. 헌법은 신체장애자 및 질병 등의 사유로 생활 능력이 없는 국민은 법률이 정하는 바에 의하여 국가의 보호를 받아야 함을 천명하고 있다(제34조 제5항).

장애인의 복지와 사회활동 참여를 증진하기 위하여 「장애인복지법」이 제정되었다. 장애인복지법은 장애인의 완전한 사회참여와 평등을 통해 사회통합을 이루는 데에 기본 이념을 두고 있다.

장애인복지법

> **제8조(차별 금지 등)** ① 누구든지 장애를 이유로 정치·경제·사회·문화 생활의 모든 영역에서 차별을 받지 아니하고, 누구든지 장애를 이유로 정치·경제·사회·문화 생활의 모든 영역에서 장애인을 차별하여서는 아니 된다.
> ② 누구든지 장애인을 비하·모욕하거나 장애인을 이용하여 부당한 영리행위를 하여서는 아니 되며, 장애인의 장애를 이해하기 위하여 노력하여야 한다.
> **제10조(국민의 책임)** 모든 국민은 장애 발생의 예방과 장애의 조기 발견을 위하여 노력하여야 하며, 장애인의 인격을 존중하고 사회통합의 이념에 기초하여 장애인의 복지 향상에 협력하여야 한다.

장애인복지법은 국가와 지방자치단체로 하여금 장애인복지서비스를 제공하기 위한 기본 정책을 강구하도록 한다. 구체적으로 장애 발생의 예방, 의료 및 재활치료의 제공, 일상생활이나 사회생활로의 복귀를 위한 사회적응 훈련의 실시, 연령·능력·장애의 종류 및 정도에 따른 충분한 교육의 제공, 적성과 능력에 맞는 직업에 종사할 수 있는 직업 지도·능력 평가·적응 훈련 등의 제공, 정보에의 원활한 접근 등의 보장을 위해 필요한 정책 등을 강구하도록 한다.

장애인복지법 제2조(장애인의 정의 등) ② 이 법을 적용받는 장애인은 제1항에 따른 장애인 중 다음 각 호의 어느 하나에 해당하는 장애가 있는 자로서 대통령령으로 정하는 장애의 종류 및 기준에 해당하는 자를 말한다.
1. "신체적 장애"란 주요 외부 신체 기능의 장애, 내부 기관의 장애 등을 말한다.
2. "정신적 장애"란 발달장애 또는 정신 질환으로 발생하는 장애를 말한다.

- ### 복지서비스의 제공

장애인복지법에 따라 장애인, 그 법정대리인 등은 장애 상태 등을 등록하여야 하며, 등록한 장애인에게 필요한 복지서비스가 적시에 제공될 수 있도록 복지서비스에 관한 상담 및 정보제공, 장애인학대 등 안전문제 또는 생계 곤란 등 위기상황에 놓여 있을 가능성이 높은 장애인에 대한 방문 상담, 복지서비스 신청의 대행, 장애인 개인별로 필요한 욕구의 조사 및 복지서비스 제공 계획의 수립 등에 관한 지원사업이 시행된다. 그 외 임산부인 여성 장애인과 신생아의 건강관리를 위하여 산전·산후조리 도우미를 지원하고, 자녀 교육비나 자동차 등에 대한 세제 지원, 장애인 보조견의 훈련 · 보급 지원 등의 복지서비스가 제공된다.

• 자립생활의 지원

국가와 지방자치단체는 장애인의 자립생활을 지원하기 위하여 활동지원사의 파견 등 활동보조서비스 또는 장애인보조기구의 제공 등 필요한 시책을 강구하고, 장애인자립생활지원센터를 통하여 필요한 각종 지원서비스를 제공한다.

• 복지시설 등

국가와 지방자치단체는 장애인이 장애인 거주시설, 장애인 지역사회재활시설, 장애인 직업재활시설 등 장애인복지시설을 이용하여 기능회복과 사회적 향상을 도모할 수 있도록 필요한 정책을 강구하여야 한다.

한편, 법원은 성범죄로 형 또는 치료감호를 선고하는 경우 선고받은 자가 일정 기간 동안 장애인복지시설을 운영하거나 장애인복지시설에 취업 또는 사실상 노무를 제공할 수 없도록 하는 취업제한명령을 함께 선고하여야 한다.

(4) 노인복지를 위한 사회복지서비스에는 무엇이 있을까?

노인의 기준
개별 법률 및 지원사업 등에 따라 노인을 판단하는 연령 및 세부적인 기준에는 차이가 있을 수 있다.

아동, 장애인과 더불어 사회복지서비스를 제공하는 대표적인 집단으로 노인이 있다. 김재활 씨의 부모님도 모두 70세가 넘었고, 최근에는 부모님으로부터 신체적 · 정신적 능력이 저하되어 사회적 · 경제적 활동을 하는 데 어려움을 느끼고 있다고 들은 바 있다. 우리 사회에서 노인복지를 위해 제공하는 사회복지서비스에는 무엇이 있을까?

고령에 이르면 신체적 · 정신적 능력의 저하에 따라 경제적 어려움에 접하는 등 안정적인 생활을 영위하기 어렵게 된다. 우리나라는 OECD 국가 가운데 노인 빈곤율이 가장 높은 국가로, 노인의 인간다운 생활을 보장할 수 있는 법제를 구축하기 위한 노력이 요구되는 상황이다. 헌법은 노령 기타의 사유로 생활 능력이 없는 국민은 법률이 정하는 바에 의해 국가의 보호를 받는다는 점을 명시하고, 국가로 하여금 노인의 복지 향상을 위한 정책을 실시하도록 한다.

노인의 인간다운 생활을 보장하기 위한 개별 법률로는 「노인복지법」, 「노인장기요양보험법」, 「기초연금법」 등이 있다. 이 가운데 「노인복지법」은 노인의 질환을 사전예방 또는 조기 발견하고, 질환 상태에 따른 적절한 치료·요양으로 심신의 건강을 유지하고, 노후의 생활 안정을 위하여 필요한 조치를 강구함으로써 노인의 보건복지를 증진하는 것을 목적으로 한다.

노인복지법의 적용 대상자는 65세 이상의 노인이다. 노인복지법은 노인이 존경받으며 건전하고 안정된 생활을 하도록 보장하고, 그 능력에 따라 적당한 일에 종사하고 사회적 활동에 참여할 기회를 보장하는 것을 기본 이념으로 한다. 또한 노인은 노령에 따르는 심신의 변화를 자각하여 항상 심신의 건강을 유지하고 그 지식과 경험을 활용하여 사회의 발전에 기여하도록 노력하여야 한다(제2조). 이와 같은 기본 이념에 따라 노인의 복지를 향상하기 위한 다양한 보건·복지조치, 노인복지시설의 설치 및 운영, 노인학대의 예방 및 실종 노인의 보호 등에 관한 규정을 마련하고 있다.

노인복지법

노인장기요양보험법

기초연금법

• 보건·복지조치

노인복지법은 노인의 지역 봉사활동 기회를 넓히고, 노인에게 적합한 직종의 개발과 그 보급을 위한 시책을 강구하며, 근로 능력이 있는 노인에게 일할 기회를 우선적으로 제공하는 등 노인의 사회참여를 위해 노력하여야 할 국가와 지방자치단체의 의무에 관해 규정한다. 그리고 노인에 대한 복지조치로서 노인은 공공시설을 이용하는 데에 있어 경로우대를 적용받으며, 건강진단 및 보건교육을 제공받는다. 또한 홀로 사는 노인에 대해 방문요양과 돌봄 등의 서비스와 안전확인 등의 보호조치 등을 제공하기 위해 독거노인종합지원센터 등이 운영 중에 있다.

한편, 노인의 생활 안정을 지원하기 위해 「기초연금법」에 따라 소득인정액이 일정 기준 이하인 노인은 매달 일정액의 기초연금을 지급받는다. 또한 65세 이상의 고령이나 치매·뇌혈관성 질환 등 노인성 질병 등의 사유로 일상생활을 혼자서 수행하기 어려운 사람은 「노인장기요양보험법」에 따라 신체활동·가사활동의 지원 또는 간병 서비스 등 장기요양급여를 받는다.

• 노인복지시설 등

노인복지법에 따라 노인이 이용할 수 있는 복지시설에는 노인주거복지시설(양로시설, 노인공동생활가정, 노인복지주택), 노인의료복지시설(노인요양시설, 노인요양공동생활가정), 노인여가복지시설(노인복지관, 경로당, 노인교실), 재가노인복지시설(방문요양서비스, 주·야간보호서비스 등을 제공하는 시설), 노인보호전문기관(중앙 및 지역노인보호전문기관) 등이 있다.

한편, 노인복지법은 노인학대를 예방하고 실종 노인을 보호하기 위한 규정을 마련하고 있다. 누구든지 노인에 대하여 신체적·정신적·성적 폭력, 경제적 착취, 가혹행위를 가하거나 유기·방임하여서는 안 된다. 이와 같은 노인학대를 알게 된 자는 누구든지 노인보호전문기관 또는 수사기관에 신고할 수 있다. 그리고 의료인 및 의료기관의 장, 방문요양과 돌봄이나 안전 확인 등의 서비스 종사자, 노인복지시설의 장과 그 종사자, 노인복지상담원 등은 노인학대를 알게 된 때에 즉시 노인보호전문기관 또는 수사기관에 신고하여야 한다(신고의무자). 한편, 누구든지 실종 노인을 발견한 때에는 경찰관서 또는 지방자치단체의 장에게 신고하여야 한다. 즉, 발견 사실을 신고하지 않고 실종 노인을 보호하는 것은 허용되지 않는다.

▲ 노인돌봄서비스

사례의 해결

아동복지법은 아동에 대한 사회복지서비스 제공을 위한 국가 및 지방자치단체의 의무에 관해 규정하고 있다. 최재기 군과 같이 학대 경험이 있는 아동을 위해 아동권리보장원의 장이나 아동보호전문기관의 장은 아동학대의 재발 여부를 확인하고, 피해아동과 그 가족에 대한 상담, 교육 및 의료적·심리적 치료 등을 지원한다. 한편, 방과 후 홀로 시간을 보내는 최재기 군과 같은 아동을 위해서는 방과 후 돌봄서비스가 지원된다. 그리고 만약 최재기 군이 취약계층 아동이라면 보건, 복지, 보호, 교육, 치료 등을 종합적으로 지원하는 사회복지서비스를 제공받을 수 있다.

1. 사회보장제도 중 하나인 사회복지서비스는 아동, 장애인, 노인과 같이 신체적 · 정신적인 특수한 상황으로 인해 스스로의 능력으로 일상생활을 영위하거나 인격을 실현하는 데 어려움이 있는 집단에게 경제적 지원 및 급여를 제공하기 위해 마련되었다.

2. 아동복지법에 따라 국가와 지방자치단체는 아동복지를 위한 사회복지서비스로서 아동에 대한 보호서비스, 아동학대의 예방 및 방지, 아동에 대한 지원서비스 등 경제적 · 사회적 · 정서적 지원을 제공한다.

3. 장애인의 복지와 사회활동 참여를 증진하기 위하여 장애인복지법이 제정되었다. 이에 따라 장애인을 위한 다양한 복지조치와 자립생활의 지원, 기능의 회복 등을 위한 장애인복지시설의 이용 등 사회복지서비스가 제공된다.

4. 노인복지를 구현하기 위해 노인복지법, 노인장기요양보험법, 기초연금법 등이 제정되었다. 노인복지법은 65세 이상 노인의 건전하고 안정된 생활과 사회적 활동에 참여할 기회를 보장하기 위해 다양한 보건 · 복지조치, 노인복지시설의 설치 및 운영, 노인학대의 예방 및 실종 노인의 보호 등에 관해 규정하고 있다.

3. 사회보장제도로서 국민건강보험과 국민연금은 무엇인가?

> **사 례**
>
> 아버지의 사업이 재기하면서 다행히 김재활 씨의 경제적 상황도 어느 정도 나아졌다. 얼마 전에는 주치의로부터 심장질환에 효과적인 새로운 치료제를 투여받을 수 있게 되었다는 반가운 소식도 듣게 되었다. 새롭게 개발된 치료제임에도 불구하고 국민건강보험이 적용되어 김재활 씨는 큰 부담없이 치료제를 투여받고 일상생활을 영위할 수 있게 되었다. 김재활 씨는 자신과 같이 오랜 기간 질병을 앓고 있는 사람들에게 질병을 치료·관리할 수 있는 기회를 제공하는 국민건강보험제도에 대해 알고 싶어졌다. 사회보장제도로서 국민건강보험제도는 어떻게 국민들에게 질병을 치료할 수 있는 기회를 제공하는 것일까?

(1) 사회보장제도로서 사회보험의 의의는 무엇일까?

앞서 살펴본 공공부조, 사회복지서비스 외에 사회보장제도의 하나로서 사회보험이 운용된다. 사회보험이란 국민에게 발생하는 질병, 부상, 노령, 장애, 사망, 업무상재해, 실업 등 사회적 위험을 보험의 방식으로 분산·대처하여 국민의 건강과 소득을 보장하는 제도를 말한다. 사회보험에는 국민건강보험, 국민연금 외에도 산업재해보상보험, 고용보험 등이 있다.

사회보험의 가입자는 보험자에게 보험료를 납부하고, 보험자는 가입자에게 발생할 수 있는 사회적 위험을 예방하거나, 발생한 사회적 위험에 대처하기 위해 필요한 급여를 지급한다. 사회보험을 통해 국민의 안정적인 삶을 보장할 수 있다. 아래에서는 사회보험 중 국민건강보험 및 국민연금에 대해 살펴본다.

(2) 국민건강보험은 어떠한 제도일까?

그렇다면 사회보험으로서 국민건강보험(이하 "건강보험"이라 한다)은 어떻게 김재활 씨에게 큰 경제적 부담 없이 질병을 치료할 수 있도록 할까?

국민건강보험법

건강보험은 헌법상 보장된 국민보건을 향상하고 사회보장을 증진하기 위해 국민의 질병·부상에 대한 예방·진단·치료·재활과 출산·사망 및 건강증진에 대한 보험급여를 실시하고 있다. 「국민건강보험법」에서 건강보험의 급여 대상 및 범위 등에 관해 규정한다. 건강보험이 사회보험의 형태로 운용되면서 의료의 공공성이 강화되고 형평성 있는 보험급여를 실시할 수 있게 되었다.

• 국민건강보험의 가입자

국내에 거주하는 국민은 건강보험의 가입자 또는 피부양자가 된다. 다만, 의료급여법에 따라 의료급여를 받거나 「독립유공자 예우에 관한 법률」 및 「국가유공자 등 예우 및 지원에 관한 법률」에 따라 의료보호를 받는 사람은 원칙적으로 건강보험의 적용 대상으로부터 제외된다. 가입자는 직장가입자와 지역가입자로 구분되며, 모든 사업장의 근로자 및 사용자와 공무원 및 교직원은 직장가입자가 된다. 지역가입자는 직장가입자와 그 피부양자를 제외한 가입자를 말한다.

• 요양급여의 실시

가입자와 피부양자의 질병, 부상, 출산 등에 대하여 다음의 요양급여를 실시한다.

- 진찰 · 검사   • 약제(藥劑) · 치료재료의 지급   • 처치 · 수술 및 그 밖의 치료
- 예방 · 재활   • 입원   • 간호   • 이송(移送)

그리고 국민건강보험공단(이하 "건강보험공단"이라 한다)은 질병을 조기에 발견하고 그에 따른 요양급여를 하기 위해 가입자와 피부양자에 대해 건강검진(일반건강검진, 암검진, 영유아검진)을 실시한다.

• 건강보험의 운용 체계

건강보험은 보험자(건강보험공단)-요양기관(의료기관, 약국, 보건소 등)-가입자 3자 간의 관계를 기초로 이루어진다. 건강보험은 기본적으로 직장가입자 및 지역가입자 등 납부의무자로부터 징수한 보험료를 통해 유지 · 운용된다. 보험자인 건강보험공단은 납부의무자로부터 매달 건강보험료를 징수한다.

진찰, 검사, 처치와 같은 요양급여는 의료기관, 약국, 보건소 등 요양기관에서 제공된다. 건강보험 가입자에게 요양급여를 제공한 요양기관은 요양급여비용을 건강보험공단에 청구한다. 요양급여비용은 건강보험공단의 이사장과 의약계를 대표하는 사람들의 계약으로 정한다(수가계약제). 다만, 요양급여비용만으로 요양급여에 소용되는 총 비용이 충당되는 것은 아니며 요양급여를 받는 자가 본인부담금으로 그 비용의 일부를 부담하게 된다.

국민건강보험법상 피부양자

국민건강보험법상 피부양자는 직장가입자의 배우자, 직계존속(배우자의 직계존속 포함), 직계비속(배우자의 직계비속 포함)과 그 배우자, 형제 · 자매 중 직장가입자에게 주로 생계를 의존하는 사람으로서 소득 및 재산이 일정한 기준 이하에 해당하는 사람을 말한다(제5조 제2항).

건강보험공단의 처분에 대한 이의제기 등

가입사 빛 피부양자의 자격, 보험료, 보험급여, 보험급여비용 등에 대한 건강보험공단의 처분에 이의가 있는 자는 이의신청을 하거나 행정소송을 제기할 수 있다.

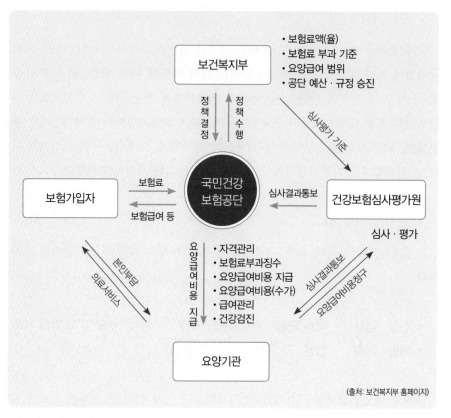

▲ 국민건강보험 관리운영 체계

건강보험심사평가원

요양급여비용을 심사하고 요양급여의 적정성을 평가하기 위하여 국민건강보험법 제62조에 따라 설립된 기관이다.

(3) 국민연금은 어떠한 제도일까?

국민건강보험과 마찬가지로 국민연금 역시 사회보험 중 하나에 해당한다. 김재활 씨의 부모님도 60세가 된 때부터 국민연금을 매달 지급받고 있다. 국민연금은 가입자가 어떠한 사회적 위험에 대처할 수 있도록 마련된 것일까? 국민연금을 통해 지급받을 수 있는 급여에는 어떤 것이 있을까?

노령, 장애 또는 사망에 대하여 연금급여를 실시함으로써 국민의 생활 안정과 복지를 증진하기 위한 국민연금이 운용되고 있다. 국민연금은 가입자가 노령, 장애, 사망이라는 사회적 위험에 적절하게 대처할 수 있도록 사회보험의 형태로 마련된 사회보장제도이다. 「국민연금법」에서 연금급여의 가입자, 지급 대상 및 지급 기준 등에 관하여 규정하고 있다.

국민연금법

• 가입자

국내에 거주하는 국민으로서 18세 이상 60세 미만인 자는 국민연금의 가입 대상이 된다. 가입자는 사업장가입자, 지역가입자, 임의가입자 및 임의계속가입자로 구분한다.

종류	요건
사업장 가입자	1인 이상의 근로자를 사용하는 사업장, 주한 외국 기관으로서 1명 이상의 대한민국 국민인 근로자를 사용하는 사업장의 18세 이상 60세 미만의 사용자 및 근로자
지역 가입자	사업장가입자가 아닌 자로서 18세 이상 60세 미만인 자. 다만, 다음의 어느 하나에 해당하는 자는 제외됨 1. 다음 각 목의 어느 하나에 해당하는 자의 배우자로서 별도의 소득이 없는 자 　가. 공무원연금, 군인연금, 사립학교교직원연금 등의 가입자로 국민연금 가입 대상에서 제외되는 자 　나. 사업장가입자, 지역가입자 및 임의계속가입자 　다. 노령연금 수급권자 및 퇴직연금 등 수급권자 2. 퇴직연금 등 수급권자 3. 18세 이상 27세 미만인 자로서 학생이거나 군복무 등의 이유로 소득이 없는 자 4. 「국민기초생활 보장법」 제7조 제1항 제1호에 따른 생계급여 수급자 또는 같은 항 제3호에 따른 의료급여 수급자 5. 1년 이상 행방불명된 자

사업장가입자 및 지역가입자 외의 자로서 18세 이상 60세 미만인 자가 국민연금공단에 가입을 신청할 경우에는 임의가입자가 될 수 있다. 국민연금 가입자 또는 가입자였던 자로서 60세가 되거나 국민연금법에 따른 일정한 조건을 갖춘 경우에 65세가 될 때까지 국민연금공단에 가입을 신청하여 수리된 경우에는 임의계속가입자가 된다. 임의계속가입자는 65세까지 보험료를 추가 납부하고 65세가 된 때에 65세까지 납부한 금액 및 기간 등을 기준으로 연금을 지급받게 된다.

• 연금급여

국민연금을 통해 가입자에게 지급되는 급여에는 노령연금, 장애연금, 유족연금, 반환일시금, 사망일시금이 있다. 원칙적으로 가입 기간이 10년 이상인 가입자 또는 가입자였던 자에 대하여는 60세(특수직종근로자는 55세)가 된 때부터 그가 생존하는 동안 노령연금을 지급한다. 그리고 가입자 또는 가입자였던 자가 질병이나 부상으로 신체상 또는 정신상의 장애가 있고 일정한 요건을 모두 충족하는 경우에는 그 장애가 계속되는 기간 동안 장애 정도에 따라 장애연금을 지급한다.

한편, 노령연금 수급권자나 가입 기간이 10년 이상인 가입자·가입자였던 자 등이 사망하면 가입자에 의하여 생계를 유지하고 있던 배우자·25세 미만의 자녀·60세 이상의 부모·19세 미만의 손자녀·조부모 등에게 그 순서에 따라 유족연금을 지급한다. 그러나 그 요건에 해당하는 유족이 없으면 더 넓은 범위의 유족, 즉, 배우자·자녀·부모·손자녀·조부모·형제자매, 4촌 이내의 방계혈족 등에게 사망일시금을 지급한다.

그리고 가입자·가입자였던 자가 가입 기간이 10년 미만이고 60세가 된 때, 사망한 때 (유족연금이 지급되는 경우는 제외), 국적을 상실하거나 국외로 이주한 때에는 반환일시금을 지급받을 수 있다.

사례의 해결

국민건강보험은 국민보건을 향상하고 사회보장을 증진하기 위해 가입자 등으로부터 보험료를 징수하고, 질병, 부상 등에 대한 진찰, 검사, 약제의 지급 등 요양급여를 실시하는 사회보험의 형태로 운용된다. 김재활 씨와 같이 오랜 기간 투병하는 환자들도 국민건강보험을 통해 큰 경제적 부담 없이 질병, 부상 등 사회적 위험에 적절하게 대처할 수 있게 된다.

이것만은 꼭!

1. 사회보장제도 중의 하나로서 사회보험은 사회적 위험을 보험의 방식으로 분산·대처함으로써 국민의 건강과 소득을 보장하는 제도이다.

2. 국민건강보험은 사회보험의 형태로 질병, 부상, 출산 등에 대한 진찰, 검사, 약제·치료재료의 지급, 처치, 수술 등 요양급여를 국민에게 실시한다. 사회보험의 형태로 건강보험을 실시함으로써 의료의 공공성을 강화하고 형평성 있는 의료 자원의 분배를 도모할 수 있게 된다.

3. 국민연금은 가입자 등이 노령, 장애, 사망이라는 사회적 위험에 적절하게 대처할 수 있도록 사회보험의 형태로 운용되면서 일정한 지급요건을 충족한 가입자 등에게 노령연금, 장애연금, 유족연금, 반환일시금, 사망일시금 등의 급여를 지급한다.

제2장 사회질서와 시민

우리 법은 사회질서를 유지하여 개인과 사회를 보호하기 위해 범죄와 형벌을 규정하고 있다. 그런데 범죄와 형벌은 강제적인 국가 공권력의 행사를 전제하고 있어 시민의 자유와 권리를 침해할 우려가 크다. 역사적으로도 전제권력의 자의적인 형벌권 행사와 강제적 수사로 인해 시민의 신체의 자유와 인권이 심각하게 침해된 경우를 많이 발견할 수 있다.

그러나 근대 이후에는 역사적 반성을 토대로 형벌권의 행사를 적법한 절차를 통하여 실현하고 있다. 먼저 시민의 자유와 권리를 보장하기 위해 범죄와 형벌은 오로지 법률로써 명확하게 규정되어야 한다는 죄형법정주의의 원칙에 따라 국가 형벌권의 남용을 제한하고 있다. 이 원칙은 어떤 행위가 범죄가 되고 그 범죄에 대하여 어떤 처벌을 할 것인가를 미리 법률로 정하여 국가의 자의적인 형벌권 행사로부터 국민의 자유를 보장하고, 무엇이 처벌될 행위인가를 시민들이 예측할 수 있게 하여 법적 안정성을 보장한다.

또한 형사절차에서 적법절차 원리(Due Process of Law)를 도입하여 국가권력으로부터 피의자와 피고인의 인권을 보장하고 있다. 궁극적으로 정의를 실현하기 위해서는 실체적 진실을 정확하게 파악하여 죄 있는 자를 처벌하고 죄 없는 자가 무고하게 벌을 받는 일이 없도록 해야 한다. 그러나 실체적 진실의 파악을 구실로 국가권력이 시민의 자유와 권리를 침해하거나 무고한 시민의 인권을 침해할 우려가 있으므로 시민을 보호하기 위해 국가권력에 대한 절차적 통제 장치를 두고 있다.

이 장에서는 범죄와 형벌, 그리고 형벌의 부과 과정인 형사절차를 개괄적으로 살펴보고, 형사절차에서의 피의자, 피고인, 피해자의 권리를 알아보는 것을 목표로 한다. 이를 통해 형사절차에서 자신의 권리를 제대로 실현하지 못하여 불이익을 당하는 경우가 없도록 해야 할 것이다.

제1절 | 범죄와 형벌

1. 죄형법정주의

사 례
김파견 씨는 외국국적 여성을 유흥주점에 파견하여 성매매에 종사하게 하였다. 수사기관은 김파견 씨의 행위가 공중도덕상 유해한 업무에 취업시킬 목적으로 근로자를 파견한 것으로 「파견근로자 보호 등에 관한 법률」에 위배된 것으로 보아 김파견 씨를 조사한 후 기소하였다. 김파견 씨는 재판 과정에서 위 법률에 규정된 '공중도덕상 유해한 업무'라는 개념은 가변적이고 가치판단을 요하는 불명확한 개념이어서 건전한 상식과 통상적인 법감정을 가진 사람으로서는 위 법률이 금지하는 업무를 알기 어려우므로 죄형법정주의의 명확성의 원칙에 위배된다고 주장하였다. 과연 김파견 씨의 주장은 인정받을 수 있을까?

(1) 범죄와 형벌이란?

우리 법은 사회질서를 유지하기 위해 일정한 행위를 금지하여 범죄로 규정하고 이를 위반한 경우에 형벌을 부과하고 있다. 예컨대, 「형법」 제250조는 "사람을 살해한 자는 사형, 무기 또는 5년 이상의 징역에 처한다"라고 규정하고 있는데, 여기서 범죄는 '사람을 살해한' 것이며, 형벌은 '사형, 무기 또는 5년 이상의 징역'이다.

- 범죄

범죄란 사회질서유지를 위해 형벌을 부과하기로 법률에서 정한 금지 행위를 말한다. 법률에서 금지되는 행위라 하더라도 형벌이 부과되지 않는다면 이 행위를 범죄라고 할 수 없다. 법률에서 사회와 개인에게 해악을 주는 모든 행위를 범죄로 규정하는 것은 아니고, 입법자가 특별히 보호할 만한 가치가 있다고 판단한 이익(보호법익)을 해치는 행위만 범죄로 규정하고 있다. 살인죄에 있어서 보호법익은 사람의 생명이며, 범죄는 사람의 생명을 해치는 살인 행위이다.

- 형벌

형벌은 생명, 자유, 재산, 명예 등을 박탈하는 국가의 공권력 행사이다. 우리나라에서는 생명을 박탈하는 사형, 자유를 박탈하는 징역, 금고, 구류, 재산을 박탈하는 벌금, 과료, 몰수, 명예를 박탈하는 자격상실, 자격정지 등 9가지 형벌을 두고 있다. 형벌도 범죄와 마찬가지로 반드시 법률로 정해야 하며, 범죄에 대해서만 부과될 수 있다.

(2) 범죄와 형벌은 어떻게 규정되어야 할까?

이처럼 범죄와 형벌은 생명, 자유, 재산, 명예를 박탈하는 강제적인 국가 공권력의 행사를 전제하고 있다. 그런데 역사적인 경험에 비추어 보면, 국가 공권력은 이를 담당하는 사람에 의해 자의적으로 행사되는 경우가 많았다. 그래서 이런 피해를 방지하기 위해 죄형법정주의 원칙을 형법의 기본 가치로 확립하였다.

- 죄형법정주의

'법률 없으면 범죄 없고, 법률 없으면 형벌 없다(Nullum Crimen, Nulla Poena Sine Lege)'는 죄형법정주의를 가장 잘 나타내는 격언이다. 죄형법정주의 원칙은 어떤 행위가 범죄가 되고 그 범죄에 대하여 어떤 처벌을 할 것인가는 미리 법률로 정해야 한다는 원칙을 말한다. 이 원칙은 국가의 자의적인 형벌권의 남용으로부터 국민의 자유를 보장하고, 시민들이 무엇이 처벌될 행위인가를 예측할 수 있도록 범죄와 형벌을 미리 규정하여 법적 안정성을 보장한다. 헌법은 모든 국민은 행위 시의 법률에 의하여 범죄를 구성하지 아니하는 행위로 소추되지 아니한다고 규정하여 죄형법정주의를 천명하고 있다(제13조 제1항).

- 죄형법정주의의 파생 원칙

① 법률주의 원칙

범죄와 형벌은 반드시 법률로 규정해야 한다. 어떤 행위가 범죄가 되는지와 그 범죄에 대하여 어떤 처벌을 할 것인지는 미리 성문의 법률로 정해야 한다. 법에는 법률 외에 명령, 규칙과 같은 여러 종류가 있지만, 범죄와 형벌은 국회에서 제정한 '법률'로만 정할 수 있다. 또한 관습법은 성문 법률과 달리 그 존재와 내용이 명확하지 않기 때문에 이를 근거로 범죄를 인정하거나 형벌을 부과할 수 없다.

② 명확성의 원칙

범죄와 형벌은 명확하게 규정되어야 한다. 범죄와 형벌에 관한 규정이 명확해야 시민들은 어떤 행위가 법에서 금지되는지 그리고 금지된 행위에 대하여 어떤 형벌이 부과되는지 예측할 수 있다. 또한 법관이나 법을 집행하는 공무원도 명확한 규정이 있어야 자의적으로 법을 해석·적용하지 않을 것이다. 그러나 법률에 범죄의 모든 행태를 일일이 적시할 수 없어 어느 정도 추상적일 수밖에 없기 때문에, 통상의 해석 방법을 통해 건전한 상식과 통상적인 법감정을 가진 사람이 이해할 수 있을 정도로 확정될 수 있다면 명확성의 원칙에 부합한다고 본다.

[판례] 명확성의 원칙   대법원 2006.5.11. 선고 2006도920 판결

죄형법정주의의 원칙은 범죄와 형벌이 법률로 정하여져야 함을 의미하며, 이러한 죄형법정주의에서 파생되는 명확성의 원칙은 법률이 처벌하고자 하는 행위가 무엇이며 그에 대한 형벌이 어떠한 것인지를 누구나 예견할 수 있고, 그에 따라 자신의 행위를 결정할 수 있도록 구성요건을 명확하게 규정하는 것을 의미한다. 그러나 처벌 법규의 구성요건이 명확하여야 한다고 하여 모든 구성요건을 단순한 서술적 개념으로 규정하여야 하는 것은 아니고, 다소 광범위하여 법관의 보충적인 해석을 필요로 하는 개념을 사용하였다고 하더라도 통상의 해석 방법에 의하여 건전한 상식과 통상적인 법감정을 가진 사람이면 당해 처벌 법규의 보호법익과 금지된 행위 및 처벌의 종류와 정도를 알 수 있도록 규정하였다면 헌법이 요구하는 처벌 법규의 명확성에 배치되는 것이 아니다.

③ 소급효 금지의 원칙

소급효 금지의 원칙은 행위를 한 당시에 법률로 범죄라고 규정되지 않은 행위를 나중에 범죄로 규정하여 처벌하는 것을 금지하는 원칙이다. 형법은 "범죄의 성립과 처벌은 행위 시의 법률에 따른다(「형법」 제1조 제1항)"라고 규정하여 소급효금지 원칙을 명시하고 있다. 행위를 한 시점에 범죄가 아니었던 행위가 소급입법을 통해 범죄가 된다면 법적 안정성이 크게 훼손될 수 있기 때문이다.

형법의 개정
2020년 12월 8일 형법이 개정되어, 그동안 어려웠던 용어와 표현을 대폭 개선하였다. 이 개정 형법은 2021년 12월 9일부터 시행되는데, 이 책에서는 개정된 형법에 따라 표기한다.

💬 피고인에게 유리한 소급효의 경우

소급효 금지의 원칙은 행위자를 부당하게 처벌하지 않기 위한 원칙이므로 피고인에게 유리하게 작용하는 경우에는 소급효를 적용할 수 있다. 형법은 "범죄 후 법률이 변경되어 그 행위가 범죄를 구성하지 아니하게 되거나 형이 구법보다 가벼워진 때에는 신법에 의한다(형법 제1조 제2항)"라고 규정하여 범죄가 성립되지 않거나 형벌이 가볍게 변경된 경우에는 소급효를 적용한다. 또한 "재판이 확정된 후 법률이 변경되어 그 행위가 범죄를 구성하지 아니하게 된 경우에는 형의 집행을 면제한다(제1조 제3항)"라고 규정하여 피고인에게 유리한 법의 소급효를 허용한다.

④ 유추적용 금지원칙

범죄와 형벌에 관한 규정은 유추적용이 금지된다. 유추적용 금지원칙이란 형벌 법규에 처벌의 대상으로 명확히 규정되지 않은 행위에 대하여 유사한 다른 규정을 적용하여 처벌할 수 없다는 원칙이다. 유추적용 금지의 원칙은 법관이 자의적으로 새로운 범죄를 만들거나 부당하게 형벌을 부과하는 것을 금지하기 위한 원칙으로 시민들의 자유와 권리를 보장하기 위해 정립되었다. 다만 대법원은 피고인에게 유리한 유추적용은 죄형법정주의에 반하지 아니하므로 일정한 조건 하에서 허용된다고 본다.

⑤ 적정성의 원칙

적정성의 원칙이란 반드시 금지해야 할 행위만 범죄로 규정해야 하며, 처벌을 하더라도 범죄에 상응한 형벌을 부과해야 한다는 원칙이다. 예를 들어, 경미한 범죄에 지나치게 중한 형벌을 부과하는 것은 금지된다. 형벌 규정이 행위자의 책임에 비하여 가혹하거나, 형벌 본래의 목적과 기능에 필요한 정도를 넘어 중하다면 시민들의 자유와 권리를 제대로 보장할 수 없기 때문이다.

> **[판례] 형벌 적정성의 원칙** 헌재 2016.10.27. 2016헌바31
>
> 헌법은 국가권력의 남용으로부터 국민의 기본권을 보호하려는 법치국가의 실현을 기본 이념으로 하고 있고, 법치국가의 개념은 범죄에 대한 법정형을 정함에 있어 죄질과 그에 따른 형벌 사이에 적절한 비례관계가 지켜질 것을 요구하는 실질적 법치국가의 이념을 포함하고 있으므로, 어떤 행위를 범죄로 규정하고 어떠한 형벌을 과할 것인가 하는 데 대한 입법자의 입법 형성권이 무제한한 것이 될 수는 없다. 형벌의 위협으로부터 인간의 존엄과 가치를 존중하고 보호하여야 한다는 「헌법」 제10조의 요구에 따라야 하고, 「헌법」 제37조 제2항이 규정하고 있는 과잉 입법 금지의 정신에 따라 형벌이 죄질과 책임에 상응하도록 적절한 비례성을 지켜야 한다.

💬 죄형법정주의에 반하는 법에 어떻게 대응할까?

만일 자신에게 적용되는 법이 죄형법정주의에 반한다면 헌법소송을 제기할 수 있다. 죄형법정주의는 「헌법」 제12조와 제13조에 규정된 헌법상의 원칙으로 이를 위반한 법률은 위헌법률심판과 헌법소원의 대상이 된다. 헌법소송의 결과, 헌법재판소가 이 법을 위헌으로 판단한다면 해당 법률은 효력을 잃게 된다.

「파견근로자 보호 등에 관한 법률」(2014.5.20. 법률 제12632호)은 공중도덕상 유해한 업무에 취업시킬 목적으로 근로자 파견을 한 자는 5년 이하의 징역 또는 5,000만 원 이하의 벌금에 처한다고 규정하고 있었다. 그러나 이 규정에서 사용하는 '공중도덕'은 시대 상황, 사회가 추구하는 가치 및 관습 등 그 내용이 얼마든지 변할 수 있는 규범적 개념이므로 그것만으로는 구체적으로 무엇을 의미하는지 설명하기 어렵고, 건전한 상식과 통상적인 법감정을 가진 사람으로 하여금 자신의 행위를 결정해 나가기에 충분한 기준이 될 정도의 의미를 가지고 있다고 할 수 없으므로 죄형법정주의의 명확성의 원칙에 위배된다(헌법재판소 2016.11.24. 선고 2015헌가23). 따라서 위 처벌 조항은 김파견 씨의 주장처럼 형법에 위반되어 그 효력을 잃게 되므로 김파견 씨는 처벌을 받지 않게 된다.

이것만은 꼭!

1. 우리 법은 사회질서를 유지하기 위해 일정한 행위를 금지하여 범죄로 규정하고, 이를 위반한 경우에 형벌을 부과하고 있다.

2. 죄형법정주의 원칙은 국가의 자의적인 형벌권 행사로부터 시민들의 자유와 권리를 보장하기 위해 범죄와 형벌은 반드시 법률에 의해서만 정해질 것을 요구한다.

3. 어떤 행위가 범죄인지, 그리고 범죄를 저지르면 그에 따르는 형벌이 무엇인지는 누구나 알아볼 수 있도록 성문의 법률로 미리 정해져 있어야 하며, 소급하여 규정할 수 없다.

4. 범죄와 형벌의 규정이 통상적인 해석을 통해 건전한 상식과 통상적인 법감정을 가진 사람이 이해할 수 있을 정도로 확정될 수 있다면 명확성의 원칙에 부합한다.

5. 형벌법규에 처벌의 대상으로 명확히 규정되지 아니한 행위에 대하여 유사한 다른 형벌규정을 유추적용하여 처벌할 수 없다.

6. 반드시 금지해야 할 행위만 범죄로 규정해야 하며, 형벌은 죄질과 책임에 상응하도록 적절한 비례성을 지켜야 한다.

2. 범죄의 성립요건

사 례

술에 취하면 폭력적 경향이 있어 이미 치료시설에도 수용된 적이 있던 김돌석 씨는 치료 프로그램에 충실히 임하고 열심히 노력하여 이후 운좋게 A전자 주식회사에서 보안직원으로 일하게 되었다. 그런데 이후 입사한 신입직원 가운데 나만 사원이 개인적인 생활만을 고집하며 근무조정 등 근무일정 관리에 협조하지 않자 김돌석 씨는 언젠가는 따끔하게 혼내줘야 되겠다고 생각을 하였으며 동료들에게도 그렇게 말하고 다녔다. 2021년 봄 단체 회식에 참석하였던 김돌석 씨는 몸을 가누지 못할 정도로 술을 많이 마신 상태에서 회사에 두고 온 휴대폰을 가지러 다시 들어갔는데, 당일 당직근무 중이던 나만 씨가 의자에 앉아서 졸고 있는 모습을 발견하자 사무실에 있던 5kg 아령으로 나만 씨의 머리를 때리게 되었다. 이로 인해 나만 씨는 뇌출혈로 쓰러지게 되었는데 이 경우 김돌석 씨의 행위는 범죄로 인정되어 처벌받을 수 있을까?

(1) 범죄는 어떻게 성립될까?

어떤 행위가 범죄로 인정되려면 법률에서 금지하고 있는 행위 유형에 해당하고(구성요건 해당성), 법질서에 반하여 허용되지 않으며(위법성), 그 행위를 한 것에 대한 비난 가능성(책임)이 있어야 한다. 사례에서 김돌석 씨는 나만 씨를 때렸다는 사실을 모르고 있는데, 이런 행위도 범죄가 될 수 있을까?

• 범죄의 성립요건

범죄는 구성요건 해당성, 위법성, 책임이 있어야 범죄로 인정되며, 이를 범죄의 성립요건이라고 한다.

① 구성요건 해당성

형법은 금지되는 행위를 살인죄, 상해죄, 절도죄, 사기죄 등 유형적으로 규정하고 있는데, 이를 범죄의 구성요건이라고 한다. 위의 사례에 해당하는 형법 규정은 특수상해죄(「형법」 제258조의2)인데, 이 조항은 "단체 또는 다중의 위력을 보이거나 위험한 물건을 휴대하여 사람의 신체를 상해하는 죄를 범한 때에는 1년 이상 10년 이하의 징역에 처한다"라고 규정하고 있다. 이 조항에서 금지하고 있는 행위는 "단체 또는 다중의 위력을 보이거나 위험한 물건을 휴대하여 사람의 신체를 상해하는" 것이다. 김돌석 씨의 행위가 바로 이 조항에서 규정하고 있는 금지 행위에 해당하는지 여부가 구성요건 해당성의 문제이며, 이는 범죄의 성립을 최종적으로 판단하기 위한 출발점이 된다. 일단 이 사례에서 김돌석 씨는 만취상태에서 사무실에 들어가 5kg 아령으로 나만 씨를 때려 나만 씨가 뇌출혈로 쓰러지게 하였으므로 구성요건에 해당한다고 볼 수 있다.

② 위법성

위법성이란 어떤 행위와 결과가 법질서에 어긋나느냐의 여부에 대한 가치판단을 의미한다. 구성요건에 해당하는 행위는 일단 위법한 것으로 추정된다. 위의 사례에서 술에 취해 사람을 때려 뇌출혈로 쓰러지게 한 것은 그 자체로 법질서에 반하는 행위로서 위법하다. 그러나 형법에서는 구성요건에 해당하는 행위이지만 경우에 따라 예외적으로 법질서에 위반되지 않는 경우를 인정하고 있는데 이를 '위법성 조각사유'라고 부른다. 우리 형법상 정당방위, 긴급피난, 자구행위, 피해자의 승낙, 정당행위 등이 이에 해당한다(이와 관련하여 후술하는 정당방위와 긴급피난 참조). 그러므로 구성요건에 해당하는 행위라고 하더라도 위법성 조각사유에 해당하면 범죄가 성립하지 않게 된다. 일단 이 사례에서 김돌석 씨의 행위는 우리 형법이 정한 위법성 조각사유에 해당하지 않으므로 위법성이 있는 것으로 판단할 수 있다.

③ 책임

위법성이 행위와 결과에 대한 가치판단이라면, 책임은 그 행위를 한 행위자에 대한 가치판단이다. 정신병자가 범죄를 저지른 경우 정신병자는 사리를 판난할 능력이 없으므로 그에게 형사책임을 묻기는 어렵다. 즉, 구성요건에 해당하고 위법한 행위라도 행위자에게 책임이 인정되지 않는다면 범죄가 성립하지 않는다. 이렇게 책임이 부정되는 사유를 '책임 조각사유'라고 하는데, 우리 형법상 형사미성년자, 책임능력이 없거나 미약한 경우, 강요된 행위 등이 이에 해당한다.

① 형사미성년자: 14세가 되지 아니한 자의 행위는 벌하지 아니한다(형법 제9조).
② 심신장애자: 심신장애로 인하여 사물을 변별할 능력이 없거나 의사를 결정할 능력이 없는 자의 행위는 벌하지 아니한다(제10조 제1항).
③ 심신미약자: 심신장애로 인하여 전항의 능력이 미약한 자의 행위는 형을 감경할 수 있다 (제10조 제2항).
④ 청각 및 언어 장애인: 듣거나 말하는 데 모두 장애가 있는 사람의 행위는 형을 감경한다 (제11조).

(2) 일부러 책임무능력 상태를 만든 경우

만취상태와 심신장애

소위 '조두순 사건'으로 알려진 8세 여아 강간상해 사건에서 1심 재판부가 무기징역을 선택하고서도 형법 제10조 제2항에 의한 심신미약 감경을 한 후 징역 12년을 선고한 사실이 언론에 보도되면서 국민적 공분을 불러일으킨 적이 있다. 이를 계기로 「성폭력 범죄의 처벌 등에 관한 특별법」에 중요 성범죄에 대하여는 형법상 심신장애 규정을 적용하지 아니할 수 있다는 특례(제19조)가 규정되었다.

이 사례에서 김돌석 씨는 만취 상태였기 때문에, 일단 「형법」 제10조 제1항에서 정하고 있는 "심신장애로 인하여 사물을 변별할 능력이 없거나 의사를 결정할 능력이 없는 자의 행위"에 해당할 수 있는 것으로 보인다. 그렇다면 김돌석 씨는 책임이 없기 때문에 처벌을 받지 않아야 할까? 책임이란 그 행위와 결과를 행위자의 탓으로 비난할 수 있는지 여부에 대한 판단이다. 그런데 김돌석 씨는 자신이 술을 마시면 폭력적 경향이 있다는 점을 알고도 술을 마셨다. 이처럼 행위 당시에는 책임무능력 상태였지만, 이를 예견할 수 있는데도 자의로 책임무능력 상태에 빠진 경우에는 어떻게 판단해야 할까?

• 원인에 있어서 자유로운 행위

형법은 "위험의 발생을 예견하고 자의로 심신장애를 야기한 자의 행위는 전2항의 규정을 적용하지 않는다"라고 규정하고 있는데(제10조 제3항), 이는 이런 경우에는 심신장애자나 심신미약자로 보지 않는다는 뜻이다. 형법학에서는 이를 '원인에 있어서 자유로운 행위'라고 하는데, 행위자가 고의 또는 과실에 의해 자기를 심신장애 상태로 만든 후 그 상태에서 범죄를 저지르는 경우에는 형벌을 부과하지 않거나 감경할 수 없다. 예를 들어, 사람을 살해하기 위해 술을 먹고 만취 상태에 빠진 후에 범행을 저질렀다면, 행위자는 살인죄의 책임을 면할 수 없다. 일부러 술에 취하여 책임무능력 상태를 만들고 그 상태를 이용하여 다른 사람을 살해하는 것은 일반적인 책임무능력자의 행위와는 다르다. 원인에 있어서 자유로운 행위에 해당하려면 ① 행위자가 범죄를 행할 수도 있다는 것을 예견하고, ② 고의 또는 과실로 심신장애 상태를 야기해야 한다.

대법원은, 원칙적으로 '범행 당시 술에 만취하였기 때문에 전혀 기억나지 않는다'는 취지의 피고인의 진술은 범행 당시 심신상실 또는 심신미약의 상태에 있었다는 주장이라고 보고 있다(대법원 1990.2.13. 선고 89도2364 판결 등). 그런데 실제의 법원 실무는 피고인의 주취 감경 주장을 엄격하게 판단하여 그 주장을 인정하는 경우는 전혀 없다. 2017년 통계에 의하면 폭력 범죄의 경우 10,440건 중 1건에 대해서만 주취감경을 인정하였고, 공무집행방해 범죄의 경우 6,439건 중 3건에 대해서만 주취감경을 인정하였다.

사례의 해결

김돌석 씨는 만취 상태에서 사무실에 들어가 5kg 아령으로 나만 씨를 때려 뇌출혈로 쓰러지게 하였다. 술에 취하면 폭력적 경향이 있었던 김돌석 씨는 이 경우 「형법」 제10조 제3항(원인으로부터 자유로운 행위)에 해당하여 상해죄의 책임을 면할 수 없다. 즉, 음주를 하게 되면 폭력적 행위를 야기할 위험성이 있음을 잘 알고 있으면서도 술을 마시기 시작하여 스스로 심신장애를 야기한 것이기 때문이다. 따라서 김돌석 씨는 위험한 물건을 휴대하여 상해의 결과를 가져왔기 때문에 특수상해죄(「형법」 제258조의 2)에 해당하여 1년 이상 10년 이하의 징역에 처해질 수 있다.

⚖️
이것만은
꼭!

1. 범죄란 법이 정한 구성요건에 해당하고, 위법하며, 책임이 인정되는 행위를 말한다. 이 중 어느 하나라도 해당되지 않으면 범죄는 성립되지 않아 처벌할 수 없게 된다.

2. 구성요건 해당성이란 구체적인 행위나 사실이 범죄의 구성요건에 해당한다는 판단을 의미한다.

3. 위법성이란 구성요건에 해당하는 행위가 법에서 허용되지 않는다는 가치판단의 성질을 말한다.

4. 책임이란 구성요건에 해당하고 위법한 행위와 그 결과를 행위자의 탓으로 비난할 수 있는지에 대한 판단을 말한다.

5. 위험의 발생을 예견하고 자의로 심신장애를 야기한 자의 행위에 대하여는 형벌의 부과를 면제하거나 감경하지 않는다.

3. 정당방위와 긴급피난

사 례

한의사 씨에게 아토피 치료를 받던 김환자 씨는 증세가 호전되지 않자 한의사 씨가 효능이 없
는 중국산 불량 한약재료를 사용했다는 내용을 계속하여 SNS에 올렸다. 도저히 참을 수 없게
된 한의사 씨는, SNS에 김환자 씨가 평소 거짓말과 인신공격을 잘하는 파렴치한 사람이라는
내용의 글을 올렸다. 한편, 한의사 씨는 집에 가는 길에 의식을 잃은 아이를 안고 가는 옆집 사
람을 만나게 되었고 아이를 급히 병원으로 옮겨야 한다고 판단하여 급한 마음에 운전면허가
정지된 상태에서 무면허운전을 했다. 이 경우 한의사 씨의 행위는 범죄로 처벌을 받는 것일까?

(1) 위법성이 인정되지 않는 경우

법이 정한 범죄의 구성요건에 해당하는 행위는 위법하다고 추정된다. 그러나
행위가 구성요건에 해당하더라도 구성요건이 규정하고 있는 금지나 요구 행위를
정당화시켜 주는 사유가 있는 경우에는 위법성이 인정되지 않는다. 이 사례에서
한의사 씨는 2가지 행위를 하고 있는데, 하나는 김환자 씨의 비난에 대응하기 위
해 SNS에 김환자 씨를 비난하는 글을 올린 것이고, 다른 하나는 의식을 잃은 아
이를 구하기 위해 운전면허가 정지된 상태에서 무면허운전을 한 것이다. 이 행위
들을 구성요건 해당성의 측면에서 살펴보면, 앞의 행위는 사이버명예훼손죄에,
뒤의 행위는 무면허운전죄에 해당한다. 한의사 씨는 상대방의 비난에 대응하기
위한 것이라거나 아이를 구하기 위한 것이라는 이유로 자신의 행위를 정당하다고
주장할 수 있을까?

형법이 정한 위법성 조각사유

위법성 조각사유	내용
정당방위	자신이나 타인의 법익이 부당하게 침해되는 경우 그 침해로부터 자신이나 타인을 방어하기 위한 행위를 말한다. 예를 들어, 어떤 사람이 자신을 죽이려 하자 자신의 생명을 보호하기 위해 그 사람을 공격하여 다치게 한 경우 이를 정당방위로 볼 수 있다.
긴급피난	자신이나 타인에게 위난이 발생한 경우에 그 위난을 피하기 위한 행위를 말한다. 예를 들어, 사나운 개로부터 쫓기다가 다른 사람 집의 유리창을 깨고 긴급히 피난한 경우에는 긴급피난으로 볼 수 있다.

자구행위	법정절차에 의하여는 청구권을 보전할 수 없는 경우 청구권의 실행불능 또는 현저한 실행곤란을 피하기 위한 행위를 말한다. 물건을 훔친 도둑을 쫓아가 그 물건을 다시 되찾으면서 도둑에게 가해행위를 한 경우 이는 자구행위로서 위법성이 부정될 수 있다.
피해자의 승낙	처분가능한 법익의 침해행위에 대하여 피해자가 동의하는 것을 말한다. 의사가 환자의 승낙을 받아 수술을 하였다면 이는 피해자의 승낙에 의해 위법성이 인정되지 않는 경우이다.
정당행위	법령, 업무로 인한 행위나 기타 사회 상규에 위배되지 않는 행위를 말한다. 가장 기본적이고도 일반적인 위법성 조각사유로서 어떤 행위가 사회 통념에 비추어 용인된다고 인정될 수 있다면 위법성이 부정되게 된다. 경찰관이 영장을 발부받아 피의자를 체포, 구속하는 경우는 법령에 의한 행위로서 정당행위에 해당한다.

(2) 정당방위는 어떠한 경우에 성립될까?

형법은 제21조 제1항에서 정당방위에 대해 "현재의 부당한 침해로부터 자기 또는 타인의 법익(法益)을 방어하기 위하여 한 행위는 상당한 이유가 있는 경우에는 벌하지 아니한다"라고 규정하고 있다.

• 정당방위의 요건

첫째, 다른 사람으로부터 현재의 부당한 침해가 있어야 한다. 여기서 침해란 다른 사람의 위법 또는 부당한 공격을 말하며, 공격은 사람에 의한 것이 대부분이겠지만, 동물을 이용하여 공격하는 경우도 포함된다. 그리고 침해는 반드시 '현재의 침해'이어야만 한다. 즉, 목전에 임박하거나 급박한 상태를 말한다. 과거의 침해에 대한 행위는 정당방위가 아니라 보복일 뿐이다.

둘째, 자기 또는 다른 사람의 법익을 방위하기 위한 행위여야 한다. 여기서 법익이란 법률상 보호되어야 할 모든 이익을 말하며 생명, 신체, 권리, 명예, 재산 등을 말한다. 자신의 법익을 지키기 위해 방위할 수 있음은 물론이고 다른 사람의 법익을 위해서도 정당방위는 가능하다. 가족, 친지, 친구는 물론, 법인이나 기타 단체의 법익을 위한 방위도 허용된다. 공익(국가적 법익 및 사회적 법익)을 위해서도 정당방위가 가능하다는 견해도 있으나, 이에 반대하는 견해도 있어 학설이 갈리고 있다.

방위하기 위한 행위는 대체로 위법 부당한 공격이나 침해를 배제, 저지, 격퇴시키기 위한 반격 행위를 말한다. 반격은 공격자를 대상으로 해야 하고 공격자가 아닌 제3자에 대해서는 허용되지 않는다. 이때 방위자에게는 방위의 의사나 인식이 있어야 한다. 방위 의사가 없는 반격은 정당방위가 될 수 없다.

> ### [판례] 싸움을 하다 방어한 경우　　대법원 2000.3.28. 선고 2000도228 판결
>
> 두 사람이 싸움을 한 경우에는 가해자의 행위가 피해자의 부당한 공격을 방위하기 위한 것이라기보다는 서로 공격할 의사로 싸우다가 먼저 공격을 받고 이에 대항하여 가해하게 된 것이기 때문에, 그 가해행위는 방어행위인 동시에 공격행위의 성격을 가지고 있으므로 정당방위라고 볼 수 없다.

셋째, 방위행위에 '상당한 이유'가 있어야 한다. 상당한 이유가 있으려면 방위행위가 행위 당시의 모든 사정으로 보아 사회 통념상 필요하다거나 정당하다고 인정될 수 있어야 한다. 법원은 방위행위가 상당한 것인지는 침해행위에 의해 침해되는 법익의 종류와 정도, 침해의 방법, 침해행위의 완급, 방위행위에 의해 침해된 법익의 종류와 정도 등 구체적인 사정들을 참작하여 판단한다.

(3) 긴급피난이 인정되는 상황은?

형법은 제22조 제1항에서 긴급피난에 대해 "자기 또는 타인의 법익에 대한 현재의 위난을 피하기 위한 행위는 상당한 이유가 있는 때에는 벌하지 아니한다"라고 규정하고 있다. 긴급피난은 긴급한 상황에서 일정한 법익을 보호하기 위해서는 다른 법익을 침해할 수밖에 없는 경우 이를 법질서에 위반된 행위라고 할 수 없기 때문에 정당화된다.

• 긴급피난의 요건

첫째, 현재의 위난이 있어야 한다. 여기서 위난이란 행위자가 방치하면 법익이 침해될 개연성이 높은 현재의 상태를 말한다. 위난은 현재의 부당한 침해를 요구하는 정당방위보다 적용 범위가 넓다. 과거에 지속적으로 반복되어서 앞으로도 반복될 침해의 경우도 위난에 포함된다.

둘째, 자기 또는 다른 사람의 법익에 대한 위난을 피하기 위한 행위이어야 한다. 위난을 피하기 위한 행위는 반드시 피난의 의사가 있어야 한다.

셋째, 피난 행위에 '상당한 이유'가 있어야 한다. 긴급피난에서는 피난 행위가 사회 통념이나 사회 상규에 비추어 정당화되어야 할 뿐만 아니라, 유일한 방법이어야 한다(보충성의 원칙). 정당방위는 방위자에게 도주나 피신 등의 다른 방법이 있더라도 인정될 수 있지만 긴급피난은 다른 방법이 있다면 인정될 수 없다. 또한 피난 행위로 지키고자 하는 법익이 피난 행위로 인해 타인이 입게 되는 법익보다 크거나 최소한 같아야 한다(법익 균형의 원칙).

[판례] 긴급피난의 상당한 이유　대법원 2006.4.13. 선고 2005도9396 판결

「형법」제22조 제1항의 긴급피난이란 자기 또는 타인의 법익에 대한 현재의 위난을 피하기 위한 상당한 이유 있는 행위를 말하고, 여기서 '상당한 이유 있는 행위'에 해당하려면, 첫째, 피난행위는 위난에 처한 법익을 보호하기 위한 유일한 수단이어야 하고, 둘째, 피해자에게 가장 경미한 손해를 주는 방법을 택하여야 하며, 셋째, 피난행위에 의하여 보전되는 이익은 이로 인하여 침해되는 이익보다 우월해야 하고, 넷째, 피난행위는 그 자체가 사회윤리나 법질서 전체의 정신에 비추어 적합한 수단일 것을 요하는 등의 요건을 갖추어야 한다.

사례의 해결

한의사 씨가 김환자 씨의 명예를 훼손한 행위와 관련하여, 현재의 부당한 침해가 있었고 이를 방위할 의사가 있었으나 다른 사람의 명예를 훼손한 행위는 맞서 싸우는 것과 마찬가지로 정당방위의 상당한 이유가 있다고 보기 어려워 위법성이 조각될 수 없다. 또 한의사 씨가 옆집에 거주하는 응급환자를 병원으로 옮기기 위하여 무면허운전을 한 것과 관련하여, 현재의 위난을 피하여야 할 긴급상태에 있었지만 택시 등 대체 이동 수단을 이용할 수 있었기 때문에 상당한 이유(보충성의 원칙)가 없어 긴급피난에 해당되지 않는다(청주지방법원 2006.5.3 선고 2005노1200 판결).

이것만은 꼭!

1. 어떤 행위가 구성요건에 해당하더라도 그 행위를 정당화시켜주는 사유(위법성 조각 사유)가 있는 경우에는 위법성이 인정되지 않는다.

2. 정당방위는 자기 또는 타인의 법익에 대한 현재의 부당한 침해를 방위하기 위한 행위로서 상당한 이유가 있는 행위를 말한다.

3. 긴급피난이란 자기 또는 타인의 법익에 대한 현재의 위난을 피하기 위한 행위로서 상당한 이유가 있는 행위를 말한다.

4. 정당방위나 긴급피난이 성립되면 위법성이 인정되지 않아 범죄가 성립되지 않는다.

제2절 | 형사절차와 인권 보장

1. 수사

사 례

이감량 씨는 유명 포털사이트에 블로그를 운영하는 인플루언서로 활동하고 있다. 그가 주로 올리는 포스팅은 다이어트에 관한 것이었다. 그런데 어느 날, 이감량 씨는 한 회사의 다이어트 보조제를 알게 되었고 자신의 블로그에 보조 식품에 대한 정보를 올려 '먹고 싶은 거 다 먹고도 살이 쭉쭉 빠지는 OOO'라며 광고를 게시하고 판매까지 시작하였다. 그러나 보조제를 구입하여 일부 부작용을 겪은 소비자들은 이감량 씨가 다이어트 보조 식품에 대한 허위광고를 했다고 고소하였다. 고소가 접수되자 경찰은 이감량 씨에 대한 수사를 시작하였다. 이감량 씨는 어떻게 수사를 받을까? 그리고 기소된다면 형사재판은 어떻게 진행될까?

---

(1) 수사는 어떻게 시작될까?

수사기관
수사기관에는 검사와 사법경찰관리가 있는데, 사법경찰관리에는 일반 형사사건을 취급하는 일반사법경찰관리와 노동, 환경 등 특별한 사건을 취급하는 특별사법경찰관리가 있다.

범죄를 저지른 사람에 대하여 형벌을 부과하는 절차를 형사절차라고 한다. 형사절차는 크게 수사기관(검사와 사법경찰관리)의 수사, 검사의 공소제기, 법원에서 진행되는 형사재판으로 구분된다.

수사란 범죄가 발생한 경우 범인을 발견·확보하고 공소제기 여부를 결정하기 위하여 증거를 수집·보전하는 수사기관의 활동을 말한다. 범죄를 저지른 사람은 처벌을 받지 않으려고 자신의 행위를 부인하거나 증거를 숨기는 경우가 많다. 그래서 실제 어떤 일이 일어났는지를 명확하게 밝히기 위해, 수사기관은 공권력에 기하여 강제처분을 하는 경우도 있다. 그러나 강제처분 과정에서 수사의 대상이 되는 피의자의 인권이 침해될 가능성이 높기 때문에, 우리 법은 피의자의 인권을 보호하기 위하여 여러 가지 보호 장치를 두고 있다.

일반사법경찰관리
일반사법경찰관리에는 수사를 주도하는 사법경찰관(경무관, 총경, 경정, 경감, 경위)과 수사를 보조하는 사법경찰리(경사, 경장, 순경)가 있다.

• 수사의 시작

수사는 수사기관이 범죄의 발생 사실을 알게 되면서 시작된다. 이렇게 범죄 발생 사실을 알게 되는 것을 수사의 단서라고 한다. 수사의 단서로는 대표적으로 고소와 고발이 있으며 그 외에도 현행범인의 체포, 변사자의 검시, 자수 그리고 범죄 신고 등이 있다.

① 고소

고소란 범죄의 피해자 또는 그와 일정한 관계가 있는 고소권자가 수사기관에 대하여 범죄사실을 신고하여 범인의 처벌을 구하는 의사표시를 말한다. 범죄의 피해자는 고소권을 가진다(「형사소송법」 제223조). 그러나 자기 또는 배우자의 직계존속에 대해서는 고소하지 못한다. 다만 가정폭력범죄나 성폭력범죄에 대하여는 자기 또는 배우자의 직계존속을 고소할 수 있다. 범죄피해자가 미성년자인 경우 법정대리인이 미성년자로부터 독립하여 고소권을 가진다.

고소는 서면 또는 구술로 검사 또는 사법경찰관에게 하여야 한다. 만약 서면으로 고소를 할 때에는 따로 고소장 양식이 있는 것이 아니므로 고소인 및 피고소인의 인적 사항과 피고소인의 범행 내용(일시, 장소, 행위, 피해 결과 등), 고소에 이르게 된 경위, 피고소인에 대한 처벌을 구한다는 내용 등을 기재하여 제출하면 된다. 대부분의 범죄는 친고죄가 아니기 때문에 고소 기간의 제한이 없다. 그러나 친고죄의 경우 범인을 알게 된 날로부터 6개월 이내에 해야 한다.

고소와 고발

고소는 범죄피해자 등 고소권자가 범인에 대한 처벌을 구하는 의사표시를 말하고, 고발은 범인 또는 피해자 이외의 제3자가 수사기관에 범죄사실을 신고하여 그 소추를 구하는 의사표시를 말한다.

고소장(서식)

💬 **친고죄와 반의사불벌죄**

우리 법은 국가형벌권의 행사에 관하여 피해자의 의사를 존중하기 위하여 '친고죄'와 '반의사불벌죄'를 두고 있다. 모욕죄, 사자명예훼손죄 등 고소권자가 고소를 하여야만 공소를 제기할 수 있는 범죄를 '친고죄'라고 한다. 법익 침해의 정도가 크지 않거나 범죄사실이 사회에 알려지는 것이 범죄피해자에게 오히려 곤란한 경우 친고죄로 규정되는 경우가 많다. 반면 폭행죄, 명예훼손죄 등과 같이 피해자가 처벌을 원하지 않는다는 의사표시를 한 경우에 처벌할 수 없는 범죄를 '반의사불벌죄'라고 한다.

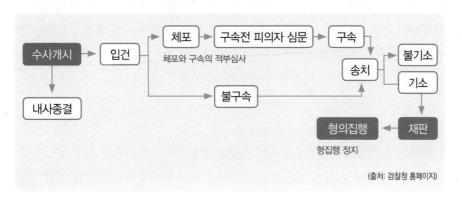

▲ 고소사건의 처리

② 고발

고발이란 고소권자와 범인 이외의 사람이 수사기관에 범죄사실을 신고하여 범인에 대한 처벌을 구하는 의사표시를 말한다. 범인 및 고소권자 이외의 사람은 누구든지 고발을 할 수 있다(「형사소송법」 제234조 제1항). 다만 자기 또는 배우자의 직계존속은 고발하지 못한다.

고발은 서면 또는 구술로써 검사 또는 사법경찰관에게 해야 하며, 검사 또는 사법경찰관이 구술에 의한 고발을 받은 때에는 조서를 작성해야 한다. 사법경찰관이 고발을 받은 때에는 신속히 조사하여 혐의가 인정되거나 불송치 결정에 대하여 이의가 제기된 경우 관계서류와 증거물을 검사에게 송부해야 한다.

(2) 수사는 어떻게 진행될까?

수사의 단서를 통해 범죄의 혐의가 있다고 인정되는 경우, 수사기관은 범인을 찾고 증거를 수집하는 수사를 진행하게 된다. 이를 위하여 피의자나 참고인에게 진술할 것을 요구하기도 하고 영장을 발부받아 피의자를 체포, 구속하거나 증거물을 확보하기 위해 압수, 수색할 수도 있다. 그중 체포, 구속, 압수, 수색 등은 국가 공권력을 통해 강제로 이루어지는 것으로, 피의자의 신체의 자유와 재산에 관한 권리를 제한하는 강제처분에 해당한다.

• 체포와 구속

체포와 구속은 강제로 피의자의 신체를 속박하는 인신구속제도이다. 체포는 죄를 범하였다고 의심할 만한 상당한 이유가 있는 피의자를 단시간 동안 수사관서 등 일정한 장소에 가두는 것(수사 초기 피의자의 신병을 확보하기 위한 구속전 단계의 처분)이고, 구속은 피의자 또는 피고인의 신체의 자유를 보다 장기간 제한하는 것을 말한다. 체포와 구속은 피의자의 신체의 자유에 제한을 가하는 것인 만큼 신중을 기할 필요가 있다. 체포와 구속이 수사 과정에서 남발되지 않도록 형법과 형사소송법은 다양한 제도를 두고 있다.

① 체포

체포는 원칙적으로 법관으로부터 영장을 발부받아 수사기관이 시행하게 된다. 영장에 의한 체포를 하기 위해서는 피의자가 죄를 범하였다고 의심할 만한 상당한 이유가 있고, 정당한 이유 없이 출석요구에 응하지 아니하거나 응하지 않을

> **피의자, 피고인, 수형자**
> 피고인은 형사책임을 져야 할 사람으로 공소가 제기된 자 또는 공소가 제기된 것으로 취급되어 있는 사람을 말한다. 이 점에서 공소제기 이전의 피의자나 확정판결에 의해 형의 집행을 받고 있는 수형자와 구별된다.

우려가 있는 경우로서 명백히 체포의 필요성이 인정되어야 한다.

체포를 하려면 법관으로부터 발부받은 영장을 체포당하는 자에게 제시하여야 한다. 그리고 피의자에게는 피의사실의 요지·체포 이유·변호인을 선임할 수 있음을 알려주고 변명의 기회를 부여하여야 한다(미란다의 원칙). 또, 체포 사실을 변호인이나 배우자·가족 등에게 서면으로 알려주어야 한다.

다만 중대한 범죄를 범하였다고 의심할 만한 상당한 이유가 있으나 피의자를 우연히 발견한 경우와 같이 체포영장을 받을 시간적 여유가 없는 긴급한 경우에는 예외적으로 영장 없이 수사기관이 체포하는 것이 가능하다. 이를 긴급체포라고 한다. 그리고 범죄의 실행 중에 있거나 실행 직후에 있는 자는 현행범으로서 누구든지 영장 없이 체포할 수 있다. 현행범을 체포한 자는 체포된 자를 검사나 사법경찰관에게 인계하여야 한다.

피의자를 체포한 경우 48시간 이내에 검사가 판사에게 구속영장을 청구하여야 하며, 그 기간 내에 구속영장을 청구하지 않거나, 구속영장이 기각된 경우 피의자를 즉시 석방해야 한다.

② 구속

형사절차에서 피의자나 피고인은 신체를 속박당하지 않고 일상생활을 영위하면서 수사와 재판을 받는 것이 원칙이다. 그러나 피의자나 피고인이 범죄를 범하였다고 의심할 만한 상당한 이유가 있고, 일정한 주거가 없거나, 증거를 인멸할 염려가 있거나, 도망하거나 도망할 염려가 있을 때에는 피의자나 피고인을 구속할 수 있다(「형사소송법」 제70조 제1항).

구속은 체포와 마찬가지로 법관이 발부한 영장에 의해 이루어져야 한다. 검사가 법관에게 구속영장의 발부를 청구한 경우, 영장을 청구받은 법관은 피의자에게 구속사유가 있는지 등을 살펴보기 위하여 구속 전 피의자 심문을 하여야 한다. 이 제도는 수사기관이 구속을 남용하지 못하도록 법원에 의해 통제하려는 목적을 가지고 있다.

피의자에 대한 구속영장을 발부받으면 사법경찰관은 10일 동안 구속할 수 있고, 검사는 20일(10일이 원칙이나 판사의 허가가 있으면 1회에 한하여 연장할 수 있다) 동안 구속할 수 있다. 피고인에 대한 구속 기간은 2개월이며, 심급마다 2개월 단위로 2차에 한하여 갱신할 수 있다. 다만, 상소심은 추가 심리가 필요한 부득이한 경우 3차에 한하여 갱신할 수 있다.

미란다의 원칙

「형사소송법」 제200조의 5는 수사기관이 피의자를 체포하는 때에 미란다의 원칙을 고지하도록 하고 있다. 이는 1966년 미국 연방 대법원이 미란다에 대해 내린 판결에서 비롯된 것으로, 피의자를 체포 또는 신문하기에 앞서 "묵비권을 행사할 수 있으며 진술한 것이 불리한 증거로 사용될 수 있고, 변호사의 조력을 받을 수 있다"라는 등의 사실을 알려주는 것을 말한다.

심문(審問)

법원이 당사자나 그 밖에 이해관계가 있는 사람에게 서면이나 구두로 개별적인 진술 기회를 주는 일을 말한다.

• 압수, 수색, 검증

수사상 압수는 범죄와 관련된 물건을 수집·보전하기 위하여 이를 강제로 취하는 처분을 말한다. 수색은 압수할 물건이나 사람을 발견하기 위하여 사람의 신체, 물건 또는 일정한 장소에서 그 대상을 찾는 처분을 말한다. 검증이란 수사기관이 신체, 물건, 장소 등에 대하여 그 상태를 직접 실험, 인식하는 강제처분을 말한다. 압수, 수색도 피의자의 신체나 재산권을 제한하는 행위이기에 그 과정에서 인권이 지나치게 침해되지 않아야 하며 이를 위해 형사소송법은 여러 제도를 두고 있다.

수사기관이 강제로 압수나 수색, 검증을 하기 위해서는 법관이 발부한 영장이 있어야 한다. 압수·수색·검증 영장은 처분을 받는 자에게 반드시 제시되어야 하며, 영장의 집행에 있어서는 타인의 비밀을 보호하여야 하고 처분받은 자의 명예를 해하지 아니하도록 주의하여야 한다.

검증

검증에는 살인사건 현장검증, 교통사고 실황조사, 화재원인 감식 등이 있다. 사인을 밝히기 위한 시체를 해부하는 부검도 검증의 일종이며, 검증영장을 받아 실시한다.

• 피의자 신문과 참고인 조사

수사기관은 피의자를 출석시켜 진술을 들을 수 있는데, 이를 피의자 신문이라고 한다. 그러나 피의자는 수사기관의 출석 요구에 응할 의무가 없으며 일단 출석한 경우에도 언제든지 퇴거할 수 있다. 다만 수사기관은 피의자가 정당한 이유 없이 출석을 거부하거나 그럴 우려가 있는 경우에는 영장을 발부받아 피의자를 체포할 수 있다.

수사기관은 피의자를 신문하기 전에 진술거부권의 보장을 위하여, 일체의 진술을 하지 아니하거나 개개의 질문에 대하여 답변하지 않을 수 있고, 진술을 하지 않더라도 불이익이 없다는 점, 또 진술한 내용은 법정에서 유죄의 증거로 사용될 수 있다는 점, 신문 시부터 변호인을 참여시켜서 도움을 받을 수 있다는 점을 피의자에게 반드시 알려주어야 한다.

신문(訊問)

법원이나 기타 국가기관이 어떤 사건에 관하여 증인, 당사자, 피고인, 피해자 등을 상대로 직접 말로 물어 조사하는 일을 말한다.

수사기관은 피의자가 한 진술을 조서에 기록하고 이를 피의자에게 보여주거나 읽어주어 피의자가 진술한 대로 기록되어 있는지 확인하게 하여야 한다. 만약 피의자가 이의를 제기하거나 수정을 요구하면 처음에 수사기관이 기록한 부분을 그대로

둔 채 추가로 이를 조서에 기재한다. 이후에 피의자가 조서에 서명 또는 기명, 날인을 한다.

아울러 수사기관은 수사에 필요한 경우 참고인에게 출석을 요구하여 그 진술을 들을 수 있는데 이를 참고인 조사라고 한다. 수사기관은 참고인 조사를 하는 경우 그의 동의를 받아 영상 녹화를 할 수 있다. 참고인은 강제로 소환당하거나 신문당하지 않는다.

(3) 수사는 어떻게 종결될까?

범죄 혐의 유무가 명백하게 되었거나 또는 수사를 계속할 필요가 없는 경우에는 수사를 종결하게 된다. 경찰이 수사를 개시한 형사사건에 관하여 혐의가 있다고 판단하면 검찰에 송치 결정을 하지만, 혐의가 있다고 판단하지 않을 때는 불송치 결정으로 수사를 종결할 수 있다. 이러한 불송치 결정에 대하여 고소인, 고발인, 피해자, 그 법정대리인은 해당 사법경찰관의 소속 관서의 장에게 이의신청을 할 수 있고, 이의신청이 있으면 해당 형사사건은 검찰로 송치된다. 검찰로 송치되는 때에는 관계서류와 증거물을 지체없이 검사에게 송부하여야 한다.

• 공소제기

검사는 사법경찰관으로부터 송치받은 사건이나 직접 수사한 사건에 있어서 피의자에 대하여 범죄 혐의가 있음이 명백하다고 판단되는 경우 법원에 재판을 요청하는데 이를 '공소제기' 또는 '기소'라고 한다. 공소제기는 크게 피의자의 죄가 인정되고 범죄행위가 중하여 징역형에 처하는 것이 맞겠다고 판단하여 법원에 징식재판을 청구하는 구공판과, 벌금, 과료 또는 몰수에 처할 사건의 경우에 서류로만 재판하여 약식명령을 선고해달라고 청구하는 구약식으로 나눌 수 있다.

• 불기소처분

검사가 수사한 사건에 대해 범죄 혐의가 없거나 기타의 이유로 공소를 제기하는 것이 상당하지 않다고 판단되는 경우에 기소하지 않고 사건을 종결하는 것을 포괄하여 불기소처분이라고 한다.

불기소처분에는 구체적으로 다양한 내용의 처분들이 존재한다. 공소권 없음, 죄가 안됨, 혐의 없음, 각하는 범죄가 성립하지 않거나 공소시효가 완성되어 공소를 제기할 수 없는 경우에 행하는 처분들이다. 반면 기소유예는 범죄 혐의는 인정되지만 범인의 연령, 성행, 지능과 환경, 범행 동기, 수단과 결과, 범행 후의 정황 등을 고려하여 피의자를 처벌하지 않는 것이 옳다고 판단한 경우에 검사가 공소를 제기하지 않는 처분을 말한다. 그 외에도 피의자가 소재불명인 때에 하는 기소 중지, 중요한 참고인 등이 소재불명인 때에 하는 참고인 중지 등이 있다.

> **[판례] 공소제기와 공소권의 남용**   대법원 2017.12.13. 선고 2017도16223 판결
>
> 공소는 검사가 법원에 대해 특정한 형사사건의 심판을 요구하는 행위이다. 그런데 이와 같은 공소권의 행사가 남용되는 경우도 있을까? 대법원은 자의적으로 공소권을 행사하여 피고인에게 실질적인 불이익을 주고, 소추재량권을 현저히 일탈하였다고 보여지는 경우에는 이를 공소권의 남용으로 보아 공소제기의 효력을 부인할 수 있다고 하고 있다.

2. 형사재판

검사가 법원에 범죄를 저지른 자를 처벌하여 달라고 공소를 제기하면 법원의 공판절차가 시작된다. 이때부터 피의자는 피고인으로 전환된다. 공판절차가 시작되면 법원은 사건을 심판할 권리와 의무를 갖고, 검사와 피고인은 형사재판의 당사자가 되어 심리에 관여하고, 법원의 심판을 받게 된다.

(1) 공판기일 전의 절차와 공판준비절차

검사의 공소제기가 있는 경우 법원은 공소장 부본을 피고인 또는 변호인에게 송달한다. 피고인은 공소장 부본을 송달받고 7일 이내에 공소사실에 대한 의견 등을 기재한 의견서를 법원에 제출한다. 공소장 부본의 송달과 의견서 제출 등이 완료되면 재판장이 공판기일을 지정하게 된다.

재판장이 효율적이고 집중적인 심리가 필요하다고 판단하는 경우에는 공판기일 전에 공판준비기일을 열고 공판준비절차를 진행할 수 있다. 다만 국민참여재판사건은 공판준비절차를 반드시 거쳐야 한다. 공판준비절차에서는 법원의 주도 하에 검사, 피고인 또는 변호인이 사건에 대한 주장과 증거 등을 미리 정리하게 된다.

공판준비기일에는 검사와 변호인이 반드시 출석해야 하고, 이를 위해 법원은 검사, 피고인 및 변호인에게 공판준비기일을 통지해야 한다. 변호인이 없는 경우에는 법원에서 직권으로 변호인을 선정해야 하고, 피고인은 반드시 출석할 필요

는 없으나 법원이 필요하다고 인정할 때에는 피고인을 소환할 수 있다.

공판준비절차에서는 공소사실에 관련된 주장을 명확하게 하는 등의 쟁점정리, 증거의 신청 및 증거의 채택 또는 거부의 결정, 서류 열람·등사와 같은 증거개시와 그 밖에 공판절차의 진행에 필요한 사항을 정하게 되고, 공판준비기일에서 신청하지 아니한 증거는 공판기일에 그 신청이 제약될 수 있다. 또한 공판기일의 심리가 2일 이상 계속되는 경우에 법원이 필요하다고 인정하면 제1회 공판기일 후에도 사건을 공판준비절차에 부칠 수 있다.

(2) 공판기일의 절차

공판준비절차 등이 완료되면 재판장은 공판기일을 정하여 검사와 피고인 측에 알리고 피고인을 소환한다. 형사재판절차는 크게 모두절차와 사실심리절차, 판결선고절차로 나뉘는데, 모두절차란 형사소송 공판기일에 제일 먼저 행하는 절차를 말하며, 진술거부권의 고지와 인정신문, 검사의 모두진술과 피고인, 변호인의 모두진술이 이에 해당한다. 모두절차 이후에는 사실심리절차로 들어가게 되며, 사실심리절차에서는 쟁점정리 및 증거관계의 진술, 증거조사, 피고인 신문과 검사의 의견진술, 피고인과 변호인의 최후진술이 진행된다. 이러한 절차를 모두 마치면 판결을 선고하게 된다.

① 진술거부권 고지 및 인정신문

재판장은 공판기일의 시작에 있어서 가장 먼저 피고인에게 진술하지 않거나 개개의 질문에 진술을 거부할 권리가 있다는 것을 알려주어야 한다.

그다음으로는 재판장이 피고인의 성명, 연령, 등록 기준지, 주거, 직업을 묻고 공소장에 기재된 피고인이 실제로 출석한 피고인이 맞는지 확인하는 인정신문을 진행한다.

② 모두진술

인정신문이 끝나면 검사는 공소사실, 죄명 및 적용법조를 낭독하는 모두진술을 한다. 검사의 모두진술 후에 피고인 또는 변호인은 검사의 공소사실을 인정하는지 여부를 진술한다. 피고인이 검사의 공소사실에 대하여 자백하는 경우에는 증거조사를 보다 간단하게 할 수 있는 간이공판절차로 전환될 수 있다.

③ 쟁점정리 및 증거관계의 진술

피고인의 모두진술이 끝나면 재판장은 피고인 또는 변호인에게 쟁점의 정리를 위하여 필요한 질문을 할 수 있다. 또한 증거조사를 효율적으로 하기 위하여 검사와 변호인에게 공소사실의 증명과 관련된 주장 및 입증 계획 등을 진술하게 할 수 있다. 다만, 사건에 대해 편견을 가지게 할 만한 사항은 진술하지 못하게 하거나 제한할 수 있다.

간이공판절차

피고인이 공판정에서 공소사실을 모두 자백하는 경우에 증거조사절차를 간이화하여 심리를 간편·신속하게 하기 위한 절차이다.

④ 증거조사

피고인이 모두진술에서 자백을 하여 간이공판절차로 심판하지 않는다면 보통의 증거조사로 들어가게 되고, 본격적인 사실심리절차가 시작된다. 증거를 신청할 때에는 어떤 사실을 증명하려는 것인지 구체적으로 밝히고 증거제출 방식을 지켜야 하며, 법원은 검사, 피고인 또는 변호인의 증거신청에 대해 증거채택 여부의 결정을 한다. 채택 결정이 있으면 채택된 증거에 대해 조사한다. 그리고 필요한 경우 법원이 직권으로 결정한 증거를 조사하는데 이러한 증거조사의 순서는 변경할 수 있다.

⑤ 피고인 신문

증거조사가 끝난 후에는 검사 또는 변호사가 순차적으로 피고인에게 공소사실 등에 대하여 필요한 사항을 신문한다. 피고인 신문은 피고인의 진술을 증거로 삼기 위하여 피고인에 대하여 신문을 하는 것으로, 먼저 있었던 다른 증거조사들로 불충분한 부분만 피고인 신문에서 확인하게 된다. 피고인은 검사의 피고인 신문에 대하여 진술거부권을 행사할 수 있다.

⑥ 최종변론

피고인 신문이 끝나면 검사는 사건에 관해 의견을 밝히는 논고와, 이에 적정한 형의 선고를 요구하는 구형을 한다. 재판장은 검사의 의견을 들은 후 피고인과 변호인에게 최종적으로 의견을 진술할 기회를 주고 변호인의 최종변론과 피고인의 최후진술이 끝나면 사실심리절차가 종결된다.

⑦ 판결 선고

심리가 종결되면 법원은 판결의 내용을 정하고 판결문을 작성한다. 판결 선고는 원칙적으로 변론이 끝난 기일에 하도록 하고 있다. 판결 선고는 재판장이 하고, 공판정에서 주문을 낭독하고 판결 이유의 요지를 설명한다.

형사소송법은 "판결의 선고는 변론을 종결한 기일에 하여야 하나, 특별한 사정이 있는 때에는 따로 지정할 수 있다"(제318조의4 제1항)고 규정하고 있으나, 실무상 변론종결일의 2주 후에 선고기일을 지정하는 것이 보통이다.

💬 재판 결과를 수긍할 수 없다면?

우리 법은 국민의 기본권 보장과 재판의 공정성을 기하기 위하여 한 사건에 대해 서로 달리 구성된 다른 종류의 법원에서 재판을 받을 수 있는 심급제도를 채택하고 있다. 이에 따라 재판장은 형을 선고할 때 피고인에게 상소를 할 수 있는 기간과 상소할 법원을 알려주어야 한다. 상소를 하기 위해서는 판결 선고일로부터 7일 이내에 상소장을 원심법원(상소 대상 판결을 선고한 법원)에 제출하여야 한다. 상소는 제1심 판결에 대한 불복인 항소와 제2심 판결에 대한 불복인 상고가 있다.

상소는 검사 또는 피고인이 제기할 수 있으며 피고인의 배우자, 직계 친족, 형제자매 또는 원심의 대리인이나 변호인도 피고인을 위해서 상소할 수 있다. 원칙적으로 피고인만 상소한 경우에는 불이익변경금지원칙에 따라 원심 판결보다 무거운 형을 선고하지 못한다. 이는 피고인이 상소심에서 더 무거운 형을 받을지 모른다는 위험 때문에 상소권을 충분히 행사하지 못하는 것을 방지하기 위한 것이다. 그러나 피고인에게 부과된 형이 부당하다는 이유로 검사가 상소한 경우에는 불이익변경금지원칙이 적용되지 않아 피고인에게 원심보다 무거운 형이 선고될 수 있다.

▲ 항소, 상고 절차도

이감량 씨는 허위과장광고 혐의로 수사를 받게 되었다. 수사의 단서는 다이어트 보조제를 구매한 소비자들의 고소이다. 그들은 범죄의 피해자로서 경찰에 범죄사실을 신고하였고, 이감량 씨의 처벌을 구하는 의사표시를 하였다. 수사기관은 수사를 진행하면서 피해자들을 참고인으로 조사하고, 범죄의 증거들을 수집하며 이감량 씨에 대해 피의자 신문을 할 것이다. 만일 이감량 씨의 혐의가 상당 부분 인정되고 또 이감량 씨가 도주하려고 하거나 증거를 고의로 없애려는 시도를 하는 등의 상황이 벌어진다면, 수사기관은 법관으로부터 영장을 발부받아 체포, 구속, 압수, 수색 등의 강제처분도 할 수 있다. 사법경찰관이 수사하여 혐의가 인정되는 사건은 검찰에 송치하게 되고, 검사는 수사 결과를 토대로 공소제기 여부를 결정하게 된다. 만일 공소제기가 된다면, 이감량 씨는 피고인으로서 형사재판을 받게 된다.

이것만은 꼭!

1. 수사기관은 수사 과정에서 체포 · 구속, 압수 · 수색, 피의자 신문과 참고인 조사 등을 시행한다.

2. 수사 과정에서 체포 · 구속, 압수 · 수색 등의 강제처분은 꼭 필요한 경우에 법관의 영장을 발부받아 시행하여야 한다.

3. 검사는 수사의 결과를 토대로 공소제기 여부를 결정하게 된다.

4. 검사가 공소를 제기하면 법원의 공판절차가 시작되고, 이때부터 피의자는 피고인으로 전환된다.

5. 공판절차가 시작되면 법원은 사건을 심판할 권리와 의무를 갖고, 검사와 피고인은 형사재판의 당사자가 되어 심리에 관여하고, 법원의 심판을 받게 된다.

3. 형사절차에서 인권 보장을 위한 원칙과 권리

사 례

이감량 씨는 재판을 시작할 때 재판장으로부터 진술거부권을 고지받았다. 변호사도 재판을 준비하는 과정에서 판사나 검사가 질문할 경우 이감량 씨에게 불리한 사실을 말하지 않아도 되고, 계속 추궁하면 진술을 거부하겠다고 하면 된다고 알려주었다. 그러나 막상 재판에서 검사가 신문을 시작하자 이감량 씨는 진술을 거부하지 못하고 모든 사실을 말하였다. 이감량 씨는 자신이 한 진술을 후회하며 취소하고 싶은 마음이 생겼다. 이 경우 이감량 씨는 판결 선고 전에 자신의 진술을 취소할 수 있을까?

(1) 유죄판결이 확정되기 전에는 무죄로 추정된다(무죄추정의 원칙)

형사절차는 실체적 진실을 밝혀 범죄를 저지른 범인을 확정하는 과정이다. 그런데 범죄는 과거에 일어난 사실이기 때문에 신이 아닌 이상 그에 대해 정확하게 파악하기는 어렵다. 그래서 아무리 수사를 열심히 한다고 하더라도, 항상 실제로 범죄를 저지른 사람을 찾아낼 수 있는 것은 아니다. 따라서 피의자로 수사를 받거나 피고인으로 재판을 받는 사람은 범인일 수도 있고 아닐 수도 있다. 그리고 범죄인에게 부과되는 형벌은 생명, 자유, 재산, 명예를 박탈하는 가혹한 것이기 때문에, 피고인이 정말 범인인지에 대해서는 '합리적인 의심이 없을 정도(Beyond Reasonable Doubt)'로 입증되어야 한다. 그렇기 때문에 상식적으로는 그 사람이 범인일 거라고 예상되는 경우라 하더라도, 합리적인 의심이 없을 정도로 범죄사실이 증명되지 않는다면 그 사람을 유죄로 판결할 수는 없다. 이런 측면에서 보면, 무죄판결은 피고인이 범죄를 절대로 저지르지 않았다는 것을 확인해주는 것이 아니라 피고인의 범죄가 합리적인 의심이 없을 정도로 증명되지 않았다는 것을 뜻하는 것이다.

이처럼 형사절차는 국가 공권력을 잘못 행사하여 무고한 피해자가 나오지 않도록 주의 깊게 운영되어야 하며, 조금이라도 의심스러운 측면이 있다면 피고인의 이익을 우선하여(In Dubio Pro Reo) 재판하여야 한다. 이런 이념을 실현하기 위해 형사절차에서 피의자 또는 피고인은 유죄의 판결이 확정될 때까지 무죄로 추정된다. 이를 "무죄추정의 원칙"이라 한다. 이 원칙은 수사절차에서부터 공판절차에 이르기까지 형사절차를 전체적으로 관통하는 지배적인 원칙으로서 여러 제도를 통해 구체화된다.

무죄추정의 원칙은 헌법에서 정하고 있는 원칙이다. 헌법은 "형사피고인은 유죄의 판결이 확정될 때까지는 무죄로 추정된다(제27조 4항)"라고 규정하고 있으며, 형사소송법도 "피고인은 유죄의 판결이 확정될 때까지는 무죄로 추정된다(제275조의2)"라고 규정하고 있다. 이 규정들에는 '피고인'으로 표현되어 있지만, 피의자에게도 당연히 무죄추정의 원칙이 인정된다.

피의자나 피고인은 무죄로 추정되기 때문에 신체의 자유를 구속당하지 않은 상태에서 수사와 재판을 받는 것이 원칙이다. 그러므로 수사에서 강제처분은 반드시 필요한 경우에만 법률에서 정한 요건과 절차에 따라 예외적으로 시행되는 것이라는 점을 기억할 필요가 있다. 또 수사기관이나 법관은 수사와 재판에서 피의자나 피고인을 마치 범죄자로 확정된 것처럼 취급해서는 안 된다. 이런 측면에서, 진술거부권이나 변호인의 조력을 받을 권리는 피의자로 하여금 수사기관의 강제수사에 대응할 수 있는 실효적인 방법을 제공해주는 것으로 무죄추정의 원칙을 실질적으로 구현하고 있다고 말할 수 있다. 이 사례에서 이감량 씨에게도 당연히 무죄추정의 원칙이 적용되며, 이에 기초한 진술거부권을 행사할 수 있다.

(2) 자신에게 불리한 진술은 거부할 수 있다(진술거부권)

진술거부권은 자기부죄금지의 원칙에 따라 피의자와 피고인이 가지는 권리이다. 이 권리에 근거하여 피의자와 피고인은 수사기관이나 법원에 대하여 진술을 강요당하지 않는다. 진술거부권도 헌법에서 정하고 있는 권리이다. 헌법은 "모든 국민은 형사상 자기에게 불리한 진술을 강요당하지 아니한다(제12조 제2항)"라고 규정하고 있다. 형사소송법에 따르면, 수사기관은 피의자를 신문하기 전에 진술거부권에 대해 알려주어야 하며(제244조의3 제1항), 재판장은 이 권리를 피고인에게 고지하도록 하고 있다(제283조의2). 만일 이런 고지가 없었다면, 이는 진술거부권을 침해한 것이고, 이 상태에서 얻은 진술은 증거능력을 갖지 못한다.

진술거부권은 "일체의 진술을 하지 않거나", "개개의 질문에 대하여 진술을 하지 않는" 방식으로 실현된다. 그리고 진술을 하지 않아도 불이익을 받아서는 안 된다. 진술거부권을 행사하였다고 해서 불이익을 받는다면 이 권리는 무의미한 권리로 전락하게 될 것이기 때문이다. 그렇다면 이감량 씨와 같이 진술거부권을 행사할 수 있는데도 행사하지 않고 진술을 한 경우에는 어떤 효과가 생길까? 피의자 신문을 하기 전에 진술거부권을 고지할 때에는 "진술을 거부할 권리를 포기하고 행한 진술은 법정에서 유죄의 증거로 사용될 수 있다는 것"도 알려주게 되어 있다. 이는 피고인의 경우에도 마찬가지로 적용된다. 따라서 피고인이 진술거부권을 행사하지 않고 진술을 한 경우 다시 그 진술을 취소하는 것은 진술거부권의 내용에 들어가지 않는다.

(3) 변호인의 조력을 받을 수 있다(변호인의 조력을 받을 권리)

변호인의 조력을 받을 권리는 진술거부권과 함께 피의자와 피고인의 방어권 중 핵심을 이룬다. 특히 수사기관과의 관계에서 피의자나 피고인이 대등한 지위에서 법적 다툼을 하려면 피의자나 피고인에게 변호인의 도움을 받을 권리를 인정해야 한다. 피의자나 피고인은 범죄 혐의를 받고 있어 심리적으로 위축되고, 법률에 대해 잘 알지 못하기 때문이다.

우리 헌법은 "누구든지 체포 또는 구속을 당한 때에는 즉시 변호인의 조력을 받을 권리를 가진다(제12조 4항)"라고 규정하여 피의자와 피고인에게 변호인의 조력을 받을 권리를 보장하고 있다. 헌법은 '체포 또는 구속을 당한 때'라고 표현하고 있지만, 이 권리는 형사절차 전반에서 실현할 수 있는 권리이다. 형사소송법은 수사기관의 피의자 신문 과정에서 변호인의 도움을 받을 권리를 실질적으로 보장하기 위하여 '변호인을 피의자와 접견하게 하거나 정당한 사유가 없는 한 피의자에 대한 신문에 참여(제243조의2)'하도록 규정하고 있다. 그리고 수사기관은 피의자 신문을 하기 전에 '신문을 받을 때에는 변호인을 참여하게 하는 등 변호인의 조력을 받을 수 있다는 것'을 알려주어야 한다(제244조의3 제1항).

변호인의 조력을 받을 권리가 실질적으로 구현되기 위해서는 변호인을 구할수 없는 경우에도 국선변호인의 조력을 받을 수 있도록 하는 것이 중요하다. 형사소송법에 따르면 "1. 피고인이 구속된 때, 2. 피고인이 미성년자인 때, 3. 피고인이 70세 이상인 때, 4. 피고인이 농아자인 때, 5. 피고인이 심신장애의 의심이 있는 때, 6. 피고인이 사형, 무기 또는 단기 3년 이상의 징역이나 금고에 해당하는 사건으로 기소된 때"에는 법원이 직권으로 국선변호인을 선정하도록 하고 있으며(제33조 제1항), "피고인이 빈곤 그 밖의 사유로 변호인을 선임할 수 없는 경우에 피고인의 청구가 있는 때"에는 법원이 국선변호인을 선정하도록 하고 있다(제33조 제2항). 형사소송법은 피의자에게도 국선변호인의 조력을 받을 권리를

변호인의 선임
변호인은 피고인 또는 피의자의 방어력을 보충하는 것을 임무로 하는 보조자이다. 변호인은 선임에 의해 지위가 발생하고 사인에 의해 선임되는 사선변호인과 국가기관인 법원에 의해서 선정되는 국선변호인이 있다. 사선변호인을 선임할 수 있는 사람은 피고인 또는 피의자의 법정대리인·배우자·직계친족·형제자매이다.

인정하고 있는데, 구속 전 피의자 심문에서 "심문할 피의자에게 변호인이 없는 때에는 지방법원판사는 직권으로 변호인을 선정하여야 한다(제201조의2 제8항)"라고 규정하고 있으며, 체포·구속 적부심사에서도 법원이 국선변호인을 선정하도록 하고 있다(제214조의2 제10항).

⚖️ [판례] 적법절차의 원칙과 위법수집증거배제의 원칙

대법원 2013.3.14. 선고 2010도2094 판결

체포의 이유와 변호인 선임권을 알려주는 등 적법한 절차를 지키지 않고 강제 연행을 한 상태에서 음주측정을 하였는데 처벌 기준치를 초과하였다. 이에 항의하면서 새로 음주측정을 해달라고 하였는데 역시 처벌 기준치를 초과하는 결과가 나왔다면, 음주측정 수치에 따라 처벌을 받게 될까? 판례는 위법한 강제 연행 상태에서 이루어진 음주측정 결과는 위법수집증거배제의 원칙에 따라 증거능력을 인정할 수 없으며, 피고인의 요청에 따라 다시 측정을 하였더라도 강제 연행 상태가 단절되지 않는다고 보아 증거로 쓸 수 없다고 하였다.

---

(4) 체포나 구속이 되었을 경우 인권을 보장받을 수 있다

앞에서 설명한 것처럼, 체포나 구속은 수사 과정에서 대표적인 강제처분이라고 할 수 있다. 체포나 구속은 신체의 자유를 속박하는 것이기 때문에, 부당하게 이루어질 경우 심각한 인권침해가 될 수 있다. 또 수사기관이 체포나 구속 등 강제처분을 남용하여 수사하는 경우도 있을 수 있기 때문에, 이에 대한 통제장치를 마련하는 것도 중요하다. 우리 법은 구속영장이 청구되었을 때 검사의 구속영장청구가 적절한지 판단하기 위해 법관이 피의자를 심문하는 '구속 전 피의자 심문 제도'를 두고 있으며, 체포와 구속이 이루어진 후에도 그 체포·구속이 위법하거나 부당한지 여부에 대해 법관이 판단하는 체포·구속 적부심사제도를 두고 있다.

• 구속 전 피의자 심문 제도

구속 영장이 청구된 경우 판사가 반드시 피의자를 심문하고 영장 발부 여부를 결정하여야 하는데, 이 제도를 구속 전 피의자 심문 제도라고 한다. 형사소송법에 따르면 구속 전 피의자 심문 제도는 두 가지 형태로 운영된다.

하나는 체포 영장에 의하여 체포되거나 긴급체포 또는 현행 범인으로 이미 체포된 자에 대하여 수사기관이 구속영장을 청구하는 경우이다. 이때에는 판사는 지체 없이 그 피의자를 심문해야 한다. 이 경우 특별한 사정이 없는 한 영장이 청구된 날의 다음 날까지 심문하여야 한다(제201조의2 제1항). 다른 하나는 위와 같이 체포된 상태가 아닌 피의자에 대해 피의자를 심문하는 경우이다. 이 경우 구속영장을 청구받은 판사는 피의자가 죄를 범하였다고 의심할 만한 이유가 있는 경우에 구인을 위한 구속영장을 발부하여 피의자를 구인한 후 심문하여야 한다(제201조의2 제2항).

구속 전 피의자 심문에는 검사와 변호사가 출석하여 의견을 진술할 수 있다. 만일 심문할 피의자에게 변호인이 없는 때에는 판사는 직권으로 변호인을 선정해야 한다.

• 체포 · 구속 적부심사제도

피의자가 일단 체포나 구속이 된 경우에도, 그 체포나 구속이 타당한지 여부에 대해 법원에 적부심사를 청구할 수 있다. 즉, 체포 · 구속 적부심사제도란, '일정한 사람의 청구에 의하여 법원이 수사기관의 피의자에 대한 체포나 구속의 적부를 심사하여 그 체포나 구속이 위법, 부당하거나 불필요하다고 인정된 경우, 석방을 명하는 제도'라고 할 수 있다.

체포 · 구속 적부심사를 청구할 수 있는 사람은 '체포 또는 구속된 피의자 또는 그 변호인, 법정대리인, 배우자, 직계친족, 형제자매나 가족, 동거인 또는 고용주'이다(「형사소송법」 제214조의2 제1항). 피의자를 체포 또는 구속한 검사 또는 사법경찰관은 체포 또는 구속된 피의자와 위의 체포 · 구속 적부심사를 청구할 수 있는 사람 중에서 피의자가 지정하는 자에게 체포 · 구속 적부심사를 청구할 수 있음을 알려야 한다(「형사소송법」 제214조의2 제2항).

청구를 받은 법원은 청구서가 접수된 때부터 48시간 이내에 체포 또는 구속된 피의자를 심문하고 수사 관계서류와 증거물을 조사하여야 한다. 그 결과 그 청구가 타당하지 않으면 이를 기각하고, 타당하다고 인정되면 체포 또는 구속된 피의자의 석방을 명하는 결정을 내린다. 검사 · 변호인 · 청구인은 법원의 피의자 심문에 출석하여 의견을 진술할 수 있으며, 피의자에게 변호인이 없는 경우에는 법원이 국선변호인을 선정하여야 한다.

무죄추정의 법리와 인권보호의 차원에서 형사소송법은 구속적부심사 단계에서는 기소 전 보석, 구속 이후에는 보석, 구속집행정지 등의 제도를 두어 구속의 장기화로 인한 폐해를 방지하고 있다.

기소 전 보석
구속적부심사 과정에서 보증금의 납입을 조건으로 석방을 허가하여 재판 과정에서 피고인의 출석을 담보하게 하는 제도이다.

보석
일정한 보증금의 납부를 조건으로 구속의 집행을 정지함으로써 구속된 피고인을 석방하는 제도이다.

구속집행정지
법원이 상당한 이유가 있는 때 결정으로 구속된 피고인의 주거를 제한하여 석방하는 제도이다.

이감량 씨는 형사재판의 피고인으로 진술거부권과 변호인의 조력을 받을 권리를 가진다. 그런데 이감량 씨는 재판장으로부터 진술거부권의 고지를 받았음에도 이를 행사하지 않았다. 결국 진술거부권을 포기한 것이 되어, 신문이 끝난 후에 진술을 취소할 수 없다.

이것만은 꼭!

1. 무죄추정의 원칙이란 피고인 또는 피의자를 유죄판결이 확정될 때까지는 무죄로 추정한다는 원칙을 말한다.

2. 진술거부권과 변호인의 조력을 받을 권리는 형사절차에서 무죄추정의 원칙에 따라 피의자와 피고인이 가지는 권리이다.

3. 피의자나 피고인은 자신에게 불리한 진술을 거부할 수 있다.

4. 피의자나 피고인은 수사기관과 대등한 관계를 가지기 위해 변호인의 조력을 받을 수 있다.

5. 구속영장이 청구되는 경우에 법관이 반드시 피의자를 심문하고 영장 발부 여부를 결정하여야 한다.

6. 체포·구속 적부심사제도는 일정한 사람의 청구에 의하여 법원이 수사기관의 피의자에 대한 체포나 구속이 적절한지 여부를 심사하여 그 체포나 구속이 위법, 부당하거나 불필요하다고 인정된 경우 석방을 명하는 제도이다.

우리나라는 미국 등의 영미권 국가와는 달리 1895년 근대적 사법제도가 도입된 이래 일반 국민들의 재판 참여가 허용되지 않았다. 그러나 2008년 「국민의 형사재판 참여에 관한 법률」을 제정하여 일정한 범죄의 경우 재판 과정에 일반 국민들이 배심원으로 사건의 심리와 피고인의 유·무죄에 대한 판단에 참여할 수 있게 되었다. 국민참여재판은 국가의 형벌권 행사 과정에 국민이 직접 관여할 수 있는 길을 마련했다는 점에서 의의가 있다.

1. 국민참여재판의 준비

• 대상 사건의 접수와 신청

모든 형사소송을 국민참여재판으로 진행할 수 있는 것은 아니다. 「국민의 형사재판 참여에 관한 법률」에서 대상 사건으로 정한 범죄의 경우에 한하여 국민참여재판의 형식으로 소송을 진행할 수 있다. 지방법원과 그 지원의 합의부가 제1심으로 심판하는 사건은 원칙적으로 국민참여재판의 대상사건이 되고(제5조 제1항), 최근에는 지방법원이나 그 지원의 단독판사 심판사건 중 특수상해죄, 특수상해미수죄, 특수공갈죄, 특수공갈미수죄, 「특정범죄 가중처벌 등에 관한 법률」 제5조의3 제1항에 해당하는 사건에 대해서도 피고인이 원하면 국민참여재판으로 할 수 있도록 범위를 확대하였다.

피고인이 공소장 부본을 송달받은 날부터 7일 이내에 국민참여재판을 원한다는 서면을 제출하면 국민참여재판으로 진행될 수 있다. 7일 이내에 서면을 제출하지 않았다 하더라도 피고인은 제1회 공판 기일이 열리기 전까지는 국민참여재판을 신청할 수 있다. 한편 피고인이 국민참여재판을 원하더라도 국민참여재판으로 진행하는 것이 적절하지 않은 경우에는 법원은 국민참여재판으로 진행하지 않기로 결정할 수 있다.

• 공판의 준비

일반 형사사건에서는 공판준비절차를 반드시 거칠 필요가 없으나, 국민참여재판 사건에서는 공판준비절차를 반드시 거쳐야 한다. 이는 증거로 사용할 수 없는 증거를 사전에 차단하여 비교적 법적 지식이 부족한 배심원과 예비배심원이 이에 영향을 받지 않고 공정한 판단을 할 수 있도록 하기 위해서이다.

• 배심원 선정

① 배심원 후보자의 선정

국민참여재판을 하려고 하는 경우에는 필요한 배심원 후보자 수를 정하고 이를 배심원 후보자 명부로부터 무작위로 추출하여 선정기일을 통지한다. 이때 선정기일 통지서, 질문표 등을 보내게 된다. 선정기일통지서를 받은 배심원 후보자가 배심원 직무를 수행하지 못하거나 선정기일에 출석하지 못할 정당한 사유가 있는 경우에는 불출석 사유 신고서를 제출하여 면제받을 수 있다. 또한 국회의원·지방자치단체의 장 및 지방의회의원, 법관 · 검사, 변호사 · 법무사 및 재판과 관련된 기관의 공무원 등은 배심원 선정에서 제외된다.

배심원 후보자는 선정기일 통지서와 함께 받은 질문표에 답을 작성하여 정해진 기간 내에 법원에 제출하여야 한다. 이는 배심원 후보자가 결격 사유나 제외 사유가 있는지, 제척되거나 면제될 사유가 있는지와 불공정한 판단을 할 우려가 있는지의 여부를 판단하기 위하여 사용된다. 질문표는 배심원 후보자의 개인정보를 보호하기 위해 재판이 끝나는 대로 폐기된다.

② 배심원의 선정
법원은 배심원 후보자가 제출한 불출석 사유 신고서와 질문표 등을 통해 배심원으로 활동하는 것이 적합하지 않다고 판단되면 출석 통지를 취소한다. 법원의 취소 통지를 받지 못한 배심원 후보자는 출석 통지서와 신분증을 소지하고 선정기일에 출석하여야 한다. 정당한 사유 없이 이를 위반할 경우 200만 원 이하의 과태료가 부과될 수 있다.

배심원 후보자 중에서 누가 배심원으로 선정되어 재판에 참여할지는 선정기일에 정한다. 선정기일은 배심원 후보자의 개인정보나 사생활의 노출을 최소화하기 위해 비공개로 진행하고, 검사 · 변호사에게 제공되는 배심원 후보자 명단에도 배심원 후보자의 정보는 제한적으로만 제공된다. 배심원 후보자 상호 간에도 법원이 부여한 번호로만 불리게 된다.

선정기일에서 재판장이 기본적인 질문을 하고 난 후 이어서 검사와 변호인은 배심원 후보자들에게 질문을 통해 결격 사유나 기피 사유 등이 있는지, 불공정한 판단을 할 우려가 있는지를 살펴보고 해당 배심원 후보자를 기피하여 배제하게 된다(이유부 기피신청). 또한 검사와 변호인은 일정한 수의 배심원후보자에 대하여는 그 이유를 제기하지 않고 기피신청을 할 수 있다(무이유부 기피신청). 무이유부 기피신청이 있으면 법원은 그 배심원 후보자들은 배심원으로 선정할 수 없다. 이렇게 해서 배심원과 예비배심원을 선정한다. 배심원은 사건에 따라 5~9명의 배심원을 선정하고 5인 이내의 예비배심원을 선정한다.

2. 공판절차

• 법정의 모습

검사와 피고인 및 변호인은 대등하게 마주 보고 위치한다. 다만, 피고인신문을 하는 때에는 증인석에 위치한다. 또, 배심원과 예비배심원은 재판장과 검사 사이에 위치하게 된다. 증인석은 재판장과 피고인 및 변호인의 사이에 배심원과 예비 배심원을 마

주 보고 위치한다(「국민형사재판 참여에 관한 법률」 제39조). 다만, 실제 재판에 있어서는 증인석이 재판장의 맞은편에 위치하는 경우도 많다.

• 공판의 개시

국민참여재판에서 배심원과 예비배심원은 법률에 따라 공정하게 그 직무를 수행할 것을 다짐하는 취지의 선서를 하여야 하고, 그 후 재판장은 배심원과 예비배심원에게 배심원과 예비배심원의 권한 · 의무 · 재판절차, 그 밖에 직무수행을 원활히 하는 데 필요한 사항을 설명하여야 한다(재판장의 모두진술). 이후에 재판장은 피고인에 대해 진술거부권을 알려주고 성명, 연령, 직업 등을 확인하게 된다. 검사는 해당 사건의 공소사실 · 죄명 및 적용법조를 낭독한다(검사의 모두진술). 이를 통해 배심원과 예비배심원들이 사건의 내용을 보다 쉽게 파악할 수 있도록 하고 있다. 검사의 모두진술 후에는 피고인 및 변호인이 공소사실의 인정 여부와 자신에게 이익이 되는 사실 등을 진술한다(피고인 · 변호인의 모두진술). 그런 다음 재판장은 사건의 쟁점을 정리하고, 그 이후 검사 · 변호인의 증거관계 등에 관한 진술, 증인신문 등 증거조사, 피고인 신문이 진행된다.

• 평의 · 평결 및 판결 선고

피고인 신문이 끝나면 검사와 피고인 · 변호인의 최후진술을 듣고 재판장의 최종 설명을 들으면 모든 공판절차가 마무리된다. 배심원들은 별도로 마련된 평의실로 이동하여 평의에 들어간다. 만장일치로 피고인의 유 · 무죄에 대한 의견이 정해지면 평결을 내릴 수 있다. 그러나 만장일치가 안된다면 판사의 의견을 들은 후 다수결로 평결한다. 만약 평결이 유죄인 경우에는 판사와 함께 양형에 관해 토의한다. 이후 재판장은 피고인에게 유 · 무죄와 유죄인 경우 그 형을 선고한다.

배심원의 평결과 양형 의견은 법원을 기속하지 않고 권고적 효력만을 가진다는 점에서 순수한 배심제와는 구분된다. 재판장은 판결 선고 시 피고인에게 배심원의 평결 결과를 고지하여야 한다. 재판장은 배심원의 평결 결과와 다른 판결을 선고하는 때에는 피고인에게 그 이유를 설명해야 하고 판결서에 그 이유를 기재하여야 한다.

• 배심원의 신변 보호

배심원과 예비배심원의 개인정보보호를 위해서 배심원 명부는 별도의 전담 관리자가 관리한다. 또한 배심원의 개인정보는 배심원의 동의가 있는 경우에만 공개할 수 있도록 한다.

검 · 경 수사권 조정은 검찰이 수사 · 기소 · 영장 청구의 권한을 모두 독점하는 구조를 탈피하기 위해 검찰과 경찰의 권한을 어떻게 적절하게 분배하는지에 관한 문제이다. 1954년 형사소송법이 제정되면서 검사의 수사 · 기소권이 명문화되었고, 1962년 헌법과 형사소송법에 '검사에 의한 영장 신청'이 명시되면서 검찰이 수사 · 기소 · 영장청구 권한을 독점하는 구조가 만들어졌다. 이후 검경 수사권 조정 논란은 시작되었고, 국회에 관련 법안이 제출되었다가 무산되는 과정이 몇 차례 반복되었다가 2020년 1월 13일 검경 수사권 조정안 관련 형사소송법과 검찰청법 개정안이 국회 본회의를 통과하여 현재 시행되고 있다.

개정 형사소송법은 검찰의 수사지휘권을 폐지하고 경찰에 1차적 수사권과 수사종결권을 주도록 하여 상하 수직 관계에 있던 검 · 경 관계가 수평적 관계로 바뀌게 되었다.

1. 경찰의 수사종결권

내사, 고발, 진정, 고소 등에 의해 경찰의 수사가 개시되고, 개시된 경찰의 수사는 검찰에 송치되거나 불송치처분 등에 의해 종결된다. 개정된 형사소송법에서는 검찰이 직접수사를 할 수 있는 범위 외에 경찰이 수사한 사건에 대해서는 1차적으로 경찰이 수사를 종결할 수 있도록 하였다. 따라서 경찰은 혐의가 인정된 경우에만 사건을 검찰에 송치하고, 혐의가 없는 경우(혐의 없음, 공소권 없음, 범죄 성립 안 됨, 각하 등)에는 자체적으로 종결처리를 할 수 있다. 그리고 검사가 경찰의 영장 신청을 기각하는 경우에는 고등검찰청에 있는 영장심의위원회에 다시 판단해줄 것을 요청할 수 있다.

2. 검사의 수사권

개정된 검찰청법은 검찰이 수사를 개시할 수 있는 범죄의 범위를 대통령령으로 정하는 부패 · 경제 · 선거 범죄 등으로 제한하였다. 일반사건에 대한 검사의 수사지휘권은 폐지되었으나, 6대 범죄(부패범죄, 경제범죄, 공직자범죄, 선거범죄, 방위사업범죄, 대형참사 등 대통령령으로 정하는 중요 범죄)에 대해서는 수사를 할 수 있다. 따라서 6대 범죄가 아닌 경우에는 검찰에 고소장을 접수하더라도 반려되거나 수사권 없음을 이유로 관할 경찰서로 보내져서 경찰이 수사를 하게 된다.

경찰 수사 후 이의신청이 있는 사건은 검사에게 송치되며, 검사는 이를 검토하여 경찰에게 보완 수사를 요구하거나 직접 보완 수사 후 기소 여부를 결정할 수 있다.

검 · 경 수사권 조정

구분	조정 전	조정 후
검 · 경 관계	지휘 관계 – 경찰은 모든 수사에 관해 검사의 지휘를 받아야 함 – 검사가 지휘하면 경찰은 따라야 함	상호협력 관계(검찰 수사지휘권 폐지) – 경찰이 사건을 검찰로 송치하기 전에는 원칙적으로 검사의 수사지휘를 받지 아니함 – 검사는 경찰의 수사 과정에서 법령 위반, 인권침해, 현저한 수사권 남용이 의심되는 사실의 신고가 있거나 그러한 사실을 인지하게 된 경우 경찰에 사건기록 등본 송부와 시정조치를 요구할 수 있음
경찰 수사	모든 사건 검찰 송치(수사 종결권 없음)	범죄 혐의 인정된 경우 송치(경찰에 1차적 수사종결권 부여) 불송치 결정에 대한 이의신청이 있는 경우 송치
검찰 수사	모든 사건 수사	대통령령으로 정하는 중요 범죄, 경찰 공무원 범죄, 경찰 송치 사건 수사 과정에서 인지한 직접 관련성 있는 범죄
검사 작성 조서 증거능력	피고인이 조서 내용을 인정하지 않더라도 임의적 진술임이 객관적으로 증명되면 증거능력 인정	경찰 작성 조서와 동일하게 '피고인이 그 내용을 인정할 때'에만 증거능력 인정

제3절 | 형사사건 피해자 보호

1. 억울하게 구속되어 재판을 받았을 때: 형사보상제도

사 례

정무죄 씨는 자신과 전혀 상관없는 강도 사건에 휘말려 억울하게 유죄판결을 받고, 교도소에서 복역하던 중 가석방되었다. 이후 진범이 범행을 자백하여 정무죄 씨는 누명을 벗게 되었다. 정무죄 씨는 재심을 청구하였고, 재심 결과 무죄를 선고받았다. 정무죄 씨는 무죄판결을 받아 강도죄의 누명은 벗었지만, 옥살이도 억울하고, 전과자라는 이웃의 인식도 여전히 불편하다. 정무죄 씨는 잘못된 유죄판결 때문에 받은 손해를 어떻게 회복할 수 있을까?

(1) 형사절차에서 발생한 억울한 피해의 보상

형사절차는 법률에서 정한 범죄를 저지른 사람에 대하여 그에 따른 형벌을 부과하는 과정이다. 이 과정에서 피의자나 피고인은 국가 공권력에 의하여 신체를 구금당하기도 한다. 그러므로 강제적인 국가 공권력의 행사는 주의 깊고 신중하게 이루어져야 한다. 그러나 형사절차도 완벽할 수 없기 때문에, 정무죄 씨처럼 억울하게 복역하는 경우가 발생하기도 한다. 이렇게 형사절차에서 잘못된 공권력의 행사로 피해를 입은 사람에게 국가가 보상하는 제도를 형사보상제도라고 한다.

• 형사보상청구권

정무죄 씨는 다행히 재심을 통하여 자신의 억울함을 벗을 수 있었다. 그렇지만 교도소에서 복역했던 억울함은 어떻게 해소할 수 있을까? 우리 「헌법」 제28조는 정무죄 씨와 같이 죄가 없음에도 구금된 상태로 수사 또는 재판을 받은 경우에 국민의 형사보상청구권을 보장하고 있다.

> **제28조** 형사피의자 또는 형사피고인으로서 구금되었던 자가 법률이 정하는 불기소처분을 받거나 무죄판결을 받은 때에는 법률이 정하는 바에 의하여 국가에 정당한 보상을 청구할 수 있다.

- 형사보상제도

 헌법에서 정한 형사보상청구권의 구체적인 내용을 정하는 법으로 「형사보상 및 명예회복에 관한 법률(형사보상법)」이 있다. 형사보상법은 형사절차에서 억울하게 구금되었거나 형집행을 받은 경우 등에 대하여 국가가 손실을 보상해주도록 하고 있다. 또한 금전적인 보상 외에도, 실추된 개인의 명예를 회복할 수 있는 방법까지 함께 규정하고 있다.

형사보상법

 형사보상제도는 피의자보상과 피고인보상으로 나눌 수 있다. 피의자보상은 피의자였던 자가 불기소처분(기소유예처분은 제외)을 받거나, 사법경찰관으로부터 불송치처분을 받은 경우에 지방검찰청 심의회에 보상을 청구할 수 있는 제도이다. 피고인보상은 피고인이었던 자가 무죄판결을 받은 경우에 무죄판결을 한 법원에 대하여 보상을 청구할 수 있는 제도이다.

(2) 형사보상제도의 이용

 정무죄 씨는 이미 가석방되어 구금에서 풀려난 후에 재심을 통하여 무죄판결을 받았다. 그러면 잘못 구금된 사람이 국가를 상대로 손해를 회복하기 위하여 무엇을 어떻게 청구할 수 있는지 확인해보자.

- 피의자보상의 청구

 피의자보상을 청구할 수 있는 사람(청구권자)은 수사 과정에서 구금되었지만, 불기소처분을 받거나 사법경찰관의 불송치결정을 받은 사람이다(「형사보상법」 제27조 제1항). 피의자보상을 청구하려면, 불기소처분 또는 불송치결정을 통지받은 날로부터 3년 이내에 불기소처분을 한 검사가 소속된 지방검찰청(지청의 검사가 불기소처분을 한 경우에는 그 지청이 속한 지방검찰청) 또는 불송치결정을 한 사법경찰관이 소속된 경찰관서에 대응하는 지방검찰청의 피의자보상심의회에 보상을 청구하면 된다(「형사보상법」 제28조 제1항). 이때 청구권자는 보상청구서와 불기소처분 또는 불송치결정을 받은 사실을 증명하는 서류를 제출하여야 한다.

그런데 다음과 같은 경우에는 피의자보상이 되지 않거나 감액될 수 있다. ① 본인이 수사 또는 재판을 그르칠 목적으로 거짓 자백하거나 다른 유죄의 증거를 만듦으로써 구금된 것으로 인정된 경우이거나 ② 구금 기간 중에 다른 사실에 대하여 수사가 이루어지고 그 사실에 관하여 범죄가 성립한 경우이거나 ③ 보상을 하는 것이 선량한 풍속이나 그 밖에 사회질서에 위배된다고 인정할 특별한 사정 등이 있는 경우가 그것이다(「형사보상법」 제27조 제2항).

- 피고인보상의 청구

피고인보상을 청구할 수 있는 사람(청구권자)은 형사재판절차에서 구금되었다가 무죄가 확정된 사람이다. 형사재판의 판결주문으로 무죄가 선고된 경우뿐 아니라, 판결 이유에서 무죄로 판단된 경우에도 형사보상을 청구할 수 있다. '형사절차에서 피해를 받은 사람'을 보호하기 위한 형사보상제도의 취지를 고려한 것이다. 청구권자는 무죄재판이 확정된 사실을 안 날부터 3년 이내 또는 무죄재판이 확정된 때부터 5년 이내에 피고인보상을 청구할 수 있다(「형사보상법」 제8조).

⚖ [판례] 형사보상제도와 무죄판결   서울고법 2007.3.22. 자 2006코17 결정

판결주문에는 무죄의 선고가 없고 판결이유에서만 무죄로 판단된 경우에도 무죄로 판단된 부분의 수사와 심리에 필요했다고 볼 수 있는 구금일수가 있을 때에는 그 미결구금에 대해서 판결주문에서 무죄가 선고된 경우와 마찬가지로 형사보상을 청구할 수 있다.

그러나 무죄판결을 받은 경우라 하더라도, 법원은 예외적인 경우에 보상을 하지 않거나 감액보상을 할 수 있다. ① 형사미성년자이기 때문에 무죄판결을 받았거나 ② 심신장애로 사물 변별 능력이나 의사결정 능력이 없기 때문에 무죄판결을 받았거나 ③ 본인이 수사 또는 재판을 그르칠 목적으로 거짓 자백을 하거나 다른 유죄의 증거를 만듦으로써 유죄재판을 받게 된 것으로 인정되거나 ④ 1개의 재판으로 경합범의 일부에 대하여 무죄판결을 받고 다른 부분에 대하여 유죄판결을 받았을 경우에 법원은 재량으로 보상청구의 전부 또는 일부를 기각할 수 있다 (「형사보상법」 제4조).

피해보상청구서(서식)

만일 구금되었던 피의자나 피고인이 무죄판결이 확정된 후 청구를 하지 않고 사망한 경우에는 상속인이 피의자보상 또는 피고인보상을 청구할 수 있다(「형사보상법」제3조, 제29조). 이미 사망한 사람이 재심 등 절차를 통하여 무죄판결을 받은 경우에도 사망 당시의 상속인이 형사보상을 청구할 수 있다. 상속인이 형사보상을 청구할 때에는 자신이 상속권자임을 확인할 수 있는 자료를 제출하여야 한다.

• 보상청구의 결과: 금액의 산정 및 보상금 지급

법원은 검사와 청구인의 의견을 들은 후에 형사보상청구의 내용이 인정되면 보상결정을 한다. 보상이 결정되면, 청구인은 보상을 결정한 법원에 대응하는 검찰청에 보상금 지급을 청구한다. 법원의 결정에 대하여 이의가 있는 청구인은 1주일 이내에 즉시항고를 할 수 있다(「형사보상법」제20조).

형사보상의 금액은 구금일수에 따라 정해진다. 1일 당 보상청구의 원인이 발생한 연도의 「최저임금법」에서 정하는 최저임금액 이상, 구금 당시 최저임금액의 5배 이하의 범위에서 금액이 결정된다. 보상액을 결정하는 법원은 구금의 종류와 기간, 구금 기간 중에 입은 재산적·신체적·정신적 손해, 경찰·검찰·법원의 잘못이 있었는지의 여부, 무죄재판이 이루어진 사정 등을 고려하여 결정한다(「형사보상법」제5조).

그 밖의 형집행에 따른 보상	
사형	집행 전 보상금 외에 3천만 원 이내의 금액
벌금 또는 과료	징수한 벌금 또는 과료 금액 + 법정이율에 따른 이자
몰수	몰수물 반환, 이미 처분된 경우에는 시가 보상
추징금	추징한 금액 + 법정이율에 따른 이자

(3) 명예회복을 위한 청구

정무죄 씨는 자신이 무죄판결을 받았기 때문에 과거 강도 사건이 자신과 무관하다는 점을 명확하게 알리고 싶다. 우리 법은 정무죄 씨가 보상금청구 외에 명예회복을 위한 청구도 할 수 있도록 제도를 두고 있다.

• 무죄재판서 게재의 청구

무죄재판이 확정된 피고인은 명예를 회복하기 위한 실질적 수단으로써 무죄재판서를 법무부 인터넷 홈페이지에 게재할 것을 청구할 수 있다. 무죄재판이 확정된 때부터 3년 이내에 해당 사건을 기소한 검사가 소속된 지방검찰청에 청구하면 된다(「형사보상법」 제30조).

• 청구의 결과

무죄재판서 게재의 청구를 받으면 1개월 이내에 법무부 인터넷 홈페이지에 1년 동안 게재하여야 한다. 그리고 게재 사실을 청구인에게 지체 없이 알려주어야 한다. 다만, 청구인이 무죄재판서의 내용 중 일부를 삭제하고 게재해달라고 청구하거나, 무죄재판서 공개로 관계인의 명예나 사생활의 비밀 등을 해칠 만한 사정이 있는 경우에는 일부를 삭제하여 게재할 수 있다(「형사보상법」 제32조).

사례의 해결

정무죄 씨는 징역형을 선고받아 복역하였지만 재심으로 무죄판결을 받았기 때문에, 형사보상청구권이 인정된다. 정무죄 씨는 무죄판결이 확정된 것을 알고 난 후 3년 이내에 보상청구서, 무죄재판서의 등본 등 필요한 서류를 갖추어 무죄판결을 한 법원에 형사보상을 청구할 수 있다. 보상금액은 정무죄 씨가 무죄판결을 선고받은 해의 최저임금액 이상, 구금 당시의 최저 임금액의 5배 이하의 범위에서 구금일수에 따라 계산된다. 보상결정을 하게 되면 정무죄 씨는 지방검찰청에 보상금 지급을 청구할 수 있다. 또한 해당 사건을 기소한 검사가 소속된 지방검찰청에 무죄 재판서를 법무부 인터넷 홈페이지에 게재하도록 청구할 수도 있다.

이것만은 꼭!

1. 형사보상제도는 형사절차에서 억울하게 구금된 사람에게 국가가 물질적·정신적 손실을 보상해주는 제도이다.

2. 구금되었다가 불기소처분 또는 불송치결정을 받은 피의자나 무죄판결이 확정된 피고인은 각각 지방검찰청과 법원에 요건을 갖추어 형사보상을 청구할 수 있다.

3. 무죄판결이 확정된 피고인은 실질적 명예회복을 위하여 법무부 인터넷 홈페이지에 무죄재판서를 게재하도록 지방검찰청에 청구할 수 있다.

2. 범죄로 피해를 입었을 때: 범죄피해자구조제도

사 례

김우리 씨는 부모님이 모두 돌아가신 후 동생과 함께 살고 있었다. 김우리 씨가 집을 비운 어느 날, 혼자 집에 있던 동생은 집에 강도가 들어 고가의 노트북을 빼앗으려 하자 저항하다가 사망하였다. 동생을 잃은 슬픔에 빠져 있는 김우리 씨가 범죄로 인한 피해를 보상받을 수 있을까?

(1) 범죄 피해의 보상

우리 법은 형사사건 피해자가 피해를 회복하여 정상적인 생활로 복귀할 수 있도록 여러 제도를 마련하고 있으며, 우리 헌법은 제30조에서 다음과 같이 정하고 있다.

> **제30조** 타인의 범죄행위로 인하여 생명·신체에 대한 피해를 받은 국민은 법률이 정하는 바에 의하여 국가로부터 구조를 받을 수 있다.

이에 따라 우리 법은 가해자로부터 배상을 받기 어려운 경우 국가가 대신 피해를 보상해주는 범죄피해자구조금제도와 형사재판 과정에서 범죄피해자에게 신속하게 배상을 받을 수 있도록 하는 배상명령제도 등을 운영하고 있다. 그렇다면 이 사례에서 범죄피해자인 김우리 씨는 이 제도들로부터 어떤 도움을 받을 수 있을까?

• 배상명령제도

배상명령이란 형사피고인에 대하여 직접 사건의 피해자에게 손해를 배상하도록 명하는 것을 말한다. 제1심 또는 제2심의 형사공판절차에서 법원이 가해자인 피고인에 대하여 상해죄 등 일정한 범죄로 인하여 발생한 손해의 배상을 명령할 수 있다(「소송촉진 등에 관한 특례법」 제25조). 배상명령제도는 복잡한 민사절차를 거치지 않고 신속하게 손해배상판결을 받을 수 있는 제도이다.

배상명령이 가능한 범죄의 종류
상해죄, 중상해죄, 특수상해죄, 상해치사죄, 폭행치사상죄, 과실치사상죄, 강간 및 추행죄, 절도 및 강도죄, 사기 및 공갈죄, 횡령 및 배임죄, 손괴죄
「성폭력범죄의 처벌 등에 관한 특례법」 제10조에서 제15조까지의 범죄
「아동 · 청소년의 성보호에 관한 법률」 제12조와 제14조의 범죄

위의 범죄피해자가 언제나 배상명령을 통하여 손해를 배상받을 수 있는 것은 아니다. 피해 금액과 피고인의 배상책임의 범위 및 내용이 명확히 정해져야 가능하다. 배상명령으로 인하여 형사재판이 현저하게 지연될 우려가 있거나 배상명령을 하는 것이 타당하지 않은 사정이 있는 경우에도 배상명령을 할 수 없다.

배상명령이 가능한 경우에 피해자는 제1심 또는 제2심 법원에 변론 종결 시까지 피해 배상을 신청하면 된다. 이때 피해자나 피해자의 상속인은 배상 신청서와 배상의 대상과 내용, 청구 금액 등에 관련된 자료를 첨부하여 신청할 수 있다. 피해자의 신청이 없더라도 법원이 직접 배상명령을 할 수도 있다.

배상명령은 유죄판결의 주문에 일정액의 금전 지급을 명하는 방법으로 한다 (「소송촉진 등에 관한 특례법」 제31조).

배상명령신청서(서식)

• 범죄피해자구조금제도

범죄피해자가 아무런 잘못 없이 타인의 범죄행위로 말미암아 생명을 잃거나 신체상 피해를 입었음에도, 피해자 혹은 유가족이 가해자로부터 충분한 피해 배상을 받지 못했다면 국가에 대하여 일정한 보상을 청구할 수 있다. 국가는 범죄 피해자가 피해의 전부 또는 일부를 배상받지 못하는 경우 외에도, 형사사건의 수사 또는 재판에서 고소 · 고발 등 수사단서를 제공하거나 진술, 증언 또는 자료 제출을 하다가 범죄피해자가 된 경우에도 구조금을 지급할 수 있다. 이러한 범죄 피해자구조금제도를 통하여 범죄피해자를 보호하고 지원할 수 있으며, 피해자의 복지 증진에 기여한다.

범죄피해자 보호법

• 범죄피해자 지원을 위한 제도

국가 및 지방자치단체는 범죄피해자의 피해 정도 및 보호 · 지원의 필요성 등에 따라 상담, 의료 제공(치료비 지원을 포함한다), 구조금 지급, 법률구조, 취업 관련 지원, 주거 지원 등을 하여야 한다. 범죄피해자는 보호기관이나 보호시설에서 상담이나 신변보호를 받을 수 있으며, 신체적·정신적 피해에 대한 치료비를 지원받을 수 있다. 또한 생계비, 학자금, 장례비 등도 지원받을 수 있다(「범죄피해자보호법」 제7조). 일정한 자격을 갖춘 범죄피해자라면 임대주택 지원도 받을 수 있다.

범죄피해자는 법적인 지원도 받을 수 있다. 대한법률구조공단에서 법률 상담이나 법률구조를 받을 수 있으며, 변호사를 선임하여 형사절차에서 자신의 권리를 실현하는데 도움을 받을 수 있다. 성폭력범죄, 아동청소년대상 성범죄, 아동학대피해자 등은 국선변호사의 도움을 받을 수 있다.

(2) 범죄피해자 구조금 지급의 청구

만일 범인이 잡히지 않거나, 범인이 잡혔더라도 재산이 없는 경우에는 배상명령제도를 통하여 배상을 받을 수 없다. 그러나 김우리 씨는 사망한 동생의 유족으로서 범죄피해자구조제도를 이용할 수 있다. 범죄피해자 구조금 지급의 청구에 대해 확인해보자.

• 청구권자 및 구조 대상 피해

범죄피해자 구조금 지급을 신청할 수 있는 범죄피해자는 해당 범죄로부터 직접 피해를 당한 사람과 그의 가족(배우자, 직계친족, 형제자매)이다. 그리고 구조대상이 되는 범죄의 피해는 생명 또는 신체에 대한 피해를 의미한다.

• 장해구조금 또는 중상해구조금의 청구

범죄피해자 본인이 신청할 수 있는 구조금에는 장해구조금과 중상해구조금이 있다. 장해란 범죄행위로 입은 부상이나 질병이 치료된 후에 남은 신체의 장해를 의미하는데, 실명이 되거나, 팔이나 다리를 잃은 경우 등이 여기에 포함된다. 중상해는 신체나 생리적 기능에 손상을 입은 경우로서, 예를 들면, 주요 장기에 손상이 발생하거나, 범죄피해로 인하여 입원 치료가 필요한 중증의 질환 등이다.

장해구조금이나 중상해구조금을 신청하려는 사람은 구조금 지급 신청서와 함께 장해 또는 중상해를 입증할 수 있는 의사의 진단서 등 서류, 입원 관련 서류 등을 첨부하여 지방검찰청 종합민원실(범죄피해구조심의회)에 신청하여야 한다.

장해의 구분
(범죄피해자보호법
시행령 별표1)

범죄피해의 발생을 안 날로부터 3년 이내 혹은 범죄피해가 발생한 날부터 10년 이내에 청구하여야 한다(「범죄피해자보호법」 제25조).

• 유족구조금의 청구

만일 범죄피해자가 사망한 경우라면, 유족이 구조금 지급을 신청할 수 있다. 유족에는 배우자(사실혼 배우자도 포함), 자녀, 부모, 손자녀, 조부모, 형제자매가 포함된다. 유족구조금은 범죄피해자가 사망한 경우 일정한 순위에 따라 유족에게 지급된다. 다만 유족이 가해자인 경우이거나, 자신보다 선순위에 있는 유족을 고의로 사망하게 한 경우에는 유족구조금을 받을 수 없다(「범죄피해자보호법」 제18조).

유족구조금의 지급을 신청하려면, 구조금 지급 신청서와 함께 범죄피해자의 사망진단서 등 사망을 증명할 수 있는 서류, 신청인과 범죄피해자의 관계를 확인할 수 있는 서류 등을 첨부하여 청구하면 된다. 유족은 지방검찰청 종합민원실(범죄피해구조심의회)에 범죄피해의 발생을 안 날로부터 3년 이내 혹은 범죄피해가 발생한 날부터 10년 이내에 청구하여야 한다.

(3) 범죄피해자 구조금의 지급

김우리 씨가 지방검찰청에 유족구조금의 지급을 신청한다면 어떤 절차를 거쳐 구조금을 받게 되는지 알아보자.

• 범죄피해자 구조금 지급의 결정

범죄피해자 구조금 지급 청구가 있는 경우에는 지방검찰청의 범죄피해구조심의회에서 구조금의 지급 여부를 결정하게 된다.

① 유족구조금

유족구조금은 구조피해자의 사망 당시의 월급액이나 월 실수입액 또는 평균임금에 24개월 이상 48개월 이하의 범위에서 유족의 수와 연령 및 생계유지 상황 등을 고려하여 대통령령으로 정하는 개월 수를 곱한 금액으로 하여 유족에게 지급한다(「범죄피해자보호법」 제22조).

② 장해구조금 및 중상해구조금

장해구조금과 중상해구조금은 구조피해자가 신체에 손상을 입은 당시의 월급
액이나 월 실수입액 또는 평균임금에 2개월 이상 48개월 이하의 범위에서 피해
자의 장해 또는 중상해의 정도와 부양가족의 수 및 생계유지 상황 등을 고려하여
대통령령으로 정한 개월 수를 곱한 금액으로 하여 구조피해자에게 지급한다(「범
죄피해자보호법」 제22조).

· 긴급구조금

범죄피해구조심의회가 신속하게 구조금 지급 여부를 결정해야 하지만, 장해나
중상해의 정도가 명확하지 않은 경우 등과 같이 신속하게 결정하기 어려운 사정이
있는 경우에는 예상되는 구조금의 2분의 1에 해당하는 금액의 범위에서 미리 지급
결정을 할 수 있는데 이를 긴급구조금이라고 한다(「범죄피해자보호법」 제28조).

사례의 해결

김우리 씨는 사망한 동생의 유족으로서 가해자로부터 동생의 죽음으로 인한 피해의 전부를
배상받지 못하는 경우 범죄피해구조심의회에 유족구조금 지급을 신청할 수 있다. 지방검찰
청에 구조금 지급 신청서, 동생의 사망신고서, 형제자매임을 확인할 수 있는 자료를 함께 제
출하여 신청하면 국가로부터 유족구조금을 지급받을 수 있다.

1. 범죄피해자구조청구권은 피해자 자신에게 귀책사유가 없는 타인의 범죄행위로 말
미암아 생명을 잃거나 신체상 피해를 입은 국민이나 그 유족이 가해자로부터 충분
한 배상을 받지 못한 경우에 국가에 대하여 일정한 보상을 청구할 수 있는 권리를
말한다.

2. 범죄피해자란 타인의 범죄행위로 피해를 당한 사람과 그 배우자(사실상의 혼인관계
를 포함), 직계친족 및 형제자매를 말한다.

3. 구조 대상이 되는 범죄피해란 사망, 장해 또는 중상해이다.

4. 범죄피해자 구조 방법으로는 상담, 의료 제공, 구조금 지급, 법률구조, 취업 지원, 주
거 지원 등과 형사절차 참여 보장 등이 있다.

5. 청구 가능한 구조금으로는 유족구조금 · 장해구조금 및 중상해구조금이 있다.

3. 형사절차에서 피해자의 권리

> ### 사 례
>
> 나사자 씨는 퇴근하는 도중 집 앞 골목에서 성폭력범죄의 피해자가 되었다. 신체적·정신적 고통이 극심하였지만, 고소를 한 후의 일들이 걱정되어 고소를 미루고 있었다. 그러나 자신의 잘못이 아닌데도 본인이 고통을 감당하는 것은 부당하다고 생각해서 고소를 하려고 한다. 수사 과정, 재판 과정에서 나사자 씨는 어떤 권리를 보장받을 수 있을까? 그리고 나사자 씨와 같은 경우 어떤 보호를 받을 수 있을까?

(1) 범죄피해자 권리의 의의

형사절차는 국가가 주체가 되어 수사와 재판을 진행한다. 즉, 수사 과정에서는 수사기관이 피의자를 대상으로 수사를 진행하고, 형사재판에서는 판사가 피고인의 유죄 여부를 판단한다. 그래서 범죄피해자는 형사절차에서 주체적으로 참여하는 것은 아니다. 그러나 범죄는 일차적으로 가해자가 범죄피해자에게 가하는 것이기 때문에, 범죄피해자는 형사절차에서 소외되지 않고 참여할 수 있어야 한다. 이에 따라 우리 법은 피해자가 수사와 재판절차에 참여하면서 적절한 법의 보호를 받을 수 있는 제도들을 운영하고 있다. 나사자 씨는 범죄피해자로서 형사절차에서 어떠한 권리를 보장받고 있는지 알아보자.

(2) 범죄피해자 권리의 내용

* ### 범죄피해자에 대한 지원

일반적으로 모든 국민은 모든 범죄사실에 대하여 수사기관에 신고할 수 있다. 그리고 범죄로 인한 피해자라면 특별한 경우를 제외하고는 고소할 수 있는 권리를 가지고 있다.

이 사례와 같이 성폭력범죄의 경우에는 경찰이나 검찰에 직접 신고하는 방법 외에 여성긴급전화(지역번호+1365), 또는 성폭력피해상담소, 해바라기센터 등을 통하여 신고할 수 있다. 성폭력피해상담소에 신고를 하게 되면 상담과 필요한 지원을 받을 수 있다. 범죄피해로 인하여 정상적인 사회생활이 어렵거나, 긴급하게 보호할 필요가 있는 경우라면 보호시설에 들어갈 수 있게 도와주고, 신체적·정신적 피해에 대한 치료를 적절하게 받을 수 있도록 지원한다. 또한 수사 단계에서 조사를 받을 때 범죄피해자와 동행해주거나, 고소, 손해배상청구 등 사법절차와 관련하여 법률 지원을 하기도 한다.

성폭력피해상담소

• 범죄피해자의 형사절차 참여 보장

국가는 범죄피해자가 해당 사건과 관련하여 수사담당자와 상담하거나 재판절차에 참여하여 진술하는 등 형사절차상의 권리를 행사할 수 있도록 보장하여야 한다(「범죄피해자보호법」 제8조 제1항).

• 범죄피해자에 대한 국가의 정보제공

국가는 범죄피해자의 권리에 관한 정보 및 형사절차에 관한 정보를 범죄피해자에게 제공할 의무를 진다.

국가가 수사 및 재판 과정에서 범죄피해자에게 제공해야 하는 범죄피해자의 권리에 관한 정보는 다음과 같다. 즉, ① 범죄피해자의 해당 재판절차 참여 진술권 등 형사절차상 범죄피해자의 권리에 관한 정보, ② 범죄피해 구조금 지급 및 범죄피해자 보호 · 지원 단체 현황 등 범죄피해자의 지원에 관한 정보, ③ 그 밖에 범죄피해자의 권리보호 및 복지 증진을 위하여 필요하다고 인정되는 정보 등이다(「범죄피해자보호법」 제8조의2 제1항).

그리고 국가는 범죄피해자가 요청하면 가해자에 대한 수사 결과, 공판기일, 재판 결과, 형집행 및 보호관찰 집행 상황 등 형사절차 관련 정보를 제공할 수 있다(「범죄피해자보호법」 제8조 제2항). 다만, 형사절차 관련 정보가 관계인의 명예나 사생활의 비밀 또는 생명 · 신체의 안전이나 생활의 평온 등을 해할 위험이 있다면 예외적으로 제공하지 아니할 수 있다. 형사소송법에서도 "검사는 범죄로 인한 피해자 또는 그 법정대리인의 신청이 있는 때에는 당해 사건의 공소제기 여부, 공판의 일시 · 장소, 재판 결과, 피의자 · 피고인의 구속 · 석방 등 구금에 관한 사실 등을 신속하게 통지하여야 한다"라고 규정하고 있다(제259조의2).

• 범죄피해자의 진술권

범죄피해자는 형사절차에 참여하여 사건에 관하여 진술할 수 있다. 우선 수사기관은 범죄피해자를 조사하게 되는데, 범죄피해자는 그 조사 과정에서 사건의 진행 과정과 피해에 대해 진술할 수 있다. 성폭력피해자의 경우에는 수사 단계에

서 피해자의 인권을 보호하기 위하여 추가적인 보호조치를 취해야 한다. 전담 검사 혹은 여성경찰관이 조사하도록 하거나, 조사를 받을 때 신뢰관계에 있는 사람과 진술조력인의 도움을 받을 수 있도록 하여야 한다. 또한 법률은 이 경우 국선변호인을 선임할 수 있도록 한다(「성폭력범죄의 처벌 등에 관한 특례법」 제27조).

그리고 범죄피해자는 재판에서 증인으로서 진술할 수 있다. 법원은 범죄로 인한 피해자를 증인으로 신문하는 경우 증인의 연령, 심신의 상태, 그 밖의 사정을 고려하여 증인이 현저하게 불안 또는 긴장을 느낄 우려가 있다고 인정하는 때에는 직권 또는 피해자·법정대리인·검사의 신청에 따라 피해자와 신뢰관계에 있는 자를 동석하게 할 수 있다(「형사소송법」 제163조의2 제1항).

성폭력범죄의 경우에는 범죄피해자의 사생활을 보호해야 할 필요성이 더 크기 때문에, 재판 과정을 비공개로 하여 진행할 수 있고, 증인신문만 비공개로 진행할 수도 있다(「성폭력범죄의 처벌 등에 관한 특례법」 제31조). 또한 피고인과 만나지 않도록 하기 위하여 중계장치를 통하여 법원이 증인신문을 진행할 수 있다(「성폭력범죄의 처벌 등에 관한 특례법」 제40조).

💬 **피해자 국선변호사제도**

성폭력·아동학대 등의 범죄피해자를 위해 국가가 변호사를 선임하여 주는 제도이다. 사건 발생 초기부터 수사, 재판에 이르는 전 과정에서 범죄피해자를 위하여 법률 지원을 한다.

수사 단계에서는 범죄피해자에게 수사절차에 관하여 설명을 하고, 변호사, 신뢰관계인, 진술 조력인 등 피해자를 도와줄 수 있는 방법에 대하여 안내한다. 그리고 범죄피해자와의 상담을 기초로 범죄사실, 증거 등을 의견서의 형식으로 수사기관에 제출한다. 이 과정에서 범죄 피해자를 보호하기 위하여 범죄피해자의 인적 사항이 조서, 증거, 언론 등을 통해 노출되지 않도록 조치를 취한다. 또한 보복 위험 등이 있는 경우 보호조치를 취하기도 한다.

재판단계에서는 재판에서 일어나는 일들을 확인하여 범죄피해자에게 전달하고 의견서를 작성하여 법원에 제출하는 등 피고인에게 적정한 처벌이 이루어지도록 범죄피해자의 입장에서 노력한다.

국선변호인제도를 이용하기 위해서는 경찰, 검찰 등 수사기관에 요청하거나, 성폭력피해상담소 또는 아동보호전문기관 등을 통해서 국선변호사의 지원을 요청할 수 있다.

나사자 씨는 성범죄피해자로서 신체적 · 정신적 피해에 대하여 상담과 지원을 받을 수 있다. 안전을 위하여 신변 보호조치를 받을 수 있고, 수사와 재판 과정에서 국선변호인의 도움을 받을 수 있다. 나사자 씨는 수사 과정에서도 진행 사항에 관하여 경찰이나 검찰에 정보제공을 요청할 수 있고, 재판 과정에서도 공판 진행 사항 등의 정보를 제공받을 수 있다. 재판 과정에서 피해자의 사생활 보호를 위하여 증인신문절차나 재판절차를 비공개로 진행할 수 있으며, 손해배상 등을 청구할 때에도 도움을 받을 수 있다.

이것만은 꼭!

1. 범죄피해자는 형사절차에서 보호와 지원을 받는다.

2. 고소, 수사, 재판, 형집행 등 전 절차에서 범죄피해자는 자신의 사건과 관련된 정보를 제공받을 권리가 있다.

3. 성폭력범죄나 아동학대범죄의 피해자의 경우에는 언제든지 경찰이나 검찰에 국선변호인 지원을 요청할 수 있다.

제4절 | 형벌과 행정제재

1. 형벌의 부과: 형의 선고와 양형

사 례

김분쟁 씨는 회사 동료 나민국 씨와 크게 다툰 후 인터넷게시판에 욕설과 함께 나민국 씨를 비방하는 글을 올렸다. 이를 본 나민국 씨가 김분쟁 씨를 명예훼손으로 고소하였고, 김분쟁 씨는 '정보통신망 이용촉진 및 정보보호 등에 관한 법률'에 근거하여 1,000만 원의 벌금형에 대한 선고유예를 받았다. 그런데 선고유예 기간 중에 김분쟁 씨는 또 다른 사람을 때려 상해죄로 수사를 받고 있는 중이다. 김분쟁 씨의 벌금형은 어떻게 될까?

형벌은 국가가 강제력을 행사하여 강제적으로 국민의 생명, 자유, 재산, 명예를 박탈하는 것이다. 그래서 형벌을 잘못 부과하면 형벌을 받은 사람은 돌이킬 수 없는 손해를 입을 수도 있다. 따라서 형벌은 반드시 법률로 정해야 하며, 법률에 근거하지 않은 형벌 부과가 있어서는 안 된다. 그런데 유죄판결이 내려진다고 해서 반드시 형벌이 집행되는 것은 아니다. 형이 집행되면 사회와 격리되어 사회복귀가 어렵게 되거나 회복할 수 없는 손해가 생길 우려가 있기 때문에 엄격한 형의 집행이 꼭 바람직한 것은 아니다. 그래서 우리 형법은 형의 집행으로 인한 폐해를 방지하고 피고인이 원활하게 사회에 복귀할 수 있도록 일정 기간 형의 집행을 유예하거나, 형의 선고를 유예하는 제도를 두고 있다. 김분쟁 씨는 유죄판결을 받아 벌금이라는 형벌을 부과받았다. 그러나 그 형벌에 대해 선고유예도 받은 상태이다. 그런데 이 선고유예 기간 중 다시 다른 범죄로 수사를 받고 있다. 그러면 이 경우 선고유예된 형벌은 어떻게 되는지 살펴보자.

(1) 형벌의 종류에는 어떤 것이 있나요?

형벌에는 총 9가지가 있는데, 사형, 징역, 금고, 자격상실, 자격정지, 벌금, 구류, 과료, 몰수이다. 이 9가지 이외의 제재는 당사자에게 불이익을 준다고 하여도 형벌이 아니다. 예를 들어, 법원에서 형벌과 함께 선고하는 사회봉사명령이나 보호관찰은 형벌이 아니다.

- 사형

사형은 생명을 박탈하는 형벌로서 형벌 중에서 가장 무거운 형이다. 집행 방법은 원칙적으로 교수형이지만, 군형법을 적용받는 경우 총살형으로 집행할 수도 있다. 또한 범죄자의 나이가 만 18세 미만인 경우에는 소년법에 따라 사형을 선고할 수 없다.

사형은 국가가 합법적으로 국민의 생명을 빼앗는다는 점에서 그 정당성에 관한 논란이 계속되고 있으며, 사형이 형벌의 목적인 범죄예방과 재범 방지 등에 효과적인지에 대해 서로 다른 주장들이 제시되고 있다.

▲ 국제엠네스티 사형 폐지 촉구(https://amnesty.or.kr/what-we-do/death-penalty)

- 징역, 금고, 구류

징역형과 금고형·구류형은 모두 형을 받는 사람(수형자)의 신체적 자유를 박탈/제한하는 형벌에 해당한다. 징역형을 선고받으면 교정시설에 수용되어 노역을 하게 된다. 기간에 제한이 있는지에 따라 무기징역과 유기징역으로 나눌 수 있다. 유기징역은 1개월 이상 30년 이하의 범위에서 선고하는 것이 원칙이지만, 형이 가중되는 경우에는 50년까지도 선고할 수 있다. 무기징역은 종신형을 의미하지만, 20년을 복역하면 가석방이 될 수도 있다(「형법」 제72조).

금고는 수형자가 교정시설에 갇히게 된다는 점은 징역과 같다. 그러나 노역이 부과되지 않는다는 점에서는 징역과 다르다. 금고에도 유기와 무기가 있으며 기간은 징역과 같다(「형법」 제42조).

구류는 금고와 같이 노역이 부과되지 않는 형벌이다. 주로 경한 범죄에 대하여 1일 이상 30일 미만의 범위에서 교정시설에 수용한다(「형법」 제46조, 제68조).

- 자격상실과 자격정지

명예나 자격을 박탈하는 형벌에는 자격상실과 자격정지가 있다. 일정한 형의 선고(사형, 무기징역, 무기, 금고)가 있으면 그 형의 효력으로 당연히 일정한 자격이 상실되는 것이 자격상실이며, 일정한 자격의 전부나 일부를 1년 이상 15년 이하의 범위에서 정지시키는 것이 자격정지이다. 자격은 공무원이 되는 자격, 공법상의 선거권과 피선거권, 법률로 요건을 정한 공법상의 업무에 대한 자격, 법인의 감사, 이사, 지배인 등이 되는 자격을 말한다.

자격정지만 선고되면 판결이 확정된 날부터 정지 기간을 계산하고, 징역 또는 금고의 형과 같이 선고되는 경우에는 징역이나 금고의 집행이 종료되거나 면제된 날부터 자격정지 기간을 계산하게 된다.

• 벌금, 과료, 몰수

범죄자로부터 일정한 재산을 박탈하는 형벌에는 벌금, 과료, 몰수가 있다. 벌금은 5만 원 이상의 액수(감경하는 경우에는 5만 원 이하 벌금도 선고 가능)로 부과되는 형벌이다. 판결이 확정되면 30일 이내에 납부해야 하는데, 만일 납부하지 않으면 노역장에 유치한다.

과료는 그 금액이 2천 원 이상 5만 원 미만이라는 점 이외에는 벌금과 동일하다. 과료를 납입하지 않으면 30일을 넘지 않는 기간 동안 노역장에서 복무하게 된다. 과료과 과태료는 다르다. 과료는 형벌이고 전과가 남는다. 그러나 과태료는 형벌이 아니고 행정처분에 해당하며 재판을 거치지 않고 부과된다.

몰수는 다른 형에 부가하여 과하는 형벌로서 범죄로 얻은 물건과 범죄행위에 쓰였거나 쓰기 위해 준비했던 물건은 몰수의 대상이 된다.

(2) 형의 선고 및 양형 기준

• 법정형과 처단형, 선고형

범죄와 형벌을 정하고 있는 형법이나 다른 특별법을 보면, 각 범죄마다 자유형, 재산형 등 형벌의 종류와 범위를 함께 정하고 있다. 예를 들면, 형법에서 살인죄는 "5년 이상의 징역, 무기, 사형"에 처한다고 규정한다. 이와 같이 개개의 법조문에 규정되어 있는 것이 '법정형'이다. 그런데 같은 범죄라고 하더라도 사건마다 상황이 다르고 참작할 만한 여러 사정들이 있기 때문에, 형을 가중하거나 감경하는 등의 경우가 있을 수 있다. 이러한 가중 혹은 감경의 사유에 따라 법정형이 변경된 것을 '처단형'이라고 부른다. 그리고 이 처단형의 범위에서 법원이 최종적으로 선고하는 형벌이 '선고형'이다.

노역장 유치 기간
벌금을 선고하는 경우에는 벌금을 납입하지 아니하는 경우의 유치 기간을 정하여 동시에 선고해야 하는데, 선고하는 벌금이 1억 원 이상 5억 원 미만인 경우에는 300일 이상, 5억 원 이상 50억 원 미만인 경우에는 500일 이상, 50억 원 이상인 경우에는 1,000일 이상의 유치 기간을 정해야 한다.

추징
몰수 대상 물건의 전부 또는 일부를 사용하였거나 분실하여 몰수할 수 없을 때 그 물건의 가액을 징수하는 것을 말한다.

• 양형 기준

구체적 선고형을 정하는 과정을 양형이라고 하는데, 그 기준을 정한 것이 양형 기준이다. 양형 기준은 법적으로 구속력이 있는 것은 아니다(권고적 효력). 즉, 법관이 형벌을 선고할 때, 법정형의 범위 내에서 합리적인 형을 정하여 부과할 수 있다. 그럼에도 법관이 공정하고 합리적으로 형을 결정할 수 있도록 대법원 양형위원회에서 기준을 마련하고 있다. 만일 법관이 양형 기준을 벗어나는 형을 선고하려면 합리적 근거가 있음을 판결문에 밝혀야 한다.

양형 기준을 설정할 때에는 ① 범죄의 죄질, 피고인의 책임의 정도 ② 범죄의 예방과 재범 방지 및 사회복귀 ③ 유사한 범죄와의 균형 등 합리적인 양형을 도출하는데 필요한 사항을 고려하게 된다(「법원조직법」 제81조의6).

양형위원회 홈페이지
-시행 양형기준

법원조직법

(3) 형집행의 유예와 선고의 유예

김분쟁 씨는 선고유예 기간 중에 폭행죄를 저질렀다는 혐의를 받고 수사가 진행 중이다. 만일 폭행죄를 범한 것으로 유죄가 확정된다면, 선고유예의 효력은 어떻게 될까? 형의 선고나 집행을 유예하는 경우의 효력을 살펴보자.

• 집행유예

집행유예란 형을 선고하면서 일정한 기간 동안 형의 집행을 유예하고 범죄를 저지르지 않고 그 유예 기간을 경과한 때에는 형의 선고의 효력을 잃게 하는 제도이다. 집행유예는 3년 이하의 징역이나 금고 또는 500만 원 이하의 벌금의 형을 선고할 경우에 법관이 참작할 만한 사유를 검토하여 1년 이상 5년 이히의 범위에서 유예 기간을 결정한다. 집행유예 기간이 경과하면 처음부터 형의 선고의 효력이 없어지게 된다.

그러나 집행유예의 선고를 받은 사람이 유예 기간 중 고의로 범한 죄로 금고 이상의 실형을 선고받아 그 판결이 확정된 때에는 집행유예의 선고는 효력을 잃게 되며, 유예한 형의 집행을 받아야 한다.

• 선고유예

선고유예는 범죄가 비교적 가벼운 경우, 형의 선고를 유예하고 자격정지 이상의 형을 받음이 없이 2년이 지나면 선고가 없었던 것으로 간주하는 제도이다. 1년 이하의 징역이나 금고, 자격정지 또는 벌금의 형에 해당하고 피고인에게 자격정지 이상의 전과가 없는 경우에 법원은 피고인의 태도를 참작하여 선고유예의 판결을 할 수 있다.

그러나 형의 선고유예를 받은 자가 유예 기간 중 자격정지 이상의 형에 처한 판결이 확정되거나 자격정지 이상의 형에 처한 전과가 발견된 때에는 유예한 형을 선고하고, 선고유예된 형을 집행한다.

선고유예는 유죄사실은 인정되지만 형의 선고를 유예하는 것이고, 집행유예는 유죄사실이 인정되고 그에 따른 형의 선고도 있었으나 단지 그 형의 집행을 유예하는 것이라는 점에서 차이가 있다.

자격정지 이상의 형

형의 경중은 사형, 징역, 금고, 자격상실, 자격정지, 벌금, 구류, 과료, 몰수의 순에 의한다. 따라서 벌금형 이하의 형을 선고받게 되면 선고유예는 취소되지 않는다.

💬 **집행유예나 선고유예는 전과기록에 남을까?**

자격정지 이상의 형을 선고받게 되면 그 내용이 수형인명표에 기재되어 형을 선고받은 사람의 등록기준지 시청, 구청, 읍사무소, 면사무소에 송부된다. 그러나 집행유예 기간이 경과하거나, 선고유예를 받고 2년이 경과하면 (또는 형의 실효, 자격정지 기간 경과, 일반사면, 복권 등) 수형인명표는 바로 폐기된다. 그러나 수형인명표의 폐기와는 무관하게 범죄경력은 수사기관에서 관리하고 있으며, 수사 및 재판에 활용된다.

사례의 해결

김분쟁 씨는 선고유예의 판결을 받았으므로 선고유예를 받은 날로부터 2년이 경과하면 유죄판결을 받지 않은 것으로 된다. 그러나 유예 기간 중에 상해죄를 저질렀고, 그로 인하여 자격정지 이상의 형이 확정되면, 이전의 명예훼손죄에 대한 형벌인 1,000만 원의 벌금형이 선고된 것으로 되어 형을 집행한다.

⚖️ **이것만은 꼭!**

1. 형의 집행으로 인한 폐해를 방지하고 피고인이 좀 더 원활하게 사회로 복귀할 수 있는 기회를 주기 위해 일정 기간 동안 형의 집행을 유예하거나 형의 선고를 유예하는 제도가 있다.

2. 3년 이하의 징역이나 금고 또는 500만 원 이하의 벌금의 형을 선고할 경우 1년 이상 5년 이하의 집행유예가 가능하며, 집행유예 기간 경과 시 형의 선고의 효력은 없어진다.

3. 범죄가 비교적 가벼운 경우 법원은 선고유예를 할 수 있으며, 선고유예를 받고 2년이 경과하면 면소된 것으로 간주된다.

2. 형의 집행과 보호관찰

(1) 형의 집행과 가석방

형사재판이 확정되면 형을 집행한다. 형의 집행은 검찰청의 검사가 지휘한다 (「형사소송법」 제460조). 사형의 집행은 법무부장관의 명령에 따라 교수의 방식으로 이루어지며, 징역과 금고는 교정시설에 수용하여 집행하는데 교정시설에서는 「형의 집행 및 수용자의 처우에 관한 법률」이 적용된다. 선고 내용에 따라 형벌이 집행되면 형의 집행은 종료된다.

형이 집행되는 도중에 이를 중지하고 더이상 형의 집행을 하지 않기로 하는 경우가 있다. 대표적으로는 사면제도가 있다. 대통령은 국가원수의 지위에서 사면권을 가지는데(「헌법」 제79조), 법률에서 정하는 절차에 따라 사면을 명하면 형벌로 상실된 자격을 회복시킬 수 있고, 형벌의 전부나 일부를 면제할 수도 있다.

가석방은 자유형을 집행받고 있는 수형자가 무기의 경우 20년, 유기의 경우 형기의 3분의 1 이상이 경과한 후에 행상(行狀)이 양호하여 뉘우침이 뚜렷하다고 인정되면 형기가 끝나기 전 조건부로 석방하고, 일정 기간이 경과하면 형집행을 종료한 것으로 간주하는 제도이다. 가석방 기간은 무기징역은 10년, 유기징역은 남은 기간으로 하되, 그 기간이 10년을 초과할 수 없으며, 원칙적으로 가석방 기간 동안에는 보호관찰을 받게 된다.

(2) 형벌과 보안처분

신궁금 씨가 알고 싶어 하는 보호관찰은 보안처분에 해당한다. 보안처분은 형벌과 어떻게 다르며, 어떠한 종류가 있는지 알아보자.

범죄와 형벌은 책임을 전제로 한다. 법은 책임능력이 없는 사람이 한 행동에 대하여 형벌을 부과할 수 없다고 본다. 그러나 책임을 물을 수 없는 사람이라고 하더라도 범죄자를 다시 사회에 복귀시키기 위해서는 일정한 처분을 받도록 할 필요가 있다. 이렇게 장래의 범죄를 예방하기 위하여 부과하는 처분을 보안처분 이라고 한다. 보안처분은 형벌은 아니지만 자유를 박탈하는 조치이기 때문에 법률에 근거가 있는 경우에만 부과되어야 한다(「헌법」 제12조 제1항).

보안처분 중 대표적인 것이 치료감호, 보호관찰, 보호처분이다.

치료감호심의위원회

피치료감호자에 대한 치료의 위탁, 가종료 및 그 취소와 치료감호 종료 여부에 관한 사항, 피보호관찰자에 대한 준수 사항의 부과 및 지시·감독과 그 위반 시의 제재에 관한 사항 등을 심사, 결정하는 법무부 기관이다.

치료감호는 범죄자가 치료감호 시설에 수용되어 중독이나 성적 정신장애(소아 성기초증, 성적가학증 등)에 관하여 치료를 받도록 하는 보안처분이다. 치료감호 기간 동안 담당의사의 판단에 따라 재활치료, 약물치료, 특수치료 등을 받게 된다. 형벌과 함께 치료감호처분을 받는 경우에는 치료감호를 먼저 집행하며, 치료 감호의 집행 기간은 형집행 기간에 포함된다.

보호관찰은 교도소에 구금하지 않고 일정한 준수 사항을 이행하는 조건으로 자유로운 사회생활을 허용하면서 국가의 지도·감독을 받도록 하는 제도이다. 사회봉사명령, 수강명령, 전자감독 등이 보호관찰에 포함된다. 범죄자가 사회로부터 단절되지 않기 때문에, 범죄자나 그의 가족이 겪는 고통을 줄일 수 있고, 사회에 안정적으로 복귀할 수 있다는 특징이 있다.

소년법은 10세 이상 19세 미만의 소년에 대하여 보호처분을 할 수 있도록 하였다. 소년법상 보호처분에는 보호자 위탁, 수강명령, 사회봉사명령, 단기 보호관찰, 장기 보호관찰, 아동복지시설이나 소년보호시설에 대한 감호 위탁, 병원, 요양소, 의료재활소년원에 대한 위탁, 1개월 이내의 소년원 송치, 단기 소년원 송치, 장기 소년원 송치 등이 있다.

> ⚖ **[대법원 판례] 보안처분과 형벌의 구별** 대법원 1988.11.16 선고 88초60 판결
>
> 보안처분은 반사회적 위험성을 가진 자에 대하여 사회방위와 교화를 목적으로 격리수용하는 예방적 처분이라는 점에서, 범죄행위를 한 자에 대하여 응보를 주된 목적으로 그 책임을 추궁하는 사후적 처분인 형벌과 그 본질을 달리하므로 형벌에 관한 죄형법정주의나 일사부재리 또는 법률불소급의 원칙은 보안처분에 그대로 적용되지 않는다.

(3) 전자감독제도와 신상 공개

신궁금 씨가 헌법재판소 결정을 통하여 알게 된 전자발찌 착용, 신상 공개 등은 재범 방지를 위하여 마련된 보호관찰에 해당된다.

전자감독제도는 특정범죄를 저지른 후 확정된 판결에 따라 형집행이 종료된 사람이 법원의 명령에 의하여 전자장치를 부착하고 보호관찰관의 관리 감독을 받는 제도이다. 성폭력범죄, 살인범죄, 강도범죄, 미성년자 유괴 등 재범률이 높은 범죄를 저지른 사람이 전자감독제도의 대상이 되며, 가석방이 된 모든 사람도 범죄의 종류에 상관없이 전자감독의 대상이 된다.

범죄의 종류와 형집행의 기간에 따라 전자장치 부착 기간이 결정되며, 최고 45년까지 부착하도록 명령할 수 있다. 전자장치를 부착한 사람은 전자장치를 임의로 해제하거나 훼손할 수 없으며, 보호관찰관의 지시와 감독에 따라야 한다.

신상정보등록제도는 등록대상 성범죄로 유죄판결이 확정된 사람의 신상정보를 일반 국민이 알 수 있도록 하는 제도이다. 누구나 자기 지역에 어떤 성범죄자가 살고 있는지 확인할 수 있으며, 등록대상자로 하여금 범죄를 저지를 경우 쉽게 적발될 수 있다는 심리적 압박을 받도록 하여 재범을 방지하려는 것이다.

성범죄자 알리미

법원에서 신상정보등록이 결정되면, 대상자는 판결 확정일로부터 30일이 지나기 전에 등록대상자의 주소지(실제 거주지)를 관할하는 경찰서에 자신의 신상정보를 제출하여야 한다. 다만, 등록대상자가 교정시설 또는 치료감호시설에 수용된 경우에는 교정시설의 장에게 기본신상정보를 제출한다. 성명, 주민등록번호, 주소(실제 거주지), 소유 차량 정보, 신체 정보(키와 몸무게), 직장 등 소재지, 성범죄 경력 및 전과사실, 전자장치 부착에 관한 사실 등이 등록대상 정보이다.

신상정보등록제노는 등록 기간이 정해져 있기 때문에, 등록 기간이 경과하게 되면 등록된 정보는 폐기된다. 등록 기간은 형벌의 정도에 따라 10년, 15년, 20년, 30년으로 정해지게 되며, 일정 기간이 경과하고 재범의 위험성이 낮다고 판단되는 경우에는 등록이 면제될 수도 있다.

이외에도 「성폭력범죄의 처벌 등에 관한 특례법」, 「아동 청소년의 성보호에 관한 법률」, 「성폭력범죄자의 성충동 약물치료에 관한 법률」 등은 성폭력범죄에 대하여 보호관찰, 수강명령과 이수명령, 취업제한, 성충동 약물치료 등 여러 가지 보안처분을 마련하고 있다.

전자장치 부착 조건부보석제도는 구속된 피고인에게 위치추적 전자장치를 부착하는 조건으로 보석을 허가하는 제도다. 위치추적 전자장치를 부착하면 피고인의 도주나 피해자에게 접근해 위해를 가하는 위험을 막으면서 동시에 피고인의 방어권을 보장할 수 있다는 장점이 있다.

사례의 해결

전자발찌 착용은 전자감독제도에 해당하며, 범죄자 신상공개는 신상등록제도에 해당한다. 두 제도는 형벌은 아니지만, 공권력에 의해 자유를 제한하는 제재로서 범죄를 저지른 사람이 다시 범죄를 저지르지 않도록 예방하는 기능을 한다.

⚖️ 이것만은 꼭!

1. 현실적으로 형의 집행이 끝나면 형집행 종료가 되며, 형집행 중 가석방도 가능하다. 형집행면제로는 사면이 대표적이다.

2. 보호관찰이란 범죄인을 구금하는 대신 일정한 준수 사항을 이행하는 조건으로 자유로운 사회생활을 허용하면서 국가의 지도, 감독을 받도록 하는 제도를 의미한다.

3. 보호관찰관이 수행하는 업무로는 사회봉사명령, 수강명령, 조사, 치료명령, 성충동 약물치료, 전자감독 등이 있다.

4. 보호관찰 사건은 개시, 신고서의 접수, 종료의 순서로 진행된다.

3. 범칙금과 과태료

(1) 형벌이 아닌 범칙금과 과태료

기분파 씨는 범칙금과 과태료가 모두 적힌 통지서를 받았다. 범칙금과 과태료 부과는 일상생활에서 자주 접하는 국가의 불이익 처분이다. 그러면 범칙금과 과태료는 형벌인가? 아니라면 어떤 점에서 다른가?

「도로교통법」은 일정한 범칙행위를 정하고 그에 대하여 범칙금을 정하고 있다. 범죄행위에 해당하지만 재판을 통하여 형벌을 받지 않고, 행정절차를 통하여 일정한 금액을 납부하도록 한 것이다. 그러므로 범칙금은 형벌인 벌금이나 과료와 구분되며, 납부절차와 방법도 「도로교통법」에서 정하고 있다. 예를 들어, 신호위반, 중앙선 침범, 끼어들기 등의 행위를 하다가 경찰관에게 적발되면 범칙금 납부통고서를 받게 되고 정해진 기한 내에 범칙금을 납부하여야 한다.

과태료는 행정상 질서에 장애를 일으킬 우려가 있는 경우에 행정기관이 법률에 따라 부과하는 금전적 징계이다. 과태료는 벌금이나 과료와 같은 형벌이 아닌 행정질서벌에 속하며, 「도로교통법」 외에도 「개인정보보호법」, 「공직자윤리법」, 「노인복지법」, 「산업안전보건법」, 「식품위생법」, 「의료법」, 「자본시장과 금융투자업에 관한 법률」, 「환경보건법」 등 다양한 법률에서 행정상 의무를 위반한 경우에 납부하도록 정하고 있다.

구체적인 부과 및 징수 방법은 「질서위반행위규제법」에서 정하고 있다.

> **과태료**
>
> 벌금은 형법을 위반한 범죄인에 대하여 형벌의 하나로서 부과되는 재산형인 반면, 과태료는 행정 법규 등 형벌의 성질을 가지지 않는 법령 위반에 대해 행정청이 부과하는 금전적 징계를 말한다.

(2) 범칙금을 납부하는 절차는 어떻게 되나요?

기분파 씨가 범칙금을 납부하려면 어떻게 해야 하는지 알아보자. 그리고 범칙금 부과의 절차와 납부하지 않은 경우에 어떻게 되는지도 함께 확인해보자.

범칙금을 납부할 것을 통고받은 사람은 10일 이내에 경찰청장 등이 지정한 장소(은행, 우체국 등)에 범칙금을 납부해야 한다. 납부 기간 내에 납부하지 않은 사람은 범칙금 납부 기간이 끝나는 날의 다음 날부터 20일 이내에 통고받은 범칙금에 20%가 가산된 금액을 납부해야 한다. 위 기간 내에 범칙금을 납부한 사람은 그 범칙행위에 대하여 다시 처벌받지 않는다.

그러나 범칙금을 납부하지 않거나, 범칙행위를 한 사람이 누구인지 불분명하거나 범칙금 납부 통고서 받기를 거부하는 경우에는 관할경찰서장이 즉결심판을 청구할 수 있다. 법원은 범칙행위자에 대하여 도로교통법에 따라 20만 원 이하의 벌금, 구류, 또는 과료에 처할 수 있다. 즉결심판에 불복하는 경우에 7일 이내에 정식재판을 청구할 수 있다. 범칙행위를 한 사람이 즉결심판에 불출석하면 그 사람은 벌점 40점이 부과되어 40일간 운전면허 정지처분을 받게 된다.

다만, 즉결심판이 청구되기 전까지 통고받은 범칙금의 150%에 해당하는 금액을 납부한 사람에 대해서는 즉결심판청구를 하지 않고 절차가 종료된다. 즉결심판이 청구된 이후라면 선고 전까지 통고받은 범칙 금액의 150%에 해당하는 금액을 납부하고 증빙 서류를 제출하여 절차를 종료하게 할 수 있다.

💬 속도위반과 범칙금

도로교통법에서 정한 범칙행위를 경찰관이 적발하면, 바로 범칙금 납부 통고서를 받게 된다. 범칙행위를 한 사람이 운전자로 특정되었기 때문이다. 만일 경찰관이 적발하지 않고 과속 단속 카메라에 의하여 적발된 경우라면, 운전자가 누구인지 명확하지 않기 때문에, 만일 자신이 운전하지 않았음에도 범칙금 납부 통고서가 나온 경우에는 해당사실에 대하여 즉결심판절차에서 다툴 수 있다.

---

(3) 과태료는 무엇이고 어떻게 내나요?

기분파 씨가 과태료를 납부하려면 어떻게 해야 하는지 알아보자. 그리고 과태료 처분에 대한 불복방법 등에 관하여 살펴보자.

과태료 처분은 개별 법령에 따라 이루어진다. 예를 들어, 「도로교통법」은 교통법규를 위반하거나, 차의 소유자나 관리하는 사람으로서 다른 운전자가 범칙행위를 한 경우에 20만 원 이하의 과태료를 부과하도록 정하고 있다. 차의 관리자로서 운전자에게 교통법규와 준수 사항을 지키도록 주의시키고 감독해야 하기 때문이다. 신호위반의 경우에도 운전자가 아닌 차의 소유자는 과태료를 처분받게 된다. 다만 자신의 차를 도난당하였다는 등 특별한 사정이 있다면 과태료 처분을 면제받을 수도 있다.

질서위반행위에 대하여 과태료를 부과하고자 할 때에는 미리 당사자에게 위반 사실 등을 통지하고, 10일 이상의 기간을 정하여 의견을 제출할 기회를 주어야 한다. 당사자는 의견 제출 기한 이내에 정해진 방법에 따라 행정청에 의견을 진술하거나 필요한 자료를 제출할 수 있다. 행정청은 당사자가 제출한 의견에 상당한 이유가 있는 경우에는 과태료를 부과하지 않거나 통지한 내용을 변경할 수 있다(「질서위반행위규제법」 제16조). 의견제출절차를 마친 후에는 서면으로 과태료를 부과한다. 행정청의 과태료 부과에 불복하는 당사자는 과태료 부과 통지를 받은 날부터 60일 이내에 해당 행정청에 서면으로 이의제기를 할 수 있다(「질서위반행위규제법」 제20조).

질서위반행위규제법

이의가 없다면 과태료를 납부기한 내에 납부하여야 한다. 자진납부자나 사회적 약자의 경우에는 과태료를 감경해주기도 하지만, 체납한 사람에 대해서는 엄격하게 제재하고 있다. 특히 과태료를 납부기한 내에 납부하지 않으면 기한 경과 후 3%의 가산금이 징수되며, 체납된 과태료는 1개월이 경과할 때마다 1.2%씩 추가적으로 중가산금이 징수된다(「질서위반행위규제법」 제24조). 이 밖에도 도로교통법상 과태료를 체납하고, 가산금을 포함하여 30만 원이 넘는 경우에는 자동차 등록번호판 영치(관계공무원이 번호판을 분리하여 보관하는 행위) 처분도 할 수 있다(「질서위반행위규제법」 제55조).

이의제기를 받은 행정청은 이의제기를 받은 날부터 14일 이내에 이에 대한 의견 및 증빙서류를 첨부하여 관할법원에 통보하여야 한다. 다만 당사자가 이의제기를 철회하거나, 당사자의 이의제기에 이유가 있어 과태료를 부과할 필요가 없는 경우에는 통보하지 아니한다. 행정청이 관할법원에 통보하거나 통보하지 아니한 경우에는 그 사실을 즉시 당사자에게 통지하여야 한다(「질서위반규제법」 제21조). 관할법원은 원칙적으로 행정청의 이의제기 사실 통보 당시 당사자의 주소지의 지방법원 또는 그 지원이 된다.

법원은 심문기일을 열어 당사자의 진술을 들어야 하며 과태료 재판은 이유를 붙인 결정으로써 하고, 결정이 당사자와 검사에게 고지되면 그 효력이 발생한다. 당사자가 이에 불복하는 경우에는 즉시 항고를 할 수 있으며, 이때에는 과태료 집행이 정지된다. 과태료에 처하는 선고가 있는 경우에는 그 선고를 받은 자가 재판비용을 부담하며, 과태료의 집행은 검사의 명령으로써 한다. 과태료 재판이 확정된 후에도 과태료를 납부하지 아니한 경우에는 위와 동일하게 가산금, 중가산금이 부과된다.

구분	범칙금	과태료
부과 대상	경찰관의 현장단속에 의해 적발된 도로교통법 위반 운전자에게 부과	주로 단속 카메라에 의해 적발되고, 위반 사실은 있지만 운전자가 확인되지 않을 때 차량 소유주에게 부과
벌점 유무	교통법규 위반기록이 남고, 벌점이 부과됨	벌점이 부과되지는 않음
미납 시 효과	미납 시 금액이 증액되고, 일정 기간 지나면 즉결심판절차 진행	미납 시 가산금이 징수되고, 60일 이상 체납 또는 금액이 30만 원 이상인 경우 번호판 영치 처분 가능

▲ 범칙금과 과태료의 차이

사례의 해결

기분파 씨가 범칙행위를 하였으므로 범칙금을 내기로 선택한다면 10일 이내에 지정된 곳으로 범칙금 3만 원을 납부하면 된다. 기분파 씨가 아닌 다른 사람이 운전한 것이라면 범칙금에 대하여 다툴 수 있다. 그러나, 자신 소유의 차인 것이 분명하고 도난 등의 사유가 없기 때문에 과태료에 대한 이의제기를 하기는 어려울 것이다. 과태료를 내기로 선택한다면, 납부기한 이내에 4만 원을 납부할 수 있다. 만일 기간 내에 범칙금을 납부하지 않거나 과태료를 납부하지 않는다면, 즉결심판절차로 가거나 과태료 체납으로 인한 불이익을 받을 수 있다.

이것만은 꼭!

1. 범칙금과 과태료는 불이익 처분이지만 형벌이 아니기 때문에 형사재판절차를 통해 부과되는 것은 아니다. 다만 불이익을 주는 행정처분으로서 법률에 근거가 있어야 한다.
2. 범칙금을 정해진 기간 내에 납부하지 않으면 즉결심판을 받게 된다.
3. 과태료 납부의 통지를 받으면 의견을 제출하거나 이의를 제기할 수 있고, 만일 이의가 없다면 정해진 기간 내에 납부하여야 한다.
4. 과태료를 납부하지 않아 체납자가 되면, 가산금 부과, 자동차번호판 영치 등의 처분을 받을 수 있다.

4. 행정상 강제: 격리처분

사 례

임풀루 씨는 최근 유행하는 전염병에 걸리지 않기 위하여 개인위생을 조심하면서 생활하였으나, 직장 건물에서 전염병 확진자가 나오자 밀접 접촉자로 인정되어 감염병 의심자가 되었다. 임풀루 씨는 감염병 의심자에 대하여 격리시설에 강제로 입소시키는 정책에 따라 격리되었다. 나름 정부의 지침을 충실하게 준수하였지만 자신의 잘못이 아닌 사유로 격리 생활을 하게 된 임풀루 씨는 자신의 생업을 위하여 하루빨리 격리가 풀리길 원한다.

(1) 행정적 목표를 위한 강제이행수단

임풀루 씨가 받은 격리처분은 개인의 자유를 제한하는 것으로서 기본적 권리를 침해하는 강제처분이다. 그런데 이 격리처분은 앞에서 살펴본 형벌의 종류에는 속하지 않는 것으로, 행정상 즉시강제에 해당한다. 행정상 강제처분에 대하여 알아보자.

행정상 강제처분은 행정적 필요에 의하여 국민의 신체나 재산에 대하여 일정한 의무를 부과하는 행정처분이다. 신체의 자유를 박탈하거나 제한하고, 일정한 금액의 재산을 징수하는 등 형벌과 유사한 것 같지만 형벌이 아니다. 형사재판을 통하여 범죄에 따라 법률에서 정해진 형벌을 받는 것과 달리 행정기관이 행정상 목적을 위하여 내린 처분인 것이다. 그러나 행정상 강제도 국민의 권리와 자유를 제한한다는 점에서 법률에 근거가 있어야 한다. 행정처분 중에서도 강제성이 강하다는 점에서 법률에서 정한 요건을 충족하는지 여부를 더 엄격하게 판단하여야 한다. 행정상 강제처분에는 행정상 강제집행과 행정상 즉시강제가 있다. 행정상 강제집행은 행정법상의 의무불이행에 대하여 행정주체가 강제력을 사용하여 그 의무를 이행시키거나 또는 이행된 것과 같은 상태를 실현하는 작용을 말한다. 그 수단으로는 대집행, 집행벌, 직접강제의 세 종류가 있다. 근거 법률로는 행정대집행법과 국세징수법 등이 있다.

행정상 즉시강제는 급박한 행정적 장해를 제거하기 위하여 시간을 지체할 수 없는 경우에 이루어지는 강제처분이다. 예를 들어, 마약중독자를 강제로 수용하거나, 화재가 발생한 경우 진화를 위하여 장애물을 제거하는 것 등은 마약법, 소방법에 따라 이루어지는 행정상 즉시강제에 해당한다.

행정상 즉시강제는 ① 기존의 장해나 당장의 급박한 장해를 제거하기 위한 경우에만 허용될 수 있고 ② 적극적으로 어떤 행정상 목적을 달성하기 위한 것이 아니라 오로지 위험방지라는 소극적 목적으로만 발동될 수 있으며 ③ 행정상 즉시강제 외에 다른 적합한 수단이 없어야 하고 ④ 목적에 따라 필요한 범위를 벗어나지 않아야 한다. 만일 이러한 요건들을 충족하지 못하는 경우에는 행정소송이나 손해배상청구를 할 수 있다.

(2) 감염병 예방 및 확산방지를 위한 행정조치

임플루 씨는 「감염병의 예방 및 관리에 관한 법률」에서 정하는 격리처분을 받은 것이다. 감염병의 예방 및 확산방지를 위한 행정조치들에 관하여 살펴보자.

질병관리청장이나 지방자치단체장은 감염병을 예방하기 위하여 법률에서 정하는 조치들을 취해야 한다. 미리 예방조치 내용을 주민에게 알리고, 관할 지역에 대한 교통의 전부 또는 일부를 차단하거나 흥행, 집회, 제례 또는 그 밖의 여러 사람의 집합을 제한하거나 금지하는 조치, 감염병 전파의 위험성이 있는 장소 또는 시설의 관리자·운영자 및 이용자 등에 대해 출입자 명단 작성, 마스크 착용 등 방역 지침의 준수를 명하는 조치, 감염병 전파를 예방하기 위하여 마스크 착용 등 방역 지침의 준수를 명하는 조치, 감염병 유행 기간 중 필요한 의료인, 의료관계인이나 의료기관 시설을 동원하는 조치, 감염병 병원체에 오염되었거나 오염되었을 것으로 의심되는 시설 또는 장소에 대한 소독에 관한 조치 등이 여기에 해당한다. 이러한 조치들을 따르지 않을 경우에는 법률에서 정하는 바에 따라 과태료 부과 대상이 될 수 있다. 그리고 감염병이 유행하면 감염병 전파를 막기 위하여 감염병 의심자를 적당한 장소에 일정한 기간 동안 입원하게 하거나 격리할 수 있다(「감염병예방법」 제47조). 만일 입원이나 격리 조치에 위반한 사람은 1년 이하의 징역, 1,000만 원 이하의 벌금에 해당하는 형을 받을 수 있다(「감염병예방법」 제79조의3).

질병관리청장이나 지방자치단체장은 법률에서 정한 감염병 환자가 있다고 인정되는 장소에 들어가서 필요한 조사나 진찰을 하게 할 수 있다. 진찰 결과 감염병 환자로 인정된 사람에 대해서는 적절한 치료를 받도록 하고, 입원이나 격리 등 필요한 조치를 취할 수 있다. 만일 이러한 조치에 따르지 않으면 300만 원 이하의 벌금형을 받을 수 있다(「감염병의 예방 및 관리에 관한 법률」 제80조).

감염병예방법

(3) 격리해제와 보상

격리처분은 개인의 자유를 상당히 제한하는 조치로서 엄격한 행정상 즉시강제 요건에 따라야 한다는 점을 앞에서 살펴보았다. 감염병의 확산과 같은 급박한 장해에 대하여 이를 예방하기 위한 조치는 신속함이 전제될 수밖에 없다. 또한 감염병의 전파를 방지하기 위해서 격리조치는 필요한 조치임은 분명하다. 그러나 감염병 예방을 위한 목적을 넘어서거나, 필요 이상의 피해를 받도록 해서는 안 된다. 감염병 환자 혹은 감염병 의심자가 법률에 의하여 격리처분을 받았더라도, 검사 결과 감염병 병원체에 감염되지 않았거나, 더 이상 감염병 확산의 위험이 없는 등의 사정이 있다면 즉시 격리를 해제해야 한다.

또한 감염병으로 격리 및 치료 등을 받은 경우에 발생한 피해를 보상받을 수 있다. 만일 감염병 의심자로서 적당한 장소에 입원하거나 격리되어 생업이 어렵게 된 경우에는 일정한 금액을 지원받을 수도 있다.

사례의 해결

임풀루 씨는 감염병의 예방 및 관리에 대한 법률에 따라 격리처분을 받은 것이다. 비록 긴급한 필요가 있기 때문에, 격리시설에 격리되었지만, 감염병 의심자가 아닌 것으로 밝혀지면 즉시 격리에서 해제될 수 있다. 격리하는 동안 치료 등을 지원받을 수 있고 생업이 어렵게 되었다면 법률에서 정하는 지원을 받을 수 있다.

이것만은 꼭!

1. 행정상 즉시강제는 국가의 강제처분이지만, 긴급한 장해 상황을 신속히 제거하여 급박한 위험을 방지하기 위한 조치로서 법률에 의하여 인정된다.

2. 국민의 자유나 재산에 침해를 가져오는 행정상 즉시강제는 엄격한 요건을 준수하여야 정당화될 수 있다.

3. 감염병의 예방 및 관리에 관한 법률은 감염병 유행이 의심되는 경우 강제처분으로서 격리처분을 규정하고 있다.

4. 강제격리를 받았던 사람은 법률에 따라 피해를 보상받거나 지원을 받을 수 있다.

경제생활과 소비자

시민들은 살아가기 위하여 필요한 상품이나 서비스를 거래한다. 대부분의 거래관계는 자유롭게 맺어지며, 누구와 어떠한 계약을 맺을지는 계약당사자의 자유로운 의사에 의한다. 원칙적으로 법은 시민들이 자유롭게 계약을 맺고 소유권을 행사할 수 있도록 도와주지만, 상대적으로 법의 보호를 받아야 할 필요가 있는 경우에는 계약의 내용이나 조건에 대하여 일정한 제한을 가한다.

시민들은 주거를 마련하기 위해 집을 사고팔거나, 일정 기간 빌리기도 한다. 이와 같은 부동산의 거래는 일반적인 상품의 경우와는 달리 등기를 필요로 한다. 부동산의 중요성에 비추어 법률관계의 변동이 일반에 공시되어야 하기 때문이다. 부동산 매매계약은 민법의 적용을 받지만, 부동산임대차의 경우에는 특별법이 우선하여 적용되는 경우가 있다. 국민의 주거 안정이나 상가 임차인의 보호를 위한 특별법이 그것이다.

금융거래도 오늘날 중요한 경제생활이다. 은행이나 다른 금융기관으로부터 대출을 받는 경우에 대출상품을 이용하는 사람이 약자의 위치임을 고려하여 금융당국은 대출상품에 대한 대출이자의 상한 등 여러 규제들을 하게 된다. 대출상품 외에도 보험상품이나 금융투자상품을 거래하는 경우에도 마찬가지이다. 일반인들이 무리하게 금융상품을 거래하여 큰 피해를 보지 않도록 여러 법률은 소비자보호제도를 두고 있다.

상품이나 서비스를 구입할 때에도 소비자보호의 필요성이 높다. 최근에는 인터넷쇼핑몰과 같은 비대면 전자금융거래 방식으로 상품을 구입하는 소비자가 늘어나고 있다. 우리 법은 정보에 취약한 소비자가 온라인이라는 환경에서도 보호를 받을 수 있도록 여러 제도를 마련하고 있다. 또한 의료, 여행 등 다양한 분야의 서비스 거래가 가지는 특별한 성격을 고려하여 법은 소비자의 권리가 적절하게 보호를 받을 수 있는 장치를 마련하고 있다.

이렇게 다양한 영역에서 다양한 방식으로 경제활동이 이루어지다 보면 분쟁이 발생하게 된다. 이들 분쟁에 대하여 소송이라는 절차를 이용할 수도 있지만, 최근에는 더 적은 비용으로 더 쉽게 분쟁을 처리할 수 있는 조정, 중재 제도들이 활발하게 이용되고 있다. 소비자를 위한 분쟁조정위원회, 환자를 위한 의료분쟁조정위원회 등 위원회 제도를 통하여 시민들이 더 쉽고 효율적으로 분쟁을 처리할 수 있다.

제1절 | 부동산 매매

1. 부동산 매매계약을 체결할 때

사 례

한국인 씨는 은퇴하여 도시의 아파트를 팔고 고향으로 내려가고자 한다. 같은 도시에서 직장에 다니는 김이사 씨는 그 아파트를 사고자 한다. 공인중개사인 도중개 씨를 통하여 한국인 씨와 김이사 씨는 아파트를 서로 사고팔기로 하였다. 계약을 체결하면서 김이사 씨는 한국인 씨에게 계약금을 지급하였고, 중도금도 제때 지급하였다. 한국인 씨는 도시생활을 더 선호하는 가족들의 의견을 듣고 고민하던 중 집값이 3배 이상 오르자, 매매계약을 취소하고자 한다. 한국인 씨는 김이사 씨로부터 중도금까지 받은 상황에서 매매계약을 취소할 수 있을까?

(1) 매매계약의 권리의무관계

한국인 씨와 김이사 씨가 아파트를 사고팔기로 한 것은 부동산 매매계약이다. 계약은 계약당사자들에게 일정한 권리와 의무를 발생시킨다. 법에서 계약이란 무엇이고, 매매계약은 어떠한 권리와 의무를 발생시키는지 기본적인 내용을 살펴보자.

살아가는 데 있어 경제생활은 필수적이다. 삶을 영위하기 위하여 음식, 옷, 집 등 필요한 재화를 마련해야 하는데, 현대 사회를 살아가는 사람들은 필요한 재화를 직접적으로 생산할 수 없기 때문에 금전이나 다른 재화를 매개로 거래를 통해 필요한 재화를 획득한다.

계약은 사람과 사람 사이의 거래에 관한 합의와 약속이다. 자유롭게 그 내용을 정할 수 있으며, 거래의 상대방도 자유롭게 선택할 수 있다. 이렇듯 자유롭게 거래의 내용, 상대방, 방식 등을 정할 수 있는 것을 '계약자유의 원칙'이라고 한다. 그러나 당사자들의 자유로운 의사에 의하여 맺어진 계약이라고 하더라도, 당사자들이 그 계약에 따른 의무를 항상 이행하는 것은 아니다. 계약당사자들의 이해관계가 다르고, 계약을 할 때와 이후의 상황이 달라지기 때문에 계약의 효력은 위협을 받을 수 있다. 계약이 제대로 이행되지 않으면 계약에 대한 신뢰가 상실되고, 거래 활동 또한 활발하게 이루어지기 어렵게 된다. 법은 거래 활동이 신뢰를 갖고 활발히 이루어질 수 있도록 계약의 성립, 이행, 취소, 철회 등에 관하여 기준을 정하고 있다.

• 계약의 성립

계약은 당사자의 의사가 합치하면 성립한다. 백화점에서 구두 1켤레를 10만 원에 팔겠다고 진열해 놓고 고객이 상품을 보고 10만 원에 사겠다고 하면 구두 1켤레에 대한 매매계약이 성립한다. 법률상으로는 구두

를 팔겠다고 하는 것을 청약, 사겠다고 하는 것을 승낙이라고 하며, 청약과 승낙이 합치될 때 계약이 성립한다. 청약과 승낙의 내용이 합치하여 계약이 유효하게 성립하려면 계약당사자와 계약의 내용에 관하여 민법에서 정하는 몇 가지 조건을 충족해야 한다.

먼저 계약의 당사자로서 유효한 계약을 체결하기 위해서는 그 사람이 의사능력과 행위능력을 갖추어야 한다. 계약은 동등한 당사자들이 자신의 자유로운 의사에 따라 권리와 의무를 발생시키는 합의를 하는 것이다. 그러나 한쪽 상대방이 자신의 의사를 판단하고 결정할 능력이 없거나, 스스로 법률행위를 할 능력이 없는 경우라면, 동등한 상태에서 적절한 계약을 체결할 수 없을 것이다. 예를 들어, 우리 민법에서 미성년자(만 19세 미만)의 행위능력은 성인의 행위능력에 비하여 제한적으로 인정된다. 그래서 미성년자가 부동산을 사는 계약을 단독으로 체결하는 경우에는 그 계약의 효력이 문제가 될 수 있다. 또한 성인이더라도 치매 등의 질환으로 인하여 의사능력이 없다고 인정되는 상황에서 체결한 부동산 매매계약의 효력을 인정하는 것도 문제가 될 수 있다.

다음으로 계약의 내용에 관한 조건도 있다. 의사능력과 행위능력이 있는 당사자들 간의 계약이더라도 계약의 내용이 반사회적이거나 불공정하다면 계약이 유효하지 않을 수 있다. 예를 들어, 장기를 매매한다는 계약이나 다른 사람을 죽이기로 하는 계약은 법적으로 효력이 없다.

계약자 및 계약의 내용에 관한 조건을 갖추어 계약이 유효하게 성립하면, 계약의 당사자들은 계약의 내용에 따라서 권리와 의무를 부담한다. 권리를 갖는 사

의사능력

의사능력이란 법률관계를 형성하기 위하여 하는 행위의 의미나 결과를 합리적으로 예견할 수 있는 정신적 능력 또는 지능이다. 의사능력이 있는지 여부는 구체적 상황에서 개별적으로 판단해야 하고, 의사능력이 없는 사람의 법률행위는 무효이다.

행위능력

행위능력은 독자적으로 유효하게 법률행위를 할 수 있는 능력이다. 행위능력이 없다고 민법에서 정한 기준에 해당하게 되면, 그 사람이 단독으로 한 행위는 취소할 수 있는 행위가 된다.

람을 채권자, 의무를 부담하는 사람을 채무자라고 부른다. 구두의 매매에서 보는 것처럼 구두를 파는 사람은 구두 대금을 받을 권리가 있지만, 동시에 구두를 인도해야 할 의무를 부담한다. 구두를 사는 사람 역시 구두를 인도받을 권리를 갖지만 구두 대금을 지급할 의무를 부담한다. 이렇듯 계약당사자 모두 권리와 의무를 함께 지니는 계약을 쌍무계약이라고 한다. 구두 구매자가 돈을 지급하였는데 구두 판매자가 구두를 인도하지 않았다면 구두 구매자는 구두를 인도받을 권리(채권)를 갖게 되며, 그 권리를 행사하기 위하여 소송 등 여러 법적 수단을 이용할 수 있다. 그리고 계약의 내용에 따라 채권자와 채무자는 신의에 맞게 자신의 권리를 행사하고, 성실하게 자신의 의무를 이행하여야 한다. 이를 '신의성실의 원칙'이라고 한다.

(2) 부동산 매매계약

부동산 매매계약은 구두 등 일반 상품 매매와는 다른 측면이 많다. 부동산의 경우 소유권이 완전히 이전되려면 소유권이전등기를 완료하여야 하며, 계약의 체결 및 이행에 다소 시일이 걸린다. 부동산을 매수하려면 부동산을 매도하는 사람이 부동산등기부상 소유자로 등기되어 있는지 확인하여야 하며, 부동산이 압류·가압류·가처분이 되어 있는지, 저당권 등이 설정되어 있는지를 확인하여야 한다. 또한 부동산 거래금액은 비교적 거액이므로 한꺼번에 매매대금 전액을 지급하기가 어렵고, 사정이 변경될 가능성이 높기 때문에 대금지급도 계약금, 중도금, 잔금의 형태로 이루어지는 것이 일반적이다. 이하에서는 등기를 중심으로 부동산 매매계약을 체결하는 과정에서 확인해야 할 사항들과 중개인을 통해 부동산을 매매할 때 주의할 점, 그리고 계약금, 중도금, 잔금지급 단계에서의 계약의 효력에 대해 확인해보자.

• 등기부 읽기

민법은 물건을 동산과 부동산으로 나눈다. 토지와 토지의 정착물은 부동산이고, 이를 제외한 모든 물건은 동산이다. 물건에 대한 권리가 누구에게 속하는가를 공개적으로 확인할 수 있도록 하는 것을 '공시'라고 한다. 일반적으로 한 사람이 어떤 물건을 손에 들고 있다면, 그 사람이 물건의 주인이라고 볼 수 있다(물론 상황에 따라 자신의 것이 아닌 경우도 있을 수 있다).

부동산의 경우에는 소유권자를 어떻게 확인할 수 있을까? 부동산은 성격상 소

토지대장과 건축물관리대장

토지대장은 토지의 소재, 지번, 지목, 면적, 소유자의 주소, 주민등록번호, 성명 등을 등록하여 토지의 상황을 명확히 하는 장부이다. 건축물관리대장은 건물의 소재, 번호, 종류, 구조, 면적, 소유자의 주소, 주민등록번호, 성명 등을 등록하여 건물의 상황을 명확하게 하는 장부이다.
등기부는 권리관계를 명확히 하지만, 토지대장 및 건축물관리대장을 통해 부동산의 형상을 확인하여야 한다.

유권자가 손에 들고 있기는 불가능하다. 그래서 부동산에 대한 공시는 '등기제도'를 통해 이루어진다. 등기를 통하여 우리는 부동산의 소유권을 비롯한 권리관계를 확인할 수 있는 것이다.

부동산등기법

등기부등본

부동산등기부는 표제부, 갑구, 을구로 구분된다. 표제부에는 부동산의 소재와 지번, 지목, 면적 등 부동산의 표시에 관한 사항을 기록하며, 갑구에는 소유권에 관한 사항(압류, 가압류, 가처분, 소유권이전등기, 가등기 등)을 기록하고, 을구에는 저당권, 전세권, 지상권, 임차권 등 소유권 외의 권리에 관한 사항을 기록한다(「부동산등기법」 제15조 제2항). 따라서 부동산을 매수하려면 표제부를 통해 거래 대상 물건이 맞는지 확인하고, 갑구를 통해 소유권을, 을구를 통해 저당권 등 제한물권이 설정되어 있는지 확인하여야 한다.

부동산에 관한 정보 외에 그 부동산을 둘러싼 채권채무관계도 확인하고 매매계약을 체결해야 한다.

• 매매계약서의 작성

매매계약서(서식)

계약의 당사자가 합의한 계약의 내용을 기재한 문서를 계약서라고 한다. 계약서를 작성하지 않는다고 하여 계약 자체가 성립하지 않는 것은 아니다. 그러나 분쟁의 소지를 줄이고, 계약의 중요 사항을 분명히 하기 위하여 계약서는 중요하다. 계약서는 원칙적으로 특별한 형식이 없으며, 계약의 내용도 계약의 당사자가 자유롭게 작성할 수 있다. 그러나 부동산의 경우 계약의 내용을 명확하게 하기 위하여 적어도 다음의 사항은 계약서에 포함시키고 확인하는 것이 좋다.

부동산 매매계약서 작성 시 기재 사항
① 매도인과 매수인의 인적 사항(이름, 주소, 주민등록번호, 전화번호 등)
② 부동산에 관한 사항(등기부와 일치 여부 확인)
③ 부동산 매매계약일
④ 부동산의 소유권을 이전하는 시기
⑤ 계약의 해지 및 해제, 손해배상에 관한 사항
⑥ 부동산 매매대금과 지급 시기, 지급 방법
⑦ 기타 매도인과 매수인이 특별히 정한 사항(조건, 기한 등)
⑧ 계약의 증인이 되는 사람(주로 중개인)의 인적 사항(이름, 주소, 주민등록번호, 전화번호 등)

• 부동산 중개인을 이용하는 경우

부동산 거래를 하면서 매도인과 매수인이 직접 계약을 체결할 수도 있지만, 부동산 중개사무소를 이용할 수도 있다. 공인
중개사는 부동산 거래와 관련하여 확인해야
하는 사항들을 대신 확인해주고 매도인과 매
수인이 더 편리하게 계약을 체결할 수 있도
록 도와준다. 이때 공인중개사는 자신이 확
인한 사항들을 성실하게 매도인과 매수인에
게 설명해 주어야 하고, 계약이 체결된 경우
공인중개사는 매도인과 매수인 모두로부터
중개보수를 받는데, 특별시, 광역시, 도의 조례는 중개인이 한 사람에게 받을 수
있는 중개보수의 한도를 정하고 있다. 이 한도를 넘지 않는 범위 내에서 중개인
은 중개보수를 매도인과 매수인에게 청구할 수 있다. 만일 공인중개사가 확인 ·
설명을 제대로 하지 못하여 의뢰인이 손해를 입게 되면 손해를 배상해야 하고,
경우에 따라 과태료 처분을 받을 수도 있다.

공인중개사가 확인 · 설명해야 하는 사항

① 중개대상물의 종류, 소재지, 지번, 지목, 면적, 용도, 구조, 준공시기 등 중개대상물의 기본
　적인 사항
② 소유권, 전세권, 저당권 등 중개대상물의 권리관계에 관한 사항
③ 거래예정금액, 중개보수, 실비 등 금액과 산출내역
④ 토지이용계획, 공법상의 거래규제 및 이용제한에 관한 사항
⑤ 수도, 전기, 가스, 소방, 열공급, 승강기, 배수 등 시설물의 상태
⑥ 벽면 및 도배의 상태
⑦ 일조, 소음, 진동 등 환경조건
⑧ 도로 및 대중교통수단과의 연계성, 시장 · 학교 등과의 근접성 등 입지조건
⑨ 중개대상물에 대한 권리를 취득할 경우 부담해야 하는 조세의 종류와 세율

(3) 계약금과 중도금

　김이사 씨는 계약의 내용에 따라 계약금과 중도금을 모두 한국인 씨에게 지급
하였다. 그럼에도 아직 소유권은 한국인 씨에게 있는데, 이때 부동산의 소유관계
는 어떻게 되는지 계약금과 중도금의 성격에 대하여 알아보자.
　부동산 매매대금은 비교적 거액이기 때문에, 일반적으로 매매계약 시 계약금
을 지불하고, 중간에 중도금을 지급하며, 소유권이전을 받을 때 즉, 등기를 통해
소유권을 확정적으로 넘겨받을 때 잔금을 치르는 형태로 지불한다.

• 계약금

계약금은 통상 대금의 10% 안팎에서 결정되며, 계약금이 지불되면 매매계약이 체결되었다는 증거가 된다(증거금). 또한 계약 후 계약금만 지급한 상태에서 사정이 변하여 매도인이나 매수인 중 일방이 계약을 파기하는 경우가 있다. 이때 별도의 약정이 없는 경우 어느 한쪽이 이행에 착수하기 전까지 매도인은 수령한 계약금의 2배를 지급하고 매수인은 계약금을 포기하면 계약을 해제할 수 있다(「민법」제565조).

그러나 계약금은 해약금의 성질을 가지고 있어서 이를 위약금으로 하기로 하는 특약이 없는 이상 계약이 당사자 일방의 귀책사유로 인하여 해제되었다고 하더라도 상대방은 계약불이행으로 입은 실제 손해만을 배상받을 수 있을 뿐 계약금이 위약금으로서 상대방에게 당연히 귀속되는 것은 아니다(대법원 1996.5.14. 선고 95다54693 판결). 따라서 매도인이 매매 대상 부동산을 다른 사람에게 매도하거나, 매수인이 잔금을 지급하지 않는 경우 등과 같이 어느 일방의 사유로 계약이 해제된 경우 계약금에 해당하는 금액만큼을 손해배상액으로 한다는 특약(손해배상의 예정특약)이 없으면 실제 손해액을 증명하여야 배상을 받을 수 있다. 따라서 매매계약을 체결할 때 "매도인이 계약을 위반한 때에는 계약금의 배액을 배상하고, 매수인이 계약을 위반하였을 때에는 계약금의 반환을 청구하지 않기로 한다"는 특약을 계약서에 기재해 두는 것이 좋다.

• 중도금

통상 부동산 매매계약에서 중도금은 매매대금의 30~40% 정도의 금액으로 결정한다. 중도금이 지급되면 더 이상 일방적인 계약 해제는 불가능하다. 중도금의 지급이 '이행의 착수'에 해당하기 때문이다. 계약에서 이행에 착수한다는 것은 계약에서 정한 내용에 따라 이행을 시작하고, 이에 따라 상대방도 자신의 의무를 성실히 이행할 것이라고 기대를 한다는 것을 의미한다. 그래서 이 경우에도 자유로운 해제를 인정하게 된다면, 계약 이행에 대한 기대를 한 상대방이 예측하지 못한 손해를 입게 될 수 있다는 점에서 일방적인 해제를 인정하지 않는 것이다. 다만 이 경우에도 계약당사자가 합의하여 해제를 할 수 있고, 만일 법률이나 계약에 규정된 해제사유가 있는 경우에는 이를 이유로 해제할 수 있다. 해제사유에 기하여 해제를 하는 경우에는 손해배상청구권이 발생한다. 중도금을 받은 상태에서 그 부동산을 다른 사람에게 양도하거나 저당을 잡히면 배임죄로 형사처벌을 받을 수 있다.

사례의 해결

한국인 씨와 김이사 씨는 도중개 씨의 중개로 부동산 매매계약을 체결하였다. 김이사 씨가 계약금만 지급한 상황이라면, 한국인 씨는 자신이 받은 계약금에 해당하는 금액을 더하여 반환하고 매매계약을 해제할 수 있다. 그러나 중도금까지 받았기 때문에, 한국인 씨는 일방적으로 해제할 수 없고, 김이사 씨와 합의를 통하여 해제할 수밖에 없다. 김이사 씨가 부동산을 취득하고 싶다면 잔금을 공탁하거나 잔금을 준비하여 잔금지급기일에 잔금을 주려 했다는 사실을 입증하고, 법원으로부터 판결을 받아 소유권이전등기를 자신 명의로 마칠 수 있다.

⚖️ 이것만은 꼭!

1. 계약은 당사자들이 자유롭게 계약의 내용과 상대방을 정할 수 있는 것이 원칙이다.

2. 계약의 당사자가 법적으로 의사능력이 없거나 행위능력이 없다면, 혹은 계약의 내용이 반사회적이거나 현저히 불공정하거나 적법하지 않다면 법적으로 계약의 효력을 보호받지 못한다.

3. 매매계약은 매도인과 매수인 사이의 물건의 소유권을 이전하고 대금을 지급하기로 하는 합의이다.

4. 부동산 매매계약을 할 때에는 등기부를 확인하여야 하고, 공인중개사는 당사자들에게 부동산의 현황에 대하여 설명할 의무가 있다.

5. 계약금만 지급한 상태에서 상대방이 이행에 착수하기 전까지는 매도인은 계약금의 배액을 지급하고, 매수인은 지급한 계약금을 포기하고 계약을 해제할 수 있다.

6. 계약서에 어느 일방의 귀책사유로 계약이 해제된 경우 계약금 상당액을 손해배상으로 지급하여야 한다는 특약이 없으면 손해배상을 요구하는 측에서 실제 손해액을 증명하여야 배상을 받을 수 있다.

7. 중도금을 지급한 이후에는 합의 또는 해제사유가 없는 한 해제할 수 없다.

8. 중도금을 지급받고도 그 부동산을 다른 사람에게 처분(양도, 저당권 설정 등)하면 배임죄로 처벌될 수 있다.

2. 부동산 소유권을 이전할 때

사 례

한국인 씨는 김이사 씨에게 중도금을 받았기 때문에, 부동산 매매계약을 취소하지 않기로 결심하였다. 소유권을 이전하기로 약속한 날이 되어, 소유권이전등기를 위하여 필요한 서류를 가지고 도중개 씨와 함께 약속 장소에 갔다. 그러나 잔금을 치르기로 한 김이사 씨는 집안에 급한 사정이 생겨 그러니 잔금지급을 두 달 정도 미뤄달라고 부탁하면서 두 달 뒤에 꼭 잔금을 지급할 테니 소유권이전등기는 원래 약속한 날짜에 먼저 해달라고 주장한다. 이때 한국인 씨는 원래 약속한 날에 김이사 씨의 요구대로 이전등기를 해주어야 할까?

(1) 잔금지급과 부동산 소유권이전등기

한국인 씨와 김이사 씨는 부동산 매매계약에 따라 계약금과 중도금을 지급하였고, 잔금지급과 소유권이전만 남겨 두고 있다. 매도인인 한국인 씨의 소유권이전의무와 매수인인 김이사 씨의 잔금지급의무가 어떤 관계에 있는지 알아보자.

부동산 매매계약을 체결하면, 매도인과 매수인은 계약으로 인한 의무가 발생하는데, 각 의무는 서로 대가적 관계에 있다. 다시 말해서, 매도인의 소유권이전의무와 매수인의 잔금지급의무는 대가적 관계에 있기 때문에, 매도인과 매수인은 자신의 의무를 이행할 때 그 대가로서 상대방의 의무 이행을 요구할 수 있다.

일반적으로 부동산 매매계약을 맺고 매매대금을 지불할 때 계약금, 중도금, 잔금을 나누어 지급한다. 그중에서 잔금은 보통 가장 큰 금액이며, 잔금을 치르면서 매수인은 매도인에게 소유권이전을 요구할 수 있다. 따라서 잔금을 매도인에게 지급하고 매도인으로부터 소유권이전등기에 필요한 서류를 받으려면 직접 만나서 동시에 교환하는 것이 좋다.

만일 매도인이 소유권이전의무를 이행하지 않으면 매수인은 잔금지급을 거절할 수 있고, 반대로 매수인이 잔금지급의무를 이행하지 않으면 매도인은 소유권이전등기를 거절할 수 있다. 이렇게 상대방이 의무를 이행하지 않는 것을 이유로 자신의 의무 이행을 거절할 수 있는 권리를 '동시이행의 항변권'이라고 한다.

만일 공인중개사를 통하여 잔금을 지급하고 소유권이전등기를 위한 서류를 받게 된다면, 공인중개사가 적법한 위임을 받았는지 등을 인감증명, 인감도장이 찍힌 위임장 등을 통해 확인하여야 한다. 커다란 금액의 부동산을 거래할 때에는 법무사 등 전문가의 도움을 받는 것도 좋은 방법이다.

(2) 등기를 하여야 부동산 소유권이 이전된다

계약에 따르면 한국인 씨는 잔금을 받으면서 김이사 씨에게 등기필정보 등 소유권이전등기에 필요한 서류를 주어야 한다. 김이사 씨는 받은 서류와 함께 다른 서류를 첨부하여 소유권이전등기를 신청할 수 있다. 어떤 서류가 필요한지, 소유권이전등기 신청절차를 확인해보자.

매매계약만으로는 소유권이 이전되지 않으며, 등기를 마쳐야 소유권은 매도인에게서 매수인으로 넘어가게 되는데, 부동산의 소유권을 이전하는 등기를 소유권이전등기라고 한다. 이때 매도인은 등기의무자, 매수인은 등기권리자가 된다. 공동으로 등기를 신청하여야 하지만, 매수인이 매도인의 위임을 받아 등기신청을 하는 것이 보통이다. 신청 방법은 직접 등기소를 찾아가거나, 법원등기소의 인터넷 홈페이지를 이용할 수도 있다.

부동산 소유권이전등기를 신청할 때에는 신청서를 작성하고 필요한 서류를 함께 등기소에 제출하여야 한다. 신청서에는 부동산에 관한 정보, 등기의 원인(매매), 등기의 목적(소유권이전), 등기의무자와 등기권리자의 인적 사항, 부동산의 시가표준액 및 국민주택채권매입금액 등의 정보를 기재하여야 한다.

그리고 등기원인을 증명하는 정보, 새로운 등기명의인이 되는 등기권리자의 정보, 등기의무자의 정보, 이전등기의 대상이 되는 부동산에 관한 정보를 증명할 수 있는 서류를 등기신청서와 함께 제출하여야 한다. 일반적으로 매매계약서, 매매목록, 대장등본, 부동산거래계약신고필증, 취득세영수필확인서, 등기 수입증지, 위임장, 인감증명서, 주민등록표 등(초)본 등의 서류를 준비하여야 한다. 이 중에서 부동산거래계약신고필증은 시·군·구청에서 받을 수 있고, 은행에 취득세를 내면 취득세영수필확인서를 받을 수 있다.

인터넷 등기소에는 등기신청 방법이 자세하게 안내되어 있다. 법원의 인터넷 등기소를 이용하여 부동산 소유권이전등기를 신청하는 경우에는 신청인이 사용자등록을 해야 한다. 사용자등록신청서를 작성하여 등기소에 제출하면 사용자등록이 된다. 사용자등록신청서에는 인감날인, 인감증명서, 주민등록표 등(초)본 등 증명 서류를 첨부하여야 한다.

▲ 인터넷등기소(http://www.iros.go.kr)

등기필증

종래에는 등기를 완료하면 등기권리자에게 교부하는 등기 완료 증명서(등기권리증)를 등기필증이라고 하였다. 그러나 「부동산등기법」이 개정되어 '등기필정보'로 표기하고 있다.

등기부 등(초)본

등기부는 법원에서 관리하는 등기정보 자료를 말한다. 등기부등본은 '등기사항전부증명서'로, 등기부초본은 '등기사항일부증명서'로 용어가 변경되었다(「부동산등기 규칙」 제29조, 제30조).

사용자등록을 마치면, 온라인으로 등기를 전자신청할 수 있다. 그리고 인터넷에서 전자신청을 할 때, 개인인 경우에는 공동인증서, 법인인 경우에는 전자증명서, 관공서는 전자인증서와 같은 전자서명정보를 함께 준비하여야 한다.

일정한 수수료를 지불하고 위의 과정을 마치면, 매수인은 등기부 상 등기명의인으로서 부동산에 대하여 소유권을 취득하게 된다.

(3) 채무불이행과 해제

김이사 씨는 한국인 씨에게 잔금지급일을 미뤄달라고 하였다. 계약과 다른 주장을 하면서 매수인이 의무이행을 하고 있지 않을 때, 매도인은 어떤 방법으로 자신의 권리를 보호할 수 있을까? 한국인 씨가 김이사 씨에게 요구할 수 있는 권리들에 관하여 살펴보자.

매매계약의 일방 당사자가 계약의무를 위반(채무불이행)한 경우 상대방은 소송을 통해 그 이행을 강제하거나, 채무불이행 등을 이유로 일방적인 의사 또는 당사자 간에 별도의 약정으로 계약을 해제할 수 있다.

해제를 하는 경우에는 상대방에 대하여 일정 기간 동안 의무를 이행할 것을 요구하여야 하며, 이 기간이 지난 후에도 의무를 이행하지 않는다면 해제할 수 있다. 예를 들어, 잔금지급 기일이 지났는데도 잔금을 일방적으로 지급하고 있지 않는 경우라면, 매도인은 일정 기간을 정하여 잔금을 지급할 것을 요구하고, 그 기간이 지나도록 잔금을 받지 못하면 매매계약을 해제할 수 있다. 다만 이 경우에 매도인은 소유권이전등기를 위하여 필요한 서류를 준비하는 등 자신의 의무를 이행할 준비를 하여야 한다. 잔금지급의무와 등기이전협력의무는 대가적 의무관계이기 때문이다.

채무불이행을 이유로 계약을 해제하면, 계약을 없던 것으로 되돌리는 것이기 때문에, 받았던 돈을 돌려주는 등 원상회복의무가 발생하게 된다. 매매계약으로 인하여 발생하는 의무가 대가적 관계에 있는 것처럼, 원상회복의무도 대가적 관계에 있다. 또한 채무불이행을 이유로 해제하면, 상대방에게 손해배상을 청구할 수도 있다. 만일 매도인의 채무불이행으로 매수인이 계약을 해제한다면, 매도인은 계약금 및 중도금 등을 되돌려주어야 하고 손해배상의무도 부담하게 된다. 매수인의 채무불이행으로 매도인이 계약을 해제한다면, 매도인은 자신이 받은 매매대금을 반환해야 하고, 매수인에게 손해배상책임을 물을 수 있다.

매수인이 계약을 위반한 경우 매도인은 이미 계약금과 중도금을 가지고 있고,

통상 중도금만 돌려주면 되므로 별다른 조치가 필요하지 않으나, 매도인이 계약을 위반한 경우에는 계약금과 중도금, 손해배상금을 받아야 하기 때문에 매도인의 부동산 등에 가압류 등의 채권 확보 조치를 하여야 한다. 매수인이 해제를 원하지 아니하고 부동산을 양도받고 싶다면 매매대상 부동산의 처분을 금지하는 가처분을 신청하고 소유권이전등기청구를 할 수 있다.

사례의 해결

김이사 씨가 매매계약과는 다르게 한국인 씨에게 자신의 잔금지급 기일을 미뤄달라고 하는 것은 매수인의 의무를 이행하지 않은 것이라고 볼 수 있다. 한국인 씨는 이 경우 소유권 등기를 먼저 이전해달라는 김이사 씨의 요구를 거절할 수 있다. 또한 일정한 기한을 정하여 잔금을 지급할 것을 청구할 수 있다. 이때 김이사 씨가 해당 기간 내에 잔금을 지급하면 한국인 씨는 소유권이전등기에 필요한 서류를 제공하여야 한다. 그러나 김이사 씨가 잔금을 지급하지 않으면, 한국인 씨는 소송을 통해 잔금을 지급받을 수도 있고, 해당 부동산 매매계약을 해제할 수도 있다. 매매계약을 해제하는 경우에는 받은 돈을 반환하는 등 원상회복을 해야 하며, 김이사 씨에 대하여 손해배상을 청구할 수 있다.

이것만은 꼭!

1. 부동산 매매계약에 의하여 매도인과 매수인이 모두 의무를 이행하여 매수인 명의로 소유권이전등기를 마치면 매수인은 해당 부동산의 소유권을 취득한다.
2. 매매계약을 통하여 발생하는 당사자들의 의무는 대가적 관계에 있다.
3. 매매계약의 일방 당사자는 상대방이 의무를 이행하지 않는다는 것을 이유로 자신의 의무 이행을 거부할 수 있다.
4. 상대방이 채무를 불이행하면 상대방의 채무이행을 강제하거나, 매매계약을 해제할 수 있으며, 해제하는 경우에는 손해배상청구도 가능하다.

제2절 │ 부동산임대차

1. 주택임대차계약과 확정일자

사 례

한국인 씨는 다른 도시에서 직장을 얻게 되어 이사를 하게 되었다. 직장 근처의 원룸을 2년 동안 빌리기로 건물주인 현주인 씨와 계약하였다. 전세보증금 1억 원을 건넸지만 등기를 따로 하지는 않았다. 한국인 씨는 이사를 마치고 나니 기한이 끝나고 나갈 때 전세보증금을 제대로 돌려받을 수 있을지 걱정이 된다. 한국인 씨가 전세보증금을 보호받기 위하여 할 수 있는 조치에는 무엇이 있을까?

(1) 주택임대차계약이란?

한국인 씨는 현주인 씨 소유 건물의 원룸에 2년 동안 전세를 살기로 하였다. '전세'는 법적으로 '전세권'과 '임대차' 두 가지 유형 중 하나에 해당하게 된다. 한국인 씨의 경우는 어떠한 유형에 해당하는지 알아보자.

• 전세의 법적 의미

주택임대차법

전세권은 전세금을 지급하고 그 대가로 다른 사람의 부동산을 그 용도에 맞게 이용할 수 있는 권리이다(「민법」 제303조). 전세권이 성립하려면 부동산등기부에 '전세권설정등기'를 해야 한다.

임차권은 차임을 지급하고 목적물을 이용할 수 있는 권리이다(「민법」 제618조). 차임을 받고 목적물을 이용하게 해주는 당사자가 '임대인'이고, 차임을 지급하고 목적물을 이용하는 상대방이 '임차인'이다. 부동산이 임대차의 목적물인 경우에 계약의 당사자들이 원한다면 등기를 할 수도 있지만 필수는 아니다. 차임에 관하

여 별도의 약정이 없이 전세금(보증금)만 지급하고 전세권등기를 하지 않는다면 채권적 전세계약이 되고, 이를 '미등기전세'라고 부르기도 한다. 그리고 전세 보증금과 월세를 모두 지급하는 형태도 있는데, 이를 통상 '반전세'라고 부른

다. 부동산을 주거 목적으로 이용하는 경우 주택임대차계약이라고 하고 이때는 「주택임대차보호법」이라는 특별법이 우선 적용된다.

• 주택임대차계약과 「주택임대차보호법」

「주택임대차보호법」은 임차인의 임차권을 보호함으로써 국민들의 주거생활의 안정을 보장하고자 1981년 제정되었다. 민법에서도 임대차계약에 관한 규정이 있지만 주택에 대한 임대차계약에 있어서는 이 법률이 우선 적용된다. 예를 들어, 민법에서 정하는 임대차계약은 목적물의 이용 기간을 정하지 않고 계약을 체결할 수 있다. 이 경우 임대인이나 임차인은 언제든지 계약을 해지하고 목적물을 반환하거나 반환할 것을 요구할 수 있다. 그러나 주택의 임대차계약은 「주택임대차보호법」의 적용을 받기 때문에, 이용 기간을 정하지 않고 임대차계약을 체결하더라도 최소 2년의 기간은 임대인이 임의로 계약을 해지할 수 없다(「주택임대차보호법」 제4조).

「주택임대차보호법」은 임차인을 보호하기 위하여 만든 법률이기 때문에, 원칙적으로 이 법률에 정한 내용에 반하는 계약의 내용은 효력이 없다. 그러나 임차인에게 불리하지 않은 내용의 특약은 효력이 있다. 예를 들어, 1년의 기간으로 주택임대차계약을 체결하였다면, 임대인의 입장에서는 임대차보호법에 따라 1년이 지났음을 이유로 계약의 해지를 주장할 수 없다. 그러나 임차인은 1년의 기간이 지나 다른 주택으로 이사하고 싶다면, 임차보증금의 반환을 청구할 수 있다.

이 법률의 적용을 받는 임대차계약에는 전세권 등기를 하지 않는 전세계약, 월세계약 혹은 반전세 계약과 같은 형태의 계약이 모두 포함된다.

(2) 주택임대차계약 체결하기

한국인 씨는 현주인 씨와 주거의 목적으로 임대차계약을 체결하였으며, 전세라고 말하면서도 전세권설정등기를 따로 하지 않았다. 등기 없이 계약의 이행만으로 효력이 발생하는 것은 임대차계약이며, 이 경우는 주택이 목적물이기 때문에 「주택임대차보호법」의 적용을 받는다.

• 주택임대차계약서의 작성

주택임대차계약을 체결할 때, 나중에 발생할 수 있는 분쟁을 미리 방지하기 위해서는 계약서를 꼼꼼하게 확인하고 작성하여야 한다. 주택임대차계약은 원칙적으로 임차인과 임대인이 자유롭게 계약기간, 해지 조건 등 그 내용을 정할 수 있다.

부동산임대차계약도 매매계약과 마찬가지로 많은 경우에 공인중개사를 통하여 체결하게 되는데, 이때에는 다음과 같은 사항의 내용을 포함하여 계약서를 작성한다(「공인중개사법 시행령」제22조).

부동산임대차계약서 작성시 기재 사항

① 임대인과 임차인의 인적 사항(이름, 주소, 주민등록번호, 전화번호 등)
② 부동산에 관한 사항(등기부와 일치 여부 확인)
③ 부동산임대차 계약일
④ 보증금, 차임 등 거래금액과 그 지급방식 및 지급일자 등 지급에 관한 사항
⑤ 부동산의 인도일시
⑥ 권리이전의 내용
⑦ 기타 임대인과 임차인이 특별히 정한 사항(조건, 기한 등)
⑧ 중개대상물확인 · 설명서 교부일자
⑨ 그 밖의 약정내용

부동산임대차계약서(서식)

• 주택임대차계약 시 고려할 특약 사항

임차인의 입장에서 주택의 이용과 임차보증금의 반환에 관한 권리를 보장받기 위해서 몇 가지 특약을 하는 경우도 있다. 먼저 주택의 이용과 관련하여, 이미 발생한 주택의 하자에 대한 수리 책임과 각종 공과금에 대한 지급의무 등은 임차인이 부담하지 않으므로 임대인과 임차인, 중개인이 계약서를 작성하면서 주택의 하자를 확인하는 것이 좋다. 또한 입주일 기준으로 이전의 전기료, 관리비 등 공과금에 대한 부담도 임대인이 한다고 정하는 것이 좋다.

임차인의 임차보증금을 보호하기 위하여 필요한 특약으로는 임대차계약 후 임차인의 입주 전까지 임대인이 해당 주택에 저당권 등 다른 권리를 설정하지 않겠다는 특약이나, 임대차기간 중에 임차인이 부득이하게 계약을 해지해야 하는 경우에 관한 특약 등이 있다. 등기를 하지 않는 임차인은 입주일을 기준으로 보호를 받으므로 입주일 이전에 배타적 효력이 있는 다른 권리가 설정되면 임차보증금의 반환이 어려워지는 경우가 있을 수 있기 때문이다. 또한 다른 지방으로 근

무지를 옮기게 될 경우와 같이 부득이한 사정으로 임대차계약기간을 채우지 못하고 임차인이 임차보증금 반환을 청구하는 경우도 있을 수 있다.

- ### 부동산등기부 확인

임차인은 임대차계약을 체결하기 전에, 임대인의 주민등록증과 등기사항전부증명서(일명 부동산등기부 등본)를 대조하여 임대인에게 그 주택에 관하여 임대차계약을 체결할 수 있는 권리가 있는지 확인하여야 한다. 또한 해당 부동산이 담보로 제공된 사실이 있는지 확인하여야 한다.

만일 소유자의 대리인과 임대차계약을 체결하는 경우라면, 임차인은 대리인에게 위임장과 인감증명서 등을 요구하여야 한다.

인터넷등기소

(3) 임차보증금 보호 방법

한국인 씨는 「주택임대차보호법」의 보호를 받을 수 있는 임차인이다. 임차인은 일정 조건을 갖추면 임차보증금에 대하여 '우선변제권'을 행사할 수 있다.

우선변제권이란, 임차물인 주택의 가액으로부터 다른 채권자들에 우선하여 임차보증금을 변제받을 수 있는 권리이다.

우선변제권을 취득하는 방법에 대하여 알아보자.

- ### 전입신고를 하고 확정일자를 받는 방법

임차보증금을 우선변제받기 위해서는 임차이이 대항력을 갖추고, 임대차계약서에 확정일자를 받아야 한다.

'대항력'은 임차인이 임대인이 아닌 다른 사람에게 자신의 임대차 권리를 주장할 수 있는 법률상의 힘이다(「주택임대차보호법」 제3조). 임차인에게 대항력이 생기려면 임대인으로부터 주택을 인도받고 주민등록을 마쳐야 한다. 임차인이 주택에 입주하게 되면 주택의 인도로 본다. 임차인이 전입신고를 하면서 주의할 점은 주민등록상 주소가 등기부의 주소와 일치하는지 확인하고 신고해야 한다는 것이다. 특히 다세대주택의 경우, 정확한 주소가 아닌 주소로 전입신고를 하면 대항력을 취득할 수 없게 되므로 주의하여야 한다. 전입신고를 마치면 그 다음 날부터 대항력이 생긴다. 임차인이 대항력을 취득한 후에 그 주택의 소유권을 갖게 된 양수인이 해당 주택의 인도를 요구하면, 임차인은 거절할 수 있다.

임차인은 우선변제권을 확보하기 위하여 대항력 외에 '확정일자'도 갖추어야

우선변제권
우선변제권은 한 채권자가 다른 채권자들보다 먼저 채무자의 재산으로부터 우선적으로 변제받을 수 있는 권리이다. 물권인 1·2순위 저당권이 설정되어 있으면 1순위 저당권자가 우선변제를 받고 그 나머지에서 2순위 저당권자가 후순위로 변제를 받게 된다. 같은 내용을 가진 채권이 동시에 설정되어 있는 경우에는 채권 사이에 우열이 없기 때문에 채권액에 비례하여 변제를 받게 된다.

대항력
이미 유효하게 성립한 법률관계를 제3자에게 주장할 수 있는 효력을 말한다.

한다. 주택 소재지의 읍·면사무소, 동 주민센터를 방문하여 임대차계약증서에 확정일자 도장을 받으면 된다(「주택임대차계약증서상의 확정일자 부여 및 임대차 정보제공에 관한 규칙」 제2조 제1항). 또는 온라인상으로 인터넷등기소 홈페이지를 이용하여 확정일자를 받을 수 있다. 이 경우에는 임대차계약서의 원본 파일이 있어야 한다. 일반적으로는 전입신고와 동시에 확정일자를 받는다.

확정일자를 받기 위해서는 일정한 요건을 갖추어야 한다(위 규칙 제3조). 임대차계약서는 임대인·임차인의 인적 사항, 임대차 목적물, 임대차기간, 차임·보증금 등의 내용을 확인할 수 있는 증서이어야 하고, 계약서에는 임대인과 임차인의 서명이나 기명날인이 있어야 한다.

주택에 입주하고, 전입신고를 하고, 확정일자를 받은 임차인은 우선변제권을 갖게 되며, 그 효력은 전입신고를 마친 다음 날부터 발생한다. 만일 임대차주택이 경매나 공매의 대상이 되면, 임차인은 배당을 요구하여 자신의 후순위 채권자들에 우선하여 임차보증금을 돌려받을 수 있다.

▲ 확정일자 신청하기
(http://www.iros.go.kr/efd/com/EfdMain.jsp)

• 주택임대차 등기를 하여 임차보증금을 보호받는 방법

임차인은 임차권등기를 통하여 대항력과 우선변제권을 취득할 수도 있다. 임대인은 등기의무자이고 임차인은 등기권리자로서, 임차주택의 소재지 관할 지방법원 또는 등기소에 방문하거나, 전자신청의 방법으로 등기를 신청하면 된다.

등기를 하지 않기로 별도의 약정을 하지 않은 경우에는 임차인이 등기를 요구하면 임대인은 등기절차에 협력하여야 한다. 임차권등기를 하는 경우 등기비용이 소요되고 절차도 번잡하므로 앞서 본 전입신고와 확정일자를 통해 대항력을 취득하는 것이 편리하다. 그리고 임대차기간이 종료된 후 임대보증금 반환을 보호받기 위해 법원에 임차권등기명령을 신청하는 경우가 있다. 임차권등기명령에 의해 등기가 이루어지면, 다른 곳으로 이사를 가더라도 대항력과 우선변제권을 그대로 유지할 수 있다.

한국인 씨와 현주인 씨의 전세계약은 법적으로는 임대차계약이고, 「주택임대차보호법」에 따라 한국인 씨는 임차인으로서 보호를 받을 수 있다. 한국인 씨는 원룸에 입주하고, 주민센터에 방문하여 전입신고를 하고 확정일자를 받으면 우선변제권을 취득할 수 있다. 등기소를 방문하거나, 전자신청의 방법으로 임차권등기를 신청할 수도 있다.

이것만은 꼭!

1. 주택의 임대차계약은 민법의 임대차 규정뿐만 아니라 「주택임대차보호법」의 적용을 받는다.

2. 임차인의 보호를 위하여 만들어진 「주택임대차보호법」에서 정하는 규정들에 반하는 임대차계약의 내용 중 임차인에게 불리한 사항은 효력이 없다.

3. 임차인은 주택에 입주를 하고 전입신고를 하면 대항력을 취득한다. 그 후 주택의 소유권이 이전되더라도 자신의 임차권을 주장하여 주택에서 임대차기간 동안 거주할 수 있다.

4. 대항력을 갖춘 임차인이 확정일자를 받거나, 임차권등기를 마치면 우선변제권이 생긴다. 이때에는 후순위 담보권자나 일반 채권자보다 먼저 임차주택의 경매대금으로부터 임차보증금을 변제받을 수 있다.

2. 주택임차인의 권리

사 례

한국인 씨는 현주인 씨와의 계약기간인 2년이 거의 다 되어 가는데, 다른 집으로 이사가기보다는 현재 원룸에서 계속 살고 싶다. 한편, 현주인 씨는 최근 같은 지역 내 부동산 전세금이 오르는 추세를 반영하여 전세보증금을 10% 올려서 받고 싶다. 한국인 씨는 전세보증금을 조금 올려서 낼 의향은 있지만, 10%의 인상은 부동산 시세를 반영한다고 하더라도 너무 많은 금액이라 부담스럽다. 한국인 씨는 어떻게 이사를 가지 않고 원룸에서 계속 살 수 있을까?

(1) 보증금 및 차임의 증감청구권

한국인 씨는 현주인 씨의 보증금을 올려달라는 요구에 대하여 부담을 느낀다. 임차인을 보호하는 「주택임대차보호법」에서 정하는 보증금 및 차임과 관련된 임대인과 임차인의 권리를 알아보자.

• 임대인의 보증금 및 차임 증액청구권

임대인은 임대차계약의 존속 중에 약정한 차임이나 보증금이 임대주택에 대한 조세, 공과금, 그 밖의 부담의 증가나 경제 사정의 변동으로 적절하지 않게 된 때에는 장래에 대하여 그 증액을 청구할 수 있다(차임 등 증액청구권, 「주택임대차보호법」 제7조 제1항). 임대차계약을 갱신하는 경우에도 증액을 청구할 수 있다. 한편, 임대차계약의 체결 시 임대인과 임차인이 차임을 증액하지 않기로 특약을 할 수도 있다.

[판례] 차임 증액 금지 특약이 있는 경우 차임 증액 가부에 대한 판결

대법원 1996.11.12. 선고 96다34061 판결

임대인은 당사자 사이에 차임 증액을 금지하는 특약이 있는 경우에는 차임 증액청구를 할 수 없지만, 그 특약을 그대로 유지시키는 것이 신의성실의 원칙에 반한다고 인정될 만큼 사정 변경이 있는 경우에는 차임 증액을 할 수 있다.

임대인이 임차보증금이나 차임에 대하여 증액을 청구할 수 있지만, 기간과 금액에 대하여 제한이 있다. 만일 임대인이 한 번 증액을 청구하였다면, 1년 이내에는 다시 증액을 청구할 수 없다. 또한 5%를 초과하여 증액청구할 수 없다. 다만 광역자치단체는 관할구역 내의 지역별 임대차 시장 여건 등을 고려하여 약정한 차임이나 보증금의 5%의 범위 내에서 증액청구의 상한을 조례로 달리 정할 수 있다(「주택임대차보호법」제7조 제2항).

임대인이 5% 이내의 금액으로 차임 증액을 청구하면 반드시 보증금이나 차임이 증액되는 것은 아니다. 증액청구한 범위 내에서 임대인과 임차인의 합의로 적절한 금액을 정할 수 있다.

• 임차인의 보증금 및 차임 감액청구권

임차인은 임대차계약의 존속 중에 약정한 차임이나 보증금이 임대주택에 대한 조세, 공과금, 그 밖의 부담의 증감이나 경제 사정의 변동으로 적절하지 않게 된 때에는 장래에 대하여 그 감액을 청구할 수 있다(차임 등 감액청구권, 「주택임대차보호법」 제7조 제1항). 임대인의 차임 등 증액청구권과는 달리 임차인의 차임 등 감액청구권은 금지하는 특약을 할 수 없다. 임차인에게 불리한 특약이기 때문에 그러한 특약을 하더라도 효력이 없으며, 임차인은 감액을 청구할 수 있다.

또한 임차인은 임차주택의 일부가 임차인의 과실 없이 멸실, 그 밖의 사유로 사용, 수익할 수 없는 때에는 그 부분의 비율에 의한 차임의 감액을 청구할 수도 있다(「민법」 제652조 및 제628조).

• 보증금 및 차임의 변경과 우선변제권

임대인의 증액청구에 의하여 보증금이나 차임이 오른 경우, 그에 따른 계약서를 작성하고 확정일자를 다시 받아야 한다. 다시 받지 않으면 임차인은 증액 부분에 대해서는 우선변제권을 행사할 수 없다. 그러므로 증액하는 경우 임차인은 부동산등기부를 확인하여 주택에 대한 채권관계를 확인하여야 한다.

(2) 계약의 갱신에 대한 권리

한국인 씨는 2년의 기간이 끝난 후에도 계속 같은 주택에 거주하고 싶다. 어떤 방법으로 임대차계약을 갱신할 수 있는지 확인해보자.

「주택임대차보호법」은 원칙적으로 임차인에게 2년의 기간을 보장하고 있다. 따라서 2년 미만으로 주택임대차계약을 체결한 경우에는 별다른 조치를 취하지 않아도 임차인은 2년 동안 주택에서 살 수 있다. 물론 임대인과 임차인이 합의하여 2년보다 장기로 임대차계약을 체결할 수 있으며, 임차인이 원하면 2년의 기간 미만의 단기로 계약을 체결하는 것도 가능하다.

• 묵시적 갱신

임대인과 임차인이 별다른 의사표시를 하지 않으면 동일한 조건으로 다시 임대차한 것으로 보는 것을 묵시적 갱신이라고 한다. 임대인과 임차인이 모두 계약 조건의 변경을 요구하지 않아야 하고, 갱신 거절의 뜻을 통지하지 않아야 한다(「주택임대차보호법」 제6조 제1항). 임대인이 계약 조건의 변경을 요구하거나 갱신 거절의 의사를 표현할 수 있는 기간은 임대차기간이 끝나기 6개월 전부터 2개월 전까지의 기간이다. 임차인은 임대차기간이 끝나기 2개월 전까지 그러한 통지를 하지 않아야 한다.

다만, 임차인이 차임을 2기의 차임액에 해당하는 금액에 이르도록 연체하는 경우에는 묵시적 갱신을 할 수 없어서 임대차기간이 지나면 임대차계약은 종료된다(「주택임대차보호법」 제6조 제3항).

묵시적으로 주택임대차계약이 갱신된 경우, 임차인은 언제든지 갱신된 임대차계약을 해지할 수 있고(3개월이 지나면 해지 효력발생), 2년의 임대차기간을 주장할 수도 있다(「주택임대차보호법」 제4조 및 제6조의2).

• 명시적 계약갱신요구권

「주택임대차보호법」은 명시적인 임차인의 계약갱신요구권을 인정한다. 임차인이 임대차기간이 끝나기 6개월 전부터 1개월 전까지 임대인에게 계약갱신을 요구할 경우, 임대인은 정당한 사유 없이 갱신을 거절할 수 없다.(「주택임대차보호법」 제6조의3).

임차인은 계약갱신요구권을 1회에 한하여 행사할 수 있고, 이때에는 임대차계약이 2년의 기간으로 갱신된다. 물론 이 경우에도 임차인은 언제든지 임대인에게 계약해지를 통지할 수 있다(3개월 지나면 해지 효력 발생). 보증금이나 차임은 「주택임대차보호법」 제7조(차임 등의 증감청구권)의 범위에서 증감될 수 있다.

임대인이 임차인의 계약갱신요구를 거절할 수 있는 경우가 전혀 없는 것은 아니니다.

임차인의 갱신요구권이 제한되는 경우

① 임차인이 2기의 차임액에 해당하는 금액에 이르도록 차임을 연체한 사실이 있는 경우

② 임차인이 거짓이나 그 밖의 부정한 방법으로 임차한 경우

③ 서로 합의하여 임대인이 임차인에게 상당한 보상을 제공한 경우

④ 임차인이 임대인의 동의 없이 목적 주택의 전부 또는 일부를 전대(轉貸)한 경우

⑤ 임차인이 임차한 주택의 전부 또는 일부를 고의나 중대한 과실로 파손한 경우

⑥ 임차한 주택의 전부 또는 일부가 멸실되어 임대차의 목적을 달성하지 못할 경우

⑦ 임대인이 목적 주택의 전부 또는 대부분을 철거하거나 재건축하기 위하여 목적 주택의 점유를 회복할 필요가 있는 경우

⑧ 임대인(임대인의 직계존속·직계비속을 포함함)이 목적 주택에 실제 거주하려는 경우

⑨ 그 밖에 임차인이 의무를 현저히 위반하거나 임대차를 계속하기 어려운 중대한 사유가 있는 경우

(3) 주택임대차계약의 종료와 보증금의 회수

만일 한국인 씨와 현주인 씨가 2년의 기간이 지난 후에 임대차계약을 갱신하지 않기로 하면, 주택임대차계약은 종료된다. 한국인 씨는 현주인 씨에게 주택을 인도하여야 하고, 임차보증금을 반환받아야 한다. 임대인이 보증금을 반환하지 않는 경우에 임차인은 어떤 방법으로 보증금을 받을 수 있는지 살펴보자.

• 임차권등기명령제도

임대차가 종료되어 다른 곳으로 이사를 가더라도 임차인이 대항력과 우선변제권을 유지할 수 있는 방법은 임차권을 등기하는 것이다. 임차인은 임대차 종료 후 보증금을 돌려받지 못한 채 다른 곳으로 이사를 가야 하는 경우에 임차주택의 관할법원에 등기명령을 신청할 수 있다(「주택임대차보호법」 제3조의3).

이때 임차인은 임차권등기명령신청서를 작성하여 관할법원에 접수해야 하며, 관할법원은 재판을 하여 결정으로 임차권등기명령을 하거나 하지 않을 수 있다. 이렇게 임차권등기를 하면 임차보증금 전부를 반환해야 등기를 말소할 수 있다.

임차권등기명령신청서
(서식)

• 주택임대차분쟁조정제도

주택임대차에 관한 분쟁이 발생한 경우 복잡한 소송절차를 통하지 않고 주택임대차분쟁조정위원회의 분쟁조정절차를 통하여 문제를 해결할 수 있다.

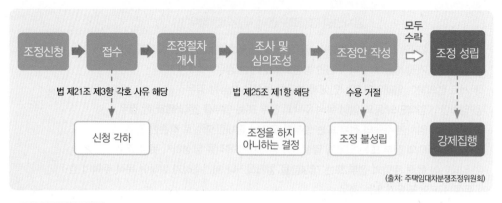

▲ 주택임대차 분쟁조정절차도

• 내용증명우편의 발송 및 소송 제기

임대인이 보증금을 돌려주지 않는 경우, 임차인은 임대차계약 사실, 그 기간이 종료되었다는 사실 및 돌려받아야 할 보증금의 액수를 적어 내용증명우편으로 발송한다. 이후에도 임대인이 보증금을 돌려주지 않는다면 보증금반환청구소송을 제기하여 보증금을 돌려받을 수 있다.

보증금반환을 명하는 '지급명령'을 법원에 신청할 수도 있다. 지급명령신청을 이용하면 신속하고 간편하게 적은 비용으로 일을 처리할 수 있다.

• 소액임차인의 보호

「주택임대차보호법」은 소액임차인을 보호하기 위하여, 일정 금액 이하의 보증금의 경우에는 그 일부에 대하여 최우선변제를 받을 수 있도록 정하고 있다(「주택임대차보호법」 제8조). 서울은 1억 5,000만 원, 광역시는 7,000만 원, 그 밖의 지역은 6,000만 원의 범위 내 소액보증금을 대상으로 한다(「주택임대차보호법 시행령」 제11조).

소액임차인이 대항력을 갖추고, 임차주택의 경매나 공매절차에서 배당요구를 하면, 주택 가액의 절반 이하의 금액 중에서 서울은 5,000만 원, 광역시는 2,300만 원, 그 밖의 지역은 2,000만 원의 범위 내에서 최우선적으로 반환받을 수 있다(「주택임대차보호법 시행령」 제10조). 그러나 임차권등기명령에 따라 임차권등기가 있은 후에 임대차계약을 하였거나, 계약갱신 과정에서 보증금의 증액으로 더 이상 소액에 해당하지 않으면, 임차인은 최우선변제권을 행사할 수 없다.

지역	최우선변제를 받을 소액보증금 중 일정액 범위
서울특별시	임차보증금 1억 5,000만 원 이하이면 5,000만 원까지
「수도권정비계획법」에 따른 과밀억제권역(서울특별시는 제외), 세종특별자치시, 용인시, 화성시 및 김포시	임차보증금 1억 3,000만 원 이하이면 4,300만 원까지
광역시(「수도권정비계획법」에 따른 과밀억제권역에 포함된 지역과 군 지역은 제외), 안산시, 광주시, 파주시, 이천시 및 평택시	임차보증금 7,000만 원 이하이면 2,300만 원까지
그 밖의 지역	임차보증금 6,000만 원 이하이면 2,000만 원까지

사례의 해결

한국인 씨가 2년의 임대차기간이 종료하기 2개월 전까지 갱신을 요구하면 현주인 씨와의 임대차계약은 2년의 기간이 연장된다. 현주인 씨는 이 경우 주변 부동산 시세를 이유로 보증금의 증액을 요구할 수 있지만, 둘의 합의가 필요하며, 특히 「주택임대차보호법」에 따라 5% 이내, 지방자치단체의 조례에서 정하는 범위 내에서만 증액을 청구할 수 있다. 만일 한국인 씨와 현주인 씨가 임대차계약을 지속하지 않기로 하면, 계약은 종료되고, 한국인 씨는 보증금의 반환을, 현주인 씨는 주택의 인도를 청구할 수 있다.

이것만은 꼭!

1. 주택임대차계약의 임대인과 임차인은 특별한 사정이 있는 경우에는 보증금이나 차임에 관하여 증액 또는 감액을 청구할 수 있다. 증액청구권의 금지 특약은 인정되지만, 임차인 보호에 반하는, 감액청구권 금지 특약은 효력이 없다.

2. 임대인과 임차인이 모두 계약갱신 여부나 계약 조건의 변경에 대하여 아무런 말을 하지 않는다면, 임대차계약은 2년의 기간으로 갱신된 것으로 본다.

3. 임차인은 기간 종료 2개월 전까지 임대인에 대하여 1회에 한하여 갱신요구권을 행사할 수 있고, 2년의 기간으로 계약이 갱신된 것으로 본다.

4. 임대차계약이 종료되면, 임차인은 보증금반환을 보호받기 위해 임차권등기명령제도, 소액임차인의 최우선변제권제도 등을 이용할 수 있다.

5. 「주택임대차보호법」은 주택임대차분쟁조정제도를 마련하고 있으며, 임대인과 임차인은 이 제도를 이용하여 다양한 분쟁을 처리할 수 있다.

3. 상가임대차계약과 임차인의 권리

사 례

한국인 씨는 유동 인구가 많아서 매출이 매우 높은 가게를 비싼 권리금을 주고 임대차계약을 체결하였다. 이국적인 느낌을 주기 위하여 고가의 인테리어 비용도 지출하였고, 맛있는 커피와 디저트 메뉴를 개발하여 카페를 운영하였다. 한국인 씨가 장사를 시작한 지 6개월이 지날 무렵, 임대인이 매출이 높다는 이유로 임대료의 20% 인상을 요구하였고, 만일 인상분을 지급하지 않으려면, 가게를 비워달라고 하였다. 한국인 씨가 가게에서 계속 영업할 수 있는 방법에는 무엇이 있을까?

(1) 상가건물임대차계약의 권리관계

한국인 씨는 주택이 아닌 상가건물에 대하여 임대차계약을 체결하였다. 상가임차인을 특별히 보호하기 위하여 민법 이외에 「상가건물임대차보호법」이 제정되었다. 이 법률에 따른 상가건물임대차계약의 모습을 알아보자.

• 「상가건물임대차보호법」과 상가임차인의 보호

상가임대차법

국민의 경제생활의 안정을 보장하기 위하여, 상가임차인을 보호하는 특례를 규정한 「상가건물임대차보호법」이 2001년에 제정되었다.

이 법은 사업자등록의 대상이 되는 상가건물이면서 영업용으로 사용되는 건물에 대하여 적용된다. 사업자등록을 할 수 없는 비영리단체들은 별도로 전세권 등기를 해야 보호받을 수 있다.

또한 상가건물이라고 하더라도, 보증금이 지역별로 일정한 금액 이하에 해당하여야 한다(「상가건물임대차보호법」 제2조). 예를 들어, 서울시는 9억 원 이하, 「수도권정비계획법」에 따른 과밀억제권역 및 부산광역시는 6억 9,000만 원, 광역시, 세종특별자치시, 파주시, 화성시, 안산시, 용인시, 김포시 및 광주시는 5억 4,000만 원 이하, 그 밖의 지역은 3억 7,000만 원 이하에 해당하여야 한다.(「상가건물임대차보호법 시행령」 제2조 제1항).

마지막으로 임차인은 사업자등록을 할 수 있는 자여야 한다. 임대인이 비영리단체에 해당하더라도 임차인이 사업자등록을 신청한 경우에는 이 법률의 적용을 받는다.

• 상가임차인의 대항력과 우선변제권

상가건물 임차인이 상가건물을 인도받고 사업자등록을 신청하면 등기를 하지 않더라도 대항력을 취득한다(「상가건물임대차보호법」 제3조 제1항). 사업자등록을 신청한 다음 날부터 상가건물의 소유자가 변경되더라도, 임차인은 기간이 만료되기 전까지 계속 상가건물을 이용할 수 있고, 보증금을 반환받을 때까지 상가건물을 비워주지 않아도 된다(「상가건물임대차보호법」 제9조 제2항).

임차인이 대항력을 갖춘 후, 확정일자를 받으면 우선변제권도 취득한다. 상가건물임대차의 경우 관할세무서장으로부터 임대차계약서에 확정일자를 받아야 한다. 우선변제권을 확보한 임차인은 임차 건물이 경매 또는 공매되는 경우 그 건물(임대인 소유의 대지 포함)의 대금에서 후순위 권리자들보다 먼저 보증금을 변제받을 수 있다(「상가건물임대차보호법」 제5조 제2항).

• 소액보증금의 최우선변제권

각 지역에 따라 일정 기준 이하의 보증금에 해당하는 상가건물 임차인은 특별한 보호를 받는다(「상가건물임대차보호법 시행령」 제6조). 예를 들어, 서울은 6,500만 원 이하, 과밀억제권역은 5,500만 원, 광역시 등은 3,800만 원 이하, 그 밖의 지역은 3,000만 원 이하이면 소액임차인 보호를 받을 수 있다. 보증금 외에 차임을 지급받는 경우 월 단위의 차임액에 100을 곱하여 보증금과 합산한 금액을 기준으로 한다.

소액임차인으로 인정되면 임차 건물이 경매 또는 공매로 소유권이 이전되는 경우 집행절차에 참가하여 보증금 중 일정액을 다른 채권자들보다 가장 우선하여 받을 수 있다(「상가건물임대차보호법」 제14조). 상가건물 가액의 1/2 범위 내에서 각 지역의 일정액 기준 이하의 금액에 해당하는 금액을 받을 수 있다. 서울시는 2,200만 원까지, 과밀억제권역은 1,900만 원까지, 광역시 등은 1,300만 원까지, 그 밖의 지역은 1,000만 원까지 최우선적으로 받을 수 있다.

• 임차권등기명령제도

상가건물임대차가 종료되어 해당 건물에서 더 이상 사업을 하지 않게 된 경우에, 보증금을 반환받지 못한 임차인을 보호하기 위하여 임차권등기명령제도를 두고 있다. 임차인은 임대인의

동의나 협력 없이 단독으로 상가건물의 관할법원에 임차권등기명령을 신청할 수 있다. 이때 임차권등기명령 신청을 받은 법원은 결정으로 등기를 명령할 수 있다 (「상가건물임대차보호법」 제6조 제1항).

(2) 상가건물임대차의 기간

한국인 씨는 계약 후 6개월이 지나서 임대인으로부터 가게를 비워달라는 요구를 받았다. 「상가건물임대차보호법」은 상가임차인을 보호하기 위하여 임대차계약의 최소 기간을 보장한다. 관련된 내용을 살펴보자.

• 임대차기간의 보장

이 법률의 적용을 받는 상가건물의 임대차계약은 원칙적으로 최소한 1년의 기간을 보장한다(「상가건물임대차보호법」 제9조 제1항). 기간을 정하지 않거나 1년 미만의 기간으로 상가건물임대차계약을 체결한 경우, 그 계약기간은 1년으로 보는 것이다. 그러나 이는 임차인을 보호하기 위한 규정이기 때문에 임차인은 1년 미만으로 정한 기간이 유효함을 주장할 수 있다.

• 임대차계약의 갱신

「상가건물임대차보호법」은 상가건물임대차계약의 묵시적 갱신과 임차인의 갱신요구권에 대하여 규정하고 있다.

임대인이 임대차기간이 만료되기 6개월 전부터 1개월 전까지 임차인에게 갱신을 하지 않겠다는 의사나 계약 조건을 변경하겠다는 의사를 표현하지 않으면, 임대차계약은 동일한 조건으로 1년간 갱신된 것으로 본다(「상가건물임대차보호법」 제10조 제4항). 임차인도 갱신을 거절한다는 의사를 표시하지 않았어야 한다.

상가건물임대차계약이 묵시적으로 갱신된 경우, 임차인은 언제든지 갱신된 임대차계약을 해지할 수 있고, 이 경우 3개월이 지나면 해지의 효력이 발생한다(「상가건물임대차보호법」 제10조 제5항).

임대인은 임차인이 임대차기간이 만료되기 6개월 전부터 1개월 전까지 사이에 계약갱신을 요구할 경우 정당한 사유 없이 거절하지 못한다(「상가건물임대차보호법」 제10조 제1항). 계약갱신요구권은 최초의 임대차기간을 포함하여 전체 임대차기간이 10년을 초과하지 않는 범위에서만 행사할 수 있다(「상가건물임대차보호법」 제10조 제2항).

임차인의 갱신요구권이 제한되는 경우

① 임차인이 3기의 차임액에 해당하는 금액에 이르도록 차임을 연체한 사실이 있는 경우
② 임차인이 거짓이나 그 밖의 부정한 방법으로 임차한 경우
③ 서로 합의하여 임대인이 임차인에게 상당한 보상을 제공한 경우
④ 임차인이 임대인의 동의 없이 목적 주택의 전부 또는 일부를 전대(轉貸)한 경우
⑤ 임차인이 임차한 주택의 전부 또는 일부를 고의나 중대한 과실로 파손한 경우
⑥ 임차한 주택의 전부 또는 일부가 멸실되어 임대차의 목적을 달성하지 못할 경우
⑦ 임대인이 목적 주택의 전부 또는 대부분을 철거하거나 재건축하기 위하여 목적 주택의 점유를 회복할 필요가 있는 경우
⑧ 그 밖에 임차인이 임차인으로서의 의무를 현저히 위반하거나 임대차를 계속하기 어려운 중대한 사유가 있는 경우

• 보증금 및 차임 증감청구

임차 건물에 관한 조세, 공과금 그 밖의 부담의 증감이나 「감염병의 예방 및 관리에 관한 법률」 제2조 제2호에 따른 제1급 감염병 등에 의한 경제 사정의 변동 등으로 차임 또는 보증금이 적정하지 않다고 생각되는 경우, 보증금 및 차임에 대하여 증액 또는 감액을 청구할 수 있다(「상가건물임대차보호법」 제11조).

증액하는 경우에는 상한에 제한이 있다. 청구할 때의 보증금이나 차임의 5% 범위 내에서만 증액을 청구할 수 있다(「상가건물임대차보호법 시행령」 제4조).

상가건물임대차계약이 갱신되는 경우에도, 이러한 범위 내에서 차임이나 보증금을 증액하거나 감액할 수 있다(「상가건물임대차보호법」 제10조 제3항).

(3) 상가건물임대차의 종료 및 권리금

한국인 씨의 상가건물임대차계약이 종료하는 경우 보증금반환을 청구할 수 있다. 그런데 권리금은 보증금이나 차임과는 성격이 다르다. 종료 시의 권리관계에 대한 「상가건물임대차보호법」의 내용을 확인해보자.

• 임대차계약의 종료와 투자비용의 회수

상가건물임대차계약의 기간이 만료하면 임대차계약이 종료한다. 상가건물의 임차인은 건물을 인도하고, 보증금의 반환을 청구할 수 있다. 민법은 보증금 외에도 임차인이 임대인에 대하여 일정한 금액을 청구할 수 있는 경우에 대하여 정하고 있다.

임차인이 임차 건물의 가치를 높이기 위하여 비용을 지출한 경우에 임대인에게 그 금액을 청구할 수 있고(유익비상환청구, 「민법」 제626조 제2항), 임대인의 동의를 얻어 임차인이 필요한 시설을 한 경우에도 그 금액을 청구할 수 있다(부속물매수청구, 「민법」 제646조)

• 권리금의 반환

권리금은 주로 상가임대차에 부수하여 임차 목적물이 가지는 이익의 대가로서 임차인이 보증금이나 차임 이외에 임대인이나 기존의 임차인에게 지급하는 금전이다(「상가건물임대차보호법」 제10조의3).

영업시설·비품, 거래처, 신용, 영업상의 노하우, 상가건물의 위치에 따른 영업상의 이점 등 유형·무형의 재산적 가치의 양도 또는 이용대가라는 점에서, 대부분 임대인에게 지급하기보다는 영업을 직접 하고 있던 기존의 임차인에게 지급하는 경우가 더 많다. 따라서 권리금은 원칙적으로 새로운 임차인으로부터 지급받을 수 있을 뿐이고, 보증금과는 달리 임대인에게 청구할 수 없다. 만일 임대인에게 권리금을 지급하고 이후에 반환을 받고자 한다면, 반환약정을 미리 해야 한다.

권리금계약서(서식)

임대인은 임대차기간이 끝나기 6개월 전부터 임대차 종료 시까지 권리금을 회수할 기회를 방해하면 안 된다(「상가건물임대차보호법」 제10조의4). 만일 임대인의 방해행위로 인하여 임차인에게 손해가 발생하면 임차인은 임대인에 대하여 권리금의 범위 내에서 손해배상을 청구할 수 있다. 이 권리금과 관련된 손해배상청구권의 시효는 3년이다.

사례의 해결

한국인 씨가 상가건물을 인도받고 사업자등록을 신청하였다면 「상가건물임대차보호법」의 적용을 받는다. 따라서 임대인이 1년의 기간이 지나기 전에 나가라고 요구할 수 없다. 또한 임대인이 차임의 증액을 요구할 수는 있지만 5%의 범위를 초과할 수 없기 때문에 한도를 초과하여 인상된 임대료는 지급하지 않아도 된다. 계약 종료 1개월 전까지 계약갱신을 요구할 수 있으며, 갱신요구권은 전체 임대차기간이 10년을 초과하지 않는 범위에서 행사할 수 있다.

1. 상가임대차계약의 임대인과 임차인은 특별한 사정이 있는 경우에는 보증금이나 차임에 관하여 증액 또는 감액을 청구할 수 있다. 증액청구의 금지 특약은 인정되지만, 상가임차인 보호에 반하는 감액청구의 금지 특약은 효력이 없다.

2. 임대인과 임차인이 모두 계약의 갱신 여부나 계약 조건의 변경에 대하여 아무런 말을 하지 않는다면, 임대차계약은 1년의 기간으로 갱신된 것으로 본다.

3. 임차인은 기간 종료 6개월 전부터 1개월 전까지 계약갱신을 요구할 수 있으며, 전체 임대차기간이 10년을 초과하지 않는 범위에서 갱신요구권을 행사할 수 있다.

4. 임대차계약이 종료되면, 임대인은 보증금반환의무가 있으며, 임차인은 보증금반환을 보호받기 위해 임차권등기명령제도, 소액임차인의 최우선변제권제도 등을 이용할 수 있다.

제3절 │ 금융거래

1. 은행 대출과 이자

사 례
한국인 씨는 새로운 사업을 구상 중이다. 사업을 시작하기 위하여 필요한 사무실은 그동안 모아 놓은 돈으로 마련하였다. 그러나 사업에 필요한 비품을 사고, 함께 일할 사람의 인건비를 마련하는 등 추가로 필요한 자금을 은행으로부터 대출받고자 한다. 한국인 씨는 은행에서 어떤 방법으로 대출을 받을 수 있을까?

(1) 은행과 대출

한국인 씨는 금전이 필요하여 은행에서 대출을 받고자 한다. 이와 같이 금전을 빌리고 빌려주는 계약을 금전소비대차계약이라고 한다. 금전소비대차계약의 일반적인 사항에 대하여 확인해보자.

• 금전소비대차계약의 체결

일반적으로 다른 사람으로부터 돈을 빌리거나 다른 사람에게 돈을 빌려주는 것을 금전소비대차계약이라고 한다. 소비대차계약은 당사자 일방이 일정한 금전 등의 물건을 상대방에게 빌려주고, 상대방은 빌린 만큼 반환할 것을 약속하는 계약이다(「민법」 제598조). 이중에서 금전소비대차는 빌려주는 물건이 금전인 계약이다.

금전소비대차계약을 체결하면, 계약에 따라 빌려주는 사람(대여인)은 정해진 금액을 빌려주고, 빌리는 사람(차용인)은 자신이 빌린 금액을 정해진 날에 갚아야 한다. 이자를 지급하기로 했다면 정해진 날에 약정한 이자를 지급해야 한다. 이 과정에서 나타날 수 있는 분쟁을 미리 방지하기 위하여, 금전소비대차계약을 체결할 때에는 계약서(차용증)를 작성하는 것이 중요하다. 계약서에는 대여인과 차용인의 인적 사항, 차용 금액과 이자, 변제기일과 변제 방법 등의 내용을 기재한다.

소비대차와 임대차

소비대차: 물건을 빌려주고 계약기간이 종료되면 같은 종류의 대체물로 반환받는 것(유·무상)을 말한다.
임대차: 정해진 물건을 빌려주고 계약기간 동안 차임을 받다가 계약기간이 종료되면 빌려준 물건을 반환받는 것을 말한다.

• 금전소비대차계약과 이자

금전소비대차계약을 체결하면서 이자의 지급에 관한 사항은 더 주의하여야 한다. 민법은 소비대차계약을 원칙적으로 무상계약으로 본다. 따라서 이자를 주고받으려면, 이자의 지급과 관련된 내용을 계약서에서 분명히 정해야 한다. 만일 이자지급의 사실은 합의하였지만, 이자의 이율을 정하지 않은 경우는 법정이율인 연 5%를 적용한다. 다만 상법의 적용을 받는 상인 간의 금전소비대차계약은 특별한 약정이 없다면, 연 6%의 법정이율이 적용된다(「상법」제54조).

금전소비대차계약의 당사자는 합의하여 법정이율보다 낮은 이율이나 높은 이율을 적용할 수도 있다. 그러나 이자의 상한은 법률에 의하여 제한된다. 「이자제한법」은 이자의 적정한 최고한도를 정하여 국민 경제생활의 안정과 경제정의를 실현하기 위하여 제정된 법률이다. 이 법률에 의하여 이자는 연 20%를 넘을 수 없으며, 이를 초과하는 이자를 주고받기로 계약을 하더라도 그 약정은 무효이다(「이자제한법」제2조 및 「이자제한법 제2조 제1항의 최고이자율에 관한 규정」). 만일 이러한 제한을 초과하여 이자를 지급하였다면, 제한 범위 내 이자(연 20%)는 이자를 지급한 것으로 되지만, 초과된 부분은 원금을 갚은 것으로 본다.

• 금전소비대차계약과 담보

돈을 빌리면서 담보를 제공하는 경우도 있다. 담보란 금전을 반환하지 못할 경우를 대비한 것으로 인적담보와 물적담보로 나뉜다. 인적담보란 차용인이 금전을 반환하지 못할 경우 대신하여 갚아줄 보증인을 제공하는 것이다. 가장 흔한 보증계약은 연대보증계약이며, 차용인이 원금이나 이자를 갚지 못하게 되면 연대보증인은 원금과 이자를 모두 갚아야 한다. 다만 전국은행연합회는 예외적인 경우를 제외하고는 연대보증인을 요구하지 않기로 결정하였다. 따라서 일반적인 경우라면 은행의 대출을 받는 경우에 연대보증인을 제공하지 않아도 된다.

물적담보란 차용인이 금전을 갚지 못할 경우에 원금과 이자를 충당할 수 있도록 재산을 담보로 제공하는 것을 의미한다. 고가의 동산도 담보가 되지만, 주로 부동산이 담보로 활용된다. 부동산을 물적담보로 제공하는 경우 근저당권 등을 설정하는 방법이 주로 이용된다.

금전소비대차계약서(서식)

(2) 은행에서 대출 받기

한국인 씨는 은행으로부터 대출을 받기로 하였다. 은행으로부터 대출을 받는 과정에 대하여 알아보자.

• 신용등급 조회

은행에서 대출을 받는 방법으로 신용대출이 있다. 신용대출을 받는 경우에는 신용등급을 확인하게 된다. 미리 인터넷을 통해 신용정보를 조회할 수도 있고, 은행에 직접 찾아가서 신용등급을 확인하고 대출이 가능한지 혹은 대출한도는 어떻게 되는지 알아볼 수도 있다. 은 행에서 제공하는 어플리케이션을 통하여 스마트폰에서 직접 대출이 가능한 경우도 있다.

그러나 신용등급이 좋지 않다면 대출이 제한될 수도 있다. 은행 등 제도권 금융회사의 상담을 받기 어려운 경우에는, 금융감독원의 '서민금융 1332' 홈페이지의 서민대출안내를 이용하면 자신의 신용도에 맞는 금융회사 등을 찾을 수 있다. 과거에는 신용조회 사실만으로 개인의 신용등급에 영향을 주었으나, 지금은 신용등급 조회 사실이 신용평가에 반영되지 않는다.

한 은행에서 대출을 받더라도, 은행의 영업점에 게시된 다양한 대출 조건이나 대출상품을 고려하여 어떤 대출을 받을지 결정할 수 있다. 대출상품을 선택할 때에는 자신의 경제적 능력을 고려해야 하고, 이자지급에 관한 내용, 담보에 관한 내용 등을 확인하여야 한다. 대출을 해주는 은행은 「대부업 등의 등록 및 금융이용자 보호에 관한 법률(대부업법)」에서 정하는 대부계약에 관한 제한의 적용을 받기 때문에 연 20%를 넘는 이자를 받을 수 없다(「대부업법」 제8조 및 「대부업법 시행령」 제5조).

서민금융1332 홈페이지

• 대출계약 시 준비할 서류

대출을 받고자 하는 사람은 은행에 자신의 신용정보를 제출하게 되는데, 신용정보에는 재산, 소득, 부채 상황 등이 포함된다. 근로소득 원천징수영수증, 사업소득 원천징수영수증, 소득금액증명서, 급여통장 사본, 연금증서 중 하나를 제출하면 된다. 부채에 관한 서류는 별도로 제출하지 않아도 신용등급 조회를 통하여 확인할 수 있다. 만일 부동산을 담보로 제공하는 대출이라면, 부동산등기권리증이나 부동산임대차계약서 등 권리관계를 증명할 수 있는 서류도 필요하다.

은행에서 대출을 받기로 결정되면 계약서를 작성하게 되는데, 은행은 주로 약관과 대출거래약정서를 통하여 대출거래를 진행한다. 공정거래위원회는 표준약관의 내용을 정하고 있는데, 은행은 이자의 약정, 상환수수료 등 표준약관에 기재된 사항에 관하여 대출을 받고자 하는 사람에게 설명한다. 설명 후에 은행과 대출을 받는 사람은 계약일자, 대출금액, 이자율, 이자지급 방법, 상환 방법 및 상환 시기에 관한 내용이 적힌 대출거래약정서를 작성하고 각자 1부씩 보관한다. 물적담보를 제공하는 담보대출의 경우에는 은행이 대출받는 사람이 제공한 담보물에 대하여 저당권 또는 근저당권을 설정하게 된다.

표준거래약관 예시(서식)

___

근저당
계속적인 거래관계에서 증감·변동하는 채권을 담보하기 위한 저당권으로서 최고액을 정하여 두고, 그 범위 안에서 장래 결산기에 확정된 채권을 담보하는 것을 말한다.

(3) 대출금 갚기

한국인 씨가 은행에서 대출을 받은 후에는, 계약에 따라 대출금과 이자를 갚아야 한다. 대출금과 이자를 반환할 때 확인해야 할 내용에 대해 알아보자.

• 대출금을 상환할 때

대출을 이용하는 사람은 약정에 따라 이자를 지급하고 정해진 상환일에 대출금을 상환하여야 한다. 조기상환을 할 수 있는 경우도 있다. 은행은 대부분 조기상환하는 경우에 중도상환수수료를 받는다. 조기상환으로 인하여 은행이 손해를 입지 않도록 하기 위해서이다.

은행에 대출금을 상환하는 방법에는 두 가지가 있다. 만기상환 방법은 대출만기까지 이자만 지급하고, 만기 시에 대출 원금을 일시에 상환하는 방법이다. 분할상환 방법은 원금과 이자를 분할하여 꾸준히 갚아가는 상환 방법이다. 정기적인 수입이 발생하는 사람은 분할상환 방법이 유리하고, 정기적 수입을 얻기 어려운 경우라면 만기상환 방법을 선택하되, 중도상환을 적극적으로 활용해야 한다.

대출금의 일부만 갚는 경우에 차용인이 은행에 지급한 돈은 미리 약정한 바에 따라 대출금(원금)이나 이자 또는 비용에 충당된다. 그러나 은행과 차용인이 약정하지 않은 경우라면 비용, 이자, 원금의 순서로 갚은 것으로 한다. 은행은 대출이용자에게 불리하지 않은 범위에서 충당순서를 달리 할 수 있지만, 이 경우 은행은 이러한 내용을 서면으로 대출이용자에게 알려야 한다.

서민금융진흥원
채무조정제도

• 상환이 어려운 경우

　대출금을 상환하기 어려운 경우 상환기간을 연장하거나 연체이자를 감면해주는 '채무조정프로그램'을 이용할 수 있다. 채무조정이란 현재의 소득으로 본인의 채무를 정상적으로 상환할 수 없는 경우에 실질적 변제 가능성을 고려한 채무 변경(연체이자 감면, 원금 일부감면, 상환기간 연장 등)을 통해 채무자의 경제적 회생을 지원하는 절차이다. 채무조정프로그램에는 한국자산관리공사의 채무조정 지원 프로그램, 신용회복위원회의 채무조정제도, 법원의 개인회생 및 개인파산·면책 등이 있다. 각 프로그램별로 신청대상, 채무감면율, 상환기간, 채무조정 효과 등이 다르므로 채무자(차용인)는 본인의 상황에 적합한 채무조정프로그램을 선택할 수 있다.

　담보대출을 받은 경우에는 대출금(원금, 이자, 비용)을 모두 변제하고 저당권이나 근저당권의 말소등기를 청구할 수 있다. 그러나 대출금을 변제기에 상환하지 못한 경우에는, 은행은 저당권이나 근저당권을 실행하여 변제를 받을 수 있다. 저당권이나 근저당권을 설정한 경우 은행은 경매를 신청할 수 있으며, 대출금에 대하여 우선적으로 변제를 받는다.

사례의 해결

한국인 씨는 자신의 신용등급을 조회하여 은행에서 대출을 받을 수 있는지 확인해볼 수 있다. 은행에서 대출을 받을 수 있다면, 은행의 대출상품 중 자신의 경제적 사정에 가장 적합한 것을 선택해야 한다. 또한 은행에서 제공하는 약관과 대출거래약정서를 잘 살펴보고, 원금, 이자, 비용에 대한 상환의 방법 및 조건들을 확인하여야 한다.

이것만은 꼭!

1. 은행에서 대출을 받는 경우에도 관련 법률에 따라 이자율 제한을 받는다. 이자 계약 중 제한을 초과한 부분은 무효이다.
2. 신용대출과 담보대출 등 여러 대출상품에 대하여 자신의 신용등급과 경제적 사정을 고려하여 적합한 대출상품을 선택하여야 한다.
3. 채무를 상환하기 어려운 경우에는 채무조정프로그램을 이용할 수 있다.

2. 보험계약과 보험금

사 례

한국인 씨는 암보험을 들고 싶어 보험설계사인 안보험 씨를 만났다. 안보험 씨는 어떤 암이든 진단만 받으면 무조건 최대 1억 원의 보험금이 지급된다고 설명하였고, 한국인 씨도 그런 줄 알고 추천하는 보험상품에 가입하고, 3월 1일부터 매달 정해진 보험료를 납입하였다. 보험약관과 보험증서는 한국인 씨에게 4월 20일에서야 전달되었으며, 9월 7일에 병원에서 갑상선암 진단을 받게 되어 보험금을 신청하였다. 그런데 보험회사는 갑상선암은 제외된다는 약관의 내용을 근거로 보험금의 지급을 거절하였다. 한국인 씨는 보험금을 받을 수 있을까?

(1) 보험계약의 체결

한국인 씨는 보험설계사인 안보험 씨의 권유를 통하여 보험계약을 체결하였다. 보험계약이 무엇이며, 한국인 씨는 보험계약을 체결함으로써 어떤 권리를 갖게 되는지 살펴보자.

• 보험계약

보험계약은 보험회사와 보험계약자 간의 계약으로서, 보험계약자는 보험료를 지급하고 보험회사는 계약자의 재산, 생명, 신체 등에 우연한 사고가 생길 경우 보험금을 지급할 것을 정하는 계약이다(「상법」제638조). 보험은 '인보험'과 '손해보험' 두 가지로 나눌 수 있다. 인보험이란 피보험자의 생명이나 신체에 대한 사고가 발생한 경우 보험자가 피보험자에게 일정한 금액을 지급하기로 하는 보험계약이다. 생명보험이나 상해보험 등이 여기에 속한다. 손해보험이란 보험계약자는 약정한 보험료를 지급하기로 하고 보험자는 피보험자의 재산에 사고가 생길 경우에 피보험자의 재산상의 손해를 보상하기로 하는 보험계약이다. 화재보험, 운송보험, 해상보험, 책임보험, 자동차보험 등이 여기에 속한다.

• 피보험자와 보험수익자

인보험에서 보험계약자와 보험사 외에 피보험자와 보험수익자가 있다. 피보험자는 자신의 생명이나 신체가 보험의 대상이 되는 사람을 의미한다. 보험수익자는 보험금을 받게 되는 사람이다. 보험계약자와 피보험자, 보험수익자가 모두 같은 사람일 수도 있고, 모두 다른 사람일 수도 있다. 예를 들어, 부인이 남편에게 사고가 생길 경우 자녀가 보험금을 타도록 하는 생명보험계약을 체결한 경우, 부인은 보험계약자이고, 남편을 피보험자이며, 자녀는 보험수익자가 된다.

손해보험에서 피보험자는 보험사고의 발생으로 생긴 재산상의 손해보상을 보험사에 직접 청구할 수 있는 사람이다. 보험계약자와 피보험자가 동일한 사람일 수도 있고 아닐 수도 있다.

• 보험계약 전 고지의무

보험계약자나 피보험자는 보험계약을 체결하면서 보험회사에게 중요한 사항을 알려야 하는데, 이를 고지의무라고 한다. 중요한 사항이란 보험회사가 보험계약의 체결 여부 또는 보험료나 특별한 면책 조항의 부가와 같은 보험계약의 내용을 결정하기 위해 고려되어야 할 사항이다. 예를 들어, 상해보험계약을 체결하면서, 위험한 스포츠를 평소에 자주 즐긴다는 사실을 고지하지 않으면 고지의무를 위반한 것이다.

고의 또는 중대한 과실로 고지하지 않거나 부실하게 고지하였다면, 보험회사는 그 사실을 안 날부터 1개월 내에, 계약을 체결한 날부터 3년 내에 계약을 해지할 수 있고 보험금 지급을 거부할 수 있다(「상법」 제651조, 제655조).

• 보험회사의 설명의무

보험회사는 보험계약자에게 보험약관을 교부하고, 그 약관의 중요한 내용을 설명할 의무를 진다. 이때 반드시 설명해야 할 중요한 내용이란 일반인의 상식으로 보험계약자가 그 사실을 알았더라면 계약을 체결하지 않았을 정도로 계약체결 여부에 영향을 미칠 수 있는 내용을 말한다. 중요한 내용이라 하더라도 보험계약자가 이미 충분히 알고 있거나, 법령에서 정하는 내용이나 거래상 널리 알려진 내용이라면 설명하지 않아도 된다.

보험회사가 설명의무를 제대로 이행하지 않은 경우에는 보험계약자가 계약이 성립한 후 3개월 이내에 계약을 취소하고 납입한 보험료 전액을 돌려받을 수 있다. 중요한 내용을 설명했다는 것은 보험회사가 증명하여야 한다.

• 보험계약의 체결과 보장개시

보험계약자가 보험회사에 보험계약 청약서를 제출하고 보험료를 납입한 경우, 보험회사는 다른 약정이 없으면 30일 내에 상대방에게 보험계약의 승낙 여부를 알려야 한다. 생명보험과 같이 피보험자의 신체검사가 필요한 경우에는 신체검사를 받은 날부터 30일 이내에 승낙 여부를 알려야 한다. 만일 30일 이내에 보험회사가 승낙 여부를 알리지 않으면, 보험계약을 승낙한 것으로 보고 보험계약이 체결된다(「상법」 제638조의2).

보험계약이 체결되고 보험회사가 제1회 보험료를 받으면 보장이 개시된다. 다른 약정이 없으면 보험계약자의 최초 보험료를 보험회사가 받은 때부터 보험사고가 발생하면 보험금을 청구할 수 있다. 따라서 보험회사가 아직 승낙하기 전에 보험사고가 발생하였더라도, 보험계약자가 보험료에 해당하는 금액을 보험회사에 지급하였고 보험회사가 청약을 거절할 사유가 없다면, 보험회사는 보험계약에 따른 보험금을 지급하여야 한다. 약관으로 예외를 둘 수 있으며, 따라서 보험계약을 체결할 때 이러한 사항을 확인하여야 한다.

(2) 보험계약자의 권리와 의무

한국인 씨는 안보험 씨의 설명을 듣고 보험계약을 체결하였다. 한국인 씨에게는 보험계약에 의한 권리와 의무가 발생한다. 한국인 씨의 보험계약에 따른 권리와 의무를 확인해보자.

• 보험계약자의 권리

보험계약자는 보험계약에서 정하는 보험사고가 발생한 경우에 약정한 보험금을 청구할 수 있다. 생명보험이나 상해보험의 경우 피보험자에게 보험사고가 발생했을 때, 보험계약자 또는 보험수익자는 약정한 보험금을 청구할 수 있다. 손해보험의 경우에는 보험사고로 인해 피보험자의 재산에 손해가 생긴 경우 보험금을 청구할 수 있다(「상법」 제665조 및 제730조).

이외에도 보험계약자가 보험료와 관련하여 감액을 청구할 수 있는 권리도 있다. 보험계약 체결 시 당사자에게 특별한 위험이 있을 것을 예상하고 그 위험에 근거하여 보험료를 계산하여 정했으나, 보험기간 중에 그 위험이 소멸하거나 또

는 손해보험계약의 목적물의 가액이 현저하게 감소하면 보험료의 감액을 청구할
수 있다(「상법」 제647조 및 제669조).

또한 보험계약자는 보험사고가 발생하기 전이라면 언제든지 계약을 해지할 수
있다. 이때에는 계약을 전부 해지할 수도 있고, 일부만 해지할 수도 있다. 보험사
고의 발생으로 보험자가 보험금액을 지급한 때에도 보험금액이 감액되지 아니하
는 보험의 경우 보험계약자는 사고 발생 후에도 보험계약을 해지할 수 있다(「상
법」 제649조).

보험계약 관리내용의 제공

보험회사는 사업연도 만료일 기준으로 1년 이상 유지된 계약에 대해 보험계약 관리내용을 연
1회 이상 보험계약자에게 제공할 의무가 있으며, 보험계약 관리내용에는 다음과 같은 사항이
포함되어야 한다.

- 보험계약자와 피보험자의 성명, 연령 및 성별
- 보험회사의 상호, 본점 또는 점포의 주소와 전화번호
- 보험계약의 내용에 관한 사항
- 보험료 납입에 관한 사항
- 계약자 배당에 관한 사항
- 보험계약자의 대출금액 및 대출이율에 관한 사항
- 금리연동형보험의 경우 직전 연도에 적용한 적용이율의 변동 현황
- 직업·직무 변경 등 통지의무에 관한 사항
- 저축성보험(금리확정형보험 제외)의 사업비, 위험보장을 위해 부가된 금액의 총액, 특별계
  정에 투입되거나 적용 이율로 분리되는 금액의 총액 및 납입보험료 대비 수익률

• 보험계약자의 의무

보험계약자는 보험료를 납입해야 할 의무가 있다. 만일 보험료를 내지 않으면
보험회사는 기간을 정해 보험료 납부를 최고(독촉)할 수 있고 그 기한 내에 보험
료를 내지 않으면 보험계약을 해지할 수 있다.

또한 보험계약자는 보험기간 중 보험계약자 또는 피보험자가 사고 발생의 위
험이 현저하게 변경되거나 증가된 사실을 알게 된 경우 즉시 보험회사에 알려야
한다(「상법」 제652조). 만일 이 통지의무를 이행하지 않으면, 보험회사가 이러한
사실을 알고 1개월이 지나면 계약을 해지할 수 있다.

이 밖에도 보험계약자는 보험사고가 발생하면 즉시 보험회사에 알릴 의무가
있다(「상법」 제657조). 이 통지의무는 피보험자, 보험수익자도 부담한다. 만일 즉

시 알리지 않아서 손해가 증가되었다면 증가된 부분의 손해는 보험회사가 책임을 지지 않는다. 또한 손해보험의 보험계약자와 피보험자는 손해의 방지와 경감을 위해 노력해야 한다(「상법」 제680조).

(3) 보험금의 지급

한국인 씨는 암보험에 가입하였고, 암 진단을 받아 보험금을 청구하였다. 이에 대하여 보험회사는 약관의 내용을 이유로 보험금의 지급을 거절하였는데, 처음 보험가입을 권유한 안보험 씨의 설명에서는 그러한 내용을 알 수 없었다. 한국인 씨의 보험금지급청구권이 인정되는지 확인해보자.

• 보험사고 발생과 보험금청구

보험계약에서 정한 보험사고가 발생하면 보험회사는 보험금을 지급하여야 한다. 약관과 보험증권 등을 종합하여 살펴보면 보험사고에 해당하는지 확인할 수 있다. 보험계약자는 해당 보험사고에 대한 자료를 첨부하여 보험회사에 보험금을 청구할 수 있다. 보험회사는 보험사고와 발생한 손해에 대하여 조사·확인한 후 보험금을 지급한다.

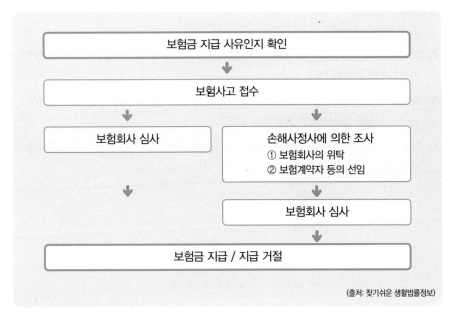

(출처: 찾기쉬운 생활법령정보)

▲ 보험사고에 따른 보험금 청구절차도

• 보험 관련 분쟁이 발생한 경우

보험과 관련하여 보험회사와 분쟁이 발생한 경우, 금융감독원의 금융분쟁조정위원회에 분쟁의 조정을 신청할 수 있다. 이때 분쟁조정을 신청하는 사람은 금융민원센터에 민원을 제기하면 된다. 또는 한국소비자원의 소비자분쟁조정위원회에 분쟁의 조정을 신청할 수도 있다. 만일 금융분쟁조정위원회나 소비자분쟁조정위원회에서 조정이 되지 않으면 법원에 소송을 제기할 수도 있다.

사례의 해결

한국인 씨는 보험계약을 체결하고 보험료를 납입하였고, 보험회사가 30일 이내에 청약을 거절하지 않았으므로, 보험계약이 체결되었다. 1회 보험료를 납입한 3월 1일부터 보장이 개시되었다고 할 수 있다. 안보험 씨가 특정한 암의 경우 진단보험금을 지급하지 않는다는 중요한 사실을 상세하게 설명하지 않았으므로 보험회사는 이를 보험계약의 내용이라고 주장할 수 없다. 따라서 보험회사는 한국인 씨의 보험금지급청구를 거절할 수 없다고 보아야 한다. 만일 이와 관련하여 분쟁이 발생하면 한국인 씨는 금융분쟁조정위원회나 소비자분쟁조정위원회에 분쟁조정을 신청하거나, 법원에 소송을 제기할 수도 있다.

이것만은 꼭!

1. 보험계약은 보험계약자가 보험료를 납입하고 보험회사가 일정한 보험사고에 대하여 보험금을 지급하기로 약정하는 계약이다.

2. 보험계약자는 보험사고와 관련된 위험에 관한 정보를 보험계약 전, 보험기간 중에 보험회사에 알려야 한다.

3. 보험회사는 계약체결 전에 보험상품과 약관에 대하여 설명할 의무가 있으며, 설명하였다는 사실은 보험회사가 증명해야 한다.

4. 보험과 관련하여 분쟁이 발생한 경우, 금융분쟁조정위원회, 소비자분쟁조정위원회에 조정을 신청할 수도 있고, 법원에 소송을 제기할 수도 있다.

3. 주식과 채권의 거래

사 례

한국인 씨는 직장에 다니면서 주식투자를 하기로 결정하였다. 주식에 관하여 잘 알지 못하기 때문에 직접 주식에 투자하는 것보다 안전하게 전문투자회사를 통하여 투자하고자 한다. 투자 전문회사의 방투자 씨는 한국인 씨에게 위험은 매우 작으나 수익이 상당히 높은 상품이라며 실제로는 위험성이 매우 높은 펀드 가입을 권유하였다. 결국 한국인 씨는 펀드에 가입하였고, 심각한 손해를 보게 되었다. 한국인 씨는 자신의 손해에 대하여 배상을 받을 수 있을까?

(1) 금융투자하기

한국인 씨는 금융수익을 얻기 위하여 펀드에 가입한 금융소비자이다. 금융상품 투자는 일반적인 상품이나 서비스 구매와 어떤 점이 다른지 알아보자.

• 금융투자란?

주식이나 채권, 선물 또는 옵션과 같은 금융투자상품이나 부동산 등에 투자하는 것을 금융투자라고 한다. 금융투자상품이란 모든 증권과 장내·외 파생상품 등 이익 및 원금손실 가능성이 병존하는 투자성 금융상품을 말한다.

개인이 자신의 판단과 책임으로 직접 주식이나 다른 금융투자상품에 투자하는 경우도 있지만(직접투자), 전문적인 투자대행기관이 불특정 다수의 일반투자자로부터 투자자금을 모아 투자증권, 파생상품, 부동산 등에 운용하고 그 결과를 투자자에게 귀속시키는 경우도 있다(간접투자).

• 금융투자상품: 증권과 파생상품

금융투자상품에는 증권과 파생상품이 있다. 일반적으로 주식과 채권(국채, 회사채)이 증권에 해당하고, 선물, 옵션 등이 파생상품에 해당한다. 파생상품은 기초자산의 가치 변동을 기준으로 손익이 결정된다. 파생상품의 가장 큰 특징은

원금을 초과하여 손실 가능성이 있다는 점이다. 주식 등과 같은 증권에 투자하는 경우 투자한 금액 이상의 손실을 보지 않지만, 선물 등과 같은 파생상품은 투자한 원금을 초과하여 손실이 발생할 수 있다. 파생상품의 위험성이 훨씬 크므로 투자자들은 주의하여야 한다.

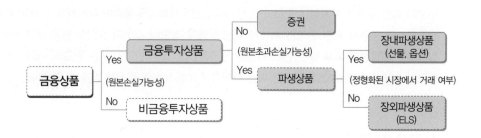

많은 사람들이 가입하는 펀드도 금융투자상품의 일종이다. 펀드는 다양한 투자대상에 적은 돈을 쉽게 투자할 수 있다는 점에서 주식이나 채권보다는 접근이 용이하여 많은 사람이 이용하는 금융투자상품이다. 펀드매니저가 투자를 대신하기 때문에, 주식이나 채권에 대하여 지식이 부족한 사람도 투자할 수 있다. 그러나 금융투자상품으로서 원금을 잃을 위험은 여전히 존재한다.

(2) 투자자의 보호를 위한 법률: 「금융소비자보호에 관한 법률」

한국인 씨는 금융투자에 대한 전문 지식이 없는 일반인으로 방투자 씨의 설명을 듣고 펀드상품에 가입하였다. 이와 같이 금융 지식이 적은 일반 금융소비자를 보호하기 위하여 제정된 법률의 내용을 알아보자.

• 금융소비자보호를 위한 법률의 제정

금융소비자보호법

금융소비자는 일반 금융소비자와 전문 금융소비자로 나뉜다. 전문 금융소비자는 금융상품에 관한 전문성 또는 소유자산규모 등에 비추어 금융상품 계약에 따른 위험감수능력이 있는 금융소비자를 말한다. 국가, 금융기관 등이 전문 금융소비자에 해당한다. 일반 금융소비자는 전문 금융소비자가 아닌 금융소비자이다. 금융소비자를 보호하는 제도들은 주로 일반 금융소비자를 대상으로 한다.

금융소비자를 제도적으로 보호하기 위하여 필요한 내용을 담은 「금융소비자보호에 관한 법률」은 2020년 3월 제정되었다(2021년 3월부터 시행된다). 이 법률은 금융상품판매업자 등의 영업 행위 시 준수 사항, 금융교육 지원 및 금융분쟁조정 등 금융소비자보호 방안을 담고 있다.

특히 설명의무를 위반하여 금융소비자에게 손해를 발생시킨 경우 고의 또는 과실 여부에 대한 입증책임을 금융상품판매업자에게 부담하도록 하여 금융소비자의 입증 부담을 완화하였다.

금융소비자를 보호하기 위하여 만들어진 법률이기 때문에, 금융상품판매업자의 준수 사항에 관한 규정은 금융소비자의 권익을 우선으로 하여 해석하여야 한다.

• 금융소비자의 권리

「금융소비자보호에 관한 법률」 제7조는 금융소비자의 권리를 다음과 같이 정한다.

① 금융상품판매업자 등의 위법한 영업행위로 인한 재산상 손해로부터 보호받을 권리
② 금융상품을 선택하고 소비하는 과정에서 필요한 지식 및 정보를 제공받을 권리
③ 금융소비생활에 영향을 주는 국가 및 지방자치단체의 정책에 대하여 의견을 반영시킬 권리
④ 금융상품의 소비로 인하여 입은 피해에 대하여 신속·공정한 절차에 따라 적절한 보상을 받을 권리
⑤ 합리적인 금융소비생활을 위하여 필요한 교육을 받을 권리
⑥ 금융소비자 스스로의 권익을 증진하기 위하여 단체를 조직하고 이를 통하여 활동할 수 있는 권리

(3) 금융소비자의 보호와 분쟁해결

한국인 씨는 방투자 씨의 설명을 듣고 펀드에 가입하였다. 방투자 씨는 중요한 사항에 관하여 적절하게 설명을 하지 않았으며, 그 결과 한국인 씨는 재산상 손해를 본 것이다. 한국인 씨는 어떤 방법으로 손해를 배상받을 수 있는지 알아보자.

• 금융상품판매업자의 확인의무

은행이나 투자전문회사와 같이 일반 금융소비자에게 투자를 권유하거나, 금융투자상품을 판매하고자 하는 자는 금융소비자가 일반 금융소비자인지 아니면 전문 금융소비자인지 먼저 확인하여야 한다(「금융소비자보호에 관한 법률」 제17조

제1항). 일반 금융소비자는 전문 금융소비자에 비하여 위험감수 능력이 없다고 판단하기 때문에, 금융상품판매업자등은 투자를 권유하기 전에, 일반 금융소비자와의 면담 등을 통하여 일반 금융소비자의 금융상품 취득의 목적, 재산 상황, 투자 경험 등의 정보를 확인하여야 한다. 이 정보를 바탕으로 적합하다고 판단되는 금융상품의 투자를 권유할 수 있고(적합성의 원칙), 만일 일반 금융소비자가 투자하는 것이 적정하지 않다고 판단된다면, 그 사실을 금융소비자에게 알려야 한다(적정성의 원칙). 그리고 해당 정보를 면담 등을 통하여 확인했다는 점에 대하여 일반 금융소비자의 서명, 기명날인, 녹취 등의 방법으로 확인을 받아야 한다.

• 중요한 내용 설명의무

금융상품판매업자등은 일반 금융소비자에게 계약체결을 권유하는 경우 및 일반 금융소비자가 설명을 요청하는 경우에는 금융상품에 관한 중요한 사항을 일반 금융소비자가 이해할 수 있도록 설명하여야 한다(「금융소비자보호에 관한 법률」 제19조 제1항). 중요한 사항에는 금융상품의 내용, 투자에 따른 위험, 연계 서비스의 내용, 청약 철회에 관한 사항 등이 포함된다. 일반 금융소비자의 합리적인 판단 또는 금융상품의 가치에 중대한 영향을 미칠 수 있는 사항으로서 대통령령으로 정하는 사항을 거짓으로 또는 왜곡(불확실한 사항에 대하여 단정적 판단을 제공하거나 확실하다고 오인하게 할 소지가 있는 내용을 알리는 행위를 말한다)하여 설명하거나 대통령령으로 정하는 중요한 사항을 빠뜨려서는 안 된다. 이를 위반하는 경우 손해배상책임을 진다.

중요한 사항에 대하여 금융상품판매업자 등이 충분하게 설명하였는지는 일반 금융소비자의 서명, 기명날인 등의 방법으로 확인받아야 한다.

만일 금융상품판매업자 등이 불확실한 사항에 대하여 단정적인 판단을 제공하거나 확실하다고 오인하게 할 소지가 있는 내용을 알리거나, 금융소비자가 거부하는데도 지속적으로 금융상품투자를 권유한다면, 이는 부당권유행위로서 금지되며, 위반시 1억 원 이하의 과태료가 부과된다.

• 금융소비자의 청약철회권 및 계약해지권

금융회사가 일반 금융소비자의 투자에 관한 지식과 경험 등의 정보를 확인하고 그에 맞는 투자상품을 권유하여 일반 금융소비자가 금융투자상품을 구매하면, 금융회사는 계약서를 금융소비자에게 제공하여야 한다. 계약 서류를 받은 금융소비자는 7일 이내라면 청약을 철회하여 계약을 하지 않은 것으로 할 수 있다(「금융소비자보호에 관한 법률」제46조).

　만일 적합성원칙, 적정성원칙, 설명의무를 위반하거나 혹은 부당권유행위에 의하여 투자계약을 체결하였다면, 금융소비자는 계약을 체결한 날부터 5년 이내, 위반사항을 안 날부터 1년 내에 위법한 계약임을 이유로 계약을 해지할 수 있다(「금융소비자보호에 관한 법률」제47조).

• 금융분쟁조정위원회 조정신청

　금융소비자는 투자와 관련하여 분쟁이 발생한 경우, 금융분쟁조정위원회에 조정을 신청할 수 있다. 또한 금융회사의 고의 또는 과실이 있음을 이유로 손해배상을 청구하고자 한다면, 법원에 소송을 제기할 수도 있다.

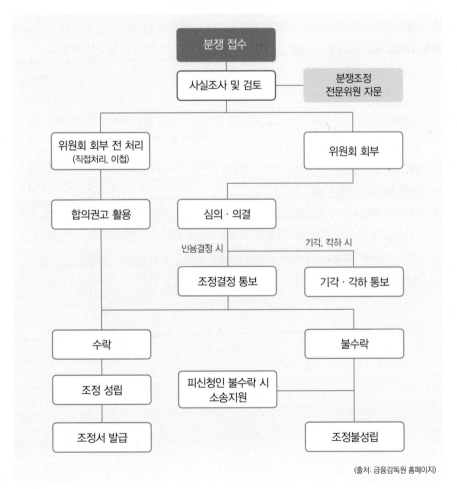

(출처: 금융감독원 홈페이지)

▲ 분쟁조정절차

서울중앙지법 2009.6.23. 선고 2008가합99578 판결

은행원들이 펀드 가입을 권유하면서 고위험·고수익의 장외파생상품을 주된 투자대상으로 하는 펀드의 위험성을 알리지 않은 것은 투자자 보호의무를 위반하였기 때문에 은행이 사용자로서 손해배상책임을 진다고 판결하였다.

사례의 해결

한국인 씨는 방투자 씨의 권유를 믿고 펀드에 가입한 일반 금융소비자이다. 방투자 씨는 펀드 가입을 권유하기 전에 한국인 씨가 일반 금융소비자인지를 확인하고, 투자 경험과 성향 등을 확인하여 가장 적합하고 적절한 투자상품을 권유하여야 한다. 또한 가입을 권유하는 금융투자상품의 위험성에 대해서도 설명해야 한다. 방투자 씨는 높은 위험이 있는 상품임에도 그렇지 않은 것처럼 한국인 씨에게 설명을 하였기 때문에 한국인 씨는 방투자 씨의 설명의무 위반을 이유로 방투자 씨와 투자전문회사를 상대로 손해배상을 청구할 수 있다.

⚖
이것만은 꼭!

1. 금융투자상품은 자신의 위험으로 이익을 얻거나 손실을 줄일 목적으로 투자하는 금융상품이다.

2. 일반 금융소비자의 경우에는 투자위험감수능력이 낮으며 금융 관련 지식이 상대적으로 적기 때문에 보호가 필요하다.

3. 기존의 「자본시장과 금융투자업에 관한 법률」 외에 「금융소비자보호에 관한 법률」이 제정됨으로써 일반 금융소비자를 더 적극적으로 보호할 수 있는 제도가 마련되었다.

4. 금융소비자는 금융투자상품에 대하여 필요한 설명을 듣지 못해서 손해를 입은 경우 손해배상을 청구할 수 있다.

제4절 | 상품거래

1. 상품의 구입: 청약철회권과 반품

사 례

한국인 씨는 이사한 집에 어울리는 가구를 구입하고자 인터넷쇼핑몰을 검색하다가 한 쇼핑몰 홈
페이지에서 원하는 조건의 가구를 발견하고 책상과 의자를 구입하였다. 그러나 막상 택배로 배
달된 조립식 책상은 홈페이지의 사진과는 차이가 많이 났다. 홈페이지에는 자재가 원목이라고
되어 있으나, 실제 상품은 무늬만 원목인 책상이었다. 한국인 씨는 원하던 상품이 아니기 때문에
반품하고 환불받고 싶다. 한국인 씨는 어떻게 환불받을 수 있을까?

(1) 인터넷 상품거래

한국인 씨는 인터넷쇼핑몰에서 상품을 구매하였다. 이렇게 인터넷을 이용하여
상품을 구매하는 것은 통신판매이면서 전자상거래에 해당한다. 이와 같은 인터넷
상품거래의 특징을 알아보자.

통신판매는 비대면으로 상품이나 서비스를 판매하는 것으로, 판매자가 우편이
나 전기통신 등의 방법으로 정보를 제공하고 소비자가 청약을 하면 판매자가 승
낙하는 방식으로 판매하는 방식이다. 전자상거래는 전자문서에 의하여 상품이나
서비스를 판매하거나 구입하는 등 거래하는 것을 의미한다. 인터넷쇼핑몰을 이용
하여 물건을 구매하는 것은, 쇼핑몰 운영자가 제공하는 정보를 보고 소비자가 물
건을 구매한다는 점에서 통신판매에 해당하고, 전자문서에 의한 거래라는 점에서
전자상거래에 해당한다.

전자상거래 및 통신판매는 소비자가 상품 등을 직접 확인하고 구매하는 것이

아니다. 소비자는 판매자가 제공하
는 정보에 의존할 수밖에 없고, 상
품의 품질 등을 직접 파악할 수 없
으며, 상품 등이 전달되는 데 일정
한 기간이 소요된다는 점에서 일반
적인 상품 등의 구매와는 다르다.
그러므로 상품에 관한 정보(가격,

품질, 배달비용 등), 환불 및 반품에 관한 사항, A/S나 교환 등에 관한 사항을 확인하는 것이 좋다. 또한 분쟁에 대비하여 계약과 관련된 사항들을 출력하거나 저장해 두는 것이 좋다.

인터넷쇼핑몰 사업자의 표시 사항

- 재화 등의 공급자 및 판매자의 상호, 대표자의 성명 · 주소 및 전화번호 등
- 재화 등의 명칭 · 종류 및 내용 등 정보
- 재화 등의 가격(가격이 결정되어 있지 않은 경우에는 가격을 결정하는 구체적인 방법)과 그 지급 방법 및 지급 시기
- 재화 등의 공급 방법 및 공급 시기
- 청약의 철회 및 계약 해제의 기한 · 행사 방법 및 효과에 관한 사항
- 교환 · 반품 · 보증과 그 대금 환불 등에 관한 사항, 전자매체로 공급할 수 있는 재화 등의 전송 · 설치 등을 할 때 필요한 기술적 사항
- 소비자피해보상의 처리, 재화 등에 대한 불만 처리 및 소비자와 사업자 사이의 분쟁 처리에 관한 사항
- 거래에 관한 약관(약관을 확인할 수 있는 방법 포함)
- 재화 등의 가격 외에 교환 · 반품 비용 등 소비자가 추가로 부담하여야 할 사항이 있는 경우 그 내용 및 금액
- 판매일시, 판매지역, 판매수량, 인도지역 등 판매 조건과 관련하여 제한이 있는 경우 그 내용

---

(2) 전자상거래와 청약철회권

전자상거래법

한국인 씨는 구매한 책상을 반품하고 환불받고 싶어 한다. 한국인 씨에게 청약철회권이 있다면 반품이 인정될 것이다. 전자상거래에서 소비자의 청약철회권에 관하여 살펴보자.

• 청약철회권

일반적으로 소비자는 자신이 체결한 전자상거래 계약에 대해 그 계약의 내용을 불문하고 일정 기간(통상 7일) 내에는 청약철회 등을 자유롭게 할 수 있다.(「전자상거래 등에서의 소비자보호에 관한 법률」 제17조). 그리고 원칙적으로 소비자에게 불리한 내용(주문 취소나 반품 금지 등)이 포함된 계약은 효력이 없다(「전자상거래 등에서의 소비자보호에 관한 법률」 제35조).

다만 인터넷쇼핑몰에서 구입한지 7일이 지나기 전이라고 하더라도 다음의 경우에는 주문을 취소하거나 반품을 할 수 없다.

① 소비자의 잘못으로 물건이 멸실되거나 훼손된 경우(다만, 내용물을 확인하기 위해 포장을 훼손한 경우에는 취소나 반품 가능)

② 소비자가 사용해서 물건의 가치가 뚜렷하게 떨어진 경우

③ 시간이 지나 다시 판매하기 곤란할 정도로 물건의 가치가 뚜렷하게 떨어진 경우

④ 복제가 가능한 물건의 포장을 훼손한 경우

⑤ 용역 또는 「문화산업진흥기본법」 제2조 제5호의 디지털콘텐츠의 제공이 개시된 경우. 다만, 가분적 용역 또는 가분적 디지털콘텐츠로 구성된 계약의 경우에는 제공이 개시되지 않은 부분은 제외

⑥ 소비자의 주문에 따라 개별적으로 생산되는 물건으로 주문 취소 및 반품을 하는 경우 판매자에게 회복할 수 없는 중대한 피해가 예상되는 경우로서, 사전에 주문 취소 및 반품이 되지 않는다는 사실을 별도로 고지하고 소비자의 서면(전자문서 포함)에 의한 동의를 받은 경우

그러나 위의 경우에 해당하는 경우라도 판매자가 청약철회가 불가능한 상황에 대한 설명을 소비자에게 명확하게 표시하지 않았다면, 소비자는 청약철회권을 행사할 수 있다.

• 철회의 효과: 반품과 환불

청약을 철회하면 소비자는 받은 상품을 판매자에게 돌려주어야 하며(반품), 판매자는 소비자에게 상품의 대가로 받은 돈을 상품을 반환받은 날부터 3일(영업인 기준) 이내에 돌려주어야 한다.

전자상거래에서 소비자의 단순 변심으로 청약을 철회하는 경우 택배비 등 반품비용은 소비자가 부담한다.

(3) 인터넷쇼핑몰의 허위·과장 광고에 의한 청약철회

한국인 씨는 단순변심으로 청약을 철회하는 것이 아니라, 인터넷쇼핑몰의 잘못된 상품 정보를 믿고 구매하였기 때문에 반품을 원한다. 이러한 경우에는 어떤 절차로 반품을 할 수 있는지 알아보자.

• 청약철회권 행사 및 방법

전자상거래에서 상품 등의 내용이 표시 · 광고의 내용과 다르거나 계약내용과 다르게 이행된 경우에는 교환을 할 수도 있고, 반품이나 환불을 요청할 수도 있다. 허위 또는 과장 광고에 따른 경우에는 해당 상품 등을 공급받은 날부터 3개월 이내, 그 사실을 안 날 또는 알 수 있었던 날부터 30일 이내에 주문을 취소하고 반품 및 환불을 요청할 수 있다.

철회 방법으로는 분쟁을 예방하기 위하여 서면으로 통보하는 것이 좋다. 예를 들어, 우체국의 내용증명우편으로 사업자에게 청약철회 사실을 통보하는 등의 방법으로 철회할 수 있다. 이 경우에는 반품비용을 판매자가 부담한다. 만일 허위 또는 과장 광고로 인하여 소비자가 피해를 입은 경우에는 보상을 요구할 수도 있다.

• 소비자보호와 청약철회권

계약은 당사자 간에 합의한 대로 효력이 있는 것이 원칙이다. 그러나 판매자가 사회적으로 약자인 소비자에게 부당한 계약내용을 강요해 자신의 이익을 도모하는 것을 막기 위하여, 소비자보호 관련 법령들은 소비자에게 불리한 내용의 계약에 대하여 효력을 인정하지 않는다. 예를 들어, 소비자가 청약철회권을 행사하지 못하게 하거나 소비자에게 철회나 취소에 따른 부당한 위약금, 손해배상 등의 책임을 지도록 하는 것을 계약의 내용으로 하는 것은 금지된다. 이렇게 소비자에게 불리한 내용이 계약의 내용으로 합의되었더라도 법적으로 효력이 없다.

만일 판매자가 청약철회의 요청을 거절하고 환불을 해주지 않는다면, 소비자는 사건의 자세한 내용과 소비자 및 판매자의 연락처, 내용증명 사본 등을 첨부하여 한국소비자원, 소비자피해구제기구, 소비자단체 등에 접수하면 도움을 받을 수 있다.

한국인 씨는 인터넷쇼핑몰에서 원목으로 된 책상을 구매하였으나, 실제로 배달된 상품은 원목 무늬 책상이었다. 이 경우 한국인 씨는 「전자상거래 등에서의 소비자보호에 관한 법률」의 보호를 받아 청약철회권을 행사할 수 있다. 상품이 주문한 내용과 다르다는 것을 안 날부터 30일 이내에 주문을 취소하고 반품 및 환불을 요구할 수 있다. 또한 한국인 씨는 반품을 하면서 배달비용을 판매자가 부담하도록 할 수 있고, 판매자는 책상 대금을 환불해주어야 한다. 한국인 씨가 추가로 손해를 입은 경우에는 허위 또는 과장 광고를 한 판매자에게 손해배상을 청구할 수도 있다. 만일 판매자가 반품 및 환불을 거절한다면 한국소비자원 등에 요청하여 구제를 받을 수 있다.

이것만은 꼭!

1. 「전자상거래 등에서의 소비자보호에 관한 법률」에 정한 내용에 위반하여 소비자에게 불리한 내용의 계약을 한 경우 그 계약은 효력이 없다.

2. 인터넷쇼핑몰에서 상품을 구매한 경우, 원칙적으로 주문 후 7일 이내에 청약의 철회가 가능하다.

3. 인터넷쇼핑몰에서 제공하는 상품의 정보가 허위 또는 과장되어 실제의 정보와 내용이 다른 경우, 소비자는 공급받은 날로부터 3개월 이내, 그 사실을 안 날 또는 알 수 있었던 날로부터 30일 이내에 청약을 철회할 수 있다.

4. 상품의 구입과 관련하여 분쟁이 생기면, 소비자는 한국소비자원 등에 요청하여 구제를 받을 수 있다.

2. 상품의 결함: 제조물책임과 리콜

사 례

한국인 씨는 책상은 반품하고 환불을 받고 싶었지만, 의자는 그대로 사용하기로 하였다. 의자는 바퀴가 있었는데, 1주일쯤 후 의자에 앉아 있다가 일어서던 한국인 씨는 바퀴가 잘못 움직여 넘어지는 바람에 크게 다쳤다. 의자의 설명서에는 바퀴가 잘 움직이지 않는 경우에는 나사를 다시 조여보라는 설명만 있었고, 불량으로 판단될 수 있는지에 관한 구체적인 내용은 없었다. 한국인 씨는 치료비용을 배상받을 수 있을까?

(1) 상품의 결함과 소비자보호

한국인 씨는 바퀴 달린 의자를 구입하여 사용하던 중, 의자의 바퀴 때문에 크게 다쳤다. 상품에 결함이 있어 안전성에 문제가 발생한 경우에 소비자를 보호하는 제도에는 어떤 것이 있는지 알아보자.

소비자 안전은 상품이나 서비스 이용과 관련해서 발생할 수 있는 위해로부터 소비자의 생명이나 신체 또는 재산상의 손해를 최소화하는 것을 의미한다. 소비자 관련 법령은 소비자 안전을 추구하기 위한 내용을 포함하며, 기본적 사항은 「소비자기본법」에서 정한다. 이 외에도 제품 안전과 관련하여 「제품안전기본법」, 「식품위생법」과 같은 개별법령들이 소비자안전에 관한 규정을 두고 있다.

소비자안전센터

소비자가 알아야 하는 위해에 관한 정보는 한국소비자원 소비자안전센터에서 담당한다. 사업자가 제공하는 물품 또는 서비스로 인해 소비자가 사망했거나 상해를 입은 경우 또는 소비자의 재산상의 위해를 가져오는 등 소비생활에서 발생되는 위해물품, 위해경위, 위해내용, 위해부위 등에 관해 기록한 정보를 확인하고 싶으면, 소비자안전센터 홈페이지를 확인하면 된다(「소비자기본법」 제51조).

이외에도 소비자안전을 위한 제도로는 제조물책임제도와 리콜제도가 있다. 제조물책임제도는 결함 제품 등의 사용으로 인하여 피해를 입은 개별 소비자의 손해를 배상해 주는 제도이고, 리콜제도는 제조사가 미리 결함 등을 발견한 경우 상

품을 회수하여 전체 소비자의 위해를 방지하는 제도이다. 제조물책임제도가 사후적 피해구제제도인 반면, 리콜제도는 사전적 피해예방제도이다.

(2) 제조물책임과 손해배상청구

한국인 씨는 자신의 신체상의 손해에 대해 제조물책임으로 제조업자에게 손해배상을 청구할 수 있을까? 「제조물책임법」의 요건과 손해배상청구 방법에 대하여 알아보자.

제조물책임법

소비자의 안전과 관련이 있는 상품의 결함은 소비자의 '안전할 권리'에 대한 심각한 침해를 야기할 수 있으므로, 우리나라를 비롯한 각국은 '제조물책임법 (Product Liability Act)'에 의하여 그러한 피해를 구제하고 있다.

민법상 일반적인 채무불이행책임이나 불법행위책임을 소비자가 제조자에게 물을 수 있는지 확인해보자. 상품을 구매한 소비자가 상품의 결함으로 손해를 입었더라도, 판매자가 직접 해당 상품을 제조하지 않은 경우에는, 피해자(소비자)와 제조자 사이에 계약관계가 없기 때문에 소비자가 채무불이행을 이유로 제조자에게 손해배상을 청구할 수 없다. 불법행위에 의한 손해배상청구는 불가능한 것은 아니지만, 상품의 결함과 제조사의 과실, 결함과 손해 사이의 인과관계를 모두 피해자가 증명해야 한다는 점에서 쉽지 않다.

「제조물책임법」은 제조업자가 제조물의 결함으로 인하여 생명, 신체, 재산상의 피해를 입혔을 경우 피해를 입은 사람에게 고의나 과실에 관계없이 손해배상책임을 지도록 규정하고 있다.

• 제조물 결함의 유형

제조물은 제조되거나 가공된 동산을 말한다. 이러한 동산은 다른 동산이나 부동산의 일부를 구성하는 경우도 포함된다. 제조는 제조물의 설계, 가공, 검사, 표시를 포함한 일련의 행위이고, 가공은 동산을 재료로 그 본질은 유지하면서 새로운 속성을 부가하거나 가치를 더한 것을 말한다.

제조물의 결함에는 세 가지 유형이 있다. 첫 번째는 제조상의 결함으로 제조물이 원래 의도한 설계와 다르게 제조, 가공되어 안전하지 못하게 된 경우이다. 예를 들어, 식품의 제조공정에 이물질이 들어갔거나, 조립이 잘못되어 안전성이 떨어진 제품의 경우 제조상의 결함이 있다고 본다. 두 번째는 설계상의 결함이다. 제조업자가 피해나 위험을 줄일 수 있는 설계를 하지 않아 제조물이 안전하지 못하게 된 경우이다. 예를 들어, 전기매트의 설계자가 매트의 온도가 화상을 입지 않도록 적정선을 넘지 않게 하여야 함에도 불구하고 설계상 온도의 상한을 두지 않은 경우에는 설계상 결함이 있는 경우이다. 세 번째는 표시상의 결함이다. 이 경우는 합리적인 설명 · 지시 · 경고 또는 그 밖의 표시를 하였더라면 해당 제조물에 의하여 발생할 수 있는 피해나 위험을 줄이거나 피할 수 있었음에도 이를 하지 아니한 경우를 의미한다. 예를 들어, 의약품에 연령에 따른 적정 복용량을 표시하지 않거나 잘못 표시한 경우를 표시상의 결함이라고 할 수 있다.

- 제조물책임

제조업자는 제조물의 결함으로 생명, 신체, 재산에 손해를 입은 자에게 그 손해를 배상하여야 한다. 피해자는 제조물에 결함이 있다는 사실, 그리고 그로 인하여 손해가 발생하였다는 사실(인과관계)을 증명하여 손해배상을 청구할 수 있다. 이때 제조업자의 고의나 과실이 있어야 제조업자가 책임을 지는 것이 아니다. 제조업자는 제조물의 결함으로 인정되면 과실유무와 상관없이 피해에 대하여 배상책임을 진다.

그러나 예외적으로 다음의 경우에는 책임을 지지 않는다.

① 제조업자가 해당 제조물을 공급하지 아니한 경우
② 제조업자가 해당 제조물 공급 당시의 과학 기술수준으로는 결함의 존재를 발견할 수 없었던 경우
③ 제조업자가 해당 제조물 공급 당시의 법령에서 정하는 기준을 준수하였으나 결과적으로 소비자에게 피해가 발생한 경우
④ 원재료나 부품을 사용한 제조물 제조업자의 설계 또는 표시상 결함으로 손해가 발생했을 때 그 원재료나 부품의 제조업자

위의 면책사유가 있더라도, 제조업자가 제조물을 공급한 후에 그 제조물에 결함이 존재한다는 사실을 알았거나 알 수 있었음에도 그 결함으로 인한 손해의 발생을 방지하기 위하여 적절한 조치를 취하지 않은 경우에는 책임을 질 수도 있다.

• 제조물책임의 범위와 손해배상청구

제조물책임은 무과실책임이다. 제조업자가 고의나 과실이 없다고 하더라도, 제조물 결함 유형에 해당하면 책임을 지기 때문이다. 다만 제조업자의 배상책임은 피해자의 생명, 신체, 재산에 대한 손해에 한정된다. 결함이 있는 제조물 자체는 제조물을 판매한 판매자에게 민법에 의하여 배상을 받아야 한다. 예를 들어, 대형마트에서 구매한 전기매트를 이용하다가 결함으로 화상을 입은 경우, 화상 치료비는 제조업자가 배상해야 하지만, 전기매트의 수리, 교환, 환불은 판매한 대형마트에 요구할 수 있다.

제조물책임이 인정되면, 피해자는 피해 사실과 제조업자를 알게 된 때부터 3년 이내, 제조업자가 그 제조물을 공급한 지 10년 이내에 제조업자를 상대로 손해배상을 청구하여야 한다. 만일 신체에 누적되어 건강을 해치는 물질에 의하여 발생한 손해 또는 일정한 잠복기간이 지난 후에 증상이 나타나는 손해의 경우에는 그 손해가 발생한 날부터 기간을 계산하면 된다.

소비자가 제조물책임과 관련하여 상담을 원하거나 제조물의 결함에 관한 분쟁이 발생하면 분야별로 제조물책임 상담센터를 이용할 수 있다.

(3) 리콜(Recall)제도

한국인 씨가 구입한 의자 또는 바퀴의 제조업체가 사전에 소비자안전을 위하여 취할 수 있는 조치에는 리콜이 있다. 리콜제도에 관하여 살펴보자.

리콜이란 상품이나 서비스의 결함으로 인하여 소비자의 생명·신체 또는 재산상 손해가 발생하였거나 발생할 우려가 있는 경우, 세소업체가 스스로 또는 강제적으로 해당 상품 등을 수거하여 파기, 교환, 환급, 판매금지 등 적절한 조치를 취하는 소비자보호제도이다(「소비자기본법」 제48조, 제49조 및 제50조).

리콜에는 제조업체가 스스로 하는 자발적 리콜과 국가기술표준원에서 제품의 제조, 설계 또는 제품상의 표시 등의 결함을 발견하고 해당 업체에게 리콜을 권고하거나 명령하는 강제적 리콜이 있다. 권고와 명령은 결함과 긴급성의 정도에 따라 달라진다. 리콜 명령이나 권고는 해당 품목에 대한 개별법령에 근거가 있으며, 해당 품목과 관련이 있는 주무부처가 한다. 예를 들어, 자동차의 경우에는 배출가스와 관련한 결함이 있는 경우에는 「대기환경보전법」에 의하여 환경부에서 리콜 명령 또는 권고를 하고, 제작과 관련된 결함이 있다면 「자동차관리법」에 의하여 국토교통부에서 리콜 명령 또는 권고를 하게 된다.

제품안전정보센터
홈페이지

자발적 리콜 혹은 강제적 리콜이 결정되면, 제조업체는 수량, 위해내용, 리콜 홍보수단 등 구체적인 리콜 계획서를 국가기술표준원장에게 제출하여야 한다. 또한, 시장에 유통되고 있는 제품에 대하여 회수조치를 하고, 소비자에게 리콜에 관한 사항을 알려야 한다.

사례의 해결

한국인 씨는 의자가 불량품이고, 그로 인하여 다쳤다는 점을 증명하면 의자 제조업체를 상대로 제조물책임에 의한 손해배상을 청구할 수 있다. 제조업체에게 고의나 과실이 있었는지는 관련이 없다. 불량품인 의자 자체에 대해서는 의자를 판매한 인터넷쇼핑몰 판매자로부터 수리, 반품 및 손해배상을 받을 수 있다.

⚖️
이것만은
꼭!

1. 「제조물책임법」은 상품에 제조, 설계, 표시상의 결함이 있어 소비자에게 생명, 신체, 재산상 손해가 발생한 경우에 제조자의 고의나 과실에 관계없이 제조업자의 손해배상책임을 인정한다.

2. 사후적 피해구제제도인 제조물책임제도와 달리, 제조업체가 스스로 또는 정부의 명령이나 권고에 의하여 리콜을 하는 제도는 사전적 예방제도이다.

3. 상품의 결제: 신용카드 할부결제

사 례

한국인 씨는 건강을 위해 근육을 늘리는 운동을 시작하고 건강보조식품을 먹기로 하였다. 신용카드 3개월 할부로 인터넷쇼핑몰에서 건강보조식품을 구매하였는데, 한 달이 지나도 배송이 되지 않았다. 그럼에도 불구하고 신용카드회사는 할부금을 청구하였다. 한국인 씨는 배송이 너무 늦어지자, 기존의 구매를 취소하고 다른 쇼핑몰에서 건강보조식품을 구매하려고 한다. 한국인 씨는 기존의 구매를 취소하고 할부금 지급을 거절할 수 있을까?

(1) 신용카드 할부거래

한국인 씨는 신용카드로 3개월 할부결제를 하였다. 신용카드 할부거래는 소비자와 판매자 외에 카드사도 포함된 법률관계이다. 「할부거래에 관한 법률」에서 정하는 할부거래에 대하여 소비자의 권리 등을 살펴보자.

• 신용카드 거래 방식

현금으로 결제하는 것보다 카드를 이용한 결제가 늘어나고 있다. 그중에서 신용카드는 현금을 소지하고 있지 않아도 거래를 가능하게 한다. 신용카드 할부거래는 신용카드 할부계약에 의한 거래이다. 신용카드 할부계약은 「할부거래에 관한 법률」에 따른 계약으로, 소비자가 신용카드로 카드 가맹점에서 상품이나 서비스를 구매하면 신용카드회사가 대금을 결제하고, 소비자는 카드회사에 사용대금을 납부한다.

할부거래법

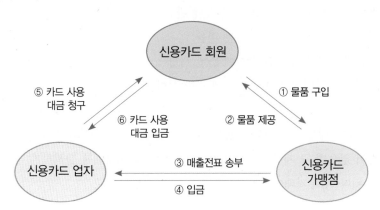

최대12개월
무이자할부 이벤트

• 할부거래 계약의 체결

할부거래의 경우 상품 또는 서비스 판매자(할부거래업자)는 소비자의 충동구매를 막고 합리적인 선택을 할 수 있게 하기 위해, 소비자에게 할부거래의 내용과 거래조건 등에 관한 자세한 정보를 제공하여야 한다. 이때 제공하여야 하는 정보에는 구매의 대상이 되는 상품 또는 서비스의 종류와 내용, 현금가격, 할부가격, 할부금의 금액 및 지급횟수, 지급시기, 할부수수료, 계약금, 지연수수료 등의 내용이 포함된다.

할부거래는 대부분 기간이 장기(2개월 이상)이고 내용이 복잡하기 때문에 분쟁을 방지하고 계약의 공정화를 기하기 위해 서면에 의하여 계약을 체결하여야 한다. 할부계약서에는 다음의 내용이 포함되어야 한다.

① 할부거래업자·소비자 및 신용제공자의 성명과 주소
② 재화 등의 종류·내용 및 재화 등의 공급시기
③ 현금가격
④ 할부가격(신용카드결제의 경우는 미기재 가능)
⑤ 각 할부금의 금액·지급횟수·지급기간 및 지급시기(신용카드결제의 경우는 지급시기 미기재 가능)
⑥ 할부수수료의 실제 연간 요율(최고한도: 연 100분의 25)
⑦ 계약금
⑧ 재화의 소유권 유보에 관한 사항
⑨ 청약철회의 기한·행사 방법·효과에 관한 사항
⑩ 할부거래업자의 할부계약의 해제에 관한 사항
⑪ 지연손해금 산정 시 적용하는 비율
⑫ 소비자의 기한의 이익 상실에 관한 사항
⑬ 소비자의 항변권과 행사 방법에 관한 사항

할부계약의 내용이 불확실한 경우에는 소비자와 신용카드 할부거래업자 사이에 특약이 없으면 그 계약내용은 어떠한 경우에도 소비자에게 불리하게 해석되어서는 안 된다(「할부거래에 관한 법률」 제6조 제4항).

(2) 할부거래 계약시 권리 · 의무

한국인 씨와 같이 신용카드 할부계약을 하면, 판매자와 소비자에게 권리와 의무가 발생한다. 소비자의 권리를 중심으로 법률관계를 살펴보자.

• 판매자의 의무와 권리

판매자는 계약을 체결한 때에는 지체없이 계약서 1통을 소비자에게 교부하여야 한다. 신용카드 전표는 계약서로 본다.

소비자가 할부금을 지급하지 않으면 판매자는 계약을 해제할 수 있다. 이때 판매자는 14일 이상의 기간을 정하여 소비자에게 할부금을 지급할 것을 서면으로 청구하여야 한다. 청구한 후에도 할부금이 지급되지 않으면 판매자는 계약을 해제할 수 있게 된다.

만일 소비자가 할부금을 연속하여 2회 이상 지급하지 않고, 그 금액이 전체 대금의 10분의 1을 초과하는 경우에 판매자는 소비자에게 바로 나머지 할부금 전액을 한꺼번에 달라고 청구할 수 있다.

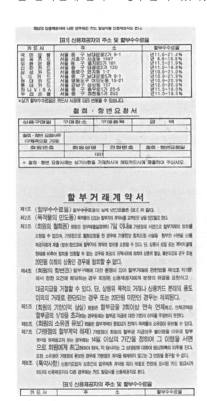

▲ 신용카드 전표 뒷면

• 소비자의 청약철회권

소비자는 계약서를 교부받은 날로부터 7일 이내에 할부계약에 관한 청약을 철회할 수 있다. 만일 계약서 교부보다 목적물 인도가 늦은 경우에는 목적물을 인도받은 날을 기준으로 한다.

소비자가 철회권을 행사하려면 7일의 철회 가능 기간 이내에 판매자에게 청약 철회의 내용이 담긴 서면을 발송하여야 한다. 서면을 발송한 날 철회의 효력이 발생한다. 철회했다는 내용을 증명하기 위해서는 이를 내용증명우편으로 보내는 등의 방법을 이용하는 것이 좋다.

철회권 행사가 가능한 기간은 다음과 같다.

구분	내용
1. 재화 등의 제공이 계약서 발급보다 빠르거나 동일한 경우	계약서를 받은 날부터 7일
2. 재화 등의 제공이 계약서 발급보다 늦은 경우	재화 등을 공급받은 날부터 7일
3. 계약서를 받지 않은 경우	신용카드 할부거래업자의 주소를 안 날 또는 알 수 있었던 날 등 청약을 철회할 수 있는 날부터 7일
4. 신용카드 할부거래업자의 주소 등이 적혀 있지 않은 계약서를 받은 경우	
5. 신용카드 할부거래업자의 주소 변경 등의 사유로 위 1. 및 2.의 기간 내에 청약을 철회할 수 없는 경우	
6. 계약서에 청약의 철회에 관한 사항이 적혀 있지 않은 경우	청약을 철회할 수 있음을 안 날 또는 알 수 있었던 날부터 7일
7. 신용카드 할부거래업자가 청약의 철회를 방해한 경우	그 방해 행위가 종료된 날부터 7일

다음의 경우에는 소비자의 청약철회권이 제한된다.

① 소비자에게 책임 있는 사유로 재화 등이 멸실되거나 훼손된 경우(재화 등의 내용을 확인하기 위해서 포장 등을 훼손한 경우는 제외)
② 사용 또는 소비에 의하여 그 가치가 현저히 낮아질 우려가 있는 것으로서 「자동차관리법」에 따른 자동차나 설치에 전문인력 및 부속자재 등이 요구되는 보일러, 전기냉방기 등 「할부거래에 관한 법률 시행령」 제6조 제1항에서 정하는 재화 등을 사용 또는 소비한 경우
③ 시간이 지남으로써 다시 판매하기 어려울 정도로 재화 등의 가치가 현저히 낮아진 경우
④ 복제할 수 있는 재화 등의 포장을 훼손한 경우
⑤ 할부가격이 10만 원 미만인 할부계약(신용카드를 사용하여 할부거래를 하는 경우에는 20만 원 미만인 할부계약)
⑥ 소비자의 주문에 따라 개별적으로 제조되는 재화 등의 공급을 목적으로 하는 할부계약

소비자가 할부계약을 철회하면, 소비자와 판매자는 서로 상대에게 받은 것을 반환하여야 한다. 소비자는 상품을 반환하고 판매자는 받은 할부금을 반환하여야 한다. 정해진 기한 내에 철회하는 경우 반환에 필요한 비용은 판매자가 부담하고, 청약철회를 이유로 판매자가 소비자에게 위약금이나 손해배상을 청구할 수 없다.

판매자는 청약철회가 있을 경우 지체 없이 신용카드회사에 할부금의 청구를 중지 또는 취소하도록 요청하여야 하며, 위반 시 과태료가 부과될 수 있다.

• 소비자의 항변권

소비자는 철회할 수 있는 기간이 지났다 하더라도, 다음과 같은 이유가 있다면 할부금 잔액의 지급을 거절할 수 있다(다만, 간접할부계약에서는 신용카드 할부가격 20만 원 이상, 할부기간 3개월 이상인 경우이어야 한다).

① 할부계약이 불성립·무효인 경우
② 할부계약이 취소·해제 또는 해지된 경우
③ 재화 등의 전부 또는 일부가 재화 등의 공급시기까지 소비자에게 공급되지 않은 경우
④ 할부거래업자가 하자담보책임을 이행하지 않은 경우
⑤ 그 밖에 할부거래업자의 채무불이행으로 인해서 할부계약의 목적을 달성할 수 없는 경우
⑥ 다른 법률에 따라 정당하게 청약을 철회한 경우

신용카드 등을 이용한 할부거래의 경우, 소비자는 판매자 외에 신용카드회사에도 할부금 지급 거절에 관한 내용을 알려야 한다.

(3) 신용카드 이용 시 주의할 점

신용카드로 거래할 경우 소비자가 피해를 보는 경우가 있다. 신용카드 할부결제 시 주의할 점과 피해가 발생했을 때 대처 방법에 대하여 알아보자.

소비자가 신용카드로 결제하면 카드 가맹

> **간접할부계약**
> 소비자가 신용제공자에게 대금을 2개월 이상의 기간에 걸쳐 3회 이상 나누어 지급하기로 하고, 대금을 완납하기 전에 사업자로부터 재화 등의 공급을 받기로 하는 계약을 말한다.

점은 카드회사로부터 대금 전액을 일시에 받는 반면, 소비자는 카드회사에 매월 할부금을 지급하게 되므로, 철회의 절차가 복잡할 수 있다. 그러므로 판매자의 자체 할부로 결제하는 것이 소비자에게 이로울 수 있다.

신용카드 분실 사실을 알았다면 즉시 카드회사에 분실 사실을 알리고, 카드의 이용을 정지하는 것이 안전하다. 카드사에서는 분실신고를 하면 신고한 날을 기준으로 60일 전까지의 부정 사용 금액에 대하여 보상해주고 있다(서명하지 않은 카드 제외).

사례의 해결

한국인 씨는 건강보조식품을 신용카드 할부거래로 구매하였지만, 건강보조식품을 받지 못하였으므로 항변권과 철회권을 모두 행사할 수 있다. 판매자에게 할부거래를 철회한다고 서면으로 알리고, 신용카드회사에도 서면으로 알리면서 할부금 지급거절의사도 함께 밝혀야 한다.

⚖️
이것만은 꼭!

1. 신용카드 할부거래의 소비자는 「할부거래에 관한 법률」에 의하여 철회권과 항변권이 인정되는 등 보호를 받는다.

2. 신용카드 할부거래 시 신용카드회사가 판매자에게 대금을 일시에 지급하고 소비자는 신용카드회사에 할부금을 내면 된다.

3. 카드를 분실했을 때 카드 뒷면에 본인서명이 있어야만 분실신고일 60일 이전까지 부정 사용액에 대한 보상이 가능하다.

제5절 | 서비스거래

1. 의료사고로 피해를 입은 경우에 어떻게 대처해야 할까?

사 례

유난히 약한 치아로 고생하던 박내이 씨는 치과에 가서 아래턱의 어금니 두 개에 임플란트 시술을 했다. 시술 후 며칠이 지나도 마취가 풀리지 않은 것 같은 멍한 느낌이 계속되더니, 한 달 후에는 증상이 확대되어 아래 잇몸과 턱까지 감각이 없어지고 말았다. 박내이 씨는 임플란트 시술이 잘못되어 이와 같은 후유증이 발생한 것으로 생각하였다. 그러나 박내이 씨는 시술을 받기 전에 의사로부터 발생할 수 있는 후유증에 관한 상세한 설명을 듣지 못하였다. 박내이 씨는 의사로부터 손해배상을 받을 수 있을까?

(1) 의료행위란 무엇이고, 의사와 환자는 어떠한 법적 관계에 있을까?

박내이 씨가 보상을 받을 수 있는지 알아보기 위해서는 우선 의료행위란 무엇이고, 환자인 박내이 씨와 의사 간에 어떠한 법적 관계가 있는지 파악하는 것이 필요하다.

• 의료행위

의료행위란 의료인이 행하는 의료 · 조산 · 간호 등 의료기술의 시행을 의미한다(「의료법」 제12조). 의료인은 면허가 있는 의사, 치과의사, 한의사, 조산사, 간호사를 말한다(「의료법」 제2조 제1항).

• 의료계약의 내용

환자가 의사 또는 의료기관에게 진료를 의뢰하고 의료인이 그 요청에 응하여 치료행위를 개시하는 경우에 의료인과 환자 사이에는 의료계약이 성립된다. 의료계약에 따라 의료인은 질병의 치료 등을 위하여 환자를 진찰하고 치료할 의무를 부담하며, 환자 측은 보수를 지급할 의무를 부담한다.

의사는 환자를 진찰하고 치료하는 데에 있어 구체적으로 다음과 같은 의무를 준수하여야 한다.

의료법

대법원 2017도19422 판결

① 진료의무

의사는 환자를 치료하기 위해 최선을 다해서 의료행위를 하여야 한다. 그러나 이는 최선을 다해 노력할 의무가 있다는 것일 뿐, 반드시 환자의 병을 완치시켜야 할 의무가 있는 것은 아니다.

② 비밀준수의무

의사는 의료행위를 하면서 알게 된 환자의 비밀을 누설해서는 안 된다. 그러나 전염병 등 환자 개인의 이익보다 사회 전체의 공익이 더 중요한 경우, 또는 치료를 위하여 불가피한 경우 등 예외적인 경우에는 법령이 정한 바에 따라 환자의 비밀을 제공할 수 있다.

③ 진료기록의무

의사는 진료기록부를 갖추어 두고 환자의 주된 증상, 진단 및 치료 내용 등 의료행위에 관한 사항과 의견을 상세히 기록, 서명하고 보존하여야 한다. 이 진료기록부는 의료소송이 제기된 경우 가장 중요한 증거자료가 된다.

④ 설명의무

환자는 단순히 치료의 대상에 불과한 것이 아니라 의료계약의 주체이다. 환자가 자신의 치료에 대해 충분히 알고 스스로 결정할 수 있도록 의사는 환자에게 질병의 증상, 치료 방법, 치료에 따르는 위험 등을 설명하여야 한다. 전문적인 의료행위의 내용에 대하여 환자가 제대로 이해하지 못한 채 동의를 했다면 그것은 환자가 주체적인 동의를 한 것으로 볼 수 없다.

⑤ 주의의무

의사는 환자에게 발생할 수 있는 결과를 예견하고 그 결과를 회피하기 위해 최선의 노력을 기울여야 한다. 이러한 주의의무를 판단하는 기준은 의료행위를 할 당시 의료기관 등 임상의학 분야에서 실천되고 있는 의료행위의 수준으로 한다. 만일 의사가 일반적으로 알려진 의술 수준으로 예견할 수 있는 결과를 예견하지 못하거나 수준에 미치지 못하는 진료행위를 하여 의료사고가 발생하였다면 의사는 주의의무를 다하지 못한 것이 되어 책임을 지게 된다.

(2) 의료사고가 발생한 경우에 어떻게 대처할 수 있을까?

박내이 씨와 같이 치료, 수술 등 의료행위를 받고 피해를 입은 경우에 어떻게 법적으로 대처할 수 있을까? 그리고 의사가 치료, 수술 등을 하기 전에 후유증 발생 등에 관한 사항에 관해 설명하지 않은 경우에 의사에 대해 어떤 법적 책임을 물을 수 있을까?

• 의료사고와 관련한 민사상 책임

의료사고란 의료의 전 과정에서 발생하는 인신사고 일체를 의미한다. 의료사고가 발생한 경우에 의료인의 고의 또는 과실이 인정되어야 손해배상을 받을 수 있다. 의료과실은 의료인이 마땅히 지켰어야 할 주의의무를 위반한 것을 의미한다. 주의의무 위반의 내용은 크게 1) 의사가 진단, 검사, 치료 등의 의료행위로 환자의 생명, 신체에 위험 또는 나쁜 결과를 초래할 수 있다는 것을 예견할 수 있었음에도 부주의하여 그러지 못한 경우(결과예견의무 위반)와, 2) 여러 수단을 통한 의료행위 중 적절한 방법을 택하여 환자에게 나쁜 결과가 발생하는 것을 피해야 하는데 그러지 못한 경우(결과회피의무 위반)로 나누어진다.

의료사고로 인한 의료인의 민사상 책임을 묻는 경우, 그 원인에 따라 아래와 같이 채무불이행책임과 불법행위책임으로 나눌 수 있다.

① 의료인이 설명의무, 주의의무 등을 성실히 이행하지 않아 의료사고가 발생한 경우, 의료인은 환자에 대해 계약에 따른 채무를 불이행한 것이 되어 채무불이행으로 인한 손해배상책임을 진다.
② 의사가 고의 또는 과실에 의한 위법행위로 환자에게 손해를 가한 경우에는 불법행위로 인한 손해배상책임을 진다. 불법행위로 인한 손해배상책임은 치료비와 같은 재산상 손해는 물론, 신체, 정신적 고통을 포함한 비재산적 손해에 대해서도 인정된다. 그리고 생명이 침해된 경우에는 피해자의 직계존속, 직계비속 및 배우자에 대해서도 손해배상책임이 발생할 수 있다.

법원은 비전문가인 환자가 의료과실을 입증해야 하는 부담을 경감하기 위하여, 해당 의료행위와 결과 사이에 다른 원인

이 개입되지 않았다는 사정을 증명하면 의료과실과 피해 사이의 인과관계를 추정한다.

• 의료사고와 관련한 형사상 책임

의료인이 의료과실로 환자를 상해 또는 사망에 이르게 한 경우에는 형법상 업무상과실치사상죄에 해당할 수 있다(「형법」 제268조).

업무상과실치사상죄가 인정되기 위해서는 의료인의 과실이 합리적 의심의 여지가 없을 정도로 입증되어야 한다. 민사상 책임에 비해 더욱 엄격한 입증이 요구되며, 의료인의 민사상 과실이 인정된다고 해서 반드시 형사상 책임을 지는 것은 아니다.

• 의료분쟁조정중재원을 통한 분쟁해결

환자와 의료진 사이에 분쟁에 관한 합의가 이루어지지 않는다면 소송을 제기하여야 한다. 그러나 소송은 시간이 오래 걸리고, 전문가가 아닌 환자가 의료과실을 입증하기 어렵기 때문에 환자가 손해를 배상받기 어려운 문제가 있다.

이러한 문제점을 해결하고자 「의료사고 피해구제 및 의료분쟁 조정 등에 관한 법률」에 근거하여 한국의료분쟁조정중재원이 설립되었다. 한국의료분쟁조정중재원은 조정을 통해 신속, 공정하고 효율적으로 의료분쟁을 해결한다. 또한 중재 및 상담, 의료사고 감정과 더불어, 의료사고로 인한 피해자가 손해배상금을 지급받지 못하였을 경우 이를 대신 지불하여 주기도 한다.

의료분쟁의 일방 당사자인 의료진 또는 환자가 조정신청을 하면, 한국의료분쟁조정중재원은 의료전문가, 법조인, 소비자권익을 대표하는 사람 등으로 구성된 조정위원회를 통해 당사자들의 주장과 사실 여부의 확인, 의료적 과실의 유무, 인과관계의 유무 등을 종합적으로 판단하여 적절한 합의안을 도출하고 이를 양측에 권고한다. 당사자들이 이 합의안에 동의하면 재판상 화해와 동일한 효력을 갖는 조정이 성립된다. 한편, 의료인과 환자 간에 한국의

▲ 한국의료분쟁조정중재원(https://www.k-medi.or.kr/)

료분쟁조정중재원의 결정에 따르기로 서면합의하면 중재를 신청할 수도 있다. 중재판정을 받을 경우 이는 확정판결과 동일한 효력이 있다.

또한 피해자가 조정결정 및 중재 판정, 법원의 판결 등으로 손해배상금이 확정되었으나 배상금을 지급받지 못한 경우 한국의료분쟁조정중재원에 손해배상금을 대신 지불해줄 것을 청구할 수 있다(손해배상금 대불제도). 대불 청구할 수 있는 범위는 손해배상금 중 배상의무자로부터 지급받지 못한 금액이다.

사례의 해결

아래 잇몸과 턱까지 감각이 사라지는 후유증은 의사가 임플란트 시술 중 과실로 신경을 건드렸을 가능성이 크다. 그러나 박내이 씨는 의사의 과실을 입증할 필요는 없고 임플란트 시술 전에는 아무런 이상이 없었는데 시술 후 후유증이 발생하였으며, 다른 사유는 개입할 여지가 없다는 점을 들어 병원과 의사 등을 상대로 손해배상을 청구할 수 있다. 손해배상의 내용은 후유증 치료비, 후유증 때문에 일하지 못함으로 인한 손해 및 후유장애로 인한 손해, 정신적 고통에 따른 위자료 등이다.

조정·분쟁, 민사소송을 통해 의사가 박내이 씨에게 지급해야 할 손해배상금이 확정되었으나 이를 지급받지 못한 경우에 박내이 씨는 한국의료분쟁조정중재원에 지급받지 못한 손해배상금을 대신 지불해줄 것을 청구할 수 있다.

이것만은 꼭!

1. 의사와 환자 간에 의료계약이 성립하면, 의사는 환자에 대해 진료에 최선을 다할 의무, 환자의 비밀을 준수할 의무, 진료 내용을 기록할 의무, 설명의무, 주의의무를 다하여야 한다.

2. 의료사고가 발생하면 의사는 의료계약을 제대로 이행하지 못한 채무불이행책임 또는 고의 또는 과실에 의한 불법행위 책임에 따라 민사상 손해배상책임을 질 수 있다. 경우에 따라 업무상과실치사상죄의 형사책임을 질 수도 있다.

3. 의료분쟁조정중재원은 의료분쟁을 신속, 공정하고 효율적으로 해결하기 위해 전문적인 조정, 중재 및 상담, 신체감정, 손해배상금의 대불 등의 업무를 수행한다.

2. 여행상품 계약

사 례

평소 국내 여행을 즐겨 다니는 이유랑 씨는 여행사를 통하여 3박 4일 일정의 제주관광 여행상품을 계약하고, 여행경비 35만 원 중 15만 원의 계약금을 지불하였다. 그런데 여행 당일 출발 직전 이유랑 씨는 본인이 재직 중인 회사에 중대한 문제가 발생했다는 연락을 받았다. 이유랑 씨는 여행을 취소하고 여행사에 계약금의 환급을 요구하였다. 이유랑 씨는 계약금을 환급받을 수 있을까?

---

(1) 여행계약은 어떤 경우에 해제할 수 있나요?

이유랑 씨는 불가피한 사정으로 제주관광 여행을 취소해야 하는 상황이다. 그런데 이미 여행계약을 체결하고 이에 따라 계약금을 지불한 상황이다. 따라서 이런 경우에도 여행계약을 해제할 수 있는 것인지를 살펴본다.

여행계약은 민법상 다양한 계약의 종류 중 하나이다. 따라서 우리가 일상적으로 맺게 되는 여행계약에 관해서는 기본적으로 민법이 적용된다. 여행계약은 당사자 한쪽이 상대방에게 운송, 숙박, 관광 또는 그 밖의 여행 관련 용역을 결합하여 제공하기로 하고 상대방이 그 대금을 지급하기로 약정함으로써 효력이 생긴다(「민법」 제674조의2).

일반적으로 이러한 여행계약은 여행사가 제공하는 약관에 근거하여 체결된다. 그런데 이러한 여행약관에 대해서는 공정거래위원회 표준약관인 「국내여행 표준약관」이나 「국외여행 표준약관」이 활용되기 때문에, 대부분 여행계약의 형식상 내용은 대동소이하다고 볼 수 있다.

여행계약을 체결하면 여행사는 그 서비스에 관한 내용을 적은 여행계약서(여행일정표 및 약관 포함) 및 보험 가입 등을 증명할 수 있는 서류를 여행자에게 제공해야 한다(「관광진흥법」 제14조). 만일 여행사가 여행계약서에 명시된 숙식, 항공 등 여행일정(선택관광 일정을 포함)을 변경하려면 해당 날짜의 일정을 시작하기 전에 미리 여행자로부터 서면동의를 받아야 한다. 물론 여행사는 천재지변, 사고, 납치 등 긴급한 사유가 발생하여 여행자로부터 사전에 일정 변경 동의를 받기 어렵다고 인정되는 경우에는 사전에 일정 변경 동의서를 받지 않을 수도 있지만, 여행사는 사후에 서면으로 그 변경 내용 등을 여행자에게 설명해야 한다(「관광진흥법 시행규칙」 제22조의4 제4항).

통상 여행계약의 내용에는 해제·해지사유 및 그에 따른 손해배상에 관해 정하고 있는데, 이는 대부분 표준약관에서 정하는 바에 따른다.

(2) 여행계약을 해제할 경우 계약금은 환급받을 수 있나요?

여행자가 여행사에 지급한 계약금의 경우, 여행자 측에서 여행사의 별다른 귀책사유 없이 여행계약 해제를 통보하는 경우에는 여행사에 지급한 계약금 중 손해배상 금액을 공제하고 환급받게 된다.

손해배상 금액에 대해서는, 특별한 약정이 없는 한 표준약관에서 정한 「소비자 분쟁해결 기준」(고시)에 의하게 되므로, 여행자는 이에 따른 손해배상액을 계약금에서 공제한 금액을 환급받을 수 있게 된다. 「소비자분쟁 해결 기준」의 내용은 다음과 같다.

소비자분쟁해결 기준

여행계약 해제 시 환급 기준

구분	분쟁 유형	해결 기준
국내여행	– 여행자의 귀책사유로 여행자가 취소하는 경우	
	〈당일여행인 경우〉	
	• 여행개시 3일 전까지 통보 시	• 전액 환급
	• 여행개시 2일 전까지 통보 시	• 여행요금의 10% 배상
	• 여행개시 1일 전까지 통보 시	• 여행요금의 20% 배상
	• 여행개시 당일 취소하거나 연락 없이 불참할 경우	• 여행요금의 30% 배상
	〈숙박여행인 경우〉	
	• 여행개시 5일 전까지 통보 시	• 전액 환급
	• 여행개시 2일 전까지 통보 시	• 여행요금의 10% 배상
	• 여행개시 1일 전까지 통보 시	• 여행요금의 20% 배상
	• 여행개시 당일 취소하거나 연락 없이 불참할 경우	• 여행요금의 30% 배상
국외여행	– 여행자의 여행계약 해제 요청이 있는 경우	
	• 여행개시 30일 전까지(~30) 통보 시	• 계약금 환급
	• 여행개시 20일 전까지(29~20) 통보 시	• 여행요금의 10% 배상
	• 여행개시 10일 전까지(19~10) 통보 시	• 여행요금의 15% 배상

국외여행	• 여행개시 8일 전까지(9~8) 통보 시	• 여행요금의 20% 배상
	• 여행개시 1일 전까지(7~1) 통보 시	• 여행요금의 30% 배상
	• 여행 당일 통보 시	• 여행요금의 50% 배상

여행 분쟁해결

기관명	홈페이지
한국관광공사 관광불편신고센터	http://kto.visitkorea.or.kr/kor/customer/complaints/intro.kto
한국여행업협회 여행불편처리센터	http://www.tourinfo.or.kr/info/claim_step.asp
1372 소비자상담센터	https://www.ccn.go.kr/index.ccn
한국소비자원	https://www.kca.go.kr/home/main.do

사례의 해결

「소비자분쟁해결 기준」에 의하면 국내 숙박여행의 경우 소비자의 사정으로 여행개시 당일 여행사에 취소 통보를 하는 경우 여행요금의 30%를 여행사에 배상하도록 규정되어 있다. 따라서 이유랑 씨는 계약금 15만 원 전액을 환급받을 수는 없고, 총 여행요금 35만 원의 30%인 105,000원을 공제한 45,000원을 환급받을 수 있다.

이것만은 꼭!

1. 별도의 특약이 없는 한 일반적으로 여행계약의 내용은 「국내여행 표준약관」이나 「국외여행 표준약관」에 준하여 이루어진다.

2. 여행자는 언제든지 여행계약을 해제할 수 있으나, 그로 인해 여행사 등에 발생하는 손해는 배상하여야 한다.

3. 여행계약 해제에 따른 손해배상에 관해서는 「소비자분쟁해결 기준」에서 구체적으로 정하고 있다.

콘텐츠이용자보호지침

더 알아보기   문화콘텐츠 이용자 보호

1. 문화콘텐츠란?

문화콘텐츠는 문화적 요소를 지닌 내용물이 미디어에 담긴 것으로, 인터넷상 유통 및 판매되는 대부분의 정보에 해당하여 무척 광범위한 개념이라고 할 수 있다. 그런데 법에서 정한 문화콘텐츠는 주로 「콘텐츠산업진흥법」에서 정의한 '콘텐츠'를 말한다. 즉, 콘텐츠란 부호 · 문자 · 도형 · 색채 · 음성 · 음향 · 이미지 및 영상 등의 자료 또는 정보를 의미하며, 제작자의 창작 · 기획 · 개발 · 생산물을 전자적인 형태로 변환하거나 처리하는 것도 포함한다(「콘텐츠산업진흥법」 제2조 제1항). 이에 따라 게임, 영상, 음악, 만화 등의 저작물이 디지털화되어 온라인에 게시되고 이용되는 것 즉, 우리가 자주 접하는 영화, 웹툰, 웹소설, 디지털 동영상 등을 콘텐츠라고 한다.

2. 콘텐츠 이용자의 보호

문화콘텐츠 이용에 관해서는 여타의 거래행위와 마찬가지로 「민법」, 「상법」, 「전자상거래법」, 「소비자보호법」, 「약관규제법」 등이 적용된다. 그러나 문화콘텐츠 이용자 보호에 관해서는 「콘텐츠산업진흥법」이 특별히 규정을 두고 있는데, 대표적으로 콘텐츠 제작자는 청약철회 및 계약의 해제가 불가능한 콘텐츠의 경우에는 그 사실을 콘텐츠 또는 그 포장에 표시하거나 사용(試用)상품을 제공하거나 콘텐츠의 한시적 또는 일부 이용이 가능하도록 하는 등의 방법으로 조치를 취해야 한다는 특별 규정이 있다. 콘텐츠 제작자가 이러한 조치를 취하지 않았을 경우 이용자

의 청약철회 및 계약의 해제는 제한되지 않는다(「콘텐츠산업진흥법」 제27조 제1항).

3. 콘텐츠 이용자 보호지침

또한 「콘텐츠산업진흥법」은 문화콘텐츠 이용자 보호를 위해 별도의 이용자 보호지침(「콘텐츠이용자보호지침」)을 제정하도록 규정하고 있다(「콘텐츠산업진흥법」 제28조). 이 지침은 문화콘텐츠의 건전한 거래 및 유통질서 확립과 이용자 보호를 위하여 문화콘텐츠 제작자의 자율적 준수를 유도하는 데 목적이 있다. 특히 이용자 지침에는 구체적 예시가 나와 있는데, 약관의 명시 방법, 계약체결 전 정보제공 의무, 청약철회 기간, 청약철회 등을 배제하기 위한 사업자의 조치, 대금의 자동결제 시 이용자에게 사전알림 등이 있다.

> **[예시] 대금의 자동결제 시 이용사에게 사전알림의 방식**
> 1. 무료 이용 기간이 경과하여 유료로 전환되는 경우 이 사실을 유료전환일 7일 전까지 알린다.
> 2. 할인된 요금을 적용받는 이벤트 기간이 경과하여 적용받는 요금제가 변경되는 경우 이 사실을 요금제 변경일 7일 전까지 알린다.

또한 개인정보 유출 발생 시 사업자 의무 사항 규정을 두고 있어 온라인에서 이용되는 문화콘텐츠의 특성상 개인정보 유출의 피해를 최소화하기 위한 방안을 마련하고 있다.

4. 콘텐츠 분쟁조정

「콘텐츠산업진흥법」 제29조는 "콘텐츠사업자 간, 콘텐츠사업자와 이용자 간, 이용자와 이용자 간의 콘텐츠 거래 또는 이용에 관한 분쟁을 조정하기 위하여 콘텐츠분쟁조정위원회를 둔다"라고 규정하고 있다. 이에 따라 콘텐츠에 관한 거래 또는 이용에 관한 분쟁에 해당되는 사안에 관해서는 콘텐츠분쟁조정위원회의 조정신청대상이 될 수 있다. 분쟁조정 대상이 되는 콘텐츠에는 부호, 문자, 도형, 색채, 음성, 음향, 이미지 및 영상 등(이들의 복합체를 포함한다)의 자료 또는 정보로서 영화, 음악, 게임, 출판, 인쇄, 방송영상물, 문화재, 만화, 캐릭터, 애니메이션, 에듀테인먼트, 모바일, 디자인, 광고, 공연, 미술품, 공예품, 디지털콘텐츠, 사용자제작콘텐츠, 멀티미디어콘텐츠 등 종류와 영역을 구분하지 않는다.

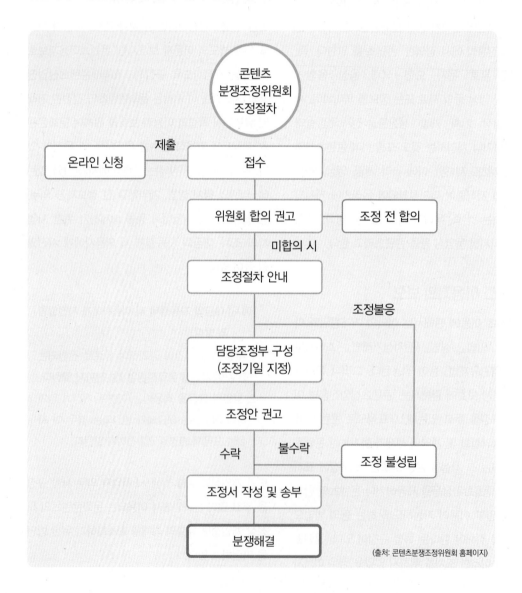

(출처: 콘텐츠분쟁조정위원회 홈페이지)

제6절 | 경제생활에서 권리를 어떻게 보호할까

사법상의 권리와 의무에 대한 분쟁이 발생했을 때, 이를 해결하는 대표적 절차는 민사소송이다. 민사소송절차에서 채권자는 판결을 통해 일정한 권리가 존재한다는 확인을 받고, 그럼에도 채무자가 의무를 이행하지 않는 경우 국가기관의 힘을 빌려 강제적으로 권리를 실현할 수 있다. 이때 채무자의 재산 도피를 막기 위하여 채권자는 소송을 내기 전에 채무자의 재산을 미리 확보해 두는 가압류 등의 조치를 취할 필요가 있다.

이 절에서는 민사분쟁의 해결 방법에 대해 알아보기로 하자.

1. 민사소송은 어떻게 해야 할까?

사 례

신한국 씨에게 4,000만 원을 빌려간 친구 무책임 씨는 돈을 갚기로 한 날짜가 지났는데도 사업 실패를 이유로 돈을 갚으려 하지 않는다. 사정을 알고 보니 무책임 씨는 사업 실패로 재산이 없지만, 사업 동업자에게 받을 돈 5,000만 원이 있다는 것을 알게 되었다. 신한국 씨는 민사소송을 제기하기로 결심했지만 어떻게 민사소송을 제기해야 할지 막막하다. 신한국 씨가 취할 수 있는 방법에는 어떤 것들이 있을까?

(1) 재판을 하기 전에 무엇을 해야 할까?

신한국 씨는 친구인 무책임 씨에게 빌려준 돈을 받기 위해 민사소송을 제기하려고 한다. 그런데 민사소송에서 승소하더라도 채무자에게 재산이 없으면 아무 소용이 없다. 따라서 채권자는 민사소송을 제기하기 전에 채무자가 재산을 빼돌리거나 다른 데 사용할 수 없도록 미리 조치를 취할 필요가 있는데, 이를 보전처분이라고 한다. 보전처분에는 가압류와 가처분이 있다.

 나홀로소송 홈페이지

 민사집행법

▲ 대한민국 법원 나홀로소송 홈페이지(pro-se.scourt.go.kr)에서 재판절차 및 서식에 관해 자세한 안내를 받을 수 있다.

가압류 신청의 요건
① 피보전권리
금전채권이나 금전으로 환산할 수 있는 채권이어야 한다.
② 보전의 필요성
가압류를 하지 않으면 판결, 그 밖의 집행권원(조정, 화해 등의 조서 또는 집행증서)을 집행할 수 없거나, 판결을 집행하는 것이 매우 곤란할 염려가 있어야 한다.

가압류의 관할

가압류는 가압류할 물건이 있는 곳을 관할하는 지방법원이나, 본안(本案)의 관할법원에 신청해야 한다.

선담보제공

가압류를 신속히 진행하기 위하여 부동산·자동차·건설기계·소형선박 또는 금전채권에 대한 가압류의 경우 선제적으로 담보제공을 하는 것을 말한다. 채권자는 미리 공탁보증보험증서를 제출하는 방법으로 할 수 있다.

공탁(供託)

변제 · 담보 · 보관 등의 목적으로 금전, 유가증권, 그 밖의 물건을 공탁소에 맡기는 것을 말한다.

• 가압류 신청하기

금전채권자가 채무자에게 돈의 지급을 청구하는 경우에는 우선 채무자가 현금화할 수 있는 재산을 어디에 어느 정도 가지고 있는지 파악하고, 실제 채권액을 지급받을 수 있도록 채무자의 재산을 가압류할 필요가 있다. 가압류를 해 놓으면 가압류된 부동산이나 유체동산(가재도구 등의 물건), 채권, 자동차(건설기계) 등을 채무자가 처분하지 못하게 되어, 나중에 채권자가 승소하였을 때 강제집행을 통해 채권액을 지급받을 수 있는 이점이 있다.

① 가압류 신청

가압류 신청자는 관할법원에 가압류 신청서 및 가압류 신청 진술서를 제출해야 한다. 가압류신청서에는 당사자, 목적물의 가액, 피보전권리 및 목적물의 표시, 신청의 취지 · 이유, 소명 방법 등을 기재하여야 한다.

② 가압류 재판(담보제공명령)

가압류로 인해 채무자가 손해를 입게 되는 경우가 있다. 법원은 그 손해를 쉽게 회복할 수 있도록 채권자에게 담보를 제공할 것을 명령할 수 있다. 법원에서 담보제공을 조건으로 가압류 신청을 받아들인 경우에는 금전 또는 유가증권을 공탁한 후 공탁서 사본을 제출하거나, 금융기관 또는 보험회사와 지급보증위탁계약을 체결한 후 보증서(공탁보증보험증권)를 제출하면 된다.

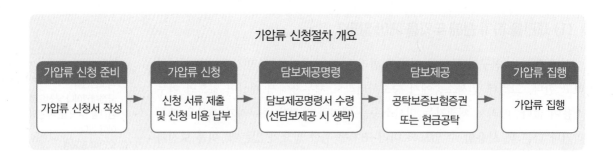

가압류 신청절차 개요

가압류 신청 준비	가압류 신청	담보제공명령	담보제공	가압류 집행
가압류 신청서 작성	신청 서류 제출 및 신청 비용 납부	담보제공명령서 수령 (선담보제공 시 생략)	공탁보증보험증권 또는 현금공탁	가압류 집행

③ 가압류 집행

부동산 가압류	가압류 결정을 받으면 법원은 부동산등기부에 가압류 등기를 한다. 부동산가압류 등기가 기입되더라도 부동산 거래는 가능하나, 등기 후의 매수인은 매수한 부동산이 경매에 부쳐질 위험에 빠질 우려가 있다.

유체동산 가압류	유체동산가압류의 집행은 집행관에게 위임하여 동산압류방식에 의하여 집행한다.
채권 가압류	채권가압류는 가압류의 목적인 특정 채권을 가압류한다는 선언과 동시에 제3채무자(채무자의 채무자)에 대하여 채무를 지급해서는 안 된다는 법원의 명령(가압류 재판 정본)을 제3채무자에게 송달함으로써 집행된다.

• 가처분 신청하기

가처분이란 법률상 다툼의 대상이 되는 물건이나 지위가 있을 때, 판결을 받기 전에 그 대상이 처분되거나 멸실되는 것 등을 방지하고자 그 대상의 현상 변경을 금지시키는 제도이다. 일반적으로 가처분은 다툼의 대상에 관한 가처분과 임시의 지위를 정하기 위한 가처분으로 나뉜다.

① 다툼의 대상에 관한 가처분은 현상이 바뀌면 당사자가 권리를 실행하지 못하거나 이를 실행하는 것이 매우 곤란할 염려가 있을 경우에 한다. 예를 들어, 아파트 소유권이전등기 청구소송 진행 중에 채무자가 아파트를 팔아 타인 명의로 이전해버리면 채권자는 소송에서 승소하더라도 이전등기를 할 수가 없다. 이러한 사태에 대비하기 위해서 아파트에 대하여 처분금지가처분을 할 수 있다.

② 임시의 지위를 정하기 위한 가처분은 다툼이 있는 권리관계에 대한 확정판결이 있기까지 현상의 진행을 그대로 방치한다면 권리자가 현저한 손해를 입거나 급박한 위험에 처하는 등 소송의 목적을 달성하기 어려운 경우에 인정된다. 예를 들어, 특허권·상표권·저작권과 같은 지식재산권에 대한 침해금지가처분, 직무집행정지가처분, 부정경쟁행위금지가처분 등이 있다.

가처분절차는 특별한 예외를 제외하고 가압류절차에 관한 규정을 준용한다.

💬 채무자의 적극적 행위를 금지하는 가처분 신청

채무자에게 일정한 행위를 하지 않을 의무를 명하는 보전처분이다.
예) 토지나 건물에 채무자가 들어가거나 통행하는 것을 금지하려는 경우, 건축 중인 건물의 공사를 금지하려는 경우, 일조권 등의 침해를 이유로 건축공사를 금지시키려는 경우 등

가압류와 가처분의 구분
가압류는 금전채권이나 금전으로 환산할 수 있는 채권(매매대금, 대여금, 공사대금, 손해배상청구권 등)을 보전하지만, 가처분은 금전채권 이외의 권리를 보전하는 제도라는 점에서 두 제도는 구별된다.

부동산에 대한 가처분의 유형
부동산처분금지가처분, 부동산점유이전금지가처분, 수인의무를 명하는 가처분(예:통행방해금지가처분, 공사방해금지가처분), 부동산인도(명도)가처분 등이 있다.

부동산 가압류 신청서
(서식)

나홀로 소송 동영상

민사소송법

(2) 민사소송은 어떠한 절차로 진행될까?

신한국 씨는 실제 빌려준 돈을 지급받을 수 있도록, 소제기 전에 우선 무책임 씨가 사업 동업자(제3채무자)로부터 받을 금전채권을 가압류하였다. 이제 신한국 씨는 무책임 씨로부터 빌려준 돈을 받기 위한 민사소송을 제기하려 한다. 민사소송은 어떠한 절차로 진행되며, 신한국 씨는 무엇을 해야 할까?

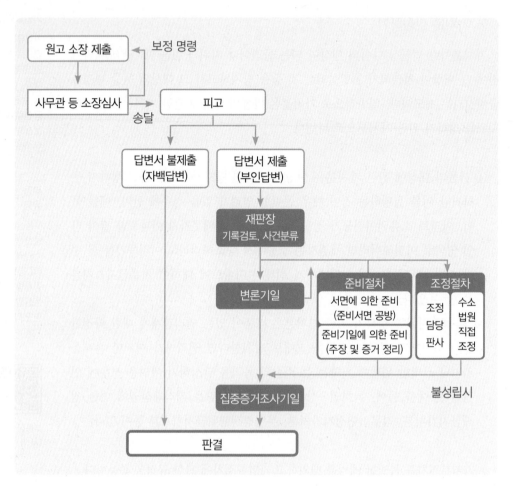

▲ 민사소송절차

- 소장의 접수와 답변서 제출

① 원고는 소장을 작성한다.

민사소송을 제기하려면 원고는 소장을 작성해야 한다. 소장에는 당사자와 법정대리인, 청구취지("피고는 원고에게 돈 1,000만 원을 지급하라"라는 식으로 원고가 판결을 통하여 얻어내려는 결론을 기재)와 청구원인("원고는 2020. 1. 1. 피고에게 금전 1,000만 원을 빌려 주었다. 이를 갚아야 할 변제기가 지났으나 피고는 이를 갚지 않고 있다"라는 식으로 판결을 구하게 된 원인이 무엇인지를 구체적으로 기재), 첨부 서류의 표시, 작성한 날짜, 법원의 표시 등을 기재하여야 한다. 원고의 소장에 잘못된 점이 있으면 법원은 보정명령을 통해 시정할 수 있다.

소장을 제출할 때 당사자의 수에 따른 송달료를 납부하여야 한다. 또한 소장에는 소송 목적물의 값에 따라 인지를 첨부하여야 한다.

② 소장은 관할법원에 제출하여야 한다.

원고가 피고를 상대로 관할법원에 소장을 제출하면 소송은 시작된다. 관할은 일반적인 경우와 특별한 경우로 나뉘는데, 일반적으로 인정되는 소장 제출 법원은 다음과 같다.

자연인	피고의 주소지 관할법원, 주소가 없거나 주소를 알 수 없을 때에는 거소(현재 사실상 거주하는 곳), 거소가 일정하지 않거나 알 수 없는 때에는 마지막 주소에 따라 정한다.
법인, 기타 단체	피고법인의 주된 사무소 또는 영업소 소재지, 사무소와 영업소가 없는 때에는 주된 업무담당자의 주소에 따라 정한다.

특별히 인정되는 소장 제출 법원으로는 부동산에 관한 소의 경우 부동산 소재지, 어음 · 수표에 관한 소의 경우 어음 수표의 지급지, 불법 행위에 관한 소의 경우 그 행위지 등이 있다. 하나의 사건에 대하여 관할이 인정되는 법원이 여러 개인 경우에는 그중 하나를 선택하여 소를 제기할 수 있다.

③ 법원은 소장 부본을 피고에게 송달한다.

소장이 법원에 접수되면 법원은 피고에게 소장 부본을 보내는데, 받을 사람이 없거나, 문을 잠가 놓고 열어주지 않거나, 주소가 명확하지 않거나, 이사해 버리고 없는 경우 등에는 다시 보내거나 공시송달을 하는 등 여러 가지 방법을 사용하게 된다.

④ 소장 부본을 받은 피고는 답변서를 제출해야 한다.

법원은 원고의 소장 부본을 피고에게 송달하면서 답변서를 제출할 것을 요구한다. 피고가 원고의 청구를 다투는 경우에는 소장의 부본을 송달받은 날부터 30일

보정명령
소장이나 소송상 행위의 불충분한 점 또는 잘못된 점을 보충하거나 고치게 하는 법원의 명령이다. 대개 보정명령은 피고에게 소장이 송달되지 않은 경우에 내리는 주소보정명령이 많다.

소장(서식)

답변서(서식)

공시송달
원고가 일반적인 통상의 조사를 다했으나 피고의 주소, 거소, 영업소, 사무소와 근무 장소, 기타 송달 장소 중 어느 한 곳도 알지 못해 송달이 불가능한 경우에 하는 송달 방법이다. 공시송달은 법원 게시판에 게시하거나 관보·공보 또는 신문에 게재하거나 전자통신매체를 이용한 공시 방법을 이용한다.

소장 부본
소장 부본이란 소장 원본과 같은 문서를 복수로 만든 것을 말한다.

이내에 답변서를 제출하여야 한다. 다만, 피고가 공시송달의 방법에 따라 소장의 부본을 송달받은 경우에는 그렇지 않다.

　피고가 원고의 주장에 대해 이의를 제기하면서 그 주장을 다투는 내용의 답변서를 제출하면 소송절차가 진행된다. 그러나 기간 내에 답변서를 제출하지 않거나 원고의 청구원인 사실을 전부 인정하는 취지의 답변서를 제출한 경우에는 변론 없이 원고 승소 판결이 선고될 수 있다.

- 재판

본인이 직접 출석하거나 대리인이 출석할 수 있다.

법정대리인	미성년자: 친권자(부모), 친권자가 없는 경우 후견인
	피한정후견인, 피성년후견인: 후견인
임의대리인	소송대리인을 선임하여 사건을 진행하는 경우에는 그 대리인은 일체의 소송행위를 할 수 있다. 그렇지만 대리인 마음대로 반소를 제기하거나, 소를 취하하거나, 화해해 버리거나, 다른 대리인을 선임하는 것은 할 수 없다.

　법률에 따라 재판상 행위를 할 수 있는 대리인(상법상 지배인, 국가 소송 수행자 등) 외에는 변호사가 아니면 소송대리를 할 수 없다(「민사소송법」 제87조). 다만 단독판사가 심리·재판하는 사건 중 일정한 사건은 변호사가 아닌 사람도 법원의 허가를 받아 소송대리인이 될 수 있고(「민사소송법」 제88조), 소액사건에서는 당사자의 배우자·직계혈족 또는 형제자매는 법원의 허가없이 소송대리인이 될 수 있다.

① 변론기일의 지정 및 통지

　재판장은 피고가 답변서를 제출하면, 변론기일을 정하여 원고와 피고에게 통지한다. 변론기일 전에 사건의 쟁점을 확인하고 변론을 효율적으로 실시하기 위해 쟁점정리기일 및 변론준비절차를 거칠 수도 있다.

💬 쟁점정리기일

변론준비절차 전에 당사자 쌍방이 법관 면전에서 사건의 쟁점을 확인하고 상호 반박하는 기회를 가질 수 있도록 마련된 제도이다.

변론기일에 앞서 변론이 효율적이고 집중적으로 실시될 수 있도록 당사자의 주장과 증거를 정리해 소송관계를 명확하게 하는 절차이다. 서면에 의한 변론준비 및 변론준비기일에 의한 준비의 방식으로 진행된다. 변론준비기일은 서면에 의한 변론준비절차가 진행되는 동안에 주장 및 증거를 정리하기 위해 필요하다고 인정하는 때에 당사자를 출석하게 하여 쟁점을 정리하는 기일이다.

② 원고와 피고의 주장 · 답변 및 항변

변론기일은 법원, 당사자, 그 밖의 소송관계인이 모두 모이는 날이다. 이때 변론준비절차에서 정리된 결과를 발표하고 증거조사를 한다.

변론기일에 원고는 "돈 4,000만 원을 빌려 주었다. 변제기가 지났으나 갚지 않고 있다"라는 사실을 주장하고, 피고는 이에 대하여 "빌린 사실이 있다(자백)" 또는 "없다(부인)"라는 식의 답변을 한다. 주의할 점은, 대답하지 않으면(침묵) 자백한 것과 같이 취급되고, 모르겠다(부지)고 하는 것은 부인하는 것으로 취급된다는 것이다. 그 외에 피고는 "돈을 빌린 사실이 있으나 그 후에 갚았다" 또는 "빚을 상계했다"라는 식으로 돈을 빌려주었다는 원고의 주장을 인정하면서 새로운 사실을 내놓을 수도 있는데, 이를 항변이라고 한다.

이러한 주장, 답변 등은 원 · 피고가 변론기일에 출석하여 구두로 하는 것이 원칙이나, 서면으로 제출할 수도 있는데, 이를 준비서면이라고 한다. 실제로는 소송상의 주장, 답변 등은 간단한 것을 제외하고는 미리 서면으로 준비하여 이를 제출한다.

③ 증거신청 및 조사

증거조사는 원칙적으로 당사자의 신청으로 이루어지며, 법원이 증거채택 여부에 대한 결정을 내린다. 증거조사는 구체적으로 증인, 감정인의 신문이나 서류, 물건의 제출 등으로 이루어진다. 증거조사는 보통 집중증거조사기일에 이루어지는데, 집중증거조사기일은 당사자의 주장과 증거를 정리한 뒤 증인신문과 당사자신문이 집중적으로 이루어지는 기일을 말한다.

• 증인신문

증인신문을 요청할 때에는 증인신청서를 제출해야 한다. 증인신청서에는 증인의 이름 · 주소 · 연락처 · 직업, 증인과 당사자의 관계, 증인이 사건에 관여하거나

준비서면

당사자가 변론에서 진술하고자 하는 사항을 기재하여 재판기일 전에 법원에 제출하는 서면이다. 피고의 최초 준비서면은 답변서이다.

증인이 출석하지 않는다면

증인이 정당한 사유 없이 증인신문기일에 출석하지 않는다면 과태료(500만 원 이하)가 부과된다. 만약 증인이 1회 과태료의 재판을 받고도 정당한 이유 없이 다시 출석하지 아니할 경우 7일 이내의 감치(유치장이나 교도소에 가두어 두는 것)에 처할 수 있다. 또한 증인이 정당한 이유 없이 출석하지 아니한 경우에는 법원은 구인장을 발부하여 법정 또는 그 밖의 신문 장소로 구인할 것을 명할 수 있다.

내용을 알게 된 경위, 증인신문에 필요한 시간 및 증인의 출석을 확보하기 위한 협력 방안을 기재하여야 한다. 증인신청서를 제출한 후에는 법원에서 정한 바에 따라 증인진술서를 제출하거나 증인신문 사항을 적은 서면을 제출해야 한다.

증인을 신청한 당사자가 출석한 증인을 먼저 신문하는데, 이를 주신문이라고 한다. 그 다음에는 상대방이 반대 신문을 한다. 반대 신문은 주신문에 의한 증언의 진실성을 알아보려는 것이므로 주신문에 나타난 사항과 이에 관련되는 사항 및 증언의 신빙성에 관한 사항이 아니면 신문할 수 없다.

서증조사신청서(서식)

증거 설명서의 제출
서증의 수가 방대하여 개별적으로 입증 취지를 확인하기 곤란한 경우, 서증의 내용을 이해하기 어렵거나 그 입증 취지가 불명확한 경우, 또는 서증의 작성자나 작성 연월일 등이 불명확한 경우 등에는 증거 설명서를 제출하여야 한다. 증거 설명서에는 문서의 제목, 작성 연월일, 작성자 및 입증 취지 외에 원본의 소지 여부 등을 기재하여야 한다.

문서제출 협력의무
법원으로부터 문서의 송부를 촉탁받은 사람 또는 증거조사의 대상인 문서를 가지고 있는 사람은 정당한 이유가 없는 한 이에 협력해야 할 의무가 있다. 만약 송부촉탁에 따를 수 없는 사정이 있는 때에는 그 사유를 통지해야 한다.

• 감정신청

문서, 유가증권 등에 대한 감정을 신청하는 때에는 감정을 구하는 사항을 적은 서면을 함께 제출하여야 한다. 이때 상대방은 감정에 대한 의견서를 제출할 수 있다. 법원은 신청서와 의견서를 고려하여 감정 사항을 정하는데, 필요한 때에는 감정인의 의견을 들을 수 있다. 재판장은 감정인에게 서면이나 말로써 의견을 진술하게 할 수 있으며, 감정인신문에 대한 사항은 증인신문 규정을 적용한다.

• 서증신청

서증이란 법원에 증거로 제출하는 문서를 말한다. 서증신청은 문서를 제출하는 방식 또는 문서를 가진 사람에게 그것을 제출하도록 명할 것을 신청하는 방식으로 한다. 문서 소지자는 원칙적으로 일정한 사유(형사 소추, 치욕, 직무 비밀, 직업 비밀, 공무상 보관 등)가 있는 문서를 제외하고 모든 문서를 제출해야 할 의무가 있다.

• 문서송부촉탁신청

문서송부촉탁신청이란 당사자가 문서 소지자에게 직접 문서의 정본 또는 등본을 달라고 요청할 수 없는 경우 법원이 문서를 가지고 있는 사람에게 그 문서를 보내라는 촉탁을 하도록 요청하는 신청이다. 국가기관, 법인, 학교, 병원 등이 보관하고 있는 문서를 서증으로 제출하고자 할 경우에 흔히 이용되고 있다. 법원이 신청을 받아들이는 경우 신청인은 문서가 있는 장소와 그 문서의 번호 등을 확인하여 문서송부촉탁서를 빠른 시일 안에 해당 법원에 제출하여야 한다.

• 검증신청

검증은 법관이 직접 사실을 판단하고자 사람의 신체 또는 현장 등 그 사실에 관계되는 물체를 조사하는 것이다. 당사자가 검증을 신청할 경우에는 검증의 목적을 표시하여 신청해야 한다.

• 그 밖의 증거

그 밖의 증거로는 도면 · 사진 · 녹음테이프 · 비디오테이프 · 컴퓨터용 자기디스크, 그 밖에 정보를 담기 위해 만들어진 물건 등이 있다. 자기디스크 등에 기록된 문자정보를 증거로 하는 경우에 증거조사를 신청한 당사자는 법원이 명하거나 상대방이 요구한 때에는 자기디스크 등에 입력한 사람과 입력한 일시, 출력한 사람과 출력한 일시를 밝혀야 한다. 또한 녹음테이프 등을 신청하는 때에는 음성이나 영상의 녹음 등이 된 사람, 녹음 등을 한 사람 및 녹음 등을 한 일시 · 장소를 밝혀야 한다.

▲ 녹음기와 하드디스크도 증거조사의 대상이다.

• 판결

① 판결의 선고

일반 민사사건의 경우에 판결은 변론이 종결된 날부터 2주 이내에 선고해야 하며, 재판장이 판결원본에 따라 구문을 낭독하는 방식으로 선고한다. 과거에는 '원고 승소', '원고 패소'라는 식으로 판결을 선고하는 경우가 왕왕 있었지만, 요즈음은 특별한 사정이 없으면 원고 승소의 경우에도 판결 주문을 다 읽는 형식으로 판결을 선고하고, 원고 전부 패소의 경우에도 "원고의 청구를 기각한다. 소송비용은 원고가 부담한다"는 식으로 판결 주문을 다 읽는 방법으로 판결을 선고한다. 그리고 판결 이유는 통상 설명하지 않으나, 사안에 따라서는 이유를 간략히 설명하는 경우도 있다.

② 판결서의 송달

법원사무관 등은 판결서를 받은 날부터 2주 이내에 당사자에게 송달하여야 한다. 승소한 원고는 판결서에 기재된 가집행선고에 근거하여 가집행할 수 있다.

> **가집행**
> 가집행선고를 하는 경우에는 이를 근거로 강제집행을 할 수 있다. 다만, 가집행은 확정적인 것이 아니며, 상급심에서 가집행선고 또는 본안판결이 취소되지 않을 것을 조건으로 집행의 효력이 발생하는 것이다.

• 판결 선고 후의 절차

① 상소

상소란 미확정인 재판에 대해 상급법원에 불복신청을 하여 구제를 구하는 절차이다. 제1심 판결로 불이익을 받은 당사자는 사건에 따라 지방법원 본원 합의부 또는 고등법원에 상소(항소)할 수 있고, 고등법원이 선고한 종국판결과 지방법원 본원 합의부가 2심으로 선고한 종국판결에 대해 대법원에 불복하는 상소(상고)를 할 수 있다. 항소나 상고는 판결문을 송달받기 전에도 할 수 있고, 송달받은 날부터 2주일 이내에 원심법원에 항소장이나 상고장을 제출하여야 한다.

② 판결의 확정

제1심 또는 제2심 판결이 내려졌는데 패소한 당사자가 상소 기간 내에 상소를 하지 않으면 판결이 확정된다. 그리고 패소한 당사자가 항소를 하고 또 상고까지 한 경우에는 대법원에서 판결을 선고할 때에 확정된다. 또 항소나 상고를 하였다가 취하하거나, 항소권이나 상고권을 포기한 때에도 판결이 확정된다.

💬 청구의 포기와 인낙

청구의 포기는 원고 스스로 제기한 청구 중 전부 또는 일부를 포기한다는 것을 법원에 진술하는 것이다. 반면에 청구의 인낙은 피고가 변론 또는 변론준비절차에서, 법원에 대하여 원고가 청구한 내용의 전부 또는 일부가 타당함을 스스로 인정하는 것이다. 청구의 포기와 인낙을 하면 그 부분의 소송은 종료하게 되며, 조서에 기재되면 확정판결과 동일한 효력을 갖게 된다.

제소 전 화해

소 제기 전에 화해를 하고자 하는 경우 화해신청서를 관할지방법원에 제출하는 방법으로 하는 화해이다. 화해가 성립되면 화해 조서를 작성하며, 화해 조서는 확정판결과 동일한 효력이 있다.

💬 소의 취하

소의 취하는 소 제기 후 종국판결의 확정에 이르기까지 할 수 있으므로 항소심이나 상고심에서도 할 수 있다. 또한 수 개의 청구 중 일부는 물론이고, 1개의 청구 중 일부도 취하할 수 있다. 그러나 소의 취하와 달리 상소의 취하는 원판결을 확정시키는 효력이 있다.
소의 취하는 서면으로 하여야 하지만 변론 또는 변론준비기일에서는 말로 할 수 있다.
소의 취하는 상대방이 준비서면을 제출하거나 변론준비기일에서 진술하거나 변론을 한 뒤에는 상대방의 동의를 얻어야 한다. 소가 취하된 부분에 대하여는 소가 처음부터 제기되지 아니한 것으로 본다. 다만, 본안에 대한 종국판결이 있은 뒤에 소를 취하하면 같은 소를 다시 제기하지 못한다.

③ 재심

확정판결에 중대한 오류(판결의 증거가 위조되거나 변조된 것인 때, 판결에 영향을 미칠 중요한 사항에 관하여 판단을 누락한 때 등)가 있는 경우 재심을 청구할 수 있다. 재심은 재심 대상이 된 판결을 한 법원이 관할한다.

(3) 강제집행절차는 어떻게 진행될까?

4,000만 원 대여금 반환청구 소송에서 채권자인 신한국 씨가 승소하여 "피고는 원고에게 금 4,000만 원을 지급하라"라는 판결이 확정된 경우, 신한국 씨는 빌려준 돈을 받기 위해 채무자인 무책임 씨의 재산을 지정하여 집행기관에 강제집행을 신청해야 한다. 강제집행은 어떠한 절차에 따라 진행될까?

나홀로 소송
강제집행 동영상

• 채무자의 재산을 찾아내기 위한 절차

원고가 승소 판결을 얻었더라도 집행을 하기 위해서는 우선 채무자가 어디에 어떤 종류의 재산을 어느 정도 보유하고 있는지를 파악하여야 한다. 이를 위하여 마련한 제도가 재산명시절차이며, 채권자는 채무자의 재산을 조회하거나 채무불이행자명부를 활용하여 강제집행을 확보할 수 있다.

① 재산명시제도

재산명시제도란, 채무를 이행하라는 법원의 판결이 내려졌음에도 채무자가 여전히 금전채무를 이행하지 아니하는 경우에, 채권자가 재산명시 신청을 하면 법원이 해당 채무자로 하여금 강제집행의 대상이 되는 재산관계를 명시한 재산목록을 제출하게 하고 그 진실성을 선서하게 하는 법적 절차를 말한다.

금전의 지급을 목적으로 하는 집행권원에 기초하여 강제집행을 개시할 수 있는 채권자는 집행력 있는 정본과 강제집행을 개시하는 데에 필요한 서류를 첨부하여 법원에 채무자의 재산명시를 요구하는 신청을 할 수 있다.

② 재산조회제도

재산명시절차를 실시한 법원은 다음의 경우 그 재산명시를 신청한 채권자의 신청에 따라 개인의 재산 및 신용에 관한 전산망을 관리하는 공공기관이나 금융기관 등에 채무자 명의의 재산에 관하여 조회를 신청할 수 있다.
• 재산명시명령이 채무자에게 송달불능되어 채권자가 주소보정명령을 받았으

재산명시 위반의 경우

채무자가 정당한 사유없이 명시기일 불출석, 재산목록 제출 거부, 선서 거부를 하는 경우 20일 이내의 감치처분을 받게 되고(「민사집행법」 제68조 제1항), 거짓의 재산목록을 낸 때에는 3년 이하의 징역 또는 500만 원 이하의 벌금에 처해진다(「민사집행법」 제68조 제9항).

집행권원

국가의 강제력에 의하여 실현될 청구권의 존재와 범위가 표시되고 집행력이 부여된 공적인 문서를 말한다. 확정판결이나 확정된 지급명령, 재판상의 화해조서, 민사조정조서 등이 있다.

나 채무자의 주소불명으로 이를 이행할 수 없었던 경우
- 재산명시절차에서 채무자가 제출한 재산목록의 재산만으로는 집행채권의 만족을 얻기에 부족한 경우
- 정당한 이유 없는 채무자의 명시기일 불출석·채무자의 재산목록 제출 거부 또는 선서거부, 또는 허위재산목록 제출의 경우

③ 채무불이행자명부제도

채무자가 금전의 지급을 명한 판결 또는 지급명령이 확정되거나, 화해·조정조서 등이 작성된 후 6개월 이내에 채무를 이행하지 아니하거나, 법원의 명령에도 불구하고 재산목록의 제출을 거부 또는 허위의 목록을 제출하는 등의 사유가 있는 때에는 채권자는 채무자를 채무불이행자 명단에 등재하도록 법원에 신청할 수 있다.

채무불이행자명부의 열람

법원은 채무불이행자명부의 부본을 일정한 금융기관의 장이나 금융기관 관련 단체의 장에게 보내 채무자에 대한 신용정보로 활용하게 할 수 있다. 채무불이행자명부는 인쇄물로 공표하지 않는 한 누구든지 열람·등사가 가능하며, 채무가 모두 소멸되어 법원의 말소결정이 있기까지 비치, 공개된다.

• 채무자의 재산을 집행하는 절차

강제집행은 채무자의 재산을 압류하여 현금화하고 채권자에게 배당하는 3단계로 구성된다.

1. 강제집행의 3단계: 압류 → 현금화 → 배당

압류(押留)라는 단어에서 알 수 있듯이 집행의 첫 단계는 채무자의 일정한 재산을 눌러서(押) 꼼짝 못하게(留) 하는 조치이다. 집행 대상에 따라서 압류의 방법은 각기 다르다. 유체동산에 대해서는 압류 딱지를 붙이지만, 부동산에 대해서는 등기부의 갑구란에 경매개시결정을 등기하고, 채권에 대해서는 채권압류명령을 송달한다.

두 번째 단계는 압류된 재산을 팔아 현금화하는 절차이다. 유체동산은 현재 호가 경매의 방법으로, 부동산의 경우에는 입찰의 방법으로 현금화한다.

세 번째 단계는 현금화를 통해 생겨난 금전을 채권자들에게 나누어주는 절차로서, 채권자가 한 명인 경우 그에게 지급하고 나머지는 채무자에게 주면 되지만, 채권자가 다수인 경우에는 그 권리의 순서대로(주

로 우선 변제권의 유무) 배당하는 절차가 이어진다. 우선변제권이 없는 채권자들에 대하여는 채권액에 따라 평등하게 배당한다.

2. 강제집행절차

① 동산에 대한 집행

채무자가 보유하고 있는 동산의 경우, 즉, 텔레비전이나 냉장고, 세탁기 등은 보통 재산적 가치가 적어 부동산 등 다른 재산이 없는 경우에만 집행의 대상으로 삼는 것이 일반적이다. 집행권원에 집행문을 부여받아 관할법원 집행관에게 집행을 위임하면, 집행관은 채무자 소유의 유체동산에 압류를 실시한 후 압류물을 경매 또는 적당한 매각의 방법으로 환가하여 채권액에 해당하는 금액을 채권자에게 교부한다.

집행문
집행문이란 집행권원에 집행력이 있음과 집행 당사자가 누구인지를 공증하기 위하여 법원 사무관 등이 집행권원의 끝에 덧붙여 적은 공증문언을 말한다.

② 부동산에 대한 집행

이는 채무자의 부동산을 경매를 통해 팔아 그 매각 대금으로 채권자에게 빌린 돈을 갚는 절차이다.

- 채권자의 신청이 있으면 법원은 경매개시결정을 하여 목적 부동산을 압류하고, 관할등기소에 강제경매신청의 기입 등기를 촉탁하여 등기 공무원으로 하여금 등기부에 기입 등기를 하도록 한다.
- 다음에 처분할 부동산을 현금화하기 위한 준비절차로서, 집행관에게 부동산의 현황에 대한 조사를 명하고 감정인에게 목적 부동산을 평가하게 하여 그 평가액을 참작하여 최저 매각 가격을 정한다.
- 위 절차가 끝나면 법원은 매각 기일 및 매각 결정기일(입찰 및 낙찰 기일)을 지정하여 공고한다.
- 경매가 끝난 후 매수인(낙찰자)이 대금을 지정한 기일까지 완납하지 아니할 때에는 차순위 매수 신고인에 대한 매각 여부를 결정하고, 차순위 매수 신고인도 없는 때에는 재매각을 실시한다.

③ 금전채권에 대한 집행

금전채권에 대한 집행은 채권자가 돈을 받아내기 위하여 채무자의 제3자에 대한 금전채권을 직접 자기 것으로 만들거나(전부) 그 제3자로부터 돈을 받아내는 것(추심)이 목적이다.

채무자의 예금, 임대차 보증금, 임금 등이 그 대상이 된다.

추심명령과 전부명령

추심명령이란 채무자가 제 3자에게 가지고 있는 금전 채권을 특별한 절차 없이 그를 대신해서 직접 추심 할 권리를 채권자에게 부 여하는 집행법원의 결정을 말한다.
전부명령은 채권자가 채무 자의 제3자에 대한 금전채 권을 압류한 경우 채무의 변제 대신 압류한 채권을 채권자에게 이전시키는 집 행법원의 결정을 말한다.

채권자가 집행 법원에 압류명령신청을 하면 집행 법원은 압류명령을 발하여 채무자의 제3채무자에 대한 채권을 압류한 후, 다시 채권자의 신청에 의하여 추 심명령 또는 전부명령을 발하여 환가한다. 보통은 채권압류명령과 추심·전부 명 령을 동시에 신청한다.

추심명령을 받은 집행 채권자는 절차에 참가한 다른 채권자가 없는 경우 추심 한 금전으로 자기 채권의 변제에 충당함으로써 집행절차가 종료되지만, 다른 채 권자가 또 있다면 배당절차가 실시된다. 한편, 전부명령을 받은 경우에는 압류한 금전채권이 압류 당시로 소급하여 그 액수만큼 채권자에게 이전되고, 원래 채무 자에 대한 채권은 완전히 소멸되어 집행절차가 종료된다. 즉, 채권 양도가 있었 던 것과 같은 결과가 되는 것이다. 주의해야 할 것은 전부명령의 경우 추심명령 과는 달리 채무자가 변경되어 전부명령에 해당하는 금액에 대하여는 이전의 채권 자로부터 더 이상 변제받을 수 없는 것이므로 전부명령을 신청할 때 제3채무자의 경제력이나 자력 정도를 충분히 고려하여야 한다는 점이다.

사례의 해결

신한국 씨는 소를 제기하기 전에 무책임 씨가 사업 동업자(제3채무자)에 대하여 갖는 금전 채권을 가압류해야 한다. 재판이 시작되면 신한국 씨는 채무액이 4,000만 원이라는 점, 무 책임 씨가 변제기에 돈을 갚지 않았다는 점을 법원에 주장하여야 한다. 이때 증거로 계약서 및 금전거래 내역 등을 제출하거나 증인을 신청할 수 있다. 재판에서 승소하면 신한국 씨는 법원의 확정판결을 집행권원으로 하여 강제집행절차를 통해 돈을 받을 수 있는데, 무책임 씨의 사업 동업자에 대한 채권을 압류하여 전부 또는 추심명령을 통해 돈을 받을 수 있다.

⚖ 이것만은 꼭!

1. 민사소송을 제기하기 전에 채권의 전부 또는 일부를 보전할 수 있도록 채무자의 재 산을 가압류·가처분하여야 재판 이후에 채권을 쉽게 변제받을 수 있다.

2. 원고가 피고를 상대로 관할법원에 소장을 제출하면 민사소송절차가 시작된다. 소장 부본을 송달받은 피고는 그 내용을 다투는 답변서를 제출할 수 있다.

3. 원고 및 피고가 법원에 주장·증거를 제출하며 변론이 진행되고, 이를 토대로 판결 이 선고된다. 판결서를 송달받은 날로부터 2주일 이내에 항소나 상고를 제기하지 않 으면 판결은 확정된다.

4. 판결이 확정된 후에는 이를 집행권원으로 하여 채무자의 재산을 압류하여 현금화하 고 채권자에게 배당하는 강제집행절차가 진행된다.

2. 간편한 민사분쟁해결 방법에는 무엇이 있을까?

사 례

신한국 씨는 평소 친하게 지내던 이웃 김급전 씨가 돈이 없으면 온 가족이 길바닥에 나앉게 생겼다며 급히 돈이 필요하다고 부탁하여 500만 원을 빌려주었다. 빌려갈 때는 눈물까지 글썽이며 금방 갚겠다고 했던 김급전 씨였지만 태도가 돌변하여 신한국 씨의 연락을 받지 않기 시작하였다. 신한국 씨는 어떠한 절차를 통해 최대한 빨리 간편하게 돈을 받을 수 있을까?

신한국 씨는 김급전 씨에게 빌려준 돈 500만 원을 돌려받고 싶지만 시간과 비용 등의 문제로 통상적인 민사소송을 제기하는 것이 부담된다. 보다 간편하고 신속하게 김급전 씨로부터 빌려준 돈을 지급받을 수 있는 방법은 무엇일까?

그 방법으로는 소액사건심판제도, 지급명령제도, 조정제도 등이 있다.

(1) 소액사건심판제도란 무엇일까?

• 소액사건심판제도

통상적인 민사소송은 절차가 복잡하고, 시간과 비용의 문제도 있기 때문에 분쟁당사자가 소를 제기하기 어려운 경우가 많다. 이러한 문제를 해결하기 위하여 소송을 제기한 때의 소송물가액이 3,000만 원을 초과하지 않는 금전 기타 대체물이나 유가증권의 일정한 수량의 지급을 목적으로 하는(대여금, 물품 대금, 손해배상청구 등) 제1심의 민사사건에 대해, 일반 민사사건보다 훨씬 신속하고 간편한 절차에 따라 심판, 처리하는 소액사건심판제도가 마련되었다.

소액사건심판법

• 간편한 소송 제기

각 법원 또는 시·군 법원의 종합접수실 또는 민사과에 가면 누구나 비치된 소장 서식을 교부받을 수 있다. 또한 대한민국 법원 나홀로소송 홈페이지(https://pro-se.scourt.go.kr)에서 서식을 내려받아 소장을 작성할 수 있다. 소송은 법원에 소장을 제출함으로써 제기한다. 소액사건심판의 경우에는 법원에 출석해서 구술을 통해 소송을 제기할 수도 있다.

대여금 청구 소장(서식)

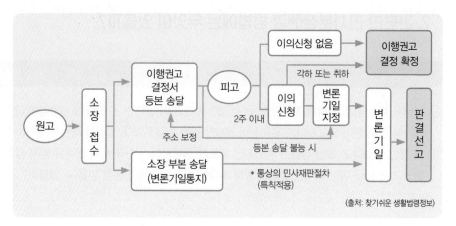

▲ 소액사건심판절차

• 신속한 재판

되도록 1회로 심리를 마치는 것을 원칙으로 하므로 당사자는 모든 증거를 첫 변론기일에 제출할 수 있도록 준비하여야 한다. 판사는 1회로 심리를 마치기 위해 변론기일 전이라도 당사자에게 증거신청을 하도록 하는 등 필요한 조치를 할 수 있다.

판결 선고는 변론 종결 후 즉시 할 수 있으며, 주문을 낭독하고 주문이 정당함을 인정할 수 있는 범위 안에서 그 이유의 요지를 구술로 설명한다.

• 소송대리의 특칙

통상의 민사소송절차와 달리 원·피고의 배우자, 부모, 자식, 형제자매 등도 법원의 허가 없이 소송대리인이 될 수 있다.

• 이행권고결정

법원은 소액사건심판이 제기된 경우에는 결정으로 피고에게 원고의 청구취지대로 이행할 것을 권고할 수 있다.

피고는 이행권고결정 등본을 송달받은 날부터 2주일 내에 서면으로 이의신청을 할 수 있다. 이행권고결정 등본을 송달받은 피고가 이의신청을 하지 않거나 이의신청에 대한 각하결정이 확정된 때, 또는 이의신청이 취하된 때에는 이행권고결정은 확정판결과 동일한 효력을 갖게 된다. 이행권고결정에 기한 강제집행은 원칙적으로 집행문 부여를 받을 필요 없이 이행권고결정서의 정본에 의하여 실시한다.

(2) 지급명령제도란 무엇일까?

• 지급명령

　지급명령이란, 금전 기타의 대체물 또는 유가증권의 일정 수량의 지급을 목적으로 하는 청구에 관하여 채권자 일방의 신청이 있으면 변론이나 판결 없이 채무자에게 그 지급을 명하는 재판을 말한다. 지급명령은 채권자가 법정에 나오지 않고 적은 소송비용으로 신속하게 민사분쟁을 해결할 수 있다는 데에 장점이 있다. 그러나 상대방이 지급명령에 대하여 이의신청을 하면 소송절차로 옮겨지게 되는 구조를 가지고 있다. 따라서 채무자가 채권자로부터 돈을 빌린 사실을 인정하면서도 돈을 갚지 않으려고 하는 경우에 지급명령을 이용하면 신속하고 경제적인 분쟁해결을 기대할 수 있다. 그러나 상대방이 돈을 빌린 기억이 없다든지 이미 갚았다고 말하는 경우에는 채무자가 이의신청을 하여 일반 소송절차로 이행될 가능성이 높다. 이 경우에는 지급명령절차보다 조정신청 또는 소액사건심판 소송을 제기하는 편이 적절할 수 있다.

　지급명령의 대상이 될 수 있는 청구는 일정한 액수의 금전, 일정한 양의 대체물(예: 쌀 일반 중등품 80kg들이 10가마), 또는 일정한 양의 유가증권(예: 2020. 5. 1. 발행 국채 100만 원권 100장)의 지급을 목적으로 하는 청구에만 한정되며, 건물명도, 토지 인도, 소유권이전등기청구 등에서는 이용할 수 없다. 또한 변제기가 도래하여 즉시 그 지급을 청구할 수 있는 것이어야 한다.

• 지급명령에 대한 이의신청

　채무자는 지급명령 정본을 송달받은 후 2주일이 경과하기 전에는 언제든지 지급명령에 대한 이의신청을 할 수 있다. 그리고 이의신청을 하면 지급명령은 그 효력이 상실되고 통상의 소송절차로 옮겨져서, 청구 금액에 따라 3,000만 원 이하인 경우에는 소액사건, 2억 원 이하인 경우에는 단독사건(중액사건), 2억 원을 초과하는 경우에는 합의사건으로서 소송절차가 진행된다.

　지급명령에 대해 이의신청을 하지 않으면 상대방의 청구가 그대로 확정되어 청구금액을 변제해야 한다.

(3) 민사조정제도란 무엇일까?

• 민사조정제도

법원에 의한 조정 회부

조정은 법원의 결정으로도 개시될 수 있다. 법원은 필요하다고 인정하면 항소심 판결 선고 전까지 소송이 계속(係屬) 중인 사건을 결정으로 조정에 회부(回附)할 수 있다.

민사조정법

조정은 제3자인 법관이나 조정위원회가 독자적으로 타협 방안(조정안)을 마련하여 당사자가 이를 받아들이도록 권고하는 분쟁해결 방식을 말한다.

민사조정은 민사조정신청서를 작성하여 법원에 제출함으로써 절차가 진행된다. 당사자 쌍방이 조정안을 받아들여 조정조서가 작성되면 재판상 화해로 볼 수 있고, 조정조서는 확정판결과 동일한 효력이 있다. 이와 같이 조정제도는 분쟁당사자 간에 서로 감정을 상하지 않고 신속하게 사건을 해결하는 데 사용된다. 조정은 소제기 전이라도 당사자가 조정의 신청을 할 수 있고, 소제기 이후에 법원은 필요하다고 인정되면 항소심 판결 선고 전까지는 소송사건을 조정에 회부할 수 있다.

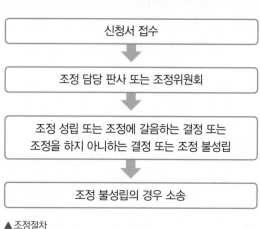

신청서 접수

↓

조정 담당 판사 또는 조정위원회

↓

조정 성립 또는 조정에 갈음하는 결정 또는 조정을 하지 아니하는 결정 또는 조정 불성립

↓

조정 불성립의 경우 소송

▲ 조정절차

• 민사조정절차

① 조정신청

조정신청은 조정신청서를 작성하거나 구술로 할 수 있다. 조정신청서는 지체 없이 피신청인에게 송달된다.

② 조정 기관

조정 담당 판사의 판단에 따라 사건을 조정 담당 판사가 직접 조정하기도 하고, 조정위원회에 이를 넘겨 조정 단계를 거치기도 한다. 조정위원회의 조정장은 판사 또는 조정상임위원이 되며, 법원행정처장은 10년 이상의 변호사 경력자 등에서 상임조정위원을 임명한다.

③ 조정기일

조정신청이 있으면 즉시 조정기일이 정해지고, 신청인과 상대방에게 그 일시와 장소가 통지된다. 당사자 쌍방이 법원에 출석하여 조정신청을 한 때에는 특별한 사정이 없는 한 그 신청 당일이 조정기일이 된다.

신청인이 조정기일에 두 번 출석하지 않으면 조정신청은 취하된 것으로 본다. 그러나 피신청인이 조정기일에 1회 출석하지 않은 경우에 조정 담당 판사는 상당하다고 인정하는 때에는 직권으로 조정에 갈음하는 결정을 할 수 있다.

④ 조정의 성립

조정기일에 당사자가 합의하면 조정이 성립되며, 조정조서는 확정판결과 동일한 효력이 있다.

⑤ 조정에 갈음하는 결정

조정에 갈음하는 결정이란 합의가 성립되지 않는 등의 사유가 있는 경우 당사자의 이익이나 그 밖의 모든 사정을 고려해 신청인의 신청 취지에 반하지 않는 한도에서 법원이 직권으로 내리는 결정을 말한다.

이 결정에 대하여 당사자는 그 내용이 기재된 조서 정본 또는 결정서 정본을 송달받은 날부터 2주일 내에 이의신청을 할 수 있고, 이의신청이 있으면 그 결정은 효력을 상실하며, 사건은 자동으로 소송으로 이행한다. 당사자 쌍방이 2주일 내에 이의신청을 하지 않으면 그 결정 내용대로 조정이 성립된 것과 동일한 효력이 생긴다.

⑥ 조정을 하지 아니하는 결정

사건의 성질상 조정하기에 적당하지 않거나 당사자가 부당한 목적으로 조정을 신청하였다고 인정되는 경우 조정 담당 판사는 조정을 하지 아니하는 결정으로 사건을 종결시킬 수 있다.

⑦ 조정의 불성립

당사자 사이의 합의가 이루어지지 않고 조정에 갈음하는 결정을 내리기에도 적절하지 못한 사건으로 인정하면 조정 담당 판사는 조정이 성립되지 않은 것으로 사건을 종결시킨다.

⑧ 소송

조정신청을 하였으나 조정을 하지 아니하는 결정이나 조정이 성립되지 않은 경우, 조정에 갈음하는 결정에 대하여 당사자가 이의신청을 한 경우에는 당사자가 별도의 신청을 하지 않더라도 그 사건은 자동으로 소송절차에 의하여 심리된다.

사례의 해결

신한국 씨는 김급전 씨가 빌려준 돈을 갚지 않을 경우, 조정에 의하여 해결할 수도 있고, 금액이 500만 원이므로 간편한 소송절차인 소액사건심판을 제기할 수 있다. 만약 김급전 씨가 돈을 빌린 사실을 인정하는 데도 돈을 갚고 있지 않다면 지급명령을 신청할 수 있다.

이것만은 꼭!

1. 3,000만 원을 초과하지 않는 금전 등의 지급을 목적으로 하는 청구의 경우에는 소액사건심판제도를 이용하여 신속하고 간편하게 재판을 받을 수 있다. 법원은 소액사건심판이 제기된 경우에는 결정으로 피고에게 원고의 청구취지대로 이행할 것을 권고할 수 있다(이행권고결정).

2. 채권자가 지급명령을 신청하면 신속하고 편리하게 채권액을 지급받을 수 있지만, 만약 채무자가 이의를 신청하면 통상의 소송절차로 전환된다.

3. 채권자는 채무자에 대한 소송을 제기하기 전에 조정에 의하여 분쟁을 해결할 수도 있다. 민사조정은 제3자인 조정 담당 판사나 조정위원회가 독자적으로 분쟁해결을 위한 타협 방안(조정안)을 마련하여 당사자가 이를 받아들이도록 권고하는 분쟁해결 방식을 말한다.

3. 소비자의 권리를 어떻게 보호할 수 있을까?

사 례

신한국 씨는 봄을 맞아 지난 겨울에 즐겨 입었던 값비싼 패딩 점퍼를 세탁편의점에 맡겼다. 1주일 후 점퍼를 찾아와 장롱에 넣던 신한국 씨는 패딩의 색깔이 묘하게 달라져 있음을 발견하였다. 신한국 씨는 옷을 맡겼던 세탁편의점을 찾아가 따져 물었지만, 세탁편의점 측은 자신들은 직접 세탁을 하는 것이 아니라 수거 창구에 불과하며, 세탁은 대한세탁회사에서 한다고 답했다. 신한국 씨는 피해를 구제받기 위하여 어떻게 해야 할까?

(1) 소비자가 받은 피해를 어떻게 구제할까?

소비자는 일상적으로 상품과 서비스를 구입하여 사용한다. 그런데 이 과정에서 여러 불만이 생길 수도 있으며, 상대적 강자인 사업자 측으로부터 소비자로서의 권리를 침해받기도 한다. 이러한 피해는 소비자 개인이 예방한다고 하여 막을 수 있는 것이 아니다. 소비자의 권리를 보호하기 위해 소비자의 불만과 피해를 빠르고 공정하게 해결할 수 있는 방법에는 무엇이 있을까?

· 피해구제 방법

① 당사자 간 합의에 의한 해결

소비자는 물건을 사용하거나 서비스를 이용하는 과정에서 발생한 피해에 대하여 일차적으로 사업자에게 구제를 요청할 수 있다. 거래당사자가 직접 합의를 통해 문제를 해결하는 것은, 불필요한 비용과 시간 낭비를 막고 원만히 문제를 해결할 수 있는 바람직한 구제 방법이다. 전화, 이메일, 홈페이지, 앱(App) 등에 문의 · 불편 · 불만 사항을 제기하는 등의 방법이 널리 사용되고 있다.

② 소비자단체 및 한국소비자원에 의한 해결

당사자 사이에 합의가 되지 않거나 의견 충돌이 있는 경우, 민간 소비자단체를 이용하여 피해를 구제받을 수 있다. 소비자단체들은 소비자의 피해 및 불만을 처리하기 위하여 소비자에게 정보를 제공하고 양 당사자에게 합의를 권고하는 기능을 한다. 소비자단체의 권고안을 당사자가 수락한 경우 당사자 사이에 해당 내용과 동일한 합의가 성립된 것으로 본다.

또한 한국소비자원에 피해구제신청을 하거나, 한국소비자원 소비자분쟁조정위원회에 분쟁조정을 신청하는 방법을 통해 분쟁을 해결하는 것 역시 가능하다.

• 국가 및 지방자치단체의 소비자피해구제기구 등에 의한 해결

국가, 지방자치단체 등의 행정기관이나 공공기관에서도 관련 법률에 따라 소비자의 불만과 피해구제를 위한 기구를 설치하고 있다. 소비자피해구제기구에 피해의 구제를 요청하면 소비자피해구제기구는 소비자와 사업자 간 피해보상에 관한 합의를 권고하고, 권고가 이루어지지 않으면 소비자분쟁조정위원회에 분쟁조정을 신청하게 된다.

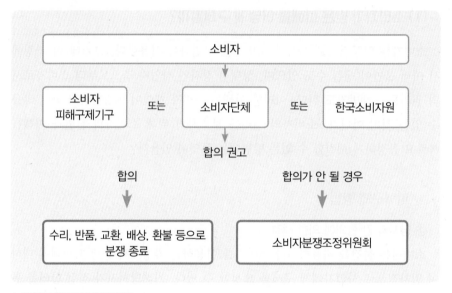

▲ 기관을 통한 피해구제 해결절차

• 소송에 의한 해결

다른 방법들을 통해 피해를 구제받지 못한 경우, 소비자는 소액사건심판 등 민사소송을 통해서 피해를 구제받을 수 있다. 법원의 판결에 의한 구제는 다른 방법들보다 강제적이며, 이는 최종적인 피해구제 수단이 된다.

(2) 한국소비자원을 통해 피해를 어떻게 구제할까?

세탁편의점에서 발생한 피해에 대한 구제를 회피하는 경우에 신한국 씨는 기관 또는 법원을 통한 피해구제를 모색할 수 있다. 특히 기관을 통한 피해구제 방

법 가운데 한국소비자원을 통한 피해구제는 어떻게 진행될까?

• 한국소비자원을 통한 피해구제

한국소비자원(www.kca.go.kr)은 소비자보호 시책을 효과적으로 추진하고, 신속·공정하게 소비자 피해를 구제하기 위해 「소비자기본법」에 의해 설립되었다. 소비자는 소비자상담센터(www.ccn.go.kr)를 통해 온라인 도움을 받을 수 있고, 국번 없이 1372를 눌러 상담서비스를 받을 수 있다.

소비자기본법

• 피해구제절차

소비자는 시·군·구청의 소비자 상담실이나 한국소비자원 또는 민간 소비자단체에 전화, 방문, 서신, 인터넷 등의 방법을 통해 피해구제를 신청할 수 있다. 소비자로부터 피해구제신청을 받은 국가·지방자치단체·소비자단체는 한국소비자원에 처리를 의뢰할 수 있다.

소비자피해구제신청서는 분야별(의료·병원, 금융·보험, 자동차, 정보통신, 섬유·신발, 기타 등)로 차이가 있으나, 소비자의 성명, 주소, 연락처, 사업자의 주소 및 연락처, 피해사건 내용 등은 공통적으로 기재하여야 한다.

한국소비자원에서는 피해구제신청 접수 30일 이내(사안에 따라 90일까지 연장이 가능함)에 소비자분쟁해결 기준에 따라 분쟁당사자에게 합의를 할 것을 권고한다. 합의가 이루어지지 않을 경우에는 준사법기관인 소비자분쟁조정위원회를 통해 분쟁을 조정한다. 국가·지방자치단체의 피해구제 처리기구에서 소비자분쟁이 해결되지 않거나 소비자단체의 합의 권고에 따른 합의가 이루어지지 않는 경우에도 당사자나 해당 기구 또는 소비자단체는 소비자분쟁조정위원회에 분쟁조정을 신청할 수 있다. 동일하거나 유사한 유형의 피해를 당한 소비자가 50명 이상인 경우에는 집단분쟁조정절차를 의뢰하거나 신청할 수 있다.

소비자분쟁조정위원회에서 결정된 사항은 양 당사자가 수락할 경우 재판상 화해와 동일한 효력을 갖는다. 만일 사업자 측이 이에 불복한 경우에는 소비자가 민사소송을 제기할 수 있도록 소송지원 변호인단을 운영하고 있다.

집단분쟁조정

물품 등으로 인한 피해가 같거나 비슷한 유형의 소비자 수가 50명 이상이고 사건의 중요한 쟁점이 공통되는 경우 소비자는 한국소비자원에 집단분쟁조정을 신청할 수 있다. 소비자분쟁조정위원회가 조정절차개시를 결정한 후, 분쟁조정의 결정을 내리고 양 당사자가 받아들이면 조정은 성립된다. 성립된 조정은 재판상 화해와 동일한 효력을 가진다.

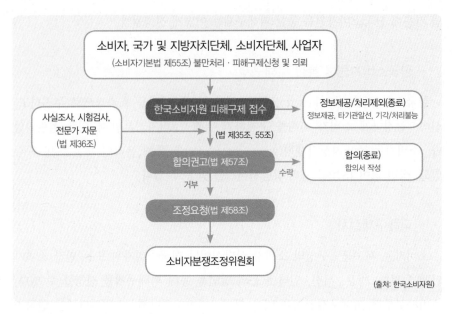

▲ 피해구제절차

신한국 씨는 사업자인 세탁편의점과 발생한 피해에 대한 합의에 실패하였다. 따라서 신한국 씨는 한국소비자원, 민간소비자단체, 국가·지방자치단체의 피해구제 처리기구 등에 의뢰하여 피해를 구제받을 수 있다. 이와 같은 절차를 통해서도 피해를 구제받지 못한 경우에는 소비자분쟁조정위원회를 통해 분쟁을 조정하게 되며, 사업자 등이 이에 불복하는 때에는 최종적인 방법으로 민사소송을 진행할 수 있다.

이것만은 꼭!

1. 소비자 피해를 구제하는 방법에는 당사자 간 합의에 의한 해결 방법, 소비자단체 및 한국소비자원에 의한 해결 방법, 국가·지방자치단체의 피해구제 처리기구 등에 의한 해결 방법이 있다. 이와 같은 절차를 통해 합의가 이루어지지 않는 경우에는 준사법기관인 소비자분쟁조정위원회를 통해 분쟁을 조정할 수 있으며, 최종적인 분쟁 해결 방법으로 민사소송을 제기하는 것 역시 가능하다.

2. 한국소비자원을 통한 구제신청 방법을 이용할 경우, 소비자는 특정 사항을 반드시 기재하여야 한다. 이 경우 처리기간은 30일을 원칙으로 하되, 최대 90일까지 연장될 수 있다. 한국소비자원은 분쟁당사자에게 합의할 것을 권고하며, 합의가 이루어지지 않을 경우에는 준사법기관인 소비자분쟁조정위원회를 통해 분쟁을 조정하게 된다.

채무자회생법   대한민국법원 전자민원센터

대한민국법원 전자민원센터(http://help.scourt.go.kr)에서
개인회생 및 파산에 관한 자세한 내용을 찾아볼 수 있다.

더 알아보기   개인회생과 파산

1. 회생과 파산

회생과 파산은 경제적으로 파탄 상태에 직면한 개인과 법인에 관한 처리절차를 말한다. 개인의 경우 일정한 수입이 없는 사람은 파산을, 일정한 수입이 있는 사람은 개인회생을 신청하면 되고, 회사 등 법인의 경우에도 다시 살아날 가망이 없는 경우에는 파산을, 그 가망이 있는 경우에는 회생을 신청하면 된다.

현행 「채무자 회생 및 파산에 관한 법률(이하 '채무자회생법'이라 함)」은 회사정리절차, 파산절차, 개인회생절차를 하나의 법률로 통합하여 2006. 4. 1.부터 시행되고 있다. 이 법에서는 회생절차, 파산절차, 개인회생절차가 나누어 진행된다. 또 채무자에 대하여 이 세 가지 절차 중 어느 하나가 진행되고 있더라도 다른 절차를 신청할 수 있고, 그러한 경우 개인회생절차가 가장 우선하게 되어 회생 또는 파산 절차가 진행 중인 채무자에 대하여 개인회생절차가 개시되면 회생 또는 파산 절차는 중지되고 개인회생 계획인가결정으로 회생 또는 파산절차는 효력을 상실한다.

2. 개인회생절차

• 개인회생제도란

개인회생제도란, 재정적 어려움으로 파산에 직면한 개인 채무자의 채무를 법원이 강제로 재조정해 파산을 구제하는 제도이며, 개인만이 신청할 수 있다. 총채무액이 담보 없는 채무인 경우에는 10억 원, 담보가 있는 채무의 경우에는 15억 원 이하로서, 장래 계속적으로 또는 반복하여 수입을 얻을 가능성이 있는 사람이 신청한다. 즉, 일단 개인회생을 신청하여 받아들여지면 월급에서 부양가족까지 포함한 최저 생계비와 세금 등을 공제한 후 남은 돈을 빚을 갚는 데에 사용하게 된다. 개인회생절차에 들어가면 압류나 가압류도 중지 · 금지되고, 승인된 변제계획에 따라 3년 내지 최장 5년간 착실하게 변제를 해 나가면 나머지 채무는 면제받을 수 있다.

• 신청절차 및 서류

개인회생 사건은 관할법원에 신청하며, 개인회생절차개시 신청서에는 신청의 취지 및 원인(변제계획안 포함), 채무자의 재산 및 채무 등을 기재하여야 한다. 그리고 첨부 서류로서 개인회생 채권자 목록, 재산목록, 수입 및 지출에 관한 목록, 진술서 등을 제출한다.

• 변제계획인가결정

채무자가 제출한 변제계획안에 대하여 법원이 인가(허락)하는 결정을 내리는 것을 **변제계획인가결정**이라고 한다. 이러한 변제계획은 인가의 결정이 있는 때로부터 효력이 발생한다.

채무자회생법은 채무자의 도덕적 해이를 방지하고자 최저 변제액 제도를 규정하고 있다.

개인회생 채권의 총 금액	최저 변제액
5,000만 원 미만	총 금액의 5%
5,000만 원 이상	총 금액의 3% + 100만 원

단, 최저 변제액은 어떤 경우에도 3,000만 원을
초과할 수 없다.

• **변제와 면책**

변제계획이 인가되면 채무자는 그 인가된 변제계획
의 내용에 따라 채권자에게 변제해야 할 금액을 회
생위원이 관리하는 예금계좌에 송금하여야 하고, 회
생위원은 그 임치(송금되어 입금)된 돈을 변제계획의
내용대로 각 채권자에게 지급하여야 한다.

법원은 채무자가 변제계획에 따른 변제를 완료한 때
에는 채무자의 면책신청에 대한 결정을 하게 된다.
면책결정이 확정되면, 면책을 받은 채무자는 변제계
획에 따라 변제하고 남은 채무에 관하여는 그 책임
이 면제된다. 변제계획이 그 인가요건을 갖추지 못
하면 불인가결정 또는 개인회생절차 폐지결정이 내
려지게 되는데, 이 결정이 확정되면 개인회생절차는
종료된다. 변제 기간 도중에 채무자가 인가된 변제
계획을 수행하지 아니하는 때에도 개인회생절차는
폐지된다.

3. 개인파산절차

• **파산과 면책**

개인인 채무자가 개인사업의 실패, 보증 또
는 소비 활동의 결과 자신의 재산으로 모
든 채무를 변제할 수 없는 상태에 빠진 경
우 스스로 파산신청을 하는 경우를 개인파
산이라고 한다. 면책이란, 자신의 잘못이
아닌 자연재해나 경기변동 등과 같은 불운
(不運)으로 파산선고를 받은 '성실하나 불
운한' 채무자에게 새로운 출발의 기회를 주
기 위한 것으로서, 파산절차를 통해 변제되
지 않고 남은 채무에 대한 채무자의 변제책
임을 파산법원의 재판에 따라 면제시켜 채
무자의 경제적 갱생(更生)을 도모하는 제도
이다. 개인에게만 인정되는 제도이며, 파산
신청과 동시에 면책신청을 할 수 있다.

개인회생절차 흐름

```
신청
변제계획안 제출(신청일부터 14일 이내)  ──기각사유──▶  기각
        │
        ▼
개인회생위원 선임
        │
        ▼
보전처분 중지명령·포괄적 금지명령
        │
        ▼
개시 결정(신청일부터 1월 이내)
        │
        ▼
채권이의기간(개시 결정일부터 2월 이내)  ──채권자이익──▶  채권조사확정재판
        │
        ▼
채권자집회(개시 결정일부터 3월 이내)
        │
        ▼
변제계획인가
(신용불량 등록해제)  ──불인가──▶  폐지
        │
        ▼
변제계획의 수행(개인회생위원 감독)  ──미수행──▶  폐지(연체정보 재등록)
        │
        ▼
면책
(5년 이내 재신청 금지)  ──부정방법──▶  면책의 취소
```

(출처: 찾기쉬운 생활법령정보)

개인파산 및 면책의 동시신청에 관한 안내문

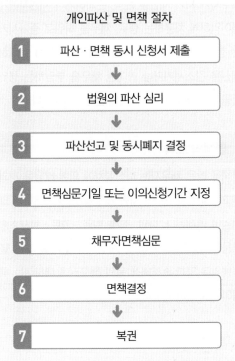

개인파산 및 면책 절차

1	파산 · 면책 동시 신청서 제출

↓

2	법원의 파산 심리

↓

3	파산선고 및 동시폐지 결정

↓

4	면책심문기일 또는 이의신청기간 지정

↓

5	채무자면책심문

↓

6	면책결정

↓

7	복권

(출처: 찾기쉬운 생활법령정보)

개인회생절차와의 비교

구분	대상자	채무한도	변제 방법	효과
개인파산 절차	개인 재무자	채무한도 없음	재산의 청산	채무의 변제 책임 면제
개인회생 절차	개인 재무자	담보채무: 최대 15억 원, 무담보채무: 최대 10억 원	변제계획 안에 따라 변제	변제계획안에 따라 변제 후 잔여 채무 면제

• 파산 및 면책 동시 신청의 방법

파산 및 면책은 자신의 모든 채무를 변제할 수 없는 지급 불능 상태에 빠진 사람이 신청할 수 있는데, 은행 대출, 신용카드 사용, 사채 등 원인을 불문하고, 금액의 많고 적음도 상관없으며, 신용 불량자가 아니라도 관할법원에 신청할 수 있다.

• 파산선고를 받으면

파산선고가 내려지면 채무자는 파산자가 되고 파산자는 다음과 같은 불이익을 받게 된다. 그러나 이러한 불이익은 파산자 본인에게 한정되고, 가족 등 다른 사람에게는 아무런 불이익이 없다.

① 법적 제한

개인파산선고를 받게 되면 파산자는 사법상 후견인, 후견 감독인, 유언 집행자, 수탁자가 될 수 없다. 다만 권리능력, 행위능력 및 소송능력은 제한받지 않는다.

파산자는 공법상 공무원, 변호사, 공인회계사, 변리사, 공증인, 부동산중개업자, 사립학교 교원, 의사, 한의사, 간호사, 약사, 건축사 등이 될 수 없다. 다만, 대통령, 국회의원, 지방자치단체장의 선거권 및 피선거권은 계속 행사할 수 있다. 상법상 합명회사, 합자회사 사원인 경우에는 파산선고가 퇴사 원인이 된다. 주식회사, 유한회사와 위임관계가 있는 이사의 경우에도 그 위임관계가 파산선고로 종료되어 당연 퇴임하게 된다. 그러므로 회사의 사규나 취업규칙에 파산선고를 받는 것이 당연퇴직 사유로 규정되어 있는지 미리 확인하는 것이 좋다.

② 경제 활동의 제한

파산을 선고받은 채무자가 전부면책을 받지 못하거나 면책결정이 취소된 경우 또는 면책신청이 각하·기각된 경우에 채무자의 신원증명업무를 관장하는 등록기준지 시·구·읍·면장에게 파산선고사실이 통지되어 신원조회 시 파산선고사실이 나타나게 된다.(가족관계등록부에 기록되는 것은 아님).

③ 불이익의 제거

전부면책결정이 확정되거나 복권이 된 경우에 위의 불이익은 모두 소멸한다.

• 파산 및 면책 절차의 진행

종래에는 파산신청과 면책신청을 별도로 판단하였다. 하지만 현재는 파산 및 면책 신청을 동시에 할 수 있게 되었다.

– 파산 및 면책 신청서가 제출되면, 법원은 신청 서류를 검토한 후 파산선고를 할 수 있다. 조사가 필요한 경우에는 파산 심문 기일을 지정하여 신청인(채무자)을 법원에 출석하게 하여 심문을 마친 후 파산선고를 한다.

– 법원은 파산 및 면책 신청서가 제출된 사건에 대해서는 파산 여부에 대한 결정과 함께 면책 심문 기일을 동시에 지정하고 이를 신청인(채무자) 등 이해관계인에게 통지한다.

– 법원은 채권자 이의신청 기간을 지정하고, 그 기간 내에 이의가 없는 경우에는 이의신청 기간이 경과된 후에, 이의가 있는 경우에는 신청인(채무자)과 이의 채권자 쌍방이 출석하는 의견 청취 기일 등을 거친 후에 면책 여부에 관한 결정을 한다.

– 채무자회생법에 따라 면책신청에 대한 재판이 확정될 때까지 채무자의 재산에 대하여 파산채권에 기한 강제집행, 가압류 또는 가처분을 할 수 없다. 또 채무자의 재산에 대하여 파산선고 전에 이미 행하여지고 있던 강제집행, 가압류 또는 가처분은 중지된다. 면책 결정이 확정되면 중지된 강제집행 등은 당연 실효된다.

• 파산 · 면책 신청 시 첨부할 서류

파산 및 면책을 동시에 신청할 경우, 신청 취지 및 이유를 기재한 파산 및 면책 신청서와, 첨부 서류로서 채권자 목록, 재산목록, 수입 및 지출에 관한 목록 등을 제출하여야 한다.

• 면책허가결정을 받을 수 없는 경우

채무자가 자기 재산을 은닉, 손괴하거나 채권자에게 불이익하게 처분하는 행위, 채무를 허위로 증가시키는 행위. 과다한 낭비 또는 도박 등을 하여 현저히 재산을 감소시키거나 과대한 채무를 부담하는 행위 등을 한 때에는 면책허가결정을 받을 수 없다.

• 면책의 효력

면책을 받은 채무자는 파산절차에 의한 배당을 제외하고는 파산채권자에 대한 채무의 전부에 대하여 그 책임이 면제된다. 다만, 조세, 벌금 · 과료 · 형사소송비용 · 추징금 및 과태료, 채무자가 고의로 가한 불법행위로 인한 손해배상 등의 청구권에 대하여는 책임이 면제되지 않는다.

4. 복권(復權)

• 복권(復權)

면책의 결정이 확정되거나 신청에 기한 파산폐지의 결정이 확정된 때에는 파산선고를 받은 채무자는 당연복권된다. 이에 해당하지 않는 채무자가 파산채권자에 대한 채무의 전부에 관하여 변제나 면제, 상계 등으로 그 채무를 면한 때에는 파산계속법원은 파산선고를 받은 채무자의 신청에 의하여 복권의 결정을 하여야 한다(신청에 의한 복권).

• 복권의 효과

복권이 되면 파산선고를 받기 전의 상태로 돌아가며, 파산선고로 인한 공 · 사법(公 · 私法)상의 불이익이 없어진다. 복권 결정은 확정된 후부터 그 효력이 발생한다.

제4장 직장생활과 근로자

근대에 들어 인간은 신분적 예속 상태에서 벗어나, 노동을 통해 사유재산을 소유하고 자율적으로 삶을 영위할 수 있게 되었다. 자본주의 사회에서 노동력은 시장을 통해 상품으로 거래되었는데, 생산 수단을 소유하지 않은 근로자는 자신의 노동력을 사용자에게 팔고 그 대가로 받은 임금으로 생계를 유지하였다.

그러나 사용자로부터 임금을 받아야만 생활을 영위할 수 있는 근로자로서는 사용자가 제시하는 낮은 임금, 장시간의 노동과 같은 열악한 근로조건을 받아들일 수밖에 없었다. 빈곤과 실업 상황에 직면하면서 근로자들은 열악한 근로조건을 개선하고 인간다운 삶을 보장받기 위한 노동운동에 나섰다. 20세기에 들어 미국, 영국, 독일을 비롯한 많은 국가들은 헌법이나 법률에 근로자의 노동조건을 개선하고 단결 활동을 보장하기 위한 권리들을 명문화하였다.

우리나라 헌법 역시 제32조 제1항에서 근로의 권리를 명시적으로 보장함과 아울러 고용 증진, 적정 임금 보장 및 최저임금제 시행에 대한 국가의 의무를 규정하고 있다. 또한 제3항 내지 제5항에서 근로조건의 기준은 인간의 존엄성을 보장하도록 법률로 정한다는 점, 여자의 권리는 특별한 보호를 받으며 고용·임금 및 근로조건에 있어서 부당한 차별을 받지 아니한다는 점, 연소자의 근로는 특별한 보호를 받는다는 점을 명시하고 있다. 그리고 제33조 제1항은 근로조건의 향상을 위한 자주적인 단결권·단체교섭권 및 단체행동권을 규정하여 단결 활동에 대한 근로자의 권리를 보장한다.

이에 따라 근로기준법 등 노동관계법령이 제정되었으며, 이를 통해 근로자의 권리를 구체적으로 보장하고 있다.

이 장에서는 직장생활과 관련하여 근로자에게 발생할 수 있는 제반 문제에 대해 살펴본다.

제1절 | 고용과 근로계약

1. 채용 과정에서 구직자·근로자를 어떻게 보호할까?

사 례

얼마 전 학교를 졸업한 김노동 씨는 어린 시절부터 꿈꿔 왔던 상시근로자가 50여 명에 이르는 A 광고회사에 지원하였다. 김노동 씨는 1차 서류 전형을 무사히 통과하여 2차 면접시험을 치렀다. 면접관은 김노동 씨에게 업무 수행에 필요하지 않은 출신 지역, 부모님의 직업, 재산 등에 대해 물어보았다. 김노동 씨는 면접관의 질문이 적절하지 않다고 생각하였으나 A 광고회사에서 일하고 싶은 마음이 크기 때문에 질문에 답하였다. 채용 과정에서 업무에 필요하지 않은 질문을 한 A 광고회사의 행위는 적법한 행위일까?

(1) 근로자 채용에 관한 사용자의 자유는 제한될까?

김노동 씨는 그동안 근로자 채용에 관한 사용자의 자유가 폭넓게 인정되어야 한다고 생각하였다. 근로자 채용에 따른 임금 지급, 업무환경 조성, 경영 성과 등의 책임을 사용자가 부담하기 때문이다. 그런데 막상 실제 채용 과정을 경험하여 보니, 업무 수행에 필요하지 않은 출신 지역, 부모님의 직업, 재산 등을 이유로 부당한 차별이 발생할 수도 있음을 알게 되었다. 근로자를 채용함에 있어 사용자의 자유는 법적으로 얼마나 제한될 수 있을까?

• 근로자 채용에 관한 자유 제한의 필요성

사용자는 근로자를 채용함에 있어 채용 여부, 채용 인원 등을 자유롭게 결정할 수 있다. 그러나 채용절차의 공정성, 구직자·근로자의 인권 등과 관련한 문제가 대두되면서, 근로자 채용에 관한 사용자의 자유도 점차 제한되고 있다.

• 채용절차에서 수집 정보의 제한

사용자는 채용에 응모한 구직자가 직무수행에 적합한지 여부를 판단하는데 필요한 정보를 제공할 것을 요청할 수 있다. 그러나 구직자의 인간으로서의 존엄과 사생활 보호에 관한 권리 등을 침해할 수 있는 정보를 요청할 수는 없다.

채용절차법

「채용절차의 공정화에 관한 법률(이하 '채용절차법')」에 따르면 상시근로자 30인 이상의 사용자는 직무를 수행하는 데 필요하지 않은 구직자의 용모, 키, 체중 등 신체적 조건, 출신 지역, 혼인 여부, 재산과 직계존비속·형제자매의 학력, 직업, 재산에 관한 정보를 수집할 수 없다.

• 채용 광고 변경의 제한

또한 사용자는 구직자를 모집하기 위해 낸 채용 광고의 내용을 정당한 사유 없이 구직자에게 불리하게 변경하여서는 안 된다.

• 채용 결정에 관한 자유의 제한

어떠한 근로자를 채용할 것인지 결정하는 데 있어 사용자는 폭넓은 자유를 가진다. 그러나 원칙적으로 15세 미만 또는 중학교 재학 중인 18세 미만의 자는 채용할 수 없다. 또한 합리적인 이유 없이 성별, 신앙, 연령, 신체 조건, 사회적 신분 등을 이유로 근로자를 차별하여 모집 또는 채용해서는 안 된다.

> **고용정책 기본법 제7조(취업 기회의 균등한 보장)**
> ① 사업주는 근로자를 모집·채용할 때에 합리적인 이유 없이 성별, 신앙, 연령, 신체 조건, 사회적 신분, 출신 지역, 학력, 출신학교, 혼인·임신 또는 병력(病歷) 등(이하 "성별 등"이라 한다)을 이유로 차별을 하여서는 아니 되며, 균등한 취업 기회를 보장하여야 한다.

• 채용의 공정성 침해 금지

누구든지 채용의 공정성을 침해하는 행위를 할 수 없다. 법령을 위반하여 채용에 관한 부당한 청탁, 압력, 강요 등을 하거나 채용과 관련하여 금전, 물품, 향응 또는 재산상의 이익을 제공하거나 수수할 수 없다.

(2) 채용 과정에서 법을 위반한 사용자에 대해 어떠한 법적 조치를 취할 수 있을까?

김노동 씨는 A 광고회사가 면접 심사에서 자신에게 출신 지역, 부모님의 직업, 재산 등에 관하여 물어본 것이 법에 위반된다는 점을 확인하였다. 근로자를 채용하는 과정에서 법률상 의무를 위반한 A 광고회사 및 면접관에 대해서는 채용절차법 등 각 법률에 따른 벌금, 징역 및 과태료 등의 제재가 부과될 수 있다. 예를 들어, 채용 과정에서 구직자로부터 직무수행에 필요하지 않은 신체적 조건이나 출신 지역 등에 관한 정보를 수집한 사용자에 대해서는 500만 원 이하의 과태료가 부과된다. 한편, 구직자ㆍ근로자는 모집ㆍ채용 등의 과정에서 사용자의 불법행위로 발생한 피해에 대하여 민사상 손해배상책임을 물을 수 있다.

사례의 해결

A 광고회사는 채용 과정에서 김노동 씨를 채용할 것인지 여부를 자유롭게 결정할 수 있다. 그러나 김노동 씨에게 직무수행에 필요하지 않은 신체적 조건, 출신 지역, 부모님의 재산, 직업 등에 관한 정보를 요구하여서는 안 된다. 사용자로서 채용 과정에서 준수하여야 할 법적 의무를 위반한 A 광고회사에 대해서는 과태료 등의 제재가 따를 수 있다. 김노동 씨가 A 광고회사의 불법행위로 인해 피해를 입게 된 경우에는 민사상 손해배상책임 또한 물을 수 있다.

이것만은 꼭!

1. 채용 과정에서 구직자ㆍ근로자의 인권을 보장하고 채용절차의 공정성을 유지할 수 있도록 법에 따라 근로자 채용에 관한 사용자의 자유는 제한된다.

2. 채용절차에서 사용자는 구직자에게 직무수행에 필요하지 않은 신체적 조건, 출신 지역, 혼인 여부, 재산, 부모나 형제자매의 학력ㆍ직업ㆍ재산 등에 관한 정보를 요청할 수 없다.

3. 사용자는 어떠한 근로자를 채용할 것인지 자유롭게 결정할 수 있다. 그러나 15세 미만의 자는 원칙적으로 채용할 수 없으며, 합리적인 이유 없이 성별, 신앙, 연령, 신체 조건, 사회적 신분 등을 이유로 근로자를 차별하여 모집ㆍ채용하여서는 안 된다.

4. 채용 과정에서 법에 따른 의무를 준수하지 않은 사용자에 대해서는 벌금, 징역 또는 과태료 등의 제재가 부과될 수 있다. 그리고 구직자ㆍ근로자는 법을 위반한 사용자에 대하여 민사상 손해배상책임을 물을 수 있다.

2. 근로계약은 어떻게 체결하여야 할까?

사 례

B 전자회사에 합격한 이기상 씨는 근무를 시작하기 전에 B 전자회사와 임금, 근무시간, 유급휴가 등 근로조건을 정하여야 한다. 그러나 이기상 씨는 근로계약을 체결하여 본 경험이 없어 막막하다. B 전자회사는 현재 근무하고 있는 사원들이 입사하였을 때와 동일한 근로조건이라며 근로계약서를 제시하는데, 이기상 씨는 근로조건이 법에 어긋나지는 않은지 검토하고 싶다. 이기상 씨가 B 전자회사와 근로계약을 체결할 때에 반드시 검토하여야 할 근로조건은 무엇일까?

(1) 근로자와 사용자의 법적 개념은 무엇일까?

근로기준법

사례의 전제

근로기준법 등은 원칙적으로 상시근로자 5인 이상의 사업장에 적용되므로 이하 사례에서는 특별한 경우 외에는 상시근로자 5인 이상의 사업장임을 전제로 한다.

근로자가 근로를 제공하기 위해서는 사용자와 근로계약을 체결하여야 한다. 근로계약 체결에 대해 살펴보기에 앞서, 이기상 씨와 B 전자회사가 근로자와 사용자에 해당하는지 알아보도록 한다.

• 근로자의 개념

근로기준법상 근로자란 '직업의 종류와 관계없이 임금을 목적으로 사업이나 사업장에 근로를 제공하는 자'이다. 여기서 근로는 직업의 종류와 관계없으며 정신노동과 육체노동을 모두 포함하는 넓은 개념이다. 광고기획자, 투자분석가, 일용직 근로자, 택배 배달원 역시 임금을 목적으로 근로를 제공하면 근로자에 해당할 수 있다.

근로자에 해당하기 위해서는 사업 또는 사업장에 고용 · 사용되어 종속적인 관계에서 근로를 제공한다는 점이 인정되어야 한다. 예를 들어, 프리랜서 작가와 같이 독립적인 지위에서 노무를 제공하는 자는 근로자에 해당하지 않는다.

• 사용자의 개념

근로기준법상 사용자란 사업주 또는 사업 경영 담당자, 그 밖에 근로자에 관한 사항에 대하여 사업주를 위하여 행위하는 자를 말한다.

사업주는 기업주나 법인을 말하며, 사업 경영 담당자는 대외적으로 사업을 대표하거나 대리하는 법인의 이사, 주식회사의 대표이사, 지배인 등을 말한다. 또한 사업주로부터 권한과 책임을 부여받아 인사, 급여, 노무관리 등 근로조건을 결정하거나 업무상의 명령이나 지휘·감독 등을 하는 자도 사용자에 포함된다.

✎ [판례] 근로기준법상 근로자 해당 여부

대법원 2016.10.27. 2016다29890 판결, 대법원 2019.4.23. 2016다277538 판결 등
사업주와 고용계약이 아닌 일의 결과에 따라 보수를 지급하는 도급계약 또는 이와 비슷한 유형의 계약을 맺은 자가 근로기준법상 근로자에 해당하는지 여부가 문제되어 왔다.
판례는 "근로기준법상 근로자인지 여부는 계약의 형식보다 그 실질에 따라야 하며, 근로 제공자가 임금을 목적으로 종속적인 관계에서 사용자에게 근로를 제공하였는지 여부에 따라 판단하여야 한다"라고 하면서 은행과 섭외영업 위촉계약을 체결하고 카드론 상품을 홍보하여 판매실적에 따라 보수를 받는 텔레마케터, 우정산업본부 산하의 우체국장과 우편집배 재택위탁계약을 체결하고 재택위탁 집배원으로 근무한 사람 등을 근로기준법상 근로자로 인정하였다.

대법원
2016다29890 판결

대법원
2016다277538 판결

(2) 근로조건은 어떠한 내용으로 정해야 할까?

이기상 씨는 B 전자회사와 근로계약을 체결하기에 앞서, 근로계약을 어떠한 절차에 따라 체결해야 하는지, 근로조건은 어떠한 내용으로 정해야 하는지에 대해 알고 싶다. 근로기준법을 중심으로, 이기상 씨가 근로계약을 체결할 때 검토해야 할 사항에 관해 살펴본다.

• 근로계약의 개념과 근로조건 법정주의

근로계약이란 근로자가 사용자에게 근로를 제공하고, 사용자는 이에 대하여 임금을 지급하는 것을 목적으로 체결된 계약을 말한다. 근로계약은 임금, 근로시간, 휴일, 휴가, 퇴직, 수당 등 각종 근로조건을 그 내용으로 한다.

헌법은 "근로조건의 기준은 인간의 존엄성을 보장하도록 법률로 정한다"라고 하여(제32조 제3항), 근로자의 인간다운 생활을 보장할 수 있도록 근로조건의 최저기준을 법률로 정하도록 한다(근로조건 법정주의). 이에 따라 근로기준법, 최저임금법, 퇴직급여법 등에서 근로조건의 최저기준을 정하고 있다.

> **취업규칙**
> 사용자가 사업장에 적용하기 위해 근로자가 준수해야 할 규율 및 근로조건을 구체적으로 정하여 놓은 규정 등을 말한다.

• 자유의사에 따른 근로조건의 결정

법을 준수하는 가운데 근로자와 사용자는 동등한 지위에서 자유의사에 따라

소정(所定)근로시간

근로기준법, 산업안전보건법에 따른 근로시간의 범위에서 근로자와 사용자 사이에 정한 근로시간을 말한다(「근로기준법」 제2조 제9호).

표준근로계약서(서식)(7종)

근로조건을 결정한다. 이때 사용자는 근로자의 성별을 이유로 차별적 대우를 하거나, 국적·신앙 또는 사회적 신분을 이유로 근로조건에 대한 차별적 처우를 하여서는 안 된다.

• 근로조건의 명시

법은 상대적으로 약한 지위에 있는 근로자를 보호하고 근로계약상의 분쟁을 예방하기 위해, 근로계약을 체결할 때에는 사용자로 하여금 근로조건을 근로자에게 제시하도록 한다.

구체적으로 사용자는 근로계약을 체결하거나 변경할 때에 임금, 소정근로시간, 휴일, 연차유급휴가, 기타 근로조건(취업 장소 및 업무 등)을 근로자에게 명시하여야 한다. 근로조건을 명시하는 방법에는 제한이 없으나, 임금의 구성항목·계산 방법·지급 방법, 소정근로시간, 휴일, 연차휴가에 관한 사항은 근로자가 요구하지 않더라도 반드시 서면(근로계약서 사본 등)으로 교부하여야 한다. 이를 위반한 사용자는 500만 원 이하의 벌금에 처해진다.

고용노동부에서 표준근로계약서 서식과 작성 방법에 대해 안내하고 있다.

• 근로계약 체결 시 명시 사항

근로기준법은 근로계약을 체결할 때에 사용자가 근로자에게 명시하여야 할 사항에 관해 상세하게 규정하고 있다.

① 근로계약 기간

근로계약 기간은 근로자와 사용자가 합의하여 자유롭게 정할 수 있다. 그러나 기간을 정하여 근로자를 고용하는 기간제 근로계약이 남용될 경우에 고용 불안의 상황이 심화될 수 있다. 이와 같은 폐해를 방지하기 위해, 원칙적으로 사용자가 기간제근로자를 2년을 초과하여 고용한 경우에는 2년을 초과하는 날부터 해당 기간제근로자와 기간을 정하지 않은 근로계약(무기근로계약)을 체결한 것으로 인정되기 때문에 정당한 사유가 없는 한 근로자를 해고할 수 없다. 다만, 무기계약직은 정규직 근로자와 구분하여 별도의 직군으로 처우하는 경우가 많다. 기간의 정함이 없는 경우에는 근로개시일을 기재한다.

정규직 근로자와 비정규직 근로자

비정규직 근로자는 임시직, 일용직, 단시간근로자, 파견근로자 등으로 불리우며, 기간제법이나 파견법의 적용을 받게 된다.
무기계약직은 고용형태에서는 정규직과 유사하며 승진이나 연봉 등 근로조건에서는 계약직과 유사해서 준정규직이라고 부르기도 한다. 따라서 비정규직 근로자가 무기계약직으로 전환된 이후에는 기간제법상 차별신청을 할 수는 없으며, 회사의 취업규칙 등에서의 차별적 처우에 대해 근로기준법이나 남녀고용평등법 등 위반으로 노동청 진정제기 등이 가능하다.

② 근로시간과 휴일

근로시간이 지나치게 길 경우에는 근로자의 건강과 안전에 위험이 발생할 수 있다. 또한 근로자가 인간다운 삶 역시 누리기 어렵게 된다. 근로기준법은 휴게시간을 제외하고 1일의 근로시간은 8시간을, 1주간의 근로시간은 40시간을 초과할 수 없도록 한다. 다만, 근로자와 사용자가 합의하는 경우에는 1주간에 52시간을 한도로 연장근로를 할 수 있다(주52시간제).

그리고 사용자는 근로자에게 1주간 소정근로시간 개근 시 1주일에 평균 1회 이상의 유급휴일을 주휴일로서 보장하여야 한다. '관공서의 공휴일에 관한 규정(대통령령)'에 따른 공휴일 중 일요일을 제외한 공휴일 역시 유급으로 보장하여야 한다.

연장근로와 8시간 이하의 휴일근로, 야간근로(오후 10시부터 다음 날 오전 6시 사이의 근로)에 대해 사용자는 통상임금의 100분의 50 이상을 가산하여 지급하여야 하고, 8시간을 초과한 휴일근로에 대하여는 100분의 100 이상을 가산하여 지급하여야 한다. 근로자대표와 서면합의를 하면 이를 대신하여 보상휴가를 줄 수 있다.

③ 임금

임금에 관해서는 제2절 1. 임금과 최저임금 참조

④ 연차유급휴가

근로기준법은 장기간 근로를 제공한 근로자가 건강하고 문화적인 생활을 유지할 수 있도록 연차유급휴가를 보장한다. 사용자는 1년간 80% 이상 출근한 근로자에게 15일의 연차유급휴가를 주어야 한다. 계속근로 기간이 1년 미만인 근로자 또는 1년간 80% 미만 출근한 근로자에게는 1개월 개근 시 1일의 유급휴가를 주어야 한다. 이때 근로자가 업무상 부상 또는 질병으로 휴직한 기간, 출산전후휴가 기간, 육아휴직 기간은 출근한 것으로 본다.

또한 사용자는 3년 이상 계속하여 근로한 근로자에게는 연차유급휴가(15일)에 최초 1년을 초과하는 계속근로연수 매 2년에 대하여 1일을 가산한 유급휴가를 주어야 한다(예를 들어, 3년간 계속근로한 경우에는 16일, 5년간 계속근로한 경우에는 17일). 이 경우 가산휴가를 포함한 총 휴가 일수는 25일을 넘지 않도록 한다. 연차유급휴가는 사용자의 귀책사유로 사용하지 못한 경우가 아니라면 1년간 행사하지 않을 경우에는 소멸된다.

사회보험에 관한 자세한 내용은 제2절 3. 4대 보험제도 참조. 국민건강보험, 국민연금에 관한 내용은 제1장 제5절 3, 산업재해보상보험에 관한 내용은 제3절 [더 알아보기] 참조

⑤ 사회보험 적용 여부

산업재해보상보험, 국민건강보험, 국민연금, 고용보험 등 사회보험의 적용 여부는 근로기준법상 사용자가 근로자에게 반드시 명시하여야 할 사항은 아니다. 그러나 사회보험의 적용 여부는 근로자에게 미치는 영향이 크므로 고용노동부는 표준근로계약서에 사회보험 적용 여부를 체크하는 항목을 추가하여, 근로계약을 체결할 때 근로자가 사회보험을 적용받는지, 어떠한 사회보험을 적용받게 될 것인지 확인할 수 있도록 하였다.

(3) 근로기준법에 반하는 근로계약을 체결하였다면?

만약 이기상 씨와 B 전자회사가 정한 임금, 근로시간 등 근로조건이 근로기준법에서 정하는 최저기준에 미치지 못한다면 근로계약은 무효일까? 근로기준법을 위반한 B 전자회사에 대해서는 어떤 법적 제재가 가해질 수 있을까?

• 근로기준법에 반하는 근로계약의 법적 효과

근로자와 사용자가 합의하더라도 근로기준법에 반하여 근로조건을 정한 경우 근로기준법에 반한 부분에 한하여 무효가 된다. 근로계약 자체가 무효가 되는 것은 아니며, 무효가 된 부분에는 근로기준법에서 정하는 근로기준이 적용된다.

• 근로조건을 위반한 사용자에 대한 법적 제재

자세한 노동위원회의 구제 절차에 관하여는 제3절 2. 부당노동행위의 구제 및 제5절 2. 부당해고 부분 참조

근로기준법에 따른 근로조건을 위반한 사용자에 대해서는 징역, 벌금형 등 벌칙 규정이 적용된다. 사업주의 대리인, 사용인, 그 밖의 종업원이 근로기준법을 위반한 경우에는 사업주에 대해서도 벌금형이 부과될 수 있다.

한편, 사용자가 명시한 근로조건이 사실과 다를 경우에 근로자는 근로조건 위반을 이유로 손해배상을 청구할 수 있다. 노동위원회에 신청하여 신속하고 간편하게 손해배상을 받거나, 민사소송을 제기할 수 있다. 그리고 근로자는 근로조건을 위반한 사용자와의 근로계약을 즉시 해제할 수 있다.

중앙노동위원회

💬 노동위원회

노동위원회는 노사문제를 신속 · 공정하고 합목적적으로 처리하기 위해 설치되었다. 행정기관의 지휘 · 감독을 받지 않는 독립적 행정기관으로, 근로자, 사용자, 공익을 대표하는 제3자가 합의하여 노사 간의 이익 및 권리 분쟁에 대한 조정 · 중재 · 심판, 차별적 처우 시정 등의 업무를 수행한다. 노동위원회가 다루는 사건은 부당해고 구제신청 사건, 차별시정 신청 사건, 노동쟁의 사건 등이다. 노동위원회의 조정 또는 판정은 일종의 행정심판에 해당하므로 이에 불복하는 경우에는 중앙노동위원회를 피고로 하여 행정소송을 제기할 수 있다.

노동위원회는 관할구역 및 관장 업무에 따라 중앙노동위원회, 지방노동위원회, 특별노동위원회(선원노동위원회가 설치되어 있음)로 나뉜다(「노동위원회법」 제2조1항). 앞서 살펴보았듯이 근로기준법에 따라 근로자에게 명시한 근로조건을 위반한 사용자에 대해서는 노동위원회를 통해 손해배상을 청구할 수 있다.

지방노동위원회의 관할구역

명칭	위치	관할구역
서울지방노동위원회	서울특별시	서울특별시
부산지방노동위원회	부산광역시	부산광역시
경기지방노동위원회	경기도	경기도
충남지방노동위원회	대전광역시	대전광역시 · 충청남도 · 세종특별자치시
전남지방노동위원회	광주광역시	광주광역시 · 전라남도
경북지방노동위원회	대구광역시	대구광역시 · 경상북도
경남지방노동위원회	경상남도	경상남도
인천지방노동위원회	인천광역시	인천광역시
울산지방노동위원회	울산광역시	울산광역시
강원지방노동위원회	강원도	강원도
충북지방노동위원회	충청북도	충청북도
전북지방노동위원회	전라북도	전라북도
제주지방노동위원회	제주특별자치도	제주특별자치도

이기상 씨는 B 전자회사와 임금을 목적으로 종속적인 근로관계를 맺고 근로를 제공하므로 근로기준법상 근로자이다. 이기상 씨는 사용자인 B 전자회사와 동등한 지위에서 법에서 정하는 근로조건을 최저기준으로 하여 근로계약을 체결하여야 한다. 구체적인 근로조건으로 임금, 근로시간, 휴일, 연차유급휴가 등을 정하여야 하며, B 전자회사는 이기상 씨에게 임금의 구성항목 · 계산 방법 · 지급 방법, 소정근로시간, 휴일, 연차휴가에 관한 사항을 서면으로 제시하여야 한다. 만약 B 전자회사가 근로기준법에서 규정하는 최저기준에 미치지 않는 근로조건으로 이기상 씨와 근로계약을 체결한다면 근로기준법에 반하는 부분에 한하여 무효가 되며, B 전자회사에 대해서는 형벌 등의 제재가 가해질 수 있다. 한편, 근로계약에 명시한 근로조건이 사실과 다를 경우에 이기상 씨는 B 전자회사에 대해 근로조건 위반을 이유로 손해배상을 청구할 수 있으며, B 전자회사와의 근로계약을 해제할 수 있다. 손해배상은 법원 또는 노동위원회에 신청할 수 있으며, 이기상 씨가 재취업을 위해 주거를 변경할 경우 사용자는 여비를 지급하여야 한다.

이것만은 꼭!

1. 근로기준법상 근로자란 '직업의 종류와 관계없이 임금을 목적으로 사업이나 사업장에 근로를 제공하는 자'이다. 근로자에 해당하기 위해서는 '사업 또는 사업장에 고용 · 사용되어 종속적인 관계에서 근로를 제공'한다는 점이 인정되어야 한다.

2. 근로자와 사용자 간에 근로계약을 체결함에 있어 상대적으로 약한 지위에 있는 근로자를 보호하기 위해 근로기준법, 최저임금법 등 법률은 근로조건의 최저기준을 정하고 있다.

3. 근로계약을 체결함에 있어 사용자는 임금의 구성항목 · 계산 방법 · 지급 방법, 소정근로시간, 휴일, 연차휴가에 관한 사항이 명시된 서면을 근로자에게 교부해야 한다.

4. 근로기준법에 반하는 근로계약은 근로기준법을 위반한 부분에 한하여 무효가 된다. 사용자가 명시한 근로조건이 사실과 다를 경우 근로자는 사용자에 대해 손해배상을 청구할 수 있고 사용자와의 근로계약을 즉시 해제할 수 있다. 한편, 근로기준법에서 정하는 근로조건 등을 위반한 사용자에 대해서는 징역, 벌금 등 법적 제재가 부과된다.

아르바이트 근로자는 대부분 학생이나 부업으로 일하는 사람들이기 때문에 근로계약 체결을 포함하여 근로 기간 중 발생하는 다양한 법적 문제들에 대해 적절하게 대처하지 못하는 경우가 많다. 따라서 아래에서는 아르바이트에 종사하는 근로자를 어떻게 보호하는지에 대해 살펴보도록 한다.

단시간근로자의 개념

단시간근로자는 1주 동안의 소정근로시간이 그 사업장에서 같은 종류의 업무에 종사하는 통상 근로자의 1주 동안의 소정근로시간에 비하여 짧은 근로자를 말한다(「기간제 및 단시간근로자 보호 등에 관한 법률」 제2조 제2호, 「근로기준법」 제2조 제1항 제9호). 일반적으로는 아르바이트, 파트타임, 임시직 등으로 불리우며, 일반 근로자에 비하여 열악한 근로조건에 놓일 가능성이 높기 때문에 근로기준법, 기간제법 등 관계 법령을 통하여 보호하고 있다.

그러나 근로기준법, 기간제법 등은 원칙적으로 상시 4인 이하의 근로자를 사용하는 모든 사업 또는 사업장이나, 동거의 친족만을 사용하는 사업 또는 사업장과 가사사용인에 대하여는 적용되지 않고, 일부 규정만 적용된다. 이하에서는 상시 5인 이상 근로자를 사용하는 사업장의 단시간근로자를 중심으로 살펴보고, 4인 이하 사업장 등의 단시간근로자에게 적용되는 법 규정에는 어떤 것들이 있는지 살펴본다.

근로계약의 체결

사용자는 단시간근로자와 근로계약을 체결할 때 ① 근로계약 기간, ② 근로시간 및 휴게, ③ 임금의 구성 항목·계산 방법 및 지불 방법, ④ 휴일 및 휴가, ⑤ 취업의 장소와 종사해야 할 업무, ⑥ 근로일 및 근로일별 근로시간 등 근로조건을 서면으로 명시하여야 한다.

그리고 단시간근로자의 근로조건을 결정함에 있어서는 해당 사업장의 같은 종류의 업무에 종사하는 통상 근로자의 근로시간을 기준으로 산정한 비율에 따라서 결정하여야 하며(근로시간 비례보호 원칙, 「근로기준법」 제18조 제1항), 반드시 최저임금 이상의 임금을 지급해야 한다.

초과근로의 제한

사용자는 단시간근로자의 동의를 받지 않는 이상 소정근로시간을 초과하여 근로하게 할 수 없고, 근로자가 동의하는 경우에도 1주간에 12시간을 초과하여 근로하게 할 수 없다. 만약 사용자가 동의를 얻지 않고 초과근로를 하게 하는 경우에는 이를 거부할 수 있으며, 사용자는 단시간근로자가 부당한 초과근로 요구를 거부한 것을 이유로 해고. 그 밖의 불리한 처우를 하지 못한다. 사용자는 초과근로에 대해 통상임금의 50% 이상을 가산하여 지급하여야 한다.

휴일 및 휴가

사용자는 단시간근로자에게 유급휴일과 연차휴가, 출산전후휴가 등을 보장하여야 한다.
단시간근로자의 연차유급휴가는 시간단위로 계산하는데, 이때 1시간 미만은 1시간으로 본다(「근로기준법 시행령」 별표2 4나).

> **단시간근로자의 연차유급휴가 시간**
> 통상 근로자의 연차휴가일수 x (단시간근로자의 소정근로시간 ÷ 통상 근로자의 소정근로시간) x 8시간

다만, 4주 동안을 평균하여 1주 동안의 소정근로시간이 15시간 미만인 초단시간근로자에 대해서는 유급휴일 및 연차유급휴가 규정이 적용되지 않는다(「근로기준법」 제18조 제3항).

퇴직금

단시간근로자가 계속해서 1년 이상 근무했다면 퇴직금을 받을 수 있다. 그러나 4주간 평균하여 주당 소정근로시간이 15시간 미만인 초단시간근로자에게는 퇴직금이 보장되지 않는다(「근로자퇴직급여보장법」 제4조 제1항).

> **단시간근로자의 퇴직금**
> (1일 평균임금 x 30일) x 총 계속근로일수 ÷ 365일

통상 근로자로의 전환

만약 사용자가 통상 근로자를 채용하고자 하는 경우에는 당해 사업 또는 사업장의 동종 또는 유사한 업무에 종사하는 단시간근로자를 우선적으로 고용하도록 노력하여야 한다.

차별 금지

사용자는 단시간근로자임을 이유로 당해 사업 또는 사업장에서 동종 또는 유사한 업무에 종사하는 통상 근로자에 비해 단시간근로자를 차별하여서는 안 된다. 만약 이러한 차별적 처우를 받은 경우 단시간근로자는 차별적 처우가 있은 날로부터 6개월 이내에 노동위원회에 시정을 신청할 수 있다.

근로기준법 시행령 [별표 1]

상시 4명 이하의 근로자를 사용하는 사업 또는 사업장에 적용하는 법 규정(제7조 관련)

구분	적용 법 규정
제1장 총칙	제1조부터 제13조까지의 규정
제2장 근로계약	제15조, 제17조, 제18조, 제19조 제1항, 제20조부터 제22조까지의 규정, 제23조 제2항, 제26조, 제35조부터 제42조까지의 규정
제3장 임금	제43조부터 제45조까지의 규정, 제47조부터 제49조까지의 규정
제4장 근로시간과 휴식	제54조, 제55조 제1항, 제63조
제5장 여성과 소년	제64조, 제65조 제1항 · 제3항(임산부와 18세 미만인 자로 한정한다), 제66조부터 제69조까지의 규정, 제70조 제2항 · 제3항, 제71조, 제72조, 제74조
제6장 안전과 보건	제76조
제8장 재해보상	제78조부터 제92조까지의 규정
제11장 근로감독관 등	제101조부터 제106조까지의 규정
제12장 벌칙	제107조부터 제116조까지의 규정(제1장부터 제6장까지, 제8장, 제11장의 규정 중 상시 4명 이하 근로자를 사용하는 사업 또는 사업장에 적용되는 규정을 위반한 경우로 한정한다)

기간제 및 단시간근로자 보호 등에 관한 법률 시행령 [별표 1]

상시 4명 이하의 근로자를 사용하는 사업 또는 사업장에 적용하는 법 규정(제2조 관련)

구분	적용 법 규정
제1장 총칙	제1조 제2조
제2장 기간제근로자	제5조
제3장 단시간근로자	제7조
제5장 보칙	제16조 제4호 제17조 제1호 · 제2호(휴게에 관한 사항에 한정한다) · 제3호 · 제4호(휴일에 관한 사항에 한정한다) · 제5호 제18조부터 제20조까지의 규정
제6장 벌칙	제21조 제23조 제24조 제2항 제2호 제24조 제3항부터 제6항까지의 규정

1. 임금과 최저임금이란?

사 례

사회에 첫 발을 내딛은 박일상 씨는 많은 업무 경험을 할 수 있는 A 의류회사에 취직하였다. A 의류회사는 박일상 씨가 업무 경험이 없기 때문에 최저 수준의 임금밖에 지급할 수 없다고 한다. 혼자서 생활비를 마련하여야 하는 박일상 씨는 A 의류회사가 말하는 최저 수준의 임금이 어느 정도인지 감이 잡히지 않는다. 최저임금이란 무엇이고, A 의류회사가 그에 못 미치는 임금을 지급할 경우에는 어떠한 법적 제재가 가해질까?

(1) 임금이란 무엇일까?

A 의류회사가 박일상 씨에게 최저임금보다 적은 임금을 지급하는지 알아보기 위해서는, 우선 박일상 씨가 A 의류회사로부터 받는 금전이 임금에 해당하여야 한다. 임금이란 무엇일까?

근로기준법에 따르면 임금이란 '사용자가 근로의 대가로 근로자에게 임금, 봉급, 그 밖에 어떠한 명칭으로든지 지급하는 일체의 금품'을 말한다. 박일상 씨가 A 의류회사로부터 받는 돈은 근로제공의 대가로 지급을 받는 것이므로 임금에 해당한다.

대법원
2018다231536 판결

⚖ [판례] 근로의 대가로서 임금에 해당하는지 여부

대법원 2019.4.23. 선고 2014다27807 판결

사용자가 근로자에게 지급하는 금품이 임금에 해당하려면, 그 금품이 근로의 대상으로 지급되는 것으로서, 근로자에게 계속적·정기적으로 지급되고, 그 지급에 관하여 단체협약, 취업규칙 등에 의하여 사용자에게 지급의무가 지워져 있어야 한다. 그리고 해당 지급의무의 발생이 근로제공과 직접적으로 관련되거나 그것과 밀접하게 관련된다고 볼 수 있는 금품은 근로의 대상으로 지급된 것이라 할 수 있다.

임금이 통상임금에 속하는지 여부는 그 임금이 소정근로의 대가로 근로자에게 지급되는 금품으로서 정기적·일률적·고정적으로 지급되는 것인지를 기준으로 객관적인 성질에 따라 판단하여야 하고, 임금의 명칭이나 지급주기의 장단 등 형식적 기준에 의해 정할 것이 아니다.

(2) 최저임금이란 무엇일까?

박일상 씨는 자신이 받는 임금이 최저임금에 미치지 못하는지 확인하고자 한다. 최저임금이란 무엇이고 어떻게 확인할 수 있을까?

「최저임금법」은 근로자의 생활 안정과 노동력의 질적 향상을 기하기 위해 사용자가 최저 수준 이상의 임금을 근로자에게 지급하도록 강제한다.

이를 위해 고용노동부장관은 최저임금위원회가 심의 · 의결한 최저임금안에 따라 다음 연도 최저임금을 매년 8월 5일까지 결정하여 고시한다. 다음 연도 최저임금은 고용노동부장관이 고시한 내용을 통해 확인할 수 있다. 최저임금은 근로자의 생계비, 유사근로자의 임금, 노동생산성, 소득분배율 등을 고려하여 결정한다.

▲ 최저임금위원회의

최저임금법

최저임금위원회

최저임금위원회는 각 9명씩의 근로자·사용자·공익을 대표하는 위원으로 구성된다.

(3) 최저임금보다 적은 임금을 받는다면?

만약 A 의류회사가 박일상 씨에게 최저임금보다 적은 임금을 지급한다면 사용자인 A 의류회사에 어떠한 제재가 가해질까?

사용자는 근로자에게 최저임금액 이상의 임금을 지급하여야 한다. 최저임금액에 미치지 못하는 임금을 지급하기로 한 근로계약은 그 부분에 한해 무효가 되고 최저임금액과 동일한 임금을 지급하기로 한 것으로 간주된다. 최저임금액보다 적은 임금을 지급한 사용자는 3년 이하의 징역 또는 2,000만 원 이하의 벌금에 처해질 수 있다. 한편, 최저임금의 적용을 받는 사용자는 대통령령이 정하는 바에 따라 최저임금의 내용을 근로자가 쉽게 볼 수 있는 장소에 게시하거나 그 외의 적당한 방법으로 근로자에게 널리 알려야 한다. 이를 위반할 경우 100만 원 이하의 과태료를 부과할 수 있다.

최저임금법은 1인 이상 근로자를 사용하는 모든 사업 또는 사업장에 적용된다. 그러나 동거의 친족만을 사용하는 사업과 가사사용인, 선원법에 의한 선원 및 선원을 사용하는 선박의 소유자에게는 적용되지 않는다. 그리고 정신장애나 신체장애로 근로능력이 현저히 낮고 사용자가 고용노동부 인가를 받은 경우에는 적용되지 않는다.

A 의류회사는 박일상 씨에게 최저임금액 이상의 임금을 지급하여야 한다. 최저임금액에 미치지 못하는 임금을 지급하기로 근로계약을 체결하였더라도 A 의류회사는 박일상 씨에게 최저임금액과 동일한 임금을 지급하여야 한다. 만약 박일상 씨에게 최저임금액보다 적은 임금을 지급할 경우에 사용자에 대해서는 징역, 벌금 등 형사상 제재가 따를 수 있다.

이것만은 꼭!

1. 근로기준법상 임금이란 사용자가 근로의 대가로 근로자에게 임금, 봉급, 그 밖에 어떠한 명칭으로든지 지급하는 일체의 금품을 말한다.

2. 임금의 최저 수준을 보장하여 근로자의 생활 안정과 노동력의 질적 향상을 기하기 위해 최저임금법은 사용자가 최저 수준 이상의 임금을 근로자에게 지급하도록 강제한다. 사용자는 근로자에게 고용노동부장관이 매년 결정·고시한 최저임금액 이상의 임금을 지급하여야 한다.

3. 최저임금액에 미치지 못하는 임금을 지급하기로 한 근로계약은 그 부분에 한해 무효가 되며, 최저임금액보다 적은 임금을 지급한 사용자는 징역이나 벌금에 처해질 수 있다.

2. 밀린 임금은 어떻게 지급받을 수 있을까?

<hr>

사 례

최근 경기 성장세가 둔화하면서 박일상 씨가 일하고 있는 A 의류회사의 경영 사정이 악화하였다. 박일상 씨는 9개월 치의 월급과 수당을 받지 못한 상태다. A 의류회사가 부도 위기에 직면하면서 다음 달 임금도 받기 어려운 상황이다. 박일상 씨는 밀린 월급과 수당을 어떻게 받을 수 있을까?

<hr>

(1) 체불임금은 어떻게 법적 구제를 받을 수 있을까?

임금은 근로자들이 생활을 안정적으로 영위할 수 있도록 하는 기초가 된다. 박일상 씨도 밀린 임금을 받아야 생활을 영위해 나갈 수 있을 것이다. 그렇다면 박일상 씨는 어떠한 법적 절차를 통해 밀린 임금을 받을 수 있을까? 우리 법은 근로자의 임금을 어떻게 보호하고 있을까?

* 체불임금의 청구

밀린 임금을 받기 위한 방법에는 사용자에 대한 청구, 지방고용노동관서에의 신고, 지급명령 신청, 민사소송의 제기, 체당금 제도의 활용 등이 있다.

① 사용자에 대한 청구

밀린 임금을 지급받기 위해서는 우선 사용자에게 직접 임금의 지급을 청구할 수 있다. 구두나 문서로 청구할 수 있으나, 사용자에게 임금 지급을 청구하였다는 사실을 증명하기 위해서는 내용증명우편 등을 이용하는 것이 적절하다.

<hr>

💬 임금채권의 시효

근로자에게는 사용자에게 밀린 임금을 지급할 것을 청구할 수 있는 권리가 보장된다. 그러나 임금채권은 3년 동안 행사하지 않으면 시효로 인하여 소멸한다. 밀린 임금이 발생한 경우 근로자는 3년 내에 재판상 청구, 압류 또는 가압류 등의 방법으로 사용자에게 임금을 지급할 것을 청구하여야 한다.

<hr>

근로자가 사망 또는 퇴직한 경우에 지급하여야 하는 임금, 보상금, 그 밖의 금품, 근로로 인한 임금, 휴업수당, 연장·야간 및 휴일근로수당을 제때에 지급하지 않으면 3년 이하의 징역 또는 3,000만 원 이하의 벌금에 처한다.
다만 피해자인 근로자 측이 처벌을 원하지 않는 경우에는 공소를 제기하거나 처벌할 수 없다.

② 지방고용노동관서에의 신고 (진정 및 고소)

임금을 지급받지 못한 근로자는 사업장 소재지 관할 지방고용노동관서에 진정 또는 고소할 수 있다.

근로자가 임금을 지급받지 못한 사실을 진정하였을 때 근로감독관은 진정 내용에 대해 조사를 한다. 근로자는 진정 내용을 증명할 수 있는 자료를 미리 준비하여 두면 효과적이다. 임금체불 사실이 확인되었을 경우에 근로감독관은 사용자에게 체불임금을 지급하라는 명령을 내린다. 시정 기간 내에 밀린 임금이 지급되면 사건은 종결된다. 그렇지 않은 경우에 근로감독관은 사건에 대한 수사에 착수한다. 근로자의 진정 외에도 근로자가 고소하거나, 이와 별개로 근로감독관이 임금체불에 대한 범죄를 인지한 경우에도 수사에 착수하게 된다. 수사가 완료된 사건은 검찰에 송치되고, 임금을 체불한 사업주는 형사처벌을 받을 수 있다.

이와는 별도로 임금 체불을 예방하기 위해 일정한 경우에 고용노동부장관은 체불사업주의 명단을 공개하는 등의 조치를 취한다.

③ 지급명령의 신청

체불임금에 대한 지급명령의 신청이 있으면 법원은 당사자를 법원에 출석시키지 않고 채권자의 주장만으로 채무자에게 체불임금의 지급을 명할 수 있다. 일반 소송보다 신속하고 저렴하게 분쟁을 해결할 수 있다. 법원의 지급명령이 송달된 후 2주 이내에 사용자가 이의를 제기하지 않으면 지급명령이 확정되고, 근로자는 강제집행을 신청할 수 있다. 지급명령을 신청하기 전에 사용자가 재산을 처분하지 못하도록 가압류를 신청하여 두는 것이 효과적이다. 만약 사용자가 이의를 제기하면 통상 소송절차로 바뀌어 진행된다.

④ 민사소송의 제기

근로자가 사용자에 대해 임금청구소송을 제기하여 체불임금을 지급받는 것 역시 가능하다. 만약 체불임금이 3,000만 원을 초과하지 않는 경우에는 소액사건 심판을 청구할 수 있다. 이때 법원은 이를 심사하여 원고의 주장하는 바가 명백하다고 여겨지면 이행권고결정을 할 수 있다. 또한 피고의 이의 등 사유가 있으면 법원은 곧바로 변론기일을 지정해야 하며, 단 한 차례의 변론만으로 판결을 내리는 것이 원칙이다. 소제기를 위하여 필요한 경우에 근로자는 관할지방고용노동관서의 장에게 신청하여 「체불 임금 등 · 사업주 확인서」를 발급받을 수 있다.

근로자가 승소한 경우에는 확정판결(소액사건재판의 경우 이행권고결정에 대하여 2주 내에 사용자가 이의신청을 하지 않으면 확정판결과 동일한 효력이 있음)에 근거하여 강제집행을 신청할 수 있다. 지급명령과 마찬가지로 민사소송을 제기하기 전에 체불임금을 실제 지급받을 수 있도록 사용자의 재산에 대해 가압류를 신청하는 것이 적절하다.

임금체불 진정서
작성례(서식)

💬 임금체불 관련 법률구조제도

대한법률구조공단은 임금체불로 고통을 겪는 근로자의 권익을 보장하기 위하여 체불피해근로자에 대한 법률구조를 제공한다. 임금 및 퇴직금 체불 당시 최초 3월분의 월평균 임금이 400만 원 미만인 체불피해근로자는 대한법률구조공단에 법률구조를 신청하여 민사소송대리 등의 법률구조를 제공받을 수 있다.

⑤ 체당금 제도의 활용

국가는 「산업재해보상보험법」의 적용을 받는 사용자를 대신하여 일정액의 임금 등을 지급하는 체당금 제도를 운용하고 있다. 「임금채권보장법」에 따라 고용노동부장관은 사업주가 회생절차개시 또는 파산선고의 결정을 받거나 체불임금, 퇴직금 등을 지급할 능력이 없는 것으로 인정되는 경우에는 사업주를 대신하여 퇴직한 근로자에게 미지급 임금 등을 지급한다. 일반체당금 제도는 기업이 도산하는 경우 퇴직근로자의 체불임금 중 일정 금액을 국가가 사업주 대신 지급하는 것이며, 최종 3개월분의 임금, 최종 3년간의 퇴직금, 최종 3개월분의 휴업수당 중 미지급액으로 아래의 상한액을 한도로 지급한다.

체당금
산업재해보상보험법 적용 대상 사업주가 도산하는 등의 사유로 인해 임금 및 퇴직금 등을 지급받지 못하고 퇴직한 근로자에게 사업주를 대신하여 지급하는 임금 및 퇴직금 등을 말한다.

「임금채권보장법」 제7조 제1항 제1호 · 제2호 · 제3호에 따른 체당금(일반체당금)

(단위: 만 원)

퇴직 당시 연령 항목	30세 미만	30세 이상 40세 미만	40세 이상 50세 미만	50세 이상 60세 미만	60세 이상
임금	220	310	350	330	230
퇴직급여 등	220	310	350	330	230
휴업수당	154	217	245	231	161

※ 비고: 임금과 휴업수당은 1월분, 퇴직급여 등은 1년분 기준임

임금채권보장법

소액체당금 제도는 사업장의 영업중단과 관계없이 체불임금에 대해 정부가 중간에서 근로자에게 돈을 먼저 지급하고 이후 그 금액을 회사에 청구하는 것이다.

사업주에 대하여 근로자에게 미지급 임금을 지급하라는 확정판결, 지급명령 등이 있는 경우에도 고용노동부장관은 일정한 경우 총 1,000만 원의 범위 내에서 임금(휴업수당) 및 퇴직급여 등 소액체당금을 사업주를 대신하여 지급한다. 2020년 기준 소액체당금 상한액은 임금(휴업수당) 700만 원, 퇴직급여 700만 원이다.

「임금채권보장법」 제7조 제1항 제4호에 따른 체당금(소액체당금)

(단위: 만 원)

항 목	상한액
임금(휴업수당)	700
퇴직급여 등	700

* 총 상한액은 1,000만 원

소액체당금을 받은 근로자가 사업장 도산 등으로 일반체당금을 신청한 경우 먼저 지급받은 소액체당금은 공제하고 지급되며, 사업장 도산으로 일반체당금을 받은 경우에는 소액체당금은 지급대상에서 제외된다.

임금 등의 우선변제

만약 사용자가 도산하는 등의 사유로 임금을 지급할 능력이 없는 경우에 임금, 퇴직금, 재해보상금, 그 밖에 근로관계로 인한 채권은 담보권이 설정된 채권 외에는 조세·공과금, 기타 다른 일반채권에 우선하여 변제된다. 특히 최종 3개월분의 임금, 최종 3년간의 퇴직금, 재해보상금은 담보권이 설정된 채권 등 모든 채권에 우선하여 변제된다(「근로기준법」 제38조, 「퇴직급여법」 제12조 제2항).

박일상 씨가 A 의류회사로부터 밀린 임금을 받기 위한 방법에는 사용자에 대한 청구, 지방
고용노동관서에의 신고, 지급명령 신청, 민사소송의 제기, 체당금 제도의 활용 등이 있다. 그
리고 대한법률구조공단에 법률구조를 신청하여 도움을 받을 수 있다. 박일상 씨는 임금채권
이 시효로 소멸되지 않도록 시효 기간 내에 법적 조치를 취하여야 하며, 지급명령을 신청하
거나 민사소송을 제기하기 전에 사용자의 재산에 가압류 등을 신청하는 것 역시 잊지 말아
야 한다.

만약 A 의류회사가 도산하는 등의 사유로 임금을 지급할 능력이 없게 된 경우에 박일상 씨
가 A 의류회사에 대해 갖는 임금, 퇴직금, 재해보상금, 그 밖에 근로관계로 인한 채권은 다
른 일반채권에 우선하여 변제된다. 특히 최종 3개월분의 임금, 최종 3년간의 퇴직금, 재해
보상금 등은 최우선으로 변제될 수 있다. 박일상 씨가 A 의류회사를 상대로 미지급임금청구
소송을 제기하여 확정판결·지급명령을 받았다면 국가로부터 소액체당금을 지급받을 수 있
다. 또한 A 의류회사가 회생절차개시 또는 파산선고의 결정을 받거나 미지급 임금, 퇴직금
등을 지급할 능력이 없는 것으로 인정되는 경우에 만약 박일상 씨가 A 의류회사를 퇴직한
상태라면 국가로부터 임금, 퇴직급여 등에 대한 체당금을 지급받을 수 있다.

이것만은 꼭!

1. 근로기준법 등은 근로자의 임금을 특별하게 보호하기 위한 규정을 마련하고 있다.
2. 근로자가 밀린 임금을 받기 위한 방법에는 사용자에 대한 청구, 지방고용노동관서에
   의 신고(진정·고소), 지급명령 신청, 민사소송의 제기 등이 있다. 근로자는 자신의
   상황과 조건에 맞게 적절한 법적 조치를 취하여야 한다.
3. 근로자의 임금을 보호하기 위해 임금채권에 대한 우선변제, 체당금 제도 등이 마련
   되어 있다.

3. 탄력적·선택적 근로시간제와 주 52시간제란 무엇일까?

사 례

전누리 씨는 결혼하면서 회사에서 멀리 떨어진 곳으로 이사를 가게 되었다. 출퇴근 시간에는 교통 체증으로 시간이 너무 많이 걸려 가정 및 여가 생활에 큰 불편이 초래되었고, 전누리 씨는 이직을 고민하게 되었다. 그런데 직장 동료로부터 선택적 근로시간제를 활용하면 어떠냐는 이야기를 듣고, 번잡한 출퇴근 시간을 피해 아침 일찍 출근하고, 오후에 일찍 퇴근하는 것이 업무를 효율적으로 수행하는 데에도 도움이 될 것 같다는 생각이 들었다. 전누리 씨는 회사에 선택적 근로시간제를 신청하기 전에 다양한 유연근로시간제에 대해 알아보고자 한다. 법에서 보장하는 유연근로시간제에는 어떠한 것들이 있을까?

(1) 탄력적·선택적 근로시간제란 무엇일까?

전누리 씨는 업무를 보다 효율적으로 수행하고 여가 생활을 즐기기 위해 선택적 근로시간제의 신청을 고민하고 있다. 예전에는 주 5일 하루 8시간씩 근무하는 것을 당연하게 받아들였으나, 최근에는 다양한 근로시간제를 선택하여 근무하는 근로자들이 늘어나고 있다. 이와 같이 다양한 근로시간제들이 도입된 계기는 무엇일까? 법에서는 어떠한 근로시간제들을 보장하고 있을까?

「근로기준법」에 따르면 근로시간은 1일 8시간, 1주 40시간으로 정해져 있다. 그러나 서비스 산업이 발달하고 업무의 성과를 중시하는 쪽으로 인식이 변화하면서 주 5일 하루 8시간씩 일정한 장소에서 근무하던 기존의 근로 형태에서 점차 유연하게 근무하는 근로 형태로 변화하고 있다. 정보통신기술(ICT)의 발달은 이와 같은 유연한 근로 형태로의 변화를 가속화한다. 예를 들어, 모바일 기기, 클라우드서비스를 통해 실시간으로 업무에 필요한 소통이 가능하게 되면서 일정한 장소에서 정해진 시간 동안 근무하던 방식을 벗어나, 재택근무, 원격근무 등 다양한 장소에서 노동자가 근로시간을 선택하여 노동할 수 있는 여건이 갖추어진 것이다. 나아가 2019년 말 발생한 감염병의 전 세계적 발발은 이와 같은 근로 형태로의 변화를 확산시키는 계기가 되었다.

근로기준법은 업무의 특성 및 근로자의 개인적 상황 등을 반영하여 다양한 근무 형태로 변형하여 근무할 수 있도록 하는 유연근로시간제를 규정하고 있다. 유연근로시간제에는 대표적으로 탄력적 근로시간제, 선택적 근로시간제 등이 있다.

근로기준법 제50조(근로시간) ① 1주 간의 근로시간은 휴게시간을 제외하고 40시간을 초과할 수 없다.

② 1일의 근로시간은 휴게시간을 제외하고 8시간을 초과할 수 없다.

• 탄력적 근로시간제

탄력적 근로시간제란, 취업규칙에서 정하는 바에 따라 일정한 기간 동안의 평균 근로시간이 1주 40시간을 초과하지 않으면 사용자가 근로자로 하여금 특정한 주나 특정한 날에 법정근로시간을 초과하여 근무하게 하더라도 법정근로시간을 준수하는 것으로 보는 제도를 말한다. 근로시간을 연속하여 근로하는 것이 효율적이거나 고객의 편리를 도모할 수 있는 업종, 계절적 업종 또는 업무량이 주기적으로 많은 업종, 기계를 쉬지 않고 가동시키기 위해 근로가 연속하여 필요한 업종 등에 탄력적 근로시간제가 활용될 수 있다.

탄력적 근로시간제를 도입할 수 있는 단위기간은 2주 이내 또는 3개월 이내, 3개월 초과이다 .

① 2주 이내 탄력적 근로시간제

사용자는 취업규칙(취업규칙에 준하는 것을 포함)에서 정하는 바에 따라 2주 이내의 일정한 단위기간을 평균하여 1주간의 근로시간이 주 40시간을 초과하지 아니하는 범위에서, 근로자를 특정한 주에 40시간(최대 48시간 이내)을 초과하고, 특정한 날에 8시간을 초과하여 근로하게 할 수 있다.

② 3개월 이내 탄력적 근로시간제

사용자는 3개월 이내의 단위기간을 평균하여 1주 간의 근로시간이 40시간을 초과하지 아니하는 범위에서 근로자를 특정한 주에 40시간(52시간 이내)을 초과하고, 특정한 날에 8시간(12시간 이내)을 초과하여 근로하게 할 수 있다. 이를 위해서는 사용자와 근로자대표가 대상 근로자의 범위, 단위기간(3개월 이내의 일정한 기간), 단위기간의 근로일과 그 근로일별 근로시간 등에 관해 서면합의하여야 한다.

다만, 탄력적 근로시간제는 15세 이상 18세 미만의 근로자와 임신 중인 여성 근로자에 대하여는 적용하여서는 안 된다. 연소자와 임신 중인 여성 근로자를 보호하기 위한 것이다. 한편, 사용자가 탄력적 근로시간제를 시행하는 경우에 근로자는 기존에 보장되었던 연장근로수당 등을 받을 수 없게 된다. 이에 따라 근로기준법은 사용자로 하여금 기존의 임금 수준이 낮아지지 아니하도록 임금보전 방안을 강구하도록 한다.

③ 3개월 초과 탄력적 근로시간제

사용자는 근로자대표와의 서면합의에 따라 3개월을 초과하고 6개월 이내의 단위기간을 평균하여 1주간의 근로시간이 40시간의 근로시간을 초과하지 아니하는 범위에서 특정한 주에 40시간의 근로시간을, 특정한 날에 8시간의 근로시간을 초과하여 근로하게 할 수 있다. 다만, 주 52시간, 일 12시간을 초과할 수 없다. 3개월이 넘는 단위기간에 대해 근로일별 근로시간을 사전에 확정하는 것이 어렵기 때문에 근로일별 근로시간은 각 주의 근로가 개시되는 시작 일을 기준으로 2주 전에 통보하여야 한다. 그리고 장시간 근로를 방지하기 위해 근로일 종료 후 다음 근로일 개시 전까지 근로자에게 연속하여 11시간 이상의 휴식시간을 주어야 한다.

근로자대표와의 서면 합의 당시 예측하지 못한 천재지변, 기계고장, 업무량 급증 등의 불가피한 사유가 발생하였다면 근로자대표와의 협의를 거쳐 주별 근로시간을 변경할 수 있다.

이 제도를 실시할 경우 기존 임금 수준이 낮아지지 않도록 임금보전 방안을 마련하여 고용노동부장관에게 신고해야 한다. 그리고 이 형태의 근로시간제는 15세 이상 18세 미만의 근로자와 임신 중인 여성 근로자에게 적용하여서는 안 된다.

퇴사, 전보 등의 사정으로 단위기간 중 근로자가 근로한 기간이 탄력적 근로시간제 단위기간보다 짧은 경우에는 근로한 기간을 평균하여 1주 40시간으로 초과한 근로시간에 대하여 가산임금을 지급해야 한다.

• 선택적 근로시간제

근로기준법은 선택적 근로시간제를 도입하여 사용자와 합의한 경우에 1개월 이내의 평균 근로시간이 주당 40시간을 초과하지 않는 범위 내에서 1주 또는 1일의 업무시간을 근로자가 결정할 수 있도록 하였다(제52조).

선택적 근로시간제는 취업규칙(취업규칙에 준하는 것을 포함한다)에 따라 업무의 시작 및 종료 시각을 근로자의 결정에 맡기기로 한 경우에 적용된다. 근로기준법에 따라 선택적 근로시간제 도입을 위해 사용자와 근로자대표는 대상 근로자의 범위(15세 이상 18세 미만의 근로자는 제외), 정산 기간(1개월 이내의 일정

선택적 근로시간제가 적용 가능한 직무

고용노동부는 기업의 상황과 여건에 따라 다양한 직무에 선택적 근로시간제가 도입될 수 있다고 본다. 특히 근로시간(근로일)에 따라 업무량의 편차가 있는 소프트웨어 개발, 사무관리(금융거래, 행정처리 등), 연구, 디자인, 설계 등의 직무에 적용이 용이하다고 권고한다.

한 기간), 정산 기간의 총 근로시간 등에 관해 서면합의하여야 한다.

사용자는 1개월을 초과하는 정산기간을 정하는 경우 근로일 종료 후 다음 근로일 시작 전까지 근로자에게 연속하여 11시간 이상의 휴식 시간을 주어야 하고, 매 1개월마다 평균하여 1주간의 근로시간이 40시간을 초과한 시간에 대해서는 통상임금의 100분의 50 이상을 가산하여 근로자에게 지급하여야 한다.

💬 재량 근로시간제

탄력적·선택적 근로시간제 외에 근로기준법은 유연근로시간제 중 하나로서 재량 근로시간제에 관해 규정하고 있다. 재량 근로시간제는 탄력적·선택적 근로시간제와는 달리 일정한 업무를 수행하는 근로자에 한하여 적용된다. 구체적으로 근로기준법은 신상품 또는 신기술의 연구개발이나 정보처리시스템의 설계 또는 분석 업무, 기사의 취재, 편성 또는 편집 업무와 같이 성과가 중시되는 업무의 성질을 고려하여, 이와 같은 업무에 대해서는 사용자와의 합의에 따라 업무 수행 방법을 근로자의 재량에 위임하여 결정할 수 있도록 하였다(「근로기준법」 제58조제3항 및 「근로기준법 시행령」 제31조).

(2) 주 52시간제란 무엇일까?

전누리 씨가 이처럼 선택적 근로시간제를 신청할 수 있게 된 중요한 계기는 근로기준법상 주 52시간제의 도입으로 장시간 근로보다 업무의 성과가 중시되는 업무 풍토가 정착되고, 휴일근로가 제한된 데에 있다. 근로기준법에서 보장하는 주 52시간제란 무엇일까?

근로기준법에 따라 원칙적으로 사용자는 근로자를 1주 40시간, 1일 8시간의 법정근로시간을 초과하여 근무하도록 하여서는 안 된다. 앞서 살펴본 탄력적 근로시간제 또는 선택적 근로시간제를 도입함에 있어서도 일정한 기간을 평균한 1주간의 근로시간은 40시간을 초과할 수 없다. 그러나 근로기준법은 예외적으로 근로자와 사용자 간에 합의하는 경우에는 "1주" 간에 12시간을 한도로 연장근로를 할 수 있도록 하였다.

근로기준법에 따라 원칙적으로 연장근로를 포함하여 1주에 허용되는 최대 근로시간은 명확하게 52시간이 되는데, 이와 같은 근로시간제를 통상 '주 52시간제'라 일컫는다. 이를 위반한 자는 2년 이하의 징역 또는 2,000만 원 이하의 벌금에 처해진다.

근로기준법 제53조(연장근로의 제한) ① 당사자 간에 합의하면 1주 간에 12시간을 한도로 제50조의 근로시간을 연장할 수 있다.

제2조(정의) ① 이 법에서 사용하는 용어의 뜻은 다음과 같다.

7. "1주"란 휴일을 포함한 7일을 말한다.

근로기준법에서 선택적 근로시간제에 관해 규정한 바에 따라, 전누리 씨는 1개월 이내의 평균 근로시간이 주당 40시간을 초과하지 않는 범위 내에서 사용자와 합의하여 자신이 근무할 1주 또는 1일의 업무시간을 결정할 수 있다. 전누리 씨는 혼잡한 시간을 피하여 출퇴근 시간을 조정할 수도 있고, 금요일 오전 근무만 하기 위해 월요일부터 목요일까지 매일 1~2시간을 초과근무할 수도 있다.

이것만은 꼭!

1. 근로기준법은 업무의 특성 및 근로자의 상황 등을 반영하여 다양한 형태로 근무할 수 있도록 하는 탄력적 근로시간제, 선택적 근로시간제, 재량 근로시간제 등을 도입하였다.

2. 탄력적 근로시간제에 따라 2주 또는 3개월 이내의 평균 근로시간이 1주 40시간을 초과하지 않으면 사용자는 근로자로 하여금 특정한 주나 특정한 날에 법정근로시간 (1주 40시간, 1일 8시간)을 초과하여 근무하게 할 수 있다.

3. 선택적 근로시간제에 따라 근로자는 사용자와 합의한 경우에 1개월 이내의 평균 근로시간이 주당 40시간을 초과하지 않는 범위 내에서 자신이 근무할 1주 또는 1일의 업무시간을 결정할 수 있다.

4. 근로기준법에 의하면 연장근로를 포함하여 1주에 허용되는 최대 근로시간은 52시간이며(주 52시간제), 이를 위반시 형사처벌을 받을 수 있다.

4. 비정규직 근로자는 어떻게 보호될까?

사 례

A 공공기관에 영양사로 근무하는 이책임 씨는 기간제근로자이다. 그는 정규직 영양사인 김빛나 씨와 2주 차이로 입사하여 동일한 업무를 수행하고 있다. 그러나 김빛나 씨가 받는 임금의 60%에도 미치지 못하는 임금을 받고 있다. 이책임 씨에 대한 A 공공기관의 대우는 부당한 것일까? 만약 그렇다면 이책임 씨는 어떤 법적 절차를 거쳐 구제받을 수 있을까?

(1) 비정규직 근로자란?

정규직 근로자가 아닌 이책임 씨와 같은 근로자들은 어떠한 법적 지위를 지닐까? 이책임 씨와 같이 정규직 근로자가 아닌 근로자들을 보호하기 위해 어떠한 법률이 마련되어 있을까?

경제적·사회적 상황, 회사의 경영 상태 등에 따라 정규직 근로자 외에 기간제근로자, 파견근로자, 단시간근로자 등 다양한 유형의 비정규직 근로자가 생겼다. 비정규직 근로자는 정규직 근로자에 비하여 고용 불안 등 상대적으로 열악한 지위에 놓일 가능성이 높기 때문에 법에 의해 특별하게 보호해야 할 필요가 있다. 비정규직 근로자를 보호하기 위하여 「기간제 및 단시간근로자 보호 등에 관한 법률(이하 '기간제법'이라 한다)」, 「파견근로자 보호 등에 관한 법률(이하 '파견법'이라 한다)」 등이 시행되고 있다. 다만 관련 법령은 국가 및 지방단체와 상시 5인 이상의 근로자를 사용하는 사업장에 한하여 적용된다.

기간제근로자란 기간의 정함이 있는 근로계약을 체결한 근로자를 말한다. 현실에서는 계약직, 단기근로자, 임시직, 일용직, 아르바이트 등으로 불린다. 파견근로자란 파견사업주와 계약하여 고용관계를 유지하면서 근로자파견계약의 내용에 따라 사용사업주의 지휘·명령을 받아 사용사업주를 위한 근로에 종사하는 자를 말한다.

파견사업주
근로자를 파견하여 주는 대가로 수익을 얻는 사람

사용사업주
파견사업주로부터 근로자를 파견받아 사용하는 사람

(2) 기간제근로자를 법적으로 어떻게 보호하고 있을까?

이책임 씨와 같은 기간제근로자를 보호하기 위해 기간제법에서는 구체적으로 어떠한 법적 조치를 마련하고 있을까? 이책임 씨는 정규직 근로자인 김빛나 씨와 동일한 업무를 수행하고 있음에도 불구하고 김빛나 씨가 받는 임금의 60%에도 미치지 못하는 임금을 받고 있다. 이와 같은 A 공공기관의 차별적 처우에 대해 이책임 씨는 어떠한 법적 조치를 취할 수 있을까?

• 근로계약의 체결

사용자는 기간제근로자와 근로계약을 체결할 때 ① 근로계약 기간, ② 근로시간 및 휴게, ③ 임금의 구성 항목 · 계산 방법 및 지불 방법, ④ 휴일 및 휴가, ⑤ 취업의 장소와 종사해야 할 업무를 서면으로 명시하여야 한다.

• 기간제근로자의 남용 방지

사용자들이 기간제 근로계약을 반복 갱신함으로써 상시적인 업무에 기간제 근로를 남용하는 것을 방지하기 위하여 기간제법은 기간제근로자의 사용 기간을 2년으로 제한한다. 만약 사용자가 2년을 초과하여 기간제근로자를 사용하면 근로자와 기간의 정함이 없는 근로계약을 체결한 것으로 본다. 다만 특별한 경우에는 2년을 초과하여 기간제근로자를 사용할 수 있다(「기간제법」 제4조).

• 차별적 처우의 금지 및 시정 신청

사용자는 기간제근로자임을 이유로 해당 근로자를 해당 사업 또는 사업장에서 동종 또는 유사한 업무에 종사하는 기간의 정함이 없는 근로계약을 체결한 근로자에 비하여 차별적 처우를 하여서는 안 된다.

만약 기간제근로자가 차별적 처우를 받은 경우 차별적 처우가 있은 날(계속되는 차별적 처우는 그 종료일)부터 6개월 내에 노동위원회에 그 시정을 신청할 수 있다. 시정 신청을 하는 때에는 차별적 처우의 내용을 구체적으로 명시하여야 한다. 차별 여부에 대한 증명책임은 사용자가 부담한다. 시정명령에는 차별적 행위의 중지, 임금 등 근로조건의 개선, 또는 적절한 배상 등이 포함될 수 있다. 지방노동위원회의 시정명령이나 기각결정에 불복하는 경우에는 결정서를 받은 날로부터 10일 이내에 중앙노동위원회에 재심을 신청할 수 있고, 중앙노동위원회의 재심결정에 대해서도 불복하는 관계당사자는 결정서 수령일부터 15일 이내에 행정소송을 제기할 수 있다. 만약 기업이 확정된 시정명령을 정당한 이유 없이 이행하지 않은 경우에는 최대 1억 원까지 과태료가 부과된다. 노동위원회를 통한 차별시정과는 별개로, 차별시정제도의 실효성을 제고하기 위해 지방관서 근로감독관에게 차별시정 지도권한을 부여하고 있다.

무기계약직

계약기간을 정함이 없어서 해고사유가 없는 한 정년까지 근무가 보장되지만 임금이나 복지 수준은 계약직 수준에서 유지되는 형태의 근로계약(계약직과 정규직의 중간적인 고용형태)을 말한다.

근로감독관

「근로기준법」에 의해 근로조건의 기준을 확보하기 위하여 고용노동부와 그 소속기관에 둔 감독관을 말한다(제101조 제1항). 근로감독관은 근로기준법 등에 따른 고용 평등, 여성 근로자 보호, 노동조합, 노사분규, 근로기준, 임금 등에 관한 근로 감독의 업무를 수행한다.

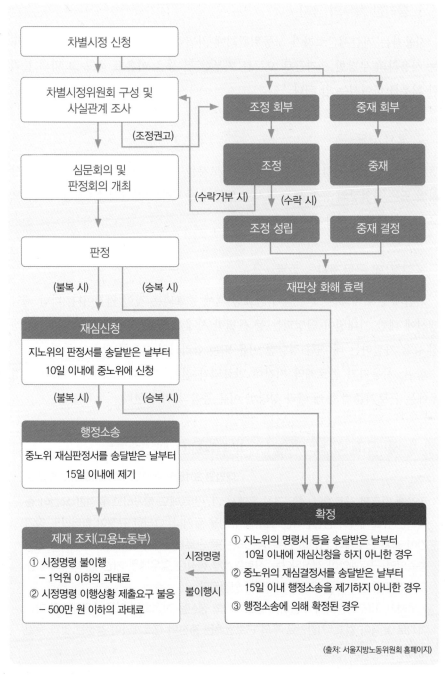

차별시정 신청

차별시정위원회 구성 및
사실관계 조사

(조정권고)

조정 회부

중재 회부

심문회의 및
판정회의 개최

조정

중재

(수락거부 시)

(수락 시)

조정 성립

중재 결정

판정

(불복 시)

(승복 시)

재판상 화해 효력

재심신청
지노위의 판정서를 송달받은 날부터
10일 이내에 중노위에 신청

(불복 시)

(승복 시)

행정소송
중노위 재심판정서를 송달받은 날부터
15일 이내에 제기

확정
① 지노위의 명령서 등을 송달받은 날부터
   10일 이내에 재심신청을 하지 아니한 경우
② 중노위의 재심결정서를 송달받은 날부터
   15일 이내 행정소송을 제기하지 아니한 경우
③ 행정소송에 의해 확정된 경우

제재 조치(고용노동부)
① 시정명령 불이행
   – 1억원 이하의 과태료
② 시정명령 이행상황 제출요구 불응
   – 500만 원 이하의 과태료

시정명령

불이행시

(출처: 서울지방노동위원회 홈페이지)

▲ 차별시정 신청 처리절차

• 불리한 처우의 금지

사용자는 기간제근로자가 노동위원회에 차별적 처우의 시정을 신청하거나 또는 사용자의 부당한 초과근로 요구를 거부한 것 등을 이유로 해고 그 밖의 불리한 처우를 하여서는 안 된다.

• 우선 고용

만약 사용자가 기간의 정함이 없는 근로자를 채용하고자 하는 경우에는 해당 사업 또는 사업장의 동종 또는 유사한 업무에 종사하는 기간제근로자를 우선적으로 고용하도록 노력하여야 한다.

• 기간제 근로계약의 종료

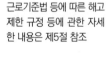
근로기준법 등에 따른 해고 제한 규정 등에 관한 자세한 내용은 제5절 참조

기간제 근로계약은 그 기간이 만료된 때에 종료되는 것이 원칙이다. 다만 계약갱신에 대한 기대권이 인정되는 등 특별한 사정이 있는 경우에 사용자는 계약갱신 등을 거절하는 데 대한 정당한 이유 또는 합리적인 이유를 갖춰야 한다.

한편, 사용자가 근로계약 기간이 만료되기 전에 기간제근로자를 해고하는 경우에는 근로기준법 등에 따라 정당한 이유 등을 갖춰야 한다.

대법원
2013다85523 판결

[판례] 기간제근로자의 계약갱신에 대한 기대권 인정요건

대법원 2018.6.19. 선고 2013다85523 판결 등

판례에 따르면 근로계약, 취업규칙 등에서 기간만료에도 불구하고 일정한 요건이 충족되면 근로계약이 갱신된다는 취지의 규정을 두거나, 그러한 규정이 없더라도 장기간에 걸쳐 근로계약 기간이 반복 갱신되는 등 근로계약당사자 사이에 일정한 요건이 충족되면 근로계약이 갱신된다는 신뢰관계가 형성된 경우에는 기간제근로자에게 근로계약의 갱신에 대한 정당한 기대권이 인정된다.

사용자가 이에 위반하여 부당하게 근로계약의 갱신을 거절하는 것은 부당해고와 마찬가지로 효력이 없고, 기간만료 후의 근로관계는 종전의 근로계약이 갱신된 것과 동일하다.

(3) 파견근로자를 법적으로 어떻게 보호하고 있을까?

파견법

이책임 씨와 같은 기간제근로자 외에 파견근로자 역시 비정규직 근로자에 해당한다. 주로 청소, 경비, 시설관리 등의 업무에 종사하는 파견근로자는 기간제 근로자와 마찬가지로 고용 불안과 상대적으로 열악한 지위에 놓이게 된다. 파견 근로자를 보호하기 위해 어떠한 법적 조치들이 마련되어 있을까?

• 파견 대상 업무의 한정

근로자파견사업은 제조업의 직접생산공정업무를 제외하고 전문 지식·기술·경험 또는 업무의 성질 등을 고려하여 적합하다고 판단되는 업무로서 대통령령으로 정하는 업무를 대상으로 한다. 다만, 출산·질병·부상 등으로 결원이 생긴 경우 또는 일시적·간헐적으로 인력을 확보하여야 할 필요가 있는 경우에는 근로자파견사업을 할 수 있다.

• 파견 기간의 제한

파견 기간은 출산·질병·부상 등으로 결원이 생긴 경우 또는 일시적·간헐적으로 인력을 확보하여야 할 필요가 있는 경우를 제외하고는 1년을 초과하지 못한다. 파견사업주, 사용사업주, 파견근로자 간의 합의가 있는 경우에는 최대 1년의 연장된 기간을 포함하여 총 2년까지 파견 기간을 정할 수 있다.

• 직접고용의 의무

파견법은 일정한 경우에 사용사업주가 파견근로자를 직접고용할 것을 의무화한다. 예를 들어, 사용사업주가 근로자파견 대상 업무에 해당하지 않는 업무에서 파견근로자를 사용하거나 2년을 초과하여 계속적으로 파견근로자를 사용하는 경우 등에는 파견근로자를 직접 고용하여야 한다.

• 파견근로자에 대한 차별 시정

파견사업주와 사용사업주는 파견근로자라는 이유로 사용사업주의 사업 내의 같은 종류 또는 유사한 업무를 수행하는 근로자에 비하여 파견근로자에게 차별적

처우를 하여서는 안 된다. 파견근로자는 차별적 처우를 받은 경우 「노동위원회법」에 따른 노동위원회에 그 시정을 신청할 수 있다(자세한 사항은 전술한 기간제근로자에 대한 차별 시정 참조).

사례의 해결

이책임 씨는 기간제 근로를 하는 영양사이므로 「기간제 및 단시간근로자 보호 등에 관한 법률」에 의한 보호를 받는다. 기간제법에 따르면 사용자는 기간제근로자임을 이유로 해당 근로자를 해당 사업 또는 사업장에서 동종 또는 유사한 업무에 종사하는 기간의 정함이 없는 근로계약을 체결한 근로자에 비하여 차별적 처우를 하여서는 안 된다. 그런데 A 공공기관은 이책임 씨와 동일한 업무를 수행하는 김빛나 씨에 비하여 이책임 씨에게 현저히 적은 임금(60%에 미치지 않는 임금)을 지급하고 있으므로 이와 같은 A 공공기관의 행위는 기간제법에서 금지하는 차별적 처우에 해당한다. 따라서 이책임 씨는 노동위원회에 그 시정을 신청할 수 있다. 노동위원회는 조정과 중재를 할 수 있고, 시정명령을 할 수도 있다. 이와는 별개로, 지방관서 근로감독관이 차별시정 지도권한을 행사하는 것 역시 가능하다.

이것만은 꼭!

1. 기간제근로자란 기간의 정함이 있는 근로계약을 체결한 근로자를 말한다. 기간제근로자 채용 남용을 방지하기 위하여 원칙적으로 2년을 초과하지 않는 범위 내에서만 기간제근로자를 사용할 수 있으며, 기간제근로자는 우선 고용의 대상자가 된다.

2. 파견근로자란 파견사업주가 근로자를 고용한 후 그 고용관계를 유지하면서 근로자 파견계약의 내용에 따라 사용사업주의 지휘·명령을 받아 사용사업주를 위한 근로에 종사하게 하는 자를 말한다. 파견근로자를 보호하기 위하여 파견근로의 대상과 기간이 제한되며, 일정한 경우에는 사용사업주의 직접고용을 의무화하고 있다.

3. 기간제근로자, 파견근로자와 같은 비정규직 근로자는 불합리한 차별적 처우를 받은 경우에 노동위원회에 그 시정을 신청할 수 있다.

더 알아보기	통상임금

통상임금이란 "근로자에게 정기적이고 일률적으로 소정근로 또는 총 근로에 대하여 지급하기로 정한 시간급, 일급, 주급, 월급 또는 도급 금액"을 말한다(근로기준법 시행령 제6조 제1항). 이러한 통상임금은 연장 · 야간 · 휴일근로수당, 해고예고수당, 연차유급휴가수당, 출산휴가급여 등 각종 수당을 산정하는 기준으로 사용된다. 근로자의 급여 항목 가운데 통상임금에 포함되는 세부 항목이 많을수록 각종 수당의 금액이 커지기 때문에 이는 중요한 개념이다.

통상임금의 판단 기준

근로기준법 시행령에서는 통상임금에 대해 정기성, 일률성만을 규정하고 있으나, 판례는 이에 더하여 추가적으로 고정성을 요구하고 있다(대법원 2013. 12.18. 선고 2012다89399 전원합의체 판결). 따라서 통상임금에 속하는지 여부는 그 임금이 소정근로의 대가로 근로자에게 정기적 · 일률적 · 고정적으로 지급되는 것인지를 기준으로 그 객관적인 성질에 따라 판단해야 한다.

① "정기적 지급"의 의미

미리 정한 일정한 기간마다 정기적으로 지급되는지 여부에 관한 것으로서, 1개월을 넘는 일정한 기간을 두고 정기적으로 지급한 금액을 통상임금에 포함시킬 것인지가 문제되어 왔다. 이에 대해 법원은 정기상여금과 같이 일정한 주기로 지급되는 임금의 경우 단지 그 지급주기가 1개월을 넘는다는 사정만으로 그 임금이 통상임금에서 제외된다고 할 수는 없다고 보았다.

② "일률적 지급"의 의미

"일률적"으로 지급되는 것에는 '모든 근로자'에게 지급되는 것뿐만 아니라 '일정한 조건 또는 기준에 달한 모든 근로자'에게 지급되는 것(예: 특정 보직자에 대한 직책수당 등)도 포함된다. 여기서 '일정한 조건 또는 기준'이란 작업내용이나 기술, 경력 등 근로의 가치평가와 관련된 것이어야 하며, 고정적인 조건이어야 한다.

③ "고정적 지급"의 의미

"고정성"이라 함은 "근로자가 제공한 근로에 대하여 그 업적, 성과, 기타 추가적인 조건과 관계없이 당연히 지급될 것이 사전에 확정되어 있는 것"을 말한다. 즉, 초과 근로의 경우 제공할 당시에 그 수당의 지급이 추가적인 조건과 관계없이 사전에 이미 확정되어 있어야 한다. 따라서 근로자가 소정근로를 제공하더라도 추가적인 조건을 충족해야 지급되는 임금이나 그 조건 충족 여부에 따라 지급액이 변동되는 임금 부분은 고정성을 갖춘 것이라고 할 수 없다.

통상임금의 구성

통상임금은 기본적으로 기본급과 각종 수당으로 구성된다. 직무수당, 직책수당, 근속수당, 면허수당, 승무수당, 물가수당, 업무장려수당 등과 같이 근무성적과 상관없이 일률적으로 지급되는 수당은 통상임금에 포함된다. 상여금, 근무일에만 지급되는 승무수당, 업무능률에 따라 지급되는 업무장려수당, 숙직수당, 출장비와 업무활동비 등 직무성과 등과 관련하여 지급되는 수당은 통상임금에 포함되지 않는다.

통상임금 계산법

시간당 통상임금 = {기본급 + 고정수당 + 연간 정기 상여금(상여금 ÷ 12)} ÷ 209(월 소정근로시간). 따라서 1주 40시간 근무하는 근로자가 매월 기본급 200만 원과 통상임금에 포함되는 각종 수당 100만 원을 받는다면 시간당 통상임금은 300만 원 ÷ 209시간 = 14,354원이다.

통상임금 제외 합의의 효력

통상임금은 근로조건의 기준을 마련하기 위하여 법이 정한 도구개념이므로, 사용자와 근로자가 통상임금의 의미나 범위 등에 관하여 따로 합의할 수 있는 성질의 것이 아니다. 그러므로 성질상 근로기준법상의 통상임금에 속하는 임금을 통상임금에서 제외하기로 노사 간에 합의하였다 하더라도 그 합의는 효력이 없다. 노사합의에 따라 계산한 금액이 근로기준법에서 정한 기준에 미달할 때에는 그 미달하는 범위 내에서 노사합의는 무효이고, 무효로 된 부분은 근로기준법이 정하는 기준에 따라야 한다.

통상임금과 평균임금

구분	통상임금	평균임금
의미	근로자에게 정기적이고 일률적으로 소정근로 또는 총근로에 대하여 지급하기로 정한 시간급, 일급, 주급, 월급 또는 도급 금액	산정하여야 할 사유가 발생한 날 이전 3개월 동안에 그 근로자에게 지급된 임금의 총액을 그 기간의 총일수로 나눈 금액
기능	연장근로, 야간근로, 휴일근로 등 수당, 해고예고수당, 연차유급휴가수당, 출산휴가급여 등 산정 기준	퇴직금, 재해보상금(또는 산재보상보험급여), 휴업수당 등의 산정 기준

※ 총근로란 생산량이나 실적에 따라 임금이 결정되는 도급제 방식에서 근로자가 제공하기로 한 근로를 의미한다.

* 평균임금 산출방식에 의하여 산출된 금액이 당해 근로자의 통상임금보다 적은 액일 경우에는 그 통상임금액을 평균임금으로 한다.

제3절 | 조화로운 직장생활

1. 고용에서의 성차별을 어떻게 금지할까?

사 례

여자대학 졸업 후 B 전자회사에 입사한 이기숙 씨는 대학 동기로 같은 시기에 입사한 최기술 씨와 함께 개발부로 발령받았다. 이기숙 씨와 최기술 씨는 같은 부서에서 신제품 개발을 위한 업무를 담당하였다. 어느 날 업무가 끝나고 이기숙 씨는 최기술 씨와 대화를 나누다가, 최기술 씨에 비해 70% 수준의 기본급을 받는다는 점을 알게 되었다. 인사부 등 관련 부서에 알아보았으나 기본급에서 차이가 있는 이유에 대해 명확한 설명을 듣지 못하였다. 이기숙 씨는 최기술 씨와 대학 동기로 B 전자회사에 같은 시기에 입사하여 동일한 시간 동안 동일한 강도의 업무를 수행하였다고 생각하고 있다. 만약 이기숙 씨가 여성이라는 이유로 차별을 받은 것이라면 이기숙 씨는 법적으로 어떻게 대처할 수 있을까?

(1) 남녀고용평등법은 성차별 금지에 관해 어떻게 규정할까?

이기숙 씨는 임금 산정에 있어 남성인 최기술 씨에 비해 법적으로 부당하게 차별받았는지 알아보고 싶다. 그러나 이기숙 씨가 이 문제에 적극적으로 대처할 경우 부서 배치, 승진 등에 있어 불리한 대우를 받을 것 같아 선뜻 나서기 어렵다. 주변에서도 이기숙 씨가 B 전자회사로부터 퇴직을 강요받거나 해고까지 당할 수 있으므로 대응하지 말 것을 권고한다. 이기숙 씨는 우선 법률에서 성차별 금지에 대해 어떻게 규정하는지 알아보고 대처 방안에 대해 고민하고자 한다.

• 남녀고용평등법의 제정 목적

「남녀고용평등과 일·가정 양립 지원에 관한 법률(이하 '남녀고용평등법'이라 한다)」은 "헌법의 평등 이념에 따라 고용에서 남녀의 평등한 기회와 대우를 보장하고 모성 보호와 여성 고용을 촉진하여 남녀고용평등을 실현함과 아울러 근로자의 일과 가정의 양립을 지원함으로써 모든 국민의 삶의 질 향상에 이바지"하기 위해 제정되었다.

남녀고용평등법

• 고용에 있어 성차별 금지

남녀고용평등법은 구체적으로 고용에 있어 성차별이 발생하는 유형을 모집·채용, 임금, 복리후생, 교육·배치 및 승진, 정년·퇴직 및 해고 등으로 나눈다. 그리고 남녀고용평등을 실현하기 위해 각 유형별로 사업주가 준수하여야 할 사항에 관해 규정한다.

① 모집과 채용

사업주는 근로자를 모집·채용할 때 성차별을 하여서는 안 된다. 합리적 이유 없이 여성 또는 남성이라는 이유로 응모 자격을 제한하거나, 합격한 채용자를 불합격 처리하는 것은 모집·채용에 있어서의 성차별에 해당한다.

남녀고용평등법에 따라 사업주는 여성 근로자를 모집·채용할 때 직무수행에 필요하지 않은 용모·키·체중 등의 신체적 조건, 미혼 조건, 그 밖에 동법 시행규칙에서 정하는 조건을 제시하거나 요구하여서는 안 된다.

② 임금

남녀고용평등법은 '동일노동 동일임금의 원칙'에 따라 임금에 있어서의 성차별을 금지한다. 사업주는 동일한 사업장 내의 동일 가치 노동에 대해서는 동일한 임금을 지급하여야 한다.

③ 정년·퇴직 및 해고

사업주는 근로자의 정년·퇴직 및 해고에서 성차별하여서는 안 된다. 예를 들어, 같은 부서에서 일하는 남녀의 정년을 다르게 정하거나, 여성이라는 이유로 조기 퇴직을 종용하고, 혼인·임신·출산을 퇴직사유로 근로계약을 체결하는 것은 남녀고용평등법에서 금지하는 성차별 행위에 해당한다.

④ 복리후생, 교육·배치 및 승진

남녀고용평등법에 따라 사업주는 임금 외에 근로자의 생활을 보조하기 위한 금품을 지급하거나 융자금 등을 지원하는 복리후생에서 성차별하여서는 안 된다. 또한 근로자의 교육·배치 및 승진에 있어서도 사업주가 성차별하는 것은 금지된다.

[판례] '동일 가치 노동'의 판단 기준   대법원 2013.3.14. 선고 2010다101011 판결

남녀고용평등법에 따라 사업주는 직무수행에서 요구되는 기술, 노력, 책임 및 작업 조건 등에 따라 동일 가치 노동의 기준을 정하여야 한다. 구체적으로 사업주가 그 기준을 정할 때에는 노사협의회 근로위원의 의견을 들어야 한다(제8조 제2항).

판례는 '동일 가치 노동'에 대해, "남녀 간의 노동이 동일하거나 실질적으로 거의 같은 성질의 노동, 또는 그 직무가 다소 다르더라도 객관적인 직무평가 등에 의하여 본질적으로 동일한 가치가 있다고 인정되는 노동"이라고 판시하였다. 구체적인 판단 기준에 관해서는 남녀고용평등법에서 제시하는 직무수행에 요구되는 기술, 노력, 책임 및 작업 조건 등의 기준을 비롯하여, 근로자의 학력·경력·근속연수 등의 기준을 종합적으로 고려하여 판단해야 한다고 제시하였다.

(2) 성차별 금지 의무를 위반한 사업주에 대해 어떻게 대처할까?

만약 B 전자회사가 이기숙 씨가 여성이라는 이유로 임금을 정하는 데에 있어 부당하게 차별한 것으로 확인되었다면, 이기숙 씨는 B 전자회사에 대하여 어떻게 대처할 수 있을까?

• 고용상 성차별에 대한 근로자의 법적 조치

성차별하는 근로계약이나 인사처분은 무효다. 고용상 성차별을 받은 근로자는 사업주에 대해 다양한 방법으로 대처할 수 있다. 남녀고용평등법은 고용상 성차별 등의 문제가 발생한 경우에 명예고용평등감독관 및 노사협의회 등을 통해 자율적으로 고충을 처리하도록 한다. 그리고 성차별 받은 근로자는 민간단체가 운영하는 고용평등상담실을 통해 차별 등에 관한 문제에 대해 상담받을 수 있다. 근로자는 노동위원회에 시정 신청을 할 수 있고, 고용상 성차별이 인정된 경우 노동위원회는 사용자에게 차별행위 중지, 근로조건 개선, 적절한 배상 등을 하도록 시정명령을 내릴 수 있다. 사업주의 성차별로 입은 손해에 대해서는 민사상 손해배상을 청구할 수 있다.

노사협의회

「근로자참여 및 협력증진에 관한 법률」에 따라 근로자와 사용자가 참여와 협력을 통해 생산성 향상과 성과 배분, 근로자의 채용·배치 및 교육훈련, 근로자의 고충처리 등에 관하여 협의하는 사업장 내에 설치된 기구를 말한다(제4조 제1항). 노사협의회는 같은 수의 근로자 위원과 사용자 위원으로 구성된다.

대법원
2010다101011 판결

명예고용평등감독관

명예고용평등감독관은 사업장의 남녀고용평등 이행을 촉진하기 위해 사업장 소속 근로자 중 노사가 추천한 사람으로 위촉한다. 명예고용평등감독관은 사업장의 차별 등에 대한 상담·조언, 사업장의 고용평등 이행상태 자율점검 및 지도 시 참여, 법령위반 사실이 있는 사항에 대해 사업주에 대한 개선 건의 및 감독기관에 대한 신고 등의 업무를 수행한다(남녀고용평등법 제24조).

고용상 성차별을 받은 자는 고용노동부가 운영하는 '성차별 익명신고센터'를 통해 익명으로 성차별 피해를 신고할 수 있다. 성차별 익명신고센터는 신고로 인한 불이익을 우려하는 피해자가 고용상 성차별을 받은 사실을 익명으로 신고할 수 있도록 하기 위해 개설되었다. 신고한 사업장에 대해서는 행정지도(성차별 관행 등 실태 확인 및 지도) 및 사업장 근로감독(위반 사항 확인 시에는 시정 또는 사법처리) 등의 조치가 취해진다.

• 고용상 성차별 금지 의무를 위반한 사용자에 대한 벌칙 적용

남녀고용평등법에 따른 성차별 금지 조항을 위반한 사업주에 대해서는 모집·채용, 임금 등 위반 유형에 따라 징역, 벌금 등의 제재가 가해진다.

사례의 해결

남녀고용평등법에 따라 B 전자회사는 이기숙 씨와 동일 사업장 내의 동일 가치 노동에 대해서는 동일한 임금을 지급하는 근로계약을 체결하여야 한다. 이기숙 씨가 여성이라는 이유로 임금에서 차별하였다면 B 전자회사는 남녀고용평등법에 따른 성차별 금지 의무를 위반한 것이다. 이기상 씨는 명예고용평등감독관이나 노사협의회에 고용상 성차별 문제가 발생한 사실을 알려 B 전자회사의 노사가 해당 문제에 대해 자율적으로 해결하도록 할 수 있다. 고용노동부가 운영하는 성차별 익명신고센터에 피해 사실을 신고하여 B 전자회사에 대해 행정지도 및 사법처리 등이 이루어지도록 하거나, 노동위원회에 시정 신청을 할 수 있고, 임금 차별에 따른 피해에 대해 민사상 손해배상을 청구하는 것도 가능하다.

이것만은 꼭!

1. 남녀고용평등법은 모집·채용, 임금, 복리후생, 교육·배치 및 승진, 정년·퇴직 및 해고 등 고용상 성차별을 금지하기 위한 규정을 유형별로 마련하고 있다.
2. 남녀고용평등법상 성차별 금지 의무를 위반한 사업주에 대해서는 모집·채용, 임금 등 위반 유형에 따라 징역, 벌금 등 벌칙 규정이 적용된다.
3. 고용상 성차별을 받은 근로자는 사업장 내에 설치된 명예고용평등감독관이나 노사협의회를 통해 노사간 자율적으로 분쟁을 해결할 수 있다. 고용노동부가 운영하는 성차별 익명신고센터를 통해 자신의 신분을 노출하지 않고 사업주의 고용상 성차별 행위에 대해 시정조치 및 사법처리 등이 이루어지도록 하거나, 노동위원회에 시정 신청을 할 수 있으며, 민사상 손해배상책임을 물을 수 있다.

2. 직장 내 성희롱으로부터 어떻게 보호받을 수 있을까?

사 례

광고디자인 업무에 종사하는 김적극 씨는 업무의 특성상 야근을 하는 경우가 많다. 최근 회사의 인사과장 최나대 씨가 김적극 씨를 찾아와 어깨에 손을 올리거나 디자인 업무에 도움이 될 것 같다며 밤마다 여성의 나체 사진을 핸드폰으로 보낸다. 김적극 씨는 싫다는 표현을 분명하게 밝혔지만 승진에 도움을 주겠다며 성적 혐오감을 주는 행위를 지속하고 있다. 김적극 씨는 최나대 씨의 이와 같은 행위에 대해 어떻게 대처할 수 있을까?

(1) 직장 내 성희롱에 해당하는 행위는 무엇일까?

김적극 씨의 어깨에 손을 올리거나 여성의 나체 사진을 보내는 최나대 씨의 행위가 과연 직장 내 성희롱에 해당하는 것일까? 직장 내 성희롱의 개념과 이를 판단하는 기준에 대해 살펴보기로 한다.

• 직장 내 성희롱

직장 내 성희롱이란 사업주 · 상급자 또는 근로자가 직장 내의 지위를 이용하거나 업무와 관련하여 다른 근로자에게 성적 언동 등으로 성적 굴욕감 또는 혐오감을 느끼게 하거나, 성적 언동 또는 그 밖의 요구 등에 따르지 아니하였다는 이유로 근로조건 및 고용에서 불이익을 주는 것을 말한다.

직장 내 성희롱이 반드시 강간, 강제추행 등 형법상 성범죄에 해당하는 것은 아니다. 남녀고용평등법을 비롯한 관련 법률에 따른 직장 내 성희롱에 대해 알아보자.

• 직장 내 성희롱의 판단 기준

성희롱 여부를 판단하는 때에는 피해자의 주관적 사정을 고려하되, 사회통념상 합리적인 사람이 피해자의 입장이라면 문제가 되는 행동에 대하여 어떻게 판단하고 대응하였을 것인가를 함께 고려하여야 한다. 그리고 결과적으로 위협적 · 적대적인 고용 환경을 형성하게 되는지 검토하여야 한다.

남녀고용평등법에 따른 직장 내 성희롱에 해당하는 "성적인 언동"의 예시는 다음과 같다(「남녀고용평등법」 시행규칙 [별표 1]).

- 육체적 행위: 입맞춤, 포옹 또는 뒤에서 껴안는 등의 신체적 접촉행위, 가슴·엉덩이 등 특정 신체부위를 만지는 행위, 안마나 애무를 강요하는 행위, 성적인 관계를 강요하거나 회유하는 행위, 회식자리 등에서 무리하게 옆에 앉혀 술을 따르도록 강요하는 행위
- 언어적 행위: 음란한 농담이나 음탕하고 상스러운 이야기를 하는 행위(전화통화를 포함한다), 외모에 대해 성적인 비유나 평가를 하는 행위, 성적인 사실관계를 묻거나 성적인 내용의 정보를 퍼뜨리는 행위
- 시각적 행위: 음란한 사진·그림·낙서·출판물 등을 게시하거나 보여주는 행위(컴퓨터통신이나 팩시밀리 등을 이용하는 경우를 포함한다), 성과 관련된 자신의 특정 신체부위를 고의적으로 노출하거나 만지는 행위
- 그 밖에 사회통념상 성적 굴욕감 또는 혐오감을 느끼게 하는 것으로 인정되는 언어나 행동

법명	정의	적용 범위
남녀고용평등과 일·가정 양립 지원에 관한 법률 (제2조 제2호)	"직장 내 성희롱"이란 사업주·상급자 또는 근로자가 직장 내의 지위를 이용하거나 업무와 관련하여 다른 근로자에게 성적 언동 등으로 성적 굴욕감 또는 혐오감을 느끼게 하거나, 성적 언동 또는 그 밖의 요구 등에 따르지 아니하였다는 이유로 근로조건 및 고용에서 불이익을 주는 것을 말한다.	민간사업장
양성평등기본법 (제3조 제2호)	"성희롱"이란 업무, 고용, 그 밖의 관계에서 국가기관·지방자치단체 또는 대통령령으로 정하는 공공단체(이하 "국가기관 등"이라 한다)의 종사자, 사용자 또는 근로자가 다음 각 목의 어느 하나에 해당하는 행위를 하는 경우를 말한다. 가. 지위를 이용하거나 업무 등과 관련하여 성적 언동 또는 성적 요구 등으로 상대방에게 성적 굴욕감이나 혐오감을 느끼게 하는 행위 나. 상대방이 성적 언동 또는 요구에 대한 불응을 이유로 불이익을 주거나 그에 따르는 것을 조건으로 이익 공여의 의사표시를 하는 행위	국가기관등 (국가기관, 지자체, 각급학교, 공직유관단체)
국가인권위원회법 (제2조 제3호)	업무, 고용, 그 밖의 관계에서 공공기관의 종사자, 사용자 또는 근로자가 그 직위를 이용하여 또는 업무 등과 관련하여 성적 언동 등으로 성적 굴욕감 또는 혐오감을 느끼게 하거나 성적 언동 또는 그 밖의 요구 등에 따르지 아니한다는 이유로 고용상의 불이익을 주는 것을 말한다.	민간사업장 국가기관등 (국가기관, 지자체, 각급학교, 공직유관단체)

(2) 직장 내 성희롱에 어떻게 대처하여야 할까?

최나대 씨의 행위는 직장 내의 지위를 이용하거나 업무와 관련하여 김적극 씨에게 성적 언동 등으로 성적 굴욕감 또는 혐오감을 느끼게 하는 행위로, 남녀고용평등법 등에 따른 직장 내 성희롱에 해당한다. 이와 같은 직장 내 성희롱을 방지하기 위해 또는 직장 내 성희롱이 발생한 경우에 사업주는 어떠한 조치를 취하여야 할까? 그리고 김적극 씨는 인사과장의 직장 내 성희롱 행위에 대해 어떠한 법적 조치를 취할 수 있을까?

• 직장 내 성희롱의 금지

사업주, 상급자 또는 근로자는 직장 내 성희롱을 하여서는 안 된다. 사업주는 직장 내 성희롱을 예방하고 근로자가 안전한 근로환경에서 일할 수 있는 여건을 조성하기 위하여 직장 내 성희롱의 예방을 위한 교육을 매년 실시하고, 성희롱과 관련한 고충처리기관이나 절차를 마련해야 한다.

누구든지 직장 내 성희롱 발생 사실을 알게 된 경우 그 사실을 해당 사업주에게 신고할 수 있다. 여성뿐만 아니라 남성 근로자도 성희롱의 피해자가 될 수 있다. 또한 정규직이 아닌 기간제근로자, 단시간근로자(아르바이트), 파견근로자 등 비정규직 근로자도 피해자가 될 수 있다.

사업주는 신고를 받거나 직장 내 성희롱 발생 사실을 알게 된 경우에는 지체 없이 그 사실 확인을 위한 조사를 하여야 한다. 이 경우 사업주는 직장 내 성희롱과 관련하여 피해를 입은 근로자 또는 피해를 입었다고 주장하는 근로자가 조사 과정에서 성적 수치심 등을 느끼지 않도록 하여야 한다.

사업주는 조사 결과 직장 내 싱희롱 발생 사실이 확인된 때에는 피해근로자가 요청하면 근무 장소의 변경, 배치전환, 유급휴가명령 등 적절한 조치를 하여야 한다. 그리고 직장 내 성희롱 행위를 한 사람에 대하여는 징계, 근무 장소의 변경 등 필요한 조치를 하여야 한다.

사업주는 성희롱 발생 사실을 신고한 근로자 및 피해근로자 등에게 해고 등 신분 상실에 해당하는 불이익 조치, 징계, 정직 등 부당한 인사조치, 직무 미부여, 직무 재배치 등 본인의 의사에 반하는 인사조치 등 불리한 처우를 하여서는 안 된다.

• 직장 내 성희롱 대처법

① 거부의 의사표시와 중지 요구

직장 내 성희롱 피해자는 성희롱 행위에 대한 거부 의사를 분명히 밝히고, 적극적으로 행위의 중지를 요청하여야 한다. 그리고 성희롱 피해를 당한 날짜, 시간, 장소, 구체적인 내용, 목격자나 증인, 성적인 언어나 행동에 대한 느낌 등을 구체적으로 기록하여 두는 등 증거자료를 남긴다.

② 회사 내 고충처리기관에 신고

직장 내 성희롱 피해자는 성희롱 행위에 대해 회사 내 노사협의회, 명예고용평등감독관 등 고충처리기관에 신고하여 적절한 조치가 이루어지도록 한다.

③ 지방고용노동관서에 대한 진정 등

직장 내 성희롱 피해근로자는 지방고용노동관서에 진정하거나 고소할 수 있다. 피해 당사자뿐만 아니라 범죄사실을 알고 있는 제3자도 진정·고발 조치를 취할 수 있다. 지방고용노동관서의 장은 관련 법령에 따른 조사를 한 후에 위법 행위에 대하여 즉시 시정을 지시하고, 시정하지 아니할 경우에는 과태료를 부과하거나 사건에 대한 수사에 착수한다.

④ 국가인권위원회에 대한 진정 등

성희롱 피해근로자는 국가인권위원회에 진정할 수 있다. 국가인권위원회에 진정을 하려면 국가인권위원회 홈페이지(http://www.humanrights.go.kr)에서 진정 서류를 내려받아 직접 또는 인터넷으로 신청하면 된다. 신청이 접수되면 상담 조사관이 조사를 하며, 조사 결과 성희롱으로 결정되면 시정 권고를 한다.

당사자의 신청이나 위원회의 직권으로 조정위원회의 조정절차가 개시될 수 있으며, 조정위원회의 조정이나 이에 갈음하는 결정은 이의를 제기하지 않으면 재판상 화해와 같은 효력이 있다. 즉, 확정판결과 마찬가지로 더 이상 불복할 수 없다. 조정에 갈음하는 결정에는 조사대상 인권침해 행위 등의 중지, 원상회복·손해배상 그 밖의 필요한 구제조치, 동일 또는 유사한 인권침해 행위 등의 재발을 방지하기 위해 필요한 조치 등이 포함된다.

⑤ 수사기관에 대한 고소 · 고발

성희롱이 형사상 성범죄에 해당하거나 그 밖에 형사처벌의 대상이 되는 경우에는 성희롱 피해근로자 및 제3자는 가해자를 경찰에 고소 · 고발할 수 있다.

⑥ 민사소송 제기

성희롱 피해근로자는 민사소송을 통해 사업주와 성희롱 행위자를 상대로 물질적 · 정신적 고통 등에 대한 손해배상을 청구할 수 있다.

사례의 해결

최나대 씨의 행위는 직장 내의 지위를 이용하거나 업무와 관련하여 김적극 씨에게 성적 언동 등으로 성적 굴욕감 또는 혐오감을 느끼게 하는 행위로, 직장 내 성희롱에 해당한다. 김적극 씨는 최나대 씨에게 신체접촉을 하거나 음란한 사진이나 문자를 보내는 행위를 중지하라는 의사를 분명하게 표시하였다. 이때 추후 법적 절차를 대비하여 피해 사실을 상세하게 기록하고 증거자료를 남겨 보관하는 것이 적절하다. 그리고 회사 내 노사협의회 등 고충처리기관에 신고하여 적절한 조치가 이루어지도록 하거나, 고용노동부와 국가인권위원회에 진정 등을 할 수 있다. 최나대 씨의 성희롱 가해 사실이 형사상 성범죄 등에 해당하는 경우에는 수사기관에 고소 · 고발할 수 있다. 이와 더불어 민사소송을 통해 최나대 씨를 상대로 정신적 고통 등에 대한 손해배상을 청구하는 것 역시 가능하다.

이것만은 꼭!

1. 직장 내 성희롱이란 사업주 · 상급자 또는 근로자가 직장 내의 지위를 이용하거나 업무와 관련하여 다른 근로자에게 성적 언동 등으로 성적 굴욕감 또는 혐오감을 느끼게 하거나, 성적 언동 또는 그 밖의 요구 등에 따르지 아니하였다는 이유로 근로조건 및 고용에서 불이익을 주는 것을 말한다.

2. 사업주는 직장 내 성희롱 예방 장치를 마련하고, 성희롱 행위자에 대하여 징계조치를 취해야 한다. 직장 내 성희롱이 발생하는 것을 막기 위하여 사용자는 예방교육을 실시하여야 한다.

3. 직장 내 성희롱이 발생하면 근로자는 가해자에게 거부의 의사를 표시하고 중지를 요청하여야 한다. 그리고 회사 내 고충처리기관에 신고하거나 고용노동부와 국가인권위에 진정 등을 할 수 있다. 또한 정신적 고통 등에 대한 민사상 손해배상을 청구할 수 있으며 형사상 성범죄에 해당할 경우에는 수사기관에 고소 · 고발할 수 있다.

3. 일·가정 양립제도란 무엇일까?

사 례

근로자 박분주 씨에게는 올 3월 초등학교에 입학한 딸이 있다. 초등학교에 갓 입학하다 보니 여러 모로 부모의 손길이 필요한 상황이다. 박분주 씨는 적어도 1년 동안은 남편과 6개월씩 분담하여 딸과 보내는 시간을 늘리려고 한다. 생활비를 감안하여 육아휴직보다는 육아기 근로시간 단축 제도를 활용하는 것을 고려하고 있다. 근로시간을 단축할 경우에 회사에서 박분주 씨의 근로조건을 불리하게 변경할까 염려되기도 하는데, 육아기 근로시간 단축 제도를 활용하기 위해 박분주 씨가 고려해야 할 사항에는 무엇이 있을까?

(1) 일·가정 양립제도란 무엇일까?

박분주 씨와 같이 자녀를 양육하는 근로자가 일과 가정의 균형을 유지할 수 있도록 지원하는 제도들이 마련되어 있다. 박분주 씨가 고려하는 육아기 근로시간 단축 제도도 그 가운데 하나이다. 법에서 보장하는 일·가정의 양립을 위한 제도들에는 무엇이 있을까?

근로자의 일과 가정의 양립을 지원하기 위해 남녀고용평등법은 육아휴직, 육아기 근로시간단축, 가족돌봄휴직과 가족돌봄휴가 등의 제도를 마련하고 있다. 여성과 남성이 육아·가사를 평등하게 부담하여야 한다는 인식이 높아지고 남성 역시 자녀를 양육할 수 있는 기회와 환경의 보장을 요구하는 상황에서, 이와 같은 제도는 여성과 남성 근로자 모두가 직장과 가정에서 균형있는 삶을 살 수 있도록 하기 위하여 마련되었다.

육아휴직 거부

육아휴직을 시작하려는 날의 전날까지 해당 사업장에서 계속 근로한 기간이 6개월 미만인 근로자가 육아휴직을 신청한 경우 사업주는 이를 거부할 수 있다(「남녀고용평등법」 제10조).

• 육아휴직

사업주는 근로자가 만 8세 이하 또는 초등학교 2학년 이하의 자녀(입양한 자녀를 포함)를 양육하기 위하여 육아휴직을 신청하는 경우에 원칙적으로 이를 허용하여야 한다. 육아휴직의 기간은 1년 이내이며, 1회에 한하여 나누어 사용할 수 있다. 그리고 육아휴직 기간은 근속기간에 포함된다.

사업주는 육아휴직을 이유로 해고나 그 밖의 불리한 처우를 하여서는 안 되며, 육아휴직 기간에는 육아휴직한 근로자를 해고하지 못한다. 사업주는 육아휴직을 마친 후에는 육아휴직한 근로자를 휴직 전과 같은 업무 또는 같은 수준의 임금을 지급하는 직무에 복귀시켜야 한다.

한편, 국가는 남녀고용평등법 및 고용보험법에 따라 육아휴직을 한 근로자에게 생계비용의 일부를 지원하는 육아휴직 급여 제도를 마련하고 있다.

• 육아기 근로시간 단축

남녀고용평등법은 육아휴직 외에 일·가정의 양립을 위한 제도로 육아기 근로시간 단축 제도를 마련하고 있다. 사업주는 근로자가 만 8세 이하 또는 초등학교 2학년 이하의 자녀를 양육하기 위하여 근로시간의 단축을 신청하는 경우에 이를 허용하여야 한다. 남성과 여성 근로자 모두 신청할 수 있다. 단축 기간은 원칙적으로 1년 이내로 하며, 최소 3개월 이상의 기간으로 나누어 사용할 수 있다.

육아기 근로시간 단축을 한 근로자의 근로조건(육아기 근로시간 단축 후 근로시간을 포함)은 사업주와 그 근로자 간에 서면으로 정한다. 사업주는 근로시간에 비례하여 적용하는 경우 외에는 육아기 근로시간 단축을 이유로 근로조건을 불리하게 변경하여서는 안 된다. 사업주는 근로자의 육아기 근로시간 단축 기간이 끝난 후에는 그 근로자를 육아기 근로시간 단축 전과 같은 업무 또는 같은 수준의 임금을 지급하는 직무에 복귀시켜야 한다.

육아휴직과 마찬가지로 국가는 남녀고용평등법 및 고용보험법에 따라 육아기 근로시간 단축을 한 근로자에게 생계를 지원하는 제도를 마련하고 있다(육아기 근로시간 단축 급여).

한편, 육아기 휴직이나 육아기 근로시간 단축 제도 외에도, 사업주는 근로자의 육아를 지원하기 위하여 업무를 시작하고 마치는 시간을 조정하며, 연장근로를 제한하고, 근로시간을 단축하거나 탄력적으로 운영하는 등의 조치를 취하도록 노력하여야 한다.

• 가족돌봄휴직과 가족돌봄휴가 등

남녀고용평등법은 근로자의 가족돌봄 등을 지원하기 위한 제도 역시 마련하고 있다. 사업주는 근로자가 조부모, 부모, 배우자, 배우자의 부모, 자녀 또는 손자녀 등 가족의 질병, 사고, 노령으로 인하여 그 가족을 돌보기 위한 휴직을 신청하는 경우 이를 허용하여야 한다. 또한 사업주는 근로자가 가족의 질병, 사고, 노령 또는 자녀의 양육으로 인하여 긴급하게 그 가족을 돌보기 위한 휴가를 신청하는 경우에도 원칙적으로 이를 허용하여야 한다. 근로자가 근로의 의무로부터 벗어나

단축 후 근로시간은 주당 15시간 이상이어야 하고 35시간을 넘어서는 안 된다. (남녀고용평등법 제19조의2 제3항). 사업주는 육아기 근로시간 단축을 하고 있는 근로자에게 단축된 근로시간 외에 연장근로를 요구할 수 없다. 다만, 그 근로자가 명시적으로 청구하는 경우에는 주 12시간 이내에서 연장근로를 시킬 수 있다(동법 제19조의3 제3항).

가족을 돌볼 수 있도록 하기 위해 마련된 제도다.

이와 더불어 근로자가 가족의 질병, 사고, 노령으로 인하여 그 가족을 돌보기 위한 경우, 근로자 자신의 질병이나 사고로 인한 부상 등의 사유로 자신의 건강을 돌보기 위한 경우 등에 있어 근로자가 근로시간의 단축을 요구하는 때에 사업주는 이를 원칙적으로 허용하여야 한다.

사업주는 가족돌봄휴직, 가족돌봄휴가 또는 가족돌봄 등을 위한 근로시간 단축을 이유로 해당 근로자를 해고하거나 근로조건을 악화시키는 등 불리한 처우를 해서는 안 된다.

사례의 해결

박분주 씨와 같이 만 8세 이하 또는 초등학교 2학년 이하의 자녀를 둔 근로자는 육아기 근로시간 단축을 신청할 수 있다. 육아기 근로시간 단축은 박분주 씨뿐만 아니라 박분주 씨의 남편도 신청할 수 있다. 박분주 씨는 1년의 단축 기간을 최소 3개월 이상의 기간으로 나누어 사용할 수 있으므로 사례에서와 같이 6개월씩 나누어 사용할 수 있다. 근로시간에 비례하여 임금 등을 조정하는 외에 사업주는 육아기 근로시간 단축을 이유로 박분주 씨의 근로조건을 불리하게 변경하여서는 안 된다(이를 위반할 경우에는 남녀고용평등법에 따른 징역, 벌금 등 형사상 제재를 받는다). 한편, 육아기 근로시간 단축을 할 경우에 수입이 줄어드는 점을 고려하여 남녀고용평등법 및 고용보험법은 박분주 씨와 같은 근로자의 생계를 지원하기 위한 육아기 근로시간 단축 급여를 실시하고 있다.

이것만은 꼭!

1. 근로자의 일과 가정의 양립을 지원하기 위해 「남녀고용평등법」은 육아휴직, 육아기 근로시간 단축, 가족돌봄휴직과 가족돌봄휴가, 가족돌봄 등을 위한 근로시간 단축 등을 마련하고 있다.

2. 사업주는 근로자가 만 8세 이하 또는 초등학교 2학년 이하의 자녀를 양육하기 위하여 육아휴직 또는 육아기 근로시간 단축을 신청하는 경우에 이를 원칙적으로 허용하여야 한다.

3. 사업주는 근로자가 가족의 질병, 사고, 노령 등으로 인하여 그 가족을 돌보기 위한 휴직 또는 휴가를 신청하는 경우에 이를 원칙적으로 허용하여야 한다(가족돌봄휴직, 가족돌봄휴가). 또한 근로자가 가족의 질병, 사고, 노령으로 인하여 그 가족을 돌보기 위한 경우, 근로자 자신의 질병이나 사고로 인한 부상 등의 사유로 자신의 건강을 돌보기 위한 경우 등에 있어 근로자가 근로시간의 단축을 요구하는 때에 사업주는 이를 원칙적으로 허용하여야 한다(가족돌봄 등을 위한 근로시간 단축).

산업안전보건법

더 알아보기   감정노동자(고객응대근로자) 보호

최근 백화점, 항공사, 경비원 등 고객을 응대하는 근로자에 대한 피해 사례가 언론을 통해 보도되었다. 이와 같이 주로 고객, 환자, 승객 등을 직접 대면하거나 정보통신망을 통하여 상대하면서 상품을 판매하거나 서비스를 제공하는 고객응대업무에 종사하는 근로자에게는 자신의 감정과는 관계없이 친절한 서비스를 제공할 것이 요구된다. 그러나 근로자의 감정보다 사용자가 요구하는 친절한 서비스의 제공이 과도하게 우선시되는 상황에 대해 사회적 비판이 제기되었다.

이에 따라 고객응대 업무에 종사하는 근로자(고객응대근로자)가 고객의 폭언 등으로 인해 입는 건강장해를 예방하고, 사후에 대처하기 위한 조치들이 「산업안전보건법」에 마련되었다(제41조). 이와 같은 조치들은 고객응대근로자가 '감정노동'에 종사하면서 입는 정신적 · 신체적 피해 등으로부터 이들의 건강권을 보장하기 위한 것이다.

고객응대근로자 건강보호 예방조치

사업주는 고객응대근로자에 대하여 고객의 폭언, 폭행, 그 밖에 적정 범위를 벗어난 신체적 · 정신적 고통을 유발하는 행위로 인한 건강장해를 예방하기 위하여 다음과 같은 조치들을 취하여야 한다.

- 폭언 등을 하지 않도록 요청하는 문구 게시 또는 음성 안내
- 고객과의 문제 상황 발생 시 대처 방법 등을 포함하는 고객응대 업무 매뉴얼 마련
- 고객응대 업무 매뉴얼의 내용 및 건강장해 예방 관련 교육 실시
- 그 밖에 고객응대근로자의 건강장해 예방을 위하여 적절한 대책 마련

고객응대근로자는 이와 같은 조치를 취할 것을 사업주에게 요구할 수 있다. 고객응대근로자가 조치를 요구한 것을 이유로 사업주는 해당 근로자를 해고하거나 그 밖의 불리한 처우를 하여서는 안 된다.

고객응대근로자의 건강보호 사후조치

사업주는 고객의 폭언 등으로 인하여 고객응대근로자에게 건강장해가 발생하거나 발생할 현저한 우려가 있는 경우에는 다음과 같은 조치를 취하여야 한다.

- 업무의 일시적 중단 또는 전환
- 「근로기준법」에 따른 휴게시간의 연장
- 폭언 등으로 인한 건강장해 관련 치료 및 상담 지원

- 관할 수사기관 또는 법원에 증거물·증거서류를 제출하는 등 고객응대근로자 등이 고소, 고발 또는 손해배상청구 등을 하는 데 필요한 지원

업무상재해 인정

고객의 폭언 등이 원인이 되어 외상후스트레스장애 등 업무상 질병이 발생한 경우에, 업무와 재해 발생 사이에 상당인과관계가 인정되면 업무상 재해로서 「산업재해보상보험법」에 따라 산업재해보상을 받을 수 있다.

※ 업무상재해 보상에 대해서는 제3절 [더 알아보기] 참조.

감정노동자 업무상재해 인정 사례

- 고객의 다양한 불만처리와 과도한 책임으로 업무에 시달리던 콜센터 팀장이 공황장애로 진단받은 경우 산업재해 인정
- 콜센터 A/S 상담실에서 전화 통화 시 고객과 다툼이 생기자 통화 종료 후 구토 증상을 호소하며 쓰러진 경우 산업재해로 인정
- 대형마트에서 고객으로부터 성희롱과 폭언을 듣고 정신적 스트레스를 호소한 근로자에게 적응장애가 발생한 경우 산업재해 인정

제4절 | 해고로 일을 그만두었어요

1. 해고를 당하면 어떻게 되나?

사 례

박일상 씨는 회사에 취직해서 일을 하였지만 업무성과를 내지 못하였다. 바쁘게 일을 하지만 정규직으로 들어온 지 얼마되지 않아서인지 매번 실수가 잦았다. 회사는 박일상 씨에게 회사 생활이 잘 맞지 않는 것 같다며, 넌지시 사직서를 제출할 것을 권유하였다. 박일상 씨는 자신이 어느 정도로 성과를 내면 되는지 알 수 없었고, 충분한 기회도 얻지 못한 채 일을 그만두라는 말을 듣게 된 것 같아 매우 억울한 마음이 들었다.

박일상 씨는 이러한 상황에서 어떻게 대처할 수 있을까?

(1) 해고란 무엇일까?

해고란 사업장에서 실제로 불리는 명칭이나 절차에 관계없이 근로자의 의사와는 무관하게 사용자가 일방적으로 근로관계를 종료시키는 것을 뜻한다. 그러나 일을 할 수 있는 기회가 있고 없고는 사람의 삶을 좌우하는 매우 결정적인 문제다. 해고가 전적으로 사용자에게 맡겨지면 근로자의 인간다운 삶을 보장할 수 없다. 이에 따라 근로기준법은 해고의 종류와 기준을 정하고 있다.

해고의 종류는 다음과 같다.

① 근로자 측의 사유에 의한 정당한 해고(통상해고, 징계해고): 건강이상, 능력부족, 직무태만, 직무규율위반, 부정행위, 범죄행위로 인한 해고 등이 이에 해당한다.

② 경영상의 이유에 의한 해고(정리해고): 긴박한 경영상의 필요가 있어야 하고, 해고를 하지 않기 위한 노력을 다하면서, 합리적이고 공정한 해고 기준을 정하여, 해고 대상자를 정하여 해고를 하려는 날의 50일 전까지 노조 또는 근로자 대표에게 통보하고 성실하게 협의하여 행하는 해고이다.

사용자가 경영상 이유에 의한 해고요건을 모두 갖추어 해고한 경우에는 정당한 이유가 있는 해고를 한 것으로 보게 된다.

대법원
2011다42324 판결

[판례] 해고의 서면통지   대법원 2011.10.27.선고 2011다42324

해고의 통지는 근로기준법에 따라 해고사유와 해고시기를 적은 서면, 즉, 문서로 하지 않으면 효력이 없다. 예를 들어, 전화, 문자메시지, SNS 등을 통한 해고는 '서면'에 해당하지 않아 무효이다. 판례는 사용자가 해고사유 등을 서면으로 통지할 때는 근로자의 처지에서 해고사유가 무엇인지를 구체적으로 알 수 있어야 하고, 특히 징계해고의 경우에는 해고의 실질적 사유가 되는 구체적 사실 또는 비위내용을 기재하여야 하며, 징계대상자가 위반한 단체협약이나 취업규칙의 조문만 나열하는 것으로는 충분하다고 볼 수 없다고 하고 있다.

(2) 해고절차는 어떻게 진행되나요?

사업주가 박일상 씨를 해고하려면 어떤 절차를 밟아야 하는 것일까. 먼저 박일상 씨를 해고하려면 사업주는 해고 30일 전에 서면 또는 구두로 예고해야 한다. 이를 해고예고라고 하는데, 불확실한 기한이나 조건을 붙인 예고를 한다면 효력이 없다. 만일 사용자가 해고예고를 하지 않는다면 어떻게 될까? 그때에는 근로자에게 해고예고수당(30일분 이상의 통상임금)을 지급하여야 한다.

그러나 해고예고만 하면 모든 해고가 정당한 것일까? 그렇지는 않다. 해고예고를 했다고 하더라도 모든 해고가 정당한 것은 아니며, 이때에도 해고의 정당한 사유가 있어야 한다. 그러나 이 경우에도 예외가 있는데, 근로자가 계속 근로한 기간이 3개월 미만이거나, 근로자가 고의로 사업에 막대한 지장을 초래하거나 재산상 손해를 끼쳤음이 확인된다면 사용자는 바로 근로자를 해고할 수 있게 된다.

사용자가 근로자를 해고하려면 해고사유와 해고시기를 명시하여 서면으로 통지하여야 그 효력이 있으며, 해고사유와 해고시기를 명시하여 서면으로 해고예고를 한 경우에는 해고통지를 한 것으로 본다.

💬   권고사직과 해고

노동자의 의사에 상관없이 사용자가 일방적으로 근로관계를 종료시키는 해고와, 합의해지의 한 유형인 권고사직은 구별된다. 그런데 해고와 달리 권고사직은 부당해고 구제신청을 하지 못한다. 실제로는 권고사직의 형태로 사실상 해고하는 경우가 많고, 권고사직과 해고를 명확한 구분하기 어려운 측면이 있다. 따라서 해고가 부당하다고 다투려는 경우에는 권고에 의한 사직이 자신의 진의에 의한 것이 아니었음을 주장·입증하여야 한다.

업무성과가 낮다는 이유로 하는 해고는 징계로 인한 해고가 아니라 통상적인 해고에 해당한다. 사용자가 취업규칙에서 정한 해고사유에 해당한다는 이유로 근로자를 해고할 때에도 정당한 이유가 있어야 한다. 일반적으로 사용자가 근무성적이나 근무능력이 불량하여 직무를 수행할 수 없는 경우에 해고할 수 있다고 정한 취업규칙 등에 따라 근로자를 해고한 경우, 사용자가 근로자의 근무성적이나 근무능력이 불량하다고 판단한 근거가 되는 평가가 공정하고 객관적인 기준에 따라 이루어진 것이어야 할 뿐만 아니라, 근로자의 근무성적이나 근무능력이 다른 근로자에 비하여 상대적으로 낮은 정도를 넘어 상당한 기간 동안 일반적으로 기대되는 최소한에도 미치지 못하고 향후에도 개선될 가능성을 인정하기 어렵다는 등 사회통념상 고용관계를 계속할 수 없을 정도인 경우에 한하여 해고의 정당성이 인정된다. 이때 사회통념상 고용관계를 계속할 수 없는 정도인지는 근로자의 지위와 담당 업무의 내용, 그에 따라 요구되는 성과나 전문성의 정도, 근로자의 근무성적이나 근무능력이 부진한 정도와 기간, 사용자가 교육과 전환배치 등 근무성적이나 근무능력 개선 여부, 근로자의 태도, 사업장의 여건 등 여러 사정을 종합적으로 고려하여 합리적으로 판단하여야 한다(대법원 2021.2.25. 선고 2018다253680 판결). 이에 따라 박일상 씨는 먼저 정당한 해고인지 여부를 분명하게 알기 위해 해고사유와 해고시기에 대해 서면으로 알려줄 것을 요청하여야 한다. 해고사유가 부당하다면 노동위원회 또는 법원에 해고 취소를 청구할 수 있다.

이것만은 꼭!

1. 근로기준법상 해고란 노동자의 의사와 관계없이 사용자의 일방적 의사표시에 의해 근로관계를 종료시키는 법률행위를 말한다.

2. 해고는 근로자의 생존권과 관련되는 중요한 문제이기 때문에 근로기준법은 근로자를 보호하기 위해 해고의 사유와 기준을 정하고 있다.

3. 사업주는 근로자를 해고하려면 30일 전에 근로자에게 예고를 하여야 한다. 30일 전에 예고를 하지 아니하였을 때에는 30일분 이상의 통상임금을 지급하여야 한다.

4. 사용자가 근로자를 해고하려면 해고사유와 해고시기를 명시하여 서면으로 통지하여야 그 효력이 있다.

5. 해고가 부당한 경우에는 노동위원회 또는 법원에 해고의 취소를 청구할 수 있다.

2. 부당하게 해고를 당하면 어떻게 할까?

사 례

박일상 씨는 최종적으로 사장으로부터 "당장 내일부터 회사에 나오지 말라"라는 말을 듣고 말았다. 그는 매우 당황하여 왜 그런지 물었지만 사장은 "회사가 짐을 싸라면 싸야 할 것"이라며 제대로 된 답변을 해주지 않았다. 이 회사의 해고는 정당한 것일까? 박일상 씨는 어떻게 해야 할까?

(1) 부당한 해고란 무엇일까?

회사가 박일상 씨를 정당한 이유 없이 해고하면 부당해고가 된다. 「근로기준법」 제23조 제1항은 "사용자는 노동자에게 정당한 이유 없이 해고, 휴직, 정직, 전직, 감봉, 그 밖의 징벌을 하지 못한다"라고 규정하고 있다. 그렇다면 정당한 해고란 구체적으로 무엇일까? 아래의 내용을 살펴보자.

① 정당한 이유가 있을 것

해고처분은 고용관계를 계속할 수 없을 정도로 근로자에게 책임 있는 사유가 있거나 부득이한 경영상의 필요가 있는 경우에 행하여져야 그 정당성이 인정된다. 사회통념상 고용관계를 계속할 수 없을 정도로 근로자에게 책임이 있는지의 여부는 사용자의 사업의 목적과 성격, 사업장의 여건, 당해 근로자의 지위 및 담당직무의 내용, 비위행위의 동기와 경위, 기업질서에 미칠 영향, 과거의 근무태도 등 여러 가지 사정을 종합적으로 검토하여 판단하게 된다.

② 합당한 절차를 거칠 것

해고는 취업규칙이나 단체협약에서 정한 절차와 방법에 따라 이루어져야 하며, 사업주는 근로자에게 사전에 충분한 소명 기회를 주어야 한다.

③ 해고시기의 제한

근로자가 업무상 부상 또는 질병의 요양을 위하여 휴직한 기간과 그 후 30일 간, 출산전후의 여성이 산전후 휴가를 사용하는 기간과 그 후 30일 동안, 육아휴직 기간에는 해고할 수 없다.

④ 해고의 형평성

해고는 근로계약당사자의 생계문제와 직결되어 있으므로 함부로 남용해서는 안 된다. 또한 동일한 사안에 대하여 특정 근로자만 해고하는 것은 부당해고에 해당한다.

(2) 부당한 해고는 어떻게 구제될 수 있을까?

박일상 씨에게 앞서 본 해고요건이 없는데도 박일상 씨가 부당해고를 당한 경우에는 어떻게 되는 것일까?

• 부당해고의 효과

정당한 이유 없이 근로자를 해고한 경우에는 해고는 무효이다. 그러므로 근로관계는 계속되고, 근로자는 자신을 복직시켜 줄 것을 청구할 수 있으며, 그동안 받지 못했던 임금의 지급을 청구할 수 있다. 판례는 부당해고로 인하여 근로자에게 극심한 정신적 고통을 가하였다고 판단되는 때에는 불법행위에 의한 손해배상(위자료)을 인정하기도 한다.

부당해고에 대해서는 첫째, 노동위원회를 통한 행정적 구제인 부당해고 구제신청이나, 둘째, 법원을 통한 사법적 구제인 해고무효확인, 근로자지위 확인 소송, 근로자지위 보전 및 임금지급의 가처분 신청 등으로 구제받을 수 있다.

• 노동위원회 구제신청을 통한 구제

우선 사용자가 근로자를 부당해고 하면 근로자는 노농위원회에 구세를 신청할 수 있다. 부당해고 구제신청은 부당해고가 발생한 사업장의 소재지를 관할하는 지방노동위원회에 신청할 수 있으며, 이러한 구제신청은 부당해고가 있었던 날로부터 3개월 이내에 하여야 한다. 지방노동위원회의 결정에 불복하는 경우에는 구제명령서나 기각결정서(정당한 해고라고 판단한 것)를 통지받은 날부터 10일 이내에 중앙노동위원회에 재심을 신청할 수 있다. 단, 이러한 부당해고 구제신청은 회사에서 근무하는 상시근로자의 수가 5인 이상이 되어야만 신청할 수 있다. 노동위원회는 구제신청을 받으면 지체없이 필요한 조사를 하여야 하며, 관계당사자를 심문하여야 한다.

노동위원회는 심문을 끝내고 부당해고 등이 성립한다고 판단하면 사용자에게 구제명령을 하여야 하며, 부당해고 등이 성립하지 아니한다고 판단하면 구제신청을 기각하는 결정을 하여야 한다. 노동위원회는 해고에 대한 구제명령을 할 때에 근로자가 원직복직을 원하지 아니하면 원직복직을 명하는 대신 근로자가 해고기간 동안 근로를 제공하였더라면 받을 수 있었던 임금 상당액 이상의 금품을 근로자에게 지급하도록 명할 수 있다.

지방노동위원회의 구제명령이나 기각결정에 불복하는 경우 사용자나 근로자는 중앙노동위원회에 재심을 신청할 수 있다. 중앙노동위원회의 재심판정에 대하여 불복하는 경우에는 재심판정서를 송달받은 날로부터 15일 이내에 행정소송을 제기할 수 있다.

이때 노동위원회의 구제명령, 기각결정 또는 재심판정은 중앙노동위원회에 대한 재심신청이나 행정소송 제기에 의하여 그 효력이 정지되지 않는다. 따라서 노동위원회는 구제명령을 받은 후 이행기한까지 구제명령을 이행하지 않은 사용자에게 2,000만 원 이하의 이행강제금을 부과한다.

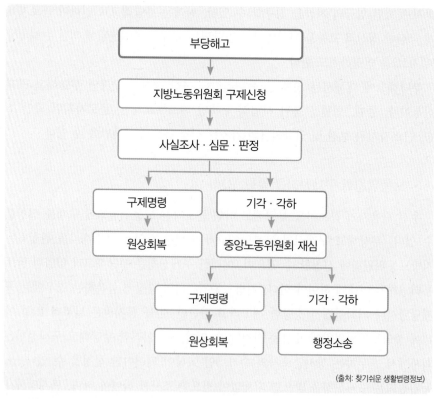

(출처: 찾기쉬운 생활법령정보)

▲ 부당해고 구제절차

- 소송을 통한 구제

부당해고를 당한 근로자는 노동위원회에 구제신청을 하는 것과는 별도로 법원에 해고무효확인소송을 제기할 수 있다. 한편, 부당해고로 인하여 근로자가 받은 극심한 정신적 고통을 이유로 한 불법행위에 의한 손해배상청구는 민사소송을 통해서만 가능하다.

민사소송을 통한 구제는 비용과 시간이 많이 소요되므로 비용이 저렴하고 신속한 노동위원회에 구제신청을 하고 이를 통하여 구제를 받지 못하는 경우 법원에 행정소송을 제기하는 것이 일반적이다.

💬 권리구제업무 대리인 지원 제도

월평균 임금이 250만 원 미만인 근로자가 노동위원회에 구제신청이나 차별시정 신청 등을 하는 경우 변호사나 공인노무사 선임 등 무료 법률 지원을 받을 수 있도록 하는 제도이다. 선임된 변호사나 공인노무사는 근로자와 대응방안 협의, 이유서 또는 답변서 작성·제출, 증거자료 수집, 심문회의 참석 및 진술 등의 법률서비스를 제공한다(「노동위원회법」 제6조의2 제1항).

사례의 해결

해고의 통지는 해고사유와 해고시기를 명시하여 서면으로 하여야 그 효력이 있으므로 구두로 한 사장의 해고통지는 그 효력이 없다. 만일 서면으로 해고통지를 받은 경우에 해고사유가 부당하다면 노동위원회에 구제신청을 하거나, 해고무효소송을 제기할 수 있다.

⚖️
이것만은 꼭!

1. 「근로기준법」은 해고의 조건으로 정당한 이유와 법에 따른 절차와 형식을 요구하고 있다. 만일 정당한 이유가 없거나, 정당한 절차를 거치지 않고 해고를 한다면 부당해고가 된다.

2. 정당한 이유 없이 근로자를 해고하는 것은 무효이다. 따라서 근로관계는 계속되며, 복직시켜 줄 것을 청구할 수 있다. 그동안 받지 못한 임금의 지급을 청구할 수도 있다. 특별한 경우에는 불법행위에 의한 손해배상을 청구할 수도 있다.

3. 부당해고를 당한 근로자는 노동위원회에 부당해고 구체신청을 하거나, 법원에 해고무효 확인소송을 제기하여 구제받을 수 있다.

3. 직장을 그만두면 어떻게 되나?

사 례

박일상 씨는 직장을 그만두고 나와 실업자가 되었다. 그는 그간의 경력을 살려서 재취업을 하려고 했지만 쉽지 않았다. 그러던 차에 주변 사람으로부터 자신과 같은 처지의 사람을 돕는 제도들이 있다는 말을 들었다. 박일상 씨가 도움을 받을 수 있는 제도에는 어떤 것이 있을까?

(1) 실업급여란 무엇일까?

고용보험법

박일상 씨처럼 일을 하려는 의지나 능력이 있지만 취업을 하지 못하고 있는 경우에는 실업급여의 대상자가 될 수 있다. 실업급여란 근로의 의사와 능력이 있음에도 불구하고 취업하지 못한 상태에 있는 근로자에게 생활에 필요한 급여를 지급하여 근로자의 생활 안정과 구직활동을 촉진하기 위한 제도이다. 실업급여는 「고용보험법」에 근거하여 시행되고 있다.

• 실업급여의 종류

실업급여에는 구직급여와 취업촉진수당, 연장급여, 상병급여가 있다. 취업촉진수당은 다시 조기재취업수당, 직업능력개발 수당, 광역구직활동비, 이주비 등으로 분류되고, 연장급여는 훈련연장급여, 개발연장급여, 특별연장급여 등으로 분류된다.

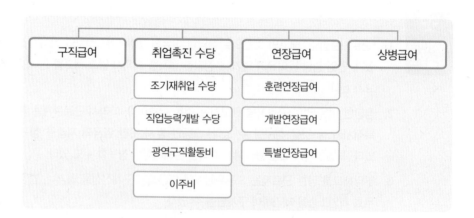

구분		요건
구직급여		• 고용보험 적용사업장에서 실직 전 18개월(초단시간근로자의 경우, 24개월) 중 피보험단위기간이 통산하여 180일 이상 근무하고 • 근로의 의사 및 능력이 있고(비자발적으로 이직), 적극적인 재취업활동(재취업활동을 하지 않는 경우 미지급)에도 불구하고 취업하지 못한 상태이며 　※ 일용근로자로 이직한 경우 아래 요건 모두 충족하여야 함 • 수급자격 제한사유에 해당하지 않아야 함 　※ 자발적으로 이직하거나, 중대한 귀책사유로 해고된 경우는 제외 • (일용) 수급자격 신청일 이전 1월간의 근로일수가 10일 미만일 것 • (일용) 법 제58조에 따른 수급자격 제한사유에 해당하는 사유로 이직한 사실이 있는 경우에는 최종 이직일 기준 2019.10.1 이후 수급자는 실직 전 18개월(초단시간근로자의 경우, 24개월) 중 90일 이상을 일용근로 하였을 것 　(최종 이직일 기준 2019.10.1 이전 수급자는 피보험단위기간 180일 중 90일 이상을 일용근로 하였을 것)
취업촉진 수당	조기재취업수당	• 구직급여 수혜자가 대기 기간이 지난 후 재취업한 날의 전날을 기준으로 소정급여일수를 1/2 이상 남겨 두고 재취업하여 12개월 이상 계속 고용되거나 사업을 영위한 경우 　※ 단, 자영업의 경우 실업인정 대상 기간 중 1회 이상 자영업 준비 활동으로 실업인정을 받아야 하며, 자영업자 고용보험 임의가입자로서 구직급여를 받은 자는 조기재취업수당 적용이 제외됨
	직업능력개발 수당	• 실업 기간 중 직업안정기관장이 지시한 직업능력개발훈련을 받는 경우
	광역구직활동비	• 직업안정기관장의 소개로 거주지에서 편도 25km 이상 떨어진 회사에 구직활동을 하는 경우
	이주비	• 취업 또는 직업안정기관의 장이 지시한 직업능력개발훈련을 받기 위해 그 주거를 이전하는 경우
연장급여	훈련연장급여	• 실업급여 수급자로서 연령·경력 등을 고려할 때, 재취업을 위해 직업안정기관장의 직업능력개발훈련 지시에 의하여 훈련을 수강하는 자
	개별연장급여	• 취직이 특히 곤란하고 생활이 어려운 수급자로서 임금수준, 재산상황, 부양가족 여부 등을 고려하여 생계지원 등이 필요한 자
	특별연장급여	• 실업 급증 등으로 재취업이 특히 어렵다고 인정되는 경우 고용노동부장관이 일정한 기간을 정하고 그 기간 내에 실업급여의 수급이 종료된 자
상병급여		• 실업 신고를 한 이후 질병·부상·출산으로 취업이 불가능하여 실업의 인정을 받지 못한 경우 • 7일 이상의 질병·부상으로 취업할 수 없는 경우 증명서를 첨부하여 청구 • 출산의 경우는 출산일로부터 45일간 지급

▲ 실업급여의 종류와 요건

(2) 실업급여 지급절차

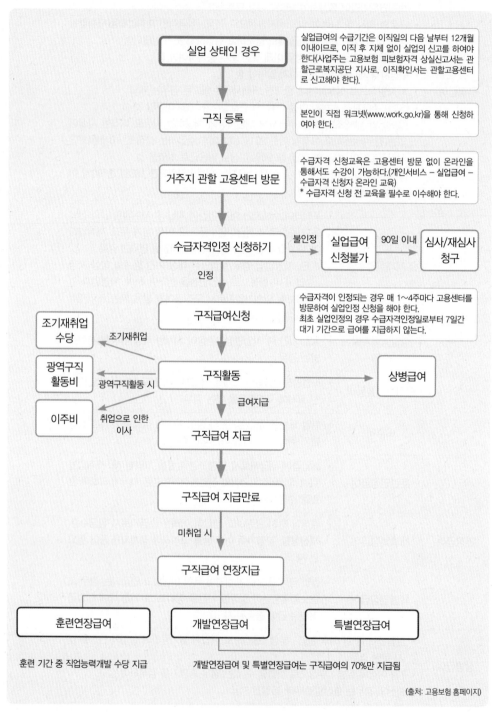

실업 상태인 경우 → 실업급여의 수급기간은 이직일의 다음 날부터 12개월 이내이므로, 이직 후 지체 없이 실업의 신고를 하여야 한다(사업주는 고용보험 피보험자격 상실신고서는 관할근로복지공단 지사로, 이직확인서는 관할고용센터로 신고해야 한다).

구직 등록 → 본인이 직접 워크넷(www.work.go.kr)을 통해 신청하여야 한다.

거주지 관할 고용센터 방문 → 수급자격 신청교육은 고용센터 방문 없이 온라인을 통해서도 수강이 가능하다.(개인서비스 – 실업급여 – 수급자격 신청자 온라인 교육)
* 수급자격 신청 전 교육을 필수로 이수해야 한다.

수급자격인정 신청하기 →[불인정] 실업급여 신청불가 →[90일 이내] 심사/재심사 청구

[인정]

구직급여신청 → 수급자격이 인정되는 경우 매 1~4주마다 고용센터를 방문하여 실업인정 신청을 해야 한다.
최초 실업인정의 경우 수급자격인정일로부터 7일간 대기 기간으로 급여를 지급하지 않는다.

조기재취업 수당 ←[조기재취업]
광역구직 활동비 ←[광역구직활동 시]
이주비 ←[취업으로 인한 이사]

구직활동 → 상병급여

[급여지급]

구직급여 지급

구직급여 지급만료

[미취업 시]

구직급여 연장지급

훈련연장급여 | 개발연장급여 | 특별연장급여

훈련 기간 중 직업능력개발 수당 지급   개발연장급여 및 특별연장급여는 구직급여의 70%만 지급됨

(출처: 고용보험 홈페이지)

▲ 실업급여 지급절차

대법원
2011두6745 판결

⚖ [판례] 고용보험 미가입과 실업급여의 청구

대법원 2014.2.13. 선고 2011두6745 판결

사업주가 고용보험에 가입하지 않은 경우에는 근로자의 신청(고용보험 피보험자격 확인청구)이 있는 경우 사실관계를 확인하여 3년 이내의 근무 기간에 대해서는 피보험자격을 소급 취득할 수 있다.

사업장이 폐업되어 영업을 하지 않는 경우에도 근로자가 해당 사업장에서 근무하였음을 증명할 수 있는 증빙자료가 있는 경우 사실관계를 조사하여 근무이력이 인정되면 고용보험에 소급 가입하여 구직급여를 받을 수 있다.

사례의 해결

박일상 씨는 일정한 요건을 갖추어 실업급여를 받을 수 있다. 그러나 실업급여 혜택을 봐야겠다는 생각에, 취업 · 창업한 사실 또는 소득이 발생한 사실을 신고하지 않거나 재취업활동을 허위로 제출한 경우 등 거짓이나 부정한 방법으로 실업급여를 받은 경우에는 실업급여 지급이 제한될 수 있다.

⚖ 이것만은 꼭!

1. 실업급여는 근로자의 생활 안정과 구직활동을 촉진하기 위한 것이며, 실업에 대한 위로금이나 고용보험료 납부 대가로 지급되는 것이 아니다.

2. 실업급여에는 구직급여와 취업촉진수당, 연장급여, 상병급여가 있다.

3. 실업급여 중 구직급여는 퇴직 다음 날로부터 12개월이 경과하면 소정 급여일수가 남아 있다고 하더라도 더 이상 지급받을 수 없다. 다만, 훈련연장급여의 경우에는 직업능력개발훈련을 받는 기간 동안 최대 2년을 한도로 구직급여의 100%를 연장하여 받을 수 있다.

사업을 운영하다 보면 여러 원인에 의하여 경영이 악화되어 기업의 정상적인 유지·존속이 어려운 때가 있다. 그런데 사업이 기울어서 도산의 위기가 오더라도 근로자에게 책임 있는 사유가 없는 경우 어느 누구도 해고할 수 없다고 하면 사용자나 근로자 모두에게 돌이키기 어려운 결과가 초래된다. 따라서 우리 법은 근로자에게 책임 있는 사유가 없더라도 사용자가 경영상의 이유에 의하여 해고하는 것을 제한된 범위 내에서 허용하고 있다. 「근로기준법」 제24조에서 정하고 있는 경영상 이유에 의한 해고가 그것인데, 통상 정리해고라고 한다. 경영상 해고는 다음 요건을 갖추어야 한다.

내용과 규모, 직급별 인원상황 등에 따라 달라질 수 있다.

① 긴박한 경영상의 필요

'긴박한 경영상의 필요'란 반드시 기업의 도산을 피하기 위한 경우에 한정되지 않고, 장래에 올 수도 있는 위기에 미리 대처하기 위하여 인원삭감이 필요한 경우도 포함한다. 그러나 해당 인원삭감조치는 객관적으로 보아 합리성이 있다고 인정되어야 한다.

② 해고 회피 노력

해고회피노력은 경영합리화, 전직, 하도급 해지, 일시 휴직, 근로시간 단축, 희망퇴직자 모집 등의 형태로 나타난다.

해고회피노력을 다했는지의 판단은 확정적·고정적인 것이 아니라 당해 사업장의 경영 위기의 정도, 정리해고를 실시하여야 하는 경영상의 이유, 사업의

③ 합리적이고 공정한 해고 대상자 선정

근속기간, 연령, 부양의무 여부, 재산, 건강상태 등 근로자 측면의 요소와 근무성적, 경력, 숙련도, 기업에의 공헌도 등 사용자 측면의 요소를 균형 있게 고려하여 선정하여야 한다.

④ 근로자대표와의 협의

해고를 피하기 위한 방법과 해고의 기준 등에 관하여 노동조합이나 근로자대표에게 해고를 하려는 날의 50일 전까지 통보하고 성실하게 협의하여야 한다.

경영상 이유로 근로자를 해고한 사용자는 근로자를 해고한 날부터 3년 이내에 해고된 근로자가 해고 당시 담당했던 업무와 같은 업무를 할 근로자를 채용하고자 할 경우, 해고된 근로자가 원하면 그 근로자를 우선적으로 고용하여야 한다.

제5절 | 근로3권과 사회보장

1. 근로3권이란 무엇일까?

사 례

A 전자회사에 근무하고 있는 최개선 씨는 노동조합의 전임자로 활동하고 있다. 최개선 씨가 노조전임자로 활동하기 전까지 A 전자회사의 임금·근로시간·복지 등 근로조건은 회사의 수익에 비해 열악한 상황이었다. 최개선 씨는 근로조건을 개선하기 위해 경영진과 적극적으로 교섭을 진행하였다. 그러나 경영진과의 교섭이 거듭하여 결렬되면서 노동조합은 대규모 파업을 준비 중에 있다. 회사 임원이 최개선 씨를 찾아와 A 전자회사의 근로조건이 근로기준법 등에 위반된 것이 아니니 대표이사의 눈 밖에 나지 않도록 현재의 근로조건에 만족할 것을 권유하기도 하였다. 그러나 최개선 씨는 근로자의 근로조건을 개선하기 위해서는 보다 적극적인 집단행동이 필요하다고 생각한다. 근로자가 단체행동을 통해 근로조건을 개선할 수 있도록 헌법이 보장하는 근로3권이란 무엇일까?

(1) 근로3권이란 무엇일까?

「헌법」제33조 제1항에 따르면 근로자는 근로조건의 향상을 위하여 자주적인 단결권, 단체교섭권 및 단체행동권을 가진다. 근로자가 우월적인 지위에 있는 사용자와 대등한 지위를 지니기 위해서는 최저 수준의 근로조건을 법률로써 보장하는 것만으로는 충분하지 않다. 이에 따라 헌법은 근로조건을 향상하기 위해 근로자가 단결하고, 사용자와 집단적으로 교섭하며, 집단적 행동을 할 수 있는 권리(근로3권)를 보장한다. 「노동조합 및 노동관계조정법(이하 '노동조합법'이라 한다)」은 헌법에 의한 근로3권을 보장하기 위해 노동조합의 설립·관리·해산, 단체교섭 및 단체협약, 쟁의행위 등에 관해 규정하고 있다.

노동조합법

(2) 근로3권은 어떻게 보장될까?

그렇다면 헌법에서 보장되는 근로3권으로서 단결권, 단체교섭권, 단체행동권은 노동조합법 등에서 구체적으로 어떻게 보장되고 있을까? 노조전임자로 활동 중인 최개선 씨가 A 전자회사 근로자의 근로조건을 향상하기 위해 준비 중에 있는 파업 역시 헌법상 근로3권으로서 보장될 수 있을까?

• 단결권

단결권이란 근로자가 근로조건의 향상을 위해 자주적으로 노동조합과 같은 단체를 조직·가입하거나 그 단체를 운영할 수 있는 권리이다. 노동조합이란 근로자가 주체가 되어 자주적으로 단결하여 근로조건의 유지·개선, 기타 근로자의 경제적·사회적 지위의 향상을 도모하기 위해 조직된 단체 또는 그 연합단체를 말한다.

노동조합은 대외적으로는 근로자의 의사에 따라 자주적으로 조직되어야 하고, 대내적으로는 민주적으로 설립·운영되어야 한다. 노동조합을 설립하기 위해서는 명칭, 주된 사무소의 소재지, 조합원 수 등을 기재한 신고서에 노동조합의 규약을 첨부하여 제출하여야 한다. 설립된 노동조합은 노동위원회에 노동쟁의의 조정을 신청할 수 있고, 노동위원회에 부당노동행위의 구제를 신청할 수 있는 등 법에 의한 특별한 보호를 받는다.

사용자는 노동자의 단결권을 보장하여야 한다. 노동조합에 가입하지 아니할 것 또는 특정 노동조합의 조합원이 될 것을 고용조건으로 하거나(유니언 협정에 의한 가입강제는 예외), 노동조합의 결성 또는 가입을 이유로 근로자를 해고하거나 기타 불이익한 처분을 할 수 없다. 사용자의 이와 같은 법 위반행위는 위법·무효이다.

• 단체교섭권 및 단체행동권

단체교섭권이란 근로자가 그 단결체의 대표를 통하여 근로조건과 기타 사항에 관하여 단체교섭을 할 권리이다. 만약 사용자가 정당한 이유 없이 단체교섭을 거부하는 것은 부당노동행위로서 금지된다. 근로자가 교섭할 대상은 근로조건에 직접 관련되거나 근로조건에 중대한 영향을 미치는 것이어야 한다.

만약 하나의 기업에 복수의 노동조합이 있는 경우에는 교섭대표노동조합을 정하여 교섭을 요구하여야 한다. 다만 사용자가 동의하면 개별교섭이 가능하다. 단체교섭을 통해 노사 양측 간의 합의가 이루어지면 단체협약을 체결한다. 단체협약은 취업규칙이나 개별 근로계약보다 효력이 강하여 단체협약에서 정한 근로조건 기타 근로자의 대우에 관한 기준에 위반하는 취업규칙 또는 근로계약의 부분은 무효가 된다. 이 부분은 단체협약에서 정한 기준에 의한다.

노사 간에 근로조건에 대한 단체교섭이 결렬된 경우 근로자는 자신의 주장을 관철하기 위해 파업이나 태업 등 집단행동을 할 수 있다. 이를 단체행동권이

노동조합의 규약

노동조합이 노동조합법에 따라 그 조직의 자주적·민주적 운영을 보장하기 위해 조합의 명칭, 목적과 사업, 조합원(연합단체인 노동조합에 있어서는 그 구성단체), 대의원회를 두는 경우에는 대의원회, 대표자와 임원, 조합비 및 기타 회계, 규약변경, 해산 등에 관한 사항을 정하고 있는 규범이다.

▲ 노사 단체교섭

라 한다. 노사 양측 간에 임금·근로시간·복지·해고, 기타 대우 등 근로조건에 관한 주장의 불일치로 인하여 발생하는 분쟁상태를 노동쟁의라고 한다.

그리고 파업·태업·직장폐쇄, 기타 노동관계당사자가 그 주장을 관철할 목적으로 하는 행위와, 이에 대항하는 행위로서 업무의 정상적인 운영을 저해하는 행위를 쟁의행위라고 한다.

노동조합이 단체교섭·쟁의행위 기타의 행위로서 노동조합법의 목적을 달성하기 위하여 한 행위는 형법상 정당행위에 해당한다. 다만, 폭력이나 파괴행위는 정당한 행위라고 할 수 없다. 한편, 사용자는 노동조합법에 의한 단체교섭 또는 쟁의행위로 인하여 손해를 입은 경우에 노동조합 또는 근로자에 대하여 손해배상을 청구할 수 없다.

사례의 해결

헌법에서는 근로자가 적극적인 행동을 통해 근로조건을 개선할 수 있도록 근로3권으로서 단결권, 단체교섭권 및 단체행동권을 보장한다. 최개선 씨가 전임자로 있는 노동조합도 사용자와의 교섭을 통해 근로자의 경제적·사회적 지위의 향상을 도모할 수 있도록 자주적으로 조직된 단체이다. 노동조합은 근로자를 대표하여 사용자와 근로조건 및 기타 사항에 관하여 단체교섭할 수 있다. 그리고 A 전자회사에서와 같이 노사 간에 근로조건에 대한 단체교섭이 결렬된 경우에는 근로자는 자신의 주장을 관철하기 위해 파업을 비롯한 집단행동에 나설 수 있다.

이것만은 꼭!

1. 「헌법」 제33조 제1항에 따라 근로자는 근로조건의 향상을 위해 단결권, 단체교섭권 및 단체행동권(근로3권)을 보장받는다. 단결권이란 근로자가 근로조건의 향상을 위해 자주적으로 노동조합과 같은 단체를 조직·가입하거나 단체를 운영할 수 있는 권리이다. 단체교섭권이란 근로자가 단결체의 대표를 통하여 근로조건과 기타 사항에 관하여 단체교섭을 할 권리이다. 단체행동권이란 노사 간에 근로조건에 대한 단체교섭이 결렬되는 경우 근로자가 자신의 주장을 관철하기 위해 파업이나 태업 등 집단행동을 할 수 있는 권리이다.

2. 「노동조합 및 노동관계조정법」은 근로3권을 구체적으로 보장하고 있으며, 노동조합의 설립·관리·해산, 단체교섭 및 단체협약, 쟁의행위 등에 관해 규정하고 있다.

2. 부당노동행위에 대해 어떻게 법적 구제를 받을 수 있을까?

사 례

최개선 씨는 노조전임자로서의 활동을 마무리하고 승진하기 위해 노력하였으나 승진심사에서 떨어졌다. 지난 해까지 노조전임자로 활동하였기 때문에 영업활동을 하기 어려웠는데 판매실적이 승진에 결정적인 기준이었기 때문이다. 회사 옥상에서 인사과에 근무하는 박정규 씨와 만나 어려움을 호소하니, 박정규 씨는 최개선 씨가 노조전임자로 활동할 당시 블랙리스트에 올라 승진심사 때 대상자에서 배제되었다는 사실을 알려주었다. 최개선 씨는 법적으로 어떻게 구제받을 수 있을까?

(1) 부당노동행위란 무엇일까?

최개선 씨가 노조전임자로 활동한 것을 이유로 승진에서 제외하는 등 인사상 불이익을 주는 A 전자회사의 행위는 법에서 금지되는 행위이다. 구체적으로 어떻게 법에서 금지되는지 살펴보기로 한다.

사용자가 헌법상 보장된 근로3권을 근로자가 행사하지 못하도록 제한하거나 단체교섭을 정당한 이유 없이 거부한다면 근로3권이 실질적으로 보장되기 어려울 것이다. 이에 따라 「노동조합법」은 사용자의 근로3권에 대한 침해행위를 부당노동행위로 규정하고 이를 금지한다. 불이익취급, 반조합계약(황견계약, Yellow-Dog Contract), 정당한 이유 없는 단체교섭의 거부, 지배·개입 등이 부당노동행위에 해당한다. 실제로 근로3권이 침해되었는지 여부와 상관없이 부당노동행위는 위법이다.

• 불이익 취급

사용자는 근로자가 노동조합에 가입 또는 가입하려는 것을 방해할 수 없다. 또한 근로자가 노동조합을 조직하려고 하였거나 기타 노동조합의 업무를 위해 정당한 행위를 한 것을 이유로 그 근로자를 해고하거나 전직, 감봉 등 인사상 또는 경제상 불이익을 주어서는 안 된다. 뿐만 아니라 근로자가 노동위원회에 대하여 사용자의 부당노동행위를 신고하거나 그에 관한 증언을 하는 등 행정관청에 증거를 제출한 것을 이유로 근로자를 해고하거나 근로자에게 불이익을 주어서는 안 된다. 이를 위반한 경우에는 부당노동행위가 된다.

• 반조합계약

반조합계약이란 근로자가 어느 노동조합에 가입하지 아니할 것 또는 탈퇴할 것을 고용조건으로 하거나 특정한 노동조합의 조합원이 될 것을 고용조건으로 하는 사용자의 행위를 일컫는다. 그러나 노동조합이 당해 사업장에 종사하는 근로자의 3분의 2 이상을 대표하고 있을 때 근로자가 그 노동조합의 조합원이 될 것을 고용조건으로 하는 단체협약(유니언숍 조항)의 체결은 예외이다. 유니언숍이 체결된 경우 지배적 노조에 소속되지 아니한 근로자를 해고해야 할 민사상 채무가 사용자에게 발생하나, 다른 소수노조로 간 것을 이유로 해고한다면 근로자의 노동조합 선택의 자유를 해치는 것으로 부당해고에 해당한다. 결국 이와 같은 해고의무는 '아무 노조'에도 소속되지 아니한 근로자에게만 적용된다(대법원 2019.11.28. 선고 2019두47377 판결).

• 정당한 이유 없는 단체교섭의 거부

사용자가 노동조합의 대표자 또는 노동조합으로부터 위임을 받은 자와의 단체협약체결, 기타의 단체교섭을 정당한 이유 없이 거부하거나 해태하는 행위는 부당노동행위에 해당한다.

[판례] 정당한 이유 없는 단체교섭의 거부 사례

대법원
2005도8606 판결

대법원 2006.2.24. 선고 2005도8606 판결

판례는 단체교섭에 대한 사용자의 거부나 해태에 정당한 이유가 있는지에 대해 노동조합측의 교섭권자, 노동조합 측이 요구하는 교섭 시간, 교섭 장소, 교섭 사항 및 교섭 태도 등을 종합하여 사회통념상 사용자에게 단체교섭의무의 이행을 기대하는 것이 어렵다고 인정되는지 여부에 따라 판단한다.

예를 들어, 쟁의행위는 단체교섭을 촉진하기 위한 수단으로서의 성질을 가지는데 쟁의 기간 중이라는 사정을 들어 사용자가 단체교섭을 거부하는 것은 단체교섭을 정당하게 거부할 수 있는 이유에 해당하지 않는다. 대법원은 단체교섭이 교착상태에 빠졌다가 노동조합 측으로부터 새로운 타협안이 제시되는 등 교섭재개가 의미 있을 것으로 기대할 만한 사정 변경이 생긴 경우에, 이러한 사정 변경에도 불구하고 사용자가 단체교섭을 거부하는 것은 정당한 이유가 없다고 판시한 바 있다.

• 노동조합의 조직·운영에 대한 지배·개입 등

근로자가 노동조합을 조직 또는 운영하는 것을 지배하거나 이에 개입하는 행위와 노동조합의 전임자에게 급여를 지원하거나 노동조합의 운영비를 원조하는 행위는 부당노동행위로서 금지된다. 노동조합의 자주적인 운영 및 활동을 보장하기 위하여 노동조합법은 지배·개입에 의한 부당노동행위를 금지한다. 다만 근로자가 근로시간 중에 노조활동을 하는 것을 허용하거나 근로자의 후생자금 또는 경제상의 불행 그 밖에 재해의 방지와 구제 등을 위한 기금을 기부하는 등 노동조합의 자주적인 운영 또는 활동을 침해할 위험이 없는 범위에서의 원조행위는 부당노동행위에 해당하지 않는다.

(2) 부당노동행위로 인한 권리 침해에 어떻게 대처할 수 있을까?

최개선 씨가 승진 대상자에서 배제되는 부당노동행위로 인하여 권리를 침해당한 경우에 최개선 씨는 구체적으로 어떠한 법적 조치를 취할 수 있을까?

사용자의 부당노동행위로 인하여 그 권리를 침해당한 근로자 또는 노동조합은 노동위원회에 구제를 신청할 수 있다. 구제신청은 부당노동행위가 있은 날(계속하는 행위는 그 종료일)부터 3월 이내에 지방노동위원회에 하여야 한다. 구제신청을 받은 지방노동위원회는 지체 없이 필요한 조사를 실시하고 관계당사자를 심문하여야 한다.

만약 부당노동행위가 성립한다고 판정한 때에는 사용자에게 구제명령을 발하여야 한다. 그러나 부당노동행위가 성립되지 아니한다고 판정한 때에는 그 구제신청을 기각하는 결정을 하여야 한다. 이에 불복할 경우에는 중앙노동위원회에 재심을 신청할 수 있다. 재심판정에 불복하는 경우에는 행정소송을 제기할 수 있다. 만약 사용자가 재심판정에 불복하여 행정소송을 제기한 경우에 관할법원은 중앙노동위원회의 신청에 의해 판결이 확정될 때까지 중앙노동위원회의 구제명령의 전부 또는 일부를 이행하도록 명할 수 있다.

부당노동행위를 한 사용자는 2년 이하의 징역 또는 2,000만 원 이하의 벌금에 처해질 수 있다. 한편 노동자와 노동조합은 노동위원회를 통한 구제와는 별개로 민사소송을 제기하여 침해받은 권리를 구제받을 수 있다.

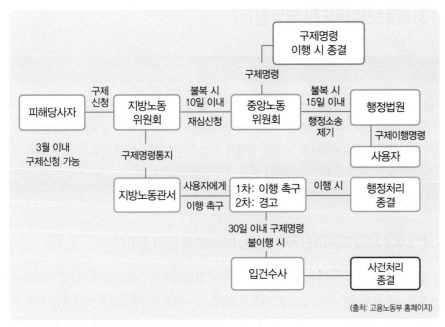

(출처: 고용노동부 홈페이지)

▲ 부당노동행위에 대한 노동위원회의 구제절차

사례의 해결

A 전자회사가 근로제공의무가 면제되어 영업활동을 하지 않는 노조전임자에 대하여 승진 기준을 별도로 정하지 않고 다른 영업사원과 동일하게 판매실적에 따른 승진 기준만을 적용하여 승진시키지 않는 것은 노조전임자로 활동하였다는 이유만으로 승진 가능성을 사실상 배제한 부당노동행위에 해당한다.

최개선 씨는 노동조합의 업무를 위한 정당한 행위에 대하여 인사상 불이익을 주는 A 전자회사의 행위가 「노동조합 및 노동관계조정법」 제81조에 따른 부당노동행위에 해당한다고 주장할 수 있으며, 이를 이유로 노동위원회에 구제를 신청하거나 법원에 민사소송을 제기할수 있다. 그리고 부당노동행위를 한 사용자에 대한 처벌 또한 요구할 수 있다.

⚖️ 이것만은 꼭!

1. 국가는 근로3권에 대한 사용자의 전형적인 침해행위를 유형화하여 위법행위로 인정하는데 이를 부당노동행위라 한다.

2. 노동조합법은 불이익 취급, 반조합계약(황견계약, Yellow–Dog Contract), 정당한 이유 없는 단체교섭의 거부, 지배·개입 등을 부당노동행위로 규정하고 이를 금지한다.

3. 사용자의 부당노동행위로 인하여 권리를 침해당한 근로자 또는 노동조합은 노동위원회에 구제를 신청할 수 있다. 그리고 이와는 별개로 민사소송을 제기하는 것 역시 가능하다.

3. 4대 보험제도란 무엇일까?

사 례

김생활 씨는 B 의류회사에 취직하였다. 회사에 취직하고 몇 주가 흐르자 집으로 국민건강보험, 국민연금 가입 내역에 관한 우편이 배달되었다. B 의류회사에 취직하면서 산업재해보상보험과 고용보험에 의무적으로 가입되었다고 하는데, 김생활 씨는 이와 같은 사회보험이 어떠한 목적을 위해 마련되었는지, 과연 자신에게 도움이 될 수 있는지 궁금하다.

(1) 4대 사회보험이란 무엇이며, 어떠한 도움이 될까?

사회보장기본법

김생활 씨는 B 의류회사에 취직하면서 국민건강보험, 국민연금, 산업재해보상보험, 고용보험 등 이른바 4대 사회보험에 의무적으로 가입하게 되었다. 4대 사회보험이란 무엇일까? 그리고 이와 같은 사회보험이 과연 김생활 씨에게 도움이 되는 것일까?

• 사회보장제도로서 4대 사회보험의 의의

공공부조, 사회복지서비스와의 구분

사회보험제도는 가입자로부터 보험금을 징수한다는 점에서, 국가와 지방자치단체의 책임 하에 생활 유지 능력이 없거나 생활이 어려운 국민의 최저생활을 보장하고 자립을 지원하는 제도인 공공부조와는 구분된다. 마찬가지로 신체적·정신적인 특수한 상황으로 인해 자력으로 일상생활을 영위하는 것 등에 어려움이 있는 아동, 청소년, 장애인과 같은 집단에게 경제적 지원 및 급여를 제공하는 사회복지서비스와도 구분된다. 공공부조 및 사회복지서비스에 관한 자세한 사항은 제1장 제5절 1. 및 2. 참조

「사회보장기본법」에 따르면 사회보장이란 "출산, 양육, 실업, 노령, 장애, 질병, 빈곤 및 사망 등의 사회적 위험으로부터 모든 국민을 보호하고 국민의 삶의 질을 향상시키는 데 필요한 소득·서비스를 보장하는 사회보험, 공공부조, 사회서비스"를 말한다.

국민에게 발생하는 사회적 위험을 보험의 방식으로 대처함으로써 국민의 건강과 소득을 보장하기 위해 사회보험이 운용되고 있다. 사회보험은 가입자로부터 보험료를 징수하고 사회적 위험에 대처하기 위해 필요한 급여를 가입자에게 지급하는 방식으로 국민의 인간다운 생활을 보장한다. 사회보험은 개인적 필요에 따라 가입하는 민간보험과는 달리 국가가 시행하는 의무보험으로서 적용 대상에 해당하는 경우에는 그 가입이 강제된다.

우리나라에서는 일반적으로 근로자에 대해 산업재해보상보험(이하 "산재보험"이라 함), 국민건강보험(이하 "건강보험"이라 함), 국민연금보험, 고용보험 등 4대 사회보험이 운용된다. 즉, 근로자에게 발생하는 질병, 부상, 노령, 장애, 사망, 업무상재해, 실업 등 사회적 위험을 4대 사회보험으로 나누어 분산·대처하도록 하고, 이를 통해 근로자의 인간다운 생활을 보장한다.

4대 사회보험

업무상의 재해
산재보험

질병과 부상
**건강보험 또는
질병보험**

**4대
보험**

노령 · 장애 · 사망
연금보험

실업
고용보험

• 4대 사회보험의 내용

구체적으로 산재보험은 업무상의 재해를 신속하고 공정하게 보상하고 재해 근로자의 재활 및 사회복귀를 촉진하기 위해 마련되었다. 근로자가 업무상재해를 입은 경우에 보험급여로서 요양급여, 휴업급여, 장해급여 등이 지급된다. 한편, 국민의 질병 · 부상 · 출산에 대한 진찰 · 검사, 처치 · 수술, 예방 · 재활 등의 요양급여 등을 실시하기 위해 건강보험이 마련되어 있다. 노인장기요양보험 역시 건강보험에 포함된 것으로 분류된다. 노인장기요양보험은 고령이나 노인성 질병 등의 사유로 일상생활을 혼자서 수행하기 어려운 노인 등에게 신체활동 또는 가사활동 지원 등의 장기요양급여를 제공한다.

또한 국민의 노령 · 장애 · 사망에 대비하여 보험급여를 실시하기 위한 국민연금보험, 고용촉진 및 근로자가 실업한 경우에 생활에 필요한 급여 등을 실시하기 위한 고용보험 역시 근로자가 의무적으로 가입해야 하는 4대 보험으로 운용되고 있다.

각 사회보험에서 분산 · 대처하는 사회적 위험과 가입자 등에게 제공하는 보험급여의 내용은 다음과 같다.

보험급여의 내용

국민건강보험법

국민연금법

노인장기요양보험법

분류	사회적 위험	급여 내용
산업재해보상보험	업무상재해(부상, 질병, 장해 또는 사망)	요양급여, 휴업급여, 장해급여, 간병급여, 유족급여, 상병보상연금, 장의비, 직업재활급여
국민건강보험 (노인장기요양보험 포함)	질병, 부상, 출산, 사망 및 건강증진	요양급여 • 진찰 · 검사 • 약제(藥劑) · 치료재료의 지급 • 처치 · 수술 및 그 밖의 치료 • 예방 · 재활 • 입원 • 간호 • 이송(移送) 건강검진(일반건강검진, 암검진, 영유아검진)
	노인장기요양보험의 경우 : 고령, 노인성 질병 등	노인장기요양보험의 경우, 재가급여(방문요양, 방문목욕, 방문간호, 주 · 야간보호, 단기보호, 기타 재가급여), 시설급여, 특별현금급여(가족요양비, 특례요양비, 요양병원 간병비)
국민연금	노령, 장애, 사망	연금급여: 노령연금, 장애연금, 유족연금, 반환일시금, 사망일시금
고용보험	실업	구직급여, 상병급여, 훈련연장급여, 개별연장급여, 특별연장급여, 취업촉진수당(조기재취업수당, 직업능력개발 수당, 광역구직활동비, 이주비)

• 4대 사회보험의 가입자(근로자)

사업장 가입자(근로자)는 원칙적으로 4대 사회보험에 의무적으로 가입하여야한다. 구체적으로 4대 사회보험에 의무적으로 가입하여야 하는 사업장 가입자(근로자)의 요건은 다음과 같다.

4대 사회보험의 적용 대상

구분	건강보험 (노인장기요양보험 포함)	국민연금	고용보험	산재보험
적용 대상	·상시 1인 이상의 근로자를 사용하는 사업장에 고용된 근로자(연령 제한 없음) ·사용자 ·공무원 ·교직원 ·시간제 근로자	국민연금 적용 사업장에 종사하는 18세 이상 60세 미만의 근로자 및 사용자 ※ 18세 미만 근로자는 2015. 7. 29.부터 사업장가입자로 당연 적용하되, 본인의 신청에 의해 적용 제외 신고 가능	「근로기준법」에 따른 근로자	

(출처: 4대사회보험정보연계센터)

한편, 의무적으로 가입하여야 하는 사업장 가입자(근로자)에 해당하지 않는 경우에도 국민연금과 건강보험은 일정한 요건을 갖춘 경우 개인(지역가입자)으로서 가입하여야 한다.

보험자에게 지급하여야 하는 보험료는 원칙적으로 근로자와 사용자가 나누어 부담하여야 하며, 다만 산재보험의 경우에는 사용자가 전액 부담한다.

사례의 해결

김생활 씨는 B 의류회사 근로자로서 원칙적으로 산재보험, 국민건강보험, 국민연금보험, 고용보험 등 4대 사회보험에 의무적으로 가입하여야 한다. 만약 김생활 씨가 업무상재해를 당하거나 질병·부상 등을 겪게 될 경우, 또는 갑자기 실직 상태에 직면하거나 퇴직한 이후에 다른 직장을 구하기 어렵게 된 경우 4대보험을 통해 다양한 도움을 받을 수 있다.

이것만은 꼭!

1. 근로자에게 발생하는 질병, 부상, 노령, 장애, 사망, 업무상재해, 실업 등 사회적 위험에 분산·대처하기 위해 산업재해보상보험, 국민건강보험(노인장기요양보험을 포함), 국민연금보험, 고용보험 등 4대 사회보험이 운용되고 있다.

2. 사업장 가입자(근로자)는 원칙적으로 해당 사회보험에 의무적으로 가입하여야 한다. 4대 사회보험에 가입한 근로자는 보험자에게 보험료를 납부하고(산업재해보상보험의 경우는 사용자가 전액 부담함) 사회적 위험이 발생한 경우 이에 적절하게 대처하는 데 필요한 보험급여를 지급받는다.

더 알아보기 　업무상재해 보상

근로자는 일하는 도중에 부상, 질병, 사망 등을 겪을 수 있다. 우리나라는 사회보험제도 중 하나로 산업재해보상보험을 운용하여 근로자에게 닥친 업무상재해를 신속하고 공정하게 보상하고 재해 근로자의 재활 및 사회복귀를 촉진하고자 한다.

산업재해보상보험 제도

산업재해보상보험 제도란, 근로자가 일하다가 부상, 질병, 사망 등 업무상재해를 당했을 때 근로자를 보호하기 위해 국가가 시행하는 의무보험이다. 「산업재해보상보험법」에 따라 업무상 사유로 부상, 질병 또는 사망을 당한 근로자에게 요양급여, 휴업급여, 장해급여 등을 제공한다.

업무상재해의 인정요건

근로자가 「산업재해보상보험법」 제37조 제1항 각 호에 규정된 업무상 사고, 업무상 질병, 출퇴근 재해로 부상·질병 또는 장해가 발생하거나 사망하면 업무상 재해로 본다.

그리고 업무와 사고로 인한 재해 사이에 상당인과관계가 있어야 한다. 여기서 상당인과관계란 일반적인 경험과 지식에 비추어 그러한 사고와 재해가 업무 등으로 인하여 발생한 것이라고 인정되는 인과관계를 말한다.

다만 근로자의 고의·자해행위나 범죄행위 또는 그것이 원인이 되어 발생한 부상·질병·장해 또는 사망은 업무상의 재해로 보지 않는다.

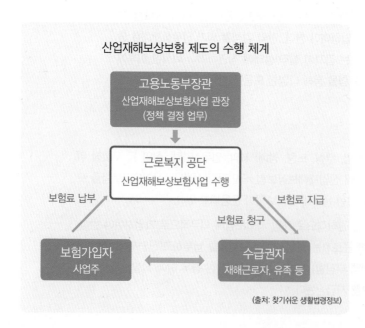

산업재해보상보험 제도의 수행 체계

고용노동부장관
산업재해보상보험사업 관장
(정책 결정 업무)

근로복지 공단
산업재해보상보험사업 수행

보험료 납부　　　　보험료 지급
보험료 청구

보험가입자
사업주

수급권자
재해근로자, 유족 등

(출처: 찾기쉬운 생활법령정보)

장의비 (葬儀費)	업무상 사망에 대하여 실제 장제(葬祭)를 지낸 유족에게 지급함
직업재활 급여	장해급여 또는 진폐보상연금을 받은 사람이나 장해급여를 받을 것이 명백한 사람에게 직업훈련 비용 및 직장훈련수당을 지급함. 또는 업무상 재해가 발생한 당시의 사업에 복귀한 장해급여자에 대하여 직장복귀지원금, 직장적응훈련비 및 재활운동비를 지급함

* 진폐에 따른 보험급여에는 요양급여, 간병급여, 장의비, 직업재활급여가 있으며, 이와 더불어 진폐보상연금 및 진폐유족연금을 지급한다.

산재보험급여

산업재해보상보험법에 따라 업무상재해가 인정된 근로자에게 보험급여를 지급한다. 이 법에 따라 보장되는 보험급여는 다음과 같다.

종류	내용
요양급여	업무상 부상 또는 질병으로 요양이 필요한 경우에 진찰 및 검사, 약제 또는 진료재료와 의지(義肢) 등 보조기의 지급, 처치, 수술, 그 밖의 치료, 재활치료, 입원, 간호 및 간병, 이송 등에 필요한 비용을 지급함
휴업급여	요양으로 취업하지 못한 기간에 대하여 1일당 평균임금의 70%에 상당하는 금액을 지급함
장해급여	업무상의 사유로 부상을 당하거나 질병에 걸려 치유된 후 신체 등에 장해가 있는 경우에 장해등급에 따라 연금 또는 일시금으로 지급함
간병급여	요양급여를 받은 사람 중 치유 후 상시 또는 수시로 간병이 필요한 경우에 실제로 간병을 받는 사람에게 지급함
유족급여	업무상재해로 사망한 근로자의 유족에게 연금 또는 일시금으로 지급함
상병 (傷病) 보상연금	요양급여를 받는 근로자가 요양을 시작한 지 2년이 지난 이후에 일정 요건에 해당하는 상태가 계속되면 휴업급여 대신 지급함

산재보상 보험급여와 이의신청

보험급여를 받고자 하는 자는 해당 보험급여청구서(신청서)를 관할 근로복지공단에 제출한다(보험급여의 소멸시효는 3년).

근로복지공단에서 보험급여의 지급 여부 및 지급 내용을 결정하여 청구인에게 통보한다. 만약 보험급여 지급에 이의가 있을 경우에 근로복지공단에 심사청구를 할 수 있으며, 심사결정에 불복할 경우에는 고용노동부 산업재해보상보험심사위원회에 재심사를 청구할 수 있다. 심사결정 또는 재심사결정에 이의가 있으면 행정소송을 제기할 수 있다. 심사청구나 재심사청구를 거치지 않고서도 행정소송을 제기하는 것이 가능하다.

제5장 가정생활과 가족

가정생활에서 일어나는 일들은 법과 밀접한 관련이 있다. 태어나면 출생신고를 해야 하고, 결혼을 하면 새로운 친족관계가 발생하며, 가족 중 누군가 사망하면 상속의 문제가 발생한다. 국가는 혼인과 가족생활이 "개인의 존엄과 양성의 평등을 기초로" 성립되고 유지될 수 있도록 보장해야 하며, 이를 위해 법적 규제뿐 아니라 지원과 보호를 하고 있다.

가족제도는 사적자치와 같이 당사자의 의사로 결정할 수 없다. 가족제도의 가치를 보호하려면 법이 강제적으로 개입하여 가족의 범위, 친족 및 혈연관계, 상속관계 등을 규정해야 한다. 그래야 전통적으로 불평등했던 가족구성원들 간의 관계를 평등하게 만들고, 가족제도에 따른 사회적 혼란을 줄일 수 있다. 이러한 점이 사적자치를 최우선으로 하는 재산관계를 규율하는 법과 가장 큰 차이점이다.

최근에는 혼인과 가족생활을 위한 법의 강제적 개입보다 가정생활에 대한 법의 적극적인 지원과 보호가 강화되고 있다. 사회의 변화에 따라 가족의 형태가 다양하게 나타나면서 이를 보호할 필요성이 높아지고 있기 때문이다. 이전과 달리 가정 내에서 남성과 여성의 지위가 동등해졌으며, 동거를 하거나 입양으로 친자관계를 맺는 가정이 늘어났고, 다문화가족, 한부모가정 등이 등장함으로써 가족형태가 예전과는 확연히 달라지고 있다. 이로 인해 가족구성원 간의 평등한 관계에 기초한 가족관계등록부가 도입되었고, 친양자제도가 신설되거나 다문화지원법, 한부모가정지원법 등이 제정되는 등 가정생활과 관련된 법도 빠르게 변화하고 있다.

이러한 변화 속에서 가정생활에 관한 법을 잘 알아 두지 않는다면, 불이익을 받거나 법의 혜택과 보호를 받지 못할 수 있다. 이 장에서는 가정생활에 관한 법을 알아보면서, 혼인이나 친족관계에 따라 발생하는 법적 권리와 의무를 알아보고, 가정생활에서 발생하는 문제를 해결할 수 있는 법제도에 대하여 구체적으로 알아보기로 한다.

제1절 | 가정생활에 법이 필요할 때

1. 가족관계와 법

사 례

김민주 씨는 암투병 중인 어머니를 대신하여 병원의 의무기록을 발급받으려고 한다. 병원에 문의해본 결과, 담당 직원은 본인을 대신하여 의무기록을 발급받으려면 본인과 친족관계이어야 하며, 신분증과 가족관계증명서, 동의서류가 필요하다고 말하였다. 그런데 김민주 씨는 어머니와 함께 살고 있지 않아 가족관계증명서에 남편 나대한 씨와 자녀 나가람 씨만 나오지 않을까 하는 걱정이 들었다. 김민주 씨가 어머니와 친족관계임을 나타내기 위해 필요한 가족관계증명서란 무엇이며, 어떻게 발급받아야 할까?

---

(1) 법에서 정한 가족과 친족의 범위는?

가정생활과 관련된 법은 가족이나 친족관계를 전제로 하는 경우가 많다. 특히 친족 상호 간에 인정되는 권리를 알기 위해서는 친족의 범위를 구체적으로 알아야 한다. 김민주 씨의 친족과 가족의 범위는 어디까지일까?

• **친족의 종류**

친족은 혈족, 배우자, 인척을 말한다.

① 혈족은 혈연으로 맺어진 관계이다. 자신의 직계존속과 직계비속을 '직계혈족'이라고 하고, 자기의 형제자매와 형제자매의 직계비속, 직계존속의 형제자매 및 그 형제자매의 직계비속을 '방계혈족'이라 한다. 혈족에는 자연적으로 이루어진 혈연관계 외에 법적으로 인정된 혈족(양친과 양자)도 있다.

직계혈족은 자기로부터 직계존속에 이르고 자기로부터 직계비속에 이르러 그 세수를 정하고, 방계혈족은 자기로부터 동원의 직계존속에 이르는 세수와 그 동원의 직계존속으로부터 촌수를 알고자 하는 방계혈족에 이르는 세수를 통산하여 그 촌수를 정한다. 자신을 기준으로 아버지와 어머니는 1촌이고, 할아버지와 할머니는 2촌이다. 형제와의 촌수는 자신과 아버지와의 촌수(1촌)에 아버지와 형제와의 촌수(1촌)을 합하면 2촌이 된다. 고모와의 관계는 자신과 할아버지의 촌수(2촌)에 할아버지로부터 고모까지의 촌수(1촌)

자연혈족과 법정혈족

자연혈족은 출생으로 생기는 자연적인 혈연관계가 있는 혈족으로, 부모나 조부모, 외조부모, 형제자매를 말한다. 출생이 아닌 입양으로 생기는 혈족의 관계를 양친자관계라고 하는데, 이를 법정혈족이라고 한다.

동원의 직계존속

비교되는 사람 모두의 직계존속이다. 예컨대 자신과 고모의 동원의 직계존속은 할아버지이고, 자신과 당숙의 경우에는 증조부가 된다.

를 더해 3촌이 된다. 고모의 손자는 고모의 촌수(3촌)에 고모로부터 손자까지의 촌수(2촌)를 더해 5촌이 된다.

② 배우자는 혼인관계에 있는 두 사람이다. 배우자관계는 법적 혼인으로 성립된다. 자신과 배우자는 0촌이다.

배우자관계는 혼인으로 발생하지만, 사망이나 이혼 등으로 인하여 소멸한다.

③ 인척은 혼인으로 생기는 관계이다. 인척은 혈족의 배우자, 배우자의 혈족, 배우자의 혈족의 배우자이다. 김민주 씨의 인척은 동생의 배우자, 남편의 형, 남편의 형의 배우자이다.

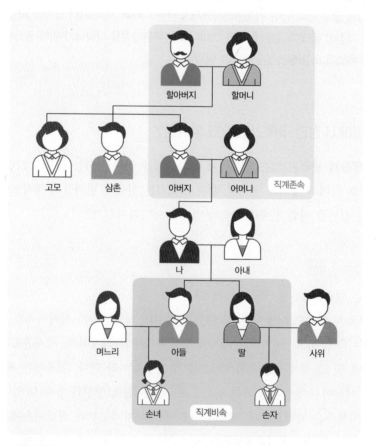

▲ 친족의 종류

모든 친족에게 법률적 관계가 발생하지는 않는다. 법에서 정한 친족의 범위는 8촌 이내의 혈족, 4촌 이내의 인척, 배우자를 말한다. 친족은 법률상 권리를 가지는데, 예를 들어, 친권자 지정청구나 후견인 선임청구를 할 수 있고, 일부 친족은 부양의무와 상속권이 있다.

```
                         친족 (親族)

┌──────────┬──────────────────────┬──────────────────────┐
│          │                      │                      │
│  배우자  │   8촌 이내의 혈족    │   4촌 이내의 인척    │
│          │                      │                      │
│          │  직계혈족            │  ① 혈족의 배우자     │
│          │  ① 자기의 직계존속   │  ② 배우자의 혈족     │
│          │  ② 직계비속          │  ③ 배우자의 혈족의   │
│          │                      │     배우자           │
│          │  방계혈족            │                      │
│          │  ① 자기의 형제자매   │                      │
│          │  ② 형제자매의 직계비속 │                    │
│          │  ③ 직계존속의 형제자매 │                    │
│          │  ④ 그 형제자매의 직계비속 │                 │
└──────────┴──────────────────────┴──────────────────────┘
```

▲ 친족의 범위

• 가족의 범위

가정생활의 최소 단위인 가족은 법에서 어떻게 규정하고 있을까. 우리 법은 가족의 범위를 배우자, 직계혈족 및 형제자매, 직계혈족의 배우자, 배우자의 직계혈족 및 배우자의 형제자매로 정하고 있다. 다만 직계혈족의 배우자, 배우자의 직계혈족 및 배우자의 형제자매는 생계를 같이할 때에만 가족이 될 수 있다. 김민주 씨의 부모님, 동생, 배우자와 자녀는 함께 사는지와 상관없이 가족이 되지만, 김민주 씨와 남편의 동생은 함께 살지 않는 경우에 가족이라고 할 수 없다.

가족관계등록법

(2) 가족관계등록제도란?

가족관계등록제도는 친족법상의 지위가 타인에게 미치는 영향을 고려하여 친족관계를 확실하게 공적으로 기록하고 공시하기 위해 도입된 제도이다. 과거에는 호주제도에 따라 호적등본별로 본인과 가족 전체의 신분 사항을 관리했지만, 현재에는 호주제도가 폐지되어 가족관계등록부에 개인별로 출생·혼인·사망 등 가족관계의 발생 및 변동 사항을 입력하여 처리하고 있다. 김민주 씨가 발급받아야 할 가족관계증명서도 가족관계등록제도에 따른 증명서이다.

가족관계등록법에 따른 신고

• 출생/인지 신고
• 입양/파양 신고
• 친양자 입양/파양 신고
• 혼인/이혼 신고
• 친권자 지정/변경 신고
• 미성년후견 개시/경질/감독 신고
• 사망/실종 신고
• 국적 취득/상실 신고
• 개명/성본변경 신고

• 가족관계등록의 신고

가족관계등록의 신고 사항은 출생과 사망, 혼인과 이혼, 인지, 입양, 개명 등이 있다. 가족관계등록의 신고는 신고사건 본인의 등록기준지 또는 신고인의 주소지나 현재지 즉, 전국 어디서나 자유롭게 등록신고를 할 수 있다. 신고는 법에 따라 서면이나 말로 할 수 있다. 그리고 등록신고는 대리인을 통해서도 할 수 있다. 이 때에는 본인의 주민등록증·운전면허증·여권, 그 밖에 신분증명서를 제시하거나 신고서에 본인의 인감증명서를 첨부하여야 한다. 본인의 신분증명서를 제시하지 아니하거나 본인의 인감증명서를 첨부하지 아니한 때에는 신고서가 수리되지 않는다.

> **[판례] 개명이 허가되는 기준은?** 대법원 2005.11.16. 자2005스26 결정
>
> 이름은 통상 부모에 의해서 일방적으로 결정되어지고 그 과정에서 이름의 주체인 본인의 의사가 개입될 여지가 없어 본인이 그 이름에 대하여 불만을 가지거나 그 이름으로 인하여 심각한 고통을 받기도 하는데 그런 경우에도 평생 그 이름을 가지고 살아갈 것을 강요하는 것은 정당화될 수도 없고 합리적이지도 않다. 또한 이름이 바뀐다고 하더라도 주민등록번호는 변경되지 않고 종전 그대로 존속하게 되므로 개인에 대한 혼동으로 인하여 초래되는 법률관계의 불안정은 그리 크지 않으리라고 예상되며 개명으로 인하여 사회적 폐단이나 부작용이 발생할 수 있다는 점을 지나치게 강조하여 개명을 엄격하게 제한할 경우 헌법상의 개인의 인격권과 행복추구권을 침해하는 결과를 초래할 우려가 있다. 따라서 개명을 허가할 만한 상당한 이유가 있다고 인정되고, 범죄를 기도 또는 은폐하거나 법령에 따른 각종 제한을 회피하려는 불순한 의도나 목적이 개입되어 있는 등 개명신청권의 남용으로 볼 수 있는 경우가 아니라면, 원칙적으로 개명을 허가함이 상당하다고 할 것이다.

- 증명서의 종류

증명서의 종류	기록 사항
기본증명서	• 본인의 등록기준지·성명·성별·본·출생연월일 및 주민등록번호 • 본인의 출생, 사망, 국적상실 등에 관한 사항 • 국적취득 및 회복 등에 관한 사항(상세증명서)
가족관계증명서	• 본인의 등록기준지·성명·성별·본·출생연월일 및 주민등록번호 • 부모의 성명·성별·본·출생연월일 및 주민등록번호(입양의 경우 양부모를 부모로 기록한다. 다만, 단독입양한 양부가 친생모와 혼인관계에 있는 때에는 양부와 친생모를, 단독입양한 양모가 친생부와 혼인관계에 있는 때에는 양모와 친생부를 각각 부모로 기록한다) • 배우자, 생존한 현재의 혼인 중의 자녀의 성명·성별·본·출생연월일 및 주민등록번호 • 모든 자녀의 성명·성별·본·출생연월일 및 주민등록번호(상세증명서)

혼인관계증명서	• 본인의 등록기준지 · 성명 · 성별 · 본 · 출생연월일 및 주민등록번호 • 배우자의 성명 · 성별 · 본 · 출생연월일 및 주민등록번호 • 현재의 혼인에 관한 사항 • 혼인 및 이혼에 관한 사항(상세증명서)
입양관계증명서	• 본인의 등록기준지 · 성명 · 성별 · 본 · 출생연월일 및 주민등록번호 • 친생부모 · 양부모 또는 양자의 성명 · 성별 · 본 · 출생연월일 및 주민등록번호 • 현재의 입양에 관한 사항 • 입양 및 파양에 관한 사항(상세증명서)
친양자입양관계증명서	• 본인의 등록기준지 · 성명 · 성별 · 본 · 출생연월일 및 주민등록번호 • 친생부모 · 양부모 또는 친양자의 성명 · 성별 · 본 · 출생연월일 및 주민등록번호 • 현재의 친양자 입양에 관한 사항 • 친양자 입양 및 파양에 관한 사항(상세증명서)

• 증명서의 교부

가족관계증명서(예시)

본인 또는 배우자, 직계혈족은 가족관계등록부 등의 기록 사항에 관하여 증명서의 교부를 청구할 수 있다. 이때 본인의 대리인이 청구하는 경우에는 반드시 본인의 위임을 받아야 한다. 등록 사항별 증명서의 발급사무는 인터넷을 이용하여 처리할 수 있는데, 대법원 전자가족관계등록시스템(efamily.scourt.go.kr)에 접속하여 증명서를 발급받을 수 있다. 인터넷을 이용할 때에는 본인 또는 배우자, 부모, 자녀가 신청할 수 있다.

▲ 전자가족관계등록시스템(efamily.scourt.go.kr)

- 가족관계등록부의 정정

등록부가 잘못된 경우에 당사자는 등록부 정정을 신청할 수 있다. 당사자의 신청에 의한 정정은 가정법원의 허가를 받아야 하는 경우와 법원의 확정판결을 받아야 하는 경우가 있다.

① 가정법원의 허가를 받아 정정을 신청해야 하는 경우

기록이 법률상 허가될 수 없거나 그 기재에 착오나 누락이 있는 경우, 등록부에 기록한 행위가 무효임이 명백한 경우에는 이해관계인이 등록부의 정정을 신청할 수 있다. 이때 이해관계인이란 본인, 신고인, 그 밖에 해당 가족관계등록부 기록에 신분상 또는 재산상 이해관계를 가진 사람을 말한다.

신고인 또는 본인은 본인의 등록기준지를 관할하는 가정법원의 허가를 받아 등록부의 정정을 신청할 수 있다. 등록부의 기록은 신고로 인하여 효력이 발생하는 행위에 관한 것이어야 한다. 등록부 정정허가결정을 받은 사람은 재판서의 등본을 받은 날부터 1개월 이내에 그 등본을 첨부하여 본인의 관할시(구), 읍, 면사무소에 등록부의 정정을 신청하여야 한다.

가족관계등록부 정정허가신청을 할 수 있는 경우

- 가족관계등록부의 기재 사항이 아닌 전과, 학력, 병역 사항 등이 기록되어 있는 경우
- 권한이 없는 사람이 등록부에 기재한 경우
- 사망자 또는 신고의무자가 아닌 사람의 신고에 의해 등록부가 기재된 경우
- 위조ㆍ변조된 신고서에 의해 등록부가 기록된 경우
- 출생연원일, 출생장소, 성별, 본의 기재가 착오로 잘못 기재된 경우
- 그 밖에 등록부에 기재된 사항 자체가 당연무효로 판단된 경우

---

② 법원의 확정판결을 받아 정정신청을 해야 하는 경우

확정판결에 의하여 등록부를 정정하여야 할 때에는 소를 제기한 사람이 판결확정일부터 1개월 이내에 판결의 등본 및 그 확정증명서를 첨부하여 가족관계등록관서에 등록부의 정정을 신청해야 한다. 혼인무효, 이혼소송, 친생부인 등과 같이 가사소송법에 규정되어 있는 경우에는 가정법원의 확정판결을 받아 등록부 정정을 신청해야 한다.

따라서 동거하던 남녀 중 어느 일방이 상대방 모르게 혼인신고를 한 경우, 혼인할 생각이 없었던 상대방은 혼인무효확인소송을 통해 판결을 얻어 등록부의 정정을 신청할 수 있다.

김민주 씨와 어머니는 혈연관계로 맺어진 직계혈족이다. 직계혈족의 경우에는 함께 거주하지 않아도 가족의 범위에 포함된다. 어머니와 직계혈족이라는 점을 증명하려면, 가족관계증명서를 발급받으면 된다. 가족관계증명서에는 함께 사는지 여부와 상관없이 "부모, 배우자, 자녀"의 인적 사항이 포함되어 있어서 김민주 씨의 가족관계를 알아볼 수 있다. 김민주 씨는 대법원 온라인 사이트를 통해 가족관계증명서를 발급받거나, 직접 주민센터에 가서 발급받을 수 있다.

이것만은 꼭!

1. 가정생활과 관련된 법은 가족이나 친족관계를 전제로 일정한 권리와 의무 관계를 규율한다.

2. 친족은 혈족, 배우자, 인척을 말한다. 그러나 모든 친족에게 법률적 관계가 발생하지 않는다. 법에서 정한 친족의 범위는 8촌 이내의 혈족, 4촌 이내의 인척, 배우자를 말한다.

3. 가족은 배우자, 직계혈족 및 형제자매와 생계를 같이 하는 직계혈족의 배우자, 배우자의 직계혈족 및 배우자의 형제자매이다.

4. 「가족관계의 등록 등에 관한 법률」은 국민의 출생 · 혼인 · 사망 등 가족관계의 발생 및 변동 사항에 관한 등록과 그 증명에 관한 사항을 규정하고 있다.

5. 가족관계등록부의 증명서는 기본증명서, 가족관계증명서, 혼인관계증명서, 입양관계증명서, 친양자입양관계증명서가 있다.

6. 본인 또는 배우자, 직계혈족은 가족관계등록부 증명서의 교부를 청구할 수 있다.

2. 가족에 대한 법적 지원

사 례

김민주 씨는 옆집에 사는 이월남 씨와 육아에 관한 정보를 나누며 친해졌다. 그런데 이월남 씨는 자신이 베트남 사람이라서 아이가 한국말을 제대로 하지 못하는 것 같아 늘 마음이 쓰인다고 말하였다. 김민주 씨도 이월남 씨의 고민을 공감하던 어느 날, 아파트 현관에 부착된 공고를 보았는데 공고에는 "주민센터에서 다문화가족지원법에 따른 프로그램을 진행한다"라는 문구가 있었다. 이 문구를 보고 다문화가족지원법이 더욱 궁금해진 김민주 씨와 이월남 씨. 다문화가족지원법은 어떠한 내용을 담고 있을까?

(1) 법은 가족제도를 지원한다

우리 법은 가족제도를 보호하기 위해 여러 지원 방안을 마련하고 있다. 이를테면 「건강가정기본법」은 가정문제의 적절한 해결 방안을 강구하고, 가족구성원의 복지 증진에 이바지할 수 있는 지원 정책을 강화하여 건강가정을 구현한다.

• 가족에 대한 법적 지원

건강가정기본법은 가정이 원활한 기능을 수행하도록 국가 및 지방자치단체가 지원해야 할 사항을 규정하고 있다. 가정을 위해 지원해야 할 사항은 가족구성원의 정신적·신체적 건강 지원뿐 아니라 안정된 주거생활, 직장과 가정의 양립, 가정친화적 사회분위기 조성 등이 있다. 이를테면 가정의 안정된 주거생활을 위해 『주택공급에 관한 규칙』은 공공주택의 분양이나 임대에서 신혼부부나 다자녀가구 등에게 우선적 혜택을 부여하고 있다. 나아가 건강가정기본법은 한부모가족, 노인단독가정, 장애인가정, 미혼모가정, 공동생활가정, 자활공동체 등 사회적 보호를 필요로 하는 가정에 대하여 적극적인 지원도 규정하고 있다.

또한 자녀양육으로 인한 부담을 완화하고 아동의 행복추구권을 보장하기 위하여 보육, 방과후 서비스, 양성이 평등한 육아휴직제 등의 정책을 적극적으로 확대 시행하고 있다.

• 가족 서비스 지원사업

한국건강가정진흥원은 가족의 역량을 강화하여 건강하고 행복한 가정을 구현

다자녀가구/가정

다자녀가정은 법률에서 "3명 이상의 자녀를 둔 가구"로 정의하며, 조례에 따라서는 "2명 이상의 자녀를 둔 가구"를 다자녀가구로 분류하기도 한다. 다자녀가정은 출산, 의료비, 주거, 양육 및 교육, 공공요금, 세금 등에서 일정한 혜택을 누릴 수 있다.

서울시는 다자녀가정의 혜택을 홈페이지에 정리해 두었다(https://news.seoul.go.kr/welfare/archives/147531 참조).

다자녀가정 혜택

건강가정기본법

하기 위해 가족정책서비스 전달체계인 '건강
가정지원센터', '다문화가족지원센터', '건강가
정·다문화가족지원센터'를 관리·지원하고 있
다. 건강가정지원센터는 가족문제의 예방과 해
결을 위해 가족돌봄나눔사업, 생애주기별 부모
교육, 가족상담사업 등을 추진하고 있다.

▲ 한국건강가정진흥원(http://www.kihf.or.kr)

건강가정지원센터의 주요 사업	
▶ 가족돌봄나눔 　• 모두가족봉사단 　• 모두가족품앗이 　• 아버지-자녀가 함께하는 돌봄 프로그램 등 ▶ 가족교육 　• 생애주기별 가족교육 　• 남성대상 교육 등	▶ 가족상담 ▶ 가족문화 　• 가족 사랑의 날 　• 가족관계 개선을 위한 캠프, 축제, 　　체험활동 등 ▶ 다양한 가족통합서비스 ▶ 지역사회연계

또한 자녀를 양육하는 가정을 위하여 아이돌봄서비스를 제공하고(아이돌봄서
비스기관 지원, 교육교재 개발, 교육기관 관리) 공동육아놀이터와 같은 지역 네
트워킹 공간을 마련하고 있다.

(2) 다문화가족에 대한 법적 지원은 어떻게 이루어질까?

이월남 씨의 가족과 같이 서로 다른 국적을 지녔던 사람들로 구성된 다문화가
족이 늘어나고 있다. 외국인, 여성결혼이민자, 이주노동자 등이 우리 사회에 정
착하여 건강한 가정을 이루며 살아가도록 하기 위해서는 다문화가정에 대한 법적
지원이 필요하다. 그렇다면 우리나라의 다문화가족은 어떠한 법적 지원을 받을
수 있을까?

• 다문화가족

다문화가족이란 서로 다른 국적, 인종이나 문화를 지녔던 사람들로 구성된
가족이다. 「다문화가족지원법」에서는 "다문화가족"이란 ① 결혼이민자와 출생,

인지, 귀화로 대한민국 국적을 취득한 자로 이루어진 가족, ② 인지, 귀화로 대한민국 국적을 취득한 자와 출생, 인지, 귀화로 대한민국 국적을 취득한 자로 이루어진 가족"이라고 정의한다.

다문화가족법

• 다문화가족에 대한 법적 지원

「다문화가족지원법」은 결혼이민자 등이 건강하게 생활할 수 있도록 영양·건강에 대한 교육, 산전·산후 도우미 파견, 건강검진 등의 의료서비스를 지원한다. 자녀가 태어난 후에는 다문화가족구성원인 아동·청소년이 차별 대우를 받지 않도록 보호하며, 학교생활에 신속히 적응할 수 있도록 교육 지원 대책을 마련하고 있다.

무엇보다 국가와 지방자치단체는 다문화가족에 대한 사회적 차별 및 편견을 예방하고 사회구성원이 문화적 다양성을 인정하고 존중할 수 있도록 다문화 이해교육을 실시하고 홍보 등 필요한 조치를 하여야 한다.

• 다문화가족지원센터

국가와 지방자치단체는 다음과 같은 사업을 하는 다문화가족지원센터를 설치·운영할 수 있다.
① 다문화가족을 위한 교육·상담 등 지원사업의 실시
② 결혼이민자 등에 대한 한국어교육
③ 다문화가족 지원서비스 정보제공 및 홍보
④ 다문화가족 지원 관련기관·단체와의 서비스 연계
⑤ 일자리에 관한 정보제공 및 일자리의 알선
⑥ 다문화가족을 위한 통역·번역 지원사업
⑦ 다문화가족 내 가정폭력 방지 및 피해자 연계 지원
⑧ 그 밖에 다문화가족 지원을 위하여 필요한 사업

다문화가족지원센터는 다문화가족 자녀 성장지원, 다문화가족 방문교육, 다문화가족 자녀 언어발달지원, 결혼이민자 통·번역서비스, 특수목적 한국어교육 프로그램 등을 운영한다.

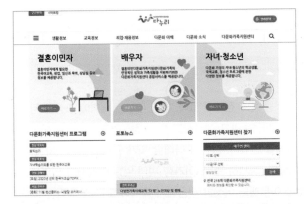

▲ 다문화가족지원포털(https://www.liveinkorea.kr/portal/KOR/main/main.do)

이월남 씨는 한국인과 결혼한 베트남인이다. 결혼하여 대한민국 국적을 취득했으므로 이월남 씨의 가족은 다문화가족에 해당하며, 다문화가족지원법에 따라 다양한 지원을 받을 수 있다. 이에 대해 자세히 알아보려면 다문화가족지원 포털사이트에 접속하거나 자신이 살고 있는 지역의 다문화가족지원센터에 가서 다문화가족을 위한 교육·상담 등 지원사업에 대해 문의해볼 수 있다. 이월남 씨의 고민은 자녀의 언어발달이므로 다문화가족 방문교육, 다문화가족 자녀 언어발달지원 등의 프로그램을 신청하여 자녀를 교육할 수 있다.

이것만은 꼭!

1. 건강가정기본법은 가족제도를 보호하기 위해 가족구성원의 정신적·신체적 건강지원뿐 아니라 안정된 주거생활, 직장과 가정의 양립, 가정친화적 사회분위기 조성에 관한 내용을 규정하고 있다.

2. 건강가정기본법은 한부모가족, 노인단독가정, 장애인가정, 미혼모가정 등 사회적 보호를 필요로 하는 가정에 대한 적극적인 지원도 규정하고 있다.

3. 한국가정진흥원은 건강하고 행복한 가정의 구현을 위해 가족정책서비스 전달체계인 건강가정지원센터, 다문화가족지원센터, 건강가족·다문화가족지원센터를 관리하고 지원한다.

4. 다문화가족이란 ① 결혼이민자와 출생, 인지, 귀화로 대한민국 국적을 취득한 자로 이루어진 가족이나 ② 인지, 귀화로 대한민국 국적을 취득한 자와 출생, 인지, 귀화로 대한민국 국적을 취득한 자로 이루어진 가족을 말한다.

5. 다문화가족지원법은 다문화가족을 위한 의료서비스, 교육 지원, 일자리 정보제공 및 알선 등을 통해 다문화가족을 지원하고 보호한다

3. 학대나 가정폭력의 문제가 있을 때

사 례

나대한 씨는 옆집에서 부부싸움을 하는 소리를 듣고 잠에서 깼다. 옆집 부부는 새벽에 고성을 지르며 다투고 있었다. 나대한 씨는 그저 부부싸움이라고 생각하고 다시 잠들었고, 다음 날 아침 출근길에 엘리베이터에서 이가정 씨와 자녀를 만났다. 그런데 나대한 씨가 인사를 하자마자 이가정 씨와 딸은 고개를 숙이고 눈길을 피했다. 자세히 보니, 이가정 씨의 얼굴에 상처가 있었으며, 딸의 팔목에 선명한 멍 자국이 있었다. 아무래도 어젯밤 싸움에서 폭력이 오간 것 같다는 느낌이 들었다. 이러한 경우에 어떠한 방법을 통해 이가정 씨와 자녀를 보호할 수 있을까?

가정폭력처벌법

(1) 가정폭력은 어떻게 대처해야 할까?

가정폭력은 더 이상 가족 내의 문제가 아니라 법을 통해 적극적으로 해결해야 하는 문제이다. 가정폭력은 가정 내에서 내밀하게 지속되어 그 피해의 수준과 정도가 심각하며, 가해자의 죄의식이 낮은 편이라 상습적으로 이루어지는 경우가 많다. 이가정 씨와 자녀도 가정폭력을 당하고 있는데, 이러한 경우 법을 통해 가정폭력을 어떻게 해결할 수 있을까?

• 가정폭력

가정폭력이란 가족구성원 사이의 신체적, 정신적 또는 재산상 피해를 수반하는 행위를 말한다. 가정폭력은 신체적 폭력뿐 아니라 폭언, 무시 등과 같은 정신적 폭력, 성적 폭력, 경제적 위협, 재물손괴 등을 포함한다. 예를 들어, 아버지가 술을 마시고 집안의 물건을 부수면서 어머니를 때리거나, 부부 일방이 모욕을 주거나, 말로 협박하거나, 부모가 자녀를 정신적으로 괴롭히는 것을 말한다.

가정폭력의 당사자는 가족구성원이며, 사실혼관계의 부부, 사실상의 양친자관계에서도 발생할 수 있고, 같이 사는 친척 사이에서도 일어날 수 있다.

• 가정폭력 상담

가정폭력피해자와 그 가족은 가정폭력상담소를 통해 가정폭력피해 관련 사항, 피해자 긴급보호 및 피난처 관련 사항, 이혼을 비롯한 가정폭력 관련 법률문제, 가정폭력 예방을 위한 각종 교육 및 치료 관련 사항 등을 상담할 수 있다.

가정폭력의 당사자로서 가족구성원

- 배우자(사실상 혼인관계에 있는 사람 포함) 또는 배우자였던 사람
- 자기 또는 배우자와 직계존비속관계(사실상의 양친자관계 포함)에 있거나 있었던 사람
- 계부모와 자녀의 관계 또는 적모와 서자의 관계에 있거나 있었던 사람
- 동거하는 친족

상담 내용은 법에 따라 비밀로 유지되며, 한국가정법률상담소, 한국여성의전화 가정폭력상담소, 지자체에서 운영하는 가정폭력상담소 등에서 상담을 받을 수 있다. 여성가족부에서는 가정폭력피해 여성에 대한 지원기관의 목록을 제공하고 있다.

여성폭력 피해자 지원기관

• 가정폭력 신고 및 고소

우리 법은 건강한 가정을 구현하고 가족구성원의 인권을 보호하기 위해 가정폭력을 범죄로 규정하여 처벌하고 있다. 누구든지 가정폭력을 알게 된 경우에는 경찰에 신고할 수 있고, 피해자, 그와 일정한 관계가 있는 고소권자는 고소를 할 수 있다.

• 가정폭력범죄의 처리 절차

경찰관은 가정폭력이 진행 중이라는 신고를 받으면 즉시 현장에 나가 폭력행위를 제지하거나 가정폭력행위자와 피해자를 분리하는 등의 '응급조치'를 해야 한다. 만일 피해자가 긴급치료가 필요할 정도로 다쳤다면 의료기관으로 인도하고 피해자가 동의한 경우에는 피해자를 가정폭력 관련 상담소 또는 보호시설로 인도할 수 있다.

법원은 가정폭력피해자를 보호하기 위해 '임시조치'를 할 수 있다. 판사는 가정보호사건의 원활한 조사·심리 또는 피해자 보호를 위해 필요하다고 인정되는 경우에는 결정으로 다음과 같이 가해자에게 임시조치를 할 수 있다.

가정폭력 가해자에 대한 법원의 임시조치(가정폭력처벌법 제29조 제1항)
1. 피해자 또는 가정구성원의 주거 또는 점유하는 방실(房室)로부터의 퇴거 등 격리
2. 피해자 또는 가정구성원의 주거, 직장 등에서 100미터 이내의 접근 금지
3. 피해자 또는 가정구성원에 대한 「전기통신기본법」 제2조 제1호의 전기통신을 이용한 접근 금지
4. 의료기관이나 그 밖의 요양소에의 위탁
5. 국가경찰관서의 유치장 또는 구치소에의 유치
6. 상담소 등에의 상담 위탁

검사는 가정폭력이 재발될 우려가 있는 경우에 직권으로 또는 경찰관의 신청에 의해 법원에 임시조치를 청구할 수 있다. 다만, 이 경우에 청구할 수 있는 임시조치는 위의 1호에서 3호의 사유에 한정된다. 만일 검사의 임시조치 청구가 이루어지지 않으면, 피해자 또는 그 법정대리인이 검사 또는 경찰관에게 임시조치

를 청구 또는 신청하도록 요청할 수 있고 그에 관하여 의견을 진술할 수 있다. 이렇게 임시조치 청구를 받은 법원은 신속히 임시조치 여부를 결정하여야 하고, 임시조치의 사유를 판단하기 위해 필요하다고 인정되는 경우에는 가해자·피해자·가정구성원, 그 밖의 참고인을 소환하거나 동행영장을 발부하여 필요한 사항을 조사·심리할 수 있다.

그러나 가정폭력범죄가 재발될 우려가 있고, 긴급을 요하여 법원의 임시조치 결정을 받을 수 없을 때에는 경찰관이 직권 또는 피해자나 그 법정대리인의 신청에 의하여 '긴급임시조치'를 행할 수 있다. 이 경우 경찰관은 지체 없이 검사에게 임시조치를 신청하고, 신청받은 검사는 긴급임시조치를 한 때부터 48시간 이내에 법원에 임시조치를 청구하여야 한다.

가정폭력방지법

• 가정폭력피해자에 대한 지원

가정폭력의 피해자를 보호하고 지원하기 위해 「가정폭력방지 및 피해자 보호 등에 관한 법률」이 제정되었다. 이 법은 가정폭력에 대한 상담뿐 아니라, 가정폭력피해자 보호시설 제공, 임대주택 입주 우선권 부여, 의료기관의 치료보호와 같은 적극적인 피해자 보호를 규정하고 있다.

피해자는 입소를 희망하거나 입소에 동의하는 경우에 6개월의 범위에서 단기보호시설에 입소하거나, 장기보호시설에서 2년 이내의 기간 동안 자립을 위한 주거편의 등을 제공받을 수 있다. 보호시설에서는 숙식 제공 외에 심리적 안정과 사회적응을 위한 상담 및 치료를 받을 수 있다.

(2) 아동학대는 어떻게 대처해야 할까?

• 아동학대

아동학대란 보호자를 포함한 성인이 18세 미만의 사람인 아동의 건강 또는 복지를 해치거나 정상적 발달을 저해할 수 있는 신체적·정신적·성적 폭력이나 가혹행위를 하는 것과 아동의 보호자가 아동을 유기하거나 방임하는 것을 말한다.

아동학대의 유형

신체 학대	• 신체적 손상을 입힌 경우와 신체적 손상을 입도록 허용한 경우 • 구타나 폭력에 의한 멍, 화상, 찢김, 골절, 장기파열, 기능의 손상 • 생후 36개월 이하의 영아에 가해진 체벌은 이유 여하를 막론하고 학대

정서 학대	• 언어적, 정서적 위협, 억제, 감금, 기타 가학적 행위 • 아동의 인격, 감정이나 기분을 심하게 무시하거나 모욕하는 행위 • 좁은 공간에 장시간 혼자 가둬 두는 행위 • 원망적, 거부적, 적대적, 경멸적 언어 폭력
성학대	• 성인의 성적 충족을 목적으로 아동과 함께 하는 모든 성적 행위 • 성적 유희, 성기 및 자위행위 장면의 노출, 관음증 • 성기 삽입, 성적 접촉, 강간, 매춘, 매매 • 포르노 매체에 배우로 출연, 포르노물 판매 행위

방임·
유기
	• 고의적·반복적으로 아동 양육 및 보호를 소홀히 함으로써 아동의 건강과 복
	  지를 해치거나 정상적인 발달을 저해할 수 있는 모든 행위
	• 아동에게 의식주를 제공하지 않거나, 장시간 위험한 상태에 방치하는 물리적
	  방임 및 유기
	• 아동의 무단 결석을 허용하는 등 교육적 방임
	• 예방접종을 제때에 하지 않거나 필요한 치료를 소홀히 하는 등 의료적 방임
	• 아동과의 약속에 무신경하거나 아동의 마음에 상처를 입히는 정서적 방임

▲ 출처: 서울특별시 아동복지센터

• 아동학대 신고 및 고소

아동학대의 발생 사실을 알게 된 사람은 누구나 아동보호전문기관 또는 수사기관에 신고할 수 있다. 의료인, 유치원 교사, 학원 강사 등과 같이 법률에서 신고의무자로 지정한 사람은 아동학대를 발견하는 즉시 신고를 해야 하고, 신고를 하지 않은 경우에는 1,000만 원 이하의 과태료를 부과받게 된다.

또한 아동학대 피해아동, 피해아동의 법정대리인과 친족은 아동학대행위자를 고소할 수 있다.

아동학대를 방지하기 위한 사회적 노력에도 불구하고, 아동학대 신고 접수 사례는 급격히 늘어나고 있다. 2019년 아동보호전문기관에서 집계된 전체 신고접수 건수는 총 41,389건으로 전년 대비 약 13.7% 증가했다. 아동학대가 늘어남에 따라 피해아동에 대한 법적 지원과 보호가 절실해지는 상황이다.

아동학대 사례판단 현황

(단위 : 건, %)

유형	건수(비율)	
신체학대	4,179	(13.9)
정서학대	7,622	(25.4)
성학대	883	(2.9)

방임		2,885	(9.6)
중복학대	신체학대 · 정서학대	11,611	(38.6)
	신체학대 · 성학대	40	(0.1)
	신체학대 · 방임	290	(1.0)
	신체학대 · 정서학대 · 성학대	218	(0.7)
	신체학대 · 정서학대 · 방임	909	(3.0)
	신체학대 · 성학대 · 방임	3	(0.0)
	신체학대 · 정서학대 · 성학대 · 방임	198	(0.7)
	정서학대 · 성학대	174	(0.6)
	정서학대 · 방임	1,007	(3.4)
	정서학대 · 성학대 · 방임	11	(0.0)
	성학대 · 방임	15	(0.0)
	소계	14,476	(48.2)
계		30,045	(100.0)

▲ 출처: 보건복지부(2020), 2019 아동학대 주요통계, p31

• 아동학대범죄의 처리 절차

아동학대범죄 신고를 접수한 경찰관이나 아동학대전담공무원은 지체 없이 아동학대 범죄 현장에 출동하여 아동 또는 아동학대행위자 등 관계인에 대하여 조사를 하거나 질 문을 할 수 있다. 현장에 출동하거나 아동학대범죄 현장을 발견한 경우 또는 학대 현 장 이외의 장소에서 학대 피해가 확인되고 재학대의 위험이 급박 · 현저한 경우, 경찰 관 또는 아동학대전담공무원은 피해아동 등의 보호를 위하여 '응급조치' 즉, ① 아동학 대범죄 행위의 제지 ② 아동학대행위자를 피해아동으로부터 격리 ③ 피해아동을 아동 학대 관련 보호시설로 인도 ④ 긴급치료가 필요한 피해아동을 의료기관으로 인도 등의 '응급조치'를 취해야 한다.

시 · 도지사 또는 시장 · 군수 · 구청장은 그 관할 구역에서 보호대상아동을 발견하거 나 보호자의 의뢰를 받은 경우 아동의 최상의 이익을 위해 아동 또는 보호자에 대한 상 담 및 지도, 아동을 보호 · 양육할 수 있도록 필요한 조치를 취하고 만약 이러한 조치가 적합하지 않다면 아동을 다른 가정에 위탁, 아동복지시설의 입소, 전문치료기관 입소 등의 '보호조치'를 취하여야 한다.

판사는 아동학대범죄의 원활한 조사 · 심리 또는 피해아동 보호를 위하여 필요하다고 인정하는 경우에는 결정으로 아동학대 가해자에게 '임시조치'를 할 수 있다.

아동학대 가해자에 대한 법원의 임시조치(아동학대처벌법 제19조 제1항)

1. 피해아동 등 또는 가정구성원의 주거로부터 퇴거 등 격리
2. 피해아동 등 또는 가정구성원의 주거, 학교 또는 보호시설 등에서 100미터 이내의 접근 금지
3. 피해아동 등 또는 가정구성원에 대한 「전기통신기본법」 제2조 제1호의 전기통신을 이용한 접근 금지
4. 친권 또는 후견인 권한 행사의 제한 또는 정지
5. 아동보호전문기관 등에의 상담 및 교육 위탁
6. 의료기관이나 그 밖의 요양시설에의 위탁
7. 경찰관서의 유치장 또는 구치소에의 유치

경찰관은 피해아동 등에 대한 응급조치에도 불구하고 아동학대범죄가 재발될 우려가 있고, 긴급을 요하여 법원의 임시조치 결정을 받을 수 없을 때에는 직권이나 피해아동 등, 그 법정대리인, 변호사, 시·도지사, 시장·군수·구청장 또는 아동보호전문기관의 장의 신청에 따라 위의 1호에서 3호까지의 어느 하나에 해당하는 '긴급임시조치'를 할 수 있다.

• 아동학대의 예방 및 보호

국가와 지방자치단체는 아동학대의 예방과 방지를 위한 각종 정책의 수립 및 시행, 아동학대의 예방과 방지를 위한 연구·교육·홍보 및 아동학대 실태조사, 아동학대에 관한 신고체제의 구축·운영, 피해아동의 보호와 치료 및 피해아동의 가정에 대한 지원 등의 조치를 취하여야 한다.

국가기관과 지방자치단체의 장, 공공단체의 장은 아동학대의 예방과 방지를 위하여 필요한 교육을 연 1회 이상 실시하여야 한다. 특히 아동학대 신고의무자의 자격 취득 과정이나 보수교육 과정에 아동학대 예방 및 신고의무와 관련된 교육 내용을 포함하도록 하여야 한다.

💬 **아동학대범죄 전력자의 취업 제한**

아동관련기관에의 취업이 제한되는 사람은 아동학대 관련범죄로 형 또는 치료감호를 선고받아 확정된 사람이다. 아동학대 관련범죄 전력자는 그 형 또는 치료감호의 전부 또는 일부의 집행이 종료되거나 집행을 받지 않기로 확정된 후 10년 내의 일정 기간 동안 아동관련 시설 또는 기관을 운영하거나 아동관련 기관에 취업 또는 사실상 노무를 제공할 수 없다.

또한 아동보호전문기관의 장은 아동학대행위자에 대해 상담·교육 및 심리적 치료 등 필요한 지원을 받을 것을 권고할 수 있다. 이 경우 아동학대행위자는 정당한 사유가 없으면 상담·교육 및 심리적 치료 등에 성실히 참여해야 한다.

사례의 해결

이가정 씨는 가정폭력상담소를 찾아 상담을 받을 수 있다. 자신의 피해 사실을 알리고, 이와 관련된 법적 절차에 대해 가정폭력상담소에서 안내를 받을 수 있다. 만일 남편의 폭행이 심해진다면, 경찰에 즉시 신고하여 긴급 임시조치를 통해 남편의 접근을 금지시킬 수 있다. 이가정 씨의 자녀에 대해서도 마찬가지로 경찰에 아동학대 사실을 즉시 신고하여 임시조치를 청구할 수 있다. 법원이 임시조치 결정을 내리면 이가정 씨의 남편은 이가정 씨로부터 접근 금지를 당하게 된다. 나아가 이가정 씨의 자녀를 따로 보호할 필요가 있는 경우에는 이가정 씨가 속한 시·도의 아동보호시설에 아이를 맡길 수 있다.

한편, 나대한 씨는 이가정 씨의 남편을 가정폭력과 아동학대로 신고할 수 있다.

이것만은 꼭!

1. 가정폭력이나 학대는 더 이상 가족 내의 문제가 아니라 법을 통해 적극적으로 해결해야 하는 문제이다. 우리 법은 가정폭력과 학대를 범죄로 규정하고, 피해자의 인권을 보호하기 위해 피해자에 대한 적극적 지원과 예방 및 보호정책을 시행하고 있다.

2. 가정폭력이란 가족구성원 사이의 신체적, 정신적 또는 재산상 피해를 수반하는 행위를 말한다. 누구든지 가정폭력을 알게 된 경우에는 경찰에 신고할 수 있고, 피해자, 그와 일정한 관계가 있는 고소권자는 고소를 할 수 있다.

3. 「가정폭력방지법」은 가정폭력에 대한 상담뿐 아니라, 가정폭력피해자 보호시설 제공, 임대주택 입주 우선권 부여, 의료기관의 치료보호 등과 같은 피해자 보호를 규정하고 있다.

4. 아동학대란 아동의 건강 또는 복지를 해치거나 정상적 발달을 저해할 수 있는 신체적·정신적·성적 폭력이나 가혹행위를 하는 것과 아동의 보호자가 아동을 유기하거나 방임하는 것을 말한다.

5. 아동학대의 발생 사실을 알게 된 사람은 누구나 아동보호전문기관 또는 수사기관에 신고할 수 있고, 아동학대신고의무자는 아동학대를 발견하는 즉시 신고를 해야 하며 신고를 하지 않은 경우에는 1,000만 원 이하의 과태료를 부과받게 된다.

6. 국가와 지방자치단체는 아동학대의 예방과 방지를 위한 각종 정책의 수립 및 시행, 연구·교육·홍보 및 아동학대 실태조사, 아동학대에 관한 신고체제의 구축·운영, 피해아동의 보호와 치료 및 피해아동의 가정에 대한 지원 등의 조치를 취하여야 한다.

제2절 | 결혼을 할 때

1. 결혼은 어떻게 이루어질까?

사 례

김민주 씨와 나대한 씨는 회사 동료로 만나 2년 동안 연애를 했고, 곧 결혼을 할 사이다. 그런데 친구들로부터 요즘에는 결혼 후에 서로에 대한 확신이 들면 혼인 신고를 하는 추세라는 말을 들었다. 두 사람은 친구들의 말을 듣고 결혼식은 올렸지만 혼인신고는 하지 않았다. 김민주 씨와 나대한 씨 부부. 이 두 사람의 관계는 어떻게 보아야 할까?

(1) 결혼식을 올리면 부부가 되는 걸까?

최근 김민주 씨와 나대한 씨처럼 결혼식을 올리고 혼인신고를 하지 않는 부부가 늘어나고 있다. 두 사람도 결혼식을 올렸으니 주변 사람들에게 부부로서 인정받았다고 생각하고 있다. 그렇다면 혼인신고를 하지 않은 두 사람은 결혼식을 근거로 부부로 인정받을 수 있을까?

• 혼인신고를 해야 법적 부부

두 사람이 결혼식을 올리고 부부로서 함께 생활하더라도 혼인신고를 하지 않았다면 법적 부부로 인정되지 않는다. 우리 법은 ① 두 사람이 결혼하려는 마음을 가지고, ② 혼인신고를 마쳐야 법적 부부로 인정한다. 우리는 일반적으로 결혼식을 올리면 부부로 인정된다고 생각하지만, 법적으로 인정되는 부부는 결혼식을 올렸는지 여부와 상관없이 혼인신고를 했는지 여부로 판단된다. 오히려 결혼식을 올리지 않았더라도 두 사람이 혼인신고를 했다면 법적 부부('법률혼'이라고 한다)로 인정된다.

혼인관계증명서

가족관계등록제도에 따라 혼인관계증명서에는 개인별로 혼인의 발생 및 변동사항이 기재된다. 혼인관계증명서는 본인과 배우자의 인적 사항과 현재의 혼인에 관한 사항을 내용으로 한다. 혼인관계증명서는 일반과 상세로 구분되어 발급되는데, 일반은 현재의 혼인에 관한 사항만 나오지만, 상세는 혼인뿐 아니라 이혼에 관한 사항까지(이혼 여부, 전 배우자 성명, 이혼신고일 등) 전부 기재되어 발급된다.

혼인신고서(서식)

혼인관계증명서(예시)

혼인 무효와 취소의 효과

혼인무효 판결이 확정되면 그 혼인은 처음부터 없었던 것이 되는 소급효를 가진다. 그러나 혼인취소 판결은 장래효를 가지기 때문에 판결확정 시점 이후부터 부부의 혼인관계가 종료된다.

• 혼인신고를 하는 방법

혼인신고는 구청, 읍·면 사무소에 직접 가서 해야 한다. 두 사람이 함께 가거나 혼자 간다면 상대방의 신분증이나 인감증명서를 첨부해야 한다. 혼인신고서에는 인적 사항 외에 성년자인 증인 2명의 서명이 필요하다.

혼인신고가 완료된 후에 두 사람은 가족관계등록부에 배우자로 등록된다.

• 법적 부부가 되면 발생하는 권리와 의무

① 혼인신고를 하면 부부는 서로 배우자가 되고, 시부모와 며느리, 처부모와 사위, 형부와 처제 등의 인척관계가 생긴다. 배우자와 사촌 이내의 인척은 친족이 된다.

② 동거 의무가 생긴다. 부부는 동거를 해야 한다. 동거는 같은 집에서 공동생활을 하는 것이다. 동거 장소는 부부가 협의로 정하고, 협의할 수 없는 경우에는 부부의 청구에 따라 가정법원이 정한다. 다만 일시적으로 따로 살 수밖에 없는 이유가 있다면(예를 들어, 주말부부나 해외출장, 입원 등) 동거하지 못할 수 있다.

③ 서로 부양하고 협조해야 한다. 부부는 함께 살아가는 데 필요한 의식주를 서로 부양해야 하며, 정신적, 육체적, 경제적으로 협조하여 생활해야 할 의무를 진다. 부부의 공동생활 비용은 사전에 정하지 않았다면 함께 부담하는 것이 원칙이다.

• 혼인이 무효나 취소가 되는 경우

혼인신고를 했더라도 두 사람 사이에 결혼에 대한 합의가 없는 경우, 8촌 이내 혈족 사이의 결혼인 경우, 당사자 간에 직계 인척관계가 있거나 있었던 경우, 당사자 간에 양부모계의 직계 혈족관계가 있었던 경우에 혼인은 무효가 된다. 무효가 되면 두 사람은 처음부터 부부가 아니었던 것이 되어, 재산분할을 청구할 수 없고, 자녀도 혼인 외의 자녀가 된다.

혼인이 취소되는 경우는 두 사람의 연령이 만 18세 미만인 경우, 부모나 후견인의 동의 없이 미성년자나 피성년후견인이 결혼한 경우(혼인 중 임신하거나 당사자가 19세에 달한 후 또는 성년후견종료의 심판이 있은 후 3개월이 지나면 취소 불가), 배우자가 있는 자가 이중으로 결혼한 경우, 6촌 이내 혈족의 배우자, 배우자의 6촌 이내의 혈족, 배우자의 4촌 이내 혈족의 배우자이거나, 배우자였던 자, 6촌 이내 양부모계의 혈족이었던 자와 4촌 이내 양부모계의 인척이었던 자 사이의 혼인이 이루어진 경우, 혼인 당시 당사자 일방에 부부생활을 계속할 수 없는 악성질환, 기타 중대한 사유가 있었던 것을 모르고 혼인한 경우(취소 사유가 있음을 안 날로부터 6개월이 지나면 취소 불가), 사기나 강박에 의해 혼인한 경우(사기 행위임을 안 날, 강박을 면한 날로부터 3개월이 지나면 취소 불가)를 말한다.

> **[판례] 사기로 인한 혼인 취소의 기준** 대법원 2016.2.18. 선고 2015므654, 661
>
> 대법원은 혼인을 취소할 수 있는 사기행위에는 혼인의 당사자 일방 또는 제3자가 소극적으로 고지를 하지 아니하거나 침묵한 경우도 포함되며, 이 경우 고지의무가 인정되어야 사기에 해당한다고 판결하였다. 고지의무가 있는지의 여부는 당해 사항이 혼인의 의사결정에 미친 영향의 정도, 당해 사항이 부부로서 애정과 신뢰를 형성하는 데 불가결한 것인지, 당사자의 명예 또는 사생활 비밀의 영역에 해당하는지 등의 구체적·개별적 사정과 더불어 혼인에 대한 사회일반의 인식과 가치관, 혼인의 풍속과 관습, 사회의 도덕관·윤리관 및 전통문화까지 종합적으로 고려하여 판단하여야 한다. 따라서 당사자가 성장과정에서 아동성폭력범죄 등의 피해를 당해 임신을 하고 출산하였으나 이후 자녀와의 관계가 단절되고 양육이나 교류 등이 전혀 이루어지지 않았다면, 혼인 당시 출산의 경력이나 경위를 고지하지 않았더라도 이는 당사자의 명예 또는 사생활 비밀에 해당하고, 사회통념상 당사자나 제3자에게 그에 대한 고지를 기대할 수 있다거나 이를 고지하지 아니한 것이 신의성실 의무에 비추어 비난받을 정도라고 단정할 수 없으므로 사기에 해당하지 않는다고 판결하였다.

혼인이 취소되면, 두 사람은 취소한 때로부터 부부가 아닌 것으로 되어 재산분할을 청구할 수 있고, 자녀는 혼인 중에 태어난 자녀가 된다. 취소 후에 자녀를 누가 양육할지에 대해서는 협의하거나 협의가 안되는 경우에 가정법원이 직권 또는 당사자의 청구에 따라 양육에 관한 사항을 결정한다. 이때 양육을 하지 않는 당사자는 자녀와 면접교섭권을 가진다. 또한 혼인 취소 책임이 있는 상대방에게 재산상, 정신상 손해배상을 청구할 수 있다.

(2) 혼인신고를 하지 않은 부부는 법적 보호를 전혀 받을 수 없을까?

원칙적으로 혼인신고를 해야 결혼생활에 대한 법적 지원과 보호를 받을 수 있으며, 부부로서 권리와 의무가 발생한다. 그러나 혼인신고를 하지 않는 사람들이 증가하면서 이들을 보호해야 할 필요성이 점차 높아지고 있다.

• 혼인신고를 하지 않은 부부는 '사실혼'

우리나라 법은 혼인신고를 하지 않은 부부를 보호하기 위해 '사실혼' 제도를 채택하고 있다. 사실혼은 혼인신고를 하지 않았지만, 부부로서 결혼생활을 하고 있는 것을 말한다. 사실혼으로 인정받기 위해서는 ① 두 사람 사이에 혼인하려는 마음이 있고, ② 일반적인 사람들이 보았을 때 부부라고 인정할 만한 사실이 있어야 한다. 혼인신고를 하지 않았더라도 양측 부모님이나 주변인들에게 부부로 인정되거나 경제적으로 살림을 꾸리고 동일 주소에 주민등록이 되는 등의 사실이 인정되어야 한다.

> **[판례] 사실혼 성립** 대법원 1987.2.10. 선고 86므70 판결 참조
>
> 대법원은 당사자 사이에 주관적으로 혼인의사의 합치가 있고, 객관적으로 부부공동생활이라고 인정할 만한 혼인생활의 실체가 존재하여야 사실혼으로 인정할 수 있다고 판결하였다.

다만 최근 늘어나고 있는 동거의 경우에는, 서로 혼인하려는 마음이 전혀 없다는 점에서 사실혼과 차이가 있다.

• 사실혼의 보호

사실혼은 원칙적으로 법적 보호를 받을 수 없다. 그러나 사실혼 부부는 혼인신고가 없을 뿐 부부가 결혼생활을 하는 점에서 법률혼 부부와 차이가 없다. 그래서 우리 법은 일정한 범위 내에서 사실혼을 법률혼과 마찬가지로 보호한다.

민법은 상속자가 없는 경우에 사실혼 배우자의 상속 분여청구를 허용하고 있으며, 「근로기준법」 및 「공무원연금법」, 「사립학교교원연금법」 등은 사실혼 배우자를 각종 연금이나 보험금 수령권자로 인정한다. 「주택임대차보호법」도 배우자가 사망한 경우에 함께 생활하던 배우자가 임차권을 승계하는 규정을 두고 있다.

나아가 「모자보건법」은 1년 이상 함께 산 사실혼관계에 있는 부부도 법적 부부와 마찬가지로 난임치료를 위한 시술비 등을 지원받을 수 있는 규정을 두고 있다.

> **사실혼 배우자의 상속 재산 분여청구**
>
> 「민법」 제1057조의2에 따르면, 상속권을 주장하는 자가 없는 때에는 가정법원은 피상속인과 생계를 같이 하고 있던 자, 피상속인의 요양간호를 한 자, 기타 피상속인과 특별한 연고가 있던 자의 청구에 의하여 상속재산의 전부 또는 일부를 분여할 수 있다.

> 💬 **사실혼 배우자의 상속권**
>
> 사실혼 배우자는 원칙적으로 상속권이 없다. 예외적으로 민법의 상속재산 분여청구를 할 수 있을 뿐이다. 따라서 사실혼 배우자에게 상속을 하기 위해서는 생전에 재산을 증여하거나 사후에 재산을 증여하겠다는 유증을 해야 한다.

• 사실혼의 해소

사실혼은 두 사람이 부부관계를 끝내자는 일방의 의사만으로 해소된다. 부부
모두 재산분할청구를 할 수 있으며, 사실혼 배우자가 사실혼을 부당하게 파기한
경우에는 손해배상을 청구할 수 있다.

💬 동거하다 헤어진 경우에도 재산분할이 가능할까?

우리나라에 결혼은 하지 않고 동거만 하는 커플이 늘어나고 있다. 동거는 사실혼과 달리 혼
인할 의사가 없기 때문에 사실혼처럼 보호받을 수 없다. 재산분할을 하기 위해서는 동거관
계만으로는 부족하고, 사실혼관계가 반드시 입증되어야 한다.

• 사실혼 부부의 자녀

사실혼 부부의 자녀는 혼인 외의 자녀가 된다. 사실혼 부부의 자녀는 일단 어
머니의 성과 본을 따르며, 어머니와는 법률상 모자관계가 성립하지만 아버지와는
부자관계가 생기지 않는다. 부자관계를 형성하기 위해서는 아버지가 인지를 하거
나 자녀가 인지청구의 소송을 하는 방법이 있다.

사례의 해결

김민주 씨와 나대한 씨는 결혼식을 올리고 함께 살고 있지만 혼인신고를 하지 않았으므로
법적 부부라고 할 수 없다. 따라서 법적 부부임을 전제로 하는 상속권 등은 인정될 수 없다.
그렇지만 두 사람은 같은 주소지에 살고 있고, 가족들과 주변 사람들에게 부부라고 인정받
고 있다는 점에 비추어 사실혼 부부로 볼 수 있으며, 일정한 범위에서 부부로서의 법적 보호
를 받을 수 있다.

이것만은 꼭!

1. 법적 부부가 되려면 서로 결혼할 의사가 있고, 혼인신고를 해야 한다.
2. 법적으로 부부가 되면 친족관계가 생기고, 부부 사이에는 동거, 부양, 협조 의무가
   발생한다.
3. 사실혼은 서로 결혼할 의사가 있지만, 혼인신고를 하지 않은 경우에 성립한다.
4. 우리 법은 혼인과 가족생활을 보장하기 위해 혼인신고를 하지 않은 부부일지라도
   사실혼의 관계가 성립하면 일정한 법적 보호를 받을 수 있도록 하고 있다.
5. 사실혼이 해소되는 경우에 재산분할이나 위자료 등을 청구할 수 있다.

2. 부부간의 재산은 어떻게 관리해야 할까?

> ### 사 례
>
> 장지연 씨는 재정난으로 힘겨운 나날을 보내고 있다. 쇼핑몰 창업을 하기 위해 친구 김현주 씨로부터 2,000만 원의 자금을 빌렸지만 운영 적자로 돈을 갚지 못하고 있으며, 유학 중인 자녀에게 생활비를 보내기 위해 은행에서 아파트를 담보로 대출을 받았지만 몇 달째 이자를 연체하고 있다. 그러나 이러한 사실을 모르고 있던 남편 노상환 씨는 김현주 씨로부터 갑자기 돈을 갚으라는 연락을 받았고, 뒤늦게 자신의 부동산을 담보로 대출이 된 사실을 알게 되었다. 이러한 경우 노상환 씨는 부부라는 이유로 장지연 씨가 빌린 돈을 모두 갚아야 할까?

(1) 부부라면 서로의 빚을 갚아줘야 할까?

부부라면 당연히 서로의 빚을 갚아줘야 한다고 생각하는 사람들이 있다. 노상환 씨도 그렇게 생각하고 괴로워하고 있었다. 그러나 법은 혼인 전에 부부가 자유롭게 약정에 의해 재산관계를 정하도록 하고, 그러한 합의가 없는 경우에 부부 각자가 재산을 관리하는 부부별산제를 적용한다.

• 부부재산계약

민법은 부부가 자신들의 재산에 대하여 자유롭게 약정할 수 있는 제도를 마련하고 있다. 이 제도는 부부를 재산관계에서 독립된 인격체로 보고 부부간의 평등한 재산권을 보장하기 위해 도입되었다. 결혼을 앞둔 두 사람은 부부재산계약을 통해 혼인생활 동안 재산관계를 어떻게 할지 미리 약속할 수 있다. 민법은 "부부로 될 자는 혼인이 성립하기 전에 그 재산에 관하여 자유롭게 계약을 체결할 수 있다"(제829조 제1항)라고 부부재산계약을 규정하고 있다.

부부재산계약은 반드시 혼인 전에 체결해야 한다. 혼인 후에 체결하는 계약은 무효가 된다. 부부재산계약의 내용은 재산의 귀속, 관리뿐 아니라 생활비 부담, 일상가사에 대한 책임 등도 포함된다. 계약의 방식은 구두나 서면으로 할 수 있지만, 혼인 전에 등기를 해야 제3자에게 대항할 수 있다. 등기는 대항요건이므로 등기를 하지 않더라도 부부재산계약은 유효하다.

부부재산계약은 혼인 중에만 적용되며, 혼인 전이나 혼인 해소 후에는 적용되지 않는다.

부부재산계약의 대항요건

부부재산계약이 성립하면 부부 사이에서 효력이 바로 발생한다. 그러나 제3자에게 대항하기 위해서는 부부재산약정등기부에 등기('부부재산계약등기'라는 특별 등기)를 해야 한다.

그런데 혼인 생활 중에 부적절한 관리로 재산이 위태롭게 되는 등 부부재산계약의 내용을 변경해야 하는 경우가 있을 수 있다. 원칙적으로는 혼인 중에 재산계약의 내용을 변경할 수 없지만, 정당한 사유가 있는 경우에는 법원의 허가를 받아 변경이 가능하다(「민법」 제829조 제2항).

부부관계계약서(서식)

• 부부별산제도

우리 법은 부부가 서로 평등하다는 이념을 바탕으로 부부별산제를 채택하고 있다. 사실 대부분의 부부들은 혼인 전에 부부재산계약을 체결하지 않기 때문에 부부별산제의 적용을 받는다. 부부별산제는 부부 각자의 재산은 당사자가 관리하는 것을 원칙으로 한다. 부부의 재산에는 혼인 이전부터 소유하는 '고유재산'과 혼인 중 자기의 명의로 취득한 '특유재산'이 있는데, 이 재산은 원칙적으로 부부 각자가 관리하고, 사용, 수익하며 처분할 수 있다. 예를 들어, 혼인 중에 남편이 오피스텔을 취득하여 자신의 명의로 등기하였다면, 그로 인한 임대 수익은 남편에게 귀속된다.

> **[판례] 특유재산의 명의자와 소유자**
>
> 대법원 1992.12.11. 92다21982
>
> 특유재산은 재산의 소유자를 누구의 명의로 했는지가 중요하지만, 단순히 그 명의자를 소유자로 보아서는 안되는 경우가 있다. 혼인 중에 취득한 재산을 한쪽 명의로 했더라도 실질적으로 부부가 공동으로 협력하여 취득한 재산이라면(부부 각자가 대금의 일부씩을 분담하여 매수하였거나 부부가 연대채무를 부담하여 매수하였다는 등) 부부의 공유에 속하는 재산으로 보아야 한다.
>
> 대법원 1990.10.23. 90다카5624 1995.12.12. 95다25695
>
> 혼인 전에 취득한 재산이지만 배우자가 그 재산을 유지하는 데 적극적으로 협력하여 그 재산이 감소되는 것을 방지하였거나 재산을 증식시켰다면 공유재산으로 보아야 한다.

부부별산제에 따르면 부부는 서로의 재산 관리 방식에 대하여 관여할 수 없고, 상대방의 채무를 부담해야 할 의무도 없다.

한편, 부부 중 누구에게 속한 것인지 분명하지 않은 재산은 부부의 공유재산

으로 추정한다. 공유재산에는 부부가 함께 협력하여 구입한 재산도 포함된다. 부부는 함께 살면서, 동거, 부양, 협조 의무에 따라 서로의 재산관계에 밀접한 영향을 미치기 때문이다. 따라서 법은 부부재산의 귀속과 관리에 관하여 별산제를 채택하면서도 예외적으로 공유추정의 규정을 두고 있다. 실제 사례에서는 부부 공유재산으로 인정되는 경우가 많다.

(2) 자녀 유학 생활비를 위해 받은 대출 채무는 갚아야 할까?

장지연 씨가 친구에게 자신의 사업자금을 빌린 것과 달리, 자녀의 유학 생활비를 위해 대출을 받은 것은 부부가 자녀를 양육하기 위하여 필요한 일이라고 할 수 있다. 이러한 경우에 노상환 씨는 은행의 대출채무를 갚아야 하는 걸까?

• 일상가사대리권

우리 법은 부부라면 일상의 가사에 관하여 서로 대리할 수 있는 권리를 가진다고 규정하고 있다. 부부는 생활공동체를 이루며 살아가고 있으므로 이를 유지하기 위한 거래 행위가 자주 발생한다. 판례상 일상생활에 필요한 의료, 식료품의 구입, 가옥의 임차, 집세나 방세의 지급, 전기·수도요금 등 공공요금 등은 일상가사의 범위에 속한다. 그러나 생활비의 범위를 넘어서는 금전차용, 직업상의 사무 및 어음배서 행위, 부동산의 매각 또는 저당권 설정, 임대 등은 일상가사에 해당하지 않는다.

> **[판례] 일상의 가사에 관한 법률행위**　대법원 2009.2.12. 선고 2007다77712
>
> 민법 제832조에서 말하는 '일상의 가사에 관한 법률행위'에 대하여 대법원은 "부부의 공동생활에서 필요로 하는 통상의 사무에 관한 법률행위를 말하는 것으로, 그 구체적인 범위는 부부공동체의 사회적 지위나 재산, 수입, 능력 등 현실적 생활상태뿐만 아니라 그 부부의 생활장소인 지역사회의 관습 등에 의하여 정하여지나, 당해 구체적인 법률행위가 일상의 가사에 관한 법률행위인지 여부를 판단함에 있어서는 그 법률행위를 한 부부공동체의 내부 사정이나 그 행위의 개별적인 목적만을 중시할 것이 아니라 그 법률행위의 객관적인 종류나 성질 등도 충분히 고려하여 판단하여야 할 것"이라고 판시하였다.

• 일상가사에 대한 연대책임

부부의 일방이 일상의 가사에 관하여 제3자와 법률행위를 한 경우에 다른 일방은 이로 인한 채무에 대하여 연대책임을 진다. 민법은 부부라는 점을 인식하고 거래한 제3자를 보호하기 위해 부부 일방이 일상의 가사에 관하여 타인에게 채무를 부담했다면, 배우자는 그 채무를 부담해야 한다고 규정하고 있다. 즉, 일상의 가사에 관한 빚은 배우자가 함께 갚아야 할 법적 의무가 있다.

일상의 가사에 대한 채무라도 제3자에게 책임지지 않는다고 명확하게 밝힌 경우에는 연대책임을 면할 수 있다. 그러나 이러한 사실을 알지 못하고 거래한 제3자에게는 대항하지 못한다.

사례의 해결

먼저 장지연 씨가 사업자금을 위해 부담한 채무는 부부가 공동으로 책임져야 할 이유가 없다. 두 사람은 혼인 전에 부부재산계약을 체결하지 않았으므로 부부별산제에 의하면 남편인 노상환 씨는 장지연 씨의 채무를 대신 갚아주어야 할 의무가 없다. 그러나 장지연 씨가 자녀의 유학 생활비를 위해 대출을 받은 것은 일상의 가사에 관한 채무로서 노상환 씨도 연대책임을 지게 된다. 또한 아파트의 명의가 노상환 씨로 되어 있더라도, 아파트가 혼인 중에 둘이 함께 형성한 재산이라면 공유재산으로 볼 수 있다.

이것만은 꼭!

1. 우리 법은 부부간의 재산관계에 대한 자유로운 약정을 인정한다. 그러나 특별한 약정이 없는 경우에는 부부별산제를 적용하여 부부 각자가 서로 평등한 존재로서 재산을 관리할 수 있도록 하고 있다.

2. 부부재산계약은 혼인 성립 전에 부부의 재산관계에 대하여 자유롭게 약속하는 것을 말한다.

3. 부부별산제는 부부 각자를 법률적으로 독립된 권리주체로 보고, 각자가 재산을 소유하고 관리할 수 있도록 한다.

4. 부부는 공동생활에서 수반되는 일상의 가사에 대하여 서로를 대리할 권리를 가진다.

5. 부부 일방이 제3자에게 일상의 가사에 대한 채무를 부담하면, 다른 일방은 이에 대해 연대책임을 진다.

더 알아보기   국제결혼

국제결혼은 국적이 서로 다른 사람들 간의 결혼을 말한다. 오늘날 글로벌 시대로 발전함에 따라 우리나라 국민과 외국인 사이의 혼인이 늘어나면서, 국제결혼의 법적 요건과 절차에 대한 관심이 높아지고 있다.

① 국제결혼을 하는 경우에 어느 나라의 법을 적용해야 할까?

부부는 각자의 본국법이 요구하는 혼인의 내용적 성립요건을 갖추어야 한다. 예를 들어, 대한민국 남성과 프랑스 여성이 결혼한다면 대한민국 남성에게는 대한민국법이, 프랑스 여성에게는 프랑스법이 적용된다.

혼인의 방식은 혼인거행지법 또는 당사자 일방의 본국법에 따른다. 이를 혼인의 형식적 성립요건이라고 한다. 여기서 '혼인거행지'란 당사자의 합의만으로 혼인이 성립하는 경우에는 합의 당시에 부부가 있었던 곳이고, 신고에 의해 혼인이 이루어지는 경우에는 그 신고를 받는 등록지를 말한다. 만일 대한민국 국민과 외국인이 대한민국에서 결혼식을 한 경우에는 대한민국 법에 의해 혼인신고를 해야 한다.

② 국제결혼의 혼인신고는 어떻게 해야 할까?

대한민국 국민과 외국인 간의 혼인신고 절차는 아래와 같다.

• 대한민국에서 혼인신고를 하는 경우

대한민국 국민인 배우자가 가족관계등록부를 등록한 지역의 관할 구청에 혼인신고서 및 다음 서류를 첨부하여 제출하면 된다. ① 해당 국가의 신분 증명 서류(유효한 해당 국가의 여권 또는 귀화증명서 원본, 운전면허증 중 하나가 있으면 된다.) ② 재혼인 경우 이전 결혼 종결을 증명하는 서류인 이혼증명서 원본 ③ 혼인요건 구비증명서: 대사관 등에 있는 혼인요건 구비증명서를 미리 작성한 후 해당 국가 대사관에 가서 영사 앞에서 혼인요건 구비증명서에 서명한 후 공증을 받아야 한다

• 외국에서 혼인신고를 한 경우

대한민국 국민과 외국인이 외국 방식에 의해 결혼 절차를 마쳤더라도 대한민국 가족관계등록부에 혼인이 기재되려면 대한민국에서 혼인신고를 마쳐야 한다. 즉, 외국에서 결혼식을 올린 후에 혼인 성립을 증명하는 서면을 첨부해서 대한민국의 행정기관에 혼인신고를 해야 한다. 결혼식을 거행한 외국의 방식에 의하여 혼인이 성립되었음을 증명하는 서면(=혼인증서)을 3개월 내에 그 지역을 관할하는 한국의 재외공관의 장에게 제출하거나, 혼인거행 지역이 한국의 재외공관 관할에 속하지 아니한 때에는 한국의 남편의 가족관계등록부 관할관청에 혼인증서 등본을 발송하여야 한다.

③ 국제결혼을 하면 어떠한 효과가 있을까?

대한민국에서 국제결혼을 하면 일반적인 법률혼의 효과로 친족관계 형성, 동거 · 부양 · 협조 의무 등이 발생하며, 국제결혼의 특별한 효과로 상대 배우자에게 체류자격이 주어지거나 국적취득을 할 수 있는 방안이 마련된다.

• 체류자격: 결혼이민자의 체류자격 부여

외국인이 대한민국 국민과 결혼하게 되면 국민의 배우자로서의 지위를 가지게 된다. 만일 대한민국 국민과 미국인이 대한민국에서 결혼한 경우 미국인은 기존의 국내 체류자격을 국민의 배우자에게 주어지는 체류자격인 결혼이민(F-6)자격으로 관할 지방출입국 · 외국인관서에서 변경신청할 수 있다. 결혼이민 자격은 취업활동에 제한이 없고, 2년 이상 대한민국에 체류하면 영주(F-5)자격으로 변경신청을 할 수 있다.

또한 결혼이민 자격을 가지고 있던 외국인이 결혼 후 2년이 지나 본인의 국적을 계속 유지하고 싶은 경우에 대한민국 국적을 취득하지 않고 영주자격으로 체류자격을 변경할 수 있다.

• 국적취득: 결혼이민자의 간이귀화

결혼이민자의 간이귀화요건은 다음과 같다.

① 대한민국 국민과 결혼한 상태로 대한민국에 2년 거주 또는 3년 경과 1년 거주일 것: 결혼한 상태로 2년 이상 계속 대한민국에 주소가 있어야 한다. 2년 이상 계속 주소가 없어도 결혼한 후 3년이 지나고 결혼한 상태로 대한민국에 1년 이상 주소가 있으면 국적취득이 가능하다.

② 대한민국의 민법상 성년(19세)일 것

③ 법령을 준수하는 등 품행이 단정할 것

④ 자신의 자산 · 기능에 의하거나, 생계를 같이하는 가족에 의존하여 생계를 유지할 능력이 있을 것

⑤ 국어능력과 대한민국의 풍습에 대한 이해 등 대한민국 국민으로서의 기본 소양을 갖추고 있을 것

⑥ 귀화를 허가하는 것이 국가안전보장 · 질서유지 또는 공공복리를 해치지 않는다고 법무부장관이 인정할 것

제3절 | 자녀의 출생과 입양

1. 자녀가 태어나면 어떠한 변화가 있을까?

사 례

김민주 씨는 나대한 씨와 결혼하고 혼인신고를 한 지 3년 만에 아이를 출산하였다. 두 사람은 새로운 가족이 생겼다는 기쁨을 누리며 행복한 나날을 보내고 있었다. 아이의 출생신고를 위해 구청에 다녀오던 길에, 두 사람은 김민주 씨의 친구 우리나 씨를 만났다. 우리나 씨도 남편 한국인 씨와 함께 구청에 가는 길이었는데, 그 부부는 혼인신고를 하지 않은 상태에서 낳은 아이라 출생신고를 할 수 있는지 모르겠다고 의기소침해 하고 있었다. 그렇다면 혼인신고를 한 부부와 아닌 부부에게 자녀의 출생은 차이가 있을까? 부부에게 자녀의 출생은 어떠한 변화를 가져올까?

(1) 혼인 여부는 자녀의 출생에 어떠한 영향을 미칠까?

우리 법은 자녀를 친생자와 양자로 나누어 구분한다. 친생자는 자연적 혈연관계가 있는 자녀이며, 양자는 법적으로 혈연관계를 맺은 자녀를 말한다. 친생자는 혼인 중의 출생자와 혼인 외의 출생자로 나누어지는데, 김민주 씨와 나대한 씨의 자녀는 혼인신고를 한 뒤에 태어났으므로 혼인 중의 출생자가 되고, 우리나 씨와 한국인 씨의 자녀는 혼인 외의 출생자가 된다.

• 혼인 중의 출생자

아내가 혼인 중에 임신한 아이는 남편의 자식, 즉, 친생자로 추정된다. 혼인이 성립한 날부터 200일 후에 출생한 자녀와 혼인관계가 종료된 날부터 300일 이내에 출생한 자녀도 친생자로 추정한다.

그러나 혼인관계 종료 후에 자녀가 친생자가 아님이 확실한 경우에는 모나 모의 전남편이 가정법원에 친생부인의 허가를 청구할 수 있다(이 경우에 혼인 중의 출생자로 출생신고가 되었다면 허가를 청구할 수 없다). 친생부인의 허가청구가 있는 경우에 가정법원은 혈액채취에 의한 혈액형 검사, 유전인자의 검사 등 과학적 방법에 따른 검사 결과 또는 장기간의 별거 등 그 밖의 사정을 고려하여 허가 여부를 정한다.

또한 부부 일방이 자녀가 부의 친생자임을 부인하고 싶은 경우에는 친생부인의 소를 제기할 수 있다. 친생자 추정과 현실이 일치하지 않는 경우에 부와 자 사이의 친자관계를 제거할 수 있는 소송제도이다. 친생부인의 소는 그 사유가 있음을 안 날부터 2년 내에 부 또는 처가 다른 일방 또는 자를 상대로 하여 제기하여야 한다. 만일 친생부인의 소의 상대방이 될 자가 모두 사망한 경우에는 그 사망을 안 날부터 2년 내에 검사를 상대로 하여 친생부인의 소를 제기할 수 있다.

💬 자녀의 성과 본은 어떻게 결정할까?

자녀의 출생신고를 할 때 부모는 자녀의 성과 본을 기재해야 한다. 우리 민법은 원칙적으로 자가 부의 성과 본을 따른다고 규정하고 있지만, 부모가 혼인신고를 할 때 모의 성과 본을 따르기로 협의한 경우에는 모의 성과 본을 따를 수 있도록 하였다. 나아가 자의 복리를 위하여 자의 성과 본을 변경할 필요가 있을 때에는 부, 모 또는 자의 청구에 의하여 법원의 허가를 받아 변경할 수 있는 제도를 마련하였다.
또한 혼인 외의 출생자로서 인지받은 자의 성과 본은 부의 성을 따르는 것이 원칙이지만, 혼인 외의 자의 부모가 협의하면 자는 인지되기 전에 사용하던 성을 그대로 유지할 수 있다.

• 혼인 외의 출생자

혼인 외의 출생자는 부모기 혼인하지 않은 상태에서 출생한 자녀를 말한다. 여기서 혼인은 혼인신고를 통해 법적 부부가 되는 것을 말한다. 혼인 외의 출생자는 모와의 사이에서는 출생과 동시에 친자관계가 발생하지만, 부와의 사이에서는 인지가 있어야 친자관계가 발생한다. 인지란 혼인 외의 출생자를 그의 생부 또는 생모가 자기의 자녀라고 인정하는 것이며, 임의인지와 강제인지가 있다.

임의인지는 혼인 외의 출생자의 부 또는 모가 하는 것으로, 「가족관계등록법」에 따라 혼인 외의 출생자를 자신의 자녀로 신고하면 그의 자녀가 된다. 즉, 부가 혼인 외의 자녀에 대해 친생자 출생신고를 한 경우에는 그 신고에 인지의 효력을 부여한다. 반면 강제인지는 혼인 외의 출생자가 그의 부 또는 모를 상대로 인지청구의 소를 제기하여 인지의 효과를 발생하게 하는 것이다.

인지청구의 소

인지청구의 소는 혼인 외의 출생자와 그 직계비속들이 생부나 생모를 피고로 삼아 청구할 수 있다.
인지청구의 소는 반드시 조정신청을 먼저 하여야 하며, 조정이 성립되면 판결과 동일한 효력을 가진다.

준정은 친생 부모가 혼인하여 혼외자가 혼인 중의 출생자로 되는 것을 말한다. 준정은 생부의 인지와 친생부모의 혼인을 요건으로 한다. 따라서, 혼인 전에 생부가 인지를 한 경우에는 부모가 혼인함과 동시에 준정이 이루어지지만, 생부가 인지를 하지 않은 상태에서 부모가 혼인한 경우에는 생부가 인지를 하여야 비로소 준정이 이루어진다.

혼인 외의 출생자가 부 또는 모로부터 자녀임을 인정받게 되면, 그가 태어났을 때부터 부 또는 모와의 사이에 법률상 친자관계가 있었던 것으로 다루어진다. 예를 들어, 인지를 통해 부자관계가 발생하면, 부는 자녀가 출생한 때로부터 부양 의무를 지게 된다. 만일 인지 전에 모가 자녀를 혼자서 양육했다면 부에 대하여 과거의 양육비 상환을 청구할 수 있다.

(2) 부모는 출생한 자녀를 위하여 친권을 가진다

부모와 자녀의 관계에서 중요한 법적 효과는 친권이다. 친권은 미성년인 자녀의 양육과 재산관리를 적절히 함으로써 그의 복리를 확보하기 위한 부모의 권리이자 의무를 말한다. 김민주 씨와 우리나 씨의 두 부부도 친생자관계가 확정됨과 동시에 출생한 자녀의 친권자가 된다.

• 친권자

부모는 출생한 자녀(미성년자)의 친권자가 된다. 원칙적으로 친권은 부모가 혼인 중인 때에는 공동으로 행사한다. 부모의 일방이 친권을 행사할 수 없을 때에만 다른 일방이 행사한다. 그러나 친권 행사에 관하여 부모의 의견이 일치하지 않을 때에는 일방의 청구에 의하여 가정법원이 정할 수 있다.

임의인지인 경우에는 부모가 협의하여 친권자를 정하여야 하고, 협의할 수 없거나 협의가 이루어지지 않는 경우에는 가정법원이 직권 또는 당사자의 청구에 의하여 친권자를 지정하여야 한다. 재판상 인지의 경우에는 가정법원이 직권으로 친권자를 정한다.

• 친권의 행사와 효과

친권을 행사함에 있어서는 자의 복리를 우선적으로 고려하여야 한다. 친권을 행사하는 부 또는 모는 다음의 권리를 가진다.

① 대리권 및 재산관리권

친권을 행사하는 부 또는 모는 미성년 자녀의 법정대리인이 된다. 법정대리인인 친권자는 자의 재산에 관한 법률행위에 대하여 그 자를 대리하고, 미성년 자녀가 자기의 명의로 취득한 재산을 관리한다. 친권자가 그 자녀의 재산관리권을 행사함에는 자기의 재산에 관한 행위와 동일한 주의를 하여야 한다.

그러나 친권자의 재산관리권은 제한될 수 있다. 만일 무상으로 자녀에게 재산을 수여한 제3자가 친권자의 관리에 반대하는 의사를 표시한 때에는 친권자는 그 재산을 관리하지 못한다. 이 경우에는 제3자가 지정한 재산관리인 또는 가정법원이 선임한 재산관리인이 그 재산을 관리한다. 또한 친권자가 자녀의 법정대리인으로서 그 자녀의 행위를 목적으로 하는 채무를 부담할 경우에는 반드시 자녀의 동의를 얻어야 한다.

법정대리인인 친권자와 그 자녀 사이에 이해상반행위를 하는 경우에 친권자는 법원에 그 자녀의 특별대리인의 선임을 청구하여야 한다. 친권자가 그 친권에 따르는 여러 명의 자녀 사이에 이해상반행위를 하는 경우에도 법원에 그 자녀 일방의 특별대리인의 선임을 청구하여야 한다.

> **이해상반행위**
> 이해상반행위는 친권자에게는 이익이 되지만 자녀에게는 불리한 행위이거나, 미성년자 쌍방을 대리하는 경우에 자녀들 중 어느 일방에게는 이익이 되고 다른 일방에게는 불이익한 행위를 하는 경우를 말한다.

② 보호, 교양의 권리 의무

친권자는 자녀를 보호하고 교양할 권리 의무가 있으며, 자녀가 거주할 장소를 지정할 수 있다.

💬 **친권자의 근로계약동의권**

「근로기준법」에 따르면, 친권자는 미성년자의 근로계약을 대리할 수 없고, 미성년자의 임금을 대리로 청구하거나 수령할 수 없다. 그러나 미성년자(만18세 미만)는 친권자의 동의를 얻어 근로계약을 체결할 수 있고, 독자적으로 임금을 청구할 수 있다.

• 친권의 상실 및 제한

최근 아동학대나 가정폭력 사건이 증가하면서 친권을 상실하게 하거나 제한해야 할 필요성이 대두되고 있다. 그래서 민법은 부 또는 모가 친권을 남용하여 자녀의 복리를 현저히 해치거나 해칠 우려가 있는 경우에 친권을 상실하거나 제한하도록 규정하고 있다. 가정법원은 친권자가 자녀의 복리에 현저히 반하거나 반할 수 있는 친권을 행사한 경우 친권의 상실, 일시 정지, 일부 제한을 선고할 수 있다. 가정법원의 선고는 자녀, 자녀의 친족, 검사 또는 지방자치단체의 장의 청구가 있어야 한다.

친권의 일시 정지를 선고하는 경우에 가정법원은 자녀의 상태, 양육 상황, 그 밖의 사정을 고려하여 2년을 넘지 않은 범위에서 정지 기간을 정하여야 한다. 다만 자녀의 복리를 위하여 친권의 일시 정지 기간의 연장이 필요한 경우에는 자녀, 자녀의 친족, 검사, 지방자치단체의 장, 미성년후견인 또는 미성년후견감독인의 청구에 의하여 2년의 범위에서 그 기간을 한 차례만 연장할 수 있다.

친권의 일부 제한은 거소의 지정, 그 밖의 신상에 관한 결정 등 특정한 사항에 대하여 친권자가 친권을 행사하는 것이 곤란하거나 부적당한 사유가 있는 경우에 구체적인 범위를 정하여 가정법원에서 선고한다. 이 경우에도 판단 기준은 자녀의 복리를 해치거나 해칠 우려가 있는지 여부이다. 또한 가정법원은 법정대리인인 친권자가 부적당한 관리로 인하여 자녀의 재산을 위태롭게 한 경우에는 자녀의 친족, 검사 또는 지방자치단체의 장의 청구에 의하여 법률행위의 대리권과 재산관리권의 상실을 선고할 수 있다.

무엇보다 중요한 것은 친권의 상실, 일시 정지, 일부 제한 또는 대리권과 재산관리권의 상실이 선고된 경우에도 부모의 자녀에 대한 그 밖의 권리와 의무는 변경되지 아니한다는 점이다.

사례의 해결

김민주 씨와 나대한 씨의 자녀는 혼인 중 친생자이다. 만일 남편 나대한 씨가 친생자임을 부인하려면 친생부인의 소를 제기해야 한다. 한편, 우리나 씨와 한국인 씨의 자녀는 혼인신고를 하지 않은 상태에서 태어났으므로 혼인 외의 출생자가 된다. 우리나 씨는 출산으로 모자관계가 성립되지만, 한국인 씨와 친자관계가 성립하기 위해서는 인지가 필요하다. 남편 한국인 씨가 출생신고를 하면 임의인지로 인정되어 부자관계가 성립하게 된다.

1. 민법은 부모와 자녀의 관계를 명확히 규정하고 이를 둘러싼 분쟁을 해결할 수 있는 소송을 마련하고 있으며, 자녀의 인권과 복리를 보장하기 위해 친권에 관한 사항을 규정한다.

2. 아내가 혼인 중에 임신한 아이는 남편의 자식, 즉, 친생자로 추정된다.

3. 혼인 외의 자녀는 부의 임의인지나 강제인지로 인해 친생자가 될 수 있다.

4. 부모와 자녀의 관계가 성립하면 친권이 발생한다.

5. 친권은 자녀의 복리를 우선적으로 고려하여 행사해야 하며, 대리권과 재산관리권, 보호, 교양의 권리 의무 등이 있다.

6. 부 또는 모가 친권을 남용하여 자녀의 복리를 현저히 해치거나 해칠 우려가 있는 경우에 가정법원은 친권의 상실, 일시 정지, 일부 제한, 법률행위의 대리권과 재산관리권의 상실을 선고할 수 있다.

2. 어떻게 아이를 입양할 수 있을까?

사 례

박민국 씨는 대학 시절 입양 기관에서 봉사활동을 했고, 나중에 결혼하면 아이를 꼭 입양하여 키우고 싶다는 생각을 하였다. 몇 년 후에 그는 이나라 씨와 결혼을 준비하면서 입양에 대한 자신의 생각을 이야기하였다. 이나라 씨도 아이를 입양하고 싶었던 터라 박민국 씨의 마음을 기쁘게 받아들였다. 그런데 두 사람은 입양에 대해 알아보던 중에 입양을 하려면 생각보다 복잡한 법적 요건과 절차를 거쳐야 한다는 점을 알게 되었다. 두 사람이 입양을 하기 위해서는 어떠한 절차를 거쳐야 하는 걸까?

(1) 입양은 어떻게 이루어질까?

최근 입양에 대한 인식이 변화하면서, 박민국 씨와 이나라 씨처럼 입양에 관심을 가지는 부부들이 늘어나고 있다. 그러나 입양은 단순히 입양하려는 마음만 있다고 이루어지지 않는다. 입양은 아동의 권리를 보장하고 아동이 건강하게 자랄 수 있는 가정을 만날 수 있도록 법에서 정한 요건과 절차를 따라야 한다.

- 입양제도

입양이란 혈연적으로 친자관계가 없는 사람 사이에 법률적으로 친자관계를 맺는 것을 말한다. 아동은 태어나면서 부모의 보호를 받으며 건강하게 성장할 수 있는 권리를 갖지만, 현실적으로 부모가 없거나 부모의 보호를 받지 못하는 아동들이 존재한다. 우리 법은 보호가 필요한 아동들에게 새로운 가정을 찾아주고, 아동들이 건강한 가정에서 성장할 수 있도록 입양 제도를 규정하고 있다.

입양에는 세 가지 종류가 있는데, 일반 입양과 친양자 입양, 입양특례법에 의한 입양이 있다. 입양은 양부모가 되려는 사람과 양자가 될 사람 사이에 합의가 있거나(일반 입양), 친양자에 대한 가정법원의 허가(친양자 입양) 또는 입양특례법에 의한 가정법원의 허가가 있어야(입양특례법에 의한 입양) 성립하며, 입양 신고를 해야 그 효력이 발생한다. 입양 신고 후에 양부모와 양자 사이에 법적으로 친자관계가 발생하고, 부양이나 상속 등의 권리가 인정된다.

• 일반 입양

일반 입양은 입양을 하려는 자와 입양되는 자, 즉, 양부모와 양자 사이에 입양을 한다는 합의가 있을 때 성립하고, 입양 신고를 해야 한다.

그러나 미성년자를 입양하려는 사람은 가정법원의 허가를 받아야 한다. 가정법원은 양자가 될 미성년자의 복리를 위하여 그 양육 상황, 입양의 동기, 양부모의 양육 능력, 그 밖의 사정을 고려하여 입양의 허가를 결정한다.

양부모는 성년자이어야 한다. 만일 양부모가 피성년후견인의 경우에는 성년후견인의 동의를 얻어야 하고, 배우자가 있는 사람은 배우자와 공동으로 입양해야 한다. 양자는 양부모의 존속 또는 연장자가 아니어야 하며, 법정대리인의 동의 또는 승낙을 받아야 한다(양자가 될 사람이 13세 이상의 미성년자인 경우에는 법정대리인의 동의를 받아 입양을 승낙해야 하고, 13세 미만인 경우에는 법정대리인이 그를 갈음하여 입양을 승낙해야 한다). 또한 양자는 부모의 동의를 받아야 하며, 배우자가 있다면 그의 동의를 얻어야 한다. 만일 이러한 요건들이 충족되지 않으면 입양 무효의 원인이 될 수 있다.

입양신고서(서식)

입양의 무효

입양신고가 되어 있더라도 입양에 실체상 또는 절차상의 하자가 있는 경우에는 입양이 무효가 된다. 대표적으로 입양 당사자 사이에 입양의 합의가 없는 경우에 입양은 무효가 된다.

입양의 취소

입양에 있어서 법에서 정한 취소 사유가 있을 때에는 취소권자가 가정법원에 소송을 제기하여 그 취소판결이 확정됨으로써 양부모와 양자관계를 장래에 향하여 소멸시킬 수 있다.

💬 파양

파양은 양친자관계를 종료하거나 해소시키는 절차이다. 파양에는 협의상 파양과 재판상 파양이 있다. 다만 후술하는 친양자의 경우에는 재판상 파양만 인정된다.

협의상 파양은 당사자 사이에 합의가 있으면 성립되고, 재판상 파양은 파양의 사유가 있는 경우(① 양부모가 양자를 학대 또는 유기하거나 그 밖에 양자의 복리를 현저히 해친 경우, ② 양부모가 양자로부터 심히 부당한 대우를 받은 경우, ③ 양부모나 양자의 생사가 3년 이상 분명하지 아니한 경우, ④ 그 밖에 양친자관계를 계속하기 어려운 중대한 사유가 있는 경우)에 법원의 판결을 받아 성립된다.

• 친양자 입양

친양자 입양은 입양된 자녀의 복리를 위하여 양자를 혼인 중 출생자로 보는 제도이다. 일반양자와 달리 친양자는 입양이 확정된 때부터 친생부모와의 친족관계 및 상속관계는 모두 종료되고, 양부의 성과 본을 따르게 된다. 따라서 친양자로 입양되면 양자와 친생자 간의 차별이 없어지고, 친생자와 같은 조건에서 성장할 수 있게 되는 장점이 있다.

친양자 입양은 당사자의 합의만으로 성립하지 않는다. 일정한 요건을 갖추어야 하며, 반드시 가정법원의 허가를 받아야 한다.

친양자를 입양하려면 다음의 요건을 갖추어야 한다.

💬 **친양자 입양요건**

1. 3년 이상 혼인 중인 부부로서 공동으로 입양할 것. 다만, 1년 이상 혼인 중인 부부의 한쪽 이 그 배우자의 친생자를 친양자로 하는 경우에는 그러하지 아니하다.
2. 친양자가 될 사람이 미성년자일 것
3. 친양자가 될 사람의 친생부모가 친양자 입양에 동의할 것. 다만, 부모가 친권상실의 선고를 받거나 소재를 알 수 없거나 그 밖의 사유로 동의할 수 없는 경우에는 그러하지 아니하다.
4. 친양자가 될 사람이 13세 이상인 경우에는 법정대리인의 동의를 받아 입양을 승낙할 것
5. 친양자가 될 사람이 13세 미만인 경우에는 법정대리인이 그를 갈음하여 입양을 승낙할 것

친양자 입양을 신고하는 사람은 친양자 입양 재판의 확정일부터 1개월 이내에 재판서의 등본 및 확정증명서를 첨부해야 한다.

입양특례법

(2) 입양 기관에서 입양을 하려면 어떻게 해야 할까?

박민국 씨와 이나라 씨는 일반 입양이나 친양자 입양이 아닌 입양 기관에 의한 입양을 하려고 한다. 입양 기관에 의한 입양을 하려면 구체적으로 어떠한 요건과 절차를 구비해야 할까?

▲ 아동권리보장원 입양인 지원센터(https://www.ncrc.or.kr)

• 입양 기관에 의한 입양

입양 기관은 보호자가 아동을 양육하기에 적당하지 않거나 아동을 양육할 능력이 없는 경우에 아동을 보호하다가, 입양부모가 되려는 이들이 찾아왔을 때 입양특례법에 따라 보호 아동의 입양을 알선한다. 입양특례법은 보호시설에 수용되어 있는 아동의 입양절차를 간소화하기 위해 민법에 대한 특례로 제정되었다.

• 양부모가 될 자격

입양 기관에 의한 입양을 하려면 양부모는 다음과 같은 자격을 갖추어야 한다.

① 양자를 부양하기에 충분한 재산이 있을 것
② 양자에 대하여 종교의 자유를 인정하고 사회의 구성원으로서 그에 상응하는 양육과 교육을 할 수 있을 것
③ 양친이 될 사람이 아동학대 · 가정폭력 · 성폭력 · 마약 등의 범죄나 알코올 등 약물중독의 경력이 없을 것
④ 양친이 될 사람이 대한민국 국민이 아닌 경우 해당 국가의 법에 따라 양친이 될 수 있는 자격이 있을 것
⑤ 양친이 될 사람은 25세 이상으로 양자가 될 사람과의 나이 차이가 60세 이내일 것(대한민국 국민이 아닌 경우 25세 이상 45세 미만)
⑥ 양친이 되려는 사람은 입양의 성립 전에 입양기관 등으로부터 보건복지부령으로 정하는 소정의 교육을 마쳐야 함

• 입양절차

먼저 입양 자격을 갖춘 아동을 양자로 하려면 친생부모의 동의를 얻어야 한다. 입양의 동의는 아동의 출생일부터 1주일이 지난 후에만 가능하며(입양숙려제), 입양 동의의 대가로 금전 또는 재산상의 이익 등 반대급부를 주고받거나 주고받을 것을 약속해서는 안 된다.

입양의 자격을 갖춘 경우에는 관련 서류를 구비하여 가정법원의 허가를 받아야 한다. 가정법원은 양자가 될 아동의 복리를 위하여 입양 여부를 판단하며, 양친이 될 사람의 입양의 동기와 양육 능력, 그 밖의 사정을 고려하여 허가를 하지 아니할 수 있다.

입양은 가정법원의 인용심판 확정으로 효력이 발생하며, 양자는 민법상 친양자와 동일한 지위를 가진다. 가정법원의 입양 허가를 통해 입양이 성립되면 친생부모의 모든 권리와 의무는 소멸되고, 입양부모에게 입양아동에 관한 모든 권리와 의무가 이전된다. 양친 또는 양자는 가정법원의 허가서를 첨부하여 가족관계등록법에서 정하는 바에 따라 신고하여야 한다.

• 입양 상담 제공

입양 기관은 입양 동의 전에 친생부모에게 아동을 직접 양육할 경우 지원받을 수 있는 사항 및 입양의 법률적 효력 등에 관한 충분한 상담을 제공해야 한다.

입양숙려제
친생부모의 입양 동의는 아동의 출생 후 1주일이 경과한 후에만 가능하다. 이는 아동의 최선의 이익을 위해 원가정 보호를 우선적으로 고려할 수 있도록 아동의 출생 후 1주일의 숙려기간을 둔 것이다.

입양절차

01 입양 신청 및 서류 접수	※ 입양 기관에 양친가정 조사신청서 제출 1. 양친가정조사신청서(별지 제6호 서식) 2. 가족관계증명서 3. 혼인관계증명서 4. 주민등록등본

⬇

02 양친가정 조사	• 가정 조사 실시(입양 기관 사회복지사의 방문 · 2회 이상 조사) • 예비 양부모 교육 : 보건복지부령으로 정하는 소정의 교육 이수 (별지 제1호 양친교육이수증명서 발급) ※ 상황에 따라 순서 변동 가능

⬇

03 양친가정조사서 발급	• 양친가정조사서 작성(입양 기관/별지 제7호 서식) • 신청인에게 양친가정조사서 발급(입양 기관)

⬇

04 결연	• 입양 대상 아동과 예비 양부모 결연

⬇

05 가정법원에 입양 서류 제출	※ 가정법원에 입양 허가 신청 1. 입양허가신청서 2. 신청 관련 사항 목록 3. 기본증명서, 가족관계증명서, 주민등록등본(사건본인) 4. 기본증명서, 혼인관계증명서, 가족관계증명서, 주민등록등본(청구인들) 5. 입양대상아동 확인서 6. 양친될 사람의 범죄경력조회 회보 7. 양친가정조사서 8. 양친될 사람의 교육이수증명서 9. 입양동의서

⬇

06 입양의 허가	• 가정법원의 인용심판 확정으로 입양 허가

⬇

07 입양 & 아동의 인도	• 가정법원의 입양 허가가 결정된 후 아동을 양부모에게 인도 ※ 인도시 아동관련 기록 및 물품 전달

⬇

08 입양 신고	• 가정법원의 허가서를 첨부하여 가족관계 등록 등에 관한 법률에 정하는 바에 따라 친양자 입양신고 (친양자 입양신고서 작성)

⬇

09 사후관리	입양 성립 이후 입양 기관은 1년 동안 양친과 양자의 상호적응을 위하여 사후서비스를 제공

(출처: 아동권리보장원 홈페이지)

① 아동을 직접 양육할 경우 지원받을 수 있는 사항 및 양육에 관한 정보
② 입양의 법률적 효력 및 파양
③ 입양 동의의 요건 및 입양 동의의 철회
④ 입양절차
⑤ 입양 정보공개청구

입양 기관은 13세 이상의 입양될 아동에게 입양 동의 전에 입양 동의의 효과 등에 관한 충분한 상담을 제공해야 한다. 상담의 내용은 입양의 법률적 효력 및 파양, 입양 동의의 요건 및 입양 동의의 철회, 입양절차, 입양 정보공개청구, 양친이 될 사람에 관한 정보이다.

• 입양 가정에 대한 지원

입양이 성립하면 정부로부터 다음과 같은 경제적 지원을 받을 수 있다.

국내입양 가정에 대한 경제적 지원	
입양 수수료 지원	입양 기관에 지급하는 입양비용 지원 (전문기관 270만 원, 지정기관 100만 원)
양육수당	입양아동 양육수당 지급(만 16세 전, 월 15만 원)
장애아동	장애아동 입양양육보조금 및 의료비 별도 지원(만 18세 전)
	입양양육보조금: 중증 월 62만7,000원, 경증 및 기타 월 55만1,000원
	의료비: 연 260만 원 한도
의료급여	1종으로 지정하여 의료비 지원
심리치료 지원	입양아동 심리치료비 지원(만 18세 전, 월 20만 원 한도)

※ 입양 수수료, 양육수당, 장애아동 양육보조금 및 의료비는 복권기금에서 지원

(출처: 아동권리보장원 홈페이지)

경제적 지원 외에도 양부모 교육, 입양인에 대한 사후관리와 같은 지원을 받을 수 있다. 양부모 교육은 입양 가정 부모 · 자녀의 심리와 적응, 부모 역할에 대한 교육을 통해 입양자녀들이 겪게 될 상황을 충분히 인식하고 준비하도록 하기 위해 마련되었다. 입양자녀의 건강한 발달 및 적응을 지원하기 위해 아동권리보장원은 홈페이지를 통해 온라인으로 교육을 제공하고 있다.

또한 입양인의 정체성 확립을 돕고 건강한 사회인으로 성장할 수 있도록 사후 서비스를 지원한다. 입양기관의 장은 양친과 양자의 상호 적응 상태에 관한 관찰 및 이에 필요한 서비스와 입양 가정에서의 아동 양육에 필요한 정보 등을 제공해야 한다. 국외 입양인의 경우에는 모국방문사업, 모국어 연수지원, 모국에 관한 자료 제공, 그 밖에 국외로 입양된 아동을 위하여 보건복지부장관이 필요하다고 인정하는 사후서비스를 제공하고 있다.

사례의 해결

먼저 박민국 씨와 이나라 씨는 입양 기관에 의한 입양을 할 수 있는 자격이 되는지 알아봐야 한다. 충분한 재산이나 직업상 결격사유 등 양부모의 자격을 갖추었는지 구체적으로 검토한 다음 주변의 입양 기관에 직접 방문하여 입양과 관련된 상담을 받을 수 있다. 만일 박민국 씨와 이나라 씨가 양부모의 자격을 갖추었다면 입양 자격을 갖춘 아동의 친생부모의 동의를 얻어야 한다. 최종적으로 입양에 관한 서류를 구비하여 가정법원의 허가를 받고, 입양 신고를 하면 된다. 이때 입양된 아동은 민법상 친양자와 동일한 지위를 가진다.

이것만은 꼭!

1. 우리 법은 보호가 필요한 아동들에게 새로운 가정을 찾아주고, 아동들이 건강한 가정에서 성장할 수 있도록 입양제도를 규정하고 있다.

2. 입양에는 일반 입양, 친양자 입양, 입양 기관에 의한 입양이 있다.

3. 일반 입양은 양부모와 양자 사이의 합의가 있으면 성립될 수 있다.

4. 친양자 입양은 자녀의 복리를 위하여 양자를 혼인 중의 출생자로 보는 제도이며, 당사자의 합의만으로 성립할 수 없고 반드시 가정법원의 허가를 받아야 한다.

5. 입양 기관에 의한 입양을 하기 위해서는 양부모는 양자를 부양하기에 충분한 재산이 있어야 하는 등 법에서 정한 자격을 반드시 갖추어야 하며, 가정법원의 허가를 받아야 한다.

6. 입양 기관은 입양 동의 전에 친생부모와 13세 이상의 입양될 아동에게 입양에 관한 충분한 상담을 제공해야 한다.

인공수정을 통해 자녀를 출산하는 가정이 늘어나면서 이를 둘러싼 법적 문제가 증가하고 있다. 최근 대법원은 남편이 아닌 제3자의 정자를 제공받아 인공수정을 하여 자녀를 출산한 경우에 출생한 자녀가 친생자로 추정되는지에 대한 판결을 내렸다(대법원 2019.10.23 선고 2016므2510 전원합의체 판결).

사실관계

A는 B와 결혼했지만 무정자증으로 자녀가 생기지 않자 다른 사람의 정자를 제공받아 인공수정을 하여 첫째 아이를 낳고 친생자로 출생신고를 하였다. 이후 둘째 아이가 태어나자 이번에도 친생자로 출생신고를 했다. 그런데 2013년에 가정불화로 이혼소송을 하는 과정에서 A는 둘째 아이가 혼외관계로 태어났다는 사실을 뒤늦게 알게 됐고, A씨는 두 자녀를 상대로 친자식이 아니라며 소송을 냈다.

Q 아내가 혼인 중 남편이 아닌 제3자의 정자를 제공받아 인공수정으로 임신한 자녀를 출산한 경우, 출생한 자녀가 남편의 자녀로 추정되는가?

A 혼인 중 출생한 인공수정 자녀도 혼인 중 출생한 자녀에 포함된다고 보아야 하기 때문에 친생추정 규정이 적용되어 남편의 자녀로 추정된다고 할 수 있다. 혼인 중 출생한 자녀의 부자관계는 민법 규정에 따라 일률적으로 정해지는 것이고, 혈연관계를 개별적·구체적으로 심사하여 정해지는 것이 아니다.

Q 그렇다면 제3자의 정자를 제공받아 인공수정하는 것에 동의한 남편이 나중에 이를 번복하고 친생부인의 소를 제기할 수 있는가?

A 정상적으로 혼인생활을 하고 있는 부부 사이에서 인공수정 자녀가 출생하는 경우 남편은 동의의 방법으로 자녀의 임신과 출산에 참여하게 되는데, 이것이 친생추정규정이 적용되는 근거라고 할 수 있다. 따라서 남편이 인공수정에 동의하였다가 나중에 이를 번복하고 친생부인의 소를 제기하는 것은 허용되지 않는다.

Q 혼인 중 아내가 임신하여 출산한 자녀가 남편과 혈연관계가 없다는 점이 밝혀진 경우에도 친생추정의 효력이 미치는가?

A 민법이 혼인 중 출생한 자녀의 법적 지위에 관하여 친생추정 규정을 두고 있는 입법 취지와 연혁, 헌법이 보장하고 있는 혼인과 가족제도, 사생활의 비밀과 자유, 부부와 자녀의 법적 지위와 관련된 이익의 구체적인 비교 형량 등을 종합하면, 혼인 중 아내가 임신하여 출산한 자녀가 남편과 혈연관계가 없다는 점이 밝혀졌더라도 친생추정의 효력이 미친다고 볼 수 있다.

제4절 | 이혼을 할 때

1. 이혼은 어떻게 이루어질까?

> ### 사 례
>
> 김민주 씨는 결혼생활의 갈등이 깊어지자 이혼을 해야겠다는 결심을 하였다. 최근 나대한 씨가 사업을 핑계로 늦은 귀가를 했고, 다른 여성과 교제하는 모습을 보였으며, 자녀양육에도 소홀했기 때문이다. 그러나 김민주 씨가 나대한 씨에게 이혼을 하고 싶다는 말을 하자, 나대한 씨는 절대 이혼을 할 수 없다며 화를 내기 시작했다. 이러한 경우 김민주 씨는 이혼을 할 수 있는 방법을 찾을 수 있을까? 김민주 씨는 나대한 씨와 어떻게 이혼할 수 있을까?

(1) 이혼은 합의 또는 재판으로 할 수 있다

이혼은 혼인으로 맺어진 법적 부부관계를 끝내는 것이다. 이혼을 하면 혼인으로 발생했던 법적 권리와 의무가 변동되고, 이는 부부를 둘러싼 법률관계에 혼란을 불러일으킨다. 따라서 이혼의 절차와 효과는 엄격하게 법으로 규정되어야 한다. 이혼을 하려는 김민주 씨도 법에 따라 이혼의 방법을 찾아야 할 것이다.

• 협의이혼과 재판상 이혼

우리 법에서 정하는 이혼에는 협의이혼과 재판상 이혼이 있다. 협의이혼은 당사자가 이혼과 자녀양육에 합의하고 판사로부터 이혼 의사를 확인받아 신고하는 방법이다. 반면 재판상 이혼은 협의이혼을 할 수 없고 당사자 중 일방에게 재판상 이혼 사유가 있는 경우에 소송을 통해 이혼을 하는 방법이다.

(2) 협의이혼을 하려면 어떠한 절차를 거쳐야 할까?

• 협의이혼의 절차

부부가 서로 이혼하려는 의사가 합치하면 협의이혼을 할 수 있다. 협의이혼은 부부의 의사 합치를 요건으로 하기 때문에 실제로 이혼의 의사가 없으면서도 형식적으로만 협의이혼을 하는 경우에 이혼은 무효로 된다. 그러나 어떤 목적으로 이혼한 경우(예: 남편의 사업 실패로 재산을 지키기 위해 서류상으로만 이혼한 경우) 그 이혼은 유효하다는 것이 확립된 대법원 판례이다.

협의이혼의사확인
신청서(서식)

협의이혼을 하려는 부부는 직접 협의이혼의사확인을 받기 위해 신분증과 도장을 가지고 법원에 가야 한다. 협의이혼은 변호사와 같은 대리인에 의해서 신청할 수 없다. 두 사람은 등록기준지 또는 주소지를 관할하는 법원을 방문하여 협의이혼의사확인신청서를 제출하고 협의이혼에 관한 안내를 받아야 협의이혼의사확인기일이 지정된다.

양육하여야 할 자녀가 있는 경우에는 자의 양육과 친권자 결정에 관한 협의서 또는 가정법원 심판정본을 함께 제출하여야 한다. 그리고 법원은 당사자가 협의한 양육비 부담에 관한 내용을 확인하는 양육비부담조서를 작성하여야 하며, 그 경우 양육비부담조서의 효력에 대하여는 판결정본과 같은 효력이 있다.

협의이혼 당사자는 미성년인 자녀가 있는 경우에는 3개월, 미성년의 자녀가 없는 경우에는 1개월의 이혼숙려기간이 경과한 후에 법원에 의해 지정된 날짜에 부부가 함께 판사 앞에 출석하여 본인 여부 및 이혼의사 진정 여부를 확인받는다.

마지막으로 법원에서 발급한 확인서등본을 각각 1통씩 교부받아 3개월 이내에 등록기준지 또는 주소지에 신고하면 이혼의 효력이 발생한다.

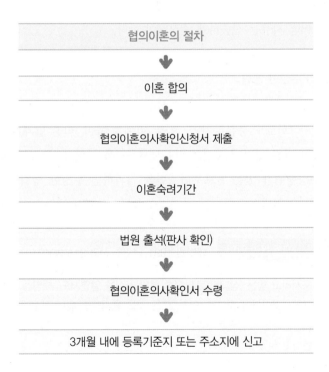

협의이혼의 절차

⬇

이혼 합의

⬇

협의이혼의사확인신청서 제출

⬇

이혼숙려기간

⬇

법원 출석(판사 확인)

⬇

협의이혼의사확인서 수령

⬇

3개월 내에 등록기준지 또는 주소지에 신고

(3) 재판상 이혼은 어떠한 경우에 할 수 있을까?

- 재판상 이혼의 사유

재판상 이혼은 일정한 사유가 있을 때 당사자 일방의 청구로 가정법원의 판결에 의하여 이혼하는 것을 말한다. 재판상의 이혼은 민법에서 정한 일정한 사유가 있는 경우에만 허용된다.

💬 **재판상 이혼 사유**

- 배우자의 부정한 행위가 있었을 때
- 배우자가 악의로 다른 일방을 유기한 때
- 배우자 또는 그 직계존속으로부터 심히 부당한 대우를 받았을 때
- 자기의 직계존속이 배우자로부터 심히 부당한 대우를 받았을 때
- 배우자의 생사가 3년 이상 분명하지 아니한 때
- 기타 혼인을 계속하기 어려운 중대한 사유가 있을 때

위의 이혼 사유는 각각 독립적인 것이어서 배우자의 부정한 행위를 이유로 한 이혼이 인정되지 않았더라도, 이후 다른 사유를 근거로 다시 이혼을 청구할 수 있다. 하지만 당사자가 주장하지 않은 이혼 사유로 법원은 이혼 판결을 내릴 수 없기 때문에 이혼 사유는 신중하게 주장해야 한다.

① 배우자의 부정한 행위

부정한 행위는 부부의 정조의무에 충실하지 않은 일체의 행위를 의미한다. 부정한 행위는 단 1회로도 충분하지만, 혼인 전(예를 들어, 약혼 단계)에 한 행위는 제외된다. 또한 다른 일방이 사전동의나 사후용서를 하거나, 부정행위를 안 날로부터 6월, 부정행위가 있은 날로부터 2년을 경과하면 부정한 행위를 이유로 한 이혼청구를 할 수 없다.

⚖ **[판례] 사후용서의 의미** 대법원 1991.11.26. 선고 91도2049

법원은 사후용서라고 함은 '상대방의 부정한 행위 사실을 알면서도' 책임을 묻지 않겠다는 뜻을 표시하는 것이어야 하므로, 단지 '모든 것을 용서해줄 테니 사실대로 얘기하라'고 말했다거나, 그러한 내용으로 서약서를 써준 것만으로는 여기서 말하는 사후용서에 해당되지 않는다고 하였다.

② 악의의 유기

악의의 유기란 정당한 이유없이 부부로서의 동거, 부양, 협조 의무를 이행하지 않는 것을 말한다. 예를 들어, 상대방을 집에서 내쫓거나 돌아오지 못하게 한 경우, 상대방을 집에 두고 나가서 돌아오지 않는 경우가 이에 해당한다. 여기서 유기는 상당 기간 계속되어야 하므로 일상생활에서 흔히 볼 수 있는 하루이틀의 가출이나, 친정에 자주 가는 것만으로는 인정되지 않는다.

③ 배우자 또는 그의 직계존속에 의한 심히 부당한 대우

혼인관계를 지속하는 것이 가혹하다고 여겨질 정도의 폭행, 학대, 중대한 모욕을 당한 경우를 말한다.

④ 자기의 직계존속에 대한 배우자의 심히 부당한 대우

자신의 부모나 조부모가 배우자로부터 신체적, 정신적으로 학대, 폭행, 모욕을 당하여 부부의 공동생활을 지속하는 것이 고통스러울 정도가 된 경우를 의미한다.

⑤ 3년 이상의 생사불명

배우자 일방의 생사를 증명할 수 없는 상태가 3년 이상 계속된 경우이다.

⑥ 기타 혼인을 계속하기 어려운 중대한 사유

기타 혼인을 계속하기 어려운 중대한 사유라는 것은 첫째, 부부의 공동생활관계가 회복할 수 없을 정도로 파탄되고 둘째, 그 혼인생활의 계속을 강제하는 것이 일방의 배우자에게 참을 수 없는 고통이 되는 경우를 말한다. 두 요건을 모두 충족해야 이혼청구사유가 될 수 있으며, 이러한 사유를 다른 일방이 안 날로부터 6월, 그 사유가 있은 날로부터 2년을 경과하면 이혼을 청구하지 못한다.

[판례] 혼인을 계속하기 어려운 중대한 사유　　대법원 1996.4.26. 선고 96므226

대법원은 혼인생활 중 부부가 일시 이혼에 합의하고 위자료 명목의 금전을 지급하거나 재산분할을 하였다고 하더라도, 그러한 합의를 한 적이 있다는 것만으로는 재판상 이혼 사유 중 혼인을 계속할 수 없는 중대한 사유에 해당한다고 할 수 없다고 하였다.

• 유책배우자의 이혼청구

결혼생활을 위태롭게 만든 잘못이 있는 배우자 측에서 이혼을 청구하는 것을 유책배우자의 이혼청구라고 한다. 그런데 이러한 이혼을 허락한다면 배우자를 몰아내기 위한 이혼을 합법화시키는 결과를 가져올 수 있기 때문에 우리 법은 이를 인정하지 않고 있다.

그러나 누가 잘못을 했는지 여부보다 혼인생활의 파탄 정도가 어느 정도인지를 중점적으로 고려하여 이혼을 판단하는 것이 세계적인 추세이고, 우리나라에서도 혼인생활의 파탄 정도를 고려하는 비중이 점차 증가하고 있다. 유책배우자라고 하더라도, 상대방 역시 혼인생활을 계속할 생각이 없음이 명백하고 단지 오기나 보복적 감정에서 이혼에 응하지 않을 뿐이라는 등의 특별한 사정이 있는 경우에는 예외적으로 이혼을 청구하는 것이 인정된다.

• 재판상 이혼의 절차

재판상 이혼을 하려는 사람은 먼저 가정법원에 조정을 신청하여야 하고, 조정 신청 없이 이혼소송을 제기한 경우에는 특별한 사정이 없는 이상 법원이 그 사건을 조정에 회부한다. 조정절차에서 당사자가 이혼에 합의하면 합의된 사항을 조서에 기재함으로써 조정은 성립된다. 조정이 성립되면 재판상 화해와 동일한 효력이 생긴다. 이 경우에도 조정 성립의 날로부터 1개월 안에 이혼신고를 하여야 한다.

만일 조정절차에서 부부 사이의 의견 대립이 있으면 조정위원회나 조정 담당 판사가 '조정에 갈음하는 결정'을 할 수 있고, 화해권고결정도 할 수 있다. 조정이 성립되지 않으면 재판에 의해 이혼 가능 여부를 판단하게 된다.

재판상 이혼을 하는 경우에는 상대방 배우자가 위자료 지급이나 재산분할청구를 회피하기 위하여 몰래 자신의 재산을 빼돌리거나 처분하는 일이 생기지 않도록 상대방 배우자의 재산을 묶어 놓는 것이 중요하며, 미리 가압류, 가처분 등의 잠정조치를 신청함으로써 조정 성립 또는 판결확정 이후의 집행에 대비하여야 한다.

김민주 씨는 나대한 씨와 이혼 의사가 합치하지 않기 때문에 협의이혼을 할 수 없다. 만일 나대한 씨가 마음이 바뀌어 협의이혼을 하려고 한다면, 법원에 가서 협의이혼의사확인을 받아 이혼신고를 할 수 있다. 하지만 현재 나대한 씨는 이혼 의사가 없기 때문에, 김민주 씨는 재판상 이혼을 선택해야 한다. 재판상 이혼을 청구할 때에는 이혼의 사유가 법에서 정한 요건에 해당하는지가 중요한데, 나대한 씨가 다른 이성과 교제를 한 것과 관련하여 '배우자의 부정행위'를 근거로 재판상 이혼을 청구할 수 있다.

이것만은 꼭!

1. 우리 법은 이혼에 있어 부부의 평등한 권리를 보장하고, 이혼으로 발생하는 분쟁에 대비하기 위해 이혼의 방식과 절차, 효과를 규정하고 있다.

2. 협의이혼을 하기 위해서는 부부가 서로 이혼에 합의해야 하고, 법원에 가서 협의이혼의사확인을 받아 확인서 등본을 교부받은 다음, 그로부터 3개월 내에 등록기준지 또는 주소지에 신고하여야 한다.

3. 재판상 이혼은 민법이 정하는 재판상의 이혼 사유가 있는 경우에만 인정된다.

4. 재판상 이혼을 하는 경우 먼저 조정절차를 거치고 조정이 성립되지 않으면 재판에 의해 이혼 여부를 판단하게 된다.

2. 재산분할에서 가사노동이 인정될 수 있을까?

사 례

김민주 씨는 나대한 씨의 부정행위를 근거로 재판상 이혼 및 위자료청구를 하였고, 법원으로부터 확정판결을 받았다. 그런데 재산관계를 정리하던 두 사람은 자신의 입장을 내세우며 다투기 시작하였다. 나대한 씨는 자신이 위자료를 충분히 제공하기 때문에 본인 명의로 된 아파트에 대한 재산분할청구를 인정할 수 없다고 주장하였다. 반면 김민주 씨는 나대한 씨의 잘못으로 이루어진 이혼이기 때문에 나대한 씨는 재산분할을 청구할 수 없으며, 전업주부라 할지라도 재산형성에 도움이 되었다면 함께 산 아파트에 대한 재산분할을 청구할 수 있다고 주장하면서, 법원에 재산분할을 청구하였다. 이 경우 법원은 어떠한 판결을 내릴 수 있을까?

(1) 이혼을 하면 재산을 어떻게 나눌까?

이혼을 하면 두 사람의 재산관계에 변화가 생긴다. 특히 혼인 기간 중에 부부가 함께 형성한 재산은 이혼 후에 나누어야 할 필요가 있다. 김민주 씨와 나대한 씨도 혼인생활 중에 형성되었던 재산관계를 정리해야 할 것이다.

• 이혼과 재산분할청구권

재산분할청구는 혼인생활 중에 형성한 공동재산에 대한 분할을 청구하는 것이다. 이혼을 한 당사자 일방은 다른 일방에 대하여 부부의 공동재산에 대한 분할을 청구할 수 있는 권리가 생긴다. '이혼을 한(협의이혼과 재판상 이혼 모두 포함)' 당사자에게 인정되는 권리이므로 이혼과 동시에 또는 그 이후에만 청구할 수 있다. 다만 이혼한 날부터 2년이 경과하면 재산분할청구권이 소멸한다는 점에 유의해야 한다. 사실혼관계에 있던 부부가 사실혼을 해소하는 경우에도 재산분할을 청구할 수 있다.

재산분할은 두 사람의 합의를 통해 이루어질 수 있지만, 합의가 이루어지지 않으면 가정법원에 재산분할심판을 청구할 수 있다. 가정법원은 당사자의 청구에 의하여 당사자 쌍방의 협력으로 이룩한 재산의 액수, 기타 사정을 참작하여 분할의 액수와 방법을 정한다.

재산분할청구권은 위자료와 법적 성격과 목적을 달리하기 때문에 이혼에 책임이 있는 당사자도 행사할 수 있다.

• 재산분할의 대상

재산분할의 대상은 원칙적으로 부부가 혼인 중에 함께 노력하여 형성한 재산에 한정된다. 다만 부부 일방의 고유재산이나 특유재산이라 하더라도 다른 일방이 혼인 중에 적극적으로 협력하여 그 재산의 유지와 증식에 기여했다고 인정되는 경우에는 분할의 대상이 될 수 있다. 이때 적극적 협력에는 육아나 가사노동도 포함된다.

> ⚒ **[판례] 혼인을 계속하기 어려운 중대한 사유**　대법원 1993.5.11. 자93스6 결정
>
> 재산분할 제도는 부부가 혼인 중에 취득한 실질적인 공동재산을 청산 분배하는 것을 주된 목적으로 하는 것이므로 처가 가사노동을 분담하는 등으로 내조를 함으로써 남편 재산의 유지 또는 증가에 기여하였다면 쌍방의 협력으로 이룩된 재산은 재산분할의 대상이 된다.

퇴직금, 연금과 같은 미래 수입도 재산분할의 대상이 될 수 있다. 이혼 당시에 이미 수령한 퇴직금, 연금뿐 아니라 이혼 당시 장래에 받을 것이 확실한 연금, 퇴직금 등이 형성되어 있다면 재산분할의 대상에 포함시킬 수 있다.

부부가 가진 채무도 재산분할을 할 수 있을까? 부부가 집을 사려고 대출을 받았거나 자녀 양육비로 인해 빚이 생겼다면 재산분할을 할 수 있다. 두 사람이 가진 재산보다 빚이 많더라도 채무분담비율을 정하면 재산분할로 인정된다.

> 💬 **재산분할을 하는 경우에 세금을 내야 할까?**
>
> • 재산분할은 공동재산을 나누는 것이기 때문에 본질적으로 증여에 해당하지 않아 증여세의 대상이 되지 않는다.
> • 부동산을 재산분할을 하는 경우에 양도소득세를 납부하지 않아도 되지만, 부동산을 취득한 일방은 취득세를 납부해야 한다.

(2) 재산분할을 한 경우에 위자료도 청구할 수 있을까?

이혼이 일방의 책임으로 이루어졌다면, 이혼에 책임 있는 배우자에게 손해배상을 청구할 수 있다. 김민주 씨도 나대한 씨의 부정행위에 대한 손해배상으로서 위자료를 청구한 것이다.

• 이혼과 위자료

위자료는 정신적 고통에 대한 손해배상이다. 위자료청구권은 불법행위가 없거나 이로 인한 손해가 없다면 인정되지 않으며, 부부의 공동재산을 청산하는 재산분할권과 법적 성격을 달리한다. 재산분할권과 위자료청구권은 별개의 권리이므로 부부 일방은 재산분할과 별도로 위자료를 청구할 수 있다. 위자료청구권은 그 손해 또는 가해자를 안 날부터 3년이 지나면 행사할 수 없다.

[판례] 재산분할에 위자료가 포함될 수 있는지 여부

대법원 2001.5.8. 선고 2000다58804 판결

이혼에 있어서 재산분할은 부부가 혼인 중에 형성한 공동재산을 청산하여 분배함과 동시에 이혼 후에 상대방의 생활 유지에 이바지하는 데 있지만, 부부일방의 유책행위에 의하여 이혼함으로 인하여 입게 되는 정신적 손해(위자료)까지 포함하여 분할할 수도 있다.

위자료청구소송을 하는 당사자는 상대방의 불법행위를 입증해야 한다. 배우자의 부정행위로 위자료청구소송을 하는 경우에는 원고와 배우자의 혼인 기간, 부정행위의 경위 및 정도, 기간, 그리고 이러한 부정행위가 혼인관계 파탄에 미친 영향, 부정행위 발각 이후 부정행위자의 태도 등을 기준으로 위자료 액수를 결정하므로 이를 입증할 수 있는 자료를 제출해야 한다.

그 밖의 불법행위로 위자료청구소송을 하는 경우에는 유책행위에 이르게 된 경위와 정도, 혼인관계 파탄의 원인과 책임, 배우자의 연령과 재산 상태 등 변론에 나타나는 모든 사정을 참작하여 위자료의 액수를 결정한다.

💬 위자료를 받지 못하는 경우에 어떻게 해야 할까?

상대방이 위자료 지급판결을 받고도 위자료를 주지 않으면 가정법원에 이행명령을 신청해서 위자료를 받을 수 있다. 이행명령을 불이행하는 경우에는 과태료 부과, 감치의 방법으로 이행을 강제하고 있다. 또한 위자료를 지급하지 않는 상대방 소유의 재산에 강제경매를 신청하고, 경매 대금에서 위자료를 충당할 수 있다.

• 위자료청구의 상대방

재산분할과 달리 위자료는 부부 일방뿐 아니라 혼인의 파탄에 책임이 있는 제3자에 대하여 청구할 수 있다. 예를 들어, 심히 부당한 대우를 한 배우자의 직계존속이나 배우자와 부정행위를 한 제3자 등에 대한 위자료청구권이 인정된다.

협의이혼 시 위자료청구를 포기하였더라도 그 효력은 부정행위를 한 제3자에게 미치지 않는다.

사례의 해결

법원은 재산분할을 결정함에 있어, 김민주 씨의 가사노동을 고려해야 한다. 아파트의 명의가 나대한 씨로 되어 있더라도, 아파트는 혼인 기간 중 김민주 씨의 협력을 통해 형성한 재산이므로 재산분할의 대상이 된다. 또한 위자료청구와 재산분할청구는 별개의 권리이므로, 나대한 씨는 김민주 씨에게 부정행위에 대한 손해배상도 해야 한다. 그리고 나대한 씨는 이혼에 책임이 있다고 할지라도 재산분할을 청구할 수 있다.

이것만은 꼭!

1. 부부는 혼인생활 중에 형성한 재산에 대해 권리를 가지며, 이혼 후에는 기여도에 따라 공동재산에 대한 분할을 청구할 수 있는 권리를 가진다.

2. 재산분할은 두 사람의 합의를 통해 이루어질 수 있지만, 합의가 이루어지지 않으면 가정법원에 심판을 청구할 수 있다.

3. 재산분할청구권은 이혼에 책임이 있는 당사자도 행사할 수 있다.

4. 재산분할의 대상은 원칙적으로 부부가 혼인 중에 함께 노력하여 형성한 재산에 한정된다. 다만 부부 일방의 고유재산이나 특유재산이라 하더라도 다른 일방이 혼인 중에 적극적으로 협력하여 그 재산의 유지와 증식에 기여했다고 인정되는 경우에는 그 부분에 대하여 분할의 대상이 될 수 있다.

5. 위자료는 부부 일방뿐 아니라 혼인의 파탄에 책임이 있는 제3자에 대하여 청구할 수 있으며, 위자료 청구를 하는 당사자는 상대방의 불법행위를 입증해야 한다.

3. 미성년 자녀의 친권과 양육에 관한 사항

사 례

김민주 씨는 재판상 이혼을 청구하면서 자신이 딸을 양육하여야 하며, 딸이 성인이 될 때까지 나대한 씨가 매월 100만 원의 양육비를 지급해야 한다고 주장하였다. 재판 결과 김민주 씨가 양육권자로 지정되었고, 양육비 지급도 확정되었다. 그러나 나대한 씨는 새로운 사업을 시작하여 돈이 없다는 핑계로 1년 넘게 양육비를 지급하지 않았고, 사업이 잘 되면 양육비를 한꺼번에 지급하겠다는 말만 되풀이하였다. 화가 난 김민주 씨는 딸이 나대한 씨를 만나지 못하게 막았고, 나대한 씨에게 양육비를 지급하지 않으면 한 달에 한 번 딸과의 만남을 할 수 없다고 말하였다.
이 경우 김민주 씨가 나대한 씨로부터 양육비를 받을 수 있는 방법이 있을까? 또한 딸과의 만남에 대한 두 사람의 갈등은 해결될 수 있을까?

(1) 이혼을 할 때 미성년 자녀의 양육은 어떻게 결정될까?

부부는 혼인생활 중에 자녀를 공동으로 양육하지만, 이혼을 할 때에는 양육자를 지정해야 한다. 우리 법은 부모의 양육이 절대적으로 필요한 미성년 자녀를 보호하기 위해 이혼을 할 때 자녀의 양육에 관한 사항을 반드시 정하도록 하고 있다. 김민주 씨와 나대한 씨도 이혼을 할 때 딸의 양육에 관한 사항을 결정하고, 그 결정을 따라야 한다.

• 양육에 관한 사항 결정

이혼을 하려면 두 사람은 미성년 자녀의 양육에 관한 사항을 협의해야 한다. 양육에 관한 사항은 양육자의 결정, 양육 비용의 부담, 면접교섭권 행사 여부 및 그 방법을 말한다. 협의이혼을 하는 경우에는 가정법원에 이혼의사확인을 신청할 때 양육 사항과 친권자 지정에 관한 합의서를 제출해야 하며, 재판상 이혼을 하는 경우에는 보통 소장에 양육과 친권에 대한 사항을 기재하여 청구한다.

그러나 두 사람이 양육에 관한 사항을 협의를 할 수 없거나 협의가 이루어지지 않는 경우에는 부부 일방의 청구나 법원의 직권에 의하여 가정법원이 결정한다. 이때 가정법원은 자녀의 나이, 부모의 재산 상황, 기타 여러 사정을 참작하여 양육에 필요한 사항을 정한다.

양육권은 미성년인 자녀를 양육하고 교양할 권리이고, 친권은 자녀의 신분과 재산에 관한 사항을 결정할 수 있는 권리이다. 그래서 이혼하는 경우에 친권자와 양육자를 같은 사람으로 지정할 수도 있고, 각각 달리 지정할 수도 있다.

• 친권자의 지정

양육권과 같이, 친권도 혼인생활 중에는 부모가 공동으로 행사하기 때문에 이혼하는 경우에는 친권자를 지정해야 한다. 협의이혼을 하는 경우 두 사람은 합의해서 친권자를 지정해야 하고, 합의할 수 없거나 합의가 이루어지지 않는 경우에는 가정법원이 직권 또는 당사자의 청구에 의하여 친권자를 지정한다. 반면 재판상 이혼을 하는 경우에는 가정법원이 직권으로 정한다.

• 친권자의 변경

친권자가 지정된 후에도 자녀의 복리를 위해 필요한 경우에는 자녀의 4촌 이내의 친족의 청구에 따라 가정법원이 친권자를 변경할 수 있다.

• 양육에 관한 사항 변경

만일 양육에 관한 협의 내용이 '자녀의 복리'에 반한다면, 가정법원은 보정을 명하거나 직권으로 자녀의 의사, 연령과 부모의 재산 상황, 그 밖의 사정을 참작하여 양육에 필요한 사항을 정할 수 있다.

나아가 자녀의 복리를 위하여 필요하다고 인정되는 경우에는 부, 모, 자녀 및 검사의 청구 또는 직권으로 그 사항을 변경하거나 다른 적당한 처분을 할 수 있다.

• 양육비청구

이혼 후 미성년 자녀의 양육자는 그렇지 않은 상대방에게 양육비를 청구할 수 있다. 양육비는 자녀가 태어났을 때부터 부부 공동에게 당연히 발생하는 것으로 자녀 양육에 필요한 통상적인 비용을 말한다. 양육비 부담 기간은 자녀가 태어났을 때부터 성년이 되기 전까지이다.

양육비는 이혼할 때 부부가 합의해서 정할 수 있으며, 합의가 이루어지지 않으면 법원에 청구해서 정할 수 있다. 다만 양육비를 정한 이후에 사정이 변경된 경우에는 당사자가 합의하거나 법원에 청구해서 양육비를 변경할 수 있다.

양육자는 상대방에게 자녀가 성년이 될 때까지 장래의 양육비를 지급하라고 청구할 수 있다. 이때 양육권자는 장래양육비청구권을 포기할 수 있으나, 자녀의 장래양육비청구권은 소멸하지 않는다.

또한 과거의 양육비에 관하여도 상대방이 분담함이 상당하다고 인정되는 경우에는 일정 범위 내에서 그 비용의 상환을 청구할 수 있다.

⚒ [판례] 과거 양육비를 상환청구 할 수 있는지 여부

대법원 1994.5.13. 자92스21 전원합의체결정

어떠한 사정으로 인하여 부모 중 어느 한쪽만이 자녀를 양육하게 된 경우에 양육하는 일방은 상대방에 대하여 현재 및 장래에 있어서의 양육비 중 적정 금액의 분담을 청구할 수 있음은 물론이고, 부모의 자녀양육의무는 특별한 사정이 없는 한 자녀의 출생과 동시에 발생하는 것이므로 과거의 양육비에 대하여도 상대방이 분담함이 상당하다고 인정되는 경우에는 그 비용의 상환을 청구할 수 있다.

그러나 일방에 의한 양육이 그 양육자의 일방적이고 이기적인 목적이나 동기에서 비롯한 것이라거나 자녀의 이익을 위하여 도움이 되지 아니하거나 그 양육비를 상대방에게 부담시키는 것이 오히려 형평에 어긋나게 되는 등 특별한 사정이 있는 경우에는 양육비 분담이나 상환을 청구할 수 없다.

• 양육비 협의 및 청구에 대한 법적 지원

양육비이행관리원은 양육비를 지급받을 수 있도록 당사자 간 협의 성립, 양육비 관련 소송, 추심, 불이행 시 제재조치 등을 지원한다.

먼저 양육비에 대한 협의가 이루어지지 않을 경우에는 양육비이행관리원에 양육비에 관한 상담 또는 협의 성립의 지원을 신청할 수 있다. 양육비이행관리원은 전반적인 양육비 문제에 대해 전화, 방문 상담, 온라인 등 다양한 방법으로 상담을 진행하고 있다.

또한 양육자는 양육비 이행확보에 필요한 법률적 지원을 신청할 수 있다. 구체적인 법률적 지원의 대상은 다음과 같다.

▲ 양육비이행관리원(https://www.childsupport.or.kr/)

① 재산명시 또는 재산조회 신청

재산명시는 당사자의 재산을 파악하기 위해 도입되었으며, 양육비 청구사건 중에 당사자가 가정법원에 신청할 수 있다. 가정법원은 직권 또는 당사자의 신청으로 재산목록의 제출을 명할 수 있다. 또한 재산명시절차를 거쳤음에도 당사자가 목록 제출을 거부하거나 제출된 목록만으로 사건 해결이 곤란한 경우 등에는 가정법원에 재산조회를 신청할 수 있다. 재산조회는 가정법원이 개인의 재산과 신용정보에 관한 전산망을 관리하는 공공기관·금융기관·단체 등에 대한 당사자 명의의 재산의 조회를 통하여 당사자의 자발적 협조 없이도 당사자의 재산내역을 발견·확인하는 제도이다.

② 양육비 직접 지급명령 신청

양육비를 정기적으로 지급할 의무가 있는 사람이 정기적 급여를 받고 있는 경우에 정당한 사유 없이 2회 이상 양육비를 지급하지 않으면 양육비 채권자가 신청할 수 있다. 양육비 채권자는 정기금 양육비 채권에 대한 집행권원을 근거로 양육비 채무자에 대하여 정기적 급여채무를 부담하는 소득세 원천징수 의무자(정기급여 지급자)를 상대로 양육비 채무자의 급여에서 정기적으로 양육비를 공제하여 양육비 채권자에게 직접 지급하도록 청구할 수 있다.

③ 양육비 담보제공명령 신청

가정법원은 양육비 정기금 지급의 이행을 확보하기 위하여 또는 양육비 채무자가 정당한 사유 없이 그 이행을 하지 않는 경우에 양육비 채무자에게 상당한 담보의 제공을 명할 수 있다. 담보제공명령을 받은 상대방이 정해진 기간 내에 담보를 제공하지 않는 경우에는 양육비 일시금 지급명령을 신청해서 양육비를 받을 수 있다.

④ 양육비 이행명령 신청

상대방이 양육비를 지급하지 않는 경우에는 양육비 지급을 명한 판결·심판 또는 조정을 한 가정법원에 이행명령을 신청해서 상대방이 양육비지급의무를 이행할 것을 법원이 명하도록 할 수 있다. 이행명령을 불이행하는 경우 과태료 부과, 감치의 방법으로 그 이행을 강제하고 있다.

⑤ 압류, 추심 또는 전부 명령

양육비를 지급받기 위해 집행권원(근거)을 확보하면 채무자의 부동산·동산 등에 대한 압류, 경매신청, 추심, 전부 등을 통하여 채권을 강제 회수할 수 있다.

이 외에도 양육비청구 및 이행확보를 위한 법률지원 등을 신청한 양육자는 양육비 채무자가 양육비 채무를 이행하지 않아서 자녀의 복리가 위태롭게 되었거나 위태롭게 될 우려가 있는 경우에는 양육비이행관리원에 한시적 양육비 긴급지원을 신청할 수 있다.

(2) 면접교섭권을 방해받는 경우에 어떻게 대응할 수 있을까?

• 면접교섭권이란?

친권자 및 양육자가 아닌 부모 일방과 자녀가 직접 만나거나 전화 등을 통하여 연락할 수 있는 권리를 말한다. 면접교섭권의 행사 방법과 범위에 관해서는 부모가 협의하여 정하고, 협의가 되지 않거나 협의할 수 없는 경우에는 가정법원에서 정한다.

• 면접교섭권의 행사와 제한

면접교섭권이 보장된다고 하더라도 자녀를 만나는 것은 양육자의 양육권을 침해하지 않는 범위 내에서 허용된다. 이를 위해 일주일에 한 번 등 주기적으로 만날 수 있게 하되 횟수를 제한하는 것이 허용된다. 또한 알코올중독 등과 같은 문제로 자녀의 안전이나 건강을 해치게 될 우려가 있는 경우에는 가정법원이 아이의 복리를 위하여 당사자의 청구 또는 직권으로 면접교섭권을 제한하거나 배제할 수 있다.

• 면접교섭권의 침해에 대한 구제

친권자나 양육권자가 면접교섭권을 방해하거나 부인하는 경우에는 가정법원에 신청하여 이행명령, 과태료부과결정, 감치명령신청을 할 수 있다.

또한 면접교섭권의 방해가 자녀의 복리를 해하는 경우에는 친권자나 양육자의 변경을 청구할 수 있다.

김민주 씨는 나대한 씨로부터 양육비를 받기 위하여 양육비이행관리원에 도움을 신청할 수 있다. 양육비 이행확보를 위해 나대한 씨를 상대로 양육비 지급청구를 한 뒤 법원에 재산 명시 및 조회를 신청하고, 급여가 있다면 양육비 직접지급 명령을 신청하여 양육비를 받을 수 있다. 이 외에도 이행명령, 담보제공명령, 압류, 추심, 전부 명령 등을 신청할 수 있으며, 이행명령에 불응한 경우에는 과태료 부과나 감치의 방법으로 이행을 강제할 수 있다. 한편, 나대한 씨는 면접교섭권을 가지고 있기 때문에 이를 방해한 김민주 씨를 상대로 가정법원에 이행명령, 과태료부과결정, 감치명령 등을 신청할 수 있다. 양육비 지급과 면접교섭은 개별적 권리로서 양육비를 지급하지 않는다고 해서 면접교섭을 거부할 수 없다.

이것만은 꼭!

1. 우리 법은 양육이 필요한 미성년 자녀를 보호하기 위하여 이혼을 할 때 친권자와 양육자의 지정, 양육비, 면접교섭권 행사 여부 및 방법 등을 협의 또는 가정법원의 결정으로 미리 정하도록 하고 있다.

2. 이혼 후 미성년 자녀의 양육자는 상대방에게 양육비를 청구할 수 있다. 양육비는 자녀가 태어났을 때부터 부부 공동에게 발생하며, 태어날 때부터 성년이 되기 전까지 부담해야 할 비용을 말한다.

3. 면접교섭권은 친권자나 양육자가 아닌 부모 일방과 자녀가 직접 만나거나 전화 등을 통하여 연락할 수 있는 권리를 말하며, 자녀의 복리에 반하는 경우에는 당사자의 청구 또는 직권으로 가정법원이 면접교섭권을 제한하거나 배제할 수 있다.

제5절 | 상속과 유언

1. 누구에게 얼마나 상속되는가?

사 례

김민주 씨는 이한국 씨와 재혼하여 3년 정도 함께 살았다. 두 사람은 모두 이혼의 아픔을 겪었던 터라 혼인신고를 하지 않고 결혼생활을 하였다. 그러던 어느 날 이한국 씨는 지방에 출장을 갔다가 고속도로에서 불의의 교통사고를 당하여 사망하였다. 임신 8개월 차인 김민주 씨는 사고 소식을 듣고 엄청난 실의에 빠졌다. 그런데 설상가상으로 갑자기 이한국 씨의 전처와 아들이 빈소에 찾아와 상속권은 자신에게 있다고 주장하며, 이한국 씨 명의의 집에서 당장 나가라고 주장하였다. 이 경우 이한국 씨 가족의 상속관계는 어떻게 되는 걸까?

(1) 누가 상속인이 될까?

죽음은 누구나 거치게 되는 과정으로 사망한 후에 남겨진 재산을 어떻게 처리하는가는 사회적으로 중요한 의미를 가진다. 우리 법은 사망한 사람이 남긴 재산을 처리하기 위한 제도로 상속을 규정하고 있다. 그렇다면 이한국 씨가 죽고 난 이후 그의 재산은 누구에게 상속되는지 알아보도록 하자.

• 상속제도

상속제도란 사람이 사망한 경우에 그의 재산상의 지위가 법에 따라 특정인에게 포괄적으로 승계되는 것을 말한다. 상속은 사망으로 개시되며, 사망한 사람을 피상속인, 피상속인의 재산상의 지위를 이어받는 사람을 상속인이라고 한다.

💬 **상속과 유언의 관계**

우리 법은 상속제도와 함께 유언제도도 규정하고 있다. '유언'은 생전에 스스로 사망한 이후의 법률관계를 정하는 의사표시를 말한다. 상속과 유언 모두 당사자의 사망으로 그 효력이 생기는데, 법적 요건을 갖추었다면 당사자의 의사를 존중하여 유언이 상속보다 우선한다. 예를 들어, 피상속인이 사망하면서 유증(유언의 방식을 통해 재산을 타인에게 증여하는 것)을 한 경우 상속은 유증이 먼저 처리된 후에 남은 재산으로 이루어진다.

• 상속인의 순위

법에서 정한 상속인이 한 명밖에 없다면 문제가 없지만, 여러 명인 경우에는 상속받는 순서가 필요하다. 우리 법은 상속인의 순위를 다음과 같이 규정한다.

① 제1순위: 사망한 사람의 직계비속과 배우자
② 제2순위: 사망한 사람의 직계존속과 배우자 [1순위자가 없는 경우]
③ 제3순위: 사망한 사람의 형제자매 [1, 2순위자가 없는 경우]
④ 제4순위: 사망한 사람의 4촌 이내 방계혈족(숙부, 고모, 사촌형제 등) [1, 2 순위자가 없는 경우]

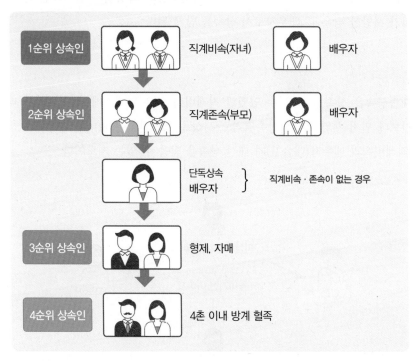

▲ 법정 상속 순위

상속 순위에 따라 선순위자가 있으면 후순위자는 상속을 받지 못한다. 결국 최우선 순위에 있는 상속인만이 재산을 상속받을 수 있다. 따라서 1순위자와 2순위자가 함께 상속인이 되는 상황은 없다. 예를 들어, 할아버지와 손자가 함께 상속을 받는 일은 없다. 피상속인에게 자식이 있는 한 피상속인의 부모가 아닌 자녀가 모든 재산을 상속받는다. 또한 태아는 상속순위에 대해 이미 출생한 것으로 보기 때문에 태아도 상속인이 될 수 있다.

같은 순위 내에서 촌수가 같은 자가 여럿이면 공동상속인이 된다. 공동상속인은 피상속인의 재산을 1/n씩 나눠 가진다. 물론 같은 순위 내에서도 촌수가 다른 경우라면 제일 근친만 상속인이다. 예를 들어, 사망자에게 부모, 자식, 형제자매가 아무도 없고 오직 외삼촌과 고종사촌만 있는 경우라면 같은 순위 내에서 촌수가 더 가까운 외삼촌만 상속인이 된다.

한편, 배우자는 직계비속이나 직계존속과 함께 공동상속인이 된다. 만약 부모도 없고 자녀도 없는 남자가 아내만 남기고 사망한 경우, 오로지 배우자만 상속인이 된다. 즉, 피상속인에게 배우자가 있는 한, 형제자매들은 상속을 받을 일이 없다. 여기서 배우자는 법률혼 배우자를 의미하며, 사실혼 배우자는 해당되지 않는다. 이혼소송이 진행 중이라 하더라도 이혼소송이 확정되기 전이라면 한쪽 배우자가 사망한 경우에 배우자로서 상속을 받게 된다.

• 대습상속

대습상속은 상속을 받을 수 있었던 직계비속 또는 형제자매(피대습자)가 피상속인보다 먼저 사망했거나 상속결격으로 상속받을 자격이 없어진 경우, 그 사람의 직계비속과 배우자(대습자)가 대신 상속을 받을 수 있는 제도이다.

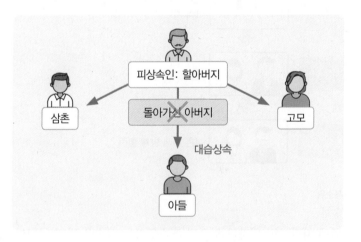

대습상속은 상속개시 이전에 피대습자가 '사망'하거나 '상속결격'이 되어야 한다. 그 결과, 대습자는 피대습자와 동일한 순위의 상속인이 되고 그 상속분을 상속받게 된다. 예를 들어, 할아버지보다 아버지가 먼저 돌아가셨다면, 손자는 할아버지가 사망한 경우에 아버지의 상속분을 삼촌, 고모와 함께 상속받을 수 있다. 이때 돌아가신 아버지의 배우자가 있다면, 배우자는 자녀와 공동으로 상속받는다. 아버지의 상속분을 어머니와 자녀가 나누어 갖는 것이다(자녀가 없다면 배우자가 단독으로 대습상속을 한다).

- 상속결격

우리 법은 상속인이 패륜적인 행동을 한 경우에 상속 자격을 박탈한다. 상속결격은 상속과 관련하여 가족관계의 근간을 해치는 부도덕한 일을 저지른 자에게 가족이라는 이유로 인정되는 혜택들을 빼앗아가는 제도이다.

민법이 정하는 상속결격 사유는 직계존속이나 피상속인에 대하여 살인, 살인미수, 상해치사 등의 범죄행위를 한 경우, 상속의 선순위이거나 동순위인 자를 살해하려한 경우, 사기나 강압으로 유언하도록 한 경우 등이다. 상속결격이 된 사람은 유언으로 재산을 받을 예정이었더라도 그마저 받을 수 없게 된다.

(2) 얼마나 상속받을 수 있을까?

누구에게 얼마나 상속받도록 할 것인가에 대하여 생전에 유언으로 정해 둔 경우가 있다. 이러한 경우에는 그 유언이 적법한 것이라면 유언에 따라 상속받게 된다. 그러나 유언이 없는 경우에는 법에서 정한 비율대로 상속된다. 이를 법정상속분이라고 한다. 법에 의하면, 같은 상속순위를 가진 사람들은 똑같이 재산을 상속받는다. 자녀들 중 법률혼관계에서 태어난 자녀와 그 외의 관계에서 태어난 자녀, 장남과 차남, 아들과 딸, 기혼과 미혼 사이에 상속 금액의 차이는 없다.

다만, 배우자가 자녀와 공동으로 상속받는 경우에는 자녀들의 상속분의 1.5배를 상속받고, 시부모 또는 장인장모와 공동으로 상속받는 경우에도 마찬가지로 1.5배를 상속받는다.

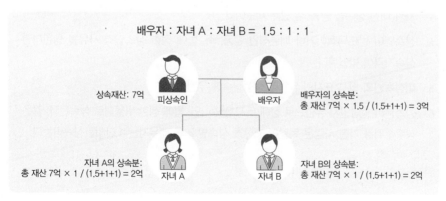

▲ 상속인이 배우자와 두 자녀인 경우

상속인 중에서 피상속인을 특별히 보살폈거나 그 재산을 유지하거나 증가시키는 데 특별한 기여를 한 자가 있다면, 다른 상속인들과의 합의로 그 기여에 대해 일정 보상액을 정할 수 있다. 이 경우 '상속의 비율에 따른 상속액을 정함에 있어 기준이 되는 상속재산'은 그 사람에 대한 보상액을 제한 재산이 기준이 된다. 다른 상속인들이 기여자의 노력을 인정하지 않거나 얼마를 보상할지 보상액이 합의되지 않을 때에는 기여자가 가정법원에 청구하여 기여분을 인정받을 수도 있다.

사례의 해결

이한국 씨의 가족 중에 직계비속과 배우자(1순위)가 우선적으로 상속인이 된다. 이한국 씨의 직계비속은 김민주 씨가 임신한 아이와 전처의 아들이다. 태아는 상속순위에서 이미 출생한 것으로 보기 때문에 김민주 씨가 임신한 아이도 이한국 씨의 자녀로 상속인이 된다. 그런데 김민주 씨는 이한국 씨의 법률상 배우자가 아니므로 상속권이 없고, 전처도 이혼을 하였기 때문에 배우자에 해당하지 않는다. 따라서 이한국 씨의 아들과 태아가 공동상속인이되며, 이한국 씨의 상속재산을 1/2씩 나누어 가진다.

이것만은 꼭!

1. 우리 법은 사람이 사망한 경우에 그가 살아 있을 때의 재산상의 지위가 특정인에게 포괄적으로 승계되는 상속 제도를 규정하고 있다.

2. 상속인은 피상속인의 재산적 지위를 물려받는 사람으로 법에서 정한 상속인이 여러 명인 경우에는 법에 따른 상속순위에 의해 결정되며, 같은 순위인 경우에는 공동상속인이 된다.

3. 대습상속은 상속을 받을 수 있었던 직계비속 또는 형제자매가 피상속인보다 먼저 사망했거나 상속결격으로 상속받을 자격이 없어진 경우, 그 사람의 직계비속과 배우자가 대신 상속을 받을 수 있는 제도이다.

4. 상속인이 반도덕적이거나 패륜적인 행동, 즉, 법에 정한 상속결격 사유를 행한다면 상속자격이 박탈된다.

5. 피상속인의 의사 표시인 유언이 법정상속에 우선한다.

6. 상속분이 얼마인지 유언으로 정해 두지 않았다면, 법에 정한 비율대로 상속된다. 같은 상속순위를 가진 사람은 똑같이 재산을 상속받으며, 배우자는 1.5배를 상속받는다.

2. 상속의 승인과 포기

나대한 씨의 아버지는 오랜 병환 끝에 사망하였다. 나대한 씨는 슬픔 속에서 장례를 치르고, 어머니와 아버지의 유산을 나누어 정리하였다. 아버지의 유산인 3억 원짜리 아파트는 어머니가 갖고, 주식·채권 2억 원은 나대한 씨가 갖기로 하였다. 그런데 나대한 씨는 아버지가 돌아가신지 2개월이 지난 뒤에 대부업체로부터 아버지의 빚이 7억 원이 있으며 이를 빨리 갚으라는 연락을 받았다. 나대한 씨와 어머니는 아버지가 대부업체를 통해 돈을 빌렸다는 사실을 전혀 몰랐기 때문에 무척 혼란스러웠다. 게다가 나대한 씨는 상속받은 주식을 매각하고 재투자하여 돈을 잃은 상태였다. 이 경우 나대한 씨는 이 난관을 어떻게 극복할 수 있을까?

(1) 빚도 상속될까?

우리가 간과하기 쉽지만, 상속은 사망한 사람의 재산뿐 아니라 채무도 한꺼번에 이전되는 제도이다. 그래서 재산보다 빚이 많은 사람이 사망한 경우에는 상속인은 상속을 받는 것이 오히려 손해가 될 수 있다. 그렇다면 나대한 씨도 뒤늦게 알게 된 아버지의 빚을 상속받아야 하는 걸까?

• 상속의 효과

상속인은 상속개시 시점부터 피상속인의 모든 재산에 관한 권리와 의무를 포괄적으로 승계한다. 다만, 민법은 일정한 경우에 상속의 포기와 한정승인을 인정하고 있다.

• 상속의 승인과 포기의 자유

만약 어느 날 갑자기 생각하지도 못했던 부모의 채무를 떠안게 된다면, 자식은 빚으로 인해 가난이 대물림되는 불행에 빠질 수 있다. 이러한 불행을 방지하기 위해 우리 법은 상속에 의한 권리의무의 당연승계를 인정하면서 다른 한편으로 상속인 스스로 일정 기간 내에 이를 승인하거나 포기할 수 있도록 하고 있다. 상속의 승인과 포기는 상속인에게 권리취득의 자유를 인정하되, 채무가 많은 경우에 불이익을 강요하지 않기 위해 마련한 제도이다.

- 단순승인

단순승인은 재산이든 채무든 상관없이 상속을 받겠다는 것을 의미한다. 그래서 상속인은 피상속인의 재산보다 채무가 많은 경우에 일반적으로 단순승인을 하지 않으려고 한다.

그런데 단순승인과 관련하여 주의해야 할 것이 있다. 바로 법정단순승인이다. 법정단순승인에 의하면, 상속인이 특정한 행동을 한 경우에 상속인이 단순승인할 의도가 있었는지 여부와 상관없이(심지어 무심코 그러한 행동을 하였다고 하더라도) 바로 법률상 단순승인한 것으로 취급된다. 이 경우 단순승인으로 인해 상속인은 피상속인의 채무까지 떠안게 된다.

법정단순승인으로 간주되는 행위는 다음과 같다.

① 피상속인의 사망을 알았음에도 그로부터 3개월이 지나도록 아무런 행위를 하지 아니한 경우

② 상속재산을 처분한 경우(관리행위와 보존행위는 포함되지 않는다)

③ 한정승인이나 상속포기를 한 후에 몰래 그 재산을 써버리거나 숨긴 경우, 고의로 재산목록에서 누락시킨 경우

주로 문제되는 것은 ②번 상속재산을 처분한 경우인데, 상속재산을 타인에게 매도하거나 아버지의 채무자들에게 연락하여 변제를 받거나, 상속인들끼리 상속재산분할협의를 하는 행위는 모두 처분행위에 해당한다.

- 한정승인

한정승인은 상속으로 취득하게 될 재산의 한도에서 피상속인의 채무를 변제하는 것을 조건으로 상속을 승인하는 것이다. 상속재산이 채무초과 상태인지 불분명한 경우 또는 아버지의 개인사업을 물려받아 계속 장사나 사업을 하려고 하는 경우라면 상속포기보다 한정승인을 하는 것이 유용할 것이다. 상속의 한정승인은 상속포기와 달리 상속채무를 모두 갚고도 혹시 남는 재산이 있는 경우에 상속받을 수 있는 장점도 있다.

상속인이 한정승인을 할 때에는 상속개시가 있음을 안 날로부터 3개월 이내에 상속재산의 목록을 첨부하여 상속개시지의 가정법원에 한정승인의 신고를 해야 한다. 다만 한정승인의 신고 기간은 이해관계인 또는 검사의 청구에 의하여 가정법원이 연장할 수 있다.

- 특별한정승인

특별한정승인이란 상속채무가 상속재산을 초과하는 사실을 '중대한 과실 없이' 상속개시가 있음을 안 날부터 3개월 이내에 알지 못하고 단순승인을 한 상속인이 그 사실을 안 날부터 3개월 내에 하는 한정승인을 말한다.

상속한정승인
심판청구서(서식)

[판례] 특별한정승인에 있어 중대한 과실의 의미

대법원 2010.6.10. 선고 2010다7904 판결

상속채무가 상속재산을 초과하는 사실을 중대한 과실로 알지 못한다 함은 '상속인이 조금만 주의를 기울였다면 상속채무가 상속재산을 초과한다는 사실을 알 수 있었음에도 이를 게을리함으로써 그러한 사실을 알지 못한 것'을 의미하고, 상속인이 상속채무가 상속재산을 초과하는 사실을 중대한 과실 없이 알지 못하였다는 점에 대한 증명책임은 상속인에게 있다.

- 상속포기

상속받을 재산보다 빚이 많은 것이 확실하다면, 사망을 안 날부터 3개월 내에 가정법원에 상속포기 신고를 하면 된다. 우선순위에 있던 상속권자가 상속포기를 한 경우에는 그 다음 순위 상속권자에게 상속되므로, 할아버지가 사망한 경우 가족 모두가 상속포기를 하려고 한다면 아내, 아들과 며느리뿐 아니라 손자녀들도 모두 함께 상속포기를 하여야 한다.

	단순승인	한정승인	상속포기
상속재산과 빚	상속재산 〉 빚	상속재산 ≒ 빚	상속재산 〈 빚
상속 효과	상속재산뿐 아니라 빚까지도 고스란히 상속	상속재산의 한도 내에서 빚을 갚음	상속재산을 포기함과 동시에 빚도 갚지 않음
상속 방법	특별한 절차를 밟을 필요 없이 가만히 있으면 단순 승인한 것으로 인정	사망을 안 날부터 3개월 내에 상속 재산의 목록을 첨부하여 가정법원에 신고	사망을 안 날부터 3개월 내에 가정법원에 신고

상속받은 재산을 처분하면 바로 단순승인을 한 것으로 보기 때문에 상속을 받자마자 주식을 매각한 나대한 씨는 아버지의 사망일로부터 3개월이 지나지 않았다고 하더라도 한정승인을 할 수는 없다. 그러나 공동상속인 중 한 사람이 재산을 처분한 경우는 그 사람만 단순승인을 한 것이 되기 때문에, 나대한 씨의 어머니는 한정승인이나 포기를 할 수 있다. 따라서 나대한 씨는 아버지의 빚을 갚아야 하지만, 어머니는 기간 내에 한정승인이나 포기를 할 수 있다.

한편 나대한 씨도 특별한정승인제도를 통해 구제받을 수 있는 방법이 있다. 나대한 씨가 상속의 승인 전에 상속재산을 조사했음에도 불구하고 상속채무가 상속재산을 초과한다는 사실을 중대한 과실 없이 상속개시가 있음을 안 날부터 3개월 이내에 알지 못하고 단순승인을 한 경우라는 것을 입증한다면, 그 새로운 채무를 알게 된 날로부터 3개월 이내에 한정승인을 할 수 있다.

이것만은 꼭!

1. 우리 법은 상속인을 보호하기 위해 상속인 스스로 일정 기간 내에 상속에 의한 권리 의무의 당연승계를 승인하거나 포기할 수 있는 제도를 마련하고 있다.

2. 상속인이 별다른 조치 없이 가만히 있으면 피상속인의 재산과 채무 모두를 상속하는 단순승인이 된다.

3. 상속받을 재산과 빚의 액수가 비슷하다면 상속받을 재산의 범위에서만 빚을 갚겠다는 한정승인을, 상속받을 재산보다 빚이 많은 것이 확실하다면 상속포기를 할 수 있다.

4. 한정승인과 상속포기는 상속인이 피상속인의 사망을 안 날로부터 3개월 내에 가정 법원에 신고하면 된다.

3. 어떻게 유언해야 법적 효력이 있을까?

사 례

김민주 씨의 어머니는 암으로 치료를 받던 중 자식들이 모두 자리한 가운데, 자신의 모든 재산 (10억 원)을 장녀인 김민주 씨에게 물려주겠다는 유언을 하고 사망하였다. 그런데 사망 후 어느 날 김민주 씨의 어머니 유품에서 전 재산을 한국대학에 기부한다는 내용의 자필 유언장이 발견 되었다. 이 경우 김민주 씨는 어머니의 전 재산을 상속받을 수 있을까? 만일 김민주 씨가 모든 재산을 상속받는다면, 김민주 씨의 동생은 전혀 상속을 받지 못하는 걸까?

(1) 유언은 어떠한 법적 요건을 갖추어야 할까?

유언은 반드시 법에서 정한 형식대로 해야 한다. 유언의 법적 요건을 엄격하게 정한 이유는 유언을 한 사람이 죽고 나서 다른 사람이 유언장을 거짓으로 만들거나 유언장의 내용을 변경하는 등으로 법률관계가 복잡해지는 것을 방지하기 위한 것이다. 그렇다면 김민주 씨 어머니가 한 유언은 모두 법적 요건을 갖추었을까?

• 유언의 방식

유언은 유언능력을 가진 사람이 법에서 정한 요건을 갖추어 사망한 이후의 법률관계를 정하는 의사표시를 하는 것이다. 유언은 법에서 정한 방식을 지키지 않으면 무효가 된다. 실제로 모대학에 123억원을 기부하겠다는 유언이 유언자의 날인이 없어 무효가 되고, 이름과 내용 등을 모두 기재하고 날인을 한 유언이 주소를 빠뜨려 무효가 된 사례가 있었다.

우리 법은 다음과 같은 다섯 가지의 경우만을 적법한 유언으로 인정하고 있다.

① 자필증서에 의한 유언

유언자가 유언하는 내용과 작성 연월일, 주소, 이름을 직접 쓰고 도장을 찍는 것으로 가장 간단한 방식이다. 유언 내용을 고치려면 고쳐 쓴 내용 위에 도장을 찍어야 한다. 자필증서에 의한 유언은 간편하기는 하지만 유언자가 사망 후 유언서를 처음 발견한 사람에 의해 위조·변조되거나 은닉될 위험성이 크다는 것이 단점이다.

② 녹음에 의한 유언

유언하는 사람이 유언의 내용과 성명, 날짜를 말하고 이에 참여한 증인이 유언의 정확함과 이름을 말하여 녹음하는 방식이다.

③ 공정증서에 의한 유언

유언자가 증인 2명과 공증인(변호사) 앞에서 유언 내용을 말하는 방식이다. 공증인이 유언자가 남긴 말을 필기낭독하면 유언자와 증인이 정확한지 여부를 확인한다. 이후 다함께 이름을 적거나 도장을 날인해 공정증서를 작성한다. 공정증서에 의한 유언은 법률 전문가에게 맡겨서 처리하고 공증사무소에서 공정증서를 보존하기 때문에 위조·변조·은닉될 위험이 없다는 점에서 장점이 있다. 그러나 절차가 번거롭고, 공증인에게 비용을 지불해야 하는 단점이 있다.

④ 비밀증서에 의한 유언

유언자가 유언의 내용을 기록하여 그 증서를 봉투에 넣고 밀봉한 다음 2명 이상의 증인에게 제출해야 한다. 또한 밀봉한 봉투 겉면에 유언서의 제출 연월일을 기록하고 유언자와 증인들이 각자 서명하거나 도장을 찍어야 한다. 이때 반드시 표면에 기재된 날로부터 5일 이내에 유언서를 법원에 제출하여 봉인 상에 확정일자를 받아야 한다는 점을 주의해야 한다.

⑤ 구수증서에 의한 유언

2인 이상의 증인을 참여시키고 그중 1명에게 유언을 받아 적게 한 후, 각자 서명하거나 도장을 찍어 법원에 검인을 신청하는 방식이다. 구수증서에 의한 유언은 질병 및 기타 급박한 사유로 인하여 앞에서 살펴본 4가지 방식에 의한 유언을 할 수 없는 경우에 한해 예외적으로 인정되는 것이어서, 단지 질병으로 병원에 입원 중이라는 사정만으로는 허용되지 않는다.

• 유언의 내용

형식적인 요건을 갖추었다고 하더라도 어떤 내용이든 유언으로 인정되는 것은 아니다. 이를테면 내가 죽으면 양지바른 곳에 묻어달라는 말은 일상생활에서는 유언이라고 칭하지만 법적으로는 의미 있는 유언이 아니다.

유언은 법에 정한 사항에 관하여만 할 수 있다. 민법에서 정한 유언으로 할 사항은 재산관계와 친족관계에 관한 사항 등인데, 주로 분쟁의 대상이 되는 것은 유언자 재산의 처분에 관한 것이다. 유언으로 누가 얼마를 증여받을 것인가를 정한 경우에는 그 유언이 민법이 정한 방식대로 행해진 적법한 것이라면, 유족들은 이에 따라야 한다. 그러나 유언이 그 방식을 제대로 지키지 아니하여 무효가 된 경우이거나, 아예 상속재산에 관해 유언이 없는 경우에는 법률이 정하는 대로 상속이 이루어지게 된다.

• 유언의 철회와 변경

적법한 유언은 유언자가 사망하는 즉시 효력을 갖게 된다. 그런데 이미 모든 형식을 갖춰서 해놓은 유언을 죽기 전에 철회할 수 있을까?

유언자는 언제든지 다시 유언을 하거나 기존의 유언과 모순되는 행동을 함으로써 자유롭게 이를 철회할 수 있다. 예를 들어, 유언자가 A에게 자신의 1번 토지를 주는 것으로 완벽한 유언장을 작성해두었다고 하더라도 마음이 바뀌어 1번 토지를 B에게 주는 것으로 새로 유언장을 쓰면 A를 위한 유언은 자동적으로 철회된다. 그리고 이렇게 유언자가 죽기 전에 유언을 철회하였다고 해서 A는 손해배상을 청구할 수 없다.

(2) 유언으로 모든 재산을 기부했다면 상속받을 수 없을까?

유언을 하는 자는 자신의 재산을 자유로이 처분할 수 있다. 그러나 모든 재산을 사회에 기부하거나, 상속인 중 일부에게 재산을 몰아주어 다른 상속인들이 생활하기 힘들어지는 등 상속인들의 지나친 희생을 강요하는 경우가 생길 수 있다. 이러한 경우 상속인들을 보호하기 위해 법은 유류분 제도를 규정하고 있다.

• 유류분

유류분이란 상속인을 위하여 법률상 반드시 남겨 두어야 할 일정 부분을 말한다. 유류분 권리자는 피상속인의 직계비속, 피상속인의 직계존속, 피상속인의 형제자매 또는 배우자인 상속인이다. 태아 및 대습상속인도 유류분을 가진다. 그러나 상속을 포기한 사람은 상속인이 아니므로 유류분반환청구를 할 수 없다.

유류분 권리자는 다음과 같이 보장받을 수 있다.
① 사망한 사람의 직계비속은 그 법정상속분의 1/2
② 사망한 사람의 배우자는 그 법정상속분의 1/2
③ 사망한 사람의 직계존속은 그 법정상속분의 1/3
④ 사망한 사람의 형제자매는 그 법정상속분의 1/3

예를 들어, 아버지가 자신의 전 재산 5억 원을 사회에 기부했고, 그의 아내와
딸이 이에 불만을 가지고 유류분을 주장한다면 다음의 액수를 보장받을 수 있다.

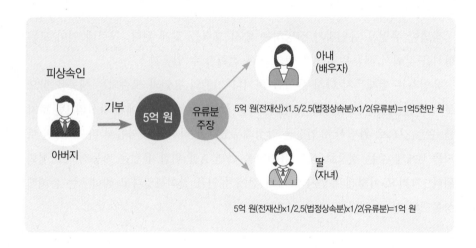

💬 유류분의 대상 재산

유류분은 피상속인의 상속개시 당시 재산의 가액에 상속개시 전 1년간의 증여재산의 가액
을 가산하고 채무 전액을 공제하여 이를 산정한다.
[사망 당시의 재산 가액 + 사망 전 1년간의 증여재산의 가액 − 채무]

⚖ [판례] 공동상속인 중 특별수익자가 있는 경우

대법원 1996.2.9. 선고 95다17885

공동상속인 중에 피상속인으로부터 재산의 생전 증여에 의하여 특별수익을 한 자가 있는
경우에는 그 증여가 상속개시 1년 이전의 것인지 여부, 당사자 쌍방이 손해를 가할 것을 알
고서 하였는지 여부에 관계없이 유류분 산정을 위한 기초재산에 산입된다.

• 유류분 반환청구권

유류분 권리자는 피상속인의 증여 및 유증으로 인하여 유류분에 부족이 생긴 때에는 부족한 한도에서 그 재산의 반환을 청구할 수 있다. 이 경우 증여 및 유증을 받은 자가 여러 명인 때에는 각자가 얻은 유증가액의 비례로 반환하여야 한다.

유류분 반환청구는 재판뿐 아니라 재판 외의 방법으로 할 수 있다. 다만 유류분 권리자가 상속의 개시와 반환하여야 할 증여 또는 유증을 한 사실을 안 때로부터 1년 내에 유류분청구를 하지 아니하거나, 상속이 개시한 때로부터 10년을 경과하면 유류분 반환청구권은 시효에 의하여 소멸한다.

사례의 해결

김민주 씨의 어머니가 사망하기 직전 모든 재산을 장녀인 김민주 씨에게 물려주겠다고 한 것은 법적 요건을 갖춘 유언에 해당하지 않는다. 이 유언은 법에서 정한 다섯 가지 유언 방식을 따르지 않았기 때문이다. 오히려 사망 이전에 자필로 작성한 유언, 즉, '전재산을 한국대학에 기부한다'는 유언장만이 자필증서에 의한 유언으로서 효력이 있다.

그러나 전 재산(10억 원)을 한국대학교에 기부하더라도 김민주 씨와 동생들은 직계비속으로서 법정상속분의 1/2에 해당하는 유류분 반환청구권을 행사할 수 있다. 이때 유류분 반환청구권은 유류분이 침해되었음을 안 때로부터 1년이 경과하거나 상속이 개시된 때로부터 10년이 경과하기 전에 행사해야 한다. 따라서 김민주 씨는 동생들과 함께 한국대학교에 5억 원의 유류분 반환청구를 할 수 있다.

이것만은 꼭!

1. 우리 법은 유언능력을 가진 사람이 법에서 정한 요건을 갖추어 사망한 이후의 법률관계를 정하는 의사표시를 할 수 있는 유언제도를 규정하고 있다.

2. 유언은 반드시 법에서 정한 형식과 내용을 지켜야 한다.

3. 유언의 자유가 인정되므로, 유언자는 언제든지 유언을 철회하거나 변경할 수 있다.

4. 유류분이란 상속인을 위하여 법률상 반드시 남겨 두어야 할 일정 부분으로 상속인의 생활보장을 위해 마련되었다.

5. 유류분 권리자는 피상속인의 증여 및 유증으로 인하여 유류분에 부족이 생긴 때에는 부족한 한도에서 그 재산의 반환을 청구할 수 있다.

제6장

법의 열린 지평

법은 우리가 함께 살아가는 '삶의 틀'이므로 삶의 모습을 잘 반영할 수 있어야 한다. 그런데 삶은 고정되지 않고 항상 새롭게 변화한다. 무엇보다 21세기는 과거 어떤 시대보다 빠르게 변화하고 있다.

이러한 급속한 변화 속에서 우리는 과거에 없었던 새로운 문제들에 직면한다. 이전에는 상상하지 못했던 새로운 과학기술이 부상하고 있으며, 국경의 문턱이 낮아져 자유롭게 상품과 서비스가 거래되고 인적교류가 활발하게 이루어지고 있다. 또한 자연을 무분별하게 이용하고 파괴한 결과가 인간에게 돌아오고 있다. 무엇보다 최근 코로나19 바이러스에 의한 팬데믹 현상은 우리의 삶에 대한 전방위적 성찰을 요구하고 있다. 삶이 빠른 속도로 변화하는 만큼 법도 이러한 변화를 잘 반영하여야 제대로 기능할 수 있는데, 현대 사회의 법은 이러한 변화 속도를 따라잡지 못하는 형편이다. 법이 우리의 삶을 제대로 반영하기 위해서는 법에 대한 우리의 능동적이고 주체적인 자세가 필요하다. '법의 저자'는 궁극적으로 주권자인 우리이기 때문이다.

법의 열린 지평은 우리 모두에게 주어진 과제이며, 국회의원이나 법률 전문가의 몫으로 미뤄서는 안 된다. 이 장에서는 우리에게 새롭게 주어진 법의 다양한 과제에 대해 생각하고, 바꾸어 나가야 할 새로운 법의 모습을 능동적으로 상상해보는 시간을 가져보도록 하자.

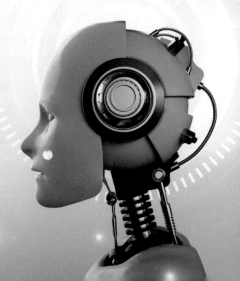

 우리는 컴퓨터 없이도 모바일을 통해 인터넷에 접속하여 필요한 지식을 얻고 문화콘텐츠를 향유한다. 과거에는 모바일로 이처럼 다양한 활동을 할 수 있으리 라고 상상하지 못했으나, 어느 순간 모바일을 제외한 삶은 생각할 수 없게 되었 다. 이뿐만 아니라 인공지능(AI, Artificial Intelligence) 기술이 생활 속에서 다 양하게 활용되면서, 이 기술이 적용된 자율주행 자동차도 일상화될 것으로 예상 된다. 과학기술의 발달은 이처럼 우리 삶의 방식을 구조적으로 변화시키는 중요 한 계기가 된다. 그러나 과학기술은 모든 인간의 삶을 편리하게 변화시키는 것만 은 아니다. 새로운 변화 속에서 과학기술의 성과를 누리지 못하고 소외되는 어려 운 사람들이 등장할 수 있다. 따라서 우리는 변화하는 사회에서 함께 살아가기 위해 필요한 새로운 법을 생각해보아야 한다. 우리가 상상할 수 있는 법은 어떤 모습일까?

1. 인공지능(AI)의 개발과 활용

 1950년대부터 과학자들은 '생각할 수 있는 기계'를 상상하며 인공지능(AI) 기 술의 개발에 매진하였다. 알파고(AI바둑 프로그램)와 같은 인공지능은 많은 양의 데이터를 학습하면서 고유의 데이터 분석 알고리즘(Algorithm)을 생성한다. 인 공지능은 인간의 신경망을 모방한 복잡한 형태를 띠고 있으며, 알고리즘을 통해 주어진 상황을 데이터의 형태로 분석한다. 알파고는 방대한 양의 바둑 데이터를 짧은 시간에 분석하여 최선의 수를 제시한다.

알고리즘(Algorithm)

입력한 자료로부터 결과를 도출해 내는 방식의 문제 해결을 위한 순서화된 규 칙, 명령의 집합을 말한다.

 자율주행차를 운행하기 위해 인공지능은 안 전 기준과 도로 정보와 같은 방대한 양의 데이 터를 학습한다. 그리고 센서가 부착된 카메라 를 통해 교통신호가 바뀌었는지, 보행자가 지 나가는지 실시간으로 분석하면서 고유의 알고 리즘을 통해 자동차를 목적지까지 운행한다.

 고성능 컴퓨터, 정보처리 기술, 5G 무선인 터넷과 같은 기반기술의 발달에 따라 인공지 능의 정보처리 능력이 빠르게 증대하고 있다.

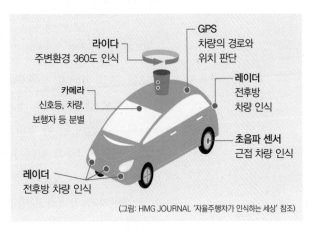

GPS
차량의 경로와 위치 판단

라이다
주변환경 360도 인식

카메라
신호등, 차량, 보행자 등 분별

레이더
전후방 차량 인식

초음파 센서
근접 차량 인식

레이더
전후방 차량 인식

(그림: HMG JOURNAL '자율주행차가 인식하는 세상' 참조)

▲ 자율주행차 외부 인식 주요 장치

인공지능 기술은 앞서 살펴본 자율주행차의 사례 외에도 고객의 정보를 분석하여 맞춤형 동영상, 금융상품, 건강관리법을 추천하거나, 방대한 양의 법률과 판례를 분석하여 계약서를 검토하고 승소율을 예측한다. 또한 전염병의 발병 패턴을 분석하여 질병의 확산을 예측하는 데에도 인공지능 기술이 활용된다. 교육, 자동차, 금융, 법률, 의료, 공공정책을 비롯한 다양한 분야에 인공지능 기술이 적극 도입되고 있다.

2. 인공지능 기술 및 빅데이터의 활용에 따른 문제

• 일자리 문제

인공지능과 일자리

인공지능이 많은 사람들의 일자리를 대체할 것으로 예상됨에 따라 기본적인 수준에서의 생활을 보장하는 기본소득의 도입이 논의된다. 이와 더불어 로봇세 등 재원 마련 방안에 관한 논의도 함께 이어지고 있다.

우리 삶을 편리하게 변화시키는 인공지능 기술의 빠른 데이터 분석 능력은 이전에는 예측하지 못했던 문제들을 발생시킨다. 예를 들어, 자율주행차의 개발은 택시·운수 및 배달업에 종사하는 노동자의 일자리를 위협하는 문제를 야기할 수 있다. 또한 투자분석가나 변호사와 같이 데이터를 분석하는 업무에 종사하는 사람들의 일자리도 인간의 정보분석 능력을 능가하는 인공지능에 의해 대체될 것으로 예상된다. 장기적인 관점에서 일자리가 늘어날 것이라는 낙관적인 전망도 제시되지만, 적어도 산업 구조가 변화하는 시기에는 일자리를 잃는 다수의 노동자가 발생할 수 밖에 없을 것이다.

• 인공지능 분석 결과의 객관성 문제

2016년 구글 이미지 검색창에 "세 명의 흑인 청소년"을 입력하였더니 밝고 건강한 모습으로 검색된 백인 청소년과는 달리 범죄자의 사진으로 가득찬 검색 결과가 나타나 논란이 된 바 있다.

알고리즘을 생성하기 위해서는 많은 양의 데이터를 통해 인공지능을 학습시켜야 한다. 학습시키는 정보가 무엇인지, 인공지능에게 어떠한 분석 결과를 요구하는지 등 개발자가 입력하고 명령하는 바에 따라 다양한 알고리즘이 생성될 수 있다. 개발자가 지니는 의도나 편견, 사회적인 인식과 선입견 등이 분석 결과에 반

▲ 인공지능 분석 결과의 편향성 문제(흑인 차별 사례)

영될 가능성이 있다.

　인공지능에 의한 정보 처리의 투명성과 객관성을 높이기 위해 인공지능의 학습 과정에 대해 알 필요가 있으나, 인간의 신경망을 모방한 복잡한 정보처리 과정을 거치는 인공지능 기술의 특성상 이를 확인하기는 어려운 상황이다. 이와 같은 인공지능(AI)의 설명하기 어려운 학습 과정을 '블랙박스(Blackbox)'라고 한다. 더구나 외부로의 알고리즘 공개는 정보처리자의 지적재산권, 영업비밀 등과 충돌할 수 있기 때문에 인공지능 기술의 학습 과정을 외부에서 확인하고 이에 대처하는 데에는 한계가 있게 된다.

• 사생활 침해와 개인정보보호

　인공지능의 경쟁력은 얼마나 많은 양의 데이터를 얼마나 빠른 속도로 처리하는지에 달려 있다. 따라서 경쟁력 있는 알고리즘을 개발하기 위해서는 빅데이터가 필요하다.

　빅데이터에는 연령, 성별, 인종, 금융거래 내역, 신용 상태, 세금납부 내역, 질병 유무, 위치 정보 등 민감정보를 포함한 개인의 수많은 정보가 포함된다. 개별 정보 단위로는 특정 개인을 식별할 수 없도록 처리된 정보라 하더라도, 빅데이터로 결합할 경우에는 정보주체가 누구인지 식별될 가능성이 있다. 적어도 핸드폰 등 특정한 기기를 사용하는 정보주체의 선호, 경제적 상황, 건강상태, 업무 성과, 위치 등이 알고리즘에 의해 분석·예측될 가능성이 있다. 이와 같은 정보 처리를 프로파일링(Profiling)이라 한다. 이러한 자동화된 정보처리 과정을 거쳐 맞춤형 서비스가 제공된다. 인공지능 기술 및 빅데이터를 활용하는 과정에서 정보주체에 관한 다양한 정보들이 분석되면서 사생활 침해 및 개인정보보호에 관한 문제가 제기된다.

빅데이터 처리는 정보보안의 문제와도 연관된다. 정보통신망으로 연결된 기기들을 통해 수집한 대량의 정보가 유출되어 범죄에 악용되거나 보험 가입, 취업, 은행 대출 등에서 사람들을 부당하게 차별하는 데 이용될 가능성 역시 제기된다.

💬 함께 제기되는 문제들

앞서 살펴본 문제들 외에도, 자율주행차 운행 중 보행자가 다치는 등 사고가 발생한 경우에 그 책임을 운전자 또는 제조사 중 누가 부담할 것인지에 관한 문제, 인공지능이 감정이나 의지까지 갖추게 되는 경우에 어떠한 법적 권리와 책임을 인정할 것인지(인공지능의 법인격 인정) 등에 관한 문제가 제기된다. 뿐만 아니라 킬러로봇이 잘못된 판단을 하여 민간인을 살해할 가능성에 대한 우려와 함께 킬러로봇의 개발이 과연 필요한지에 대한 근본적인 물음도 제기되고 있다.

개인정보 보호법

규제샌드박스
(Sandbox)

안전하게 뛰어놀 수 있는 모래 놀이터와 같이, 기업이 신제품이나 새로운 서비스 등을 출시할 때 일정 기간 규제를 면제, 유예하여 신산업의 발전을 지원하는 제도를 말한다.

가명 처리

개인정보에서 이름, 주민등록번호, 성별, 연령, 위치정보 등 일부를 삭제하거나 전부를 대체하는 방법으로 특정 개인을 알아볼 수 없도록 하는 개인정보의 처리를 말한다. 가명 처리를 거친 정보를 가명정보라고 하며, 개인정보에 속한다. 원래의 정보에서 떼어 낸 정보를 추가정보라고 하며, 개인정보처리자가 안전 조치하여 관리·보관한다.

3. 인공지능 기술 및 빅데이터의 활용에 따라 발생하는 문제에 법적으로 어떻게 대처할 수 있을까?

정부는 인공지능 기술 개발과 빅데이터의 활용을 촉진하기 위해 규제샌드박스(Sandbox)를 포함하여 다양한 지원 법제들을 시행하고 있다. 또한 정보처리자가 정보주체의 동의 없이도 방대한 양의 데이터를 다양한 목적을 위해 처리할 수 있도록 기존의 규제를 완화하는 중이다. 예를 들어, 「개인정보 보호법」의 개정에 따라 개인정보처리자는 과학적 연구, 통계 목적 등을 위해 정보주체의 동의 없이 개인정보를 가명 처리하여 이용하거나 제3자에게 제공하고, 나아가 동일 정보주체에 관한 개인정보를 정부가 지정한 전문기관을 통해 빅데이터로 결합하여 가명 처리한 후 이용할 수 있게 되었다.

개인정보처리자가 개인정보를 처리하기 위해서는 사전에 정보주체에게 개인정보의 이용 목적, 보관 기간, 제3자 제공 등에 관하여 설명하고, 동의를 얻어야 한다. 개인정보의 처리에 대하여 스스로 결정하는 정보주체의 권리를 "개인정보자기결정권"이라 한다. 빅데이터의 활용을 위해 정보주체의 동의 없이 개인정보를 광범위하게 처리할 수 있게 된 상황에서는, 개인정보 자기결정권을 포함하여 정보주체의 권리를 어떻게 보장할 것인지에 대한 법적 논의가 절실히 필요하게 된다.

인공지능 기술이 악용되지 않도록 개발자와 전문가, 일반 시민들이 인공지능 기술 개발의 원칙을 정립하기 위해 노력하고 있다. 예를 들어, 킬러로봇과 같은 자율살상무기를 규제하기 위해 자율무기개발금지캠페인에 개발자들이 참여하거나 시민사회, 국제기구 차원에서의 논의가 이어지고 있다. 또한 보다 적극적으로 연구자, 전문가들이 모여 인공지능을 개발할 때 준수하여야 할 규범들을 자율적으로 수립하고 있다.

　인공지능 기술의 특성상 기술의 이용자는 정보처리의 과정은 잘 알기 어려운 반면, 인공지능이 처리한 데이터 분석 결과에 의지할 가능성은 높다. 개인은 자신이 알지 못하는 사이에 정보처리자가 제공하는 편향된 정보에 갇혀 인식하고 판단하게 될 가능성이 있다. 인공지능 기술의 경우 우리 삶을 변화시키는 힘과 속도가 가공할 만하므로, 사회 구성원이 함께 인공지능 기술이 어떻게 개발되고 이용되어야 할 것인지 함께 논의하는 것이 중요하다. 이를 위해서는 인공지능 기술의 개발 및 이용 과정과 기술 개발을 위해 개인정보가 수집, 처리되는 과정에 대해서도 투명하게 알 수 있어야 한다. 이를 기반으로 사회 구성원이 폭넓게 참여하여 인공지능 기술에 긍정적으로 적용될 수 있는 법적 규제의 틀을 함께 고민하며 마련할 필요가 있다. 이때 무엇보다 기술의 혜택으로부터 소외되기 쉬운 취약한 사람들의 삶 역시 중요하게 고려하여, 우리 모두의 삶에 인공지능 기술이 긍정적으로 활용될 수 있는 방안을 마련할 수 있어야 할 것이다.

제2절 | 블록체인과 가상자산

사토시 나카모토

블록체인 기술 개발자인 사토시 나카모토가 여성인지 남성인지, 개인인지 단체인지 여부에 대해 전혀 알려진 바 없다.

2009년 사토시 나카모토(가명)는 네트워크에 연결된 모든 사람들의 참여를 통해 중앙기관의 통제 없이 거래가 이루어지는 체계를 구상하며 블록체인(Blockchain) 기술을 개발하였다. 모든 참여자들은 자신의 컴퓨터에 저장된 동일한 거래 장부를 함께 관리하고, 거래 내역의 타당성을 평가하며, 이중지불을 감시하는 역할을 수행한다. 블록체인 기술을 통해 정부, 금융기관과 같은 제3자의 개입 없이도 개인 간에 안전하게 거래할 수 있다는 희망이 제시되었다. 그런데 블록체인에는 참여자에게 보상으로 지급되는 암호화폐가 필수적으로 연관되어 있다. 이는 전형적인 가상자산의 예라고 할 수 있는데, 이 암호화폐가 불법자금 조달이나 자금 세탁 등에 부정적으로 악용되는 사례들도 나타나고 있다.

일례로 n번방 사건에서는 불법 성착취 영상물을 암호화폐로 거래하고 불법 자금을 은닉한 사실이 드러났다. 이처럼 암호화폐와 같은 가상자산을 악용하는 문

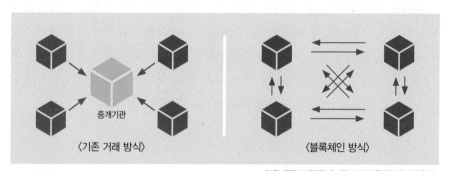

〈기존 거래 방식〉　　　　〈블록체인 방식〉

▲ 블록체인 개념도　　　　　　　　　　(그림: ETRI WEBZINE VER.127 '블록체인 개념도' 참조)

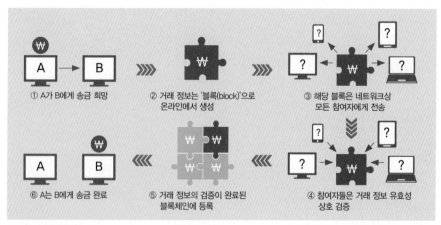

① A가 B에게 송금 희망　② 거래 정보는 '블록(block)'으로 온라인에서 생성　③ 해당 블록은 네트워크상 모든 참여자에게 전송

⑥ A는 B에게 송금 완료　⑤ 거래 정보의 검증이 완료된 블록체인에 등록　④ 참여자들은 거래 정보 유효성 상호 검증

▲ 블록체인 거래 흐름　　　　　　　　　　　　　(그림: 매일경제 기사 참조)

제 역시 블록체인 기술의 부상과 함께 나타난다. 블록체인 기술은 이처럼 우리 사회에 예측하지 못한 결과를 초래하기도 하는데, 그럼에도 불구하고 애초에 목표로 하였던 가치를 실현하고 긍정적으로 활용될 수 있을까? 블록체인 기술의 개발과 이용을 규제하는 것이 과연 필요할까? 만약 필요하다면 어떠한 내용으로 법적 규제의 틀이 마련되어야 할까?

1. 블록체인 기술의 활용

2017년 12월, 비트코인 대란이라 할 정도로 네트워크상 데이터로만 존재하는 가상자산의 열기가 뜨거웠다. 2010년 1비트코인의 가치는 14센트(약 160원)에 불과하였으나 2021년에는 6만 8700달러(약 7600만 원)로 정점을 찍었다. 이와 함께 비트코인 거래를 가능하게 하는 블록체인 기술에 대한 관심도 높아졌다.

블록체인은 거래정보를 담고 있는 블록을 연속적으로 연결하는 구조를 가지고 있는데, 각 블록에 담겨 있는 거래의 유효성을 검증하기 위해 참여자들의 검증 작업이 필수적으로 요구된다. 그래서 검증 작업 참여자들에게 보상으로 암호화폐를 지급한다. 이렇게 블록체인 네트워크에서 작업의 참여하고 보상을 얻는 행위를 채굴(Mining)이라고 한다. 비트코인은 최초로 등장한 암호화폐이며, 암호화폐와 같은 자산을 가상자산이라고 한다.

블록체인 기술은 탈중앙성, 투명성, 보안성 등의 장점이 부각되면서 금융, 의료, 물류·유통, 공공서비스 등 다양한 분야에서 활용되고 있다. 예를 들어, 기부금의 흐름을 감시하는 등 거래의 투명성을 보장하는 데에 블록체인 기술이 활용된다. 또한 판매자 이력, 거래 내역 등을 공개된 블록체인 장부를 통해 확인할 수 있기 때문에, 중개인과 같은 제3자 없이도 스마트계약을 체결할 수 있을 것으로 기대된다. 블록체인 기술이 반영된 암호화폐에 대하여 각국 정부는 대부분 공식 결제 수단이나 투자자산으로까지는 인정하지 않고 있지만, 2021년 글로벌 전기차 제조업체 테슬라는 자사의 제품을 비트코인으로 구매할 수 있도록 승인하였고, 2022년부터 우리 정부는 가상화폐 거래에서 발생한 연간 250만 원 초과 소득에 대하여 양도소득세(20%)를 부과할 방침이어서 가상화폐를 바라보는 시각이 계속 변화되어 가고 있음을 알 수 있다.

우리나라 정부는 다양한 분야에서 블록체인 기술이 적극 활용될 수 있도록, 개인 의료정보 관리, 유전정보 공유, 온라인 투표, 비상장 주식거래, 전자증명서 유통, 개인 통관 등에서 블록체인 기술의 개발을 지원하고 있다.

블록체인의 특성
① 탈중앙성: 제3자의 개입 없이 참여자들이 합의하여 블록체인을 유지·관리함
② 투명성: 블록체인 상의 거래 내역은 모든 참여자에게 공개됨
③ 익명성: 블록체인의 참여자가 누구인지 알 수 없음
④ 불변성: 블록체인에 기록된 거래 내역은 수정·삭제할 수 없음
⑤ 가용성: 블록체인에 기록된 정보는 모든 참여자에게 분산 저장되므로, 오류가 발생하더라도 시스템을 계속 작동할 수 있음
블록체인은 투명성, 불변성, 가용성 등으로 해킹 방지 및 보안에 뛰어난 성능을 갖고 있다.

반면 블록체인과 필수적으로 결합되어 있는 암호화폐는 현재 경제적 가치를 담고 있는 자산으로 활용되고 거래되고 있다. 암호화폐는 최초의 암호화폐인 비트코인과 이더리움 등 그 이후에 등장한 알트코인으로 구분할 수 있다. 최근 암호화폐를 실제 거래에 활용하는 사례도 늘어나고 있고, 가치저장 수단으로 활용하는 사례도 늘어나고 있다.

2. 블록체인 기술 및 가상자산에 따른 문제

(1) 블록체인 기술의 활용에 따른 문제

다른 과학기술과 마찬가지로 블록체인 기술 역시 현실에 적용됨에 있어 개발 당시에는 예상하지 못했던 문제들이 발생한다. 우선 금전거래 외의 사적인 내용이 블록체인에 기록되고 외부로 공개될 수 있음에 따라 이로 인한 사생활 침해의 문제가 제기된다. 2018년 발표된 연구 결과에 따르면 비트코인에 기록된 정보 중 약 1.4%는 아동 포르노를 비롯한 거래정보와 관련 없는 사생활을 침해하는 정보였다. 또한 블록체인 기술이 지니는 익명성에도 불구하고, 블록체인에 기록된 정보들을 역추적하여 정보주체들을 식별할 위험 역시 함께 제기된다. 예를 들어, 유전질환, 희귀질환 등에 관한 정보가 블록체인에 기록될 경우에 해당 질환을 갖고 있는 자가 누구인지 추적할 수 있는 위험성이 생기게 된다.

무엇보다 블록체인에 기록된 정보들은 수정·삭제가 불가능하기 때문에 이와 같이 사생활을 침해하는 민감한 정보가 기록될 경우에 피해자는 영원히 고통받을 가능성이 있다. 따라서 디지털 시대에 중요한 권리로 대두되는 '잊힐 권리'를 어떻게 보장할 것인지 문제된다.

한편 수백 대의 전용컴퓨터를 설치하고 대규모로 채굴을 하는 소수의 채굴 회사에 의해 독점적으로 거래 장부가 만들어지면서 블록체인 기술이 애초에 지향하였던 탈중앙화된 체계가 왜곡될 가능성이 또 다른 문제로 제기된다. 그리고 가상자산 채굴을 포함하여 블록체인을 유지·관리하기 위해 엄청난 양의 전기에너지와 화석연료가 사용됨에 따라 블록체인 기술은 환경문제와도 밀접하게 연관된다. 이와 더불어 국경을 넘어 블록체인과 관련한 법적 분쟁이 발생하는 경우에 어느 국가에서 재판할 것인지 이에 대한 대비 역시 필요하다.

비트코인 발행한도

1블록이 생성될 때마다 일정액의 비트코인이 신규 발행되어 지급되는데, 발행량은 21만 블록마다 반감하도록 설계되어 있다. 2009년 최초 블록 생성부터 21만 블록까지는 1블록당 50BTC가 신규 발행되었으며, 그 이후부터 42만 블록째까지는 1블록당 25BTC가, 63만 블록까지는 1블록당 12.5BTC가 신규 발행된다. 총 발행 한도는 2100만BTC로 설정되어 있으며, 2040년에 발행이 종료될 것으로 예측된다.

블록체인 기술이 신기술로서 각광받음에 따라 일자리 구조에 있어서의 변화 역시 예상된다. 소프트웨어를 개발하는 전문 인력이나 가상자산 거래소 등에서 근무하는 일자리는 늘어나는 반면, 거래의 타당성, 신뢰성을 담보하는 공증이나 중개 업무를 하는 일자리는 줄어들 수 있다. 또한 인공지능(AI) 기술과 마찬가지로, 기술력과 자본력을 갖춰 플랫폼 개발 경쟁에서 우위를 차지하는 글로벌 기업이 시장을 지배하는 독과점 현상이 나타날 수 있다. 유사가상화폐가 계속해서 등장하고 난립하는 가운데 불순한 투기 세력에 의해 암호화폐가 오용되는 경우, 많은 일반 투자자들에게 큰 피해를 가져와 사회적 혼란을 야기시킬 수도 있다.

(2) 가상자산을 악용하는 문제

추적이 어렵고 익명성이 보장되는 가상자산의 특성을 이용하여 불법자금 조달이나 자금세탁 등에 이를 악용하는 사례가 늘고 있다. 이에 따라 가상자산에 대한 국가 차원에서의 규제가 필요하다는 목소리가 높아지고 있다.

특정금융정보법

국제자금세탁방지기구(FATF, Financial Action Task Force)는 2018년 10월, 가상자산 거래를 이용한 자금세탁의 위험을 완화할 수 있도록 각국이 입법 등 필요한 조치들을 취해줄 것을 권고하였다.

이를 반영하여 우리나라는 「특정금융거래정보의 보호 및 이용 등에 관한 법률」을 개정하여 가상자산 사업자의 운영요건을 제한하는 등 규제 방안을 마련하고 있다.

3. 블록체인 기술의 적용에 따라 발생하는 문제에 어떻게 대처할 수 있을까?

가상자산에 대한 각국의 규제가 본격화되고 자산으로서의 가치에 대한 불확실성의 문제가 제기되면서 2021년 가상자산의 거래 가격은 최고점에 도달했다가 얼마되지 않아 절반 이상 급락하였다. 무엇보다 암호화폐의 거래방식에 관한 공식적인 합의에 이르기까지는 시간이 필요하기 때문에 암호화폐로 처리할 수 있는 거래의 건수는 한정적이다. 이와 같은 한계를 극복하기 위해 참여자 수를 제한하고 소수의 사람에게 네트워크의 관리 권한을 부여하여 거래의 신속성을 높이는 다양한 형태의 블록체인 기술이 개발되고 있다.

블록체인 기술은 중앙화된 규제의 틀을 벗어나 모든 참여자에 의해 거래의 신뢰성과 정당성이 인정되는 새로운 체계를 구상하며 만들어진 기술이다. 그러나 애초의 방식으로는 기술이 적용되면서 발생하는 문제들에 대처하는 것이 어렵게 되었다. 이에 따라 개발 당시와는 변형된 방식으로 블록체인 기술이 활용되고, 가상자산을 규제하는 법률이 마련되기에 이르렀다.

💬 블록체인 기술의 다양한 운용 방식

블록체인은 블록체인을 유지·관리하는 과정에서 모든 참여자가 합의, 열람, 기록 등의 권한을 보유하는 퍼블릭(Public) 블록체인과, 익명성의 보장 없이 중앙 관리자가 참여자를 결정하고 장부를 열람할 수 있는 권한을 부여하는 프라이빗(Private) 블록체인으로 나뉜다. 사토시 나카모토가 고안한 것은 퍼블릭 블록체인이다. 퍼블릭 블록체인은 합의가 이루어져 새로운 거래 장부가 생성되기까지 시간이 소요되는 단점이 있다. 이를 보완하여 거래의 효율성을 도모하기 위해 도입된 것이 프라이빗 블록체인이다. 프라이빗 블록체인은 물류·유통 관리나 의료기관 간 환자의 진료기록 전송과 같이 제한된 범위의 사람들이 정보를 공유하고 활용하는 데 이용될 수 있다. 그러나 프라이빗 블록체인에서는 블록체인 기술을 개발할 때 목표로 하였던 탈중앙성의 가치는 희석된다. 이와 유사한 블록체인으로는 동일한 목적을 지닌 소수의 집단에 의해 블록체인이 운용되는 컨소시엄(Consortium) 블록체인 등이 있다.

만약 블록체인 기술을 법적으로 규제하는 것이 필요하다면 어떠한 틀을 통해 규율하는 것이 적절할까? 이를 검토하기 위해서는 개발 당시에 목표로 하였던 가치를 법적 규제를 통해서도 실현할 수 있는지, 무엇보다 블록체인 기술을 통해 우리가 지향하는 삶의 모습이 과연 무엇인지 함께 고려하여야 한다. 사회적 논의를 통해 기술의 적용에 따라 발생하는 문제들에 대처하면서 블록체인 기술이 우리 사회에 유용하게 사용될 수 있는 틀을 마련해 가는 것이 필요하다.

제3절 | GMO와 유전자 편집 기술

인간 유전체의 모든 염기서열을 해석하기 위한 인간 유전체 프로젝트(Human Genome Project)가 2003년 유전자 지도의 완성으로 종료되면서 전 세계가 들썩였다. 인간 유전체 프로젝트 이후 유전자 편집이나 유전자 치료 등 새로운 생명과학기술을 이용하여 질병을 예방·치료하려는 시도들이 한층 다양해졌다. 동시에 인간 유전자를 함부로 조작할 경우 우리가 알지 못하는 위험에 빠질 수 있으며, 이런 기술이 악용되어 새로운 차별로 이어질 수 있다는 우려도 함께 제기된다. 영화 '가타카'에서는 우성 형질의 유전자가 거래되고 이에 따라 사회 계층이 나누어지는 인간 사회의 모습이 그려진 바 있다. 새로운 생명과학기술이 개발되면서 영화 속 가상 세계는 우리 사회가 대응해야 할 현실의 문제로 다가오고 있다.

1. DNA의 발견과 유전자 분석 기술의 이용

1960년대 이후 DNA 구조가 서서히 밝혀지고 유전자 분석 기술이 개발되면서, 질병의 발생 가능성을 예측하거나 범죄 수사에서 범인을 특정하는 등 다양한 분야에서 유전자 분석 기술이 활용되었다. 미국 기업 23앤드미(23andME)사는 미국 식품의약품안전처(FDA)의 승인을 받아 소비자에게 DTC(Direct to Consumer) 유전자 검사 서비스를 판매하고 있다. 소비자가 자신의 타액을 채취한 키트를 23앤드미에 직접 보내면 저렴한 비용으로 자신의 조상이 누구인지, 어떤 질환에 걸릴 확률이 높은지 분석 결과를 확인할 수 있다. 소비자들은 자신과 유전정보를 공유하는 가족, 친척 등을 찾기 위해 자신의 유전정보를 인터넷 사이트에 올리기도 한다. 미국 정부는 이 정보를 대량으로 수집, 분석하여 2018년 초 '골든 스테이트 킬러(Golden State Killer)'라고 불리는 연쇄살인범을 검거한 바 있다.

유전자 분석 기술은 이처럼 질병을 예방·관리하거나 형사범죄의 범인을 밝히는 데에 유용하게 이용된다. 하지만 한편으로는 다수의 혈액, 타액 등을 수집하고 이를 분석할 수 있는 정부기관이나 기업이 부당하게 사람들을 감시하거나 채용, 보험 가입 등에서 차별하는 데 이 기술을 악용할 위험성 역시 문제로 제기된다.

2. GMO(유전자변형농산물)의 생산

인간은 유전자를 분석하는 데에서 나아가 보다 적극적으로 유전자 분석 기술을 유전자 조작에 직접 적용하기에 이르렀다. 외부 환경에 잘 견디고 영양 성분을 강화한 콩, 옥수수 등을 재배하기 위해 생물체의 유전형질을 조작하는 기술이 개발된 것이다. 이와 같은 기술을 적용해 생산한 농산물을 유전자변형농산물(GMO, Genetically Modified Organism)이라 한다. 우리나라에서 수입하는 옥수수와 콩의 80~90%가 GMO에 해당한다는 통계가 있다.

수확률을 높이고 질 높은 농산물을 생산하기 위해 생명과학기술이 이용되지만, 한편에서는 GMO 식품에 대해 여러 문제가 제기된다. 가령 GMO 식품을 섭취할 때 어떠한 건강상의 문제가 발생하는지, 세대를 거쳐 문제가 발생할 가능성은 없는지 아직은 알 수 없다. 또한 환경적 측면에서도 유전자 변형 생명체들이 생태계를 교란하거나, 특정한 농작물만 대량으로 재배하는 것이 생명체의 다양성을 파괴하는 것은 아닌지 등의 문제가 함께 제기된다.

3. 생명체 복제 및 유전자 편집 기술

생명과학기술의 발달은 생명체를 복제하는 데에까지 다다른다. 1996년 검은 양의 생식세포에 흰 양의 체세포에서 채취한 핵을 주입하여 흰 양과 유전적으로 동일한 '돌리'가 태어났다. 이에 따라 인간 복제의 가능성이 대두되면서 우리나라를 포함한 전 세계 수십여 국가는 인간 복제를 법률로 금지하였다.

최근 특정 유전자를 편집하는 기술 중 하나로 '크리스퍼 유전자 가위(CRISPR-Cas9)' 기술이 개발되어 또 한번 전 세계의 주목을 받고 있다. 유전자

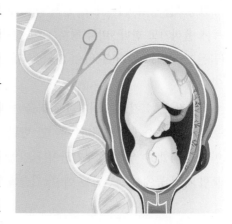

편집 기술을 통해 특정 유전자를 자르고 붙이는 것이 가능하게 되면서, 면역 세포의 기능을 증강하거나 암의 특정 단백질을 억제하는 등 인간의 질병을 치료할 가능성이 높아질 것으로 기대된다.

그러나 한편에서는 정자, 난자, 배아와 같은 생식세포에까지 유전자 편집 기술을 적용할 경우에 발생할 수 있

는 문제에 대한 두려움 역시 커
지고 있다. 자녀의 키, 지능, 피
부색 등을 사회에서 선호하는 모
습으로 변형시킨 '맞춤형 아기
(Designer Baby)'를 낳기 위해
수정란과 초기 배아에 이 기술을
적용하는 것이 가능하게 되었기
때문이다. 유전자 편집 기술을 윤
리적 고려 없이 적용할 경우에는

▲ 맞춤형 아기

영화 '가타카'에서와 같이 인간의 유전형질적 특성을 사회적 평가에 따라 정량적
으로 점수화하고 우성과 열성을 갈라 사회계층을 구성하는 결과로 이어질 수 있
다. 인간 복제와 마찬가지로 우리나라를 포함한 전 세계 많은 국가들은 생식세포
에 대한 유전자 편집 기술을 금지하고 있다.

4. 유전자에 대한 과학기술의 적용에 따라 발생하는 문제에 법적으로 어떻게 대처할 수 있을까?

우리나라에서도 의료기관의 의뢰 없이 직접 위험도가 낮은 일부 건강과 관련
한 항목에 대한 유전자 검사 서비스(DTC)를 받을 수 있다. 「생명윤리 및 안전에
관한 법률」에 따르면 체질량 지수, 중성지방농도, 콜레스테롤, 유전자에 의한 혈
당 등 위험도가 낮은 항목에 한해 유전자 검사기관이 소비자를 대상으로 직접 유
전자 검사 서비스를 제공할 수 있다. 다만, 유전자 검사 결과에 따라 해당 검사를
받은 개인의 삶에 미치는 영향이 크기 때문에 유전자 검사 서비스에 대한 안전
성, 정확성 등을 과학적으로 검증하는 것이 중요하다.

한편, GMO 식품과 관련하여 「식품위생법」 및 「건강기능식품법」은 원재료가
GMO인 경우라도 열처리 등 정제 과정을 거쳐 유전자변형물질이 남아 있지 않은
경우에는 GMO 표시를 하지 않도록 허용한다. 또한 제조가공 과정 등에서 의도
치 않게 GMO 성분이 3% 이하 포함된 경우에도 GMO 표시를 하지 않아도 되도
록 한다. 그러나 소비자의 알 권리와 건강권의 보장 차원에서 GMO의 사용 여부
에 대한 정확한 정보를 공개하고, GMO 표시 기준을 강화해야 한다는 목소리가
높아지고 있다. 이와 더불어 비영리단체를 통해 Non-GMO를 인증하는 자율규
제의 필요성도 함께 제기되고 있다.

생명윤리법

식품위생법

건강기능식품법

그리고 인간 유전자를 편집하는 유전자 가위 기술의 문제점이 대두되면서 전세계 연구자와 전문가 등은 2015년 12월 유전자 가위 기술이 야기하는 기술적 · 윤리적 문제들을 해결하기 전까지 생식세포에 대한 유전자 편집 기술의 적용을 자율적으로 규제할 것을 발표하기에 이르렀다. 우리나라도 「생명윤리 및 안전에 관한 법률」에서 생식세포에 대한 유전자 편집 기술의 적용을 금지하고 있다. 그러나 중국의 한 연구자가 이와 같은 합의를 깨고 수정란의 유전자를 편집하여 에이즈(AIDS)에 대한 면역력을 갖춘 쌍둥이를 탄생시켰다고 발표한 바 있다.

　　이제 우리는 유전자에 적용되는 새로운 기술에 대한 진지한 사회적 논의를 진행해 나갈 필요가 있다. '그 기술은 우리에게 반드시 필요한 기술인가? 만약 필요하다면 어떻게 개발하고 이용하여야 할까?'에 대한 지속적인 논의가 필요하다.

　　생명과학기술을 포함하여 과학기술을 이용함에 있어 개발 당시에는 예측하지 못하였던 문제들이 계속 발생할 수 있다. 이에 대응하기 위해서는 기술의 개발과 이용에 대한 사회적 관심과 그 정당성에 관한 지속적인 평가가 필요하다. 무엇보다 기술의 개발과 이용에 영향을 받는 자는 우리 모두가 될 것이기 때문에, 기술을 어떻게 개발하고 이용할 것인지에 관한 규제의 틀을 마련하기 위해서는 개발자와 전문가뿐만 아니라 우리 모두가 참여하여 논의하는 것이 중요하다.

▲ 자율규제 사례(Non-GMO Project)

제4절 | 기후 위기와 자연환경

전 세계를 휩쓴 코로나19 바이러스로 사람의 이동과 물품의 생산이 급격히 줄어들면서 우리를 둘러싼 자연환경에 변화가 일어났다. 한적해진 해변에 수십만 마리의 바다거북이 알을 낳으러 돌아왔고, 매연에 가려져 보이지 않았던 히말라야 산맥의 모습이 30년 만에 드러났다. 불과 몇 개월만에 자연환경의 변화는 극적으로 나타났다. 그동안 인류가 환경에 끼친 영향이 어느 정도인지 가늠할 수 있는 계기가 되었다. 그러나 전문가들은 자연환경에 일어난 이와 같은 긍정적인 변화가 지속되기 어려울 것으로 전망한다. 경제회복을 위해 이전보다 더 많은 에너지를 사용할 것으로 예상하기 때문이다.

과도한 에너지의 사용은 환경파괴와 기후 위기를 초래한다. 기후 위기를 극복하기 위해 우리가 해야 할 역할은 무엇일까? 자연환경과 공존하기 위한 실천을 지속할 수 있도록 법은 어떠한 내용으로 구성되어야 할지 생각해보자.

1. 기후 위기와 국제적 공조

지난 100년간 석유, 석탄, 천연가스 등 화석연료의 사용이 증대하면서 지구 대기에 과도한 탄소가 배출되었다. 전기에너지 역시 화석연료를 사용하여 생산한다. 과도한 탄소 배출은 지구를 가열하고 극지방의 얼음을 녹이며 대기의 흐름을 변화시킨다. 전 세계 곳곳에서 폭염과 한파가 반복되고, 여름 내내 가뭄과 홍수, 태풍이 이어지는 등 기후 변화가 극심해지면서 농업 생산에도 타격이 가해진다. 기후 위기는 환경파괴의 문제에 그치는 것이 아니라, 식량 위기를 초래하는 등 인간 사회에 심각한 문제를 유발한다.

전 세계는 갈수록 악화하는 기후 위기의 문제를 공동 대응하기 위해 노력하고 있다. 시간이 갈수록 생태계는 회복하기 어려운 임계점에 가까워지고 있기 때문이다. 지난 100년간 지구의 평균 기온은 1℃ 넘게 상승하였고, 이는 지난 1만 년간 4℃ 상승한 것에 비해 25배 빠른 속도이다. 지구 평균 기온의 상승으로 해수면이 높아지고, 전 세계 곳곳에서 폭염과 한파, 가뭄과 홍수가 발생하고 있다. 전

우리나라의 식량 자급률
2018년 기준 우리나라의 식량 자급률은 46.7%, 곡물 자급률은 21.7%로, 우리나라는 쌀을 제외한 대부분의 식량을 해외에서 수입하고 있다. 극심한 기후 변화에 따라 식량 위기 상황이 악화할 경우에 우리나라의 식량 수급에도 어려움이 발생할 수 있다.

문가들은 지구의 평균 기온이 0.5℃만 더 상승하더라도 이와 같은 기후 위기 상황은 단발적이 아니라 지속적으로 발생할 것으로 예상한다.

이에 따라 국제적 공조의 일환으로, 1992년 선진국과 개도국이 각자의 능력에 맞게 온실가스를 감축하기로 하는 유엔기후변화협약(UNFCCC)이 체결되었다. 그리고 5년 뒤인 1997년에는 전 세계 37개국의 온실가스 감축 목표를 구체적으로 제시한 교토의정서가 채택되었다. 기후 위기 상황이 더욱 나빠지면서 2015년에는 전 세계 195개국 및 유럽연합(EU)이 온실가스의 감축에 적극적으로 동참하기로 한 파리협정(Paris Agreement)이 체결되었다. 참여국은 이 협정에 따라 지구 평균 기온의 상승폭을 1.5℃로 제한하기 위한 국가별 온실가스 감축 목표를 세우고, 이를 달성하기 위한 구체적인 계획을 실행하여야 한다. 우리나라 역시 파리협정에 참여하였으며 2030년까지 전망치 대비 37%의 온실가스를 감축할 계획이다. 미국은 2017년 파리기후협약의 탈퇴를 선언하였으나, 2020년 재가입을 발표하고 기후 위기를 극복하기 위한 국제적 대응에 재동참하기로 하였다.

이러한 국제 공조는 기후 위기 문제에 경각심을 느끼고 국제적 차원에서의 대응을 바라는 전 세계 사람들의 요구와 지지가 있었기에 가능했다. 또한 소비자들의 인식이 변화하면서 글로벌 기업들 역시 기후 위기를 극복하기 위한 적극적인 행동에 동참할 것을 발표하였다.

2. 환경오염에 대한 법적, 사회적 대응

지구환경에 닥친 위기는 비단 화석연료의 과도한 사용에 의해서만 발생한 것이 아니다. 농약과 화학비료의 사용은 지구의 토양과 해양을 화학물질로 오염시키고, 환경호르몬에 오염된 식량자원으로 우리에게 돌아온다. 1940~60년대만 해도 DDT와 같은 살충제는 해충을 강력하게 박멸하는 물질로 각광받았으나, 결국 몸속에 농축되어 암을 유발하는 독성 물질임이 밝혀지면서 법적으로 사용이 금지되었다. 최근에는 환경 보호와 함께 건강한 소비를 바라는 소비자들의 알 권리를 위해 농약을

▲ 친환경농수산물 인증 제도

사용하지 않는 제품에 대한 유기농, 무농약 등의 인증 제도가 시행되고 있다.

뿐만 아니라 일상생활에서 완전하게 분해되기까지 수백 년이 소요되는 비닐과 플라스틱 같은 자원들을 무분별하게 사용하고 있으며, 태평양 한가운데 한반도의 17배에 달하는 플라스틱 섬이 형성되기도 하였다. 우리나라에서는 「자원의 절약과 재활용 촉진에 관한 법률」에 따라 2018년부터 커피숍, 음식점 등에서 매장 내 일회용 플라스틱 컵의 사용이 금지되고, 마트, 편의점 등에서 일회용 비닐의 사용이 제한되었다. 환경 보호에 대한 소비자들의 인식이 높아짐에 따라 기업들도 택배 박스나 포장재를 친환경 소재로 바꾸는 등 변화하고 있다.

그러나 비닐, 플라스틱 등의 소재를 종이로 바꾸는 것이 근본적인 해결책이 될 수는 없다. 종이를 생산하기 위해서는 수십, 수백 년간 자란 나무를 대량으로 벌목해야 하기 때문이다. 우리가 자연환경과 지속적으로 공존하기 위해서는 근본적으로 자원의 사용량 자체를 줄이려는 노력이 필요하다. 화석연료와 자원의 사용을 줄이기 위해 우리 모두가 할 수 있는 역할은 무엇일까?

우리 헌법은 국가와 국민은 환경보전을 위하여 노력하여야 한다고 규정하고 있으며, 이에 따라 「환경정책기본법」을 비롯하여, 「자연환경보전법」, 「대기환경보전법」, 「물환경보전법」, 「폐기물관리법」 등 여러 법률이 제정되었다. 그러나 법률을 마련하는 것만으로 환경문제가 해결되는 것은 아니다. 인류와 자연환경의 지속적인 공존을 위해 국제사회와 적극 공조해야 한다. 국가와 우리 모두 국제적 논의와 대응에 적극적으로 참여하면서, 자연환경과 공존하는 사회를 만들기 위해 필요한 활동을 실천해 나가야 한다.

친환경농수산물 인증 제도

자원재활용법

SF 영화나 문학작품 안에서만 간접적으로 경험했던 감염병의 전 세계적 유행(Pandemic, 팬데믹)을 현실에서 마주하게 되었다. 현실에서 경험한 팬데믹 상황은 "언택트(Untact, 비대면)"라는 개념을 각인시킬 정도로 우리 삶의 많은 부분을 변화시켰다. 종교, 집회 등 집단활동이 금지되고, 일정한 인원수 이상의 모임이 제한되었으며, 거리의 사람들은 이전에는 상상하지 못했던 모습으로 모두 마스크를 쓰고 다닌다. 확진자에 대해서는 이동 경로, 접촉자 현황, 거주지 등에 관한 정보가 공개되고, 확진자와 접촉하였던 사람들은 일정 기간의 격리를 감수해야 한다. 이와 같은 팬데믹 상황에서 빈곤국가에서는 마스크, 손소독제 등과 같은 위생용품을 구비하지 못한 채 어려움을 겪고 있다. 건강과 생명을 보호받지 못하고 자칫 인권의 사각지대에 방치될 가능성이 있는 것이다. 팬데믹은 이처럼 인권을 비롯하여 그동안 간과하여 왔던 우리 사회의 문제를 새로운 시각에서 다시금 성찰하게 한다.

1. 감염병의 대유행

2003년 발생한 사스(SARS, 중증급성호흡기증후군)와 2015년 발생한 메르스(MERS, 중동호흡기증후군)는 한 지역에서 나타난 바이러스 감염이 국경을 넘어 얼마나 많은 사람에게 전파될 수 있는지 보여주었다. 중동 지역에서 발생한 메르스 바이러스의 확산으로 인해 전 세계 2,500여 명이 감염되었고,

800명이 넘는 사람이 사망하였다. 우리나라도 바이러스의 영향을 피하지 못하였으며, 메르스 바이러스에 감염된 국내 환자는 186명으로 이 중 39명의 환자가 사망하였다. 사스와 메르스는 특정한 치료법이 없으며 치사율이 높아 의료체계가 발달하지 않은 국가에서는 그 피해의 정도가 더욱 심각했다. 각 국가는 바이러스의 감염경로 및 치료법 등을 연구하였지만, 곧 전 세계를 뒤덮을 새로운 바이러스가 출현하였다.

2019년 말에 출현한 코로나19 바이러스(COVID−19 Virus)는 출현 후 몇 개월만에 전 세계로 확산되어, 정치, 경제, 문화 등 모든 방면에서 인간의 삶의 방식을 근본적으로 변화시킬 정도의 영향을 미쳤다. 약 1년의 기간 동안 거의 8,000만 명의 확진자가 발생하였고, 이 가운데 170만 명 이상이 사망하였다. 새롭게 출현한 바이러스에 대처할 수 있는 치료법과 백신이 없었기 때문에 많은 국가는 일정 기간 봉쇄 조치를 하는 등의 방법으로 바이러스 감염의 확산에 대응할 수밖에 없었다.

2. 감염병에의 대응과 권리 제한

우리나라는 모든 이동을 제한하는 극단적인 봉쇄 조치를 취하지는 않았다. 대신 마스크 착용과 사회적 거리두기를 강제하고, 손씻기 등 개인 위생의 중요성을 강조하며, 감염의 가능성이 있는 사람에 대한 확진 검사를 전방위적으로 실시하는 등의 방법으로 바이러스에 대응하였다.

그리고 감염병 대응조치의 일환으로, 방역 당국은 바이러스 감염의 발생 초기부터 감염경로를 추적할 수 있도록 확진자들의 이동 경로를 공개하고 이들과 접촉한 사람들의 명단을 확인하였다. 잠재적인 확진자를 최대한 빠르게 확인하여 감염의 확산을 방지하기 위해서이다. 실제로 특정 지역에 바이러스 감염이 예상되자, 방역 당국은 통신사로부터 관련 정보를 제공받아 바이러스 확진 검사의 대상을 미리 확인하기도 하였다. 이 과정에서 공공의 이익을 위한 개인정보의 처리 및 공개가 어디까지 허용될 수 있는지에 관한 문제가 제기되었다. 정부가 확진자와 그 접촉자 등에 관한 정보를 방역에 필요한 범위를 넘어 수집하며, 이동 경로를 상세하게 알리는 등 확진자의 신상을 유출할 수 있는 수준으로 정보를 공개한 것에 대해 사회적 비판이 일었기 때문이다. 이에 따라 정부는 확진자에 관한 정보를 방역에 필요한 범위 내로 제한하여 공개하는 등의 조치를 취하였다.

한편, 치료제와 백신이 없는 감염병의 전파는 확진자를 비롯한 바이러스 감염을 확산시킬 수 있는 자에 대한 비난과 혐오의 분위기를 조성하였다. 바이러스 발생 초기에는 확진자, 특히 바이러스 감염을 확산시킨 슈퍼 전파자에 대한 사회적인 비난이 일었다. 이뿐만 아니라 바이러스 감염이 확산된 지역에서 입국한 사람들을 공포와 혐오의 시각으로 바라보는 경우도 발생하였다. 우리나라 국민도 해외에서 이와 같은 경험을 한 바 있다. 새롭게 출현한 감염병은 개인의 건강뿐만 아니라 사회적 유대 관계에도 영향을 미쳤다.

코로나19 바이러스는 각 개인의 경제적 상황에도 막대한 영향을 가했다. 바이러스 감염의 확진으로 격리, 치료를 받는 과정에서 직장을 잃게 되는 사례

가 발생하였다. 무엇보다 바이러스 확산을 막기 위해 사회 활동이 제한되면서, 사람 간 접촉을 전제로 하는 여행·외식업, 버스·택시 등 운수업, 헬스·필라테스 등 실내체육시설업 등에 종사하는 사람들은 폐업·영업중단 등으로 생계를 유지하기 어려운 상황에 직면하였다. 이러한 어려움을 일시적으로나마 타개하기 위해, 2020년 5월 정부와 지방자치단체는 전 국민을 대상으로 재난 지원금을 지급하는 정책을 추진하였다. 또한 어려움을 겪는 특수고용직 종사자와 프리랜서를 포함한 소상공인을 대상으로 추가적인 지원금을 지급하는 정책을 시행하였다. 다만 감염병의 확산을 방지하기 위해 사회 활동이 장기간 제한되는 상황에서 지원금의 지급은 근본적인 해결책이 되지는 못하였다.

3. 감염병에의 대응과 법

감염병의 출현에 전방위적으로 대응하기 위한 정책을 추진하는 과정에서 「감염병의 예방 및 관리에 관한 법률(이하 '감염병예방법'이라 한다)」을 비롯한 관련 법률이 개정되었다.

감염병예방법을 중심으로 살펴보면, 우선 감염병 환자의 이동 경로, 이동 수단, 접촉자 현황 등 감염병 예방을 위한 정보를 국민에게 신속하게 알리기 위한

정보공개의 범위와 절차가 규정되었다. 다만 앞서 살펴보았듯이 과도한 개인정보의 공개로 인해 확진자 등에게 피해가 발생함에 따라 성별, 나이, 그 밖에 감염병 예방과 관계없다고 감염병예방법 시행령에서 정하는 정보는 공개 범위에서 제외하기로 하였다.

> **감염병예방법 제6조(국민의 권리와 의무)**
> ① 국민은 감염병으로 격리 및 치료 등을 받은 경우 이로 인한 피해를 보상받을 수 있다.
> ② 국민은 감염병 발생 상황, 감염병 예방 및 관리 등에 관한 정보와 대응 방법을 알 권리가 있고, 국가와 지방자치단체는 신속하게 정보를 공개하여야 한다.
> ③ 국민은 의료기관에서 이 법에 따른 감염병에 대한 진단 및 치료를 받을 권리가 있고, 국가와 지방자치단체는 이에 소요되는 비용을 부담하여야 한다.
> ④ 국민은 치료 및 격리조치 등 국가와 지방자치단체의 감염병 예방 및 관리를 위한 활동에 적극 협조하여야 한다

또한 감염병예방법상 방역 지침을 강제하고 이를 준수하지 않는 자를 제재할 수 있는 법적 근거가 마련되었다. 감염병 전파의 위험성이 있는 장소ㆍ시설을 이용하는 사람 등에 대해서는 마스크 착용 등 방역 지침의 준수를 강제할 수 있게 되었다. 그리고 만약 코로나19 바이러스와 같은 감염병에 걸린 것으로 의심되는 사람이 확진 검사를 거부한 경우에는 해당 검사를 받도록 강제할 수 있으며, 이를 거부한 자에 대해서는 형사상 제재가 부과된다.

한편, 이 법에 따라 국민이 치료비에 대한 부담 없이 바이러스 감염에 대처하고 건강을 회복할 수 있도록 국가, 지방자치단체, 국민건강보험 등이 공동으로 감염병 치료에 드는 비용을 전액 부담하게 된다. 이 뿐만 아니라 사회복지시설을 이용하는 어린이, 노인 등 감염병의 확산에 적절하게 대처하기 어려운 감염 취약계층에 대해서는 건강과 생명을 보호할 수 있도록 국가 차원에서 마스크 지급 등 필요한 조치 역시 취하게 된다.

감염병의 출현에 대응하기 위해 확진 검사와 치료를 지원하고 생계 유지를 위한 지원금과 영업제한에 따른 재난지원금을 지급하는 등 각종 지원 정책이 시행되었다. 한편으로는 사회적 거리두기, 집합 금지 등을 통해 사회 활동이 제한되고 확진자의 이동 경로 등에 관한 정보가 공개되는 등 개인의 권리 역시 제한되었다.

감염병이 출몰한 상황에서도 우리의 삶이 건강하게 유지되도록 하려면 어떠한 내용으로 지원 정책을 추진하고 개인의 자유와 권리를 제한하여야 할까? 감염병의 출현에 대처하는 방안을 수립하기 위해 사회적 논의가 이어지는 과정에서, 감염 취약계층과 같이 목소리를 내기 어려운 사람들에 대해서는 우리가 어떠한 고려를 하고 법적으로 지원하여야 할까?

한편, 전 세계를 휩쓴 감염병의 출현은 역설적으로 우리들이 전 지구적으로 연결되어 있음을 보여준다. 바이러스의 종식을 위하여 국제적으로 어떠한 지원과 협력을 할 수 있을 것인지에 대해서도 함께 생각해보자.

제5절 | 동물보호

플라스틱의 사용은 환경파괴뿐만 아니라 동물에게 생존의 위기를 초래한다. 바다에 버려진 플라스틱 빨대가 해양생물의 죽음을 불러오고, 완전히 분해되지 않고 남은 미세플라스틱은 산호초의 서식지를 파괴한다. 그리고 해양생물이 흡수한 미세플라스틱은 결국 인간에게 되돌아온다. 수백 년간 진행되어 온 무분별한 개발은 인간과 자연환경, 동물의 공존을 위태롭게 하는 결과로 이어진다. 앞서 살펴본 기후 위기를 비롯하여 인류가 처한 현재의 상황은 자연환경뿐만 아니라 동물을 수단으로만 바라보아 온 태도와 무관하지 않다.

최근에는 동물 역시 인간과 더불어 사는 존재로서 그들의 삶에 대한 존중이 곧 생명친화적 사회를 구성하는 데에도 중요하다는 인식이 널리 퍼져가고 있다. 이에 따라 채식을 하거나 모피를 입지 않는 등 개인적인 차원을 넘어, 생명을 가진 고유한 존재로서 동물의 삶을 보호하며 존중하는 방향으로 구체적인 법률이 마련되고 법원의 판례가 형성되는 등 우리 사회의 질서가 변화하고 있다.

1. 동물보호에 대한 사회적 인식의 제고

최근에는 우리나라에서도 동물성 식품의 섭취를 제한하고 채식 위주의 식습관으로 변화하려는 사람들이 늘어나고 있다. 채식을 실천하려는 이유는 다양하다. 소고기 1kg을 생산하는 데 약 1.5톤의 물이 소비되고, 대량 목축으로 발생한 메탄가스가 대기오염을 초래하는 등 환경파괴의 원인이 된다는 인식으로 육류 소비를 줄이려는 사람들이 늘고 있다. 이뿐만 아니라, 동물을 식품 생산의 원료로만 취급하여, 좁고 열악한 환경에서 사육하고 1년도 채 살지 못한 동물들을 도축하는 공장식 사육방식에 반대하기 위해 채식을 실천하는 사람들 역시 증가하고 있다.

기업들도 이와 같은 사회적 인식의 변화에 따라 동물복지 인증을 받은 제품을 생산하거나, 식품을 비롯하여 의류, 화장품 등에 동물성 원료가 첨가되지 않은 제품을 출시하고 있다.

All About
LEAPING BUNNY

화장품법

동물보호법

실험동물법

2. 동물실험에 대한 규제

실험동물을 생명을 지닌 존재로 존중하기 위해 동물실험을 금지하거나, 동물실험이 윤리적으로 수행되도록 하기 위한 법적 규제가 갖춰지고 있다. 유럽연합(EU)은 2013년부터 화장품의 동물실험을 전면 금지하였다. 토끼의 눈에 화장품을 떨어뜨려 독성을 검사하는 등 그동안 실험동물에 고통을 가하는 방식으로 화장품을 생산하였기 때문이다. 기술의 발달에 따라 인공피부를 활용하는 등 실험동물을 이용하지 않고 화장품의 독성을 검사할 수 있는 다양한 실험 방법이 개발되고 있다. 국내 화장품 회사들도 이에 맞춰 동물실험 금지를 선언하고, 소비자단체는 동물실험을 금지한 회사들의 명단을 발표하고 있다.

중국은 그동안 수입 화장품에 대해 동물실험을 실시할 것을 요구하였으나, 전 세계적인 인식의 변화를 반영하여 2021년부터는 중국에 수출하는 화장품에 대해 동물실험을 의무화하지 않기로 하였다. 우리나라의「화장품법」역시 화장품에 대한 동물실험을 원칙적으로 금지하고 있다. 다만, 화장품을 수출하기 위해 필요한 동물실험이나, 화장품 수입국에서 동물실험을 거친 화장품의 유통은 예외적으로 허용하고 있다.

> 💬 **동물보호법 등에서 동물실험에 대한 규제**
>
> 인간에게 안전한 의약품, 화장품, 식품 등을 개발하기 위해 동물실험이 진행되고 있다. 우리나라에서는 매년 300만 마리가 넘는 동물이 동물실험에 이용된다.
>
> 동물실험은 동물 생명의 존엄성을 고려하여 실시하여야 한다. 전 세계적으로 동물실험의 윤리 원칙으로 '3R(Replacement, Reduction, Refinement) 원칙'이 중요하게 고려되며, 우리나라의「동물보호법」역시 이를 반영하여 동물실험의 원칙을 제시하고 있다. 이에 따라 동물실험을 하려는 경우에는 우선적으로 이를 대체할 수 있는 방법을 고려하여야 한다(Replacement). 그리고 동물실험은 실험동물의 윤리적 취급과 과학적 사용에 관한 지식과 경험을 보유한 자가 시행하여야 하며 필요한 최소한의 동물을 사용하여야 한다(Reduction). 또한 동물실험은 진통·진정·마취제의 사용 등 수의학적 방법에 따라 실험동물의 고통을 덜어주기 위한 방식으로 수행되어야 한다(Refinement)(제23조 제2항 내지 제4항).
>
> 그리고「동물보호법」은 이에 더하여 동물실험을 한 자로 하여금 그 실험이 끝난 후 지체 없이 실험동물을 검사하고, 검사 결과 정상적으로 회복한 동물은 분양하거나 기증할 수 있도록 하고 있다(동조 제5항). 한편 동물실험에 대한 윤리성과 신뢰성을 제고하기 위해「실험동물에 관한 법률」이 제정되었으며, 구체적으로 동물실험을 수행하는 시설에서의 실험동물의 사용, 실험동물의 공급 등에 관하여 규정하고 있다.

3. 동물보호법상 학대 행위의 금지

시작 단계이기는 하지만 우리나라에서도 동물을 생명으로서 대우하고자 하는 법제가 마련되고 있다. 「동물보호법」은 "동물의 생명 보호 및 복지 증진을 꾀하고, 건전하고 책임있는 사육문화를 조성하여 동물의 생명 존중 등 국민의 정서를 기르고 사람과 동물의 조화로운 공존에 이바지"하기 위해 제정되었다.

> **제3조(동물보호의 기본원칙)** 누구든지 동물을 사육·관리 또는 보호할 때에는 다음 각 호의 원칙을 준수하여야 한다.
> 1. 동물이 본래의 습성과 신체의 원형을 유지하면서 정상적으로 살 수 있도록 할 것
> 2. 동물이 갈증 및 굶주림을 겪거나 영양이 결핍되지 아니하도록 할 것
> 3. 동물이 정상적인 행동을 표현할 수 있고 불편함을 겪지 아니하도록 할 것
> 4. 동물이 고통·상해 및 질병으로부터 자유롭도록 할 것
> 5. 동물이 공포와 스트레스를 받지 아니하도록 할 것

「동물보호법」에 따라 동물의 신체·정신에 고통을 주는 학대 행위는 금지된다. 동물보호에 대한 사회적 인식이 높아지면서 법이 금지하는 학대 행위에 해당하는 경우가 추가되어 왔으며, 20만 원 이하의 벌금이나 구류·과료에 그쳤던 처벌 수위 역시 징역형까지 부과할 수 있도록 강화하여 규정되었다. 다만, 아직까지 동물 대상 범죄에 대한 처벌은 대부분 벌금형에 그치고 있다.

4. 우리나라 법에서 동물보호 및 동물권의 인정

유네스코(UNESCO)는 1978년 세계동물권리선언에서 "모든 동물은 동등하게 생존의 권리, 존중받을 권리를 지니며, 어떠한 동물도 학대 또는 잔혹 행위의 대상이 되어서는 아니 된다"라고 선언하였다. 독일은 연방헌법에 "국가는 자연적 생활 기반과 동물을 보호한다"라고 명시하여 동물보호를 헌법상 가치로서 인정하고 있다. 우리나라는 헌법에서 동물에 관해 규정하고 있지 않으나, 2018년 발의된 헌법개정안에서 "국가는 동물보호를 위한 정책을 시행해야 한다"라고 명시한 바 있다(제38조 제3항). 다만 민법은 아직까지 동물을 물건과 마찬가지로 취급한다. 독일, 오스트리아 등에서 동물은 물건이 아니며 별도의 법률에 의해 보호한다고 규정하는 것과는 차이가 있다. 최근 미국, 유럽 등에서는 동물을 인간

대법원
2020도1132 판결

의 보호를 받아야 하는 존재가 아니라, 그 자체로 고유한 삶을 지닌 존재로 바라보고 이러한 관점에서 동물의 권리를 인정하기 위한 논의가 이어지고 있다.

💬 동물보호법상 동물 학대 행위에 대한 처벌

개 농장을 운영하는 피고인이 개를 묶은 상태에서 전기가 흐르는 쇠꼬챙이로 감전시켜 죽게 한 행위에 대해, 1심과 2심 법원은 이와 같은 도살 방법이 동물보호법에서 금지하는 "잔인한 방법"으로 동물을 죽음에 이르게 하는 행위에 해당하지 않는다고 판단하여 무죄를 선고하였다. 그러나 대법원은 동물의 도살 방법이 "잔인한 방법"인지에 대해 충분하게 심리하지 않았다는 이유로 원심 판결을 파기하고, 사건을 서울고등법원에 환송하였다. 대법원은 잔인한 방법에 해당하는지 여부를 판단하기 위해서는 "그 방법이 동물의 생명 존중 등 국민 정서상 미치는 영향, 동물별 특성, 그 방법이 야기하는 고통의 정도와 지속 시간, 대상 동물에 대한 그 시대 사회의 인식 등을 종합적으로 고려하여야 한다"라고 판시하였다.

2019년 12월 서울고등법원은 파기환송심에서 개를 감전시켜 도살하는 개 농장의 도살 방식이 개에게 상당한 고통을 주는 잔인한 방법이라고 판단하고, 피고인에게 유죄를 인정하였다. 피고인에게는 벌금 100만 원의 선고가 유예되었다. 아직까지 처벌 수위가 높지는 않으나, 동물을 가족의 일원으로 생각하는 반려 인구가 증가하고 동물의 생명을 존중하려는 사회적 인식이 높아지면서 법원의 판단에도 변화가 나타나고 있다.

점차 자연환경과 동물을 우리와 함께 공존하는 고유한 생명을 지닌 존재로 바라보려는 인식이 높아지고 있다. 더불어 살아가는 생명 친화적 사회를 이루기 위해서는 생활 속에서의 작은 실천과 법적 · 사회적 변화를 요구하는 적극적인 행동이 동반될 필요가 있다. 즉, 함께 공존하며 살아가고 있다는 인식과 함께 우리 삶을 변화시키려는 실천과 노력이 요구되는 것이다. 이는 인간이 살아가는 지구 공동체의 존속을 위해서도 중요하다. 자연환경과 더불어 동물을 보호하고, 동물의 고유한 삶을 보장하기 위해 우리의 삶을 어떻게 변화시키고 어떠한 법제를 마련하는 것이 필요할지 생각해볼 시점이다.

제6절 | 다문화가족

1970~80년대 경제 성장과 함께 외국인 노동자의 유입과 국제결혼이 증가하면서, 우리나라는 다문화 사회에 진입하였다. 다양한 문화 속에서 살아온 사람들이 더불어 살기 위해서는, 우리 사회로의 일방적인 편입을 강조하기보다는 각자의 문화를 존중하는 태도가 필요하다. 그리고 함께 어울려 살아가면서 우리 사회의 문화적인 폭과 깊이를 더해 가려는 노력이 요구된다. 다문화 사회에서 법과 정책을 마련함에 있어도, 이처럼 서로 다른 문화를 이해하고 포용하는 관점이 반영될 수 있어야 한다. 다문화 사회로 진입한지 수십 년이 지난 상황에서, 과연 우리 사회는 열린 자세로 다문화에 관한 법과 정책을 정립해 왔는지 점검할 필요가 있다. 이는 오랜 시간 갈라져 서로 다른 문화를 형성하여 온 남북이 통일된 이후를 대비하는 문제와도 밀접하게 연관된다. 다문화가족의 사례를 중심으로 우리 사회가 과연 열린 관점으로 다양한 문화를 존중하고 포용하고 있는지 살펴보는 기회를 갖기로 하자.

1. 다문화가족의 증가

다문화가족은 결혼이민자나 귀화 허가를 받은 사람과 출생 시부터 대한민국 국적을 취득한 사람으로 이루어진 가족을 말한다.

> **다문화가족지원법에서의 다문화가족의 의미**
>
> 「다문화가족지원법」 제2조(정의) 이 법에서 사용하는 용어의 뜻은 다음과 같다.
> 1. "다문화가족"이란 다음 각 목의 어느 하나에 해당하는 가족을 말한다.
>   가. 「재한외국인 처우 기본법」 제2조 제3호의 결혼이민자와 「국적법」 제2조부터 제4조까지의 규정에 따라 대한민국 국적을 취득한 자로 이루어진 가족
>   나. 「국적법」 제3조 및 제4조에 따라 대한민국 국적을 취득한 자와 같은 법 제2조부터 제4조까지의 규정에 따라 대한민국 국적을 취득한 자로 이루어진 가족

다문화가족지원법
이 법은 다문화가족 구성원이 안정적인 가족생활을 영위하고 사회 구성원으로서의 역할과 책임을 다할 수 있도록 함으로써 이들의 삶의 질 향상과 사회통합에 이바지함을 목적으로 한다 (제1조).

2019년을 기준으로 우리나라의 다문화가족은 약 96만 명으로 추산된다. 국내 체류 외국인도 2019년 기준 252만 명에 이르러, 우리나라 인구의 약 5%에 달한다. 이제는 우리나라도 다문화 사회로 본격 진입하였으며, 다문화가족 역시 증가하는 추세에 있다.

다문화 사회를 본격적으로 맞이한 상황에서, 그동안 우리는 다문화가족을 비롯한 다양한 문화적 배경을 가진 사람들을 어떻게 바라보며 대우하였는지 돌아볼 필요가 있다. 즉, 이들이 우리와 '다름'으로 인해 겪는 어려움에 귀 기울여 왔는지, 우리는 어떠한 관점을 갖고 이러한 어려움에 대한 대응 방안을 마련하여 왔는지에 대해 되돌아볼 필요가 있다.

2. 다문화가족을 둘러싼 사회적 문제

외국에서 아시아인을 비하할 때 눈을 양옆으로 찢는 시늉을 할 때가 있다. 장난일 수도 있으나 아시아인의 입장에서는 어떨까? 이러한 경험을 지속적으로 겪는다면 어떨까? 우리의 삶과 무관한 문제로 생각할 수 있지만, 다문화 사회로 빠른 속도로 전환하는 우리나라에서도 마찬가지로 불거지는 문제이다. 다문화가족은 이러한 차별적 대우를 포함하여 우리 사회에서 다양한 어려움을 겪고 있다. 특히 다문화 사회로 본격 진입하면서 그동안 관심을 기울이지 못하였던 부분에서 사회적으로 대응해야 할 문제들이 나타나고 있다.

예를 들어, 결혼이주여성은 낯선 문화에 적응하는 과정에서 겪는 문제에 대해 심도 있게 의논을 하거나 실질적인 도움을 받을 수 있는 대상을 찾기 어렵다. 결혼이민자 · 귀화자의 언어를 쓸 수 있는 우리나라 출신의 남편은 약 10%에 불과한 것으로 나타났다. 그동안 생활에서의 적응력을 높이는 데에 중점을 두어 결혼이주여성에 대한 지원 정책을 마련하였다면, 이제는 이들이 일상에서 겪는 정서적 · 심리적 어려움과 그 원인 등에 대해서도 관심을 갖고 대응할 필요가 있다.

한편, 다문화 사회로 변화되면서 부모세대가 겪는 차별은 다소 감소하였으나 오히려 자녀들이 경험하는 차별 문제는 증가하고 있다. 특히 학교폭력을 경험한 다문화가족의 자녀 중 절반은 특별한 조치 없이 그냥 참는 것으로 나타났다. 어쩔 수 없이 참는 상황이 반복된다면 다문화가족의 자녀를 대상으로 하는 학교폭력 등의 문제는 증가할 수 있다. 이러한 차별 문제에 다문화가족이 적극적으로 대응할 수 있도록 외부에서 직접적인 지원과 도움을 제공하는 것 외에, 다문화가족 스스로의 역량을 강화할 수 있도록 정책을 마련하는 것이 필요하다.

한편, 다문화가족에 대한 차별 문제가 두드러지는 대표적인 장소로 학교 외에 군대가 꼽힌다. 국방부의 발표에 따르면 다문화가족의 증가에 따라 자녀의 입대 역시 꾸준히 늘어날 것으로 보이며, 2025년부터 2031년까지 연평균 8,500명의 다문화가족 출신 청년이 입대할 예정이다. 「군인의 지위 및 복무에 관한 기본법」은 다문화적 가치를 존중하여야 할 군인의 의무에 관해 규정하고 있으며, 국방부는 다문화에 대한 인식을 제고하기 위한 교육을 실시할 것임을 밝히고 있다. 획일적이며 서열화된 군대의 조직적 특성을 고려할 때, 다른 문화적 배경을 가진 장병에 대한 차별의 문제에 대해서는 면밀하게 관심을 가질 필요가 있다. 그리고 정기적인 교육과 더불어 실효적인 여러 대응 방안에 대해서도 함께 고찰할 것이 요구된다.

「군인의 지위 및 복무에 관한 기본법」 제37조(다문화 존중) ① 군인은 다문화적 가치를 존중하여야 한다.
② 국방부장관은 군인에게 다문화적 가치의 존중과 이해를 위한 교육을 매년 1회 이상 실시하여야 한다.

3. 다문화가족에 관한 법

그렇다면 다문화가족 구성원이 이러한 어려움을 극복하고 우리 사회의 일원으로 함께 살아갈 수 있게 하기 위해 그동안 법은 어떻게 대응하여 왔을까? 헌법은 다문화와 관련하여 직접 규정하고 있지 않다. 하지만, 제11조에서 "누구든지 성별·종교 또는 사회적 신분에 의하여 정치적·경제적·사회적·문화적 생활의 모든 영역에 있어서 차별을 받지 아니한다"라고 하여 모든 사람에 대한 부당한 차별을 금지한다. 다문화가족 구성원도 국민이므로 「헌법」 제10조에 따라 인간으로서 존엄과 가치를 가지며, 행복을 추구할 권리를 지닌다. 그리고 외국인의 경우 「헌법」 제6조 제2항에 따라 국제법과 조약이 정하는 바에 따라 그 지위는 보장된다. 결국 국민인지 여부와 관계없이, 우리 사회는 다양한 문화적 배경을 가진 사람들을 존중하고 평등하게 대우하여야 한다.

한편, 다문화 사회로 전환하는 사회적 변화에 대응하기 위하여 다양한 법률이 마련되었다. 특히 다문화가족과 관련하여서는, 「다문화가족지원법」, 「재한외국인 처우 기본법」, 「국적법」, 「출입국관리법」, 「건강가정기본법」 등에서 다문화가족의 결혼, 입국 및 체류, 국적 취득, 국내 정착, 자녀 양육 등에 관해 구체적으로 규정하고 있다.

그 가운데 「다문화가족지원법」에 대해 살펴보기로 한다. 이 법은 다문화가족 구성원의 삶의 질을 향상하고 이를 통해 사회통합에 이바지하는 것을 목적으로 제정되었다. 구체적으로는 국가와 지방자치단체로 하여금 다문화가족 구성원이 안정적인 가족생활을 영위하고 사회 구성원으로서의 역할과 책임을 다할 수 있도

다문화가족법

외국인처우법

국적법

출입국관리법

록 다양한 지원 정책을 제공하도록 한다.

우선 국가와 지방자치단체는 다문화가족에 대한 사회적 차별 및 편견을 예방하고 사회 구성원이 문화적 다양성을 인정하고 존중할 수 있도록, 다문화 이해 교육을 실시하고 홍보 등 필요한 조치를 해야 한다.

그리고 다문화가족 구성원은 국가와 지방자치단체로부터 생활하는 데 필요한 기본적 정보를 제공받고 사회 적응 교육, 직업교육·훈련 및 한국어 교육 등을 지원받을 수 있다. 또한 결혼이민자 등의 출신 국가 및 문화 등을 이해할 수 있도록, 다문화가족 구성원은 이에 필요한 기본적 정보를 제공받고 관련 교육을 지원받을 수 있다. 나아가 건강한 생활을 영위할 수 있도록 영양·건강에 대한 교육, 산전·산후 도우미 파견, 건강검진 등 의료서비스를 지원받을 수 있다. 한편, 다문화가족 내 가정폭력을 예방하고 가정폭력피해자를 보호·지원하기 위해 국가와 지방자치단체는 통역서비스를 갖춘 가정폭력상담소 및 보호시설의 설치를 확대하기 위해 노력해야 한다.

이와 더불어 국가와 지방자치단체는 아동·청소년 보육·교육을 실시할 때 다문화가족 구성원인 아동·청소년을 차별하지 않아야 한다. 그 밖에 이 법은 다국어로 상담과 통역이 가능한 다문화가족 종합정보 전화센터를 설치하도록 하여, 다문화가족의 적응과 정착을 지원하고 있다.

다문화에 관한 법과 정책을 어떠한 내용으로 마련할 것인지 검토하기 위해서는, 무엇보다 다문화가족을 포함하여 다양한 문화를 지닌 사람을 그동안 우리 사회에서 어떻게 대우하였는지 고찰할 필요가 있다. 다문화 사회로 진입한 지 수십 년이 경과한 상황에도 다문화 관련 법률에는 아직까지 다문화가족의 구성원을 포함한 다양한 문화적 배경을 가진 사람을 우리 사회에서 지원하고 도움을 제공해야 할 대상으로 바라보는 시각이 반영되어 있다. 다문화 사회에서 필요로 하는 다양한 문화에 대한 존중에는 이들 역시 우리 사회의 일원으로서 함께 살아간다는 태도가 반영될 수 있어야 한다. 즉, 우리 사회에서의 '그들'로 남겨 놓지 않고, 함께 삶의 틀을 만들어 가는 '우리'로 바라볼 수 있어야 하는 것이다. 이를 위해서는 우선 법과 정책을 마련할 때 다문화가족의 구성원 등이 적극적으로 논의에 참여할 수 있는 방안을 모색하는 것이 필요하다. 또한 이들의 입장에서 겪고 있는 어려움과 그 원인은 무엇인지, 어떠한 법과 정책이 필요한지 생각하려는 자세가 요구된다.

제7절 | 다국적 기업과 공정무역

기술의 발달에 따라 전 세계는 하나의 거대한 시장이 되었다. 커피 캡슐을 판매하는 다국적 기업은 중남미에서 원두를 구매하여, 동남아시아의 공장에서 제품을 가공·생산하고, 미국, 유럽의 소비자를 대상으로 완제품을 판매한다. 다양한 선호를 지닌 소비자의 욕구를 충족할 수 있게 되었지만, 상품과 서비스를 생산, 판매하는 과정에서 아동이 노동자로 착취당하거나 생산자가 정당한 대가를 받지 못하고 생산 지역의 수원지(水源池)가 파괴되는 등의 문제가 발생하고 있다. 이에 따라 생산자와 노동자, 지역 사회도 공존·상생하는 질서를 만들기 위한 "공정무역(Fair Trade)" 운동이 전개되고 있다. 상품과 서비스를 생산, 판매하는 과정에서 인권이 보장되고 생산지의 환경이 훼손되지 않으며 지역 사회가 건강하게 지속되기 위해서는 어떠한 경제 질서를 구성하여야 할까? 기업이 사회적 책임을 다할 수 있도록 국제규범과 각국의 법률은 어떠한 내용으로 마련되는 것이 바람직할까?

1. 다국적 기업과 자유무역

기업은 오래 전부터 무역을 통해 전 세계를 대상으로 상품을 생산, 판매하였다. 1980년대에 들어 국가 또는 지역 간 자유무역협정을 통해 낮아진 무역 장벽은 이와 같은 움직임에 탄력을 가했다. 기업은 더 많은 이윤을 창출하기 위해 원재료의 구매, 상품의 생산, 완성품을 판매하는 거점을 모두 달리하였다. 즉, 더 싼 가격에 원재료를 구매하고, 값싼 노동력을 구하며, 이윤을 충분히 남길 수 있는 판매지를 찾아 전 세계를 누빈 것이다. 정보통신(IT)기술의 발달은 이와 같은 변화에 속도를 가하였다. 기업은 국경을 뛰어넘는 광대한 유통망을 통해 상품과 서비스를 판매하며 막대한 자금력, 기술력, 인지도를 갖추게 되었다. 이처럼 전 세계를 대상으로 여러 거점을 두고서 상품과 서비스

> 자유무역협정
> (FTA, Free Trade Agreement)
> 자유무역협정(FTA)은 협정을 체결한 국가 간에 상품·서비스 교역에 대한 관세 및 무역 장벽을 철폐함으로써 배타적 무역 특혜를 서로 부여하는 협정을 말한다.

> 관세청,
> 자유무역협정 안내

를 생산, 판매하며 이윤을 추구하는 기업을 일컬어 다국적 기업(Multinational Enterprises)이라 한다.

전통적으로 국가 간 무역이 활발해질수록 전 세계적으로 경제가 발전하고 부가 늘어날 것으로 생각해 왔다. 선진국의 기업이 상품의 생산비용을 줄이기 위해 인건비가 상대적으로 저렴한 개발도상국에 공장을 세워 운영하는 것은 낯설지 않은 현상이다. 기업의 입장에서는 같은 품질의 상품을 더 적은 비용으로 생산할 수 있다는 점에서, 공장이 세워진 개발도상국의 입장에서는 새로운 일자리를 창출한다는 점에서 모두에게 이득이 될 것으로 생각하였다.

2. 자유무역의 사각지대

그러나 다국적 기업의 활동이 활발해지면 선진국과 개발도상국 모두에게 이득이 되리라는 예상을 깨는 사례들이 등장하였다. 특히 다국적 기업이 성장하는 이면에 드리워진 인권의 사각지대가 조명된 것이다.

예를 들어, 1990년대 후반 유명 스포츠 브랜드 기업에서 생산하는 축구공을 만드는 데 동남아시아의 아동이 노동을 착취당한 사례가 언론을 통해 알려져 문제가 되었다. 최근에도 다국적 기업이 동아시아 지역에 위탁하여 핸드폰을 생산하는 과정에서 법정 노동시간을 초과하여 근무하도록 하고 적정한 임금을 지급하지 않는 등 노동자를 착취하는 문제가 불거졌다.

제품의 생산 기지로서 개발도상국에서 발생하는 인권침해의 문제는 공장 노동자의 권리를 침해하는 데에 그치지 않는다. 기업이 제품을 생산, 판매하기 위해 개발도상국의 인적·물적 자원을 이용하는 과정에서 지나친 개발로 인한 피해가 고스란히 개발도상국의 국민에게 미치기도 한다. 예를 들어, 중남미에서는 수원지 가까이에 다국적 기업이 공장을 세워 두고 생수를 생산, 판매하면서 지역 주민들은 농사를 짓고 식수를 마시는 데에 필요한 물을 사용하기 어렵게 되었고, 이에 따라 지역 내 분쟁이 발생하기도 하였다. 개발도상국의 정치적 상황이 개인의 자유와 권리를 보장하는 수준에 이르지 못할 경우에 이러한 문제는 해결되지 못하고 그대로 방치될 가능성이 높다.

3. 공정무역의 대두

공정무역(Fair Trade)이란, 국제무역을 통해 상품과 서비스를 생산, 판매하는 과정에서 생산자와 노동자의 권익을 보호하고 공정성을 증진하는 것을 목표로 전개되는 사회운동이다. 공정무역을 실현하기 위해서는 다국적 기업, 생산자, 노동자, 소비자 간에 다음과 같은 사항이 실천될 수 있어야 한다. 우선 무조건으로 값싼 생산비용을 추구하는 것이 아니라, 존중과 대화를 기반으로 생산자가 생계를 유지하고 경제적으로 자립하는 데 필요한 최저 생산비용을 보장할 수 있어야 한다. 또한 기업이 활동 거점으로 삼는 지역 사회와 상생할 수 있도록 사회적 기반과 환경의 파괴를 야기하는 무분별한 개발 행위는 지양해야 하며, 노동자에 대해서는 정당한 대가를 지급하고 안전한 노동환경을 제공하는 등 협력관계를 형성할 수 있어야 한다. 무엇보다 다국적 기업의 전방위적 경제 활동으로 전 세계의 부

▲ 공정무역
(https://wfto.com)

▲ 공정무역 인증마크

가 편중되지 않도록 소규모 생산자들의 시장 진입을 돕고, 전 세계 다양한 공동체의 사회적, 문화적 환경을 개선하는 등 국제사회가 공평하게 발전할 수 있는 길을 꾀할 수 있어야 한다. 공정무역이 도입되어야 할 대표적인 품목으로는 커피, 코코아, 설탕, 수공예품 등이 꼽히고 있다.

4. 다국적 기업의 사회적 책임과 법

우리나라 기업도 국제무역에서 발생하는 인권침해의 문제에서 자유롭지 않다. 국내 기업이 해외에서 공장을 운영하면서 열악한 노동환경을 제공하고 정당한 수준에 미치지 못하는 대가를 지급한 것으로 국제 인권 단체에 의해 알려진 바 있다.

기업의 사회적 책임은 생산자와 노동자의 인권 보호, 환경 보호, 소비자의 권익 보호, 지역 사회의 지속적 발전과 이를 위한 사회 구성원의 참여 등 다양한 요소를 포함한다. 기업은 사회적 책임을 다하기 위해 이와 같은 요소를 존중하며 경제 활동을 이어 갈 수 있어야 한다. 그리고 인권, 통상, 환경 등에 관한 국제규범을 준수하여야 한다. 이뿐만 아니라 국내에서의 경제 활동을 겸하는 경우에는

「지속가능 발전법」, 「저탄소 녹색성장기본법」, 「중소기업진흥에 관한 법률」, 「사회적 기업 육성법」 등과 같은 국내 법률도 준수하여야 한다. 최근 들어 국내 법률도 노동, 환경, 소비자 등의 분야에서 기업의 사회적 책임을 강화하는 방향으로 개정이 꾸준히 이루어지고 있다.

기업의 사회적 책임을 강화하는 방향으로 법과 정책을 마련하는 것은 기업의 경제 활동을 제재하기 위함이 아닌, 장기적인 관점에서 우리 사회가 공존하고 상생하기 위함이다. 기업이 전 세계를 무대로 경제 활동을 이어 가면서 인권과 환경을 보호하고, 공정무역의 가치를 받아들이며, 지역 사회와의 상생을 도모하기 위해서는 국제규범과 국내의 법은 어떠한 내용으로 구성되어야 할까? 그리고 다국적 기업이 생산, 판매하는 상품과 서비스를 구매하는 소비자이기도 한 우리가 이와 같은 가치를 구현할 수 있는 경제 질서를 구성하기 위해 할 수 있는 실천에는 무엇이 있을까? 공정무역 마크가 표시된 상품을 구매하는 작은 노력에서부터 법과 정책을 마련하여 생산자와 노동자의 인권을 보호하는 것까지 우리가 할 수 있는 실천에는 무엇이 있을지 고민하여 보자.

더 알아보기　　　　　난민

내전, 종교, 인종, 정치적 견해 등을 이유로 벌어 지는 자국에서의 박해를 피해 국경을 건너는 사람들이 있다. 그들은 목숨을 걸고 국경을 넘으며, 작은 보트에 의지하여 바다를 건넌다. 몇 해 전부터 유럽에서는 수백만 명의 난민이 입국을 희망하면서, 유럽 각국에서는 얼마나 난민들을 받아들여야 하는가에 대한 논의가 이어지고 있다.

1. 난민 보호를 위한 국제적 노력

「난민의 지위에 관한 협약」에 따르면, 난민이란 "인종, 종교, 국적 또는 특정 사회집단의 구성원 신분 또는 정치적 의견을 이유로 박해를 받을 우려가 있다는 충분한 이유가 있는 공포로 인하여 국적국 밖에 있는 자로서, 국적국의 보호를 받을 수 없거나, 또는 그러한 공포로 인하여 국적국의 보호를 받는 것을 원하지 아니하는 자"를 말한다 (「난민의 지위에 관한 협약」 제1조 A. (2)).

▲ 로힝야족 난민

난민은 생명을 유지하고 자유와 권리를 보전하기 위해 목숨을 걸고 고국을 떠난 자들이다. 만약 그들이 처한 상황에 공감하지 못하고 이를 외면한다면, 난민들은 기본적 자유와 권리를 보장받지 못함은 물론 생명조차 유지하기 어렵게 된다.

전 세계 국가는 난민을 보호하고 이들의 정착을 지원하기 위한 국제협약을 체결하는 등 국제규범을 마련하였다. 난민을 보호하기 위한 국제적 노력의 일환으로, 난민의 지위, 자유와 권리의 보호, 배급 · 주거 · 공공교육 등 복지의 제공 및 생명이나 자유가 위협받을 우려가 있는 영역으로의 추방 또는 송환의 금지 등에 관하여 규정한 「난민의 지위에 관한 협약 (1951)」과 「난민의 지위에 관한 의정서(1967)」가 채택되었다. 이뿐만 아니라 유엔난민기구(UNHCR)와 같은 국제기구가 설립되어 국제적인 난민 문제를 해결하기 위해 다양한 임무를 수행하고 있다.

유엔난민기구(UNHCR)

수백만 명의 난민을 보호하기 위해 1949년 12월에 창설되었으며, 난민의 권리와 복지를 보장하는 것을 주요 목표로 한다. 구체적으로 유엔난민기구는 난민을 보호하기 위해 일차적으로 물품 · 식수 · 위생시설 및 쉼터, 교육, 법률 상담, 건강관리, 신원확인 및 등록 등을 지원한다. 그리고 장기적인 관점에서 난민에게 존엄성을 유지할 수 있는 삶을 보장하기 위하여 비호를 신청할 수 있는 권리를 보장함은 물론, 본국으로 귀환하거나 현지 또는 제3국에 정착할 수 있도록 이에 필요한 다양한 정책적 지원을 이어 가고 있다.

▲ 유엔난민기구(UNHCR)(https://www.unhcr.or.kr)

2. 우리나라에서 난민에 대한 대우

국제법상 모든 국가는 비호를 요청하는 난민에 대해 국제적 보호를 제공하여야 할 책임이 있다. 이러한 책임을 다하기 위해 전 세계 국가들은 난민을 자국 내로 받아들이는 데에 필요한 국내법적 절차 등을 마련하였다. 우리나라 역시 1992년 「난민의 지위에 관한 협약」을 비준하고 2001년 첫 난민을 인정하였으며, 난민인정절차 및 난민 등의 처우에 관하여 구체적으로 규정한 「난민법」을 2012년 제정하였다.

「난민법」에 따르면, 난민 신청은 신청하려는 자가 우리나라 안에 있을 때와 출입국항에서 입국심사를 받을 때의 두 경우로 나뉘어 진행된다. 우선 대한민국 안에 있는 외국인으로서 난민인정을 받으려는 사람은 법무부장관에게 난민인정 신청을 할 수 있으며, 난민 신청자는 난민인정 여부에 관한 결정이 확정될 때까지 대한민국에 체류할 수 있다. 반면 외국인이 입국심사를 받는 때에 난민인정 신청을 하려면 출입국항을 관할하는 지방출입국·외국인관서의 장에게 난민인정 신청서를 제출하여야 한다.

난민자격 신청에 대한 심사 결과는 세 유형으로 나누어진다. 첫째는 난민인정으로, 난민인정을 받은 자는 우리나라에 거주할 수 있는 비자를 획득한다. 둘째는 심사 탈락으로, 이에 해당하는 자는 미등록 체류자가 되어 그에 대하여는 강제 출국조치 등의 조치가 가해진다. 마지막 경우는 인도적 체류 허가로, 난민 심사에는 탈락했으나 생명이나 신체의 자유 등을 현저히 침해당할 수 있다고 인정할 만한 합리적인 근거가 있는 자에 대해서는 일시적으로 우리나라 체류가 허가된다. 인도적 체류자에 대해서는 매년 체류 허가를 갱신하도록 하며, 가족을 초청할 수 없는 등 다양한 제약이 가해진다.

우리나라가 2012년 「난민법」을 제정하였던 이유는, 그동안 난민인정절차의 신속성, 투명성, 공정성을 가하지 못하고 난민인정을 받은 자에 대해 「난민의 지위에 관한 협약」이 보장하는 권리조차도 보장하지 못하는 등 국제사회에서의 책임을 다하지 못한다는 지적이 계속되었기 때문이다.

이와 같은 문제를 인식하여 우리나라는 아시아 국가 가운데 최초로 「난민법」을 제정하였으나, 우리나라의 난민인정 비율은 여전히 낮다. 2019년 한 해 동안 15,452건의 난민 신청이 있었고, 이 중 심사가 종료된 건은 9,286건, 그리고 난민인정자는 42명이었다. 세계적으로 난민의 인정 비율은 약 38%인데 비해, 우리나라의 경우 평균 약 2% 정도이다. 특히 2018년 500명이 넘는 예멘인들이 제주도로 입국하여 난민 신청을 하면서, 난민 수용 여부를 두고 국내적으로 논란이 벌어진 바 있다. 당시 청와대 국민청원 및 제안 게시판에 올라온 '난민 신청 허가 폐지' 청원은 5일 만에 이에 동의하는 국민의 수가 청와대 답변 필요 수인 20만 명을 넘어선 22만 건을 돌파하였다.

앞서 살펴보았듯이, 난민인정을 포함하여 난민에 관한 문제에 대해 우리나라는 소극적인 태도를 유지하고 있다. 기본적인 자유와 권리는 물론, 생명조차 유지하기 어려운 난민들이 처한 인도적 위기 상황에 공감하고 국제사회의 일원으로서 그 책임을 다하기 위해 우리가 취할 수 있는 노력은 무엇일까? 역사적으로 우리나라도 외부로부터의 침략과 전쟁, 정치적 탄압 등으로 인해 국민을 보호하지 못하였던 경험이 있다. 난민의 권리와 복지를 실질적으로 보호하기 위해 국제적, 국내적으로 마련된 보호 방안들을 우리 사회에 어떻게 구현할 것인지 진지한 논의가 필요하다.

▲ 파리의 도심 천막 난민

일반인들이 알아야 할 생활법률 가이드북

한국인의 법과 생활

이 책자는 법무부와 한국법교육센터가 함께 추진하는 법교육 사업의 일환으로 출간된 국민들을 위한 생활 법률 교재로서, 법무부의 공식적인 의견을 나타내는 것은 아님을 밝혀 둡니다.

집필위원

이충호 자녀안심하고 학교보내기운동 국민재단 이사장(발행인)
김현철 이화여자대학교 법학전문대학원 교수(연구 책임)
김주현 이화여자대학교 법학연구소 연구원
박지윤 이화여자대학교 법학연구소 연구교수
윤이레 이화여자대학교 생명의료법연구소 연구원
이서형 이화여자대학교 생명의료법연구소 연구교수
박정하 중앙회계법인 세법 담당 변호사
정용현 한국법교육센터 책임연구원

감수

김기일 법무법인(유한)대륙아주 공익위원회 변호사
정호정 법무법인(유한)대륙아주 공익위원회 변호사
김지웅 법무법인(유한)대륙아주 공익위원회 변호사
안지혜 법무법인(유한)대륙아주 공익위원회 변호사

발행처

법무부 범죄예방정책국 보호정책과
한국법교육센터(자녀안심하고 학교보내기운동 국민재단 부설)

저작권 법무부, 자녀안심하고 학교보내기운동 국민재단
발간등록번호 21-0102001-01
주소 서울시 강남구 테헤란로 108길 12 하나빌딩 8층

초판 발행 2005년 12월 20일 / **2007 개정판 발행** 2007년 2월
2008 개정판 발행 2008년 2월 / **2009 개정판 발행** 2009년 2월
2010 개정판 발행 2010년 2월 / **2011 개정판 발행** 2011년 3월
2013 개정판 발행 2013년 3월 / **2015 전면개정판 발행** 2015년 9월
2017 개정판 발행 2017년 9월 / **2019 개정판 발행** 2019년 2월
2021 전면개정판 발행 2021년 8월 / **2021 전면개정판 3쇄** 2024년 3월

편집 · 인쇄 에듀웰
공급 및 판매처 (주)박영사 (주소: 서울시 종로구 새문안로3길 36, 1601) (전화: 02-733-6771)

가격 20,000원
ISBN 978-89-961007-5-1 13360

문의 한국법교육센터(070-4915-1947, www.lawedu.or.kr)